# תלמוד בבלי

— מהדורת נאה —

חולין חלק ז

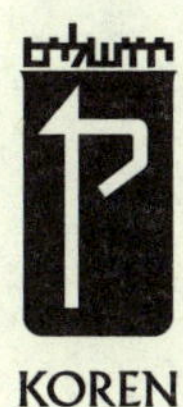

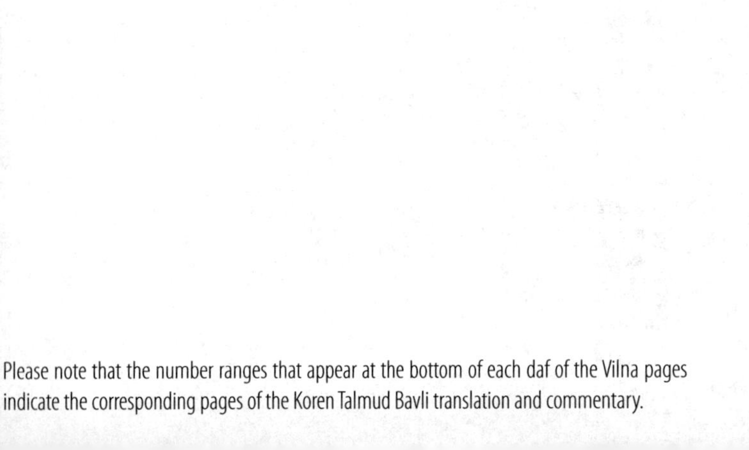

Please note that the number ranges that appear at the bottom of each daf of the Vilna pages indicate the corresponding pages of the Koren Talmud Bavli translation and commentary.

הוצאת קורן ירושלים

מהדורת נאה

# מסכת חולין
## דף קל. עד דף קמב.

COMMENTARY BY

Rabbi Adin Even-Israel Steinsaltz

EDITOR-IN-CHIEF

Rabbi Dr Tzvi Hersh Weinreb

EXECUTIVE EDITOR

Rabbi Joshua Schreier

•

STEINSALTZ CENTER

KOREN PUBLISHERS JERUSALEM

**הזרוע** והלחיים והקבה נוהגין בארץ ובחוצה לארץ, בפני הבית ושלא בפני הבית, בחולין אבל לא במוקדשין. שהיה בדין: ומה אם החולין, שאינן חייבים בחזה ושוק – חייבים במתנות. קדשים, שחייבים בחזה ושוק – אינו דין שחייבים במתנות? ת"ל: (ויקרא ז) °"ואתן אותם לאהרן הכהן ולבניו לחק עולם" – אין לו אלא מה שאמור בענין. *כל הקדשים שקדם מום קבוע להקדשן ונפדו – חייבין בבכורה ובמתנות, ויוצאין לחולין להגזז ולהעבד, וולדן וחלבן מותר לאחר פדיונן, והשוחטן בחוץ – פטור, ואין עושין תמורה, ואם מתו – יפדו. חוץ מן הבכור ומן המעשר. כל שקדם הקדשן את מומן, או מום עובר קודם להקדשן ולאחר מכאן נולד להם מום קבוע, ונפדו – פטורין מן הבכורה ומן המתנות, ואינן יוצאין לחולין להגזז ולהעבד, וולדן וחלבן אסור לאחר פדיונן, והשוחטן בחוץ – חייב, ועושין תמורה, ואם מתו – יקברו.§ **גמ'** טעמא, דכתב רחמנא "אותם", הא לאו הכי, הוה אמינא קדשים חייבין במתנות? איכא למיפרך: מה לחולין – שכן חייבין בבכורה! תיתי מזכרים. מה לזכרים שכן חייבין בראשית הגז! מתיישים. מה לתיישים שכן נכנסין לדיר להתעשר! מזקנים. מה לזקנים שכן נכנסו לדיר להתעשר! מלקוח ויתום. מה ללקוח ויתום שכן נכנסין במינן לדיר להתעשר! במינן קאמרת. קדשים נמי במינן נכנסין לדיר להתעשר. ויהיו חולין חייבין בחזה ושוק, מקל וחומר: ומה קדשים שאין חייבים במתנות – חייבין בחזה ושוק, חולין שחייבין במתנות – אינו דין שחייבין בחזה ושוק? אמר קרא: (דברים יח) °"וזה יהיה משפט הכהנים", "זה" – אין, מידי אחרינא – לא. אלא טעמא דכתב רחמנא "זה", הא לאו הכי הוה אמינא: חולין חייבין בחזה ושוק? והא בעי תנופה, היכא לינופינהו? אי אבראי – (ויקרא ז) °"לפני ה'" כתיב,

אי

**הזרוע** והלחיים. בארץ ובחוצה לארץ. משום דבעי למימר "בחולין אבל לא במוקדשין", נקט להו. בפני הבית. בעודו קיים. חולין אינן חייבין בחזה ושוק. אלא קדשים לחודייהו. ואתן אותם. בחזה ושוק כתיב. "אותם" מיעוטא הוא: חזה ושוק – אין, ולא דבר אחר. כל הקדשים שקדם מום קבוע תורה אור להקדשן. הרי הן כמקדיש עצים ואבנים לדמים, ואין בהן קדושת הגוף, ואם נפדו – הרי הן כחולין גמורים. "וחייבים בבכורה" – אם ילדו בכור, הרי הוא קדוש. ולכל זמן שלא נפדו – לא, כדאמר בבכורות פ"ב (דף יד.): קסבר האי תנא קדושת דמים מדחה מן הבכורה, דאין קדושה חלה על קדושה. וולדן וחלבן מותר לאחר פדיונם. מה שאין כן במקדיש תמימים ונסתאבו ופדאן, דאמרי' בבכורות (דף טו.): "רק בכל אות נפשך תזבח ואכלת בשר" – בפסולי המוקדשין לאחר פדיונן הכתוב מדבר, מדאיצטריך קרא למימר בהו "הטמא והטהור יאכלנו". וכתיב "תזבח ואכלת בשר", "תזבח" – ולא גיזה, "ואכלת" – ולא לכלביך, "בשר" – ולא חלב. וולדן דתמימים שנסתאבו ונפדו, תנן במתניתין דאסור. ובבכורות (דף יד.) מוקמינן: כגון דאיעבר לפני פדיונן ואתיליד לאחר פדיונן, בין רישא דקתני "מותר", בין סיפא דקתני "אסור". ויוצאין לחולין. ע"י פדיונן, להיות כחולין גמורים, אפילו ליגזז וליעבד. מה שאין כן בקדם הקדשן את מומן, כדלקמן במתניתין. והשוחטן בחוץ פטור. ואילו בקדם הקדשן את מומן תנן מתניתין לקמן דחייב, אם שחט בחוץ קודם פדיונן. ואע"ג דאינן ראויים לפתח אהל מועד, דהא בעלי מומין נינהו, ותנן (זבחים דף קיב.): הראוי לפתח אהל מועד – חייבין עליו בחוץ, ושאינו ראוי בפנים – אין חייבין עליו בחוץ. הא מוקמינן לה בבכורות (דף טז.) בדוקין שבעין, ואליבא דר"ע דאמר: אם עלו – לא ירדו. הילכך, הואיל ובפנים לא ירדו, חייבין עליהן בחוץ. וכולה הך מתני' מיתניא בבכורות בפרק שני (דף יד:), והתם תני לה משום בכורות, והכא תני לה משום מתנות. ואין עושין תמורה. אפילו קודם פדיונן. ובבכורות מפרש טעמא: טוב מעיקרו – עושה תמורה, ואפילו נעשה רע אחר שהקדישו. אבל רע מעיקרו – אינו עושה תמורה. ואם מתו יפדו. ואע"פ שאינם ראויים אלא לכלבים, ואין פודין את הקדשים להאכילן לכלבים, כדפרישית לעיל: "ואכלת" ולא לכלביך – ה"מ בקדשים שקדם הקדשן את מומן. אבל הני, כדיקלא בעלמא נינהו, ולא נחת להו קדושת הגוף. ועוד אשמועינן דלא בעינן העמדה והערכה, וקסבר: קדשי בדק הבית לא היו בכלל העמדה והערכה, דכתיב בפדיון קדשים שנסתאבו לאחר כך "והעמיד את הבהמה" (ויקרא כז). וכיון דמתה, אי אפשר להעמידה. חוץ מן הבכור והמעשר. דאע"ג שקדם מומן להקדשן, חלה עליהם קדושה גמורה לכל דבריהם, אלא שאין כשרים ליקרב. דבכור – ברחם חלה רחמנא, לא שנא תם ולא שנא בעל מום, קדיש. תם – קרב, ובעל מום – נאכל לכהן, כדילפינן בבכורות (דף כח.): "ובשרם יהיה לך" – "בשרם", תרי משמע, לימד על בכור בעל מום שמתנה לכהן. ומעשר בהמה נמי, כתיב ביה (ויקרא כז): "העשירי יהיה קדש לא יבקר בין טוב לרע". "טוב" – היינו תם, "רע" – היינו בעל מום. או מום עובר קודם להקדשן. דמום עובר, כמאן דליתיה דמי. פטורין מן הבכורה. ואע"פ שנפדו ויצאו לחולין להיתר אכילה, פטורין מן הבכורה, אם ילדו. דכתיב בהו (דברים יב): "כצבי וכאיל", ולצבי ואיל פטורים מן הבכורה, דהא "בקר וצאן" כתיב. ומן המתנות. זרוע ולחיים וקיבה, דאין נוהגין בצבי ואיל, דכתיב (שם יח) "אם שה". ואין יוצאין לחולין. בפדיון. ליגזז וליעבד. כדפרישית לעיל, "תזבח ואכלת" – אין בהן אלא היתר זביחה ואכילה בלבד, אבל גיזה ועבודה – לא. וולדן וחלבן אסור. בבכורות (דף יד.) מוקי לה דאיעבר לפני פדיונן, ואתיליד לאחר פדיונן. דאי איעבר ואתיליד לאחר פדיונן – ולד צבי ואיל הוא. ואם נולד לפני פדיונן – מאי איריא הני? אפילו קדם מומם להקדשן נמי, וולדן לפני פדיונן אסור. והשוחטן בחוץ חייב. כדפרישית לעיל: בדוקין שבעין, וקודם פדיונן. ועושין תמורה. קודם פדיונן, דכתיב (ויקרא כז): "טוב ברע או רע בטוב". מתו. מעצמן. יקברו. או משום דבעינן העמדה והערכה, או משום דאין פודין את הקדשים להאכילם לכלבים. **גמ'** הוה אמינא קדשים חייבין במתנות. מקל וחומר מחולין, כדאמרן במתניתין. והיכי מצינן למימר הכי? הא איכא למפרך בהאי ק"ו: מה לחולין כו' וקרא למה לי? בכור אינו נוהג במוקדשים. ד"בקרך וצאנך" כתיב (דברים טו) – ולא הקדש. ועוד: "תקדיש" כתיב (שם) – ולא שכבר קדוש. כלומר, אי לאו "אותם" דקרא, הוה אמינא: תיתי בק"ו מזכרים דחולין. דליכא למיפרך בהו: שכן חייבין בבכורה – שאין יולדין. ראשית הגז אינו נוהג במוקדשים. דהא לאו בני גיזה נינהו, דכתיב (שם יח): "גז צאנך" – ולא הקדש. ראשית הגז כל השנה כשהוא גוזז נאתו – נותן לכהן דבר מועט, כדמפרש לקמן (דף קלה.) שיעורא, וקרי ליה "ראשית" – כי היכי דקרי תרומה (שם) "ראשית דגנך". תיישים. זכרים אין בהם לא בכורה ולא ראשית הגז, ואי לאו "אותם" – מחייבינן מתנות בקדשים מק"ו מתיישים חולין. מעשר בהמה אינו במוקדשין. דכתיב "יהיה קדש" – ולא שכבר קדוש, בפ"ב דבכורות (דף נג:). הילכך, לא אתי בק"ו – דאיכא למיפרך: תאמר במוקדשין שאין נכנסין לדיר להתעשר. מזקנים. אי לאו "אותם", הוה מייתינן ליה מק"ו מתיישים זקנים דחולין, שכבר נתעשרו ואין צריכין עוד להכנס לדיר. מה לזקנים. תיישים זקנים דחולין, בדין הוא שהן חייבין במתנות. שכן נכנסו כבר לדיר להתעשר. תאמר בקדשים שלא נכנסו כבר לדיר להתעשר! ומהדר: אי לאו "אותם" – הוה מייתינן להו בק"ו מלקוח ויתום. הלקוח פטור ממעשר בהמה: אם לקח עשרה טלאים מן השוק – פטור מלעשר, ד"בקרך וצאנך" אמר רחמנא. והיתום שמתה אמו בשעת לידה, כגון זה פירש למיתה וזה פירש לחיים, כדאמר ב"השוחט" (לעיל דף לח:) – פטור ממעשר בהמה, דאינו ראוי לקדש, דכתיב: "תחת אמו" – פרט ליתום. וילפינן מעשר בהמה מיניה בפ"ב דבכורות (דף נז.): ר' ישמעאל בנו של ר' יוחנן בן ברוקא אומר, נאמר כאן "תחת אמו", ונאמר להלן "תחת השבט". מה כאן – פרט לכל השמות הללו, כלאים ונדמה ויוצא דופן ויתום, דכולהו מימעטי מהאי קרא ד"שור או כשב". אף להלן, לענין מעשר – פרט לכל השמות הללו. אע"ג דבעל מום נכנס לדיר להתעשר, אלו אין נכנסים. ה"ג: במינן קאמרת קדשים נמי במינן. כגון חולין, נכנסין לדיר. הילכך, אי לאו "אותם" – אתי בק"ו. מה קדשים שאין חייבים במתנות. דהא ממעטינן להו מ"אותם", דכתיב גבי חזה ושוק "אותם" – ולא מתנות. אמר קרא. במתנות חולין "זה יהיה" – דבר זה נוהג בחולין, ואין חזה ושוק נוהגין בהן. בחזה ושוק כתיבא תנופה "לפני ה'" אי אבראי. חוץ לעזרה.

קא

**הזרוע** והלחיים. תלמוד לומר ואתן אותם. ואי לאו קל וחומר, לא הוה צריך קרא, אע"ג דסתמא כתיב, בין בחולין בין במוקדשים – דה"א: דבר הלמד מענינו, במה הכתוב מדבר – בחולין, דכתיב לעיל מהאי קרא: "דגנך תירושך ויצהרך" וגו' גז צאנך", וראשית הגז אינו נוהג במוקדשין, כדאמר לקמן פרק "ראשית הגז" (דף קלה.).

**תיתי** מלקוח ויתום. הוה מצי למימר נמי: תיתי מכלאים וטרפה, ועוד טובא דתנן בפרק "מעשר בהמה" (בכורות דף נז.) שאין נכנסין לדיר להתעשר.

**זה** אין מידי אחרינא לא. תימה: דקאי במתנות, וממעט חזה ושוק. אדרבה, ה"ל למעוטי מיניה מוקדשין ממתנות! ויש לומר: דכבר אמעיטו מ"אותם", וכה"ג פירש' בפ"ק (לעיל דף כד.) גבי "וזאת אשר ללוים".

אי

בכורות יד. [תמורה ל: לג:]

א א מיי' פ"ט מהל' בכורים הל' א סמג עשין קמב טוש"ע י"ד סי' סא סעיף כא:

ב ב מיי' שם טור ש"ע שם סעיף יט:

ג ג מיי' פ"ה מהלכות בכורות הל' ח:

ד ד מיי' פ"ט מהלכות בכורים הל' ג:

ה ה מיי' פ"א מהלכות מעילה הל' ט:

ו ו מיי' פ"א מהלכות איסורי מזבח הל' יא:

ז ז מיי' פי"ח מהלכות מעשה קרבנות הל' ו:

ח ח מיי' פ"א מהלכות תמורה הל' יג:

ט ט מיי' פ"א מהלכות איסורי מזבח הל' יא:

י י מיי' פ"א מהלכות מעילה הל' ט:

גליון הש"ס

**רש"י** ד"ה הזרוע והלחיים וכו' משום דבעי וכו'. עי' לקמן דף קלא ע"ב ברש"י ד"ה לבד מראשית הגז:

יא א מיי' פ"ט מהל' בכורים הל' יד סמג עשין קמב טוש"ע י"ד סי' סא סעיף לא:
יב ב טוש"ע שם סעיף ז:
יג ג מיי' פ"ט מהלכות מתנות עניים הל' טו טוש"ע י"ד סי' רנג סעיף ז:
יד ד מיי' פ"א מהל' מעשר הל' ה:

אִי אַגּוּאֵי – קָא *מְעַיֵּיל חוּלִּין לַעֲזָרָה! הִלְכָּךְ לָא אֶפְשָׁר. אֶלָּא "זֶה" לָמָּה לִי? לִכְדְרַב חִסְדָּא, דְּאָמַר רַב חִסְדָּא: אהַמַּזִּיק מַתְּנוֹת כְּהוּנָּה אוֹ שֶׁאֲכָלָן – פָּטוּר מִלְּשַׁלֵּם. גּוּפָא, אָמַר רַב חִסְדָּא: *הַמַּזִּיק מַתְּנוֹת כְּהוּנָּה אוֹ שֶׁאֲכָלָן – פָּטוּר מִלְּשַׁלֵּם. מַאי טַעְמָא? אִיבָּעֵית אֵימָא: דִּכְתִיב "זֶה", וְאִיבָּעֵית אֵימָא: מִשּׁוּם דַּהֲוָה לֵיהּ מָמוֹן שֶׁאֵין לוֹ תּוֹבְעִים. מֵיתִיבִי: °"וְזֶה יִהְיֶה מִשְׁפַּט הַכֹּהֲנִים" – מְלַמֵּד שֶׁהַמַּתָּנוֹת דִּין. לְמַאי הִלְכְתָא, לָאו לְהוֹצִיאָן בְּדַיָּינִין? לָא, לְחוֹלְקָן בְּדַיָּינִין, וְכִדְרַב שְׁמוּאֵל בַּר נַחְמָנִי. *דְּאָמַר רַב שְׁמוּאֵל בַּר נַחְמָנִי, אָמַר רַבִּי יוֹנָתָן: במִנַּיִן שֶׁאֵין נוֹתְנִין א] מַתָּנָה לְכֹהֵן ע"ה – שֶׁנֶּאֱמַר: °"וַיֹּאמֶר לָעָם לְיוֹשְׁבֵי יְרוּשָׁלַיִם לָתֵת מְנָת *הַכֹּהֲנִים וְהַלְוִיִּם לְמַעַן יֶחֶזְקוּ בְּתוֹרַת ה'" – כׇּל הַמַּחֲזִיק בְּתוֹרַת ה', יֵשׁ לוֹ מְנָת. וְשֶׁאֵינוֹ מַחֲזִיק בְּתוֹרַת ה', אֵין לוֹ מְנָת. ת"ש, ר' יְהוּדָה בֶּן בְּתֵירָא אוֹמֵר: "מִשְׁפָּט" – מְלַמֵּד שֶׁהַמַּתָּנוֹת דִּין. יָכוֹל אֲפִי' חָזֶה וָשׁוֹק דִּין? ת"ל: "זֶה". לְמַאי? אִילֵימָא לְחוֹלְקוֹ בְּדַיָּינִין – אַטּוּ חָזֶה וָשׁוֹק לָאו בְּדַיָּינִין מִיחַלְקוּ? אֶלָּא לָאו, לְהוֹצִיא בְּדַיָּינִין! הָכָא בְּמַאי עָסְקִינַן, דְּאָתוּ לִידֵיהּ. אִי דְּאָתוּ לִידֵיהּ, מַאי לְמֵימְרָא? דְּאָתוּ לִידֵיהּ בְּטַבְלַיְיהוּ, וְקָסָבַר הַאי תַּנָּא: *מַתְּנוֹת שֶׁלֹּא הוּרְמוּ – כְּמִי שֶׁהוּרְמוּ דָּמְיָין. תָּא שְׁמַע: *בַּעַל הַבַּיִת שֶׁהָיָה עוֹבֵר מִמָּקוֹם לְמָקוֹם, וְצָרִיךְ לִיטּוֹל לֶקֶט שִׁכְחָה וּפֵאָה וּמַעְשַׂר עָנִי – נוֹטֵל, וְלִכְשֶׁיַּחֲזוֹר יְשַׁלֵּם, דִּבְרֵי רַבִּי אֱלִיעֶזֶר! אָמַר רַב חִסְדָּא: *מִדַּת חֲסִידוּת שָׁנוּ כָּאן. אָמַר רָבָא: תָּנָא תָּנֵי "יְשַׁלֵּם", וְאַתְּ אָמְרַתְּ מִדַּת חֲסִידוּת שָׁנוּ כָּאן?! וְעוֹד, מִדְּרַבִּי אֱלִיעֶזֶר לִיקוּם וְלִיתוּב? אֶלָּא מְסֵיפָא: וַחֲכָמִים אוֹמְרִים: געָנִי הָיָה בְּאוֹתָהּ שָׁעָה, טַעְמָא – דְּעָנִי, הָא עָשִׁיר – מְשַׁלֵּם, אַמַּאי? לֶיהֱוֵי כְּמַזִּיק מַתְּנוֹת כְּהוּנָּה אוֹ שֶׁאֲכָלָן! אָמַר רַב חִסְדָּא: מִדַּת חֲסִידוּת שָׁנוּ כָּאן. תָּא שְׁמַע: מִנַּיִן לְבַעַל הַבַּיִת שֶׁאָכַל פֵּירוֹתָיו טְבָלִין, וְכֵן לֵוִי שֶׁאָכַל מַעְשְׂרוֹתָיו טְבָלִים, מִנַּיִן דשֶׁפָּטוּר מִן הַתַּשְׁלוּמִין – ת"ל: °"וְלֹא יְחַלְּלוּ אֶת קׇדְשֵׁי בְּנֵי יִשְׂרָאֵל אֲשֶׁר יָרִימוּ" – אֵין לְךָ בָּהֶן אֶלָּא מִשְׁעַת הֲרָמָה וְאֵילָךְ, הָא מִשְׁעַת הֲרָמָה וְאֵילָךְ מִיהָא מְשַׁלֵּם, אַמַּאי? לֶיהֱוֵי כְּמַזִּיק מַתְּנוֹת כְּהוּנָּה אוֹ שֶׁאֲכָלָן! הָכָא נַמִי דְּאָתוּ

תורה אור: דברים יח / דה"ב לא / ויקרא כב

**אי** אגואי הא קא מעייל חולין בעזרה. משום דכל חולין מדאורייתא אסור להביא בעזרה, וכן אמר ב"המוכר את הספינה" (ב"ב דף פא:) גבי בכורים. ולא מסתבר, דהתם אגודות דמייתי בהדייהו קפיד, דאפשר דמתני עלייהו ומייתי נדבה. וכן בפ' "התודה" (מנחות דף פ:) גבי תודה שנתערבה בתמורתה קאמר: ולייתי לחם כו', הא קא מכניס חולין לעזרה. ומדקאמר "שאין לה תקנה" ש"מ: הוי מדאורייתא. בן ותימה: דבפ' "כל התדיר" (זבחים דף צ:) אמרינן: וכולן הכהנים רשאים לשנות באכילתן ולאוכלן צלויין שלוקין ומבושלים, ולתת לתוכן תבלין של חולין. ואמר ב"הקומץ רבה" (מנחות דף כא:): "יאכלוה" – שיאכלו עמה חולין ותרומה, כדי שתהא נאכלת על השובע! ונראה דדוקא חזה ושוק וכן בכורים, דלצורך קדושה מייתי להו, דעביד בהו תנופה. וכן לחם לצורך תודה, שהוא כשאר קרבן, יש קפידא טפי בהבאתה בעזרה שלא לצורך*.

**ואב"א** משום דהוי ליה ממון שאין לו תובעין. ולהאי לישנא לייתר "וזה יהיה" לכדאמר לקמן בסמוך: שמתנות דין, ואין חזה ושוק דין. וללישנא קמא איכא למימר דתרתי שמע מינה, ודריש הכי בסמוך, מדכתביה אצל "משפט" דמשמע: זה – משפט, וזה – אין משפט. ואיכא בין הני תרי לישני: דלהאי לישנא דאין לו תובעין – נהי דאין יכול לתובעו בדיינין, בדיני שמים מיהא מיחייב. וללישנא קמא דדריש ליה מ"וזה" – אפילו בדיני שמים נמי לא מיחייב.

**מנין** שאין נותנין מתנות לכהן ע"ה כו'. היינו דווקא כשיש כהן חבר, אבל אי ליכא כהן חבר אלא ע"ה – יתנו לו, ואל ימתין עד שיזדמן לו חבר. כדתנן במסכת חלה (פ"ד מ"ט): אלו נותנין לכל מי שירצה: החרמים והבכורות ופדיון הבן ופטר חמור והזרוע והלחיים והקבה וראשית הגז כו'. ואין לפרש "לכל כהן": בין לאנשי משמר בין לשאר כהנים – דהא בירושלמי בפרק "שתי נשים" קאמר דיש מהן ניתנין לכל כהן, ויש מהן ניתנין לאנשי משמר. א"כ ע"כ "לכל כהן" דקאמר, היינו בין כהן חבר בין כהן ע"ה. והיינו, היכא דליכא חבר, או איכא ואין רוצה לקבל, כדפריש בריש "כל הבשר" (לעיל דף קד:). אבל אין לתרץ דרבי שמואל בר נחמני דהכא כרבי יהודה, דגרסינן בירושלמי: ר' יהודה אומר: אין נותנין אותה אלא לחבר – דהתם אבכורים קאי, כדאמר התם לעיל מינה: רבי אלא אוסר בבכורים.

קָא מְעַיֵּיל חוּלִּין לַעֲזָרָה. מִידֵּי דְּלָא אִיתְעֲבִיד בֵּיהּ צוֹרֶךְ גָּבוֹהַּ. הַמַּזִּיק מַתְּנוֹת כְּהוּנָּה. קוֹדֶם שֶׁנְּתָנָן לַכֹּהֵן, הִשְׁלִיכָם לָאוּר אוֹ לַיָּם. דִּכְתִיב בְּהוּ זֶה. דְּמַשְׁמַע: בְּעוֹדָן קַיָּימוֹת – חַיָּיב לִיתְּנָן, אֲבָל אֵינָן קַיָּימוֹת – לֹא חִיֵּיב הַכָּתוּב בָּהֶן תַּשְׁלוּמִין. שֶׁאֵין לוֹ תּוֹבְעִים. אֵין לוֹ בְּעָלִים שֶׁיּוּכְלוּ לְתוֹבְעוֹ בַּדִּין, שֶׁהוּא יָכוֹל לוֹמַר לוֹ: לְכֹהֵן אַחֵר אֲנִי נוֹתְנָן, וְלֹא לְךָ. מִשְׁפָּט מְלַמֵּד שֶׁהַמַּתָּנוֹת דִּין. דַּיָּינִין זְקוּקִין לָהֶן לְהוֹצִיאָן בְּדַיָּינִין. אַלְמָא, כֹּהֵן רִאשׁוֹן הַתּוֹבְעָן מוֹצִיאָן מִיָּדוֹ, וְקַשְׁיָא לְרַב חִסְדָּא דְּאָמַר דְּמַתְּנוֹת כְּהוּנָּה – מָמוֹן שֶׁאֵין לוֹ תּוֹבְעִין הוּא. לְחוֹלְקָן בְּדַיָּינִין. דַּיָּינִין אוֹמְרִים לוֹ לְיִשְׂרָאֵל: לָזֶה תֵּן הַמַּתָּנוֹת, שֶׁהוּא חָבֵר. וְאַל תִּתֵּן לָזֶה, שֶׁהוּא עַם הָאָרֶץ. וַיֹּאמֶר לָעָם. בִּיהוֹשָׁפָט כְּתִיב בְּדִבְרֵי הַיָּמִים, וְסֵיפֵיהּ דִּקְרָא: "לְמַעַן יֶחֶזְקוּ בְּתוֹרַת ה'". מְנָת. חֵלֶק כְּהוּנָּה. אַטּוּ חָזֶה וְשׁוֹק מִי לָא בְּדַיָּינִין מִיחַלְקוּ. כְּלוּם הָיָה יָכוֹל לִתְּנָם לְכֹהֵן עַם הָאָרֶץ, וְהָא מְנָת נִינְהוּ! אֶלָּא לְהוֹצִיאוֹ בְּדַיָּינִין. אַלְמָא, דְּמָמוֹן שֶׁיֵּשׁ לוֹ תּוֹבְעִין הוּא, מִשּׁוּם הָכִי מְמַעֵט חָזֶה וָשׁוֹק, דְּכֵיוָן דִּלְכַפָּרָה וּלְרִצּוּי בָּא, לָא שָׁקֵיל דְּמַעֲשֶׂה. הָכָא בְּמַאי עָסְקִינַן דְּאָתוּ לִידֵיהּ. דְּכֹהֵן, וְאַחַר כָּךְ גְּזָלָם זֶה מִמֶּנּוּ. דַּהֲוָה לֵיהּ מָמוֹן שֶׁיֵּשׁ לוֹ תּוֹבְעִין, שֶׁכְּבָר זָכָה זֶה בָּהֶן, וְדָמֵי כְּמַאן דִּגְזַל מִינֵּיהּ גְּלִימֵיהּ. וּפָרֵיךְ: אִי דְּאָתוּ לִידֵיהּ. דְּכֹהֵן, מַאי לְמֵימְרָא? פְּשִׁיטָא דְּיָכוֹל לְהוֹצִיאוֹ בְּדַיָּינִין! וְקָמְהַדַּר: "דְּאָתוּ לִידֵיהּ בְּטַבְלַיְיהוּ" – הַבְּהֵמָה שְׁלֵימָה הָיְתָה מוּנַּחַת אֶצְלוֹ, וַהֲרֵי הַמַּתָּנוֹת מִן הַהֶפְקֵר. כְּמִי שֶׁהוּרְמוּ דָּמְיָין. וַהֲוָה כֹּהֵן. בְּמַתָּנוֹת שֶׁשָּׁוִים לְכׇל הַכֹּהֲנִים מְהַנֵּי זְכִיָּיה, אִם קָדַם. אֲבָל חָזֶה וָשׁוֹק אֵינוֹ אֶלָּא לְאוֹתוֹ בֵּית אָב, וְלָא מְהַנֵּי. בַּעַל הַבַּיִת. עָשִׁיר שֶׁהָיָה עוֹבֵר מִמָּקוֹם לְמָקוֹם. וְצָרִיךְ לִיטּוֹל כו'. וְנִצְרָךְ לִמְזוֹנוֹת – נוֹטֵל לֶקֶט כִּשְׁאָר עֲנִיִּים, הוֹאִיל שֶׁעַכְשָׁיו עָנִי הוּא. וּכְשֶׁיַּחֲזוֹר יְשַׁלֵּם. אַלְמָא, כׇּל מִידֵּי דִּמְחַיְּיבֵיהּ רַחֲמָנָא לְמֵיתַב לַעֲנִיִּים – הָנָךְ רִאשׁוֹן יָכוֹל לְתוֹבְעוֹ, וְהוּא הַדִּין לְמַתְּנוֹת כְּהוּנָּה. מִדַּת חֲסִידוּת שָׁנוּ כָּאן. אִם חָסִיד הוּא יְשַׁלֵּם. תָּנָא תָּנֵי יְשַׁלֵּם. דְּמַשְׁמַע: עַל כׇּרְחוֹ, וְאַתְּ אָמְרַתְּ כו'. וְעוֹד. מִי סְבָרַתְּ מִדְּרַבִּי אֱלִיעֶזֶר קָמוֹתִיב, דְּמָצֵינַן לְמֵימַר דְּרַב חִסְדָּא מְשַׁנֵּי עֲלָהּ: "מִדַּת חֲסִידוּת שָׁנוּ כָּאן"? הָא מִדְּרַבָּנָן מוֹתִיב, וַעֲלָהּ מְשַׁנֵּי רַב חִסְדָּא *(מִדַּת חֲסִידוּת שָׁנוּ כו'. כָּאן. הָא) דְּקָתָנֵי "עָנִי הָיָה בְּאוֹתָהּ שָׁעָה", דְּמַשְׁמַע דְּתֵידוּק מִינַּהּ דְּעָשִׁיר בָּעֵי שַׁלּוֹמֵי – לָאו בְּדַיָּינִין קָאָמַר, אֶלָּא אִם חָסִיד הוּא צָרִיךְ לְשַׁלֵּם, לָצֵאת יְדֵי שָׁמַיִם. וְכֵן לֵוִי שֶׁאָכַל מַעְשְׂרוֹתָיו טְבָלִים. שֶׁלֹּא הִפְרִישׁ תְּרוּמַת מַעֲשֵׂר. אֶת קׇדְשֵׁי בְּנֵי יִשְׂרָאֵל אֲשֶׁר יָרִימוּ לַה' אֵין לְךָ בָּהֶן אֶלָּא מִשְׁעַת הֲרָמָה. הָכִי גָּרְסִינַן לֵיהּ בַּתּוֹסֶפְתָּא*.
דְּאָתוּ

**וכשיחזור** לביתו ישלם. ללישנא בתרא דקאמר משום דהוי ממון שאין לו תובעין – פריך שפיר, ד"ישלם" משמע שיכול להוציאו בדיינין. וללישנא קמא נמי, דפטר משום דכתיב "זה" – פרכינן דכיון דבמתנות פטור משום דכתיב "זה", מסברא אין לנו לחלק בין מתנות ללקט שכחה ופאה. ולקמן בפרקין (דף קלד.) פריך מספק לקט דחייב משום "עני ורש הצדיקו" להא דאמר: אין ספק מתנות לכהן. **אמר** רבא גרס ולא גרסינן אמר ליה רבא. דהוה משמע דלרב חסדא דבר. ואם כן, מאי קאמר לבסוף "מדת חסידות שנו כאן", הלא כבר שמע התירוץ, ולמה חזר ואמר רב חסדא? אלא רבא שמע בבית המדרש הקשיא והתירוץ בשם רב חסדא ארישא, והשיב להם דארישא לא שייך לשנויי ולא לאותיב מיניה, אלא מסיפא הוקשה לרב חסדא, ועל זה תירץ רב חסדא. וי"ס שכתוב בהן "ואמר רב חסדא" בוי"ו בסוף מילתיה דרבא, וכן משמע: דאי לרב חסדא הוה מדבר – לא היה אומר "ואת אמרת", אלא "ומר אמר מדת חסידות שנו כאן".

**תנא** תני ישלם ואת אמרת כו'. וא"ת: והאמר בפרק קמא דב"ק (דף ז.): א"ל אביי: מי כתיב "ישולם"? "ישלם" כתיב, מדעתו! ואמר נמי פרק "הפועלים" (ב"מ דף צא.*) גבי חוסם פי פרה ודש בה, לוקה ומשלם ארבעה קבין לפרה כו'. ובעי למימר משלם, לצאת ידי שמים. וללישנא קמא דלעיל, דפטור אפילו לצאת ידי שמים, פריך שפיר. ומיהו להההוא לישנא נמי דאין לו תובעין, דחייב לצאת ידי שמים, איכא למימר דהיינו דוקא במזיק מתנות כהונה או אכלן, שלקחן בהיתר, שהיה אז עני – אפילו לצאת ידי שמים לא מחייב. להכי פריך שפיר "ואת אמרת מדת חסידות שנו כאן", ולא מחייב אפילו לצאת ידי שמים. ומיהו בסמוך קשה: דקאמר "טעמא דעני, הא עשיר חייב", ומאי קשיא? אימא: עני פטור אפילו מלצאת ידי שמים, אבל עשיר חייב. א] ומפר"ת: דה"ק, "תנא תני ישלם" – לרבי אליעזר, ורבנן פליגי עליה, "ואת אמרת מדת חסידות" כו' – דעל מדת חסידות לא הוי פליגי רבנן.

**אין** לך בהן אלא משעת הרמה. ואם תאמר: והא קרא לאו לאחר הרמה איירי, אלא בעתיד ליתרם, דמפקינן מיניה בפרק "[אלו] הנשרפים" (סנהדרין דף פג.) דטבל במיתה, "חלול" "חלול" מתרומה. דדריש: "לא יחללו את קדשי בני ישראל את אשר ירימו" – בעתידים ליתרם הכתוב מדבר! ויש לומר: דהכא דריש מדסמך "ירימו" אצל "לה'" לומר לך: שאין לגבוה בהן אלא משעת הרמה. אי נמי: משום דקאי אקרא דסמיך ליה "ואיש כי יאכל קודש", דאיירי לאחר הרמה.

דאתו

[וע"ע תוס' פסחים סו: ד"ה מביאה וב"ב פא: ד"ה ודילמא ומנחות כא: ד"ה חולין ודף פ: ד"ה וכי ותמורה כג. ד"ה אוכלין וזבחים עז. ד"ה וחולין]

שיטה מקובצת
א] מתנה לכהן ע"ה. נ"ב עי' תוס' מנחות דף י"ח ע"ב: ב] ותימה דבפ' כל התדיר. נ"ב עי' תוס' מנחות דף פ"ו ע"ב:

גליון הש"ס
**גמ'** או שאכלן פטור. עי' לקמן דף קלו ע"ב תוס' ד"ה על: **שם** מתנה לכהן ע"ה. עי' מנחות דף יח ע"ב תוס' ד"ה מודה:

ע"ש תוס' ד"ה בבא

[ב"ב פא: מנחות מח. פ: פח. זבחים עז. קו.]
[לקמן קלא: קלב.]
סנהדרין לג:
[נ"ל הכהנים והלוים]
[קדושין נח: נדרים פד. ב"ב קכג. מכות כ. בכורות יא.]
*פאה פ"ה מ"ד
[ב"מ נב:]
[נ"ל מדת חסידות שנו כאן הא]
[פ"ג דמ"ש]

הגהות מהר"ב רנשבורג
א] תוס' ד"ה תנא תני וכו' אבל עשיר חייב ומפר"ת וכו'. נ"ב עי' שו"ת רמ"ח סי' ק"י:

דְּאָתוּ לִידֵיהּ בְּטִבְלַיְיהוּ, וְקָסָבַר הַאי תַּנָּא: מַתָּנוֹת שֶׁלֹּא הוּרְמוּ, כְּמִי שֶׁהוּרְמוּ דָּמְיָין. תָּא שְׁמַע: *הֲרֵי שֶׁאָנְסוּ בֵּית הַמֶּלֶךְ גָּרְנוֹ, אִם בְּחוֹבוֹ – חַיָּיב לְעַשֵּׂר, אִם *בַּאֲנַפָּרוּת – פָּטוּר מִלְּעַשֵּׂר! שָׁאנֵי הָתָם דְּקָא מִשְׁתַּרְשֵׁי לֵיהּ. תָּא שְׁמַע: *אָמַר לוֹ "מְכוֹר לִי בְּנֵי מֵעֶיהָ שֶׁל פָּרָה", וְהָיָה בָּהֶן מַתְּנוֹת כְּהוּנָּה – נוֹתְנָן לַכֹּהֵן, וְאֵינוֹ מְנַכֶּה לוֹ מִן הַדָּמִים. לָקַח הֵימֶנּוּ בְּמִשְׁקָל – נוֹתְנָן לַכֹּהֵן, וּמְנַכֶּה לוֹ מִן הַדָּמִים. אַמַּאי? לֶיהֱוֵי כְּמַזִּיק מַתְּנוֹת כְּהוּנָּה אוֹ שֶׁאֲכָלָן! שָׁאנֵי הָתָם דְּאִיתַנְהוּ בְּעֵינַיְיהוּ. ת"ש: תִּשְׁעָה נִכְסֵי כֹהֵן – תְּרוּמָה, וּתְרוּמַת מַעֲשֵׂר, וְחַלָּה, רֵאשִׁית הַגֵּז, וּמַתָּנוֹת, וְהַדְּמַאי, וְהַבִּכּוּרִים, וְהַקֶּרֶן, וְהַחוֹמֶשׁ. לְמַאי? לָאו לְהוֹצִיאָן בְּדַיָּינִין?! לָא, *לִכְדִתְנַן: לָמָּה אָמְרוּ נִכְסֵי כֹהֵן – אשֶׁקּוֹנֶה בָּהֶן עֲבָדִים וְקַרְקָעוֹת וּבְהֵמָה טְמֵאָה, וּבַעַל חוֹב נוֹטְלָן בְּחוֹבוֹ, וְאִשָּׁה בִּכְתוּבָּתָהּ, וְסֵפֶר תּוֹרָה. הַהוּא לֵיוָאָה דַּהֲוָה חָטֵף מַתְּנָתָא. אָתוּ אָמְרוּ לֵיהּ לְרַב. אָמַר לְהוּ: לָא מַסְתְּפִיה דְּלָא שָׁקְלִינַן מִינֵּיהּ אֶלָּא מִיחְטַף נַמִי חָטֵיף? וְרַב, באִי אִיקְּרוּ "עַם" – מִשְׁקַל נַמִי לִשְׁקוֹל מִינַּיְיהוּ. אִי לָא אִיקְּרוּ "עַם" – רַחֲמָנָא פַּטְרִינְהוּ! גמִסְּפְּקָא לֵיהּ אִי אִיקְּרוּ "עַם" אִי לָא אִיקְּרוּ "עַם". יָתֵיב רַב פַּפָּא וְקָאָמַר לְהָא שְׁמַעְתָּא. אֵיתִיבֵיהּ רַב אִידִי בַּר אָבִין לְרַב פַּפָּא, *דאַרְבַּע מַתָּנוֹת עֲנִיִּים שֶׁבַּכֶּרֶם: הַפֶּרֶט וְהָעוֹלֵלוֹת וְהַשִּׁכְחָה וְהַפֵּאָה. וְשָׁלֹשׁ שֶׁבַּתְּבוּאָה: הַלֶּקֶט וְהַשִּׁכְחָה וְהַפֵּאָה. שְׁנַיִם שֶׁבָּאִילָן: הַשִּׁכְחָה וְהַפֵּאָה. וכּוּלָּן אֵין בָּהֶם טוֹבַת הֲנָאָה לַבְּעָלִים, וַאֲפִילּוּ עָנִי שֶׁבְּיִשְׂרָאֵל מוֹצִיאִין מִיָּדוֹ. המַעְשַׂר עָנִי הַמִּתְחַלֵּק בְּתוֹךְ בֵּיתוֹ יֵשׁ בּוֹ טוֹבַת הֲנָאָה לַבְּעָלִים, וַאֲפִי' עָנִי שֶׁבְּיִשְׂרָאֵל מוֹצִיאִין אוֹתוֹ מִיָּדוֹ. וּשְׁאָר מַתְּנוֹת כְּהוּנָּה, כְּגוֹן הַזְּרוֹעַ וְהַלְּחָיַיִם וְהַקֵּבָה – אֵין מוֹצִיאִין אוֹתָן *(מִיָּדוֹ) לֹא מִכֹּהֵן לְכֹהֵן, וְלֹא מִלֵּוִי לְלֵוִי. אַרְבַּע מַתָּנוֹת שֶׁבַּכֶּרֶם: הַפֶּרֶט וְהָעוֹלֵלוֹת וְהַשִּׁכְחָה וְהַפֵּאָה, דִּכְתִיב: °"וְכַרְמְךָ לֹא תְעוֹלֵל וּפֶרֶט כַּרְמְךָ לֹא תְלַקֵּט", וּכְתִיב: °"כִּי תִבְצוֹר כַּרְמְךָ לֹא תְעוֹלֵל אַחֲרֶיךָ", אָמַר ר' לֵוִי: "אַחֲרֶיךָ" – זוֹ שִׁכְחָה, פֵּאָה – גָּמַר "אַחֲרֶיךָ" "אַחֲרֶיךָ" מִזַּיִת, דִּכְתִיב: °"כִּי תַחְבּוֹט זֵיתְךָ לֹא תְפַאֵר אַחֲרֶיךָ", וְתָנָא דְּבֵי ר' יִשְׁמָעֵאל: שֶׁלֹּא תִטּוֹל תִּפְאַרְתּוֹ מִמֶּנּוּ. שְׁלֹשָׁה שֶׁבַּתְּבוּאָה: הַלֶּקֶט, הַשִּׁכְחָה

ויקרא יט | דברים כד | שם

**רש"י**

דְּאָתוּ לִידֵיהּ. דְּכֹהֵן. בְּטִבְלַיְיהוּ. שֶׁהוּפְקַד הַטֶּבֶל אֶצְלוֹ. כְּמִי שֶׁהוּרְמוּ דָּמְיָין. זָכָה בָּהֶם מִן הַהֶפְקֵר, שֶׁהֲרֵי קָדַם. ל"א: שֶׁמָּסַר לוֹ אֶת הַטֶּבֶל לִזְכּוֹת בִּתְרוּמָה שֶׁבּוֹ. אִם בְּחוֹבוֹ. שֶׁהָיָה חַיָּיב לוֹ דָּבָר קָצוּב מָמוֹן. חַיָּיב לְעַשֵּׂר. מִמָּקוֹם אַחֵר וְלִיתֵּן לַכֹּהֵן, שֶׁהֲרֵי הוּא כְּמוֹכֵר. וְאִם בַּאֲנַפָּרוּת. בְּהֶפְסֵד, וְעַל חִנָּם – פָּטוּר מִלְּעַשֵּׂר. קָתָנֵי מִיהַת "אִם בְּחוֹבוֹ, חַיָּיב לְעַשֵּׂר" – אַלְמָא יֵשׁ לוֹ תּוֹבְעִין. דְּאִי לָאו דִּינָא הוּא שֶׁיְּשַׁלֵּם לוֹ עַל כָּרְחוֹ, מַאי חִיּוּב מִצְוָה אִיכָּא? הָא לָא פָּשׁ גַּבֵּיהּ מִידֵּי! שָׁאנֵי הָתָם דְּקָא מִשְׁתַּרְשֵׁי לֵיהּ. הָתָם לָאו מִשּׁוּם הוֹצָאָה בְּדַיָּינִין תְּנַן בָּהּ, אֶלָּא חִיּוּבָא בְּעָלְמָא, כִּשְׁאָר חִיּוּבֵי מַעַשְׂרוֹת. חִיּוּבָא וַדַּאי אִיכָּא עֲלֵיהּ, "דְּהָא מִשְׁתַּרְשֵׁי לֵיהּ" – כְּלוֹמַר, מִשְׂתַּכֵּר הוּא בָּהּ, שֶׁהֲרֵי הָיָה צָרִיךְ לִפְרוֹעַ מָעוֹת. א"ל. לַטַּבָּח. מְכוֹר לִי בְּנֵי מֵעֶיהָ. בְּנֵי מֵעֶיהָ שֶׁל פָּרָה זוֹ. וְהָיוּ בָּהֶן מַתָּנוֹת. הַקֵּבָה. נוֹתְנָן. לוֹקֵחַ זֶה לַכֹּהֵן. וְאֵין. הַמּוֹכֵר מְנַכֶּה לוֹ לַלּוֹקֵחַ מִן הַדָּמִים, שֶׁהֲרֵי הָיָה יוֹדֵעַ הַלּוֹקֵחַ שֶׁהַמַּתָּנוֹת שָׁם, וְזֶה לֹא מָכַר לוֹ הַקֵּבָה. לָקַח הֵימֶנּוּ בְּמִשְׁקָל. הַלִּיטְרָא כָּךְ וְכָךְ, וְשָׁקַל לוֹ הַקֵּבָה. נוֹתְנָן לוֹ. לוֹקֵחַ לַכֹּהֵן, שֶׁהֲרֵי הַגֶּזֶל אֶצְלוֹ, וְצָרִיךְ לְהָשִׁיב. וְהַטַּבָּח יְנַכֶּה לוֹ מִן הַדָּמִים. עַל כָּרְחוֹ, שֶׁמָּכַר דָּבָר שֶׁאֵינוֹ שֶׁלּוֹ. וְאַמַּאי. נוֹתְנָן לַכֹּהֵן? לֶיהֱוֵי כְּמַזִּיק כו'. תִּשְׁעָה נִכְסֵי כֹהֵן. לֹא יָדַעְתִּי הֵיכָן שְׁנוּיָה. וּבִסְפָרִים אֵינָהּ כְּתוּבָה בְּשָׁוֶה, וּמוֹצֵא אֲנִי: ט"ו מַתְּנוֹת כְּהוּנָּה שֶׁכּוּלָּן נִכְסֵי כֹהֵן לַעֲשׂוֹת בָּהֶן כָּל צְרָכָיו – הַתְּרוּמָה, וּתְרוּמַת מַעֲשֵׂר, וּתְרוּמַת מַעֲשֵׂר שֶׁל דְּמַאי, וְהַחַלָּה, וְהַבִּכּוּרִים, וְרֵאשִׁית הַגֵּז, וּמַתָּנוֹת שֶׁל חוּלִּין וְשֶׁל קָדָשִׁים, וְהַקֶּרֶן וְהַחוֹמֶשׁ שֶׁל גֶּזֶל הַגֵּר, וּשְׂדֵה אֲחוּזָּה, וּשְׂדֵה חֲרָמִים, וּבְכוֹר בַּעַל מוּם, וּפִדְיוֹן הַבֵּן, וּפִדְיוֹן פֶּטֶר חֲמוֹר. וְנִרְאֶה בְּעֵינַי שֶׁכּוּלָּן שְׁנוּיִם בָּהּ, וְחָשֵׁיב תְּרוּמָה וּתְרוּמַת מַעֲשֵׂר וְהַדְּמַאי וְחַלָּה כַּחֲדָא – דְּכוּלְּהוּ תְּרוּמָה נִינְהוּ. וּבְכוֹר וּפִדְיוֹן הַבֵּן וּפִדְיוֹן פֶּטֶר חֲמוֹר כַּחֲדָא, וְקֶרֶן וְחוֹמֶשׁ דְּגֶזֶל הַגֵּר חֲדָא, וְכוּלְּהוּ הָנָךְ מַתָּנָה לַכֹּהֵן הֵן. וּלְקַמָּן בְּפִירְקִין (דף קלג:) חָשֵׁיב כָּל כ"ד מַתְּנוֹת כְּהוּנָּה. הַגּוֹזֵל אֶת הַגֵּר, וְנִשְׁבַּע לוֹ, וּמֵת הַגֵּר, וְאח"כ הוֹדָה *וְנִשְׁבַּע לַשֶּׁקֶר. דְּאָמַר רַחֲמָנָא: "וְאִם אֵין לָאִישׁ גּוֹאֵל" וגו' – וְכִי יֵשׁ לְךָ אָדָם בְּיִשְׂרָאֵל שֶׁאֵין לוֹ גּוֹאֲלִים? אֶלָּא זֶהוּ גֵּר שֶׁמֵּת וְאֵין לוֹ יוֹרְשִׁין, וּכְתִיב: "הָאָשָׁם הַמּוּשָׁב לַה' לַכֹּהֵן", וְתַנְיָא בְּפֶרֶק "הַגּוֹזֵל" בב"ק (דף קי.): "הָאָשָׁם" – זֶה קֶרֶן, "הַמּוּשָּׁב" – זֶה חוֹמֶשׁ. דְּגַבֵּי נִשְׁבַּע לַשֶּׁקֶר בְּפִקָּדוֹן אוֹ בְּגֶזֶל כְּתִיב בֵּיהּ חוֹמֶשׁ, בֵּין בְּגוֹזֵל חֲבֵירוֹ בְּפָרָשַׁת וַיִּקְרָא, בֵּין בְּגֶזֶל הַגֵּר בְּפָרָשַׁת נָשֹׂא. לָמָּה אָמְרוּ. לְמַאי הִלְכְתָא? וס"ת. אע"פ שֶׁאֵינוֹ לַאֲכִילָה, וְלֹא לְדָבָר שֶׁיָּבֹא לִידֵי אֲכִילָה. וְלִבִּי מְגַמְגֵּם: לְמַאי תָּנְיָיה, הוֹאִיל וּתְנָא דַּאֲפִי' בְּהֵמָה טְמֵאָה לוֹקֵחַ מֵהֶן? חָטֵיף מַתְּנָתָא. כְּשֶׁהָיוּ הַתִּינוֹקוֹת מוֹלִיכִין הַזְּרוֹעַ וְהַלְּחָיַיִם וְהַקֵּבָה לַכֹּהֵן, חוֹטְפָם מִידֵיהֶם. לָא מַסְתְּפֵיהּ. לֹא דַּי דִּכְשֶׁהוּא שׁוֹחֵט אֶת בְּהֶמְתּוֹ אֵין אָנוּ כּוֹפִין אוֹתוֹ לָתֵת מַתָּנוֹת לְכֹהֵן אַחֵר. אֶלָּא מִיחְטַף נַמִי חָטֵיף. בִּתְמִיָּה. וְרַב. מַאי דַּעְתֵּיהּ דְּאָמַר "לָא מִסְתְּיֵיהּ דְּלָא שָׁקְלִינַן מִינֵּיהּ" – דְּמַשְׁמַע, שֶׁהָיִינוּ יְכוֹלִין לְכוֹפוֹ לְכָךְ וְנִמְנָעִין אָנוּ? אִי אִיקְּרוּ עַם לִשְׁקוֹל מִינֵּיהּ. דְּהָא "מֵאֵת הָעָם מֵאֵת זוֹבְחֵי הַזֶּבַח" כְּתִיב (דברים יח), וְאִי לָא אִיקְּרוּ "עַם" – רַחֲמָנָא פַּטְרֵיהּ, וּמַאי טִיבוּתָא עָבְדִינַן גַּבַּיְיהוּ? מִסְפְּקָא לֵיהּ. לְרַב, וּמִשּׁוּם סְפֵיקָא פָּטַר לֵיהּ, דְּהַמּוֹצִיא מֵחֲבֵירוֹ עָלָיו הָרְאָיָה. לְהָא שְׁמַעְתָּא. דְּרַב דִּמְסַפְּקָא לֵיהּ. ד' מַתְּנוֹת עֲנִיִּים. הַנּוֹהֲגוֹת בְּכֶרֶם, וְאֵלּוּ הֵן. הַפֶּרֶט וְהָעוֹלֵלוֹת. כִּדְכְתִיב (ויקרא יט): "וְכַרְמְךָ לֹא תְעוֹלֵל וּפֶרֶט כַּרְמְךָ לֹא תְלַקֵּט", וּבְמַסֶּ' פֵּאָה (פ"ז מ"ד) מְפוֹרָשׁ: אֵיזוֹ הִיא עוֹלֵלוֹת? כָּל שֶׁאֵין לָהּ לֹא כָּתֵף וְלֹא נָטֵף. וְהַשִּׁכְחָה

גיטין מד. | [פי' שלקחו אנס עובד כוכבים בלאונס שלא כדין. ערוך ועי' בפרש"י] לקמן קלב. | בכורים פ"ב מי"ב | תוספתא פ"ב דפאה | נ"ל שנשבע לשקר. רש"ל רש"ל מ"ז

**תוספות**

**דאתו** לידיה בטבלייהו וקסבר האי תנא מתנות שלא הורמו כמי שהורמו דמיין. ו"משעת הרמה ואילך" – היינו, מכי אתו לידיה אפילו בטבלייהו. וא"ת: אמאי לא משני דפשטא דברייתא דקתני "פטור מן התשלומין" – היינו, דאתו ליד כהן בטבלייהו, וקסבר האי תנא: מתנות שלא הורמו לאו כמי שהורמו דמיין, ומש"ה פטור, דאין לו לכהן אלא משעת הרמה ממש. והוה ניחא טפי דהוי לשון "הרמה" דוקא! וי"ל: דאי הוה מוקי לה הכי, אז לא היה חדוש הדיוק כלל "הא משעת הרמה ואילך משלם", דהא פשיטא דמשלם, כיון דאתו ליד כהן והורמו. אבל השתא עיקר הברייתא משמיענו דמזיק מתנות כהונה או שאכלן פטור, ודיוקא קמ"ל דאע"ג דאתו לידיה א] בטבלייהו – חייב, דכמי שהורמו דמיין.

**שאני** התם דקא משתרשי ליה. דבמקום זה הניח לו המלך שאר ממון. ואם תאמר: מתנות כהונה, כשאכלם משתרשי ליה, שבמקום זה לא אכל דבר אחר, ואמאי פטור? וי"ל: דלא דמי לאנסו בית המלך גרנו, דתחתיהן לא לקח משלו. אבל באכלו, אפשר דלא משתרשי ליה, שהיה מתענה.

**הכי** גרסי' בפי' ר"ח שבעה נכסי כהן. ולא חשיב הכא כל כ"ד מתנות כהונה דחשיב לקמן בפירקין (דף קלג:), דלא חשיב הכא אלא הנך דאסורים לזרים והם ממון כהן. והא דחשיב מתנות, אע"פ שמותרות לזרים – משום דטבלי, ודמו לתרומה, כדאמר לקמן (קלג:): אע"ג דלית הלכתא הכי, היינו דלא הוי כאוכל טבלים, אבל מ"מ איסורא איכא לאכול מבהמה שלא הורמה מתנותיה. א"נ: לא חשיב אלא מידי דבר אכילה. והא דלא חשיב בכור – משום דאכתי לאו בר אכילה הוא, שצריך שחיטה.

**מעשר** עני המתחלק בתוך הבית. דוקא נקט "המתחלק בתוך הבית" – דשני דיני מעשר הם: אחד, מתחלק תוך הבית. ואחד, מתחלק בתוך הגרנות, כדמשמע בפ"ב דנדרים (דף פד:). ואותו המתחלק תוך הגרנות, אין לבעלים בו טובת הנאה, אלא באותו המתחלק בתוך הבית. ובספרי מפרש להו מקראי: כתוב אחד אומר "מקצה שלש שנים תוציא את כל מעשר תבואתך והנחת" – אלמא, צריך להניחו בגורן, ובאין עניים ונוטלין אותו. וכתוב אחד אומר "כי תכלה לעשר וגו' ונתת ללוי" וגו' – אלמא, בתוך הבית מחלקו, מדכתיב "והנחת". הא כיצד? עד הפסח, שהוא זמן גשמים, ואם מניחו בחוץ נפסד – מחלקו בתוך ביתו, וזה מעשר עני המתחלק בתוך הבית. מכאן ואילך, שהוא ימי הקיץ – מניחו בחוץ בגרנות, ועניים באים ונוטלין אותו.

**יש** בו טובת הנאה לבעלים. נראה דדבר שיש בו טובת הנאה לבעלים, אפילו בא עני ולקחו – מוציאין מידו. ודבר שאין בו טובת הנאה לבעלים, לקחו – אין מוציאין מידו. ומיהו אם לא לקחו, ובא עני ושאלו ממנו – אם ירצה, לא יתן לו. דקרי ליה לעיל "ממון שאין לו תובעין", ואם היה צריך ליתנו לתובעו – א"כ, הוי יש לו תובעין.

**גמר** אחריך אחריך מזית. ואע"ג דאצטריכו למכתב, ולא הוי מופנה – גלוי מילתא בעלמא הוא, דכמו שיש בזה אחריך פאה, ה"נ יש בזה אחריך פאה, ולאו ג"ש ממש היא. אי נמי: מדכתיב שכחה בלשון "אחריך", ש"מ: לג"ש אתא. וצ"ע: למה לא גמרינן בג"ש ד"אחריך" דלהוי פרט בזית כמו בכרם? ונהי דלענין עוללות לא אפשר למילף באילן, דלא שייך ביה "איזהו עוללות, כל שאין לו לא כתף ולא נטף".
כגון

נ"ל ונתת

**עין משפט נר מצוה**

טו א מיי' פ"ט מהל' בכורים הל' כ ופ"א מהל' בכורות הל' ג סמג עשין קמב ריא טוש"ע י"ד סי' סא סעיף יג וסי' שו סעיף ו:
טז ב מיי' פ"ט מהל' בכורים הל' ח טוש"ע י"ד סי' סא סעיף כג:
יז ג מיי' פ"א מהלכות מתנות עניים הל' ז:
יח ד ה מיי' שם הל' ה ופ"ו הל' י:

**שיטה מקובצת**

א] בטבלייהו חייב דכמי שהורמו דמיין ועוד י"ל דאתו לידיה בטבלייהו וקסבר מתנות שלא הורמו כמי שהורמו דמיין הלכך אם אכלן אחר הרמה חייב שכבר זכה בהן הכהן ואם קודם הרמה פטור דגזירת הכתוב דאין לו בהן אלא משעת הרמה ואילך עד שהוברר חלק של כהן ומידו אחר הרמה אתניא הא דאתא לידיה שזכה בהן הכהן וממונו הוא. הרא"ש ז"ל:

**גליון הש"ס**

גמ' אי איקרו עם. עי' שבועות דף יד ע"א תוס' ד"ה כוון:

השכחה והפאה, דכתיב: °"ובקוצרכם את קציר ארצכם לא תכלה פאת שדך בקוצרך ולקט קצירך" וגו'. °"כי תקצור קצירך בשדך ושכחת עומר בשדה". שנים שבאילן: השכחה והפאה, דכתיב: °"כי תחבוט זיתך לא תפאר אחריך", ותנא דבי ר' ישמעאל: שלא תטול תפארתו ממנו. "אחריך" – זה שכחה. "וכולן אין בהן טובת הנאה לבעלים". מאי טעמא? "עזיבה" כתיבא בהו. "ואפי' עני שבישראל מוציאין אותו מידו" – דכתיב: "ולקט קצירך לא תלקט לעני ולגר תעזוב אותם" – *להזהיר עני על שלו. "ומעשר עני המתחלק בתוך הבית יש בו טובת הנאה לבעלים". מאי טעמא? "נתינה" כתיבא ביה. "ואפי' עני שבישראל מוציאין אותו מידו" – דאמר ר' אילעא: גמר "לגר" "לגר" מהתם, מה להלן – מוזהר עני על שלו, אף כאן – מוזהר עני על שלו. "ושאר מתנות כהונה כגון הזרוע והלחיים והקבה אין מוציאין אותן לא מכהן לכהן ולא מלוי ללוי" – הא מלוי לכהן מוציאין, אלמא איקרו "עם"! כגון הזרוע, ולא זרוע, ומאי ניהו – מעשר ראשון. מעשר ראשון, דלוי הוא! כרבי אלעזר בן עזריה, *דתניא: אתרומה – לכהן, מעשר ראשון – ללוי, דברי ר' עקיבא. ר' אלעזר בן עזריה אומר: אף לכהן. אימר דאמר ר' אלעזר בן עזריה אף לכהן, לכהן ולא ללוי מי אמר? אין, בלבתר דקנסינהו עזרא. אימר דקנסינהו עזרא – דלא יהבינן להו, משקל מינייהו מי אמר? אלא, כגון זרוע ולא זרוע, ומאי ניהו – ראשית הגז. ת"ש, זה הכלל: כל דבר שהוא בקדושה, כגון תרומה ותרומת מעשר וחלה – מוציאין אותן מידם. וכל דבר שאינו בקדושה, כגון הזרוע והלחיים והקבה – אין מוציאין אותו מידם! כגון זרוע ולא זרוע, ומאי ניהו – מעשר ראשון, ולבתר דקנסינהו עזרא. ת"ש: *השוחט לכהן ולגוי – פטור מן המתנות. הא ללוי ולישראל חייב! לא תימא: הא ללוי ולישראל חייב, אלא אימא: הא לישראל חייב. אבל ללוי מאי – פטור. אי הכי, ליתני "השוחט ללוי ולגוי פטור מן המתנות!" ועוד, הא תניא: השוחט לכהן ולגוי – פטור מן המתנות, ללוי ולישראל – חייב, תיובתא דרב! אמר לך רב: תנאי היא, *דתניא: °"וכפר את מקדש הקדש" – זה לפני ולפנים, "אהל מועד" – זה היכל, "מזבח" – כמשמעו, "יכפר" – אלו עזרות, "כהנים" – כמשמעו, "עם הקהל" – אלו ישראל, "יכפר" – אלו הלוים. ותניא אידך: "יכפר" – אלו עבדים, מאי לאו בהא קמיפלגי, דמר סבר איקרו "עם", ומר סבר לא איקרו "עם". ורב, אי סבירא ליה כהאי תנא – לימא, ואי סבירא ליה כהאי תנא – לימא! מספקא ליה, אי כהאי תנא אי כהאי תנא. דרש *מרימר: הלכתא כוותיה דרב, והלכתא כוותיה *דרב חסדא. עולא גהוה יהיב מתנתא לכהנתא. איתיביה רבא לעולא: *דמנחת כהנת – נאכלת, מנחת כהן – אינה נאכלת. ואי אמרת כהן ואפילו כהנת, והכתיב: °"וכל מנחת כהן כליל תהיה לא תאכל"! אמר ליה: רבי, מטונך

*והשכחה והפאה. כולהו יליף לקמן. פרט – ענבים הנושרין בשעת בצירה. לקט. הנושר בשעת קצירה. שתים באילן. לקמן יליף להו. אין בהן טובת הנאה לבעלים. אין בידם ליתן לכל מי שירצו, אלא כל הקודם זכה. ולקמיה מפרש טעמא. מוציאין את שלו מידו. אם היה לו כרם או תבואה או אילן – כופין אותו ליתן. אבל מעשר עני, הואיל ומתחלק בתוך הבית לאחר שהכניס תבואתו לבית. יש בהן טובת הנאה לבעלים. שבידו ליתן לאיזה עני שירצה. וחבירו אומר לו "הילך סלע זה, ותן כל מעשרותיך לקרובי עני". והיינו "טובת הנאה" – דבר מועט. ד' מתנות. ברישא מפרש להו לכולהו ברייתא, והדר מותיב תיובתא. אחריך זו שכחה. שאינה אלא מאחריו, כדתנן (פאה פ"ו מ"ד): שלפניו – אינו שכחה, שלאחריו – שכחה. זה הכלל: כל שהוא ב"בל תשוב" – שכחה, שאינו ב"בל תשוב" – אינו שכחה. פאה בכרם – גמר "אחריך" "אחריך" מזית, דכתיב ביה: "לא תפאר אחריך", ותנא דבי רבי ישמעאל: שלא תטול תפארתו הימנו. כלומר, לא תטול כל פארו, לשון (איוב לא) "ובכל תבואתי תשרש", דמשמע עקירה, ולשון (דברים כה) "ויזנב בך" – נטל את זנבך, אשפי"ר בלע"ז. והיינו, שלא תטול פאה*. כולהו עזיבה כתיבא בהו. שצריך להניח שם בהפקר, ולא שיחלקם. הנך דכתיב בהו "תעזוב" – הרי עזיבה, והנך נמי כתיב בהו "יהיה" – היינו בעזיבה, דמשמע: בהווייתו יהא, דלא כתיבא בהו "נתינה". לא תלקט לעני ולגר וגו'. ומשמע: לא תלקט אני מזהיר לעני. נתינה כתיבא ביה. "ונתת ללוי לגר וליתום ולאלמנה" (שם כו). גמר לגר לגר מהתם. מ"ולקט קצירך לא תלקט לעני ולגר". מה להלן עני מוזהר. כדאמרינן: להזהיר עני על שלו. הא מלוי לכהן מוציאין. אלמא, דלוים איקרו "עם", ואמאי מוציאין אי מספקא ליה לרב אי איקרו "עם" אי לא? ומתרץ כגון הזרוע ולא זרוע. כלומר, אשאר מתנות כהונה, שהן מתנה לכהן. בזו קאמר דמוציאין, ולא זרוע עצמה, דילמא לא מיקרו עם. ומאי ניהו. דמוציאין מלוי לכהן מעשר ראשון? ופריך: מעשר ראשון דלוי הוא. ואמאי מוציאין אותו מידו לתתו לכהן? אף לכהן. דבכ"ד מקומות נקראו כהנים "לוים".* הלכך, אע"ג דבמעשר ראשון "לוי" כתיבא ביה – כהנים נמי משתמעי. וקמסיים מילתיה אימר דאמר כו'. בתר דקנסינהו עזרא. ביבמות (דף פו:) אמר: מפני מה קנסו לוים במעשר? מפני שלא עלו בימי עזרא, דכתיב: "ואבינה בעם ובכהנים ומבני לוי לא מצאתי שם". אבל מקרא מפורש לא מצאתי שקנסם, אבל דוגמא יש לדבר, שכתוב בעזרא (נחמיה י) בסופו: "והיה הכהן בן אהרן עם הלוים *במעשר הלוים" – למדנו שלא האמינום על תרומת מעשר, ולא היו חולקין להן מעשר בגורן, אלא (דקנסינהו) בפני הכהנים. ומהדר: אימר דקנסינהו כו' משקל נמי מינייהו מי אמר. בתמיה. הכי הדרא אתקפתא לדוכתיה: הא מלוי לכהן – מוציאין! אלא הכי תריץ: כגון הזרוע. מוציאין מלוי לכהן ולא זרוע עצמו. ומאי ניהו "כגון זרוע" – ראשית הגז. דהתם לא כתיב "עם", ואי נמי לא איקרו "עם" – מחייבי. כל דבר שבקדושה. שאסור לזרים, כגון תרומה וכיוצא בהן, מוציאין מיד לוי לכהן. ושאין בה משום קדושה כגון הזרוע כו'. שבאין מבהמות של חולין אין מוציאין מיד לוי לכהן. אלמא פשיטא לן דלא איקרו עם ואמאי מספקא ליה לרב. כגון זרוע ולא זרוע. דזרוע מוציאין, דאיקרו "עם". והאי דקתני דאין מוציאין – במעשר ראשון קאמר, ובתר דקנסינהו עזרא. ואיצטריך ליה לאשמועינן, דאע"ג דקנסינהו עזרא דלא *למיתני להו, דידהו מיהא לא שקלינן מינייהו. השוחט לכהן. להכי נקט "השוחט לכהן" – דעליה דטבח רמיא, דכתיב (דברים יח): "מאת זובחי הזבח". וליתני ללוי ולגוי. ואנא ידענא דכ"ש (כהן). וכפר את מקדש הקדש. בעבודת יום הכפורים. לפני ולפנים. מכפרת עבודה זו על הטומאה שאירעה בפנים. דפר ושעיר של יוה"כ מכפרים על טומאת מקדש וקדשיו, כדאמרינן בשבועות (דף ב.). מזבח כמשמעו. על מי שעבד בטומאה במזבח, בלא חיוב מקדש. כגון נטמא במקדש, ועבד בלא שהייה – דאין כאן טומאת מקדש, דהיכא דנטמא בעזרה קי"ל בשבועות (דף טז.): הלכה למשה מסיני, דלא מחייב עד שישהה כדי השתחואה. יכפר אלו העזרות. על טומאה שאירעה בעזרה. "על הכהנים" – ששגגו ונכנסו טמאים לעזרה. וכן לוים וישראלים ועבדים, קראי יתירי קדריש. עבדים. כנענים, דאינהו נמי בעי כפרה, דכל מצות שהאשה חייבת בהן – עבד חייב בהן, וכל מקום דכתיב עונש – איש ואשה שוין. דמר סבר איקרו עם. והוו בכלל "עם הקהל". הילכך, *"וכפר" יתירא – לעבדים אתא. ומר סבר לא איקרו עם. ובעי קרא. הילכתא כרב. ולא שקלינן מינייהו. וכרב חסדא. דאמר:* מזיק מתנות כהונה או אוכלן – פטור. לכהנת. בת כהן, אפילו *אשת איש. דכיון דקדושה לית להו, דאינן אסורים לזרים – הרי מותרת בהן, ולא דמי לתרומה. ואי משום "ונתן לכהן" (ויקרא כב) – קסבר: אפילו כהנת משמע. מנחת כהנת נאכלת. השיריים כמנחת ישראל. מנחת כהן אינה נאכלת. דכולה כליל, דכתיב (שם ו): "כליל תהיה". מטונך

כגון זרוע ולא זרוע. דאי זרוע ממש, למה לי למימר "כגון"? לימא: ושאר מתנות כהונה הזרוע כו'. אלא מדקאמר "כגון" – לאו זרוע מיירי אלא בדכוותיה. דהיינו, מעשר ראשון. ואיצטריך ליה למימר "כגון זרוע": דאי הוה אמר בהדיא מעשר ראשון – הוה אמינא: דה"ה מתנות כהונה. להכי תנא "כגון הזרוע", והכי קאמר: ושאר מתנות כהונה שהן דוגמת זרוע, כגון מעשר ראשון, מוציאין. אבל זרוע עצמה – לא, דמספקא לן כרב.

תא שמע כל דבר שבקדושה כו'. תימה: מאי פריך ליה לרב מהכא? דילמא משום הכי אין מוציאין – משום דמספקא ליה לתנא אי איקרו "עם" או לא? וי"ל: דלא משמע ליה שיהיה ספק לתנא. ובפי' ר"ח גרס "לימא מסייע ליה כל דבר שבקדושה" כו'. דבי

עין משפט נר מצוה:
יט א מיי' פ"ו מהלכות מתנות עניים הל' ב ופ"ו מהל' תרומות הל' א סמג לאוין רכב:
כ ב מיי' פ"א מהלכות מעשר הל' ד:
כא ג מיי' פ"ט מהל' בכורים הל' כ סמג עשין קמב טוש"ע י"ד סי' סא סעיף ח:
כב ד מיי' פי"ב מהל' מעשה קרבנות הל' י:

גליון הש"ס
גמ' ומ"ס לא איקרו עם. עי' ברש"י בחומש בפ' ובריתך ינצורו דשבט לוי מלו בניהם במדבר וביהושע ה' ה' וכל העם הילודים במדבר לא מלו משמע דלוים לא איקרו עם:

תורה אור: ויקרא כג; דברים כד; שם; ויקרא טז; שם ו

מסורת הש"ס: שייך לע"א; [גיטין יב.]; ב"ב פח: יבמות פו. כתובות כו.; ע"כ שייך לע"א; [לקמן קלב.]; מנחות לב. שבועות יג: יומא סח.; [לקמן קלב.]; [לעיל קל: לקמן קלב.]; סוטה כג.; [לעיל כז.]; בעשר; [נ"ל למיתבי]; נ"ל כהן; [נ"ל יכפר]; [לעיל קל:]; [נ"ל אשת ישראל]

מטונף. הגעתיך. מס"ה אמרינן גבי מנחת כהנת דנאכלת — ד"אהרן ובניו" כתובין בפרשה: "וזאת תורת המנחה הקרב אותה בני אהרן" וגו'. וכיון דכתיב בהדיא "בני אהרן" — למעוטי בנות אהרן. אבל מתנות — לא כתיב בהו אלא "כהן" גרידא, ומשמע: כהן, ואפילו כהנת. סתום מן המפורש. "כהן" סתם דכתיב גבי מתנות מתפרש מ"בני אהרן" דכתיב גבי מנחה. דמה להלן — כהן ולא כהנת, ד"אהרן ובניו" כתובין, אף הכא — כהן ולא כהנת. דבי ר' אליעזר בן יעקב תנא. בעלמא "כהן" — ולא כהנת. אבל "כהן" דכתיב גבי מתנות — אפילו כהנת במשמע. מאי טעמא? הוי מיעוט כו'. דברישיה דקרא כתיב: "וזה יהיה משפט הכהנים" — דמשמע: כהנים ולא כהנות. וכתיב בסיפיה דקרא: "ונתן לכהן הזרוע" וגו' — דמשמע נמי כהן, למעוטי כהנת. ואין מיעוט אחר מיעוט כו'. רב כהנא. ישראל הוה, ואשתו כהנת. אכל. מתנתא. בשביל אשתו. שהיתה כהנת, דס"ל: "כהן" — ואפי' כהנת. והלכתא כוותיה דרב חסדא. דאמר לעיל (דף קל:): המזיק מתנות או שאכלן — פטור מלשלם. והלכתא כרב אדא בר אהבה. דפטר נמי בנה של לויה מפדיון הבן כבנו של לוי. דתנן: כהנים ולוים — פטורים, בפ"ב דבכורות (דף יג.) ואשמעינן רב אדא דלויה כלוי אליבא דמר בריה דרב יוסף, דמוקי לה לדרב אדא בר אהבה בפ' "יש בכור" לנחלה (שם דף מז.), אפי' איעברה מישראל. דב"פטר רחם" תלא רחמנא, והרי רחם שאינה ממנו לאו דחיובא הוא. ולאפוקי מדרב פפא, דמוקים לה דאיעברה מגוי, אבל איעברה מישראל — בתר אב אזלינן ליה, וחייב. מן התייש ומן הצביה פטור מן המתנות. ד"שה" כתיב, ולא צבי. מכדי קי"ל. ב"אותו ואת בנו" (לעיל דף פ.) דלענין כסוי הדם ומתנות לא משכחת לה פלוגתייהו דר' אליעזר ורבנן אלא בצבי כו', ר' אליעזר סבר: "שה", ולא מקצת שה. בשלמא ר' אליעזר דפטר. כלאים הבא מן התייש ומן הצביה, סבירא ליה: "שה", ולא מקצת שה. אידך פלגא לימא ליה. ישראל לכהן: אייתי כו'. מאי חייב נמי. דקמחייבי רבנן? חלבו אסור כחלב בהמה. דאזלינן לחומרא בכולהו. ואם איתא. כדקאמרת דמחייבי רבנן בחצי מתנות, אמאי קתני הכא "וחייב בזרוע לחיים וקבה", דמשמע בכולהו חייב? ומסדר לאו דוקא קתני דיליף דקתני ליה גבי דמו כולו טעון כסוי וחלבו אסור, דלא מצי למיתני חצי חצי — דהא לא אפשר שחצי חלבו אסור וחצי מותר. וה"ה דחצי דמו טעון כסוי וחצי דמו אינו טעון. ומשום רישא תנא סיפא, ולא משום דוקא, דה"ה דאינו חייב אלא בחצי מתנות. שור. הוה מצי למימר. לחלק. דאי לא הוה כתיב "אם", הוה אמינא דאינו חייב במתנות עד שישחוט (ג) שה. קמ"ל "אם": שאם שוחט שור בפני עצמו — חייב ליתן מתנות. הזבח. משמע אפילו זבח אחד. הדין עם הטבח. דינו של כהן לתבוע מן הטבח המתנות, ואע"פ שאין הבהמה של טבח אלא משל אחרים.

תורה אור

א] *מטונף! "אהרן ובניו" כתובין בפרשה. דבי רבי ישמעאל תנא: "כהן", ולא כהנת, וילמוד סתום מן המפורש! דבי ר' אליעזר בן יעקב תנא: "כהן", ואפילו כהנת — הוי מיעוט אחר מיעוט, *ואין מיעוט אחר מיעוט אלא לרבות. *רב כהנא אאכל בשביל אשתו, רב פפא אכל בשביל אשתו, רב יימר אכל בשביל אשתו, רב אידי בר אבין אכל בשביל אשתו. אמר רבינא, אמר לי מרימר: *הלכתא כוותיה דרב, והלכתא כוותיה דרב חסדא, והלכתא כוותיה דעולא, *והלכתא כוותיה דרב אדא בר אהבה: *בלויה שילדה — בנה פטור מחמש סלעים. תנו רבנן: *גהזרוע והלחיים והקבה נוהגים בכלאים ובכוי. רבי אליעזר אומר: כלאים הבא מן העז ומן הרחל — חייב במתנות, (*מן התייש ומן הצבייה) — פטור מן המתנות. מכדי קי"ל *דלענין כסוי הדם ומתנות לא משכחת ליה אלא בצבי הבא על התיישה, ובין לרבי אליעזר בין לרבנן — מספקא להו אי חוששין לזרע האב אי אין חוששין, ובשה — ואפילו מקצת שה, קמיפלגי. ב] מר סבר: "שה" — ואפי' מקצת שה, ומר סבר: "שה" ואפילו מקצת שה לא אמרינן. בשלמא ר' אליעזר דפטר, קסבר: "שה" ולא מקצת שה, אלא לרבנן, נהי נמי דקסברי "שה" ואפילו מקצת שה, פלגא לשקול. ואידך פלגא, לימא ליה: אייתי ראיה דאין חוששין לזרע האב, ושקול! אמר רב הונא בר חייא: מאי "חייב" נמי דקא אמר — דחייב בחצי מתנות. מתיב רבי זירא: *כוי יש בו דרכים שוין לבהמה, ויש בו דרכים שוין לחיה, ויש בו דרכים שוין לחיה ולבהמה. *כיצד: החלבו אסור — כחלב בהמה, ודמו חייב לכסות — כדם החיה. דרכים שוין לבהמה ולחיה — ישדמו וגידו אסורין כבהמה וחיה, וחייב בזרוע ולחיים והקבה. (א) ורבי אליעזר פוטר. ואם איתא, "חייב בחצי מתנות" מבעי ליה! איידי דתנא חלבו ודמו דלא מתני חצי חצי, משום הכי לא קא תני חצי. כי אתא רבין אמר רבי יוחנן: כוי לרבנן חייב בכולהו מתנות, דתניא: "שור", מה ת"ל "אם שור" — לרבות את הכלאים. "שה", מה ת"ל "אם שה" — לרבות את הכוי. ורבי אליעזר, האי "אם" למה לי? מיבעי ליה לחלק. ורבנן לחלק מנא להו? נפקא להו "מאת זובחי הזבח". ור' אליעזר האי "מאת זובחי הזבח" מאי עביד ליה? מבעי ליה לכדרבא, *דאמר רבא: הדין — עם הטבח.§

**מתני'** הבכור שנתערב במאה, בזמן שמאה שוחטין את כולן — פוטרים את כולן. אחד שוחט את כולן (ב) — פוטרים לו אחד. *טהשוחט לכהן ולגוי — פטור מן המתנות, והמשתתף עמהן — צריך שירשום. ואם אמר, "חוץ מן המתנות" — פטור מן המתנות. *יאמר "מכור לי בני מעיה של פרה", והיו בהן מתנות — נותנן לכהן, ואינו מנכה לו מן הדמים. לקחן הימנו במשקל — נותנן לכהן, ומנכה לו מן הדמים.§ **גמ'** ואמאי? יבא עליו כהן משני צדדין, ולימא ליה: אי בכור הוא — כוליה דידי הוא, ואי לאו בכור הוא — הב לי מתנתאי! אמר

**דבי** רבי ישמעאל תנא כהן ולא כהנת. נראה דלא ממעט אלא בנשאת לזר, אבל לא נשאת — כיון דאכלה בתרומה, דחמירא, כ"ש דיהבי *ליה מתנות. ומיהו אפשר דלא יהבינן לה, לר' ישמעאל. **רב** כהנא אכל בשביל אשתו. זהו רב כהנא שגלה מבבל לא"י, דפרק "הגוזל בתרא" (ב"ק דף קיז.), שלא היה כהן, כדאמרינן בסוף "אלו עוברין" (פסחים דף מט.), אמר רב כהנא: אי לאו דנסיבת כהנתא, לא גלאי. ואחר יש, שהיה כהן, בפ"ק דקדושין (דף ח.): רב כהנא שקל סודרא בפדיון הבן. [וע"ע תוס' קדושין ח. ד"ה "ר"כ", ותוס' ב"ב קי. ד"ה "ולא", ובפסחים מט: ד"ה "אמר"]. **ה"ג:** מאי נוהגין דקתני בהלי מתנות. **חלבו** אסור כחלב בהמה ודמו טעון כסוי כחיה וחייב במתנות כבהמה. הא דלא קתני הכי תרתי דשוה לבהמה ביחד — משום דניחא ליה למיתני דם וחלב בזה אחר זה, שסמוכין בכל מקום. **ואם** איתא חייב בחצי מתנות מבעי ליה. בההיא דלעיל ניחא ליה טפי דלא תני בה "חייב" אלא "נוהגין". **בזמן** שמאה שוחטים כולן פטורים. ע"כ בשכולן בעלי מומין איירי, דאין שוחטין בכור אא"כ נפל בו מום. ומדנתערב ואין מכירין בו, א"כ גם האחרים בעלי מומין הם. **וצריך** לרשום. סימן על הבשר. רגילין היו לרשום בשר שפטור מן המתנות, והיו מכירין רישומיהן. וא"ת: כיון דלית ליה לכהן אלא חצי, חצי ליפטר וחצי ליחייב, מידי דהוי אצבי הבא על התיישה דמחייבי רבנן בחצי מתנות! וי"ל: דהתם כל שיות שבו מחייב, והכא לא מחייב כל שיות שבו, לכך פטרי לגמרי. **אמאי** יבא עליו משני צדדים. בפ"ב דבכורות (דף יח:) איכא פלוגתא גבי שתי רחלות, אחת בכרה ואחת לא בכרה, וילדו שני זכרים — אחד לו ואחד לכהן, והשני ירעה עד שיסתאב, וחייב במתנות. ור' יוסי פוטר. והך סתמא כר"מ, דבתוספתא (פ"ב דבכורות) מסיים בה: דברי ר"מ, ומפרש בגמ' טעמא דר"מ: משום דבא עליו כהן משני לדדין, ואע"ג שכבר לקח אחד. והשתא לא מבעיא לר"מ דפריך הכא שפיר, אלא אפילו רבי יוסי, דפליג התם. היינו, משום דלא מצי אמר: אי בכור הוא — כוליה דידי הוא, שכבר לקח אחד. אבל הכא, מודי, משום דמצי אמר: אי בכור הוא — כוליה דידי הוא! ומשני: שמכרו לישראל במומו, ואפי' לר"מ דמחייב התם, משום דממה נפשך אית ליה מתנות גביה. אבל הכא, ספק גמור, והמוציא מחבירו עליו הראיה.

כשהוא

**מתני'** בכור. של ישראל שנתערב במאה בהמות אחרות. בזמן שמאה. בני אדם שוחטין את הבהמות — פוטרים את כולן ממתנות כהונה, דכל אחד ואחד יכול לדחות את עצמו ולומר לכהן: בכור שלי הוא, וכן שני וכן שלישי. ואם אחד שוחט את כולן. אין פוטרין אותו מאה בהמות מליתן מתנות לכהן, אלא אחד, הואיל שהוא שוחט את כולן. אבל אחד יכול לפטור מן המתנות, שאי אפשר שלא יהא הבכור אחד מהן, ויכול לומר: זה הוא, ומן הבכור אין נותנים — שאין קדושה חלה על קדושה. צריך שירשום. שיעשה בו סימן שיבינו הרואים שאינו כולו של ישראל. אם אמר. כהן לישראל: אני מוכר לך פרה זו, חוץ מן המתנות שבה — פטור ישראל מן המתנות. ואם אמר. ישראל לחבירו טבח: מכור לי כו', כדפרישנא לעיל (דף קלא.). **גמ'** אמאי. פוטרים את כולן? הא יכול לבא כהן עליו משני לדדין. כלומר, בשני כחות, ולימא ליה: אי בכור הוא — כוליה דידי הוא.

אמר

עין משפט נר מצוה:

כב א מיי' פ"ט מהל' בכורים הל' כ סמג עשין קמב טוש"ע י"ד סי' סא סעיף יא:
כד ב מיי' פי"א שם הל' י סמג עשין קמב טוש"ע י"ד סי' סא סעיף יח:
כה ג מיי' שם הל' ה סמג עשין קמב טוש"ע י"ד סי' סא סעיף יז:
כו ד מיי' שם טוש"ע שם סעיף יח:
כז ה מיי' פ"א מהלכות מאכלות אסורות הל' יג סמג לאוין קלז טוש"ע י"ד סי' כח סעיף ח:
כח ו מיי' פי"ד מהלכות שחיטה הל' ד ופ"א מהל' מאכלות אסורות הל' יג סמג עשין קמב טוש"ע י"ד סי' כח סעיף ג:
כט ז מיי' פ"א מהל' מאכלות אסורות הל' ו סמג לאוין קלז טוש"ע י"ד סי' סא סעיף ו:
ל ח מיי' פ"ט מהלכות בכורים הל' כ סמג עשין קמב טוש"ע י"ד סי' סא סעיף כ:
לא ט מיי' שם הל' י טוש"ע שם סעיף כג:
לב י מיי' שם הל' טו טוש"ע שם סעיף כב:

שיטה מקובצת
א] מטונף אהרן. נ"ב עי' תוס' זבחים דף לב ע"ב בסופו: ב] מ"ס שה ואפי' מקצת שה. נ"ב עי' תוס' לעיל דף פ"ח ע"א:

מסורת הש"ס:
[ר"ה ל. זבחים לב: ועי' תוס' ד"ה אמר ליה וכו' פי' נכון] [יומא מג. וש"נ] [בשאלתות פרשת שופטים סי' קנח איתא רב הונא] [לעיל קלא:] [בכורות ד. מז.] [תוספתא פ"ט] [לעיל פ.] [קדושין ג. בכורים פ"ב מ"ח] [בכורים שם מ"י] [לקמן קלו.] [לעיל קלא.] [ב"ק קטו. לקמן קלח. לעיל קלא.]

הגהות הב"ח
(א) גמ' ולחיים והקבה כבהמה ור' אליעזר פוטר: (ב) שם במשנה אחד שוחט את כולן אין פוטרין לו אלא אחד: (ג) רש"י ד"ה לחלק וכו' שישחוט שור ושה קמ"ל:

גליון הש"ס
גמ' אהרן ובניו כתובין. עי' סוטה דף כג ע"ב תוס' ד"ה כהן:

אָמַר רַב אוֹשַׁעְיָא: אבְּבָא לִידֵי כֹּהֵן, וּמְכָרוֹ לְיִשְׂרָאֵל בְּמוּמוֹ. § "הַשּׁוֹחֵט לַכֹּהֵן וְלַגּוֹי פָּטוּר מִן הַמַּתָּנוֹת". § וְלִיתְנֵי: כֹּהֵן וְגוֹי פְּטוּרִין מִן הַמַּתָּנוֹת! *אָמַר רָבָא, זֹאת אוֹמֶרֶת: בהַדִּין עִם הַטַּבָּח. דָּרֵשׁ רָבָא: °"מֵאֵת הָעָם" – וְלֹא מֵאֵת הַכֹּהֲנִים, כְּשֶׁהוּא אוֹמֵר °"מֵאֵת זוֹבְחֵי הַזֶּבַח" הֱוֵי אוֹמֵר: אֲפִילּוּ טַבָּח כֹּהֵן בְּמַשְׁמַע. אוּשְׁפִּיזְכְנֵיהּ דר' טַבְלָא כֹּהֵן הֲוָה, וַהֲוָה דָּחֵיק לֵיהּ מִלְּתָא. אֲתָא לְקַמֵּיהּ דְּרַבִּי טַבְלָא, אֲמַר לֵיהּ: זִיל אִישְׁתַּתַּף בַּהֲדֵי טַבָּחֵי יִשְׂרָאֵל, דְּמִגּוֹ דְּמִפַּטְרֵי מִמַּתְּנָתָא, מִשְׁתַּתְּפִי בַּהֲדָךְ. חַיְּיבֵיהּ רַב נַחְמָן. אֲמַר לֵיהּ: וְהָא רַבִּי טַבְלָא פַּטְרַן! אֲמַר לֵיהּ: זִיל אַפֵּיק, וְאִי לָא – מַפֵּקְנָא לָךְ ר' טַבְלָא מֵאוּנָּךְ! אֲזַל ר' טַבְלָא קַמֵּיהּ דְּרַב נַחְמָן, א"ל: מ"ט עֲבִיד מָר הָכִי? א"ל: דְּכִי אֲתָא ר' אַחָא בַּר חֲנִינָא מִדָּרוֹמָא אָמַר ר' יְהוֹשֻׁעַ בֶּן לֵוִי (א) זִקְנֵי דָרוֹם אָמְרוּ: גכֹּהֵן טַבָּח – *שְׁתַּיִם וְשָׁלֹשׁ שַׁבָּתוֹת פָּטוּר מִן הַמַּתָּנוֹת, מִכָּאן וְאֵילָךְ – חַיָּיב בְּמַתָּנוֹת. אֲמַר לֵיהּ: וְלַעֲבִיד לֵיהּ מָר מִיהַת כְּר' אַחָא בַּר חֲנִינָא! א"ל: דהָנֵי מִילֵּי – דְּלָא קָבַע מַסְחֲתָא, אֲבָל הָכָא – הָא קָבַע מַסְחֲתָא. אָמַר רַב חִסְדָּא: א] הַאי כַּהֲנָא דְּלָא מַפְרִישׁ מַתְּנָתָא – לֶיהֱוֵי בְּשַׁמְתָּא דֵּאלֹהֵי יִשְׂרָאֵל. אָמַר רַבָּה בַּר רַב שֵׁילָא: הָנֵי טַבָּחֵי דְּהוּצַל קַיְימִי בְּשַׁמְתָּא דְּרַב חִסְדָּא הָא עֶשְׂרִים וְתַרְתֵּי שְׁנִין. לְמַאי הִלְכְתָא? אִילֵימָא דְּתוּ לָא מְשַׁמְּתִינַן לְהוּ – וְהָא *תַּנְיָא: בַּמֶּה דְּבָרִים אֲמוּרִים – בְּמִצְוַת לֹא תַעֲשֶׂה, אֲבָל בְּמִצְוַת עֲשֵׂה, כְּגוֹן: אוֹמְרִים לוֹ "עֲשֵׂה סוּכָּה!", וְאֵינוֹ עוֹשֶׂה, "לוּלָב!", וְאֵינוֹ עוֹשֶׂה, "עֲשֵׂה צִיצִית!", וְאֵינוֹ עוֹשֶׂה – מַכִּין אוֹתוֹ עַד שֶׁתֵּצֵא נַפְשׁוֹ! אֶלָּא, דְּקָנְסִינַן לְהוּ בְּלָא אַתְרָיְיתָא. כִּי הָא דְּרָבָא קָנֵיס אַטְמָא, רַב נַחְמָן בַּר יִצְחָק *קָנֵיס גְּלִימָא. וְאָמַר רַב חִסְדָּא: ההַזְּרוֹעַ – לְאֶחָד, וְקֵיבָה – לְאֶחָד, לְחָיַיִם – לִשְׁנַיִם. אִינִי, וְהָא כִּי אֲתָא רַב יִצְחָק בַּר יוֹסֵף אָמַר: בְּמַעַרְבָא פַּלְגִינַן לְהוּ וגַּרְמָא גַּרְמָא! הָתָם בִּדְתוֹרָא. *אָמַר רַבָּה בַּר בַּר חָנָה, א"ר יוֹחָנָן: אָסוּר לֶאֱכוֹל מִבְּהֵמָה שֶׁלֹּא הוּרְמָה מַתְּנוֹתֶיהָ. *אָמַר רַבָּה בַּר בַּר חָנָה, א"ר יוֹחָנָן: כָּל הָאוֹכֵל מִבְּהֵמָה שֶׁלֹּא הוּרְמָה מַתְּנוֹתֶיהָ – כְּאִילּוּ אוֹכֵל טְבָלִים. *וְלֵית הִלְכְתָא כְּוָותֵיהּ. אָמַר רַב חִסְדָּא: מַתְּנוֹת כְּהוּנָּה אֵין נֶאֱכָלוֹת אֶלָּא חצָלִי, וְאֵין נֶאֱכָלוֹת אֶלָּא בְּחַרְדָּל. מַאי טַעְמָא – אָמַר קְרָא °"לְמָשְׁחָה" – *לִגְדוּלָּה, כְּדֶרֶךְ שֶׁהַמְּלָכִים אוֹכְלִים. וְאָמַר רַב חִסְדָּא: עֶשְׂרִים וְאַרְבַּע מַתְּנוֹת כְּהוּנָּה, כָּל כֹּהֵן שֶׁאֵינוֹ בָּקִי בָּהֶן – אֵין נוֹתְנִין לוֹ מַתָּנָה. וְלָאו מִילְּתָא הִיא, *דְּתַנְיָא, רשב"א: כָּל כֹּהֵן שֶׁאֵינוֹ מוֹדֶה בַּעֲבוֹדָה – אֵין לוֹ חֵלֶק בַּכְּהוּנָּה, שֶׁנֶּאֱמַר: °"הַמַּקְרִיב אֶת דַּם הַשְּׁלָמִים וְאֶת הַחֵלֶב מִבְּנֵי אַהֲרֹן לוֹ תִהְיֶה שׁוֹק הַיָּמִין לְמָנָה", אֵין לִי אֶלָּא זֶה בִּלְבַד, מִנַּיִן לְרַבּוֹת חָמֵשׁ עֶשְׂרֵה עֲבוֹדוֹת, כְּגוֹן: *הַיְּצִיקוֹת וְהַבְּלִילוֹת וְהַפְּתִיתוֹת וְהַמְּלִיחוֹת, תְּנוּפוֹת וְהַגָּשׁוֹת [וְהַקְּמִיצוֹת] הַקְּטָרוֹת (וְהַמְּצִיּוֹת) [וְהַמְּלִיקוֹת] וְקַבָּלוֹת

**רש"י**

אָמַר רַב אוֹשַׁעְיָא. הָכָא בְּמַאי עָסְקִינַן, דְּקָתָנֵי מַתְנִיתִין דִּפְטוּרִין אֶת כּוּלָּן – בְּבָא אוֹתוֹ בְּכוֹר לְיַד כֹּהֵן, וְנָפַל בּוֹ מוּם קָבוּעַ. וְלִיתְנֵי כֹּהֵן וְגוֹי כו'. דְּהָא לָא אִיקְרוּ "עַם", וּמַאי אִירְיָא דְּקָתָנֵי "הַשּׁוֹחֵט"? זֹאת אוֹמֶרֶת. מַתְנִיתִין דְּקָתָנֵי "הַשּׁוֹחֵט" אָתָא לְאַשְׁמוּעִינַן דִּבְעָלְמָא הֵיכָא דְּקָשָׁחֵיט בֶּהֱמַת יִשְׂרָאֵל – הַדִּין עִם הַטַּבָּח, דִּינוֹ שֶׁל כֹּהֵן לִתְבּוֹעַ מַתְּנוֹתָיו מִן הַטַּבָּח. וְהָכָא, כֵּיוָן שֶׁהַבְּהֵמָה שֶׁל כֹּהֵן וְגוֹי הוּא, פָּטוּר הַטַּבָּח מִן הַמַּתָּנוֹת. וְהָא לָא מָצֵינַן לְמֵימַר מִכֹּהֵן וְגוֹי לְחוּד. וְלֹא מֵאֵת הַכֹּהֲנִים. קס"ד דְּלַכֹּהֲנִים לָא אִיקְרוּ "עַם". כְּשֶׁהוּא אוֹמֵר מֵאֵת זוֹבְחֵי הַזֶּבַח. כְּלוֹמַר, מִי שֶׁהוּא, וַאֲפִילּוּ כֹּהֵן. לְהָבִיא כֹּהֵן שֶׁנַּעֲשָׂה טַבָּח לִמְכּוֹר, אֲבָל בְּהֵמָה שֶׁהוּא שׁוֹחֵט לְצָרְכּוֹ – פָּטוּר. וַהֲוָה דְּחִיקָא לֵיהּ מִילְּתָא. דָּחוּק וְעָנִי הָיָה. דְּמִגּוֹ דְּפַטְרַתְּ לְהוּ מִמַּתְּנָתָא. מִזְּרוֹעַ לְחָיַיִם וְקֵיבָה, כִּדְאָמְרִינַן בְּמַתְנִי': הַמִּשְׁתַּתֵּף עִמָּהֶם פָּטוּר מִן הַמַּתָּנוֹת. חַיְּיבֵיהּ. לְהַאי יִשְׂרָאֵל שֶׁנִּשְׁתַּתֵּף עִם אוֹתוֹ כֹּהֵן. זִיל אַפֵּיק. הוֹצֵא אוֹתָם מִתַּחַת יָדֶיךָ, וְתִתְּנֵם לַכֹּהֵן. מַפֵּיקְנָא לָךְ כו'. כְּלוֹמַר, כָּל רְאָיוֹתָיו וְסַיְּיעוֹתָיו אֶמְחֶה לוֹ. מֵאוּנָךְ. מֵאָזְנְךָ. שְׁתַּיִם וְשָׁלֹשׁ שַׁבָּתוֹת פָּטוּר מִן הַמַּתָּנוֹת. לִתְּנָם לְכֹהֵן אַחֵר, מִשּׁוּם דַּאֲכַתִּי לָא קָבִיעַ, וְאֵין יוֹדְעִין עֲדַיִין שֶׁהוּא טַבָּח. אֲבָל מִכָּאן וְאֵילָךְ – חַיָּיב, הוֹאִיל דְּקָבִיעַ. לַעֲבֵיד לֵיהּ מָר הָכִי כִּדְרַבִּי אַחָא. וְתִפְטְרֶנּוּ מִשְּׁתַּיִם וְשָׁלֹשׁ שַׁבָּתוֹת. א"ל הָנֵי מִילֵּי. דְּקָא"ר אַחָא וְזִקְנֵי דָרוֹם דִּשְׁתַּיִם וְשָׁלֹשׁ שַׁבָּתוֹת פָּטוּר. הֵיכָא דְּלָא קָבַע מַסְחֲתָא. חֲנוּת. אֲבָל הָכָא. הַאי טַבָּח כֹּהֵן כְּבָר קָבַע חֲנוּתוֹ, וְגַלֵּי אַדַּעְתֵּיהּ דְּקָבִיעַ. דְּלָא מַפְרִישׁ מַתְּנָתָא. לְכֹהֵן אַחֵר. הָא עֶשְׂרִין וְתַרְתֵּין שְׁנִין. כְּלוֹמַר, כְּבָר עָבְרוּ כ"ב שָׁנָה. לְמַאי הִלְכְתָא. קָאָמַר הָא עֶשְׂרִין וְתַרְתֵּין שְׁנִין. אִילֵימָא. דְּמֵאַחַר שֶׁעָמְדוּ בְּשַׁמְתָּא כ"ב שָׁנָה, תּוּ לָא מְשַׁמְּתִינַן לְהוּ. וְהָתַנְיָא בד"א. *דְּתוּ לָא מְשַׁמְּתִינַן לְהוּ. בְּמִצְוַת ל"ת. דְּאִית בֵּיהּ מִיתָה אוֹ כָּרֵת, דְּקָם לֵיהּ בִּדְרַבָּה מִינֵּיהּ. כְּגוֹן אוֹמְרִים לוֹ עֲשֵׂה סוּכָּה עֲשֵׂה לוּלָב. שֶׁאֵין בָּהֶן חֶסְרוֹן כִּיס כּוּלֵּי הַאי. אֶלָּא הָא קמ"ל. רַבָּה, מֵאַחַר שֶׁעָמְדוּ בְּשַׁמְתַּיְיהוּ כ"ב שָׁנָה, קָנְסִינַן לְהוּ בְּלֹא הַתְרָאָה. אֲבָל קוֹדֶם לָכֵן – לָא. קָנֵיס אַטְמָא. כָּל הַיָּרֵךְ הָיָה גּוֹזֵל מִמִּי שֶׁלֹּא הָיָה רוֹצֶה לָתֵת הַמַּתָּנוֹת לַכֹּהֵן, וְהָיָה נוֹתְנָהּ לַכֹּהֵן. וְאָמַר רַב חִסְדָּא. מַתְּנוֹת כְּהוּנָּה כָּךְ הִיא נֶחֱלֶקֶת: זְרוֹעַ – הָיָה נוֹתֵן יִשְׂרָאֵל לְכֹהֵן אֶחָד, וְקֵיבָה – לְכֹהֵן אֶחָד, וּלְחָיַיִם – לִשְׁנֵי כֹּהֲנִים. גַּרְמָא גַּרְמָא. כָּל עֶצֶם וְעֶצֶם הָיָה מְחַלֵּק לִשְׁנַיִם. הָתָם בִּדְתוֹרָא. בְּשׁוֹר הַגָּדוֹל, שֶׁאֵבָרָיו גְּדוֹלִים בְּיוֹתֵר. דַּאֲפִילּוּ הָיָה מְחַלֵּק הָאֵבָר לִשְׁנַיִם, עֲדַיִין יֵשׁ בְּכָל חֵלֶק וְחֵלֶק שִׁיעוּר נְתִינָה מְעַלְיָא. אֲבָל בִּבְהֵמָה דַּקָּה, אִם הָיָה מְחַלֵּק הָאֵבָר לִשְׁנַיִם – לֹא הָיָה בְּכָל חֵלֶק נְתִינָה מְעַלְיָיתָא, וְרַחֲמָנָא אָמַר "וְנָתַן לַכֹּהֵן" – נְתִינָה יָפָה. לְמָשְׁחָה. בְּמַתְּנוֹת כְּהוּנָּה כְּתִיב בְּ"וַיִּקַּח קֹרַח": "לְךָ נְתַתִּים לְמָשְׁחָה" – כָּל מַתָּנוֹת שֶׁנָּתַתִּי לְךָ בִּכְהוּנָּתְךָ, נָתַתִּי לְךָ לִגְדוּלָּה, כִּדְמְתַרְגְּמִינַן: *לִרְבוּתָא. עֶשְׂרִים וְאַרְבַּע. לְקַמָּן בְּפִירְקִין (קלג:) חָשֵׁיב לְהוּ. שֶׁאֵינוֹ בָּקִי בָּהֶן. הֵיאַךְ דִּין מַתָּנָה, הֵיאַךְ נֶאֱכָלִין בִּגְדוּלָּה. שֶׁאֵינוֹ מוֹדֶה בַּעֲבוֹדָה. שֶׁאוֹמֵר בְּלִבּוֹ: דִּבְרֵי הֶבֶל הֵן, וְלֹא צִוָּה הַמָּקוֹם לְהַקְרִיב לוֹ קָרְבָּנוֹת, אֶלָּא מֹשֶׁה בָּדָה מִלִּבּוֹ. אֵין לוֹ חֵלֶק בַּכְּהוּנָּה. אֵין לוֹ חֵלֶק בַּקֳּדָשִׁים. הַמַּקְרִיב. הִיא הוֹלָכָה. הַיְּצִיקוֹת וְהַבְּלִילוֹת. שֶׁנּוֹתֵן שֶׁמֶן בַּמִּנְחָה וּבוֹלְלָהּ, וְחוֹזֵר וְנוֹתֵן עָלֶיהָ שֶׁמֶן – לְקַיֵּים בָּהּ מִצְוַת יְצִיקָה, "וְיָצַק עָלֶיהָ שֶׁמֶן", כִּדְאָמְרִינַן בְּ"אֵלּוּ מְנָחוֹת"* דְּכוּלָּן צְרִיכוֹת שְׁלֹשָׁה מַתְּנוֹת שֶׁמֶן. הַפְּתִיתוֹת. מִנְחַת מַחֲבַת וּמַרְחֶשֶׁת וּמִנְחַת מַאֲפֵה תַנּוּר, שֶׁהָיוּ נִקְמָצוֹת לְאַחַר אֲפִיָּיה, פּוֹתְתָן וּמַחֲזִירָן לְסוֹלְתָּן, וְקוֹמֵץ, דִּכְתִיב: "פָּתוֹת אוֹתָהּ פִּתִּים" וגו'. הַמְּלִיחוֹת. "בַּמֶּלַח תִּמְלָח" (ויקרא ב). הַתְּנוּפוֹת. מוֹלִיךְ וּמֵבִיא. וְלֹא כָּל הַמְּנָחוֹת טְעוּנוֹת תְּנוּפָה וְהַגָּשָׁה, וְהָתָם מְפָרֵשׁ לְהוּ: יֵשׁ טְעוּנוֹת תְּנוּפָה וְלֹא הַגָּשָׁה, הַגָּשָׁה וְלֹא תְּנוּפָה, לֹא תְּנוּפָה וְלֹא הַגָּשָׁה. וּמַה הִיא הַגָּשָׁה – מַגִּישָׁהּ כְּשֶׁהִיא בִּכְלִי קוֹדֶם קְמִיצָה, וּמַגִּיעָהּ לְקֶרֶן מַעֲרָבִית דְּרוֹמִית, כְּנֶגֶד חוּדָּהּ שֶׁל קֶרֶן, בִּמְנָחוֹת (סא.) וּבְסוֹטָה (יד:). וְהַמְּלִיקוֹת גָּרְסִינַן, וְלָא גָּרְסִינַן "וְהַהַקְרָבוֹת" – דְּהָא אִיהוּ חֲשִׁיבָה בְּרֵישָׁא, וּבְהֶדְיָא פָּרֵט בָּהּ קְרָא (שם ז) "הַמַּקְרִיב אֶת זֶבַח הַשְּׁלָמִים", וְהִיא הוֹלָכָה.

קַבָּלוֹת

**תוספות**

**כשהוא** אומר מאת זובחי הזבח. דמיירי בטבח, ולא קאי א"עם" דנמעט טבח כהן, מדלא כתיב "מאת העם זובחי הזבח", וכתיב "מאת זובחי" יתירה – הפסיק הענין, דאפלג שהוא טבח קאמר. ואפילו כהן, הואיל ושחיט בהמת ישראל. אבל אם היתה שלו, אפילו למכור – רחמנא פטריה. אלא דמדרבנן גזרו כשהוא טבח ליתן מתנות כהונה, אפילו הבהמה שלו – שלא ירגילו טבחי ישראל לשתף כהנים עמהם ליפטר מן המתנות. ועד ג' שבתות, דאיכא למימר דלדידיה שחיט – לא גזרו רבנן, ואוקמוה על דין תורה, ומכאן ואילך גזרו. וכי קבע מסחתא – מיד מוכח דלאו לדידיה שחיט, ולכך גזרו לאלתר, כדמוכח בסמוך. ולא כפי' הקונטרס דפירש דחייב מה"ת בשוחט למכור – דא"כ, שנים או שלשה שבתות אמאי פטור? אטו שלשה שבתות כתיבי בקרא?! ועוד: אי מן התורה – א"א שלא היה יודע ר' טבלא דבר זה! אלא ודאי תקנת חכמים היא, כדפירשנו. ור' טבלא לא הוה שמיע ליה הך תקנתא, עד דאמר ליה ר"נ. **כאילו** אוכל טבלים. ממש, דמתנות ילפינן "נתינה" "נתינה" מתרומה, בפ' "ראשית הגז" (לקמן דף קלו.). **אין** נאכלין אלא צלי ואלא בחרדל. וא"ת: דבפ' "כל התדיר" (זבחים דף צ:) אמרי': ובכולן רשאין הכהנים לשנות באכילה לאוכלן צלויין שלוקין מבושלין, ואמר בגמרא* טעמא: משום דכתיב בהו "למשחה" – פירוש: לגדולה, כדרך שהמלכים אוכלין! ונראה: דודאי כמו שטוב לו ונהנה יותר, מאי אכיל להו. אבל אדם שטוב לו צלי כשלוק ומבושל – יאכל צלי, שהוא דרך גדולה יותר. **ולאו** מילתא היא דתניא כו'. הוה מצי למימר: מדאמרינן בריש פירקין* "המחזיקין בתורת ה', יש להם מנת" – משמע: מחזיק, אפילו שאין בקי.

**עין משפט נר מצוה**

לג א טוש"ע י"ד סי' סא סעיף ב:
לד ב מיי' פ"ט מהל' בכורים הל' י' טוש"ע שם סעיף כח:
לה ג ד מיי' שם הל' ט טוש"ע שם סעיף כז:
לו ה ו מיי' שם הל' יז טוש"ע שם סעיף ע:
לז ו מיי' שם הל' יד טוש"ע שם סעיף ה:
לח ח מיי' שם הל' כב טוש"ע שם סעיף יב:

**הגהות הב"ח**

(א) גמ' אמר ר"י בן לוי וכל זקני דרום:

**גליון הש"ס**

גמ' ולית הלכתא כוותיה. עי' לעיל דף קל ע"ב תוס' ד"ה שלא ודף קלא ע"ב ד"ה ה"ג ודף קלב ע"ב ד"ה ראשית.

**הגהות מהר"ב רנשבורג**

א] גמ' אמר רב חסדא האי כהנא דלא מפריש מתנתא. נ"ב מיי' פ"ט מהל' ת"מ הל' יד אות י'.

**מסורת הש"ס**

תורה אור: דברים יח; במדבר יח; ויקרא ז

[לקמן קלו.] [ועי' תוס' שבת ס: ד"ה השמא ותוס' נדה לז: ד"ה ארכביה] כתובות פו. [ועי' פירש"י בכתובות] מגילה כח. ע"ש [נ"ל ואמר] [סוטה טו. זבחים כח. לא.] מנחות יח: ע"ש [תוספתא דמאי פ"ב] [תוספתא דמאי פ"ב ועי' במס' מנחות יח: ועי' רש"ש] [נ"ל לרבו] [מנחות עד:] [שם לח.] [דף קל:] [ועי' תוס' מנחות יח: ד"ה מודה בעבודה] [ועי' תוס' לקמן קלו: ד"ה כר' אלעאי]

קבלות. קבלת הדם. הזאות. היא זריקת דם הנזרקים במזבח, בין הנזין בפנים על הפרוכת ועל מזבח הזהב, בין הנזין בחוץ. שחיטה לא קחשיב, שאף הזר כשר בה. עריפת העגלה. בכהנים היא, דכתיב (דברים כא) "ונגשו הכהנים בני לוי". טהרת מצורע. בכהנים לכפרים לכהנים. בין מבפנים. במקדש, דכתיב (ויקרא ט) "וישא אהרן את ידיו" וגו'. בין מבחוץ. בגבולין, בכל עיר ועיר בבית הכנסת. מבני אהרן. סיפיה דקרא דלעיל הוא. חוטין שבכלחי אסורים. משום דם. בטויא. בגלי. בדק לן. מנסה אותנו אם נדע להשיב (ב). ורבא כהן היה. דחטיף מתנתא. מתינוקות שנוטלין אותם לכהנים. מי אמרינן חבובי קא מחבב המצוה. ויפה הוא עושה. ונתן. לכהן, ולא שיטול הכהן מעצמו. מימר אמרי הבו לי. הייתי שואלו בפה מלא, שהייתי סבור שהוא חיבוב מצוה. חלקם שאלו בפיהם. דמנגי להו קרא לבני שמואל. "ויטו אחרי הבצע" – אמר רבי מאיר: שלא היה עבירת גזל בידם, אלא חלק לויה כגון מעשר ראשון היו שואלין בפיהם. הצנועים מושכין את ידיהם. בחילוק לחם הפנים קאמר במס' יומא ב"טרף בקלפי" (דף לט.): משמת שמעון הצדיק נשתלחה מארה בלחם הפנים. לאחזוקי נפשאי בכהני. שלא ישתכח הדבר שאני כהן. ופריך: ולפרום ידיה. כיון שאינו עושה אלא שלא ישתכח שם כהן מעליו – יפרוס ידיו לדוכן כל השנה, ומחזיק נפשיה בכהני. אנסיה ליה עידניה. *עתים שקבע לתלמידיו היו טורדים אותו מלישא את כפיו. שהיה עוסק לתלמידיו בעת שהצבור נאספים לבית הכנסת. ודחיקא ליה מלתא. להוא צורבא מרבנן, והכהן רוצה לההנותו – יתן לו חלק מתנותיו, לקבל זרוע ולחיים מבני העיר בשביל הכהן, והוא יאכלם. ואע"ג דלא אתי לידיה. דכהן, יכול לזכות לו. במכרי כהונה ולויה. בכהן שהיה ניכר בעיר, ורוב בני אדם אוהבים אותו ונותנין לו המתנות. ובאותו כהן אמרינן דיכול לזכות מעשרותיו לאחר, אף על גב דלא אתי לידיה. "מכרי" – לשון (מלכים ב יב) "איש מאת מכרו". אמר ליה רבא לשמעיה. לשמשו של בעה"ב והוא כהן, ובעה"ב נותן לו מתנותיו. זכי לי מתנתא. תן לי רשות ליקח מתנותיך לאוכלם, מפני שהלשון עם הלחיים ניתן לכהנים, ובעינן למיכל לישנא בחרדלא שהוא דבר חשוב. וה"נ אמרינן ב"השוכר את הפועלים" (בבא מציעא דף פו:): כדי להאכילם שלש לשונות בחרדל. ואף על גב דרבא נמי כהן הוה, דקיימא לן (ראש השנה דף יח.) דמבני עלי אתא, ובבכורות (דף כז.) נמי אמרינן: רבא הוה מבטל תרומת חוצה לארץ ברוב, ואכיל לה בימי טומאתו – מיהו מאי שקיל, דכתיב "ונתן", ולא שיטול מעצמו. ומימר נמי לא בעי למימר "הבו לי" – דתניא: חלקם שאלו בפיהם. להכי שקלם בתורת זכין, ואף על גב דלא מטא לידיה דשמעא, סמך רבא אדרב יוסף דלעיל. רב ספרא לא אכל. משום דלא מטא לידיה בגד ביום קרה. בגד בלוי ונרקב, כמו (ישעיהו סד) "וכבגד עדים", בעת הקור אינו שוה כלום. וכמו חומץ על נתר. שאינו "נתר" הוא מין נקיף, אלום"א בלע"ז. כן שר בשירים על לב רע. כן האומר דברי תורה למי שאינו יודע להבין בהן. אשמעתא דמר. שלא סמכתי על שמועתך שאמרת דמותר לצורבא מרבנן לקבלה, אף על גב דלא אתו לידיה דכהן. כי אמרי היכא דמזכי ליה כהן אחר, שאינו כפוף לו. אבל שמעא דבעל הבית – על כרחו מזכי ליה לאדם חשוב שהוא בא בביתו של [...] נמי: איכא דאמרי אנא דיכול לזכות מתנתא לאחר, אף על גב דלא אתו לידיה. כלומר, לאיש שהוא עני ו[...] אפשר ליה ולא דחיקא ליה מילתא. כיון דלא עבר רב ספרא אשמעתיה דרב יוסף מאי טעמא אקריוה בחלמיה? כלפי רבא. [...] שלא ידע להבין בטעמו של רב יוסף הקרויהו לרב ספרא כך. נזוף הוה. אני שמעתי: משום דהטיח כלפי מעלה, במסכת [...] דבעא מיטרא לא לורך, משום יקרא דאמיה דשבור מלכא. ואמרינן התם: דאיתחזי ליה אבוה בחלמיה, וא"ל: מי איכא דמיטרח [...] דוכתיך. אשני דוכתיה, למחר אשכחיה לפורייה דמרשם בסכיני. שנועדו מלאכי חבלה להורגו בלילה. ולי נראה: נזוף – משום ה[...] שריד באהלו. למי שיש שריד באהלו, תלמיד רע. תאכלהו אש לא נופח. אשו של גיהנם. כזורק אבן למרקולים. זו היא ע[...] במסכת ע"ז (דף מט:). ואפילו עם הגוי. בתמיה. ורמינהי: המשתתף עם הכהן כו'. עם הגוי. או המוכר פסולי המוקדשין, ומכרן, והן פטורין מן המתנות, כדאמר במתניתין דלגבי ואיל כתיב בהו. אינו צריך לרשום. ולקמן מפרש.

וקבלות, הזאות, והשקאת סוטה, ועריפת עגלה ערופה, וטהרת מצורע, ונשיאות כפים בין מבפנים בין מבחוץ – תלמוד לומר: "מבני אהרן", עבודה האמורה לבני אהרן. *וכל כהן שאינו מודה בה – אין לו חלק בכהונה. טעמא – דאינו מודה בה, הא מודה בה – אע"ג דאינו בקי בהן. אמר ר' אבא, אמר רב הונא, אמר רב: חוטין שבכלחי אסורים, וכל כהן שאינו יודע ליטלן – אין נותנין לו מתנה. ולא היא, אי בטויא – מידב דייבי. ואי לקדרה, אי דמיחתך להו ומלח להו – מידב דייבי. אמר (א)רבא, *בדק לן רב יוסף: האי כהנא דחטיף מתנתא, חבובי קא מחבב מצוה, או זלזולי קא מזלזל במצוה? ופשטנא ליה: "ונתן" – *ולא שיטול מעצמו. אמר אביי: מריש הוה חטיפנא מתנתא, אמינא – חבובי קא מחבבנא מצוה. כיון דשמעתא להא "ונתן" – ולא שיטול מעצמו, מיחטף לא חטיפנא. מימר אמרי: "הבו לי". וכיון דשמעתא להא דתניא: *"ויטו אחרי הבצע", ר' מאיר אומר: בני שמואל חלקם שאלו בפיהם, מימר נמי לא אמינא, ואי יהבו לי – שקילנא. כיון דשמעתא להא *דתניא: הצנועים מושכין את ידיהם, והגרגרנים חולקים – משקל נמי לא שקילנא, לבר ממעלי יומא דכיפורי, לאחזוקי נפשאי בכהני. ולפרום ידיה? *אנסיה ליה עידניה. אמר רב יוסף: האי כהנא דאית ליה צורבא מרבנן בשבבותיה ודחיקא ליה מילתא – ליזכי ליה מתנתא. ואף על גב דלא אתי לידיה, במכרי כהונה ולויה. רבא ורב ספרא איקלעו לבי מר יוחנא בריה דרב חנא בר אדא, ואמרי לה לבי מר יוחנא בריה דרב חנא בר ביזנא. עביד להו עגלא תילתא. א"ל רבא לשמעיה: זכי לן מתנתא, דבעינא למיכל לישנא בחרדלא! זכי ליה. רבא אכל, ורב ספרא לא אכל. אקריוה לרב ספרא בחלמא: "מעדה בגד ביום קרה חומץ על נתר ושר בשירים על לב רע". אתא לקמיה דרב יוסף, א"ל: דלמא משום דעברי אשמעתא דמר אקריין הכי? אמר ליה: כי אמרי אנא – באחר, שמעא – בעל כרחיה מזכי. וכי אמרי אנא – למאן דלא אפשר ליה, הא – אפשר ליה. ואלא מ"ט אקריין הכי? כלפי רבא. ולקריין לרבא? רבא נזוף הוה. א"ל אביי לרב דימי: *ופשטיה דקרא במאי כתיב? א"ל: בשונה לתלמיד שאינו הגון. דאמר רב יהודה, אמר רב: *כל השונה לתלמיד שאינו הגון – נופל בגיהנם, שנאמר "כל חושך טמון לצפוניו תאכלהו אש לא נופח ירע שריד באהלו", *ואין "שריד" אלא ת"ח, שנאמר "ובשרידים אשר ה' קורא". אמר רבי זירא, אמר רב: *כל השונה לתלמיד שאינו הגון – כזורק אבן למרקוליס, שנאמר: "כצרור אבן במרגמה כן נותן לכסיל *כבוד", וכתיב: "לא נאוה לכסיל תענוג". § "והמשתתף עמהן צריך לרשום". § ואפילו עם הגוי? ורמינהו: *המשתתף עם כהן – צריך לרשום, (א) והמשתתף עם הגוי ופסולי המוקדשים – אין צריך לרשום! הכא

קבלות. בן וא"ת: תיפוק ליה קבלות מ"המקריב את דם השלמים", ד"הקרבה" – הוי לשון קבלה, כדאמרינן פרק "הקומץ [רבה]" (מנחות דף יט.): "והקריבו בני אהרן" – מקבלה ואילך מצות כהונה! וי"ל: דהכא כיון דכתיב "המקריב את דם השלמים ואת החלב", ובחלב לא שייך קבלה, דם נמי לא משתעי בקבלה. היציקות בריש "הקומץ [רבה]" (שם דף יח:) פריך מינה להא דאמר התם "לא יצק כהן אלא זר – כשר", והכא קאמר שהיא עבודה המסורה לבני אהרן! ומסקינן: דלא כר"ש. משקל נמי לא שקילנא. שלא אקרא גרגרן, ולא אגזול ממי שצריך יותר ממני, אע"פ שגם הוא לא היה עשיר. לבר ממעלי יומא דכפורי. שיום טוב הוא, כדאמר בפרק "אותו ואת בנו" (לעיל דף פג.): ומתנות מרובות, וכהנים מתאספין. ואילו לא היה נוטל – היו אומרים שאינו כהן. אמר ליה רבא לשמעיה כו'. "רבא" גרסי', דרבה כהן הוה, כדאמר פרק "עד כמה" (בכורות דף כז.): (רבא) [רבה] הוה מבטל לה ברוב, ואמרי' נמי (ר"ה דף יח.): אביי ורבה, מדבית עלי קא אתו.

זכחי



עין משפט נר מצוה: לט א מיי' פ"א מהל' בכורים הל' א: מ ב מיי' פ"ו מהלכות מאכלות אסורות הל' יג סמג לאוין קלו קלח טוש"ע י"ד סי' סה סעי' ח: מא ג ד ה מיי' פ"ט מהל' בכורים הל' כב סמג עשין קמב טוש"ע י"ד סי' סא סעיף יח: מב ו ז מיי' שם הל' כא טוש"ע שם סעיף יז: מג ח מיי' פ"ד מהל' ת"ת הל' א טוש"ע י"ד סי' רמו סעיף ז:

שיטה מקובצת: א] והמשתתף עם העובד כוכבים. נ"ב ע"י תוס' בכורות דף ב ע"ב: בן וא"ת תיפוק ליה. נ"ב ע"י תוס' זבחים דף קב ע"א:

גליון הש"ס: גמ' עם העובד כוכבים. עי' בכורות דף ב ע"ב תוס' ד"ה אסור: רש"י ד"ה זכי לי וכו' דקי"ל (ר"ה יח.) וכו'. עי' ברכ"י שם שכתב כהיפוך מכאן: תוס' ד"ה קבלות וכו' לא משתעי בקבלה. עיין זבחים דף ד ע"א:

הגהות הב"ח: (א) גמ' אמר רבה בדק לן רב יוסף: (ב) רש"י ד"ה בדק וכו' ורבה כהן הוה:

מסורת הש"ס: [מנחות יח:] [ערכין נה. וש"נ] [לקמן קלד:] [שבת נו. תוספתא דסוטה פי"ד] יומא לט. קדושין נג. [והרי"ף פי' תולה במעיו הוי] [ערכין כג. וש"נ] [מכות י. ע"ש] [סנהדרין לב.] [תוספתא דע"ז פ"ז] [נ"ל כבוד ואין כבוד אלא תורה שנאמר כבוד חכמים ינחלו ותמימים ינחלו טוב וא"ר חמא בר חנינא כל העושה טובה למי שאינו יודע כאילו זורק אבן למרקולים שנאמר כצרור אבן וגו' וכתיב לא נאוה לכסיל תענוג. כל זה איתא בע"ז] [תוספתא פ"ט]

הָכָא בְּמַאי עָסְקִינַן – אַדְּיָתֵיב גּוֹי אַמַּסְחָתָא. דִּכְוָותָהּ גַּבֵּי כֹּהֵן דְּיָתֵיב אַמַּסְחָתָא, אַמַּאי צָרִיךְ לִרְשׁוֹם? דְּאָמְרִי: בִּשְׂרָא קָא זָבֵין. אִי הָכִי, גּוֹי נַמִי אָמְרִי: בִּשְׂרָא קָא זָבֵין! אֶלָּא הָכָא בְּמַאי עָסְקִינַן – דְּיָתֵיב גּוֹי אַכַּסְפְּתָא. דִּכְוָותָהּ גַּבֵּי כֹּהֵן דְּיָתֵיב אַכַּסְפְּתָא, אַמַּאי צָרִיךְ לִרְשׁוֹם? אָמְרִי: הֵמוֹנֵי הֵימְנֵיהּ. גּוֹי נַמִי, אָמְרִי: הֵמוֹנֵי הֵימְנֵיהּ! אֵין אֱמוּנָה בְּגוֹי. אִיבָּעֵית אֵימָא: סְתַם *גּוֹי מִפְעָא פָּעֵי. אָמַר מָר: וּפְסוּלֵי הַמּוּקְדָּשִׁין אֵין צָרִיךְ לִרְשׁוֹם. אַלְמָא מוּכְחָא מִלְּתָא, וְהָא אֲנַן *תְּנַן: [ב]פְּסוּלֵי הַמּוּקְדָּשִׁין נִמְכָּרִים בְּאִיטְלִיז, וְנִשְׁחָטִים בְּאִיטְלִיז, וְנִשְׁקָלִים בְּלִיטְרָא! תַּרְגְּמָא רַב אַדָּא בַּר אַהֲבָה קַמֵּיהּ דְּרַב פָּפָּא: בְּאוֹתָן הַנִּמְכָּרִים בְּתוֹךְ הַבַּיִת. אָמַר רַב הוּנָא: [ג]שׁוּתָּף בָּרֹאשׁ – פָּטוּר מִן הַלֶּחִי, שׁוּתָּף בַּיָּד – פָּטוּר מִן הַזְּרוֹעַ, שׁוּתָּף בִּבְנֵי מֵעַיִין – פָּטוּר מִן הַקֵּבָה. וְחִיָּיא בַּר רַב אָמַר: אֲפִי' שׁוּתָּף בְּאַחַת מֵהֶן – פָּטוּר מִכּוּלָּן. מֵיתִיבִי: "הָרֹאשׁ שֶׁלִּי, וְכוּלָּהּ שֶׁלְּךָ", וַאֲפִי' אֶחָד מִמֵּאָה בָּרֹאשׁ – פָּטוּר. "הַיָּד שֶׁלִּי, וְכוּלָּהּ שֶׁלְּךָ", אֲפִי' אֶחָד מִמֵּאָה בַּיָּד – פָּטוּר. "בְּנֵי מֵעַיִין שֶׁלִּי, וְכוּלָּהּ שֶׁלְּךָ", אֲפִי' אֶחָד מִמֵּאָה בָּהֶן – פָּטוּר. מַאי לָאו פָּטוּר – מִן הַלֶּחִי, וְחַיָּיב בְּכוּלָּן, פָּטוּר מִן הַזְּרוֹעַ וְחַיָּיב בְּכוּלָּן, פָּטוּר מִן הַקֵּבָה וְחַיָּיב בְּכוּלָּן! לָא, פָּטוּר מִכּוּלָּן. וְלִיתְנֵי "פָּטוּר מִכּוּלָּן"! וְעוֹד, תַּנְיָא: "הָרֹאשׁ שֶׁלִּי, וְכוּלָּהּ שֶׁלְּךָ", אֲפִי' אֶחָד מִמֵּאָה בָּרֹאשׁ – פָּטוּר מִן הַלֶּחִי וְחַיָּיב בְּכוּלָּן! תְּיוּבְתָּא דְּחִיָּיא בַּר רַב תְּיוּבְתָּא. אָמַר רַב חִסְדָּא: *הָא מַתְנִיתָא אַטְעִיתֵיהּ לְחִיָּיא בַּר רַב, דְּתַנְיָא: *[ד]עֶשְׂרִים וְאַרְבַּע מַתְּנוֹת כְּהוּנָּה הֵן, וְכוּלָּן נִיתְּנוּ לְאַהֲרֹן וּלְבָנָיו בִּכְלָל וּפְרָט וּבְרִית מֶלַח. כָּל הַמְקַיְּימָן – כְּאִילּוּ קִיֵּים בִּכְלָל וּפְרָט וּ"בְרִית מֶלַח", וְכָל הָעוֹבֵר עֲלֵיהֶן – כְּאִילּוּ עוֹבֵר עַל בִּכְלָל וּפְרָט וּבְרִית מֶלַח. וְאֵלּוּ הֵן: עֶשֶׂר בַּמִּקְדָּשׁ, וְאַרְבַּע בִּירוּשָׁלַיִם, וְעֶשֶׂר בַּגְּבוּלִים. עֶשֶׂר בַּמִּקְדָּשׁ: חַטָּאת, וְחַטַּאת הָעוֹף, אָשָׁם וַדַּאי, וְאָשָׁם תָּלוּי, וְזִבְחֵי שַׁלְמֵי צִבּוּר, וְלוֹג שֶׁמֶן שֶׁל מְצוֹרָע, וּשְׁתֵּי הַלֶּחֶם, וְלֶחֶם הַפָּנִים, וּשְׁיָרֵי מְנָחוֹת, וּמִנְחַת הָעוֹמֶר. וְאַרְבַּע בִּירוּשָׁלַיִם: הַבְּכוֹרָה, וְהַבִּכּוּרִים, וּמוּרָם מִן הַתּוֹדָה וּמֵאֵיל נָזִיר, וְעוֹרוֹת קָדָשִׁים. וְעֶשֶׂר בַּגְּבוּלִים: תְּרוּמָה, וּתְרוּמַת מַעֲשֵׂר, וְחַלָּה, וְרֵאשִׁית הַגֵּז, וּמַתָּנוֹת, וּפִדְיוֹן הַבֵּן, וּפִדְיוֹן פֶּטֶר חֲמוֹר, וּשְׂדֵה אֲחוּזָּה, וּשְׂדֵה חֲרָמִים, וְגֶזֶל הַגֵּר. הוּא סָבַר: מִדְּקָא חָשֵׁיב לְהוּ לְמַתָּנוֹת בַּחֲדָא – חֲדָא נִינְהוּ. וְלָא הִיא, אַטּוּ מוּרָם מִתּוֹדָה וְאֵיל נָזִיר דְּקָא חָשֵׁיב לְהוּ כַּחֲדָא, מִשּׁוּם דַּחֲדָא נִינְהוּ? אֶלָּא, כֵּיוָן דְּדָמְיָין לַהֲדָדֵי חָשֵׁיב לְהוּ כַּחֲדָא, ה"נ, כֵּיוָן דְּדָמְיָין לַהֲדָדֵי – חָשֵׁיב לְהוּ כַּחֲדָא. אִיבַּעְיָא לְהוּ: "הָרֹאשׁ שֶׁלְּךָ, וְכוּלָּהּ שֶׁלִּי", מַהוּ? בָּתַר חִיּוּבָא אָזְלִינַן, וְחִיּוּבָא גַּבֵּי יִשְׂרָאֵל הוּא. אוֹ דִּלְמָא בָּתַר עִיקַּר בְּהֵמָה אָזְלִינַן, וְעִיקַּר בְּהֵמָה דְּכֹהֵן הוּא? ת"ש: *גּוֹי וְכֹהֵן שֶׁמָּסְרוּ צֹאנָם לְיִשְׂרָאֵל לִגְזוֹז – פָּטוּר. הַלּוֹקֵחַ גֵּז צֹאנוֹ שֶׁל גּוֹי – פָּטוּר מֵרֵאשִׁית הַגֵּז. וְזֶה חוֹמֶר בַּזְּרוֹעַ וּבַלְּחָיַיִם וּבַקֵּבָה יוֹתֵר מֵרֵאשִׁית הַגֵּז. ש"מ: בָּתַר חִיּוּבָא אָזְלִינַן, שְׁמַע מִינַּהּ. § "וְאִם אָמַר לוֹ חוּץ מִן הַמַּתָּנוֹת פָּטוּר מִן הַמַּתָּנוֹת". §
וּרְמִינְהוּ

מג"ל דלא מהר"ס

**זבחי** שלמי צבור. הן כבשי עצרת, ויש להם דין אשמות ליאכל לפנים מן הקלעים, כדתנן ב"איזהו מקומן" (זבחים דף נד:). **ועורות** קדשים. תימה: אמאי חשיב עורות קדשים מהארבע שהיו בירושלים, הלא בעזרה היו מפשיטין אפילו קדשים קלים, משום אימורים שלא היו יכולים להוציא חוץ לעזרה, וה"ל למימניה עם עשר שבמקדש?* **או** דילמא בתר עיקר בהמה אזלינן. הא לא דמי כלל למתניתין, דתנן: "חוץ מן המתנות" – פטור מן המתנות, דהא *לא מחייב התם ישראל במתנות, משום שהמתנות נשארו ביד כהן.
חוץ

**הכא במאי עסקינן.** דהמשתתף עם גוי אינו צריך לרשום. **דיתיב גוי אמסחתא.** כשהטבח מוכר הבשר, דמוכחא מילתא דגוי שותף הוא ואין כאן חשד, ומתניתין – בדלא יתיב. **דכוותה** גבי כהן. דבדלייכא. דיתיב. כהן אמסחתא, אמאי צריך לרשום? הא נמי מוכחא מילתא דכהן שותף בה! **אפ"ה** דיתיב כהן אמסחתא לא הוי ידעי אינשי דכהן שותף בה דאמרי בשרא קזבין. בשר הוא רוצה לקנות. **אלא.** לא תוקמה דיתיב גוי אמסחתא, אלא הכי תוקמה: דיתיב גוי אכספתא על הארגז שנותן בה הטבח המעות כשמקבלם תמיד מן הלוקחים, דהא ודאי מוכחא שפיר דגוי שותף בה. **דאמרי.** הרואים: המוני הימניה לשומרם לו, שלא יגנבום הימנו. **אין אמונה** בגוי. אין ישראל רגילין להאמין בהם. **אבע"א.** לעולם כדאוקימנא מעיקרא, דיתיב גוי אמסחתא, וכהן נמי דיתיב אמסחתא – ולא דמו. ד"סתם גוי מפעא פעי" – תדיר הוא צועק: אל תתנם בכך אלא בכך! והכל יודעין שיש לו חלק בה. אבל כהן – צנוע הוא, וסומך על הטבח, ואין הכל יודעין שהוא שותף. אלמא מוכחא מילתייהו. דלא מזבין להו כדרך חולין. **באיטליז.** בשוק. **באותן הנמכרים בתוך הבית.** בכור ומעשר. דהכא תנן: חוץ מן הבכור והמעשר, שהנאתן לבעלים. שאין דמיהן קודש, דכתיב בהו: "לא תפדה", ו"לא תגאל". דהיינו, אין קדושה לדמיהן. לפיכך, לא התירו לו בשביל הנאתו לזלזל בהן למוכרן בשוק כדרך חולין, אלא בתוך הבית. ואע"פ שמפסיד בדבר, שאין עליהם קופצין כל כך. והיינו "מוכחא מילתא". אבל פסולי המוקדשים, שדמי פדיונן נכנסו בקדושתן, אי לא שרית ליה למוכרן בשוק – לא פריק להו מעיקרא אלא בזול, ואיכא פסידא דהקדש, והנהו צריך לרשום. **שותף בראש.** ולא ביותר. **אפילו אחד ממאה ביד.** אפילו אין לכהן או לגוי חלק בזרוע אלא אחד ממאה – פטור טבח. ובכהן או גוי שמכרו בהמה לטבח ישראל קאמר, ובכולהו גרסינן "פטור" סתמא. **אי הכי ליתני פטור** מכולם. בהדיא! **ועוד תניא.** בהדיא דלא פטר ליה אלא מן הלחי. **בכלל ופרט.** ב"ויקח קרח": "לכל קדשי בני ישראל לך נתתים" והדר מפרש כל חד וחד: "וזה יהיה לך מקדש הקדשים מן האש" וגו'. **וברית מלח.** כתיב בסיפיה: "ברית מלח עולם הוא" כשם שברית מלח אינה שובתת כך זו לא תשבות. **כאילו קיים** בכללות ופרטות. שבתורה. **וברית מלח.** של קרבנות. **עשר במקדש.** ניתנו להם בתוך עזרה לאוכלן שם. **זבחי שלמי צבור.** כבשי עצרת, והם קדשי קדשים, לאכול בעזרה. **לוג שמן של מצורע.** מה שנשאר ממתנותיו נאכל לכהנים, כדאמרינן במנחות (דף עג.) ובזבחים (דף מד:): "לכל קרבנם" דכתיב ב"ויקח קרח" – לרבות לוג שמן של מצורע, דקרוי "קרבנם" – דכתיב ביה: "והקריב אותם לאשם ואת לוג השמן", וכתיב ב"ויקח קרח": "בקדש הקדשים תאכלנו" – אכולהו "לכל קרבנם ולכל מנחתם ולכל חטאתם ולכל אשמם" וגו'. **עומר** לא חשיב ליה בהדי שאר מנחת צבור, מפני שהיא מנחת צבור הנקמצת ונאכלת, ואין לך עוד בצבור. **ושירי מנחות.** של יחיד. **בירושלים.** הנאכלים ומתחלקים לכל העיר. **הבכורה.** בכור תם. **בכורים.** אינם נאכלים אלא בירושלים, דכתיב (דברים יב): "לא תוכל לאכול בשעריך" וגו' "ותרומת ידך" – אלו הבכורים. ואמר מר (מכות דף יז:). **ומורם מתודה.** חזה ושוק וד' חלות, כדכתיב (ויקרא ז): "והקריב ממנו" – אחד מכל קרבן, "תרומה לה' לכהן הזורק" וגו', מארבעת מינים, חלות ורקיקים ורבוכה וחמץ, אחת מכל מין. **ומורם מאיל נזיר.** זרוע בשלה וחלה ורקיק, כדכתיב בפרשת נשא שמניפין אותן. והני חד חשיב להו, משום דדמו אהדדי, דתרווייהו מורם מקדשים קלים נינהו. וחזה ושוק של שאר שלמים נמי בכלל זה הן. והאי דנקט תודה – משום דאית ביה מורם אחרינא, ותנינהו לכולהו בחדא שמא. **ועורות קדשים.** של עולה חטאת ואשם, כדכתיב (שם): "עור העולה אשר הקריב", ובתורת כהנים נמי *מרבה עור חטאת ואשם. **בגבולים.** נתנין להם בכל ערי ישראל. **ומתנות.** הזרוע והלחיים והקבה. **פדיון הבן.** ה' סלעים. **פדיון פטר חמור.** שה. **שדה אחוזה.** שהקדישו ולא גאלה, ומכרה גזבר לאחר, והרי היא יוצאה ביובל ומתחלקת לכהנים של אותו משמר שאירע בו יובל, שנאמר (שם כז): "והיה השדה בצאתו ביובל וגו' לכהן תהיה אחוזתו". **וגזל הגר.** "האשם המושב לה'" בפרשת נשא, וגזל הגר שנשבע לו לשקר, ואח"כ הודה לאחר מיתת הגר, כדפי' לעיל בפרקין [קל.]. **הוא סבר.** חייא בר רב סבר. **מדקא חשיב.** האי תנא לכולהו זרוע לחיים וקבה כחדא מתנה, שלא אמר עשרים ושש. **ש"מ.** חדא היא, והמתחייב באחד – מתחייב בכולם, והנפטר מאחת מהן – פטור מכולן. **כולה שלי והראש שלך.** כהן מוכר לטבח הראש קודם שחיטה. **הכי גרסינן:** ת"ש גוי וכהן שמסרו צאנן לישראל לגזוז. שעשאוהו שלוחן לגוזז את צאנן. **פטור.** ואיידי דתנא לה גבי מתנות "השוחט לכהן ולגוי – פטור" תנייה נמי גבי ראשית הגז. **הלוקח גז צאנו של גוי.** אפילו קודם שנגזזו – פטור. "וזה חומר" וכו' – דהלוקח מתנות מן הכהן[א], *חייב קודם שחיטה, וכל בהמה לכהן – חייב במתנות, שלא זכה בה קודם שחיטה. **ש"מ.** מדקתני "זה חומר" – אלמא בתר חיובא אזלינן, דהאי לא קנה אלא מתנות, וקאמר "חייב".
ורמינהו

מד א מיי' פ"ט מהל' בכורים הל' י סמג עשין קמב טוש"ע י"ד סי' סא סעיף כה:
מה ב מיי' פ"א מהל' אסורי מזבח הל' יב:
[וז"ל רש"ש בב"ק קי: ד"ה ועורות קדשים וכו' ובהכי הנך דבמקדש לא חשיב אלא הנהו דלאו נפקי חוץ לקלעים מיפסלו ביוצא ולפ"ז יתיישב היטב תמיהת התוס']
מו ג מיי' פ"ט מהל' בכורים הל' יב סמג עשין (קנ) [קמב] טוש"ע י"ד סי' סא סעיף כו:
מז ד מיי' שם פ"א הלכה ח:

[ערכין ו:]
בכורות לא. [בילה כח.]
[תוספתא פ"ט ע"ש]
[כתובות ל. וש"נ]
ב"ק קי: [תוספתא חלה פ"ב]
[תוספתא פ"י]
[וכן איתא להדיא בזבחים קג: ועמ"ש רש"ש בפסחים נז. וכן עוד בב"ק קי: ד"ה עורות קדשים וכו']
צ"ל חייס

הגהות מהר"ב רנשבורג
א] רש"י ד"ה הלוקח גז וכו' דהלוקח מתנות מן הכהן חייב. מלת חייב נמחק:

וּרְמִינְהוּ. כֹּהֵן שֶׁמָּכַר בְּהֵמָה לְיִשְׂרָאֵל, וְאָמַר לוֹ "ע"מ שֶׁהַמַּתָּנוֹת שֶׁלִּי" – נוֹתְנָן יִשְׂרָאֵל לְכָל כֹּהֵן שֶׁיִּרְצֶה. דְּכֵיוָן דְּכוּלַּהּ בְּהֵמָה זַבֵּין לֵיהּ, לָא מָצֵי לְאִתְנוּיֵי לֵיהּ הָנֵי מַתָּנוֹת, שֶׁאֵינָן שֶׁלּוֹ אֶלָּא שֶׁל כֹּהֲנִים נִינְהוּ, וְאֵין לוֹ בָּהֶן אֶלָּא טוֹבַת הֲנָאָה, מ"מ ש"מ דְּחַיָּיב בְּמַתָּנוֹת. חוּץ שִׁיּוּר. לְשׁוֹן שִׁיּוּר מַשְׁמַע שֶׁשִּׁיֵּיר הַמַּתָּנוֹת וְלֹא מְכָרָן. לְפִיכָךְ, פָּטוּר הַלּוֹקֵחַ, שֶׁהֲרֵי שֶׁל כֹּהֵן הֵן. וְדַוְקָא דִּבְיִשְׂרָאֵל הָוֵי מְחַיֵּיב הַלּוֹקֵחַ, דְּכֵיוָן שֶׁהוּא שָׁחַט עָלָיו רָמְיָא לְמֵיתְבִינְהוּ. עַל מְנָת לָאו שִׁיּוּרָא הוּא. אֶלָּא תְּנָאָה, הַכֹּל מָכַר לוֹ ע"מ שֶׁיִּתְּנֵם לוֹ. וְהוּא אֵין בּוֹ כֹּחַ לְהַתְנוֹת. וּרְמִינְהוּ. בָּרַיְיתָא אַחֲרַיְיתָא. לֹא שָׁנוּ. הֵיכָא דְּלָקַח הֵימֶנּוּ בְּמִשְׁקָל, דְּקָתָנֵי: נוֹתְנָן לוֹקֵחַ לַכֹּהֵן, וְהוּא חוֹזֵר וְתוֹבֵעַ דָּמִים מִן הַטַּבָּח. אֶלָּא, כְּשֶׁשְּׁקָלָן לוֹקֵחַ לְעַצְמוֹ. דְּכֵיוָן דְּטַבָּח לֹא נָגַע בָּהֶן – אֵינוֹ בַּעַל דְּבָרִים שֶׁל כֹּהֵן. לְפִיכָךְ, זֶה הַלּוֹקֵחַ נוֹתְנָן, וְהוּא שׁוֹאֵל לוֹ הַדָּמִים שֶׁעַל הַטַּבָּח הָיָה מוּטָּל לִיתֵּן. אֲבָל שְׁקָלָן לוֹ טַבָּח הַדִּין. שֶׁל כֹּהֵן, וּמַלְווֹתוֹ וּתְבִיעָתוֹ אַף (א) עַל הַטַּבָּח הוּא, וְהַטַּבָּח חוֹזֵר עָלֶיהָ, אִם יֵשׁ בְּעַיִן – נוֹתְנָן לַכֹּהֵן. *וְהָכִי מְפָרֵשׁ לָהּ בְּרֵישׁ "הַגּוֹזֵל" בְּבָ"ק (דף קטו.), דְּאַף עִם הַטַּבָּח קָאָמַר ר' יְהוּדָה. הַדִּין עִמּוֹ. דִּינוֹ שֶׁל כֹּהֵן וּתְבִיעָתוֹ עִם הַלּוֹקֵחַ הוּא, הוֹאִיל וְיֶשְׁנָהּ לַגְּזֵלָה בְּעַיִן – בִּמְקוֹם שֶׁהוּא שָׁם, יֵלֵךְ. רַב אִית לֵיהּ דְּרַב חִסְדָּא. רָצָה מִזֶּה גּוֹבֶה. דְּכֵיוָן דְּקוֹדֶם יֵאוּשׁ אֲכָלוֹ זֶה הָאַחֲרוֹן – הָוֶה לֵיהּ אִיהוּ גַּזְלָן עֲלַיְיהוּ. דְּהָא כָּל מִקַּמֵּי יֵאוּשׁ – בִּרְשׁוּתַיְיהוּ דְּמָרַיְיהוּ קַיְימִי, כָּל הֵיכָא דְּאִיתִנְהוּ. לָא. בְּגַזְלָן דְּעָלְמָא, שֶׁהַגַּזְלָן קוֹנֶה אוֹתוֹ בִּגְזֵלָתוֹ לְשַׁלֵּם. דְּכוּלֵּי עָלְמָא אִית לְהוּ דְּרַב חִסְדָּא. דְּאִם רָצָה לָדוּן עִם הָרִאשׁוֹן – יָדוּן. וְהָכָא, בְּגָזַל מַתְּנוֹת כְּהוּנָּה קָמִיפַּלְגֵי. מָר סָבַר: מַתְּנוֹת כְּהוּנָּה נִגְזָלוֹת, וְנִתְחַיֵּיב גַּזְלָן בִּגְזֵלָתוֹ לְשַׁלֵּם, דְּתוֹרַת גָּזֵל עֲלֵיהֶן. וּמָר סָבַר אֵינָם נִגְזָלוֹת. אֵין כֹּחַ לַגַּזְלָן. וְכָל זְמַן שֶׁהֵן בְּעַיִן, כָּל מָקוֹם שֶׁהוֹלְכִין – הַחוֹב מוּטָּל עַל מִי שֶׁהֵם אֶצְלוֹ לִתְּנוֹ לַכֹּהֵן, וְהָרִאשׁוֹן לֹא נַעֲשָׂה גַּזְלָן עֲלֵיהֶן. בְּאַפֵּי נַפְשֵׁהּ. וְלֹא בִּלְשׁוֹן "לֹא שָׁנוּ" וְאֵמְתְנִי', כִּדְלְעֵיל. מַתָּנוֹת כְּהוּנָּה נִגְזָלוֹת. לְכִדְאָמְרָן, שֶׁאִם רָצָה כֹּהֵן לָדוּן עִם הָרִאשׁוֹן – יָדוּן. אַלְמָא סָפֵק. מַתָּנוֹת כְּהוּנָּה לְקוּלָּא, דְּאָמְרִינַן: הַמּוֹצִיא מֵחֲבֵירוֹ עָלָיו הָרְאָיָה. שֶׁבְּתוֹךְ הַקָּמָה. לִפְנֵי הַקּוֹצְרִים, שֶׁעֲדַיִין לֹא הִגִּיעוּ הַקּוֹצְרִים לְשָׁם. הֲרֵי. כָּל הַנִּמְצָא בָּהֶן לְבַעַל הַבַּיִת, דְּאֵין לֶקֶט אֶלָּא הַנּוֹשֵׁר בִּשְׁעַת קְצִירָה. הָעֶלְיוֹנִים. חִטִּין הָעֶלְיוֹנִים שֶׁעַל פִּי הַחוֹר, אִיכָּא לְמֵימַר: לֶקֶט הֵן, שֶׁנָּשְׁרוּ מִן הַשִּׁבֳּלִין בִּשְׁעַת קְצִירָה. וְהַתַּחְתּוֹנִים. שֶׁבְּקַרְקָעִיתוֹ שֶׁל חוֹר. לְבַעַל הַבַּיִת. דְּקוֹדֶם קְצִירָה כְּנָסוּם נְמָלִים שָׁם. שֶׁסָּפֵק לֶקֶט לֶקֶט. אַלְמָא לְרַבִּי מֵאִיר גַּבֵּי מַתְּנוֹת עֲנִיִּים, וְה"ה לְמַתְּנוֹת כְּהוּנָּה, סְפֵיקָא לְחוּמְרָא, וּסְתָם מַתְנִי' – ר"מ הִיא, וְקָתָנֵי: סְפֵיקָא לְקוּלָּא. אַל תַּקְנִיטֵנִי. דְּהָא דְּקָתָנֵי "סְפֵק לֶקֶט לֶקֶט" – יְחִידָאָה הִיא. שֶׁאֵינִי שׁוֹנֶה אוֹתָהּ כְּמוֹ שֶׁשָּׁנִיתָ "דִּבְרֵי ר"מ", אֶלָּא "דִּבְרֵי ר' יְהוּדָה בֶּן אַגְרָא מִשּׁוּם ר"מ". א"ל. ר"ל. אַל תִּשְׁנֶה אוֹתָהּ אֶלָּא בִּלְשׁוֹן בֶּן תְּדָל. אֲפִי' אֵין אַתָּה שׁוֹנֶה אוֹתָהּ אֶלָּא בְּשֵׁם שׁוֹטֶה שֶׁבָּעוֹלָם שֶׁשְּׁמוֹ בֶּן תְּדָל, אֲפִילּוּ הָכִי קַשְׁיָא לָךְ, דְּהָא טַעְמָא קָאָמַר לְמִילְּתֵיהּ. אִילֵימָא בְּדִינִין. לִרְאוֹת לוֹ זְכוּת בַּדִּין. צַדֵּק מִשֶּׁלְּךָ וְתֵן לוֹ. פָּרָה. כְּשֶׁנּוֹלַד לְךָ סָפֵק זֶה בְּמַתְּנוֹתֶיהָ, וְאַתָּה מַעֲמִידָהּ עַל חֶזְקָתָהּ הָרִאשׁוֹנָה – הֲרֵי הִיא פְּטוּרָה, שֶׁהֲרֵי בְּחֶזְקַת שֶׁל גּוֹי הָיְתָה עוֹמֶדֶת. קָמָה. כְּשֶׁנּוֹלַד לְךָ סָפֵק בְּלֶקֶט, וְאַתָּה מַעֲמִידָהּ עַל חֶזְקָתָהּ – חֶזְקַת חִיּוּב הוּא, דְּמֵעוֹלָם הִיא עוֹמֶדֶת לְכָךְ, דְּשֶׁל יִשְׂרָאֵל הִיא. חִיּוּב חַלָּה הַכֹּל הוֹלֵךְ אַחַר גִּלְגּוּלָהּ, מִשֶּׁגִּלְגֵּל בָּהּ – הָוֵי חִיּוּבָהּ. וְגִלְגּוּל הַגּוֹי פּוֹטֵר, דִּכְתִיב (במדבר טו): "עֲרִיסוֹתֵיכֶם". "אִם עַד שֶׁלֹּא נִתְגַּיֵּיר נִתְגַּלְגְּלָה – פָּטוּר, אִם סָפֵק – חַיָּיב" גָּרְסִינַן. חַלָּה. סְפֵק אִיסּוּרָא, שֶׁיֵּשׁ בָּהּ עֲוֹן מִיתָה. הִלְכָּךְ, לָא סָמְכִינַן אַחֲזָקָה. אֲבָל מַתָּנוֹת אֵין בָּהֶן קְדוּשָּׁה אֶלָּא דִּין מָמוֹן, וְהַמּוֹצִיא מֵחֲבֵירוֹ עָלָיו הָרְאָיָה. קָרְבַּן אִשְׁתּוֹ. סָפֵק יָלְדָה כְּשֶׁהָיְתָה גּוֹיָה, סָפֵק מִשֶּׁנִּתְגַּיְּירָה – מְבִיאָה קָרְבָּן, דִּסְפֵק אִיסּוּר כָּרֵת הוּא לֶאֱכוֹל בַּקֳּדָשִׁים עַד שֶׁתָּבִיא כַּפָּרָה. דִּמְחוּסַּר כִּפּוּרִים אָסוּר בַּקֳּדָשִׁים, וְעָנוּשׁ כָּרֵת. וְחַלָּה. וּבְכוֹר בְּהֵמָה טְהוֹרָה. סְפֵק כָּרֵת לְשׁוֹחֲטוֹ בַּחוּץ. וְצָרִיךְ לְהַמְתִּין עַד שֶׁיִּסְתָּאֵב, דְּתוּ לֵית בֵּיהּ אֶלָּא דִּין מָמוֹן, וְאוֹכְלוֹ הוּא בְּמוּמוֹ. וּבְכוֹר חֲמוֹר, כְּמַאן דְּאָמַר בִּבְכוֹרוֹת (דף ט:): אָסוּר בַּהֲנָאָה עַד שֶׁיִּפְדֶּנּוּ, וְצָרִיךְ לְהַפְרִישׁ עָלָיו טָלֶה לְפִדְיוֹנוֹ, לְאַפְקוּעֵי אִיסּוּרֵיהּ. וּמִתְעַבֵּד הַטָּלֶה בְּיָדוֹ, וְהוּא שֶׁלּוֹ. דְּשֶׂה שֶׁל פִּדְיוֹן לָא רַמְיָא קְדוּשָּׁה עֲלֵיהּ אֶלָּא מָמוֹנָא דְּכֹהֵן הוּא, וְכֵיוָן דְּסָפֵק הוּא – הַמּוֹצִיא מֵחֲבֵירוֹ עָלָיו הָרְאָיָה.

רֵאשִׁית

תורה אור

וּרְמִינְהוּ: [אא] "עַל מְנָת שֶׁהַמַּתָּנוֹת שֶׁלִּי" – נוֹתֵן לְכָל כֹּהֵן שֶׁיִּרְצֶה! "עַל מְנָת" אַ"חוּץ" קָא רָמֵית? "חוּץ" – שִׁיּוּרָא, "עַל מְנָת" – לָאו שִׁיּוּרָא. וּרְמִינְהוּ: "עַל מְנָת שֶׁהַמַּתָּנוֹת שֶׁלִּי" – הַמַּתָּנוֹת שֶׁלּוֹ! בְּהָא פְּלִיגֵי, מָר סָבַר: "עַל מְנָת" – שִׁיּוּרָא הוּא, וּמָר סָבַר: "עַל מְנָת" – לָאו שִׁיּוּרָא הוּא. § "אָמַר לוֹ מְכוֹר לִי בְּנֵי מֵעֶיהָ" וכו'. § *אָמַר רַב: לֹא שָׁנוּ אֶלָּא שֶׁשָּׁקַל לְעַצְמוֹ, אֲבָל שָׁקַל לוֹ טַבָּח – הַדִּין עִם הַטַּבָּח. וְרַב אַסִּי אָמַר: אֲפִי' שָׁקַל לוֹ טַבָּח – הַדִּין עִמּוֹ. לֵימָא בִּדְרַב חִסְדָּא קָא מִיפַּלְגִי, דְּאָמַר רַב חִסְדָּא: *אגָּזַל וְלֹא נִתְיָאֲשׁוּ הַבְּעָלִים, וּבָא אַחֵר וַאֲכָלוֹ – רָצָה מִזֶּה גּוֹבֶה, רָצָה מִזֶּה גּוֹבֶה. דְּמָר אִית לֵיהּ דְּרַב חִסְדָּא, וּמָר לֵית לֵיהּ דְּרַב חִסְדָּא. לָא, דְּכוּלֵּי עָלְמָא אִית לְהוּ דְּרַב חִסְדָּא, וְהָכָא בְּמַתָּנוֹת כְּהוּנָּה נִגְזָלוֹת קָא מִיפַּלְגִי. דְּמָר סָבַר: נִגְזָלוֹת, וּמָר סָבַר: אֵין נִגְזָלוֹת. אִיכָּא דְּמַתְנֵי לָהּ לְהָא שְׁמַעְתָּא בִּפְנֵי עַצְמָהּ, רַב אָמַר: במַתָּנוֹת כְּהוּנָּה נִגְזָלוֹת, וְרַב אַסִּי אָמַר: מַתָּנוֹת כְּהוּנָּה אֵין נִגְזָלוֹת. §

**מתני'** גגֵּר שֶׁנִּתְגַּיֵּיר וְהָיְתָה לוֹ פָּרָה. נִשְׁחֲטָה עַד שֶׁלֹּא נִתְגַּיֵּיר – פָּטוּר, מִשֶּׁנִּתְגַּיֵּיר – חַיָּיב. סָפֵק – פָּטוּר, שֶׁהַמּוֹצִיא מֵחֲבֵירוֹ עָלָיו הָרְאָיָה. §

**גמ'** כִּי אֲתָא רַב דִּימִי אָמַר, רְמֵי לֵיהּ רַבִּי שִׁמְעוֹן בֶּן לָקִישׁ לְר' יוֹחָנָן: תְּנַן, סָפֵק – פָּטוּר. אַלְמָא סְפֵיקָא לְקוּלָּא. וּרְמִינְהוּ, (א) *חוֹרֵי הַנְּמָלִים שֶׁבְּתוֹךְ הַקָּמָה – הֲרֵי אֵלּוּ שֶׁל בַּעַל הַבַּיִת, וְשֶׁלְּאַחַר הַקּוֹצְרִים, הָעֶלְיוֹנִים – לָעֲנִיִּים, וְהַתַּחְתּוֹנִים – שֶׁל בַּעַל הַבַּיִת. רַבִּי מֵאִיר אוֹמֵר: דהַכֹּל לָעֲנִיִּים, שֶׁסְּפֵק לֶקֶט – לֶקֶט! אָמַר לֵיהּ: *אַל תַּקְנִיטֵנִי, שֶׁבִּלְשׁוֹן יָחִיד אֲנִי שׁוֹנֶה אוֹתָהּ. דְּתַנְיָא, ר' יְהוּדָה בֶּן אַגְרָא אוֹמֵר מִשּׁוּם רַבִּי מֵאִיר: הסְפֵק לֶקֶט – לֶקֶט, סְפֵק שִׁכְחָה – שִׁכְחָה, סְפֵק פֵּאָה – פֵּאָה. אָמַר לוֹ: אַל תִּשְׁנֶה אוֹתָהּ אֶלָּא בִּלְשׁוֹן בֶּן *תְּדָל, וְהָא טַעְמָא קָאָמַר. דְּאָמַר ר"ש בֶּן לָקִישׁ: מַאי דִּכְתִיב °"עָנִי וָרָשׁ הַצְדִּיקוּ"? מַאי "הַצְדִּיקוּ"? אִילֵימָא בְּדִינִים – וְהָא כְּתִיב °"וְדָל לֹא תֶהְדַּר בְּרִיבוֹ". אֶלָּא – צַדֵּק מִשֶּׁלְּךָ וְתֵן לוֹ! אָמַר רָבָא: הָכָא – פָּרָה בְּחֶזְקַת פְּטוּרָה קַיְימָא, קָמָה – בְּחֶזְקַת חִיּוּבָא קַיְימָא. אֲמַר לֵיהּ אַבַּיֵי: וַהֲרֵי *עִיסָּה יַנְעֲשֵׂית עַד שֶׁלֹּא נִתְגַּיֵּיר – פָּטוּר מִן הַחַלָּה, מִשֶּׁנִּתְגַּיֵּיר – חַיָּיב, סָפֵק – חַיָּיב! אָמַר לֵיהּ: *סְפֵק אִיסּוּרָא – לְחוּמְרָא, סְפֵק מָמוֹנָא – לְקוּלָּא. דְּאָמַר רַב חִסְדָּא, וְכֵן תָּנֵי ר' חִיָּיא: שְׁמוֹנָה סְפֵקוֹת נֶאֶמְרוּ בְּגֵר, אַרְבַּע לְחִיּוּב וְאַרְבַּע לִפְטוּר. [ו]קָרְבַּן אִשְׁתּוֹ, וְחַלָּה, וּבְכוֹר בְּהֵמָה טְמֵאָה, וּבְכוֹר בְּהֵמָה טְהוֹרָה – לְחִיּוּב,

רֵאשִׁית

תהלים פב | שמות כג

**חוץ** שיורא הוא ע"מ לאו שיורא הוא. וא"ת: כי א"ל "ע"מ", דאמרינן: נותנן לכל כהן שירצה – א"כ, המקח בטל, שלא נתן לו הבהמה אלא ע"מ שיהיו המתנות שלו! וי"ל: דמיירי שהתנו שיהיו המתנות שלו, ואם לא יתן לו – לא יהיה המקח בטל. אי נמי: הוי כמו מתנה על מה שכתוב בתורה, שהרשתו תורה ליתנם לכל מי שירצה. **דמר** אית ליה דרב חסדא. אין לפרש דרב אית ליה דרב חסדא, ו"עם הראשון" דקאמר רב – היינו, אפי' עם הראשון. דא"כ, לרב אסי הדין עם השני ולא עם הראשון, (ב) בגזל ולא נתייאשו הבעלים ובא אחר ואכלו, דהא ליכא מאן דפליג שלא יוכל לגבות מן הראשון הגוזל. ובאחר שאכלו הוא דאיכא דלית ליה דרב חסדא. אלא יש לפרש איפכא: דרב לית ליה דרב חסדא, להדין דוקא עם הטבח. ורב אסי אית ליה דרב חסדא, והדין אף עם הלוקח. ודמי: "דכ"ע אית להו דרב חסדא, ובמתנות כהונה נגזלות קא מיפלגי" – דרב סבר נגזלות, ו"הדין עם הטבח" – היינו, אף עם הטבח, כרב חסדא. ורב אסי סבר דהדין דוקא עם הלוקח, לפי שהמתנות אין נגזלות. והוי איפכא ממאי דהוה בעי למימר מעיקרא. ותימה: דבמאי קא מיירי: אי בשאין מתנות בעין – הא אמרינן בריש פירקין דמזיק מתנות כהונה או אכלן, פטור! ואי הוה בעין – היכי קאמר דבדרב חסדא קא מיפלגי? הא משמע בריש "הגוזל בתרא" (ב"ק דף קיא:) דהיכא דהוה בעין, ליכא מאן דפליג אדרב חסדא, אלא דווקא כשאכלן. דתני רבי אושעיא: הגוזל ומאכיל את בניו – פטורין מלשלם. הניח לפניהן, גזלה קיימת – חייבים לשלם, אין גזלה קיימת – פטורין כו'. ופריך: לימא תהוי תיובתא דרב חסדא. משמע דלמאן דפליג עליה, אתי שפיר דדוקא אין גזילה קיימת פטורים, אבל בגזלה קיימת חייבים לשלם! וצ"ע. **ורמינהי** חורי הנמלים שבתוך הקמה כו'. מרבנן נמי פריך, דלא פליגי רבנן אלא משום דסברי דתחתונים ודאי נמלים כנסום. הילכך, הם של בעה"ב, הא אם היו ספק – היו מודים דהוי לקט, כמו עליונים, שספק לקט – לקט.

ראשית

[ב"ק קטו.]

ב"ק קיא: קטו.

עי' מהר"ם שכתב דלשון רש"י תמוה ודוחק להגיה רב יהודה ועי' בגר' רש"ל דקאמר רב וע"ש

פאה פ"ד מי"א

[לעיל נה: ע"ז. קכב: פסחים פח.]

[אית דגרס ערל פירוש ערל שפתים ויש מי שגורס בן ערל והיה אדם שלא היה מדקדק בשמועתו. ערוך ערך בן ערל]

חלה פ"ג מ"ו [מנחות סז.]

[כתובות סג: גיטין סג: נדרים נג. ב"ק נז: נדה כה.]

[אא טוש"ע י"ד סי' סא סעיף כט:]

מח א מיי' פ"ה מהל' גזלה הל' ד סמג עשין עג טוש"ע ח"מ סי' שסא סעיף ה ו:

מט ב מיי' פ"ט מהל' בכורים הל' יד טוש"ע י"ד סי' סא סעיף לג:

נ ג מיי' שם הלכה יג סמג עשין קמב טוש"ע י"ד סי' סא סעיף לג:

נא ד ה מיי' פ"ד מהל' מתנות עניים הל' ט:

נב ו מיי' פ"ח מהל' בכורים הל' ט טוש"ע י"ד סי' של סעיף ז:

[ו מיי' פ"א מהל' מחוסרי כפרה דין יא:]

**שיטה מקובצת**

א] חורי הנמלים. נ"ב ע' פ"ד דפאה וע"ש בהר"ש ז"ל:

**הגהות הב"ח**

(א) רש"י ד"ה אבל שקלן וכו' אף עם הטבח הוא והטבח חוזר עליהן אם ישנן בעין נותנן לכהן: (ב) תוס' ד"ה דמר וכו' ולא עם הראשון בגזל ולא נתיאשו הבעלים ובא אחר ואכלו ליכא כל"ל:

**ראשית** הגז והמתנות. תימה: למאן דאית ליה לעיל (דף קלב:) דמתנות טבלי, ליתני נמי מתנות לחיוב ולפטור – אחר שהורמו המתנות, דהוו בהמה טמאה לחיוב ולפטור! **פיקה** של גרגרת. היא טבעת הגדולה, שעשויה עגולה כפיקה. **הזרוע** המיומנת. אפילו לרבנן דדרשי פרק "גיד הנשה" (לעיל דף צו:): "הירך" – דפשיט איסוריה בכוליה ירך, הכא מודו, דלא שייך למדרש הכי. **דורשי** חמורות. פירש בערוך* בשם רב סעדיה גאון: כמין המעשה. דבלשון ארמי "מהו חמרך" – מה מעשיך.

## הדרן עלך הזרוע והלחיים

ראשית הגז, והמתנות, ופדיון פטר חמור – לפטור. כי אתא רבין אמר: קמה אקמה רמי ליה. לוי זרע בכישר, ולא הוו עניים למשקל לקט. אתא לקמיה דרב ששת, אמר ליה: °"לעני ולגר תעזוב אותם" – ולא לעורבים ולא לעטלפים. מיתיבי: אין מביאין תרומה לא מגורן לעיר ולא ממדבר לישוב, ואם אין שם כהן – שוכר פרה ומביאה, מפני הפסד (א) תרומה! שאני תרומה – דטבלה, ולא סגיא דלא מפריש לה. והרי מתנות דלא טבלי, ותניא: מקום שנהגו למלוג בעגלים – לא *יפשיט את הזרוע. להפשיט את הראש – לא יפשיט את הלחי. ואם אין שם כהן – מעלין אותן בדמים ואוכלן, מפני הפסד כהן! *שאני מתנות כהונה, ד"נתינה" כתיבא ביה. השתא דאתית להכי, תרומה נמי: "נתינה" כתיבא ביה. ואלא "תעזוב" יתירא למה לי? לכדתניא: *המפקיר את כרמו, ולשחר השכים ובצרו – חייב בפרט ובעוללות ובשכחה ובפאה, ופטור מן המעשרות. ההוא שקא דדינרי דאתא לבי מדרשא, קדים רבי אמי וזכה בהן. והיכי עביד הכי? והא כתיב "ונתן" – ולא שיטול מעצמו! רבי אמי נמי לעניים זכה בהן. ואיבעית אימא: *אדם חשוב שאני, דתניא: *°"והכהן הגדול מאחיו" – שיהא גדול מאחיו בנוי בחכמה ובעושר. אחרים אומרים: מנין שאם אין לו, שאחיו הכהנים מגדלין אותו? תלמוד לומר: "והכהן הגדול מאחיו" – גדלהו משל אחיו.§ **מתני'** א) איזהו הזרוע – מן הפרק של ארכובה עד כף של יד, והוא של נזיר, וכנגדו ברגל, שוק. ר' יהודה אומר: שוק מן הפרק של ארכובה עד סובך של רגל. אי זהו לחי – מן הפרק של לחי, עד פיקה של גרגרת.§ **גמ'** ת"ר: °"הזרוע" – *זה זרוע ימין. אתה אומר זה זרוע ימין, או אינו אלא זרוע שמאל? ת"ל: "הזרוע". מאי תלמודא? *כדאמר רבא: "הירך" – המיומנת שבירך, הכא נמי: "הזרוע" – המיומן שבזרוע. "והלחיים" למאי אתא? להביא צמר שבראש כבשים, ושער שבזקן תיישים. "והקבה" למאי אתא? להביא חלב שעל גבי הקבה, וחלב שבתוך הקבה. (ג) דאמר *ר' יהושע: כהנים נהגו בו עין יפה ונתנוהו לבעלים, טעמא – דנהגו, הא לא נהגו – דידיה הוא. *דורשי חמורות היו אומרים: הזרוע כנגד היד. וכן הוא אומר °"ויקח רומח בידו". ולחיים כנגד תפלה, וכן הוא אומר °"ויעמוד פנחס ויפלל". קבה כמשמעה, וכן הוא אומר °"ואת האשה אל קבתה". ותנא מייתי לה מהכא: °"שוק הימין" אין לי אלא שוק הימין, זרוע מוקדשין מנין? ת"ל: *°"תרומה". זרוע חולין מנין? ת"ל: "תתנו".§ "איזהו לחי מן הפרק של לחי ועד פיקה של גרגרת".§ והתניא: *נוטלה ובית שחיטה עמה! לא קשיא, הא רבנן והא רבי חנינא בן אנטיגנוס, *דתניא: מוגרמת פסולה. העיד רבי חנינא בן אנטיגנוס על מוגרמת שהיא כשרה. איבעית אימא: הא והא רבנן, ומאי "עמה"? עמה דבהמה.§

## הדרן עלך הזרוע והלחיים

ראשית הגז כו'. כל הנך כולהו לא רמיא איסורא עלייהו, אלא ממונא. הילכך, הפקירן לקולא. ופדיון פטר חמור. כדפרישית: מפריש טלה, והוא לעצמו. קמה אקמה רמי ליה. מתניתא אחריתי אשכח לר"מ דפטר בקמה של גר, ספק נקצרה קודם שנתגייר ספק משנתגייר. ורמייה אהא דקתני "ספק לקט לקט". ושני ליה: בלשון בן אגרא אני שונה אותה. בכישר. מקום. אין מביאין. אין צריך ישראל לטרוח ולהביא תרומה מן הגורן לעיר ליד כהן, אלא כהן הולך ומביאה. ואם אין שם כהן כו'. אלמא, בעי לאפרושה ולאצנועה עד דמשכח כהן. ה"נ בעי לאצנועה עד דמשכח עניים! שאני תרומה דטבלה. אוסרת הכל עליו משום טבל. לפיכך, על כרחו צריך להפריש. למלוג בעגלים. שמולגין אותן ברותחין עם עורן, ואוכלין אותן עם העור. אין רשאי להפשיט את הזרוע. אלא נותנו לכהן כמו שהוא בעורו. הראש לא יפשיט את הלחי. כדמרבינן לקמן מקרא יתירא, שאף הצמר שבראש כבשים הוא חייב ליתן לו, וכ"ש העור. ואם אין שם כהן. לתת לו המתנות. מעלים אותם בדמים. שם את דמי המתנות, ואוכל המתנות, ונותן דמיהם לכהן הבא ראשון. נתינה כתיבא בהו. ועליו ליתנן לכהן. אלא תעזוב יתירא. דכתיב בלקט, למה ליה? חד ב"קדושים תהיו", וחד ב"שור או כשב", לאו לרבויי, שאפילו במקום שאין עניים שעליו להניחם עד שימצא עניים! חייב בפרט ובעוללות כו'. אע"ג דהמפקר פטור מכולם, דבכולהו כתיב "קצירך", "כרמך" – ולא של הפקר. ובכולהו תנן: כל שהוא אוכל ונשמר, פרט לשל הפקר. להכי אהני "תעזוב" יתירא דכתיב בכולהו – לאשוויי הפקר, כי האי גוונא לדבר איהו וזכה ביה. בלקט ופאה כתיב "תעזוב" יתירא: חד ב"קדושים תהיו", וחד ב"שור או כשב". ופרט כרם היינו לקט, עוללות – חד ב"קדושים תהיו": "וכרמך לא תעולל". וחד במשנה תורה (כד) "כי תבצור כרמך לא תעולל אחריך". שכחה – חד גבי שכחת אילן, וחד גבי שכחת כרם, דאמרינן לעיל (דף קלא.): "אחריך" – זו שכחה. שקא דדינרי. דינרי זהב ששלחו ממקום אחר לבני הישיבה. ואיבעית אימא אדם חשוב. כגון ממונה ראש ישיבה, יכול לקדש ולזכות. שהרי עליו לגדלו ולהעשירו אפילו משלו, וכ"ש מהאי דאתי ליה מעלמא. **מתני'** מן פרק של ארכובה. ארכובה המחוברת עם הראש. עד כף של יד. עצם רחב של כתף שקורין אשפלדו"ן. והוא של נזיר. וכן "זרוע בשלה" האמור בנזיר (במדבר ו) כך ניטלת. וכנגדו ברגל שוק. האמור בשלמים (ויקרא ז), נמי הוי שתי עצמות מן הפרק של ארכובה עד בוקא דאטמא. דהיינו, כל הירך. סובך של רגל. היינו פרק שבין הקולית ועצם אמצעי. הפרק של לחי. אצל הצדעים, וחותך כלפי מטה עד פיקה של גרגרת, עד שיפוי כובע, שהוא פקעיתא. ופתחה של קנה, בית הבליעה. דהיינו, לחיים התחתונות עם הלשון. **גמ'** הזרוע. "ונתן לכהן הזרוע". כדאמר רבא. בפרק "גיד הנשה" (לעיל דף צא.) אליבא דרבי יהודה, דאמר: אינו נוהג אלא באחת, והדעת מכרעת: של ימין. ה'. ד"הלחיים" למאי אתא? חלב (ג) של הקבה וחלב שבתוך הקבה. חלב *הקרוס. כהנים נהגו בו עין יפה. שלא ליטלו מן הבעלים. אלמא דמדאורייתא של כהנים הוא דנפקא ליה מה"א יתירא "והקבה". דורשי חמורות. מקראות הסתומים. היו אומרים. מנלן דשל ימין? מהכא. יד. שנותנין לכהן כנגד ידו של פנחס, שעל כך ניתנה לו ברית כהונת עולם, וזה שכרו. ואיזו יד שעושה מלחמה? הוי אומר: של ימין. זרוע המוקדשין. של איל נזיר. ת"ל תתנו. זרוע חולין. מתנות כהונה. "תרומה לכהן". ובית שחיטה עמה. היינו, תופס בעומק הצואר באלכסון יותר מן הפיקה. לעולם עד הפיקה ולא קשיא. ברייתא דקרי לה "בית שחיטה" ר' חנינא היא, דמכשיר שחיטה למעלה מבית הבליעה. ומתניתין דלא קרי לה בית שחיטה רבנן היא. ואיבעית אימא. ברייתא נמי רבנן היא, והאי "עמה" דקתני? לאו עם הלחי, אלא עם הבהמה היה נשאר בית שחיטה, והלחי ניטל עם הפיקה.

## הדרן עלך הזרוע והלחיים

נג א מיי' פ"ח מהל' מתנות עניים הל' י טוש"ע י"ד סי' של"ב:
נד ב מיי' פי"ב מהל' תרומות הל' יז:
נה ג מיי' פ"ה מהל' מתנות עניים הל' כז:
נו ד ה מיי' פ"ה מהל' כלי המקדש הל' א:
[ערך המר ב' ועי' תוס' סוטה טו. ומה שכתבתי שם על הגליון]
נז ו מיי' פ"ט מהלכות בכורים הל' יח ופ"ט מהל' מעשה קרבנות הל' י סמג עשין קמב טוש"ע י"ד סי' סא סעיף ב:
נח ז מיי' פ"ט מהל' בכורים הלכה יח טוש"ע שם סעיף ג:
נט ח מיי' שם טוש"ע שם סעיף ב:
ס ט מיי' שם הלכה יט טוש"ע שם סעיף ג:
סא י כ מיי' שם טוש"ע שם סעיף ד:

### שיטה מקובצת
א] איזהו הזרוע. נ"ב עי' תוס' מנחות דף לז ע"א:

[בתוספתא פ"ט איתא ר' יהודה]

במדבר כה

[בפסוק כתיב שוק הימין תתנו תרומה וצ"ע אכן מפירש"י דהכא נראה שהיה גירסתו על נכון זרוע מוקדשין מנין ת"ל תתנו ומלבדי קרבן אהרן פרשת צו פט"ז נראה דגירסתו שוק הימין וכו' זרוע חולין מנין ת"ל תתנו זרוע מוקדשין מנין ת"ל תרומה]

### גליון הש"ס
**גמ'** א"ל לעני ולגר כו'. הכי איתא בירושלמי ריש פ"ח דפאה בשם רשב"י: **רש"י** ד"ה קמה וכו' מתניתא אחריתי וכו'. עי' תשובת הר"י מיגש סי' ו':

[עי' תוס' ר"ה ז: ד"ה לקט]
[נ"ל ימלוג]
[ב"מ יא:]
ב"ק כח. לז. נדרים מד: תמורה ו. נדה נא.
[ברכות יט. וש"נ]
[הוריות ט. יומא יח. תוספתא יומא פ"א]
[תוספתא פ"ט ע"ש היטב]
לעיל לא. [קדושין כח: הוריות יב.]
[עי' ברכות כב. בפירש"י שם ד"ה דורשי רשומות]
[תוספתא פ"ט]
לעיל יח:

### הגהות הב"ח
(א) גמ' ומביאה מפני הפסד כהן שאני: (ב) שם וחלב שבתוך הקבה אמר ר' יהושע בן לוי כהנים כנ"ל ואות ד' נמחק: (ג) רש"י ד"ה חלב שעל גבי הקבה:

[נ"ל הקרוס]

**ראשית** הגז נוהג בארץ ובחו"ל, א בפני הבית ושלא בפני הבית, ב בחולין אבל לא במוקדשים. חומר בזרוע ולחיים ובקבה מראשית הגז: שהזרוע והלחיים והקבה נוהגין בבקר ובצאן, במרובה ובמועט, ג וראשית הגז אינו נוהג אלא ברחלות, ואינו נוהג אלא במרובה. וכמה הוא מרובה? ב"ש אומרים: שתי רחלות, שנאמר: "יחיה איש עגלת בקר ושתי צאן". וב"ה אומרים: ד [חמש, שנאמר] "חמש צאן עשויות". רבי דוסא בן הרכינס אומר: *חמש רחלות *גוזזות מנה, מנה, ופרס — חייבות בראשית הגז. וחכ"א: חמש רחלות גוזזות כל שהן. וכמה נותנין לו — ה משקל חמש סלעים ביהודה, שהן עשר סלעים בגליל, מלובן ולא צואי, כדי לעשות ממנו בגד קטן, שנאמר: "תתן לו" — שיהא בו כדי מתנה. * ו לא הספיק ליתנו לו *עד שצבעו — פטור. לבנו ולא צבעו — חייב. ז הלוקח גז צאנו של גוי — פטור מראשית הגז. ח הלוקח גז צאנו של חבירו, אם שייר — המוכר חייב, לא שייר — הלוקח חייב. ט היו לו שני מינים שחופות ולבנות, מכר לו שחופות אבל לא לבנות, זכרים אבל לא נקבות — זה נותן לעצמו וזה נותן לעצמו.

**גמ'** במוקדשין מאי טעמא לא? אמר קרא: "צאנך" — ולא צאן הקדש. טעמא דכתב רחמנא "צאנך", הא לאו הכי הוה אמינא קדשים חייבים בראשית הגז? הא לאו בני גיזה נינהו, דכתיב: "ולא תגוז בכור צאנך"! אי בקדשי מזבח — הכי נמי, הכא במאי עסקינן — בקדשי בדק הבית. *והאמר ר"א: קדשי בדק הבית אסורים בגיזה ועבודה! מדרבנן. סלקא דעתך אמינא: הואיל ומדאורייתא בני גיזה נינהו, היכא דגזז ליה — ליתיב ליה. והא קדיש לה! סד"א: לפרוק וליתיב ליה. א] והא בעי העמדה והערכה! הניחא למאן דאמר *קדשי בדק הבית לא היו בכלל העמדה והערכה. אלא למ"ד היו מאי איכא למימר? אמר ר' מני בר פטיש משום ר' ינאי: הכא במקדיש בהמתו לבדק הבית חוץ מגיזותיה. סד"א: ליגזוז וליתיב ליה, אמר קרא "צאנך" — ולא צאן של הקדש. אי הכי, קדשי מזבח נמי! כחשי. קדשי בדק הבית נמי כחשי! דאמר "חוץ מגיזה וכחישה". קדשי מזבח נמי דאמר "חוץ מגיזה וכחישה"! אפ"ה, פשטה קדושה בכולה. ומנא תימרא — *דאמר ר' יוסי: והלא במוקדשין האומר "רגלה של זו עולה" — כולה עולה. ואפי' לר"מ דאמר אין כולה עולה — הני מילי דאקדיש דבר שאין הנשמה תלויה בו, אבל הקדיש דבר שהנשמה תלויה בו — קדשה. רבא אמר: במקדיש גיזה עצמה, סד"א: ליגזוז וליפרוק וליתיב ליה, אמר קרא "גז צאנך תתן לו" — מי שאין מחוסר אלא גזיזה ונתינה, יצא זה שמחוסר גזיזה פדייה ונתינה. אלא "צאנך" למאי אתא? לכדתניא: *בהמת השותפים חייב בראשית הגז, ור' אלעאי פוטר. מ"ט דר' אלעאי? אמר קרא "צאנך" — ולא של שותפות. ורבנן — למעוטי שותפות גוי. ור' אלעאי — שותפות גוי מנא ליה? נפקא ליה מרישא דקרא: "ראשית דגנך" — ולא שותפות גוי. ב] ורבנן — "ראשית" (הגז) הפסיק העניין, ור' אלעאי — וי"ו הדר ערביה.

**רש"י**

**ראשית** הגז. כל הגוזז צאנו, בין טלאים ובין זקנים, ואפילו גוזזן מאה פעמים — נותן ממנה מתנה לכהן. ושיעורא מפרש לקמן: מחמש גיזות, שיש בכל אחד מנה ופרס היה נותן משקל חמש סלעים. נוהגין בבקר ובצאן. דכתיב (דברים יח): "אם שור אם שה". ובמועט. אפילו לא שחט אלא אחת. אלא ברחלים. ד"גז צאנך" כתיב, ועזים — לאו "גז" איקרו, כדמפרש בגמרא. מנה מנה ופרס. כל אחת מנה וחצי, ובציר מהכי לא חשיב "גז", שזו פחותה שבגיזות. כל שהן. בגמרא מפרש מאי היא. וכמה נותן לו. בגמרא מפרש אהיכא קאי. צואי. שלא נתלבן עדיין כולו. שצבעו. ישראל זה. פטור. (א) דקנייה בשינוי, דהוה ליה כמזיק מתנות כהונה או שאכלן. לבנו ולא צבעו. אין זה שינוי, ואכתי בעיניה הוא. הלוקח גז צאנו של גוי. במחובר. פטור. ד"גז צאנך" כתיב, והאי נמי לאו דידיה הוא, ואנן דידיה קפיד קרא, ולאו אגיזין דידיה. שחופות. לא שחור ולא לבן. זה נותן לעצמו. בגמרא מפרש טעמא. גמ' בקדשי בדק הבית. דמותרין בגיזה, אתא קרא למעוטינהו מחיובא דראשית הגז. מדרבנן. תירוצא הוא. היכא. דעבר אדרבנן וגזז, אמינא: ליחייב — להכי אתא קרא. והא קדשה לה. והיכי תיפסק אדעתין דניחייב למיתב ליה מידי דהקדש, ולמה לי למעוטינהו? א] כל הקדוש בבעלי חיים טעון העמדה והערכה, היכא דאקדיש בהמה גופה. והיכי משכחת לה דניחייב, דאיצטריך קרא למעוטי, והא אחר שגזז אינו יכול להעמיד הגיזה? הניחא למ"ד. בתמורה (דף לב:). קדשי בדק הבית לא היו בכלל כו'. איצטריך האי קרא דלא נימא ניפרוק וניתיב ליה (ב). הכי גרסינן: סלקא דעתך אמינא ליגזוז וליתיב ליה. כלומר, יגזוז לכתחלה וליתיב ליה, דהא גז לא הקדיש. אי הכי. דבחוץ מגיזתה אוקימתה חוץ מגיזתה, שהוא מותר לגוזזה שהגיזה שלו — מאי דוחקך לאוקומה בקדשי בדק הבית, אפילו קדשי מזבח נמי (ג) *ובדעבר וגזז? ומשני: מכחש. הגיזה הניטלת מכחשת הבשר, ואסור לגוזזה. אפילו הכי. דאמר "חוץ מגיזתה" — קדשה נמי גיזתה. דאיידי דקדושת הגוף חמורה, פשטה בכל המחובר בה. אבל קדושת דמים, כגון קדשי בדק הבית, מאי דלא אקדיש לא אקדיש. והלא במוקדשים. כלומר, בתחלת הקדש האומר "רגלה של זו עולה" — כולה עולה. אף בתמורה, כשאמר "רגלה של זו תמורה" — תהא כולה תמורה, ופליג אדרבי מאיר דאמר: אין ממירין באברין ולא אברין בשלמין. ובפרק "בהמה המקשה" היא מפורשת. ואפילו לר"מ דאמר אין כולה עולה. בפרק "בהמה המקשה" מייתי לה בגמרא. אבל במקדיש דבר שהנשמה תלויה בו, מוקמינן בתמורה דמודי ר"מ דקדשה כולה. רבא אמר. לא תטרח לאוקומי מתניתין במקדיש חוץ מגיזה וכחישתה, אלא במקדיש גיזה לבדה. וטעמא דמתניתין: לאו מ"גז צאנך" יליף, דהכא לאו צאנך הוא, אלא מדסמך נתינה לגיזה. סלקא דעתך אמינא ליפרוק וליתיב. קא משמע לן דאמר קרא "גז תתן" — מי שאינו מחוסר אלא גזיזה ונתינה, והכא נמי משום העמדה והערכה ליכא — דהכי כתיבה, במקדיש בהמה עצמה קאמינא. השתא דאתית להכי לא גרסינן אלא צאנך. דמשמע מיעוטא, למאי אתא למעוטי שותפות גוי לרבנן או שותפות ישראל לרבי אלעאי? ולא של שותפות. דרוש הכי: "צאנך" — המיוחד לך. למעוטי שותפות דגוי. "מיוחד לך" קרינא ביה. אבל דישראל — הואיל ושניהם בני חיוב, וכל ישראל קרויים בלשון יחיד*. ראשית הפסיק העניין. מדלא כתבינהו בחד "ראשית", ש"מ: לא איתקוש. הילכך, איצטריך לפרושי בה מיעוטא לשותפות גוי.

ורבנן

**תוספות**

**ראשית** הגז. ליפרוק וליתיב ליה. תימה: אמאן קאי? אי אמאן דעבר וגזז — אטו קנסא הוא, דקנים ליה משום דעבר וגזז לפדותו, ובעלים שהקדישו נמי — אמאי מיחייבי? ואי אכהן — לא הול"ל "לפרוק וליתיב"! ונהי דהאי לא תקשי מה מרויח שפודה בשוה פרוטה אפילו שוה מנה, דמחולל.

**והא** בעי העמדה והערכה. וא"ת: מה שייך העמדה והערכה בגיזה, דהויא כמקדיש עצים ואבנים? וי"ל: כיון שהיה מתחלה מחובר בבהמה שהיא בת העמדה והערכה, צריך העמדה והערכה. וא"ת: ולימא, כשהעמיד והעריך ואחר כך עבר וגזז ופדה! ויש לומר: דבשעת פדייה בעינן העמדה והערכה.

**במקדיש** גיזה עצמה. ורבי מני בר פטיש דלעיל אית ליה שפיר הך דרשא, אבל רבא לית ליה דרשה דרבי מני בר פטיש דפטר מקדיש בהמה חוץ מגיזתה וכחישתה, מדבעי בסמוך: ואלא "צאנך" למאי אתא.

ורבנן

**עין משפט נר מצוה**

א א מיי' פ"י מהלכות בכורים הל' א סמג עשין קמג טוש"ע י"ד סי' שלג:
ב ב מיי' שם הל' א:
ג ג מיי' שם הלכה ד טוש"ע שם סעיף ב:
ד ד מיי' שם הל' יג טוש"ע שם סעיף ט:
ה ה מיי' שם הלכה יז טוש"ע שם סעיף יג:
ו ו מיי' שם הלכה ו טוש"ע שם סעיף ג:
ז ז מיי' שם הלכה ט טוש"ע שם סעיף ז:
ח ח ט מיי' שם הל' י יא טוש"ע שם סעיף ח:
ט י מיי' שם הלכה יד טוש"ע שם סעיף י:

[גי' הערוך בערך פרס א' גוזזות מנה ופרס חייבות וכו' ועי' במשנה שבמשניות]

**שיטה מקובצת**

א] והא בעי העמדה והערכה. נ"ב עי' תוס' בבכורות דף כו ע"א: ב] ורבנן ראשית הגז הפסיק הענין. נ"ב עי' תוס' מנחות דף סז ע"א.

**גליון הש"ס**

גמ' עד שצבעו. כאן שייכים דברי תוס' לקמן דף קלז ע"ב ד"ה עד שלבשו: תוס' ד"ה והא בעי העמדה והערכה. עי' מעילה דף טו ע"א תוס' ד"ה ואפילו.

[תוספתא פ"י ע"ש]

**הגהות מהר"ב רנשבורג**

א] רש"י ד"ה והא קדשה לה וכו' ולמה לי למעוטינהו. כאן הס"ד ואח"כ מה"ד כל הקדוש:

**מסורת הש"ס**

תורה אור

ישעי' ז

שמואל א כה

דברים יח

עדיות פ"ג מ"ג [ב"ב קכ. ועי' היטב תוס' שם ד"ה מנה ופרס]

ב"ק סו. לג: לד:

[עי' תוס' לקמן קלז: ד"ה עד שלבשו]

[שבועות יא: תמורה לב:]

[בכורות יז. כה.]

לעיל סט: תמורה י. קדושין ז.

רש"ל גרים בדלא עבר ומהרש"א כתב שכ"מ הוא וצריך למחקו ועי' רש"ל

[מכות כג:]

**הגהות הב"ח**

(א) רש"י ד"ה פטור דקנייה. נ"ב ע"ל בתוס' בד"ה שלבשו דף קלז: (ב) ד"ה קדשי בדק וכו' ונותיב ליה ובדעבר וגזז הס"ד: (ג) ד"ה אי הכי וכו' מזבח נמי הס"ד והשאר נמחק:

וְרַבָּנַן — לָא נִכְתּוֹב רַחֲמָנָא לָא וָי"ו וְלָא "רֵאשִׁית"! וְרַבִּי אֶלְעַאי — אַיְּידֵי דְּהַאי קְדוּשַּׁת דָּמִים וְהַאי קְדוּשַּׁת הַגּוּף, פָּסֵיק לְהוּ, וְהָדַר עָרְבִי לְהוּ. וְאִיבָּעֵית אֵימָא: שׁוּתָּפוּת גּוֹי בִּתְרוּמָה, רַבָּנַן חִיּוּבֵי מְחַיְּיבִי. דְּתַנְיָא: *יִשְׂרָאֵל וְגוֹי שֶׁלָּקְחוּ שָׂדֶה בְּשׁוּתָּפוּת — אטֶבֶל וְחוּלִּין מְעוֹרָבִים זֶה בָּזֶה, דִּבְרֵי רַבִּי. רַבָּן שִׁמְעוֹן בֶּן גַּמְלִיאֵל אוֹמֵר: שֶׁל יִשְׂרָאֵל — חַיָּיב, וְשֶׁל גּוֹי — פָּטוּר. עַד כָּאן לָא פְּלִיגִי, אֶלָּא דְּמָר סָבַר *יֵשׁ בְּרֵירָה, וּמָר סָבַר אֵין בְּרֵירָה. אֲבָל בשׁוּתָּפוּת דְּגוֹי — דִּבְרֵי הַכֹּל חַיֶּיבֶת. וְאִי בָּעֵית אֵימָא: תַּרְוַיְיהוּ לְר' אֶלְעַאי מִ"צֹּאנְךָ" נָפְקָא, שׁוּתָּפוּת דְּגוֹי מַאי טַעְמָא — דְּלָא מְיַיחֲדָא לֵיהּ, *לְיִשְׂרָאֵל נַמִּי — לָא מְיַיחֲדָא לֵיהּ. וְרַבָּנַן, גּוֹי — לָאו בַּר חִיּוּבָא הוּא, יִשְׂרָאֵל — בַּר חִיּוּבָא הוּא. אָמַר רָבָא: מוֹדֶה רַבִּי אֶלְעַאי בִּתְרוּמָה, אע"ג דִּכְתִיב °"דְּגָנְךָ" — דִּידָךְ אִין, דְּשׁוּתָּפוּת לָא, גכְּתַב רַחֲמָנָא "תְּרוּמוֹתֵיכֶם". אֶלָּא "דְּגָנְךָ" לָמָּה לִי? לְמַעוּטֵי שׁוּתָּפוּת גּוֹי. חַלָּה אע"ג דִּכְתִיב "רֵאשִׁית", וְאִיכָּא לְמֵימַר: נֵילַף "רֵאשִׁית" "רֵאשִׁית" מֵרֵאשִׁית הַגֵּז, מַה לְּהַלָּן — דְּשׁוּתָּפוּת לָא, אַף כָּאן — דְּשׁוּתָּפוּת לָא, דכְּתַב רַחֲמָנָא °"עֲרִיסוֹתֵיכֶם". אֶלָּא טַעְמָא דִּכְתִיב "עֲרִיסוֹתֵיכֶם", הָא לָאו הָכִי הֲוָה אָמִינָא: נֵילַף "רֵאשִׁית" "רֵאשִׁית" מֵרֵאשִׁית הַגֵּז? אַדְּרַבָּה, נֵילַף מִתְּרוּמָה! ה"נ, אֶלָּא "עֲרִיסוֹתֵיכֶם" לָמָּה לִי? *כְּדֵי עֲרִיסוֹתֵיכֶם. פֵּאָה אע"ג דִּכְתִיב: "שָׂדְךָ" — דִּידָךְ אִין, שׁוּתָּפוּת לָא, כָּתַב רַחֲמָנָא: °"וּבְקֻצְרְכֶם אֶת קְצִיר אַרְצְכֶם", אֶלָּא "שָׂדְךָ" ל"ל? לְמַעוּטֵי שׁוּתָּפוּת גּוֹי. בְּכוֹרָה אע"ג דִּכְתִיב: °"כָּל הַבְּכוֹר אֲשֶׁר יִוָּלֵד בִּבְקָרְךָ וּבְצֹאנְךָ" — דִּידָךְ אִין, דְּשׁוּתָּפוּת לָא, הכָּתַב רַחֲמָנָא: °"וּבְכוֹרוֹת בְּקַרְכֶם וְצֹאנְכֶם", אֶלָּא "בְּקָרְךָ א] וְצֹאנְךָ" לָמָּה לִי? ילְמַעוּטֵי שׁוּתָּפוּת גּוֹי. מְזוּזָה אַף עַל גַּב דִּכְתִיב: °"בֵּיתֶךָ" — דִּידָךְ אִין, שׁוּתָּפוּת לָא, כָּתַב רַחֲמָנָא: °"לְמַעַן יִרְבּוּ יְמֵיכֶם וִימֵי בְנֵיכֶם", °וְאֶלָּא "בֵּיתֶךָ" לְמַאי אֲתָא? לִכְדְרַבָּה, *דְּאָמַר רַבָּה:

דֶּרֶךְ

(דברים יח; במדבר טו; ויקרא יט; דברים טו; שם יב; שם ו; שם יא)

וְרַבָּנַן לָא לִכְתּוֹב רַחֲמָנָא לָא וָי"ו וְלָא רֵאשִׁית. רַבָּנַן אָמְרֵי לָךְ: אִי ס"ד אִיתְקַשׁ לְמִידֵי — לָא נִכְתּוֹב לָא "רֵאשִׁית" לְמִפְסְקִינְהוּ, וְלָא וָי"ו לְמֶהְדַּר עָרְבִינְהוּ! אֶלָּא וַדַּאי מַפְסְקִינְהוּ, וְלָא מַקְשִׁינְהוּ לְהָכִי. כִּי הֵיכִי דְּאִיתְּמַר לָךְ "לֹאנְךָ" — לְשׁוּתָּפוּת יִשְׂרָאֵל, (א) אֲבָל "דְּגָנְךָ" — לְמַעוּטֵי שׁוּתָּפוּת גּוֹי מִתְּרוּמָה, וְ"לֹאנְךָ" — לְשׁוּתָּפוּת הַגּוֹי. אֲבָל לְשׁוּתָּפוּת יִשְׂרָאֵל לָא אִיצְטְרִיךְ קְרָא. תְּרוּמָה קְדוּשַּׁת הַגּוּף שֶׁאֲסוּרָה לְזָרִים וְרֵאשִׁית הַגֵּז — קְדוּשַּׁת דָּמִים, מָמוֹנָא בְּעָלְמָא, וּ"קְדוּשָּׁה" לָאו דַּוְקָא. פָּסֵיק. (ב) אוֹרְחֵיהּ לְמִפְסְקִינְהוּ. וְהָדַר עָרֵיב לְהוּ, לְמֵילַף פְּטוּרָה דְּשׁוּתָּפוּת דְּגוֹי מֵהֶיקֵּשָׁא דִּתְרוּמָה, וְהָדַר אִיצְטְרִיךְ "לֹאנְךָ" לְמִיפְטַר שׁוּתָּפוּת דְּיִשְׂרָאֵל. וְאִיבָּעֵית אֵימָא שׁוּתָּפוּת גּוֹי בִּתְרוּמָה רַבָּנַן חִיּוּבֵי מְחַיְּיבִי. חֶלְקוֹ שֶׁל יִשְׂרָאֵל, וְלָא מָצֵי לְמִיפְטַר שׁוּתָּפוּת דְּגוֹי בְּרֵאשִׁית הַגֵּז בְּהֶיקֵּשָׁא דִּתְרוּמָה. הִילְכָּךְ "לֹאנְךָ" — לְמַעוּטֵי שׁוּתָּפוּת גּוֹי אֲתָא, וּ"דְגָנְךָ" — לְמַעוּטֵי דִּיגּוּן גּוֹי, כְּגוֹן גּוֹי שֶׁלָּקַח שָׂדֶה שֶׁל יִשְׂרָאֵל וּמֵירְחָהּ — הַלּוֹקֵחַ אוֹתָהּ תְּבוּאָה מִן הַגּוֹי פָּטוּר מִלְּעַשֵּׂר, וְאַף עַל פִּי שֶׁגְּדֵלָה בִּשְׂדֵה שֶׁל יִשְׂרָאֵל, כִּדְאָמְרִינַן בִּמְנָחוֹת בְּפֶרֶק "רַבִּי יִשְׁמָעֵאל" (דף סז.): מֵירוּחַ הַגּוֹי פּוֹטֵר. אִי נַמִּי: "דְּגָנְךָ" — וְלֹא דְּגַן גּוֹי, וּלְאַשְׁמוּעִינַן דְּיֵשׁ קִנְיָן לְגוֹי בְּאֶרֶץ יִשְׂרָאֵל לְהַפְקִיעַ מִיַּד מַעֲשֵׂר, וְחֶלְקוֹ שֶׁל גּוֹי — פָּטוּר, שֶׁאִם חָזַר וּמְכָרוֹ לְיִשְׂרָאֵל — אֵינוֹ חַיָּיב לְעַשֵּׂר. אֲבָל חֶלְקוֹ שֶׁל יִשְׂרָאֵל — חַיָּיב. וְאע"ג דְּמִ"לֹאנְךָ" מַשְׁמַע לְהוּ: וְלֹא שׁוּתָּפוּת גּוֹי, לָא מַשְׁמַע לְהוּ מִ"דְּגָנְךָ" לְמַעוּטֵי שֶׁל שׁוּתָּפוּת גּוֹי. דְּדָגָן — כְּמַאן דְּפָלֵיג דָּמֵי, שֶׁהֲרֵי חוֹלְקִין אוֹתָהּ בְּמִדָּה, וְקָרֵינָא בֵּיהּ "דְּגָנְךָ" בְּחֶלְקוֹ שֶׁל יִשְׂרָאֵל. אֲבָל לֹאן — כָּל בְּהֵמָה וּבְהֵמָה יֵשׁ לַגּוֹי חֵלֶק בָּהּ, וְלָא קָרֵינָא בַּחֲדָא מִינַּיְיהוּ "לֹאנְךָ". שֶׁלָּקְחוּ שָׂדֶה. שֶׁקָּנוּ שָׂדֶה בְּשׁוּתָּפוּת. טֶבֶל וְחוּלִּין מְעוֹרָבִין זֶה בָּזֶה. וַאֲפִילּוּ לְאַחַר שֶׁחָלְקוּ, לָא אָמְרִינַן "יֵשׁ בְּרֵירָה", וְחֶלְקוֹ שֶׁל גּוֹי הָלַךְ לוֹ, וְזֶה חֵלֶק הַמַּגִּיעַ לְיִשְׂרָאֵל, וְטֶבֶל גָּמוּר הוּא. אֶלָּא "אֵין בְּרֵירָה", וְגַם זֶה שֶׁנִּשְׁאַר — חֶצְיוֹ טֶבֶל וְחֶצְיוֹ חוּלִּין, דְּיֵשׁ קִנְיָן לְגוֹי בא"י לְהַפְקִיעַ חֶלְקוֹ מִיַּד מַעֲשֵׂר. וַאֲנִי שָׁמַעְתִּי: שֶׁאֵין לוֹ תַּקָּנָה, לְפִי ב] שֶׁאִם בָּא לְהַפְרִישׁ — נִמְצָא מַפְרִישׁ מִן הַפָּטוּר עַל הַחִיּוּב. וְלִי נִרְאֶה: שֶׁיֵּשׁ לוֹ תַּקָּנָה בִּשְׁנֵי לְדָדִין, אִם יֵשׁ לוֹ טֶבֶל מִמָּקוֹם אַחֵר — מַפְרִישׁ עַל זֶה, לְפִי חֶצְיוֹ, שֶׁאֵין חַיָּיב אֶלָּא חֶצְיוֹ. וְאִם אֵין לוֹ טֶבֶל אַחֵר — מַפְרִישׁ מִינֵּיהּ וּבֵיהּ, לְפִי כּוּלּוֹ. כְּגוֹן אִם יֵשׁ לוֹ עֶשְׂרִים — מַפְרִישׁ שְׁנַיִם מֵהֶן. שֶׁאִם אֵין מַפְרִישׁ אֶלָּא אֶחָד — לֹא נִפְטַר, לְפִי שֶׁזֶּה שֶׁהִפְרִישׁ יֵשׁ חֶצְיוֹ שֶׁאֵין שֵׁם מַעֲשֵׂר חָל עָלָיו, לְפִי שֶׁהוּא פָּטוּר וְעוֹמֵד. אֲבָל כְּשֶׁמַּפְרִישׁ שְׁנַיִם — הֲרֵי הַשֵּׁם חָל עַל הָאֶחָד, וּפוֹטֵר אֶת הָעֲשָׂרָה הַמְחוּיָּיבִין. וְהָא לֵיכָּא לְמֵימַר: דִּילְמָא שְׁנֵיהֶם הַמּוּפְרָשִׁין בְּחֶלְקוֹ שֶׁל גּוֹי גָּדְלוּ, וְאֵין שֵׁם מַעֲשֵׂר חָל עֲלֵיהֶם — דְּתַנְיָא בִּגְמָרָא דְּרֹאשׁ הַשָּׁנָה (דף יב:) גַּבֵּי חָדָשׁ וְיָשָׁן הַמְעוֹרָבִין, דְּקי"ל: אֵין תּוֹרְמִין מִזֶּה עַל זֶה, וְקָתָנֵי: צוֹבֵר אֶת גָּרְנוֹ לְתוֹכוֹ, וְנִמְצָא תּוֹרֵם מִן הֶחָדָשׁ שֶׁבּוֹ עַל הֶחָדָשׁ שֶׁבּוֹ, וּמִן הַיָּשָׁן ג] שֶׁבּוֹ עַל הַיָּשָׁן שֶׁבּוֹ. (ג) וְכִי הֵיכִי דְּפָרֵישׁ חָדָשׁ וְיָשָׁן בְּחוּלִּין, אִיכָּא נַמִּי חָדָשׁ וְיָשָׁן בְּמַעֲשֵׂר. הָכָא נַמִּי נִמְצָא תּוֹרֵם מִן הַחִיּוּב שֶׁבּוֹ עַל הַחִיּוּב שֶׁבּוֹ, וּמִן הַפָּטוּר שֶׁבּוֹ עַל הַפָּטוּר שֶׁבּוֹ. וַאֲפִילּוּ לְמַאן דְּפָלֵיג עֲלֵיהּ דְּהַהוּא, הָכָא מוֹדֵי. דְּהָתָם — הוּא דְּאִיכָּא לְמֵימַר: אֵין בֵּילָה, לֹא נִבְלְלוּ יָפֶה, וְשֶׁמָּא אֵין חָדָשׁ בְּמַעֲשֵׂר לְפִי חֶשְׁבּוֹן הַנּוֹתָר בְּחוּלִּין, וְאֵין יָשָׁן בְּמַעֲשֵׂר לְפִי חֶשְׁבּוֹן הַנּוֹתָר בְּחוּלִּין. אֲבָל הָכָא — יֵשׁ בֵּילָה, דְּהָא בְּכָל חִטָּה וְחִטָּה יֵשׁ לַגּוֹי וּלְיִשְׂרָאֵל חֵלֶק, כֵּיוָן דְּאֵין בְּרֵירָה. וְכִי אַפְרֵישׁ מִינֵּיהּ וּבֵיהּ, יֵשׁ בַּמַּעֲשֵׂר מִן הַחִיּוּב כְּפִי הַחִיּוּב וּמִן הַפְּטוּר כְּפִי הַפָּטוּר. וּבַתּוֹסֶפְתָּא דִּדְמַאי (פרק ה) מָצָאתִי דְּטֶבֶל וְחוּלִּין שֶׁנִּתְעָרְבוּ — אִם יֵשׁ לוֹ פַּרְנָסָה מִמָּקוֹם אַחֵר, מוֹצִיא לְפִי חֶשְׁבּוֹן. כְּלוֹמַר, מַפְרִישׁ מִמָּקוֹם אַחֵר לְפִי חֶשְׁבּוֹן טֶבֶל זֶה הַמְעוֹרָב. וְאִם לָאו — נוֹטֵל מִן הַחוּלִּין כְּפִי תְּרוּמַת מַעֲשֵׂר שֶׁבַּטֶּבֶל. וְאֵינִי יוֹדֵעַ מַהוּ. וְרַבִּי וְרשב"ג הָכִי פְּלִיגִי — רַבִּי סָבַר: אִם יֵשׁ לוֹ טֶבֶל אַחֵר, מַפְרִישׁ עַל זֶה לְפִי חֶצְיוֹ. וְאִם הִפְרִישׁ לְפִי כּוּלּוֹ, דְּנִמְצָא מַרְבֶּה בְּמַעַשְׂרוֹת, וּמַעַשְׂרוֹתָיו מְקוּלְקָלִים וְזֶה מְתוּקָּן. וְעוֹד נ"מ: שֶׁאֵין מַפְרִישִׁים מִזֶּה עַל טֶבֶל אַחֵר. וְר"ש [ב"ג] סָבַר: יֵשׁ בְּרֵירָה, וְכֵיוָן שֶׁחָלְקוּ — הֲרֵי חֶלְקוֹ שֶׁל יִשְׂרָאֵל כּוּלּוֹ חַיָּיב. וַאֲפִילּוּ הוּא בָּא לְהַפְרִישׁ עָלָיו מִמָּקוֹם אַחֵר — מַפְרִישׁ לְפִי כּוּלּוֹ, וְהַשֵּׁם חָל עַל מַעַשְׂרוֹתָיו, וּמְתוּקָּנִים הֵם. וְאִם רָצָה לְהַפְרִישׁ מִזֶּה עַל מָקוֹם אַחֵר — מוּתָּר. וְאִי בָּעֵית אֵימָא. לָא תִּדְחַק לְמֵימַר הָדַר עָרְבֵיהּ, דְּתַרְוַיְיהוּ בֵּין שׁוּתָּפוּת גּוֹי בֵּין שׁוּתָּפוּת יִשְׂרָאֵל לְרַבִּי אֶלְעַאי מִ"לֹּאנְךָ" נָפְקֵי, דְּבָעֵינַן: מְיוּחָד לְךָ וְלֹא שׁוּתָּפוּת, לָא שְׁנָא דְּגוֹי וְלָא שְׁנָא דְּיִשְׂרָאֵל. יִשְׂרָאֵל בַּר חִיּוּבָא הוּא. וְכָל יִשְׂרָאֵל נִקְרָאִין בִּלְשׁוֹן יָחִיד, וְלָא מְיוּחָד בָּעֵינַן, וּבִלְבַד שֶׁאוּכַל לִקְרוֹת בָּהּ "לֹאן שֶׁל יִשְׂרָאֵל". אָמַר רָבָא. אע"פ דְּפָטַר ר' אֶלְעַאי בְּשׁוּתָּפוּת דְּרֵאשִׁית הַגֵּז, מוֹדֶה הוּא בְּכָל הָנֵי דְּקָאָמַר לְקַמֵּיהּ, כָּל חַד וְחַד כִּדְמְפָרֵשׁ טַעְמָא. תְּרוּמוֹתֵיכֶם. מַשְׁמַע לִשְׁנַיִם. אַדְּרַבָּה לֵילַף מִתְּרוּמָה לְחִיּוּבָא. דְּהָא בִּתְרוּמָה נַמִּי כְּתִיב "רֵאשִׁית", וְשׁוּתָּפוּת חַיֶּיבֶת בָּהּ, וְקוּלָּא וְחוּמְרָא — לְחוּמְרָא מַקְשִׁינַן (יבמות דף ח:). לָמָּה לִי. קְרָא "עֲרִיסוֹתֵיכֶם" לְחִיּוּבָא בְּשׁוּתָּפוּת? כְּדֵי עֲרִיסוֹתֵיכֶם. בַּמִּדְבָּר נִיתְּנָה לָהֶם תּוֹרָה, וְשָׁם נֶאֱמַר לָהֶם "כְּדֵי עֲרִיסוֹתֵיכֶם" שֶׁל עַכְשָׁיו חַיָּיב בְּחַלָּה. וְכַמָּה עִיסַּת מִדְבָּר? "עוֹמֶר לַגֻּלְגֹּלֶת", "וְהָעוֹמֶר עֲשִׂירִית הָאֵיפָה", וְהַחֶשְׁבּוֹן עוֹלֶה לַחֲמִשָּׁה לוּגִּין לְצִפּוֹרִיִּים, שֶׁהֵן שִׁבְעָה רְבָעִים וְעוֹד מִדְבָּרִיּוֹת, שֶׁהֵן מ"ג בֵּיצִים וְחוֹמֶשׁ בֵּיצָה, כִּדְאָמְרִינַן בְּעֵירוּבִין בְּפֶ' "כֵּיצַד מִשְׁתַּתְּפִין" (דף פג:): אֵיפָה — שָׁלֹשׁ סְאִין, סְאָה — שֵׁשֶׁת קַבִּין, הֲרֵי אֵיפָה — י"ח קַבִּין. קַב — ד' לוּגִּין, הֲרֵי אֵיפָה ע"ב לוּגִּין. עֲשִׂירִית דִּידָהּ כַּמָּה הָוֵה — שִׁבְעָה לוּגִּין לְשִׁבְעִים לוֹג, וְלִשְׁנֵי לוּגִּין שֶׁהֵן י"ב בֵּיצִים, עֲשִׂירִית שֶׁלָּהֶן — בֵּיצָה וְחוֹמֶשׁ. הֲרֵי שִׁבְעַת לוּגִּין וּבֵיצָה וְחוֹמֶשׁ בֵּיצָה. וְהַלּוֹג — שִׁשָּׁה בֵּיצִים, הֲרֵי מ"ג בֵּיצִים וְחוֹמֶשׁ. שֶׁל שְׁנַיִם הוּא אוֹמֵר. אַרְצְכֶם. "כָּל הַבְּכוֹר" וגו'. בִּבְקָרְךָ וְצֹאנְךָ. הֲרֵי כְּתִיב "וּבְכוֹרוֹת בְּקַרְכֶם וְצֹאנְכֶם" — אֲפִילּוּ לִשְׁנַיִם.

דֶּרֶךְ

ורבנן לא לכתוב לא וי"ו ולא ראשית. וא"ת: לרבנן נמי תקשי, לא לכתוב "לאנך" ולא "ראשית", ואנא ילפינא מ"דגנך" דשותפות גוי פטור מראשית הגז. דמדאמרי רבנן לעיל: "ראשית" הפסיק הענין, משמע: הא לאו "ראשית", הוה ילפינן מרישיה דקרא! וי"ל: דרבנן לדבריו דר' אלעאי קא אמרי, לדבריך דבעי למילף מרישיה דקרא, הא "ראשית" הפסיק הענין. ואב"א שותפות גוי בתרומה רבנן חיובי מחייבי. מתוך פ"ה אחרון משמע: דמ"דגנך" ליכא למעוטי שותפות גוי, דסברא הוא לחלק בין של גוי לגמרי בין של שותפות. אבל בגז אין סברא לחלק, שבכל בהמה ובהמה יש לגוי חלק בה, ולא קרינא בחדא מינייהו "לאנך". ותימה: דא"כ, מה איצטריך לרבנן קרא ד"לאנך", הא מ"דגנך" דרשינן: ולא של גוי, וילפינן בגז דשל גוי פטור. וכיון דשל גוי פטור, של שותפות נמי פטור, כדפרישית, שאין סברא לחלק! (ד) וי"ל: דלאו סברא הוא כלל. דאפילו ידעינן דשל גוי פטור, מ"מ לא ידעינן דשל שותפות פטור בשותפות גוי. והשתא מ"דגנך" ילפינן בגז, דשל גוי פטור. ואיצטריך "לאנך" לשל שותפות. אך לפי' קמא בקונטרס ד"דגנך" אתא: ולא דיגון גוי, נ"ל דהאי סברא. דאי לא תימא הכי, לרבנן מנא להו דשותפות גוי פטור בראשית הגז? אימא: "לאנך" — למעוטי של גוי, אבל שותפות גוי — חייב.

אמר רבא ומודה רבי אלעאי בתרומה. נראה דסבר כלישנא בתרא, דאין סברא למעט של גוי טפי משל ישראל. דללישנא קמא דלית לן למעוטי מחד קרא אלא שותפות גוי ולא שותפות ישראל, לא הוה צריך בכל הנהו דמייתי קרא לרבות שותפות ישראל.

ביתך

י א ב מיי' פ"א מהל' תרומות הל' כ טוש"ע י"ד סי' שלא סעיף יח:
יא ג מיי' פ"ב שם הל' ח טוש"ע י"ד סי' שלא סעיף לה:
יב ד מיי' פ"ו מהלכות בכורים הל' ו טוש"ע י"ד סי' של סעיף ב:
יג ה מיי' פ"ד מהלכות בכורים הל' א טוש"ע י"ד סי' שכ סעיף ב:
יד ו מיי' שם טוש"ע שם סעיף ג:

שיטה מקובצת

א] וצאנך למה לי. נ"ב ע' תוס' בכורות דף ב' ע"א: ב] ואני שמעתי שאין לו תקנה לפי שאין ברירה שאם בא להפריש נמצא: ג] ומן הישן על הישן שבו וכי היכי דיש חדש וישן בחולין:

גליון הש"ס

גמ' ואלא ביתך למאי אתא. עי' מנחות דף מד ע"א תוס' ד"ה טלית ובכבש"א בחולין שבת דף קלא ע"ב ד"ה לולב:

[עירובין מ: גיטין מז.] [תוספתא תרומות פ"ב]
[עירובין לז: וש"נ]
דישראל
[מנחות סז.]
[יומא יח: ע"ש מנחות לד.]

הגהות הב"ח

(א) רש"י ד"ה ורבנן וכו' לשותפות ישראל אלא דגנך: (ב) ד"ה פסיק להו אורחיה: (ג) ד"ה טבל וחולין וכו' ומן הישן שבו על הישן שבו לכי היכא דלאוכל חדש וישן בחולין הכי נמי לאוכל חדש וישן במעשר כצ"ל: (ד) תוס' ד"ה ואיבעית אימא וכו' שאין סברא לחלק אלא נ"ל:

דֶּרֶךְ בִּיאָתְךָ. לְבֵית אַתָּה קוֹבֵעַ מְזוּזָה, וּכְשֶׁהוּא נִכְנָס לְבֵיתוֹ – רַגְלֵיהּ דִּימִינָא עָיֵיל בְּרֵישָׁא, נִמְצָא שֶׁהַיָּמִין בַּכְּנִיסָה הוּא דֶּרֶךְ בִּיאָה. מַתָּנוֹת. הַזְּרוֹעַ וְהַלְּחָיַיִם וְהַקֵּבָה. זוֹבְחֵי. שְׁנַיִם מַשְׁמַע. אַדְּרַבָּה נֵילַף נְתִינָה מִתְּרוּמָה. וְלָא תִּבָּעֵי קְרָא, דְּהָא קוּלָּא וְחוּמְרָא – לְחוּמְרָא מַקְשִׁינַן. הַדִּין עִם הַטַּבָּח. בְּפִירְקִין דִּלְעֵיל, וְ"זוֹבְחֵי" – אוֹרְחֵיהּ דִּקְרָא הוּא. אַרְצְךָ. "אֲשֶׁר תָּבִיא מֵאַרְצְךָ". "אַרְצְךָ" – מַשְׁמַע מִיעוּטָא, *"אַרְצְכֶם" – לָא מַשְׁמַע מִיעוּטָא כּוּלֵּי הַאי, וְלָא מְמַעֲטָא חוּצָה לָאָרֶץ מִינֵּיהּ, דְּמַשְׁמַע: כָּל מָקוֹם שֶׁיֵּשׁ לָהֶם אֶרֶץ. אֲבָל "אַרְצְךָ" – מַשְׁמַע: הַמְיוּחֶדֶת לְךָ וְלֹא לַגּוֹיִים. כִּי יִפּוֹל הַנּוֹפֵל. כָּל שֶׁרָאוּי לִיפּוֹל הֵימֶנּוּ, וַאֲפִילּוּ בְּשׁוּתָּפוּת. בָּתֵּי כְנֵסִיּוֹת. שֶׁאֵין חֵלֶק לְאֶחָד מֵהֶן בּוֹ, שֶׁאַף לִבְנֵי עֵבֶר הַיָּם הוּא. וְעוֹד: שֶׁאֵינוֹ בֵּית דִּירָה. לֵיתְנִיהוּ לְהָנֵי כְּלָלֵי. דְּאָמַר רָבָא דְּמוֹדֵי ר' אֶלְעַאי בְּכָל הָנֵי, דְּהָא תַּנְיָא דְּפָלֵיג ר' אֶלְעַאי בִּבְכוֹרָה וְלָא מְרַבֵּי לָהּ מִ"בְּקַרְכֶם וְצֹאנְכֶם". וְאָמַר ר' חֲנִינָא מְסוּרָא לֵיתְנִהוּ לְהָנֵי כְּלָלֵי. דְּרָבָא, דְּהָא תַּנְיָא דְּפָלֵיג רַבִּי אֶלְעַאי בְּמַתָּנוֹת. וּמִדְּפָטַר בְּמַתָּנוֹת, עַל כָּרְחָךְ פָּטַר נַמִי בִּתְרוּמָה. דְּאִי ס"ד: בִּתְרוּמָה מְחַיֵּיב הֵיכִי פָּטַר בְּמַתָּנוֹת? א] לֵיתִינְהוּ לְחִיּוּבָא מִתְּרוּמָה, הוֹאִיל וְגָמִיר גְּזֵירָה שָׁוָה דִּ"נְתִינָה" "נְתִינָה" מִסְתַּבְּרָא דְּהָא אַגְמְרוּהּ, דִּלְחוּמְרָא אִית לָן לְמֵידַן. *אֶלָּא ש"מ בִּתְרוּמָה נַמִי פָּטוּר. דְּדָיֵיק: "דְּגָנְךָ", וַהֲדַר יָלֵיף מַתָּנוֹת אוֹ מִתְּרוּמָה אוֹ מֵרֵאשִׁית הַגֵּז בִּ"נְתִינָה" "נְתִינָה" (ב). ג] אִי מַה. כֵּיוָן דְּמִתְּרוּמָה יָלֵיף רַבִּי אֶלְעַאי לְרֵאשִׁית הַגֵּז, דַּאֲמַרַן לְעֵיל שׁוּתָּפוּת דְּגוֹי נָפְקָא לֵיהּ מֵרֵישֵׁיהּ דִּקְרָא, אִי מַה תְּרוּמָה – בְּחו"ל לֹא, אַף רֵאשִׁית הַגֵּז – בְּחו"ל לָא. דִּבְפ"ק דְּקִדּוּשִׁין (דף לו:) קי"ל: כָּל מִצְוָה שֶׁאֵינָהּ תְּלוּיָה בָּאָרֶץ נוֹהֶגֶת בֵּין בָּאָרֶץ בֵּין בְּחו"ל, דְּיָלֵיף מֵעֲבוֹדָה זָרָה, שֶׁהִיא חוֹבַת הַגּוּף וְנוֹהֶגֶת בְּכָל מָקוֹם. אֲבָל חוֹבַת קַרְקַע אֵינָהּ נוֹהֶגֶת אֶלָּא בָּאָרֶץ. מִנְּהַרְבֵּיל. שֵׁם מָקוֹם. אִין. וַדַּאי ג]. וְהָתַנְיָא. בְּנִיחוּתָא. תְּרוּמָה טוֹבֶלֶת. אוֹסֶרֶת מִשּׁוּם טֶבֶל, דִּכְתִיב: "אֲשֶׁר יָרִימוּ" – בַּעֲתִידִים לִיתָּרֵם הַכָּתוּב מְדַבֵּר, בְּ"אֵלּוּ הֵן הַנִּשְׂרָפִין" (סנהדרין דף פג.). אֵין לְךָ בּוֹ אֶלָּא מֵרֵאשִׁיתוֹ וְאֵילָךְ. מִשֶּׁהוּפְרַשׁ וְנַעֲשֶׂה רֵאשִׁית הוּא שֶׁלּוֹ, אֲבָל מֵעִיקָּרָא *אֵין לוֹ אֶלָּא שֵׁם אֶחָד, דְּהַאי "רֵאשִׁית" קְרָא יְתֵירָא הוּא, וְאַ"רֵאשִׁית" דִּלְעֵיל סָמֵיךְ, וַהֲוָה לֵיהּ לְמִכְתַּב "וְגֵז צֹאנְךָ". מִיתָה. זָר הָאוֹכְלָהּ בְּמֵזִיד. חוֹמֶשׁ. בְּשׁוֹגֵג. רִאשׁוֹן וְשֵׁנִי. מַעֲשֵׂר רִאשׁוֹן וּמַעֲשֵׂר שֵׁנִי. אֵין לְךָ אֶלָּא רֵאשִׁיתוֹ. אֵין לְךָ נְתִינָה אַחֶרֶת לְהַפְרִישׁ מִמֶּנּוּ, מִדְּלָא כָּתַב "וּמִגֵּז צֹאנְךָ" ש"מ: מַתָּנָה רִאשׁוֹנָה בִּלְבַד אַתָּה "רֵאשִׁית" לְאַשְׁמוּעֵי. תְּרוּמָה מֵחָדָשׁ עַל הַיָּשָׁן לֹא. דִּכְתִיב: "הַיּוֹצֵא הַשָּׂדֶה שָׁנָה שָׁנָה" (דברים יד). הָיוּ לוֹ שְׁתֵּי רְחֵלוֹת גָּזָז. שָׁנָה זוֹ וְהִנִּיחַ. גָּזַז. שְׁנִיָּה וְהִנִּיחַ, עַד שֶׁהָיוּ לוֹ חָמֵשׁ גִּיזִּים – אֵין מִצְטָרְפוֹת, דְּהַגִּיזִּים שֶׁל חָמֵשׁ צֹאן קָפֵיד רַחֲמָנָא, וְהָא לֵית לֵיהּ. הָא חָמֵשׁ מִצְטָרְפוֹת. אִם הָיוּ לוֹ חָמֵשׁ צֹאן, וְגוֹזֵז הַשְּׁתַּיִם בְּשָׁנָה זוֹ וְשָׁלֹשׁ בְּשָׁנָה שְׁנִיָּה, דְּהַשְׁתָּא אִיכָּא גִּיזִּים שֶׁל חָמֵשׁ צֹאן – מִצְטָרְפוֹת, וְאַף עַל גַּב דְּחָדָשׁ וְיָשָׁן הוּא. וְהָתַנְיָא. אִידָךְ דַּאֲפִילּוּ חָמֵשׁ אֵין מִצְטָרְפוֹת, קַשְׁיָין אַהֲדָדֵי! אֶלָּא לָאו שְׁמַע מִינַּהּ. בְּהָא נַמִי פְּלִיגִי רַבִּי אֶלְעַאי וְרַבָּנַן. לְרַבִּי אֶלְעַאי, דְּמַקִּישׁ גֵּז לִתְרוּמָה – אֵין מִצְטָרְפוֹת, וּלְרַבָּנַן – מִצְטָרְפוֹת. כָּל הָנֵי קוּשְׁיָיתָא לְרַבִּי אֶלְעַאי. הַגָּדֵל בְּחִיּוּב. כְּגוֹן יִשְׂרָאֵל שֶׁלָּקַח שָׂדֶה מִן הַגּוֹי, כִּדְמְפָרֵשׁ לְקַמֵּיהּ. הַגָּדֵל בִּפְטוּר. בְּיַד גּוֹי. בְּחִיּוּב. לְאַחַר שֶׁבָּאוּ בְּיַד יִשְׂרָאֵל. בְּסוּרְיָא. אֲרַם צוֹבָה. שֶׁכְּבָשָׁהּ דָּוִד, וְלֹא שְׁמֵיהּ כִּבּוּשׁ, וְלֹא חָלָה בָּהּ קְדוּשַּׁת הָאָרֶץ, וְקַלָּה קְדוּשָּׁתָהּ. וְיֵשׁ קִנְיָן לְגוֹי לְהַפְקִיעַ מִיַּד מַעֲשֵׂר. לְפִיכָךְ, אֵין יִשְׂרָאֵל חַיָּיב לְעַשֵּׂר אֶלָּא עַל הַתּוֹסֶפֶת הַשְּׁנֵי שְׁלִישִׁים שֶׁגָּדְלוּ אֶצְלוֹ, טֶבֶל וְחוּלִּין מְעוֹרָבִין. אֲבָל בְּאֶרֶץ יִשְׂרָאֵל – מְעַשֵּׂר עַל הַכֹּל, שֶׁאֵין קִנְיָן לְגוֹי בָּהּ לְהַפְקִיעַ מִן הַמַּעֲשֵׂר. וַחֲכָמִים פּוֹטְרִין, דְּכֵיוָן שֶׁהֱבִיאָה שְׁלִישׁ בְּיַד גּוֹי – כְּאִילּוּ נִגְמְרָה כּוּלָּהּ בְּיָדוֹ, דְּקַיְימָא לָן (ר"ה יב: יג.): תְּבוּאָה בָּתַר שְׁלִישׁ אָזְלָא. וְכִי תֵּימָא הָכִי נַמִי. דְּהַגָּדֵל בְּיַד גּוֹי פָּטוּר מֵרֵאשִׁית הַגֵּז, אֲפִילּוּ בָּא לְיַד יִשְׂרָאֵל. הַלּוֹקֵחַ גֵּז צֹאנוֹ שֶׁל גּוֹי. קוֹדֶם שֶׁנִּגְזְזָה. פָּטוּר מֵרֵאשִׁית הַגֵּז. דְּ"צֹאנְךָ" בָּעֵינַן, וְלֹא גִּיזּוֹתֶיךָ. וְהָכָא לָאו צֹאנוֹ דְּיִשְׂרָאֵל הוּא. הָא צֹאנוֹ לִגְזוֹז. לָקַח וְקָנָה עֶדְרוֹ שֶׁל גּוֹי כְּשֶׁהִיא עוֹמֶדֶת לִגְזוֹז, הוֹאִיל וְהַכֹּל שֶׁלּוֹ, וְקָרֵינָא בֵּיהּ "צֹאנְךָ". חַיָּיב. וְאַף עַל פִּי שֶׁגָּדְלוּ הַגִּיזִּים אֵצֶל גּוֹי.

תורה אור

אדֶּרֶךְ בִּיאָתְךָ, מִן הַיָּמִין. מַעֲשֵׂר, אע"ג דִּכְתִיב "מַעְשַׂר דְּגָנְךָ" – דִּילָךְ אִין, דְּשׁוּתָּפוּת לָא, בכָּתַב רַחֲמָנָא "מַעְשְׂרוֹתֵיכֶם", אֶלָּא "מַעְשַׂר דְּגָנְךָ" לְמַאי אֲתָא? לְמַעוּטֵי שׁוּתָּפוּת דְּגוֹי. מַתָּנוֹת, אע"ג דִּכְתַב רַחֲמָנָא "וְנָתַן", אִיכָּא לְמֵימַר: יָלֵיף "נְתִינָה" "נְתִינָה" מֵרֵאשִׁית הַגֵּז, מַה לְּהַלָּן – דְּשׁוּתָּפוּת לָא, אַף כָּאן – דְּשׁוּתָּפוּת לָא, גכָּתַב רַחֲמָנָא °"מֵאֵת זוֹבְחֵי הַזֶּבַח". אֶלָּא טַעֲמָא דִּכְתַב רַחֲמָנָא "מֵאֵת זוֹבְחֵי הַזֶּבַח", הָא לָאו הָכִי הֲוָה אָמִינָא: לֵילַף מֵרֵאשִׁית הַגֵּז? אַדְּרַבָּה, נֵילַף מִתְּרוּמָה! אִין ה"נ, (א) "מֵאֵת זוֹבְחֵי הַזֶּבַח" לָמָּה לִי? לְכִדְרָבָא, *דְּאָמַר רָבָא: הַדִּין עִם הַטַּבָּח. בִּכּוּרִים אע"ג דִּכְתִיב °"אַרְצְךָ" – דִּידָךְ אִין, דְּשׁוּתָּפוּת לָא, דכָּתַב רַחֲמָנָא °"בִּכּוּרֵי כָּל אֲשֶׁר *בְּאַרְצָם". אֶלָּא "אַרְצְךָ" לָמָּה לִי? הלְמַעוּטֵי חוּצָה לָאָרֶץ. צִיצִית, אע"ג דִּכְתַב רַחֲמָנָא °"כְּסוּתְךָ" – דִּידָךְ אִין, דְּשׁוּתָּפוּת לָא, וכָּתַב רַחֲמָנָא °"עַל כַּנְפֵי בִגְדֵיהֶם לְדוֹרוֹתָם". וְאֶלָּא "כְּסוּתְךָ" לָמָּה לִי? לְכִדְרַב יְהוּדָה, *דְּאָמַר רַב יְהוּדָה: זטַלִּית שְׁאוּלָה – פְּטוּרָה מִן הַצִּיצִית כָּל שְׁלֹשִׁים יוֹם. מַעֲקֶה, אע"ג דִּכְתַב רַחֲמָנָא °"לְגַגֶּךָ" – דִּידָךְ אִין, דְּשׁוּתָּפוּת לָא, חכָּתַב רַחֲמָנָא °"כִּי יִפֹּל הַנֹּפֵל מִמֶּנּוּ". אֶלָּא "גַּגְּךָ" לְמַאי אֲתָא? טלְמַעוּטֵי בָּתֵּי כְנֵסִיּוֹת וּבָתֵּי מִדְרָשׁוֹת. אָמַר רַב בִּיבִי בַּר אַבָּיֵי: לֵיתְנִינְהוּ לְהָנֵי כְּלָלֵי, דְּתַנְיָא: בֶּהֱמַת הַשּׁוּתָּפִין חַיֶּיבֶת בִּבְכוֹרָה, וְר' אֶלְעַאי פּוֹטֵר. מַאי טַעֲמָא דְּר' אֶלְעַאי? דִּכְתִיב: °"בְּקָרְךָ וְצֹאנֶךָ", וְהָא כְּתִיב °"בְּקַרְכֶם וְצֹאנְכֶם"! דִּכְוּלְּהוּ יִשְׂרָאֵל. אָמַר רַב חֲנִינָא מְסוּרָאָה: לֵיתְנִינְהוּ לְהָנֵי כְּלָלֵי, דְּתַנְיָא: כבֶּהֱמַת הַשּׁוּתָּפִין חַיֶּיבֶת בַּמַּתָּנוֹת, וְר' אֶלְעַאי פּוֹטֵר. מַאי טַעֲמָא – יָלֵיף "נְתִינָה" "נְתִינָה" מֵרֵאשִׁית הַגֵּז, מַה לְּהַלָּן – דְּשׁוּתָּפוּת לָא, אַף כָּאן – דְּשׁוּתָּפוּת לָא. וְאִי ס"ד בִּתְרוּמָה מִיחַיֵּיב, נֵילַף "נְתִינָה" "נְתִינָה" מִתְּרוּמָה, אֶלָּא ש"מ: בִּתְרוּמָה נַמִי פּוֹטֵר. אִי מַה תְּרוּמָה – בָּאָרֶץ אִין, בְּחוּצָה לָאָרֶץ לָא, אַף מַתָּנוֹת – בָּאָרֶץ אִין, בְּחוּצָה לָאָרֶץ לָא! אָמַר רַבִּי יוֹסֵי מִנְּהַרְבֵּיל: אִין. וְהָתַנְיָא, רַבִּי אֶלְעַאי אוֹמֵר: מַתָּנוֹת אֵין נוֹהֲגִין אֶלָּא בָּאָרֶץ, וְכֵן הָיָה לרַבִּי אֶלְעַאי אוֹמֵר: רֵאשִׁית הַגֵּז אֵין נוֹהֵג אֶלָּא בָּאָרֶץ. מַאי טַעֲמָא דְּר' אֶלְעַאי? אָמַר רָבָא: יָלֵיף "נְתִינָה" "נְתִינָה" מִתְּרוּמָה, מַה תְּרוּמָה – בָּאָרֶץ אִין, בְּחוּצָה לָאָרֶץ לָא, אַף רֵאשִׁית הַגֵּז – בָּאָרֶץ אִין, בְּחוּצָה לָאָרֶץ לָא. אָמַר לֵיהּ אַבָּיֵי: אִי מַה תְּרוּמָה טוֹבֶלֶת, אַף רֵאשִׁית הַגֵּז טוֹבֶלֶת! א"ל: אָמַר קְרָא °"וְרֵאשִׁית גֵּז צֹאנְךָ תִּתֶּן לוֹ" – אֵין לְךָ בּוֹ אֶלָּא מֵרֵאשִׁיתוֹ וְאֵילָךְ. אִי מַה תְּרוּמָה – חַיָּיבִים עָלֶיהָ מִיתָה וְחוֹמֶשׁ, אַף רֵאשִׁית הַגֵּז חַיָּיבִים עָלָיו מִיתָה וְחוֹמֶשׁ! אָמַר קְרָא: °"וּמֵתוּ בוֹ וְיָסַף עָלָיו", "עָלָיו" – וְלֹא עַל רֵאשִׁית הַגֵּז, "בּוֹ" – וְלֹא בְּרֵאשִׁית הַגֵּז. אִי מַה תְּרוּמָה – רִאשׁוֹן וְשֵׁנִי אַחֲרֶיהָ, אַף רֵאשִׁית הַגֵּז – רִאשׁוֹן וְשֵׁנִי אַחֲרֶיהָ! אָמַר קְרָא: "רֵאשִׁית" – אֵין לְךָ בּוֹ אֶלָּא רֵאשִׁית בִּלְבַד. אִי מַה תְּרוּמָה – מֵחָדָשׁ עַל הַיָּשָׁן לֹא, אַף רֵאשִׁית הַגֵּז – מֵחָדָשׁ עַל הַיָּשָׁן לֹא! אִין, וְהָתַנְיָא: *הָיוּ לוֹ שְׁתֵּי רְחֵלוֹת, גָּזַז וְהִנִּיחַ, גָּזַז וְהִנִּיחַ, שְׁנַיִם וּשְׁלֹשָׁה שָׁנִים – אֵין מִצְטָרְפוֹת. יהָא חָמֵשׁ – מִצְטָרְפוֹת. וְהָתַנְיָא: אֵין מִצְטָרְפוֹת! אֶלָּא ש"מ: הָא – דְּר' אֶלְעַאי, וְהָא – דְּרַבָּנַן. אִי מַה תְּרוּמָה, גָּדֵל בְּחִיּוּב – חַיָּיב, גָּדֵל בִּפְטוּר – פָּטוּר, אַף רֵאשִׁית הַגֵּז נַמִי, גָּדֵל בְּחִיּוּב – חַיָּיב, בִּפְטוּר – פָּטוּר! וְגַבֵּי תְּרוּמָה מְנָלַן? *דְּתַנְיָא: כיִשְׂרָאֵל שֶׁלָּקַח שָׂדֶה בְּסוּרְיָא מִגּוֹי, עַד שֶׁלֹּא הֵבִיאָה שְׁלִישׁ – חַיָּיב, מִשֶּׁהֵבִיאָה שְׁלִישׁ, ר"ע מְחַיֵּיב בַּתּוֹסֶפֶת, וַחֲכָמִים פּוֹטְרִין. וְכִי תֵּימָא הָכִי נַמִי, וְהָתְנַן: הַלּוֹקֵחַ גֵּז צֹאן גּוֹי – פָּטוּר מֵרֵאשִׁית הַגֵּז, הָא צֹאנוֹ לִגְזוֹז – חַיָּיב! מַתְנִי' דְּלָא

דְּלָא

**ביתך** דרך ביאתך. תימה: אמאי לא אמר שותפות דגוי, כדקאמר בכל הני דלעיל?* **אלא** ארצך ל"ל למעוטי חו"ל. אע"ג דמצוה התלויה בארץ היא, מכל מקום אצטריך למעוטי – משום דאתקש לבשר בחלב בחד קרא. רשב"ם.

**אי** מה תרומה חייבין עליה מיתה וחומש כו'. ואע"ג דבראשית הגז לא שייכא ביה אכילה, ואין בתרומה חומש אלא באכילתה – הנאת ראשית ד] היא אכילתה.

*****אף** ראשית הגז ששיריה נכרין. תימה: מנלן דבעינן ששיריה נכרין? אי מדכתיב "ראשית" – בראשית הגז נמי כתיב "ראשית", ומה צריך למילף מתרומה? ויש לומר: דהא דבעינן בתרומה שיריה נכרים, משום דילפינן תרומה מחלה, דחלה נקראת "תרומה" ובחלה כתיב "מראשית", דמשמע: ולא כל ראשית.

כרדי

דְּלָא

מסורת הש"ס: [נ"ל ארצכם] · לעיל קלב. · [נ"ל בארצם] · לעיל קי. מנחות מד. · עיין רש"ל וכס"א · [לקמן קלח:] · אין לו שם אחר כצ"ל ר"מ · גיטין מז.

מקורות הפסוקים: דברים יח · שם טו · במדבר יח · דברים כב · שם כב · שם טו · שם יח · ויקרא כב · במדבר טו · דברים כב · שם יב

[ועי' תוס' מנחות מז.] · [שייך לע"ב] · [תוספתא פ"י]

עין משפט נר מצוה:

טו א מיי' פ"ו מהלכות תפילין הל' יב סמג עשין כג טוש"ע י"ד סי' רפט סעיף ב:

טז ב מיי' פ"ד מהלכות תרומות הל' ח טוש"ע י"ד סי' שלא סעיף לה:

יז ג מיי' פ"י מהלכות בכורים הל' יז סמג עשין קמב טוש"ע שם סי' שלג סעיף ו:

יח ד מיי' שם הל' ח סמג עשין קמב:

יט ה מיי' שם הל' א ע"ש:

כ ו מיי' פ"ג מהלכות ציצית הל' ד סמג עשין כו טוש"ע או"ח סי' יד סעיף ה:

כא ז מיי' שם טוש"ע שם סעיף ג:

כב ח ט מיי' פי"א מהל' רוצח הל' ב סמג עשין מט טוש"ע ח"מ סי' תכז סעיף ג:

כג י מיי' פ"י מהלכות בכורים הל' טו סמג עשין קמג טוש"ע י"ד סי' שלג סעיף יב ופסק כרבנן מיטן:

כד כ מיי' פ"א מהל' תרומות הל' יח:

## שיטה מקובצת

א] היכי פטר במתנות נילפינהו לחובא מתרומה: ב] אי מה כיון דמתרומה יליף ר' אלעאי וכו'. נ"ב נ"א בפירש"י כתיבת יד אי מה תרומה בחו"ל לא אף ראשית הגז בחו"ל לא כיון דאמרת דאי ס"ד בתרומה נמי חייב לילוף נתינה נתינה מתרומה מכלל דכל היכא דמצי יליף מתרומה לא שביק תרומה ויליף מראשית הגז אי מה וכו'. ע"כ מצאתי בפי' אחד מרש"י ז"ל כ"י וצ"ע: ג] אין ודאי פטור: ד] הנאת ראשית הגז היא אכילתה:

## הגהות הב"ח

(א) גמ' אין ה"נ אלא מאת זובחי: (ב) רש"י ד"ה אלא ש"מ וכו' בנתינה נתינה או כיון דמתרומה יליף ר' אלעאי לראשית הגז כדאמרן לעיל למעוטי שותפות דעובד כוכבים דנפקא ליה מרישי' דקרא ה"נ יליף לתרומה מראשית הגז מסיפי' דקרא הס"ד ואח"כ מה"ד אי מה תרומה:

כה א מיי' פ"ה מהל' תרומות הל' ג:
כו ב מיי' פ"ג שם הל' ה:
כז ג מיי' פ"ה מהלכות בכורים הל' א סמג עשין קמג טוש"ע י"ד סי' שכג סעיף א:
כח ד מיי' שם הל' ה טוש"ע שם סעיף א:
כט ה מיי' שם סמג שם טוש"ע י"ד סי' שלג סעיף ו:
ל ו מיי' פ"ד מהלכות ק"ש הל' ח ופ"ד מהל' תפלה הל' ד וע"ש ופ"י מהל' ברכות הל' ט ופ"א מהל' מ"ת הל' ח סמג עשין יח טוש"ע א"ח סי' פח וטוש"ע י"ד סי' רפב סעיף ט:
לא ז מיי' פ"ה מהל' כלאים הל' א סמג לאוין רפ טוש"ע י"ד סי' רצו סעיף א:

דלא כר' אלעאי; אי מה תרומה — ממין על שאינו מינו, לא. אף ראשית הגז — ממין על שאינו מינו, לא! ונבי תרומה מנלן? דתניא: *"היו לו שני מיני תאנים שחורות ולבנות, וכן שני מיני חטין — אין תורמים ומעשרים מזה על זה. ר' יצחק אומר משום ר' *אלעאי: ב"ש אומרים אין תורמין, וב"ה אומרים תורמין. אף ראשית הגז — ממין על שאינו מינו לא! אין, והתנן: היו לו ב' מינים, שחופות ולבנות, מכר לו שחופות אבל לא לבנות — זה נותן לעצמו וזה נותן לעצמו. אלא מעתה סיפא דקתני, זכרים אבל לא נקבות — זה נותן לעצמו וזה נותן לעצמו, הכי נמי משום דתרי מיני נינהו? אלא — *עצה טובה קמ"ל, דליתיב ליה מהאי דרכיך ומהאי דראשון. הכא נמי: עצה טובה קמ"ל, דליתיב להו מתרווייהו! הא אוקימנא למתניתין דלא כר' אלעאי. אי מה תרומה — בעינן ראשית ששיריה ניכרין, אף ראשית הגז — ששיריה ניכרין! אין, *והתנן: האומר "כל גרני תרומה, וכל עיסתי חלה" — לא אמר כלום. הא "כל גזיי ראשית" — דבריו קיימין. ותניא אידך: לא אמר כלום! אלא לאו שמע מינה: הא — רבי אלעאי, והא — רבנן, שמע מינה. *אמר רב נחמן בר יצחק: האידנא נהוג עלמא כהני תלת סבי. כר' אלעאי — בראשית הגז. דתניא, *רבי אלעאי אומר: ראשית הגז אינו נוהג אלא בארץ. *וכר' יהודה בן בתירה — בדברי תורה, דתניא, ר' יהודה בן בתירה אומר: אין דברי תורה מקבלין טומאה. וכר' יאשיה — בכלאים, דתניא, *רבי יאשיה אומר: לעולם אין חייב עד שיזרע חטה ושעורה וחרצן במפולת יד. §"חומר בזרוע" [וכו'] §. וליתני חומר בראשית הגז שנוהג בטרפות, מה שאין כן במתנות! אמר רבינא: הא מני — ר' שמעון היא, *דתניא: ר' שמעון פוטר את הטרפות מראשית הגז. מאי טעמא דר' שמעון? יליף "נתינה" "נתינה" ממתנות, מה מתנות — טרפה לא, אף ראשית הגז נמי — טרפה לא. ואי יליף "נתינה" "נתינה" ממתנות, לילף "נתינה" "נתינה" מתרומה, מה תרומה — בארץ אין בחו"ל לא, אף ראשית הגז נמי — בארץ אין בחו"ל לא, אלמה תנן: ראשית הגז נוהג בארץ ובחוצה לארץ? אלא, היינו טעמא דר"ש: דיליף "צאן" "צאן" ממעשר, מה מעשר — טרפה לא, אף ראשית הגז — טרפה לא. והתם מנלן? דכתיב: °"כל אשר יעבור תחת השבט" — *פרט לטרפה שאינה עוברת. ולילף "צאן" "צאן" מבכור, מה בכור — אפי' טרפה, אף ראשית הגז — אפי' טרפה! מסתברא, ממעשר הוה ליה למילף, שכן: זכרים, טמאין, במרובין, מרחם, אדם, פשוט, לפני הדבור. אדרבה, מבכור הוה ליה למילף, שכן: יתום, שלקחו, בשותפות, נתנו, בפני, כהן, בקדושה

ויקרא כז

תורה אור

דלא כר' אלעאי. דמקיש גז לתרומה. ממין על שאינו מינו. כגון שחורות ולבנות, ולאו"ג דחד פירא הוא. וב"ה אומרים תורמין. דכולהו מין תאנים. ות"ק פליג אדרבי יצחק, ואמר: לא נחלקו ב"ה בדבר זה, דתרי מיני נינהו. שחופות. פלנ"ש. מכר לו. ישראל לישראל. זה נותן לעצמו וזה נותן לעצמו. הואיל ולא שייר לעצמו מאותו המין כלום — אין עליו להפריש על אותן גיזים שמכר. ואע"פ שהצאן לא מכרום — על הלוקח להפריש, שלקח (א) ממתנות הכהן. אלמא, תרי מיני נינהו, ואין מפריש מזה על זה. דאי מפרשי — הוה ליה שיורא גבי מוכר, ותנן: לקח גז צאנו של חבירו, אם שייר — המוכר חייב. סיפא דקתני נמי: מכר זכרים אבל לא נקבות — זה נותן לעצמו כו'. ה"נ דתרי מיני נינהו. ולא הוי שיורא? אלא. ודאי שיורא הוא, ואמוכר רמיא למיתב כולהו והא דקתני: "זה נותן לעצמו וזה נותן לעצמו" — עצה טובה קמ"ל אשמעינן תנא למוכר, שלא יתן לו מן הנקבות המשומרות לו על הזכרים שמכר. משום דהאי דזכרים "אשון", קשה, והאי דנקבות "רכיך". לפיכך, יקנה מן הלוקח כדי ראשית הגז של זכרים מאמר הזכרים. ה"נ. גבי שחופות ולבנות — משום עצה טובה הוא, דגיזת הלבנות טובה משל שחופות, ויקנה מן הלוקח כשיעור השחופות ויתן לו לכהן. ששיריה ניכרין. דאם אמר "כל גרני תרומה" — לא אמר כלום. אין והתנן. בניחותא. ה"ג: ותניא אידך לא אמר כלום. כר' אלעאי בראשית הגז א]. וה"ה למתנות. אין דברי תורה מקבלין טומאה. במסכת ברכות, דקתני גבי בעל קרי דצריך טבילה לדברי תורה. חטה שעורה וחרצן. שלשתן יחד, כדאמר ב"אותו ואת בנו": הזורע כלאים — לוקה. ואוקימנא: לאפוקי מדרבי יאשיה. חומר בזרוע כו'. כדפרישית לה במתניתין. טרפה אינה בכלל מתנות דכתיב: *"תתנו לו" — ולא לכלבו. ואי יליף. תנא דידן "נתינה" "נתינה", לילף כו', דהא מתני' כר' שמעון אוקימתא. ממעשר. "כל מעשר בקר וצאן". יש טרפה שאינה עוברת תחת השבט. כגון נחתכו רגליה מן הארכובה ולמעלה, ומינה יליף שאר טרפות. בבכור קדוש אפילו טרפה, ובעי קבורה, דהא קדישתיה רחם. מעשר וראשית הגז לא בעינן זכרים, ואין נוהגים בטמאים. אבל בכור אינו אלא זכר, ונוהג בחמור. מעשר וראשית הגז אינו אלא במרובים — מעשר בעשרה, ראשית הגז בחמש. ואינן קדושים מרחם, ואין נוהגים באדם. אבל בכור — נוהג ביחיד, וקדוש מרחם, ונוהג באדם. ומעשר וגז אינן נוהגים אלא בפשוטין, ואינן לפני הדבור. אבל בכורות — קדשו במצרים. ה"ג: אדרבה מבכור הוה ליה למילף שכן יתום שלקחו בשותפות נתנו בפני כהן בקדושה ובמכירה והנך נפישין. בכור וראשית הגז נוהגין ביתום — אף על פי שמתה אמו קודם לידתו, כגון זה פירש למיתה וזה פירש לחיים. אבל מעשר לא — דגמר "תחת" "תחת" מקדשים. דכתיב: "תחת אמו" — פרט ליתום. אבל בכור קדוש ואפילו יתום, וירעה עד שיסתאב, ויאכל במומו לכהן. בכור וגז נוהגים בלקוח ובשותפות, אבל לקוח פטור מן המעשר, וכן השותפות, דכתיב: "יהיה לך" — ולא של שותפות (בכורות דף נו:). וכן שנתנו לו במתנה, במסכת בכורות בפ' בתרא (דף נה:). בפני. בכור וגז נוהגים אף שלא בפני הבית, אבל מעשר — לא, כדמפרש בגמ' דבכורות בפרק בתרא (דף נג.): גזרה משום לקוח ומשום יתום. בכור וגז ממתנות כהונה הן, ולא מעשר — דנאכל הוא לבעלים כשלמים.
בקדושה

כרבי אלעאי בראשית הגז. וה"ה במתנות, כדפי' בקונט'. ואע"ג דכולהו אמוראי בפרק "הזרוע" (לעיל דף קלב:) סברי שנוהג בחו"ל, דהוו יהבי מתנתא בבבל — אפילו הכי הלכה כר' אלעאי. וה"נ קאמר "כרבי יאשיה בכלאים", ורוב אמוראין לית להו דר' יאשיה, כדמוכח בפ' "תולין" (שבת דף קלט.) גבי כשותא בכרמא. וכן נמי הא דקאמר "כר' יהודה בן בתירא בדברי תורה", וטובא אמוראי ותנאי סברי בפרק "מי שמתו" (ברכות דף כב.) דבעל קרי אסור בדברי תורה. וא"ת: דרב נחמן בר יצחק קאמר הכא דנהוג עלמא כרבי אלעאי, וה"ה במתנות, ובפ' "הזרוע" (לעיל דף קלג:) אמר דרב נחמן בר יצחק קניס גלימא! ושמא קודם דנהוג הוה קניס גלימא. פי' רב האי גאון, דהא דאמר בפסחים (דף ז:): כל המצות כולן מברך עליהן עובר לעשייתן, חוץ מן הטבילה — היינו, בטבילת גר, דלא הוי ישראל אלא כשטבל, ולא מצי למימר "וצונו". אבל בשאר טבילות, אף על פי שהוא טמא, מברך. דנהוג עלמא כרבי יהודה בן בתירא בדברי תורה. וי"מ: דאכל טבילות קאמר, דאע"ג דנהוג עלמא כר' יהודה בן בתירא, הרבה מהם היו מחמירין לטבול.

*שהמתנות נוהגות בין במרובה בין במועט כו'. וא"ת: וליתני נמי הא דתניא לעיל "לקח גז צאנו של גוי — פטור, זה חומר בזרוע ולחייב מראשית הגז"? וי"ל: דלא תני אלא דברים שזה נוהג וזה אין נוהג, אבל זה פטור וזה חייב לא קתני. פרט לטרפה שאינה עוברת. תימה: מן הארכובה ולמטה נמי אינה עוברת! ושמא דאין הכי נמי, דאין נכנסת לדיר להתעשר. ודוחק*. לילף צאן צאן מבכור. וא"ת: א"כ, ג"ש ל"ל? דבלא ג"ש ממילא ידעינן דראשית הגז נוהג בטרפה, דמהיכא תיתי למעט? וי"ל: ד"צאן" לא הויא ג"ש אלא גילוי מילתא: מה צאן זה דינו בכך, אף צאן זה דינו בכך. דבדלא "צאן" לא אפשר שלא לכותבו, דאיצטריך לגופיה. (ב). שכן יתום. תימה: דהיא גופה נילף שלא ינהוג יתום בראשית הגז? *בבכור ה"מ למימר נמי "שכן צאנך מצאנך", דבמעשר כתיב: "וכל מעשר בקר וצאן".

לפני. בקונט' מגיה וגרס "בפני" ופי': בפני הבית. משא"כ במעשר שבטלו. וקשה: וכי מפני שבטל מדרבנן, יש לבטל ג"ש? אלא "לפני" גרסינן בכל הספרים, ופירוש: שמעשר מקודש לפניו ולאחריו, משא"כ בבכור וראשית הגז. מס"מ

[תוספתא תרומות פ"ב]
[כתוס' איתא ר' אלעזר]
[גיטין כב: וש"נ]
חלה פ"א מ"ט
ברכות כב.
[לקמן קלח:]
[עי' תוס' ב"ק פב: ד"ה אתא]
לעיל פב: וש"נ
[נ"ל ונתן לכהן לו ולא לכלבו. כ"א בהר"ן]
נדה נח.
[מנחות ו. בכורות נז. נח: תמורה כט.]

[שייך במשנה לעיל קלה.]
[וע"ע תוס' בכורות נז. ד"ה פרט]
לפי גירסת רש"ל בכאן מתחיל ה"ג בבכור וע"ש וגו' מהרמ"ל ז"ל והוי מ"ל וא"ל להגיה יותר וגו' רש"א ובבכור המ"ל כו'

הגהות מהר"ב רנשבורג
א] רש"י ד"ה כר' אלעאי בראשית הגז. נ"ב עי' שו"ת הרשב"א החדשות ח"ג שנדפסו בליוורנו סי' שמ"ו:

הגהות הב"ח
(א) רש"י ד"ה זה נותן וכו' שלקח מתנות הכהן וכו' דאי מפריש הוה ליה: (ב) תוס' ד"ה לילף וכו' לגופיה הס"ד אח"כ מה"ד מבכור הוה ליה למילף שכן יתום וכו' הוה לא למימר נמי כו' בקר וצאן הס"ד ואח"כ ל"ל ד"ה שכן יתום וכו' בראשית הגז הס"ד:

בִּקְדוּשָּׁה, וּמְכִירָה, וְהָנָךְ נְפִישִׁין! פָּשׁוּט מִפָּשׁוּט עֲדִיף לֵיהּ. § "רֵאשִׁית הַגֵּז אֵינוֹ נוֹהֵג אֶלָּא בִּרְחֵלִים". § מְנָא הָנֵי מִילֵּי? אָמַר רַב חִסְדָּא: אָתְיָא "גִּיזָּה" "גִּיזָּה", כְּתִיב הָכָא: [דברים יח] °"רֵאשִׁית גֵּז צֹאנְךָ תִּתֶּן לּוֹ" וּכְתִיב הָתָם: [איוב לא] °"וּמִגֵּז כְּבָשַׂי יִתְחַמָּם", מַה לְּהַלָּן כְּבָשִׂים, אַף כָּאן כְּבָשִׂים. וְנֵילַף "גִּיזָּה" "גִּיזָּה" מִבְּכוֹר, *דְּתַנְיָא: [דברים טו] °"לֹא תַעֲבֹד בִּבְכוֹר שׁוֹרֶךָ וְלֹא תָגֹז בְּכוֹר צֹאנֶךָ" אֵין לִי אֶלָּא שׁוֹר בַּעֲבוֹדָה וְצֹאן בִּגְזִיזָה, מִנַּיִן לִיתֵּן הָאָמוּר שֶׁל זֶה בָּזֶה וְאֶת הָאָמוּר שֶׁל זֶה בָּזֶה? ת"ל: "לֹא תַעֲבֹד" "וְלֹא תָגֹז"! אָמַר קְרָא: [שם יח] °"תִּתֶּן לוֹ" – וְלֹא לְשַׂקּוֹ. אֶלָּא מֵעַתָּה נוֹצָה שֶׁל עִזִּים לִיחַיֵּיב! בָּעֵינַן גִּיזָּה וְלֵיכָּא! מַאן שָׁמְעַתְּ לֵיהּ הַאי סְבָרָא – ר' יוֹסֵי, הָא מוֹדֵי ר' יוֹסֵי בְּמִידֵי דְּאוֹרְחֵיהּ! אֶלָּא *כִּדְאָמַר ר' יְהוֹשֻׁעַ בֶּן לֵוִי: א] [שם] °"לַעֲמוֹד לְשָׁרֵת" – דָּבָר הָרָאוּי לְשֵׁירוּת. הָכָא נַמִי: דָּבָר הָרָאוּי לְשֵׁירוּת. אֶלָּא "גִּיזָּה" "גִּיזָּה" לְמַאי אֲתָא? לִכְדִתְנָא דְּבֵי ר' יִשְׁמָעֵאל, דְּתָנָא דְּבֵי ר' יִשְׁמָעֵאל: *[ב]כְּבָשִׂים שֶׁצַּמְרָן קָשֶׁה – פְּטוּרִים מֵרֵאשִׁית הַגֵּז, שֶׁנֶּאֱמַר: "וּמִגֵּז כְּבָשַׂי יִתְחַמָּם". תָּנֵי חֲדָא: גּוֹזֵז אֶת הָעִזִּים וְשׁוֹטֵף אֶת הָרְחֵלִים – פָּטוּר, וְתַנְיָא אִידָךְ: *הַגּוֹזֵז אֶת הָעִזִּים – פָּטוּר, ב] וְשׁוֹטֵף אֶת הָרְחֵלִים – חַיָּיב! לָא קַשְׁיָא, הָא – רַבָּנַן וְהָא – ר' יוֹסֵי. *דְּתַנְיָא: [ויקרא יט] °"לֶקֶט קְצִירְךָ" – [ג]וְלֹא לֶקֶט קִיטוּף. ר' יוֹסֵי אוֹמֵר: אֵין לֶקֶט אֶלָּא הַבָּא מֵחֲמַת קָצִיר. ר' יוֹסֵי הַיְינוּ ת"ק! כּוּלָּהּ ר' יוֹסֵי הִיא, וְהָכִי קָתָנֵי: שֶׁר' יוֹסֵי אוֹמֵר אֵין לֶקֶט אֶלָּא הַבָּא מֵחֲמַת קָצִיר. א"ל רַב אַחָא בְּרֵיהּ דְּרָבָא לְרַב אַשִׁי: מוֹדֶה ר' יוֹסֵי בְּמִידֵי דְּאוֹרְחֵיהּ. דְּתַנְיָא, ר' יוֹסֵי אוֹמֵר: "קָצִיר" – אֵין לִי אֶלָּא קָצִיר, עוֹקֵר מִנַּיִן? ת"ל: [שם] °"לִקְצוֹר", תּוֹלֵשׁ מִנַּיִן? ת"ל: [שם] °"בְּקוּצְרְךָ". אָמַר לֵיהּ רָבִינָא לְרַב אַשִׁי, אַף אֲנַן נַמִי תְּנֵינָא: *מַלְבְּנוֹת בְּצָלִים שֶׁבֵּין הַיָּרָק – ר' יוֹסֵי אוֹמֵר: פֵּאָה מִכׇּל אֶחָד וְאֶחָד, וַחֲכָמִים אוֹמְרִים: [ד]מֵאַחַת עַל הַכֹּל. § "וְכַמָּה הוּא מְרוּבֶּה". § בִּשְׁלָמָא לְב"ש – תַּרְתֵּי נַמִי אִיקְּרוּ "צֹאן", אֶלָּא לְב"ה מ"ט? אָמַר רַב כָּהֲנָא: אָמַר קְרָא [ש"א כה] °"עֲשׂוּיוֹת" – שֶׁעוֹשׂוֹת ב' מִצְוֹת, רֵאשִׁית הַגֵּז וּמַתָּנוֹת. אֵימָא: בְּכוֹרָה וּמַתָּנוֹת! בְּכוֹרָה, חֲדָא מִי לָא מִיחַיְּיבָא? וּלְטַעֲמִיךְ, מַתָּנוֹת – חֲדָא מִי לָא מִיחַיְּיבָא? אֶלָּא אָמַר רַב אַשִׁי: "עֲשׂוּיוֹת" – שֶׁמְּעַשּׂוֹת אֶת בַּעֲלֵיהֶן וְאוֹמְרוֹת לוֹ: קוּם עֲשֵׂה מִצְוָה. תַּנְיָא דְּבֵי רַבִּי יִשְׁמָעֵאל בְּר' יוֹסֵי אוֹמֵר מִשּׁוּם אָבִיו: אַרְבַּע, שֶׁנֶּאֱמַר: [שמות כא] °"וְאַרְבַּע צֹאן תַּחַת הַשֶּׂה". תַּנְיָא, אָמַר רַבִּי: *אִלְמָלֵא דִּבְרֵיהֶן דִּבְרֵי תוֹרָה וְדִבְרֵי בְּרִיבִּי קַבָּלָה – אֲנַן דִּבְרֵי בְּרִיבִּי שׁוֹמְעִין. וְכׇל שֶׁכֵּן שֶׁדִּבְרֵיהֶם דִּבְרֵי קַבָּלָה, וְדִבְרֵי בְּרִיבִּי דִּבְרֵי תוֹרָה. *וְהָאָמַר מָר: אֵין הַכְרָעָה שְׁלִישִׁית מַכְרַעַת! אָמַר

---

**רש"י**

בִּקְדוּשָּׁה. בְּכוֹר אֵינוֹ צָרִיךְ לְהַקְדִּישׁ – דִּקְדוּשָּׁתוֹ מֵרֶחֶם, וְגֵז נַמִי אֵין צָרִיךְ לְהַקְדִּישׁ דְּאֵין קְדוּשָּׁה חָלָה עָלָיו, אֲבָל מַעֲשֵׂר – מַקְדִּישׁוֹ בַּשֵּׁבֶט. לִישָּׁנָא אַחֲרִינָא אָמְרֵי לֵיהּ: "בִּקְדוּשָּׁה" – בְּכוֹר וְגֵז נִכְסֵי כֹּהֵן לְקַדֵּשׁ בּוֹ אֶת הָאִשָּׁה, כִּדְתַנְיָא בִּגְמָרָא דְּ"אַרְבָּעָה אָבוֹת" (ב"ק דף יג.): בְּכוֹר מוֹכְרִין אוֹתוֹ תָּם וּבַעַל מוּם חַי וְשָׁחוּט, וּמְקַדְּשִׁין בּוֹ אֶת הָאִשָּׁה. אֲבָל מַעֲשֵׂר אֵינוֹ נִכְסֵי בְּעָלִים לְקַדֵּשׁ בּוֹ אֶת הָאִשָּׁה, דְּהָא כְּתִיב בֵּיהּ: "לֹא יִמָּכֵר וְלֹא יִגָּאֵל". וְלָאו מִלְּתָא הִיא – דְּאִי"ה, מָמוֹן בְּעָלִים הוּא, וּמְקַדְּשִׁין בּוֹ. דִּתְנַן (קדושין דף נב:): הַמְקַדֵּשׁ בְּחֶלְקוֹ, בֵּין בְּקָדָשִׁים קַלִּים כו'. וְאָמְרִי: טַעְמָא, דִּלְאַחַר שְׁחִיטָה לָאו דִּידֵיהּ הוּא, דְּמִשֻּׁלְחַן גָּבוֹהַּ קָא זָכוּ. אֲבָל מֵחַיִּים – דִּידֵיהּ הוּא. וּמְכִירָה. בְּכוֹר יָכוֹל כֹּהֵן לְמוֹכְרוֹ, וְכֵן גֵּז. אֲבָל מַעֲשֵׂר – אֵינוֹ נִמְכָּר, דִּתְנַן בְּמַסֶּכֶת בְּכוֹרוֹת (דף לב.) (בִּבְכוֹר) [בְּמַעֲשֵׂר] נֶאֱמַר "לֹא יִגָּאֵל", וְאֵינוֹ נִמְכָּר לֹא חַי וְלֹא שָׁחוּט אֶלָּא אִם כֵּן הָוֵי שֶׁל יְתוֹמִין. וְהָנָךְ נְפִישִׁין. הָנָךְ דִּבְכוֹר נְפִישִׁין, וְנֵילַף מִינֵּיהּ! וְנֵילַף גִּיזָּה מִבְּכוֹר. דַּאֲפִילּוּ בְּשׁוֹר אִקְרֵי "גִּיזָּה", וְנֵימָא: מַה גִּיזָּה דְּהָתָם אֲפִילּוּ דְּשׁוֹר, הָכָא נַמִי אֲפִילּוּ דְּשׁוֹר. לוֹ לְמַלְבּוּשׁ וְלֹא לְשַׂקּוֹ. וְגִיזַּת שׁוֹרוֹ אֵין רְאוּיָה אֶלָּא לְשַׂק. לְהָכִי קָרֵי לֵיהּ נוֹצָה שֶׁאֵין דֶּרֶךְ לְגוֹזְזָן אֶלָּא לְתוֹלְשָׁן, כְּנוֹצָה שֶׁל עוֹף. לִיחַיֵּיב. דְּהָא רָאוּי לָאָדָם לִבְגָדִים נָאִים? בָּעֵינַן גִּיזָּה. וְהָא תְּלִישָׁה הוּא. מַאן שָׁמְעַתְּ לֵיהּ הַאי סְבָרָא. דְּדָרֵישׁ לִישָּׁנָא דִּקְרָא דִּכְתִיב "גֵּז"? רַבִּי יוֹסֵי. דְּאָמַר לְקַמָּן: "לֶקֶט קְצִירְךָ" – וְלֹא לֶקֶט קִיטוּף. הָא. אָמְרִינַן לְקַמָּן. מוֹדֶה ר' יוֹסֵי בְּמִידֵי דְּאוֹרְחֵיהּ. וְכֵיוָן דְּאוֹרְחָא דְּעִזִּים בִּתְלִישָׁה, כִּגְזִיזָה דָּמוּ. אֶלָּא. גֵּז דְּאֵינוֹ אֶלָּא בִּרְחֵלִים. כִּדְר' יְהוֹשֻׁעַ בֶּן לֵוִי. לְקַמָּן בְּפִרְקִין, דִּכְתִיב "גֵּז" וגו', וְסָמִיךְ לֵיהּ "כִּי בוֹ בָּחַר" וגו'. לַעֲמוֹד לְשָׁרֵת דָּבָר הָרָאוּי לְשֵׁירוּת. לִתְכֵלֶת [דִּבְגָדִים] *שֶׁלְּךָ, וְהָתָם צֶמֶר בָּעֵינַן, וְאֵין צֶמֶר אֶלָּא שֶׁל רְחֵלִים. שֶׁצַּמְרָן קָשֶׁה. כְּגוֹן שֶׁהָיוּ מְשׁוּבִּים מִשְׁחַר כְּבָשִׂים. יִתְחַמָּם. לָא מִיקְרֵי "גֵּז" אֶלָּא בַּר מִיחוּם. הַגּוֹזֵז אֶת הָעִזִּים פָּטוּר. כִּדְאָמְרִינַן: אֵין "גֵּז" אֶלָּא שֶׁל רְחֵלִים, דָּבָר הָרָאוּי לְשֵׁירוּת. שׁוֹטֵף. כְּמַיִם בַּנָּהָר לְיַפּוֹתָן, וְהַצֶּמֶר נִתְלָשׁ מֵהֶם. פָּטוּר. דְּלָאו "גֵּז" הוּא. וְהָא. דְּקָתָנֵי "שׁוֹטֵף פָּטוּר" – רַבִּי יוֹסֵי הוּא, דְּדָיֵיק לִישָּׁנָא דִּקְרָא. וְלֹא לֶקֶט קִיטוּף. הַקּוֹטֵף בְּיָדָיו שִׁבְּלֵי קָמָתוֹ – אֵין הַנּוֹשֵׁר לֶקֶט. דְּלִישָּׁנָא דִּקְרָא דַּיְיקָא, וּפְלִיגִי רַבָּנַן עֲלֵיהּ. בְּמִידֵי דְּאוֹרְחֵיהּ. כְּגוֹן בְּצָלִים וְשׁוּמִים, דְּקִיטּוּף שֶׁלָּהֶן זֶהוּ קְצִירָן. קָצִיר. "קָצִיר אַרְגָּס". עוֹקֵר. עִם הַשָּׁרָשִׁים, כְּגוֹן עֲדָשִׁים. תּוֹלֵשׁ. בַּיָּד, וְלֹא עִם הַשָּׁרָשִׁים, כְּגוֹן פּוֹלִין. רַבִּי יוֹסֵי לָא גָּרְסִינַן הָכָא מַתְנִיתָא, וּמִיהוּ עַל כָּרְחָךְ הָנֵי קְרָאֵי דָּרֵישׁ לְהוּ ר' יוֹסֵי, מִדְּקָאָמַר: אֵין לִי אֶלָּא קָצִיר, דְּאִיהוּ דָּיֵיק לִישָּׁנָא דִּקְרָא, וּמוֹקֵי לְהוּ בְּמִידֵי דְּאוֹרְחֵיהּ. אַף אֲנַן נַמִי תְּנֵינָא. בְּהֶדְיָא דְּמוֹדֶה רַבִּי יוֹסֵי בְּמִידֵי דְּאוֹרְחֵיהּ. מַלְבְּנוֹת. שׁוּרוֹת שֶׁבֵּין יָרָק לְיָרָק. פֵּאָה מִכׇּל אַחַת וְאַחַת. מִן הַמַּלְבְּנוֹת, שֶׁהַיָּרָק שֶׁבֵּין מַלְבֵּן לְמַלְבֵּן הֶפְסֵק לְפֵאָה דִּידֵיהּ. דְּיָרָק אֵינוֹ בִּכְלַל פֵּאָה, חוּץ מִן הַשּׁוּמִים וְהַבְּצָלִים, כִּדְתְנַן (פאה פ"א מ"ד): כָּל שֶׁהוּא אוֹכֶל וְנִשְׁמָר וּמַכְנִיסוֹ לְקִיּוּם. וְאָמְרִינַן בְּ"מָקוֹם שֶׁנָּהֲגוּ" (פסחים דף נו:): "מַכְנִיסוֹ לְקִיּוּם" – פְּרָט לְיָרָק. וּמִיהוּ שׁוּמִין וּבְצָלִים מַכְנִיסָן לְקִיּוּם. קָתָנֵי מִיהָא לְרַבִּי יוֹסֵי דִּבְצָלִים חַיָּיבִין בְּפֵאָה, וְאַף עַל גַּב דְּאֵינוֹ קוֹצְרָן בְּמַגָּל – אַלְמָא, מוֹדֵי הוּא בְּמִידֵי דְּאוֹרְחֵיהּ. בִּשְׁלָמָא לְב"ש. שֶׁשְּׁתַּיִם מֵהֶן דְּאִיקְּרוּ נַמִי "צֹאן", הִילְכָּךְ אֵין אַתָּה יָכוֹל לְהוֹצִיאָן מִכְּלַל חִיּוּב. לִישָּׁנָא יְתֵירָא קָדָרֵישׁ: מַאי "עֲשׂוּיוֹת" – שֶׁעוֹשׂוֹת שְׁתֵּי מִצְוֹת, רֵאשִׁית הַגֵּז וּמַתָּנוֹת. דְּכָל כַּמָּה דְּלָא הָווּ חָמֵשׁ, לָא הָווּ נָהֲגֵי בְּהוּ אֶלָּא חֲדָא מַתָּנוֹת לְחוּדַיְיהוּ. אַטּוּ בְּכוֹרָה חֲדָא מִי לָא מִחַיְּיבָא. עַל כָּרְחָךְ כִּי תְלָא רַחֲמָנָא בְּחָמֵשׁ – רֵאשִׁית הַגֵּז הוּא דִּתְלָא. וְלִיטַעֲמִיךְ מַתָּנוֹת נַמִי חֲדָא מִי לָא מִחַיְּיבָא. אִישְׁתַּכַּח דִּבְתַרְתֵּי וּבַחֲדָא נַמִי אִיכָּא שְׁתֵּי מִצְוֹת, בְּכוֹרָה וּמַתָּנוֹת. וְלֵיכָּא לְמֵימַר דְּהַאי "עֲשׂוּיוֹת" הָכִי מִדְרֵישׁ, וְהָא לֵיכָּא לְמֵימַר: עֲשׂוּיוֹת שָׁלֹשׁ מִצְוֹת – דְּהֵיכִי מַשְׁמַע? מִיעוּט "עֲשׂוּיוֹת" שְׁתַּיִם הָווּ. אֶלָּא אָמַר רַב אַשִׁי. הָכִי דָּרֵישׁ. עֲשׂוּיוֹת שֶׁמְּעַשּׂוֹת אֶת בַּעֲלֵיהֶן. לְמִצְוָה חֲדָשָׁה, שֶׁלֹּא הָיָה מְצֻוֶּה עָלָיו בִּפְחוֹת מִכֵּן. וְהַיְינוּ עַל כָּרְחָךְ רֵאשִׁית הַגֵּז, דִּכְתִיב בֵּהּ "צֹאן" – דְּמַשְׁמַע, מְרוּבֶּה. דְּאִילּוּ בְּכוֹרָה, דִּכְתִיב (במדבר יח): "בְּכוֹר שׁוֹר" – אֲפִילּוּ חַד. וְכֵן מַתָּנוֹת, "אִם שׁוֹר אִם שֶׂה" (דברים יח). תַּנְיָא א"ר. גָּרְסִינַן. דִּבְרֵי בְּרִיבִּי. שֶׁהָיָה גָּדוֹל בְּדוֹרוֹ, דְּקַיְימָא לָן: *רַבִּי יוֹסֵי נִמּוּקוֹ עִמּוֹ. אֲנַן דִּבְרֵי בְּרִיבִּי שׁוֹמְעִין. קס"ד: מִפְּנֵי שֶׁהוּא מַכְרִיעַ בֵּינֵיהֶם, לֹא חָמֵשׁ כְּבֵית הִלֵּל וְלֹא שְׁתַּיִם כְּב"ש. תּוֹרַת מֹשֶׁה קְרוּיָה "תּוֹרָה" לְפִי שֶׁנִּתְּנָה תּוֹרָה לְדוֹרוֹת, וְשֶׁל נְבִיאִים לָא קָרֵי אֶלָּא "קַבָּלָה" – שֶׁקִּבְּלוּ מֵרוּחַ הַקֹּדֶשׁ כָּל נְבוּאָה וּנְבוּאָה, לְפִי צוֹרֶךְ הַשָּׁעָה וְהַדּוֹר וְהַמַּעֲשֶׂה*. וְהָאָמַר מָר אֵין הַכְרָעָה שְׁלִישִׁית מַכְרַעַת. כְּשֶׁזֶּה אוֹמֵר כָּךְ וְזֶה אוֹמֵר כָּךְ וְזֶה אוֹמֵר דַּעַת שְׁלִישִׁית, אֲפִילּוּ אֶמְצָעִית הִיא בֵּינֵיהֶם – אֵין זֶה הֶכְרֵעַ. כְּגוֹן (פסחים דף כ:): חָבִית שֶׁל תְּרוּמָה שֶׁנִּתְגַּלְגְּלָה – ב"ש אוֹמֵר: תִּשָּׁפֵךְ *הַכֹּל, וּב"ה אוֹמְרִים: תֵּעָשֶׂה זִילוּף. א"ר יִשְׁמָעֵאל בְּר' יוֹסֵי: אֲנִי אַכְרִיעַ, בַּשָּׂדֶה – תִּשָּׁפֵךְ הַכֹּל, בַּבַּיִת – תֵּעָשֶׂה זִילוּף. אָמְרוּ לוֹ: אֵין הַכְרָעָה שְׁלִישִׁית מַכְרַעַת. וְהֵיכִי הָוְיָא הַכְרָעָה? כְּגוֹן הַהִיא דְּקוּלֵּי מַטְלָנִיּוֹת דְּ"בַמֶּה מַדְלִיקִין" (שבת דף כט.): ר' אֱלִיעֶזֶר אוֹמֵר: בֵּין מִן הַמּוּכָן בֵּין שֶׁלֹּא מִן הַמּוּכָן – טָמֵא, ר' יְהוֹשֻׁעַ אוֹמֵר: בֵּין מִן הַמּוּכָן בֵּין שֶׁלֹּא מִן הַמּוּכָן – טָהוֹר, ר"ע אוֹמֵר: מִן הַמּוּכָן – טָמֵא, שֶׁלֹּא מִן הַמּוּכָן – טָהוֹר. א"ר יוֹחָנָן עֲלָהּ: כָּל מָקוֹם שֶׁאַתָּה מוֹצֵא שְׁנַיִם חוֹלְקִים וְאֶחָד מַכְרִיעַ כו'. אַלְמָא כְּה"ג קָרֵי הַכְרָעָה – הֵיכָא דְּגִלּוּ (א) מַאי דַּעְתַּיְיהוּ, דְּשַׁיָּיךְ לִפְלוּגֵי בֵּין מוּכָן לְשֶׁאֵינוֹ מוּכָן, אפ"ה לָא פַּלְגִינַן. וְאָתָא ר"ע וְנָתַן חִילּוּק בַּדָּבָר – הָוֵי הַכְרָעָה, שֶׁהִכְרִיעַ בַּמּוּכָן כְּר' אֱלִיעֶזֶר, וְנִמְצְאוּ שְׁנַיִם מְטַמְּאִים בַּמּוּכָן. וְר' יְהוֹשֻׁעַ יָחִיד מְטַהֵר. וּבְשֶׁאֵינוֹ מוּכָן כְּר' יְהוֹשֻׁעַ, וְהָווּ שְׁנַיִם מְטַהֲרִים בְּשֶׁאֵינוֹ מוּכָן. אֲבָל גַּבֵּי חָבִית, דְּלָא גִּלּוּ דַּעְתַּיְיהוּ ב"ש וּב"ה, דְּנֶהֱוֵי שַׁיָּיךְ חִילּוּק בֵּין בַּיִת לְשָׂדֶה. שֶׁלֹּא אָמְרוּ כָּךְ, ב"ש אוֹמֵר: בֵּין בַּבַּיִת בֵּין בַּשָּׂדֶה – תִּשָּׁפֵךְ הַכֹּל, וּב"ה אוֹמֵר: בֵּין בַּבַּיִת בֵּין בַּשָּׂדֶה תֵּעָשֶׂה זִילוּף. וּבָא שְׁלִישִׁי וְחִלֵּק בֵּין שָׂדֶה לְבַיִת – הָתָם אֵין זֶה הֶכְרֵעַ לִדְבָרֵיהֶם, אֶלָּא דַּעַת שְׁלִישִׁית. "הֶכְרֵעַ" – לְשׁוֹן כַּף מֹאזְנַיִם הָוֵי. כִּשְׁנַיִם חוֹלְקִין, וּבָא שְׁלִישִׁי וּמַכְרִיעַ הַמִּשְׁקָל כְּאֶחָד מֵהֶן, אוֹ בְּכָל הַדָּבָר, אוֹ בְּחֶצְיוֹ כָּזֶה וּבְחֶצְיוֹ כָּזֶה. א"ר

---

**תוספות**

מה"מ. פירוש: דראשית הגז אינו נוהג אלא ברחלים ולא בעזים, דעזים נמי אקרו "צאן", דכתיב (בראשית כז): "לך נא אל הצאן וקח לי משם שני גדיי עזים"?

אתיא גיזה גיזה. אע"ג דדברי תורה מדברי קבלה לא ילפינן* – גילוי מילתא בעלמא הוא דגז דכבשים הוא, ואין זה דבר חדש. וקצת משמע דגזרה שוה היא, מדפריך בסמוך: אלא "גיזה" "גיזה" למאי אתא? מ"מ אינו דבר חדש.

ולילף גיזה גיזה מבכור. וא"ת: והיכי מצינן למילף מבכור דאפילו שור, הא "צאן" כתיב! וי"ל: דהוה אמינא ד"צאן" לאו דוקא, כי היכי ד"לא תגוז בכור צאנך" לאו דוקא.

עוקר מנין ת"ל לקצור תולש מנין תלמוד לומר בקוצרך. ואיצטריך תרי קראי, משום דעוקר הוא קצת אורחיה טפי מתולש.

עד

---

**עין משפט נר מצוה**

לב א מיי' פ"י מהל' בכורים הל' ז סמג עשין קמג טוש"ע י"ד סי' שלג סעיף ב:

[חגיגה י: ב"ק ב:]

לג ב מיי' שם טוש"ע שם:

לד ג מיי' פ"ד מהל' מתנות עניים הל' ב:

לה ד מיי' פ"ג שם הלכה ב:

**שיטה מקובצת**

א] לעמוד לשרת דבר הראוי לשירות. נ"ב ע"' תוס' בכורות דף יז ע"א: ב] ושוטף את הרחלים. נ"ב ע"' תוס' בכורות דף כד ע"ב:

**גליון הש"ס**

גמ' אלא מעתה נוצה כו'. ע"' שבת דף כז ע"א תוס' ד"ה ונוצה. שם ולא לקט קיטוף. ע"' בכורות דף כה ע"א תוס' ד"ה ולר"ל:

[נ"ל אלמלי ע"' תוס' מגילה כח.]

**הגהות מהר"ב רנשבורג**

א] רש"י ד"ה לעמוד לשרת וכו' לבגדיך שלך. מלת שלך נמחק. ונ"ב שלך ועי' בתוי"ט ובכמ"ל פ"י מהלכות כלי מקדש דין ד' ודו"ק:

---

**מסורת הש"ס**

תורה אור

[בכורות כה.]

ר"מ

[לקמן קלח.]

[בכורות יז.]

[תוספתא פ"ג]

תוספתא פ"ב דפאה ע"ש

[נדה נ. פאה פ"ג מ"ד]

[עי' תוי"ט ד"ה אלא ברחלות]

[פסחים כח. נזיר נג. ב"ק קטו.]

**הגהות הב"ח**

(א) רש"י ד"ה והאמר מר וכו' דגלו דעתייהו כצ"ל ותיבת מאי נמחק:

[עירובין יד:]

[וע"ע רש"י תענית טו. ד"ה ובקבלה]

[נ"ל חבל מלמון תבולה כך פרש"י שם בפסחים]

אָמַר ר' יוֹחָנָן: *מִפִּי שְׁמוּעָה אֲמָרָהּ, מִפִּי חַגַּי זְכַרְיָה וּמַלְאָכִי.§ "ר' דּוֹסָא בֶּן הָרְכִּינָס אוֹמֵר" וכו'.§ *וְכַמָּה "כָּל שֶׁהֵן"? אָמַר רַב: מָנֶה וּפְרָס, אוּבִלְבַד שֶׁיְּהוּ מְחוּמָּשׁוֹת. וּשְׁמוּאֵל אָמַר: בשִׁשִּׁים, וְנוֹתֵן סֶלַע אַחַת לַכֹּהֵן. רַבָּה בַּר בַּר חָנָה אָמַר ר' יוֹחָנָן: שֵׁשׁ, לַכֹּהֵן — חֲמִשָּׁה, וְאֶחָד — לוֹ. עוּלָּא אָמַר ר' אֶלְעָזָר: "כָּל שֶׁהֵן" שָׁנִינוּ. תְּנַן: וְכַמָּה נוֹתֵן לוֹ — מִשְׁקַל חָמֵשׁ סְלָעִים בִּיהוּדָה, שֶׁהֵן עֶשֶׂר סְלָעִים בַּגָּלִיל. בִּשְׁלָמָא לְרַב וְרַבִּי יוֹחָנָן — נִיחָא, אֶלָּא לִשְׁמוּאֵל וְר' אֶלְעָזָר קַשְׁיָא! וְלִיטַעְמִיךְ, וּלְרַב מִי נִיחָא? וְהָא רַב וּשְׁמוּאֵל דְּאָמְרִי תַּרְוַיְיהוּ: רֵאשִׁית הַגֵּז בְּשִׁשִּׁים! הָא אִיתְּמַר עֲלָהּ דְּהַהִיא, רַב וּשְׁמוּאֵל דְּאָמְרִי תַּרְוַיְיהוּ: בְּיִשְׂרָאֵל שֶׁיֵּשׁ לוֹ גִּיזִין הַרְבֵּה עָסְקִינַן, וּמְבַקֵּשׁ לִיתְּנָן לַכֹּהֵן, וְאָמְרִי' לֵיהּ: כָּל חַד וְחַד לָא תִּבְצַר לֵיהּ מֵחֲמֵשֶׁת סְלָעִים. גּוּפָא, רַב וּשְׁמוּאֵל דְּאָמְרִי תַּרְוַיְיהוּ: רֵאשִׁית הַגֵּז — בְּשִׁשִּׁים, תְּרוּמָה — בְּשִׁשִּׁים, פֵּאָה — בְּשִׁשִּׁים. תְּרוּמָה בְּשִׁשִּׁים? וְהָא אֲנַן תְּנַן: *תְּרוּמָה, געַיִן יָפָה — אֶחָד מֵאַרְבָּעִים! דְּאוֹרַיְיתָא בְּשִׁשִּׁים, דְּרַבָּנַן בְּאַרְבָּעִים. דְּאוֹרַיְיתָא בְּשִׁשִּׁים? *וְהָאָמַר שְׁמוּאֵל: דחִטָּה אַחַת פּוֹטֶרֶת אֶת הַכְּרִי! דְּאוֹרַיְיתָא — כִּדְשְׁמוּאֵל. דְּרַבָּנַן בִּדְאוֹרַיְיתָא — אַחַת מֵאַרְבָּעִים, הדְּרַבָּנַן בִּדְרַבָּנַן — בְּשִׁשִּׁים. ופֵּאָה בְּשִׁשִּׁים? *וְהָתְנַן: אֵלּוּ דְּבָרִים שֶׁאֵין לָהֶן שִׁיעוּר: זהַפֵּאָה, חוְהַבִּכּוּרִים, טוְהָרֵאָיוֹן! דְּאוֹרַיְיתָא — אֵין לָהּ שִׁיעוּר, דְּרַבָּנַן — בְּשִׁשִּׁים. מַאי קמ"ל? תְּנֵינָא: *אֵין פּוֹחֲתִין לְפֵאָה מִשִּׁשִּׁים, אע"פ שֶׁאָמְרוּ הַפֵּאָה אֵין לָהּ שִׁיעוּר! הָתָם — בְּאֶרֶץ, הָכָא — בְּחוּ"ל. כִּי סְלֵיק אִיסִי בַּר הִינֵי אַשְׁכְּחֵיהּ (א) לְר' יוֹחָנָן דְּקָא מַתְנֵי לֵיהּ לִבְרֵיהּ "רְחֵלִים". אֲמַר לֵיהּ: אַתְנְיֵיהּ "רְחֵלוֹת"! א"ל: כִּדְכְתִיב °"רְחֵלִים מָאתַיִם". אֲמַר לֵיהּ: *לְשׁוֹן תּוֹרָה לְעַצְמָהּ, לְשׁוֹן חֲכָמִים לְעַצְמָן. אֲמַר לֵיהּ: מַאן רֵישׁ סִדְרָא בְּבָבֶל? אֲמַר לֵיהּ: אַבָּא אֲרִיכָא. אֲמַר לֵיהּ: "אַבָּא אֲרִיכָא" קָרֵית לֵיהּ? דְּכִירְנָא כַּד הֲוָה יָתֵיבְנָא אַחַר י"ז שׁוּרָן אֲחוֹרֵיהּ דְּרַב קַמֵּיהּ דְּרַבִּי, וְנָפְקֵי זִיקּוּקִין דְּנוּר מִפּוּמֵּיהּ דְּרַב לְפוּמֵּיהּ דְּרַבִּי, וּמִפּוּמֵּיהּ דְּרַבִּי לְפוּמֵּיהּ דְּרַב, וְלֵית אֲנָא יָדַע מָה הֵן אָמְרִין, וְאַתְּ "אַבָּא אֲרִיכָא" קָרֵית לֵיהּ! אֲמַר לֵיהּ אִיהוּ: רֵאשִׁית הַגֵּז בְּכַמָּה? אֲמַר לֵיהּ (ב) ר' יוֹחָנָן: בְּשִׁשִּׁים. וְהָאֲנַן "בְּכָל שֶׁהֵן" תְּנַן? אֲמַר לֵיהּ: *אִם כֵּן, מָה בֵּין לִי וְלָךְ? כִּי אֲתָא רַב דִּימִי אֲמַר: רֵאשִׁית הַגֵּז — רַב אָמַר: בְּשִׁשִּׁים, וְר' יוֹחָנָן מִשּׁוּם ר' יַנַּאי אָמַר: בְּשֵׁשׁ. אֲמַר לֵיהּ אַבַּיֵי לְרַב דִּימִי: אַנְחַת לָן חֲדָא, וְאַקְשַׁת לָן חֲדָא. בִּשְׁלָמָא דְּר' יוֹחָנָן אַדְּר' יוֹחָנָן לָא קַשְׁיָא, הָא — דִּידֵיהּ, הָא — דְּרַבֵּיהּ. אֶלָּא דְּרַב אַדְּרַב קַשְׁיָא, דְּהָא אָמַר רַב: מָנֶה וּפְרָס! דְּרַב אַדְּרַב נַמִּי לָא קַשְׁיָא, מַאי "מָנֶה" דְּקָאָמַר — בֶּן אַרְבָּעִים סְלָעִים, דַּהֲוָה לֵיהּ בְּשִׁשִּׁים

**רש"י**

א"ר יוחנן מפי השמועה אמרה. ר' יוסי, הלכך הלכתא כוותיה. מנה ופרס. החמשה כולן. שיהו מחומשות. לכל אחת מהן שבעה סלעים וחצי, דהוו לה כולהו מנה ופרס. שהמנה – מאה זוז, עשרים וחמשה סלעים, הרי ל"ז סלעים וחצי. ששים. סלעים. ונותן סלע מהם תורה אור לכהן. ולקמיה פריך ליה ממתניתין. רבי יוחנן אומר שש. סלעים הוי "כל שהן", ויתן מהם חמש סלעים כדתנן במתני'. ואחד לו. ואפילו הן גוזזות אלף סלעים – סגי ליה נמי בחמשה סלעים לכהן. כל שהן תנן. ואפילו אין גוזזות כולן אלא סלע אחד. בשלמא לרב ורבי יוחנן ניחא. דרב לא איירי בנתינת כהן כלל, ואיכא למימר דהוא נמי סבירא ליה דנותן מהנך ל"ז סלעים לכהן ה' סלעים. אלא לשמואל. דאמר: נותן סלע לכהן – הא אנן "חמש" תנן! ולעולא נמי דאמר: כל שהוא, קשיא – דמהיכא יתן לכהן ה' סלעים? ולרב מי ניחא והאמר ראשית הגז בס'. וכיון דאמר: שבעה ושלשים סלעים וחצי חייבין בראשית הגז, אם מחמש רחלות באו, לא מהם חלק ס' – מטי לשלשים סלעים חצי סלע, ולשבעה סלעים וחצי – דבר מועט. וא"כ מוקמינן לה כדלקמן במנה בן מ' סלעים – אכתי סלע הוא דהוי, ואנן "ה' סלעים לכהן" תנן! הא אתמר עלה. כלומר, ולעולם ראשית הגז בששים, בין רב למעט. ומתניתין דקתני "חמש סלעים" – לאו ארישא קאי, אלא מילתא באנפי נפשה היא. בישראל שיש לו גיזין הרבה. דחלק ששים שבהם יש בו כדי לחלק לכהנים הרבה, ומבקש ליתנם לכהנים הרבה. דאמרי' ליה: כל חד וחד כהן לא תבצר ליה מחמשה סלעים – דהואיל ויש לו ליתן, בעינן נתינה ראויה לכל כהן, כדלקמן. והיכא דגוזזות מעט נמי – סגי ליה בששים. יש לשונות אחרים, ואין בהם ממש. והא תניא עין יפה אחד מארבעים. והיכי רב ושמואל אעין רעה נקטי שיעורייהו? ומשני: דאורייתא בששים. מדאורייתא סגי ליה בששים. והיינו דקתני "עין רעה אחד מששים", רב ושמואל שיעורא דאורייתא אתו לאשמועינן. וביחזקאל (מה) רמיזא: *"וששיתם האיפה מחומר החטים וששיתם האיפה מחומר השעורים". "חומר" – ל' סאין, "איפה" – שלש סאין, שתות שלה – חצי סאה. כשתוציא חצי סאה תרומה משלשים – הרי אחד מששים. דרבנן מארבעים. ואתו רבנן ותקון דניהיב עין יפה מארבעים, ובינונית בחמשים. פוטרת את הכרי. "ראשית דגנך", ולא יהיב ביה קרא שיעור. דאורייתא כדשמואל. מדאורייתא בכל שהן מיפטר. דרבנן בדאורייתא בארבעים. ושעורא דרבנן אתמר בתרומה שהיא מן התורה, כגון תרומת תירוש ויצהר, שתתן בארבעים. ושיעור דרבנן בדרבנן. ושיעורא דאמור רבנן בתרומה דידהו, כגון פירות האילן וירק – בששים. ורמיזא דיחזקאל אבתרי עין חמרה. והראיון. מפרש בגמ' דחגיגה (דף ז.) דכל כמה דבעי לאתחזויי בעזרה ברגל, מיתחזי, ומייתי קרבן עולת ראיה. וגם הקרבן אין שיעורא לדמים, אם מרובה אם מועט מן התורה. אבל חכמים אמרו: הראיה – מעה כסף, והחגיגה – שתי כסף. דאורייתא אין לה שיעור. כלל, ורבנן יהבו לן בה שיעורא בששים. אבל בתרומה, אף על גב דמדאורייתא נמי בכל דהו מפטר – נהי דמפטר ממיתה דטבל, מיהו לכתחלה רמיזא שיעורא דילה חמשים וששים. דתניא בתוספתא,* אמר רבי יוסי: מנין לתרומה שהיא אחד מחמשים? שנאמר במדין (במדבר לא): "תקח אחד אחוז מן החמשים" – אחוז שאמרתי לך במקום אחר כזה. ומנין אם תרם ועלה בידו אחד מששים שאין צריך לתרום? שנאמר: "וזאת התרומה אשר תרימו ששית האיפה מחומר החטים" וגו' – אלמא דמתייהב בה שיעורא. הלכך, לא תני לה בדברים שאין להם שיעור. אשכחיה. רבי יוחנן לאיסי בר היני. דמתני לבריה. מתניתין "חמש רחלים גוזזות מנה מנה ופרס". אמר ליה. איסי: כדכתיב קרא קא מתני, "רחלים מאתים". אמר ליה: לשון תורה לחוד וכו'. אמר ליה. ר' יוחנן לאיסי. מאן ריש סידרא בבבל. ראש ישיבה. אבא אריכא. רב קרי "אריכא" – שארוך בדורו היה, כדאמרינן ב"המפלת" בנדה (דף כד:). אבא אריכא קרית ליה. ולא אמרת "רבינו" בלשון כבוד? (ג). דכירנא. כשהיה בכאן קודם שירד לבבל, היה חשוב ממני. שהיה יושב לפני רבי, ואני הייתי יושב שבעה עשר שורות מאחריו. זיקוקין. נושאין ונותנין בהלכה. א"ל איהו. איסי לרבי יוחנן. ראשית הגז בכמה. כמה יהיה לו ויתחייב בראשית הגז? אמר ליה: בששים סלעים. מה בין לי ולך. אם איני יודע פירושה של משנתינו יותר ממך, מה אני גדול ממך? אני יש בידי ד"כל שהוא" – לאו דוקא. אלא איידי דאמר ר' דוסא שיעורא רבה, אמור רבנן לשון שיעור מועט א], וגוזמא הוא. ומיהו ששה סלעים בעינן, כי היכי דלימטי סלע לכהן. דבציר מהכי, ליכא למאן דאמר דתיהוי נתינה. בששים. חלק ששים יתן לכהן. לישנא אחרינא: ששים סלעים חייבים בראשית הגז. אנחת לן חדא. אחת מדבריך יכולה להתקיים. בשלמא דרבי יוחנן. *דאמרת מעמיה בששים. אדר' יוחנן. דאמר לעיל: כמה "כל שהן"? שש, חמש לכהן ואחד לו, לא קשיא. הא דידיה הא דרביה. משום רבי ינאי כדקאמרינן. אלא דרב אדרב קשיא. דאמר רב: (כולו) מנה ופרס חייבות בראשית הגז. ואי ראשית הגז בששים, לא מטו ליה לכהן סלע. ובציר מהכי ליכא למאן דאמר. במנה בן ארבעים סלעים. יש מנה גדול כך כדלקמן, דהוו מנה ופרס ששים, ומהן יתן סלע לכהן.

ופרכינן

**תוספות**

*עד שצבעו פטור. פירש בקונטרס: משום דהוי כמו מזיק מתנות או אוכלן, דפטור, וה"נ גוזל. ותימה: דא"כ, מאי קמ"ל רב חסדא,* כיון דמתני' היא? ובפי' רש"י הראשונים במכתב ידו פירש: שקודם שגזז חמש לאן – דהיינו, כדי חיוב לבע מה שגזז, שלא בא לידי חיוב עד שצבעו. והעביר עליו קולמוס. ונראה דקמ"ל רב חסדא: שלא נפרש מתני' כפירוש שמחק בקונטרס, אלא פטור משום דמזיק מתנות כהונה שקנאן בשינוי. **והא** אנן תנן. שיעור תרומה עין יפה אחד מארבעים? ולא בעי למימר דשמואל איירי בעין רעה – דאם כן, מאי קמ"ל? מתניתין היא במסכת תרומות (פרק ד מ"ג): עין רעה, אחד מששים.

**אלו** דברים שאין להם שיעור הפאה כו'. בירושלמי דמסכת פאה פריך: אמאי לא חשיב נמי תרומה בהדייהו, דחטה אחת פוטרת הכרי, כדשמואל? ומשני: דתרומה יש לה שיעור למעלה, שאין יכול לעשות כל גרנו תרומה. כדתנן "העושה כל גרנו תרומה וכל עיסתו חלה – לא עשה ולא כלום". ופריך: והרי פאה, דאין אדם עושה כל שדהו פאה, וקתני! ומשני: פאה בשעת חיובא – דהיינו, משמתחיל לקצור, אדם עושה כל שדהו פאה, דהוי פאה למה שכבר קצר. אבל תרומה בתר חיובא – דהיינו, אחר מירוח, אין יכול לעשות כל גרנו תרומה. בגמ' *דהראיון פריך: אמאי לא חשיב אפר פרה ועפר סוטה ורוק יבמה? ומשני: דלא חשיב במתני' אלא דברים דאי עביד טובא הוי מצוה, אבל אין מחויב לעשות אלא כל שהוא.

הכי

**עין משפט נר מצוה**

דיבור זה שייך לעיל במתני' ריש פירקין *[לעיל קל:]

לו א ב מיי' פ"י מהל' בכורים הל' א סמג עשין קמג טוש"ע יו"ד סי' שלג סעיף ט:

לז ג מיי' פ"ג מהלכות תרומות הל' ב:

לח ד מיי' שם הל' א טוש"ע יו"ד סי' שלא סעיף יט:

לט ה מיי' שם הל' ג:

מ ו ז מיי' פ"א מהל' מתנות עניים הל' טו:

מא ח מיי' פ"ב מהל' בכורים הל' יז:

מב ט מיי' פ"א מהל' חגיגה הל' ב:

נ"ל דהירושלמי

**מסורת הש"ס**

[נזיר נג. בכורות נח. ע"ש בתוס' ד"ה מפי]

[עירובין יד: וש"נ]

תרומות פ"ד מ"ג

[שבת יז: ע"ז עג: קדושין נח:]

חגיגה ו: פאה פ"א מ"א

שם מ"ב

כריתות לב

[ע"ז נח:]

[נ"ל קצים]

[שבת קמ.]

[תרומות פ"ה]

**גליון הש"ס**

גמ' א"ל לשון תורה לעצמה. עי' תוי"ט פ"ג מ"ב דפסחים: שם ונפקי זיקוקין. מלשון הקרא מחזי זיקות (ישעיה נ:)

**הגהות מהר"ב רנשבורג**

א] רש"י ד"ה מה בין לי ולך וכו' וגוזמא הוא ומיהו שפה. מלת שפה נמחק. וצ"ל קצים.

גי' רש"א במקום דאמרת דאיתמר ועי' רש"ל ור"מ

**הגהות הב"ח**

(א) גמ' אשכחיה ר' יוחנן כצ"ל ואות ל' נמחק: (ב) שם אמר ליה בששים כצ"ל ותיבות ר' יוחנן נמחק: (ג) רש"י ד"ה אבא וכו' כבוד הס"ד ואח"כ מה"ד דכירנא:

תורה אור

בְּשִׁשִּׁים, וְתָנֵי תַּנָּא "מָנֶה בֶּן אַרְבָּעִים סְלָעִים"? אִין, *וְהָתְנַן: *חֵמֶת חֲדָשָׁה, אע"פ שֶׁמְּקַבֶּלֶת רִמּוֹנִים – טְהוֹרָה. תְּפָרָהּ וְנִקְרְעָה – שִׁיעוּרָהּ כְּמוֹצִיא רִמּוֹנִים. רַבִּי אֱלִיעֶזֶר בֶּן יַעֲקֹב אוֹמֵר: כִּפְקָעִיּוֹת שֶׁל שְׁתִי, אַחַת מֵאַרְבַּע בְּמָנֶה בֶּן אַרְבָּעִים סְלָעִים.§ "וְכַמָּה נוֹתֵן לוֹ" כו'.§ תָּנָא: לֹא שֶׁיְּלַבְּנֶנּוּ וְיִתְּנֶנּוּ לוֹ, אֶלָּא שֶׁיְּלַבְּנֶנּוּ כֹּהֵן וְיַעֲמוֹד עַל חָמֵשׁ סְלָעִים.§ כְּדֵי לַעֲשׂוֹת בֶּגֶד קָטָן.§ מְנָהָנֵי מִילֵּי? *אָמַר ר' יְהוֹשֻׁעַ בֶּן לֵוִי: אָמַר קְרָא (דברים יח) °"לַעֲמוֹד לְשָׁרֵת" – דָּבָר שֶׁהוּא רָאוּי לְשֵׁירוּת, מַאי נִיהוּ – אַבְנֵט. אֵימָא מְעִיל! *תָּפַשְׂתָּ מְרוּבֶּה – לֹא תָפַשְׂתָּ, תָּפַשְׂתָּ מוּעָט – תָּפַשְׂתָּ. וְאֵימָא כִּיפָּה שֶׁל צֶמֶר! דְּתַנְיָא: *כִּיפָּה שֶׁל צֶמֶר הָיְתָה מוּנַּחַת בְּרֹאשׁ כֹּהֵן גָּדוֹל, וְעָלֶיהָ צִיץ נָתוּן, לְקַיֵּים מַה שֶּׁנֶּאֱמַר: (שמות כח) °"וְשַׂמְתָּ אוֹתוֹ עַל פְּתִיל תְּכֵלֶת"! אָמַר קְרָא: "הוּא וּבָנָיו" – דָּבָר הַשָּׁוֶה לְאַהֲרֹן וּלְבָנָיו. אַבְנֵט נַמִּי לָא שָׁוֵי! הָנִיחָא לְמַאן דְּאָמַר *אַבְנֵטוֹ שֶׁל כ"ג לֹא זֶהוּ אַבְנֵטוֹ שֶׁל כֹּהֵן הֶדְיוֹט – שַׁפִּיר, אֶלָּא לְמַאן דְּאָמַר [א] זֶהוּ אַבְנֵטוֹ שֶׁל כֹּהֵן הֶדְיוֹט מַאי אִיכָּא לְמֵימַר? שֵׁם אַבְנֵט בְּעוֹלָם.§ "לֹא הִסְפִּיק לִיתְּנוֹ" וכו'.§ אִיתְּמַר, גָּזַז וּמָכַר רִאשׁוֹנָה. רַב חִסְדָּא אָמַר: [ב] חַיָּיב, ר' נָתָן בַּר הוֹשַׁעְיָא אָמַר: פָּטוּר. רַב חִסְדָּא אָמַר חַיָּיב – דְּהָא גָּזַז. ר' נָתָן בַּר הוֹשַׁעְיָא אָמַר פָּטוּר – בְּעִידָּנָא דְּקָא מָלֵי שִׁיעוּרָא, בָּעֵינַן "צֹאנְךָ" – וְלֵיכָּא! תְּנַן: הַלּוֹקֵחַ גֵּז צֹאנוֹ שֶׁל גּוֹי – פָּטוּר מֵרֵאשִׁית הַגֵּז, הָא צֹאנוֹ לִגְזוֹז – חַיָּיב, אַמַּאי? כָּל חַד וְחַד בָּתַר גִּיזָּה נָפְקָא לָהּ מֵרְשׁוּתֵיהּ! תַּרְגְּמָא רַב חִסְדָּא אַלִּיבָּא דְּר' נָתָן בַּר הוֹשַׁעְיָא: כְּגוֹן שֶׁהִקְנָן לוֹ כָּל שְׁלֹשִׁים יוֹם.§ "הַלּוֹקֵחַ גֵּז צֹאנוֹ שֶׁל חֲבֵירוֹ" כו'.§ מַאן תַּנָּא דְּהֵיכָא דְּאִיכָּא שִׁיּוּרָא גַּבֵּי מוֹכֵר – בָּתַר מוֹכֵר אָזְלִינַן? א"ר חִסְדָּא: רַבִּי יְהוּדָה הִיא, *דִּתְנַן: א] אהַמּוֹכֵר קִלְחֵי אִילָן בְּתוֹךְ שָׂדֵהוּ – נוֹתֵן פֵּאָה לְכָל אֶחָד וְאֶחָד. אָמַר רַבִּי יְהוּדָה: אֵימָתַי – בבִּזְמַן שֶׁלֹּא שִׁיֵּיר בַּעַל הַשָּׂדֶה, אֲבָל שִׁיֵּיר בַּעַל הַשָּׂדֶה – נוֹתֵן פֵּאָה עַל הַכֹּל. אָמַר לֵיהּ רָבָא: וְהָא מָר הוּא דְּאָמַר, וְהוּא שֶׁהִתְחִיל בַּעַל הַשָּׂדֶה לִקְצוֹר! וְכִי תֵּימָא הָכָא נַמִּי וְהוּא שֶׁהִתְחִיל לִגְזוֹז, בִּשְׁלָמָא הָתָם (ויקרא יט) °"וּבְקֻצְרְכֶם אֶת קְצִיר אַרְצְכֶם" כְּתִיב – מֵעִידָּנָא דְּאַתְחִיל לִקְצוֹר מִיחַיֵּיב בְּכוּלָּהּ שָׂדֶה, אֶלָּא הָכָא – מֵעִידָּנָא דְּאַתְחִיל לְמֵיגַז לָא מִיחַיֵּיב בְּכוּלֵּיהּ עֶדְרֵיהּ! אֶלָּא אָמַר רָבָא: הַאי תַּנָּא הוּא, *דִּתְנַן: אָמַר לוֹ "מְכוֹר לִי בְּנֵי מֵעֶיהָ שֶׁל פָּרָה זוֹ", וְהָיָה בָּהֶן מַתָּנוֹת – נוֹתְנָן לַכֹּהֵן, וְאֵין מְנַכֶּה לוֹ מִן הַדָּמִים. לָקַח מִמֶּנּוּ בְּמִשְׁקָל – נוֹתְנָן לַכֹּהֵן וּמְנַכֶּה לוֹ מִן הַדָּמִים, אַלְמָא

הכי גרסינן: הניחא למאן דאמר לא זהו אבנטו כו'. כדמוכח בפ"ק דיומא (דף יב.)

וּפָרְכִינַן: וְתָנֵי תַּנָּא מָנֶה בֶּן אַרְבָּעִים. וְהָא "מָנֶה וּפֶרֶס" קָרֵב, הוּא "מָנֶה וּפֶרֶס" דְּקָאָמַר רַבִּי דוֹסָא, בְּכָל אַחַת מָנֶה וּפֶרֶס. וּפְלִיגִי רַבָּנַן עֲלֵיהּ, דְּאָמְרִי: כָּל שֶׁהֵן, וּפֵירֵשׁ רַב לְמִילְּתַיְיהוּ: ד"כָּל שֶׁהֵן" – הַיְינוּ בֵּין כּוּלָּן מָנֶה וּפֶרֶס. חֵמֶת חֲדָשָׁה. שֶׁל עוֹר, שֶׁלֹּא גָּמַר תְּפִירָתָהּ וְשִׁיֵּיר בָּהּ סֶדֶק. אע"פ שֶׁמְּקַבֶּלֶת רִמּוֹנִים. שֶׁאֵין בַּסֶּדֶק כְּמוֹצִיא רִמּוֹן. טְהוֹרָה. שֶׁלֹּא נִגְמְרָה מְלַאכְתָּהּ. תְּפָרָהּ. וְנִגְמְרָה מְלַאכְתָּהּ וְחָל עָלֶיהָ שֵׁם כְּלִי, וְאַחַר כָּךְ נִקְרְעָה כְּמוֹצִיא רִמּוֹן – טְהוֹרָה, אֲבָל מְקַבֶּלֶת רִמּוֹנִים – טְמֵאָה, דְּלֹא פָּקַע שֵׁם כְּלִי מִינָּהּ, עַד שֶׁתִּינָּקֵב כְּמוֹצִיא רִמּוֹן, כְּשִׁיעוּר כָּל כְּלֵי בַּעֲלֵי בָתִּים שֶׁשִּׁיעוּרָן כְּרִמּוֹנִים. כִּפְקָעִיּוֹת שֶׁל שְׁתִי. שִׁיעוּר קְרִיעַת כְּלִי לְטַהֵר – כְּשֶׁמּוֹצִיאָה פְּקָעִיּוֹת שֶׁל שְׁתִי. שֶׁזֶּה הוּא תַּשְׁמִישָׁהּ שֶׁל חֵמֶת, וְאֵין דֶּרֶךְ לְהִשְׁתַּמֵּשׁ בָּהּ פֵּירוֹת. וּסְתָם פְּקָעִיּוֹת שֶׁל שְׁתִי גְּדוֹלִים עֶשֶׂר סְלָעִים, מִשְׁקָלָם אַרְבָּעָה לְמָנֶה. פְּקָעִיּוֹת. לְמוֹשיי"ל. תַּנָּא. הָא דְּקָתָנֵי מַתְנִיתִין "חָמֵשׁ סְלָעִים מְלוּבָּן" – לֹא שֶׁיְּהֵא עַל יִשְׂרָאֵל מוּטָּל לְלַבְּנוֹ, אֶלָּא אַשִּׁיעוּרָא קָפֵיד, דְּלֵיתִיב לֵיהּ בְּהֶכְרֵעַ שֶׁכְּשֶׁיִּתְלַבֵּן שֶׁיְּהֵא בּוֹ חָמֵשׁ סְלָעִים, וְנִפְטָרוֹת כָּל גִּיזִּים. אָמַר קְרָא לַעֲמוֹד לְשָׁרֵת. בָּתַר רֵאשִׁית הַגֵּז כְּתִיב: "כִּי בוֹ בָּחַר ה' מִכָּל שְׁבָטֶיךָ לַעֲמוֹד לְשָׁרֵת". מַאי נִיהוּ אַבְנֵט. שֶׁהוּא קָטָן שֶׁבְּבִגְדֵי כְהוּנָּה, וְקִים לְהוּ לְרַבָּנַן שֶׁיָּכוֹל לַעֲשׂוֹת מֵחָמֵשׁ סְלָעִים צֶמֶר, שֶׁהֲרֵי אֵין כּוּלּוֹ צֶמֶר אֶלָּא כִּלְאַיִם הוּא. תָּפַשְׂתָּ מְרוּבֶּה לֹא תָּפַשְׂתָּ. בָּרַיְיתָא בְּתוֹרַת כֹּהֲנִים גַּבֵּי זָבָה (ויקרא טו): "יָמִים רַבִּים", "יָמִים" – שְׁנַיִם, "רַבִּים" – שְׁלֹשָׁה. אוֹ אֵינוֹ אֶלָּא "רַבִּים" – עֲשָׂרָה? אָמַרְתָּ: כָּל שֶׁשָּׁמְעוּ מְרוּבֶּה וְשָׁמְעוּ מוּעָט, תָּפַסְתָּ מְרוּבֶּה – לֹא תָּפַסְתָּ, תָּפַסְתָּ מוּעָט – תָּפַסְתָּ. הוֹאִיל וְלֹא פֵּירֵשׁ לְךָ אֵיזֶה מֵהֶן, יֵשׁ לְךָ לִתְפּוֹס הָרִאשׁוֹן שֶׁבְּמַשְׁמַע. שֶׁאִם לֹא נִתְפּוֹס אֶלָּא הַמְּרוּבֶּה – אֲנִי מְשִׁיבְךָ: מֵהֵיכָן אַתָּה מְמַעֲטוֹ לָזֶה הַמּוּעָט? וַהֲלֹא אַף הוּא בְּמַשְׁמַע! כְּשֶׁתֹּאמַר אֵינָהּ זָבָה בְּפָחוֹת מֵעֲשָׂרָה, אֲנִי אוֹמֵר לְךָ: וַהֲלֹא אַף שְׁלֹשָׁה בְּמַשְׁמַע! וּכְשֶׁתֹּאמַר בִּשְׁלֹשָׁה, וַאֲנִי מְשִׁיבְךָ: (א) אֵינוֹ אֶלָּא עֲשָׂרָה! אַתָּה אוֹמֵר לִי: אַף הַשְּׁלֹשָׁה בְּמַשְׁמַע. וְגַבֵּי שֵׁירוּת נַמִּי: תֹּאמַר אַבְנֵט, וַאֲנִי מְשִׁיבְךָ: וְאֵימָא מְעִיל! אַתָּה אוֹמֵר לִי: וַהֲלֹא אַף הָאַבְנֵט בִּכְלַל שֵׁירוּת, וּמֵהֵיכָן אַתָּה מְמַעֲטוֹ? אֲבָל כְּשֶׁתֹּאמַר אֵין פָּטוּר אֶלָּא בִּכְדֵי מְעִיל, אֲנִי מְשִׁיבְךָ: וַהֲלֹא אַבְנֵט רָאוּי לְשֵׁירוּת, וּקְרָא שֵׁירוּת הוּא דִּכְתִיב! וְאֵימָא כִּיפָּה שֶׁל צֶמֶר. שֶׁהִיא מוּעֶטֶת מֵאַבְנֵט, וְאַף הִיא בִּכְלַל שֵׁירוּת, כִּדִכְתִיב (שמות כח): "עַל פְּתִיל תְּכֵלֶת", וּתְכֵלֶת עַמְרָא הוּא. כִּיפָּה. כּוֹבַע קָטָן, פלטרי"י. וְשַׂמְתָּ אוֹתוֹ. בְּצִיץ. אָמַר קְרָא. גַּבֵּי שֵׁירוּת דְּרֵאשִׁית הַגֵּז. הוּא וּבָנָיו. וְצִיץ אֵינוֹ בְּכֹהֵן הֶדְיוֹט. הָנִיחָא לְמ"ד אַבְנֵטוֹ שֶׁל כֹּהֵן גָּדוֹל. בְּיוֹם הַכִּפּוּרִים שֶׁהוּא בּוּץ, כִּדִכְתִיב (ויקרא טז): "וּבְאַבְנֵט בַּד יַחְגּוֹר". לֹא זֶהוּ אַבְנֵטוֹ שֶׁל כֹּהֵן הֶדְיוֹט. שֶׁל כָּל הַשָּׁנָה. דְּהָא הוּא הָוֵי שֶׁל כִּלְאַיִם, כִּדִכְתִיב (שמות לט): "וְאֶת הָאַבְנֵט שֵׁשׁ מָשְׁזָר תְּכֵלֶת" וגו', וְכִי כְּתִיב אַבְנֵט דְּכִלְאַיִם – בֵּין בְּכֹהֵן גָּדוֹל בֵּין בְּכֹהֵן הֶדְיוֹט דְּכָל הַשָּׁנָה כְּתִיב. שַׁפִּיר. מַשְׁכַּחַתְּ שָׁוִין אַהֲרֹן וּבָנָיו בְּאַבְנֵט שֶׁל צֶמֶר, כְּגוֹן שֶׁל שְׁאָר יְמוֹת הַשָּׁנָה. אֶלָּא לְמ"ד. אַבְנֵטוֹ שֶׁל כֹּהֵן גָּדוֹל בְּיוֹם הַכִּפּוּרִים כָּשֵׁר הוּא בְּהֶדְיוֹט, כָּל הַשָּׁנָה דְּכִי כְּתִיב "אַבְנֵט" בִּכְלָאַיִם – גַּבֵּי פָּרָשַׁת בִּגְדֵי כְהוּנָּה – בְּכֹהֵן גָּדוֹל הוּא דִּכְתִיב. אֲבָל בְּכֹהֵן הֶדְיוֹט – כּוּלּוֹ שֶׁל בּוּץ, א"כ לָא מַשְׁכַּחַתְּ צֶמֶר בְּאַבְנֵט שֶׁל הֶדְיוֹט, וְאַמַּאי מְשַׁעֲרַתְּ רֵאשִׁית הַגֵּז בְּאַבְנֵט, הָא לָא שָׁוִין בּוֹ אַהֲרֹן וּבָנָיו, שֶׁהֲאָמַר אֵינוֹ רָאוּי לְשֵׁירוּת הֶדְיוֹט? שֵׁם אַבְנֵט. אע"ג דְּאֵין צֶמֶר בְּשֵׁירוּת הֶדְיוֹטוֹת, הֲרֵי רָאוּי לְשֵׁירוּת כ"ג. וְאִי מִשּׁוּם "הוּא וּבָנָיו" – הָכִי קָאָמַר: דְּבָרִים הָרְאוּיִין לְאַבְנֵט, שֶׁהֲרֵי אַבְנֵט נוֹהֶגֶת בּוֹ וּבְבָנָיו. *מָכַר לוֹ שְׁחוּפוֹת כו'. הָא אוֹקִימְנָא עָלָה טוֹבָה קמ"ל: דְּאע"ג שֶׁשִּׁיֵּיר לְעַצְמוֹ מִן הַטּוֹב, יִקְנֶה מִן הַלּוֹקֵחַ מִמִּין הָרָעוֹת אֶחָד מִשִּׁשִּׁים וְיִתֵּן לוֹ. גָּזַז וּמָכַר רִאשׁוֹנָה. רִאשׁוֹנָה הָיָה מוֹכֵר לְאַחַר גִּיזָּתָהּ מִיָּד, קוֹדֶם שֶׁנִּצְטָרֵף חָמֵשׁ גִּיזִין. חַיָּיב. בְּרֵאשִׁית הַגֵּז, ד"גֵּז צֹאנְךָ" אָמַר רַחֲמָנָא, וְהָא אִיכָּא – דְּבִשְׁעַת גִּיזָּה כָּל אַחַת הָיְתָה שֶׁלּוֹ. בְּעִידָּנָא דְּקָא מָלֵי שִׁיעוּרָא. דְּחָמֵשׁ צֹאן, שֶׁעַל יְדֵי גִּיזָּה הַחֲמִישִׁית הוּא מִתְחַיֵּיב בְּאַרְבָּעָה רִאשׁוֹנוֹת, וְהַהִיא שַׁעְתָּא לָא הֲווּ מִצֹּאן שֶׁלּוֹ. תְּנַן *הַלּוֹקֵחַ צֹאנוֹ שֶׁל גּוֹי. אֲפִילּוּ עַד שֶׁלֹּא נִגְזְזוּ, וּגְזָזָהּ – פָּטוּר הַלּוֹקֵחַ, דְּלָאו צֹאנוֹ הוּא. הָא צֹאנוֹ לִגְזוֹז. שֶׁמָּכַר לוֹ *גּוּף הַצֹּאן, זֶה קָנָה לוֹ הַגּוּף עַד שֶׁגָּזַז. חַיָּיב. ד"צֹאנְךָ" קָרֵינָא בֵּיהּ. כָּל חֲדָא וַחֲדָא בָּתַר גִּיזָּה נָפַק מֵרְשׁוּתֵיהּ. וְקָתָנֵי: חַיָּיב – אַלְמָא, בָּתַר שְׁעַת גִּיזָּה דְּכָל חֲדָא אָזְלִינַן. כָּל שְׁלֹשִׁים יוֹם. לָאו דַּוְקָא, אֶלָּא שֶׁיְּהוּ כָּל הַגּוּפִים קְנוּיִין לוֹ עַד תַּשְׁלוּם כָּל הַגִּיזִּים. בָּתַר מוֹכֵר אָזְלִינַן. לְמֵיתַב אַכּוּלְּהוּ. קִלְחֵי אִילָן. אִילָנוֹת עַצְמָן לָקַח עִם פֵּירוֹתֵיהֶן. לְהָכִי נָקַט לְשׁוֹן "קִלְחֵי" – שֶׁאֵין שָׂדֶה זוֹ שְׂדֵה אִילָן, אֶלָּא שְׂדֵה לָבָן, וְגָדְלוּ בָּהּ שְׁנַיִם אוֹ שְׁלֹשָׁה אִילָנוֹת וּמְכָרָן. נוֹתֵן. לוֹקֵחַ פֵּאָה מִכָּל אִילָן וְאִילָן, כִּדִכְתִיב (דברים כד): "לֹא תְפַאֵר אַחֲרֶיךָ". וְאֵין אֶחָד מֵהֶם פּוֹטֵר אֶת חֲבֵירוֹ – הוֹאִיל וְאֵין הַשָּׂדֶה שֶׁלּוֹ. שֶׁאִם הָיְתָה שָׂדֶה שֶׁלּוֹ, הָיָה נוֹתֵן מֵאֶחָד עַל כּוּלָּן. אֵימָתַי בִּזְמַן שֶׁלֹּא שִׁיֵּיר בַּעַל הַשָּׂדֶה. שׁוּם אִילָן בַּשָּׂדֶה לְעַצְמוֹ. אֲבָל שִׁיֵּיר. אֶחָד לְעַצְמוֹ – רַמְיָא כּוּלָּהּ חִיּוּבוֹ עָלֶיהָ, וְנוֹתֵן פֵּאָה בַּקַּרְקַע בְּזֵרָעִים לַעֲנִיִּים, וּפוֹטֵר אֶת כָּל הָאִילָנוֹת. אַלְמָא, הֵיכָא דְּאִיכָּא שִׁיּוּרָא כּוּלָּהּ חִיּוּבָא רַמְיָא עֲלֵיהּ. דְּאִי לָאו עֲלֵיהּ רַמְיָא, הֵיכִי פָּטַר בְּפֵאָה דִּידֵיהּ אִילָנוֹת שֶׁל אֲחֵרִים? וְהוּא שֶׁהִתְחִיל בַּעַל הַבַּיִת לִקְצוֹר. הַזְּרָעִים קוֹדֶם מְכִירַת הָאִילָנוֹת, דְּמֵהַהִיא שַׁעְתָּא מִיחַיֵּיב בְּפֵאָה, וּפֵאָה דִּידֵיהּ דְּהַהִיא שַׁעְתָּא חַזְיָא לְמִפְטַר כּוּלָּהּ שָׂדֶה. וּמִיהוּ כִּי לָא שִׁיֵּיר מִידֵּי – אִסְתַּלַּק מִדִּין פֵּירוֹת אִילָנוֹת, °וְאֵין פְּאַת זְרָעִים פּוֹטַרְתָּן. וְכִי שִׁיֵּיר, דְּאַכַּתִּי שִׁיֵּיר בְּפֵירוֹת אִילָנוֹת – לָא נָפַק מֵחִיּוּבָא קַמָּא, וַהֲוָה לֵיהּ כִּדְמֵעִיקָּרָא. וּבְקֻצְרְכֶם. מַשְׁמַע: מִתְּחִלַּת קְצִירָה. לָא מִיחַיֵּיב בְּכוּלֵּיהּ עֶדְרֵיהּ. דְּלָא כְּתִיב "בְּגָזְזְכֶם", אֶלָּא "גֵּז *צֹאנְכֶם" – לְאַחַר שֶׁנִּקְרָא גֵּז צֹאן. אֶלָּא אָמַר רָבָא. טַעְמָא דְּמַתְנִי': מִשּׁוּם דְּאֵין אָדָם רַשַּׁאי לְהַפְקִיעַ מָמוֹנוֹ מִיַּד מַלְוֶה, וְלִמְכּוֹר גִּיזָּיו כְּדֵי שֶׁיְּהֵא גֵּז שֶׁל אֶחָד וְצֹאן שֶׁל אַחֵר לְפוֹטְרָן, דְּלָא קָרֵינָא בֵּיהּ "גֵּז צֹאנְךָ". אֶלָּא כִּי קָא מַזְבִּין, לָא קָמַזְבִּין מַתָּנוֹת דְּכֹהֵן. הִילְכָּךְ, כִּי שִׁיֵּיר מִידֵּי – אִיכָּא לְמֵימַר: מִדְּלָא פָּרֵישׁ מוֹכֵר לַלּוֹקֵחַ "חוּץ מִמַּתְּנוֹתָיו שֶׁל כֹּהֵן", וַדַּאי הַכֹּל מָכַר לוֹ, וְשִׁיֵּיר אֶצְלוֹ אֶת מַתַּן הַכֹּהֵן, וְאָמַר לוֹקֵחַ לַמּוֹכֵר: מַתָּנָה דְּכֹהֵן גַּבָּךְ הִיא

וְכִי

מסורת הש"ס:

[תוספתא ב"מ דכלים פ"ג והביאו הר"ש פ"ו דכלים]

[לעיל קלז.]

[חגיגה יז. וש"נ]

[הכ"מ ריש פ"י מהל' כלי המקדש תמה שהשמיט הרמב"ם דבר זה]

[יומא ו. יב. סט. תמיד כז:]

פאה פ"ג מ"ה

לעיל קלא. קלב. ב"ק קטו.

הגהות הב"ח

(א) רש"י ד"ה תפסת וכו' ואני משיבך או אינו:

עין משפט נר מצוה:

מג א ב מיי' פ"ג מה' מתנות עניים הל' יח:

[א מיי' פ"ח מהל' כלי המקדש הל' כג:]

[ב מיי' פ"י מהל' בכורים הל' טו טוש"ע י"ד סי' שג סעיף יב:]

זה הדבור שייך למתני' לעיל. ר"מ

[נ"ל הלוקח גז]

[נ"ל גז הצאן והקנה כו' כן העתיק הר"ן]

[נ"ל צאנך]

שיטה מקובצת

א] דתנן המוכר קלחי אילן. נ"ב עי' פ"ג דפאה וע"ש בהר"ש ז"ל:

גליון הש"ס

רש"י ד"ה והוא שהתחיל וכו' ואין פאת זרעים פוטרתן. עי' בספר מים חיים ברמב"ם פ"ג הל' יח מהל' מתנות עניים:

א א מיי' פי"ג מהלכות שחיטה הל' כ סמג עשין סה:
ב ב מיי' שם הלכה ח וסמג שם טוש"ע י"ד סי' רצב סעיף ב:
ג ג מיי' שם טוש"ע שם סעיף ח:
ד ד ה מיי' שם הל' י טוש"ע שם סעיף ז:
ה ו מיי' פי"ג מהלכות שחיטה הל' כא:

**אלמא** מתנות דכהן לא מזבני אינשי. פירוש "לא מזבני": כמו לא זבני. דכי היכי דכשלקח ממנו במשקל, מנכה לו, משום דכשאמר ליה "מכור לי ליטרא בשר" לא רצה לקנות מתנות – ה"נ מתני' שייר אלא מוכר, הוי כלוקח הימנו במשקל, ולא זבין מתנה דכהן. אבל בשלא שייר כלום – לא שייך לומר לא זבין, שהרי קנה הכל. ומיהו הא דקאמר "דא"ל מוכר מתנה דכהן לא זבני לך" לא א"ש.

אלמא — מתנות דכהן לא מזבין איניש, הכא נמי — מתנות דכהן לא מזבין איניש. הלכך: שייר המוכר — מוכר חייב, דאמר ליה לוקח: מתנה דכהן גבך היא. לא שייר — לוקח חייב, דאמר ליה מוכר: מתנה דכהן לא זבני לך.§

וכי לא שייר חייב הלוקח, ולא משום דחיוב המתנה עליו, דלאו "להכי" הוא. אלא משום דזה לא מכר לו חלקו של כהן. נותנו. לוקח לכהן, ואין הטבח מנכה לו כלום לפי שלא מכר לו את המתנות מתחלה. לקח הימנו במשקל. דהשתא ודאי זבין ליה. מנכה לו מן הדמים. אבל משנשחטה זכו הכהנים במתנותיהן, והדין על הטבח. וגבי ראשית הגז ודאי אם פירש לו "הכל אני מוכר לך" – אין כאן לכהן כלום על זה. הואיל ועד שלא נגזזה נמכרה – לא חל עליה חובת ראשית הגז, דלא קרינא ביה "גז צאנך". וטעמא דמתני': משום דלא זבניה. ולטעמיה דרב חסדא, אפילו פריש ליה – יהיב ליה, ולאו מילתא היא.*. ע"כ שייך לע"א

## הדרן עלך ראשית הגז

## הדרן עלך ראשית הגז

## הדרן עלך ראשית הגז

**שילוח הקן.** לבד מראשית הגז. וה"ה לבד ממתנות, וחדא מינייהו נקט.

**שילוח הקן** נוהג בארץ ובחו"ל, בפני הבית ושלא בפני הבית, אבחולין אבל לא במוקדשין. חומר בכסוי הדם משילוח הקן, *שכסוי הדם נוהג בחיה ובעוף, במזומן ובשאין מזומן, ושילוח הקן אינו נוהג אלא בעוף, ואינו נוהג באלא בשאינו מזומן. איזהו שאינו מזומן? כגון *אווזין ותרנגולים שקננו בפרדס, אבל אם קננו בבית, וכן יוני הרדסיאות — פטור משילוח. געוף טמא — פטור מלשלח. דעוף טמא רובץ על ביצי עוף טהור, וטהור רובץ על ביצי עוף טמא — פטור מלשלח. קורא זכר, רבי אליעזר מחייב, הוחכמים פוטרין.§ **גמ'** רבי אבין ור' מיישא, א] חד אמר: כל היכא דתנן "בארץ ובחו"ל" — שלא לצורך, לבד מראשית הגז. לאפוקי מדר' אלעאי דאמר: *ראשית הגז אינו נוהג אלא בארץ. וחד אמר: כל היכא דתנן "בפני הבית ושלא בפני הבית" — שלא לצורך, לבד מאותו ואת בנו. סלקא דעתך אמינא, הואיל ובעניינא דקדשים כתיב, בזמן דאיכא קדשים — נהוג, בזמן דליכא קדשים — לא נהוג, קמ"ל. ותרווייהו אמרי: כל היכא דתנן "בחולין ובמוקדשים" — לצורך, לבד מגיד הנשה. *פשיטא! משום דאיקדש פקע ליה איסור גיד הנשה מיניה? ולאו אוקימנא בולדות קדשים? *ומאי טעמא אוקימנא — לאו משום דקשיא לן לא ליתני, מעיקרא נמי לא תקשי לך, איידי דתנא לצורך — תנא נמי שלא לצורך.§ "בחולין אבל לא במוקדשים".§ אמאי לא? דאמר קרא: °"שלח תשלח את האם" — במי שאתה מצווה לשלחו, יצא זה — שאי אתה מצווה לשלחו אלא להביאו לידי גזבר. אמר רבינא: והלכך, עוף טהור שהרג את הנפש — פטור משלוח. מ"ט? — דאמר קרא "שלח תשלח את האם", במי שאתה מצווה לשלחו, יצא זה שאי אתה מצווה לשלחו אלא להביאו לב"ד. היכי דמי? *אי דגמר דיניה — בר

דברים כב

**שילוח** הקן. אבל לא במוקדשין. בגמ' מפרש היכי דמי מוקדשין. ואינו נוהג אלא בשאינו מזומן. דכתיב (דברים כב): "כי יקרא". שקננו בפרדס. שמרדו ויצאו מן הבית ואין חוזרות לבית, ונעשו מדבריות. ופרדס לאו מזומן הוא, שיכולים הם לברוח. אבל אם בבית קננו – פטור. קננו בתוך הבית. שלא מרדו. וכן יוני הרדסיאות. שדרכם ליגדל עם בני אדם – פטור. עוף טמא פטור. כדמפרש בגמרא: "צפור" – טהורה ולא טמאה. עוף טמא רובץ על ביצי עוף טהור. אע"ג דמינא דאפרוח בר שילוח הוא. פטור. ד"קן צפור" בעינן – שתהא האם המקננת צפור טהורה. ועוף טהור הרובץ על ביצי עוף טמא נמי, אע"ג דקן צפור הוא – פטור, כדמפרש בגמרא: "ואת הבנים תקח לך" – ולא לכלביך. ובגמרא פריך: מכלל דעוף טהור הרובץ על ביצי מין אחר כמותו טהור – חייב! קורא. עוף *טמא הוא, ודרכו לרבוץ על ביצי אחרים. זכר פטור מלשלח. כדיליף טעמא בגמ'. **גמ'** רבי אבין ורבי מיישא. מפרשי הך מתניתין ד"כסוי הדם" ו"אותו ואת בנו" ו"גיד הנשה" ו"הזרוע והלחיים" ו"ראשית הגז" ו"שלוח הקן", דתנן בכולהו "בארץ ובחו"ל, בפני הבית ושלא בפני הבית, בחולין ובמוקדשין". מר פריש חדא ומר פריש חדא, ולא פליגי, ותרווייהו קא מפרשי לאידך, וצריכין אנו לומר דבר בשם אומרו. כל היכא דתנן בארץ ובחו"ל. בהנך פרקין. שלא לצורך. הוא, דלאו חובת קרקע נינהו אלא חובת הגוף, ונוהגת בכל מושבות, כדיליף בפ"ק דקדושין (דף לז:). לבד מראשית הגז לאפוקי מדרבי אלעאי. דמקיש לה לתרומה. וה"ה נמי במתנות נשנית לצורך, דהא רבי אלעאי יליף מתנות

[עי' תוס' לקמן קלט: ד"ה שכסוי הדם]
[לקמן קלט:]
[לעיל קלו.:]
נ"ל טהור. ר"מ
[לעיל פט:]
נ"ל מאי טעמא רש"ל
[לקמן קמ.]

**כל** היכא דתנן בחולין ובמוקדשין לצורך כו'. תימה: כיון (א) דאין חילוק בין חולין ומוקדשים אלא בגיד הנשה ובאותו ואת בנו, א"כ הכי נמי הוה מצי למימר איפכא "שלא לצורך, לבד מאותו ואת בנו"! וי"ל: דכיון דחדוש הוא באותו שהוא שלא לצורך, כדמפרש ואזיל "ולאו מי אוקימנא" כו', ניחא טפי לומר לבד מאותו דבר שהייתי סבור שהוא לצורך והוא שלא לצורך. **מאי** טעמא אוקימנא לאו משום דקשיא לן כו'. דהא דאשמועינן דולדות קדשים במעי אמן או בהווייתן הן קדושין – הוה מצי לאשמועינן בעלמא בלא גיד הנשה. אלא איידי דתנא לצורך, תנא נמי שלא לצורך. ומ"מ מוקמינן לה בולדות קדשים, כיון דמצינן לפרושי דאשמועינן חדוש קצת. **יצא** זה שאין אתה מצווה לשלחו אלא להביאו ליד גזבר. *פ"ה: דטעמא, משום דלא אמרה תורה שלח לתקלה. וקשה: חדא, דלישנא לא משמע הכי. ועוד: דמסיק ומוקי לה בלא נגמר דינו, וא"כ אין בו תקלה! ונראה: דפשטיה דקרא דריש, דמשמע דבמידי שיכול לשלחו משתעי. אבל הקדש – מצוה להביאו ליד גזבר. ופירש בקונטרס: מ"תקח לך" לא מצי לאתויי – דהא *בילי תורים לא מועלים ולא נהנים. ואע"ג דבקדשי בדק הבית מועלים – מתניתין איירי בקדשי מזבח לכ"ע, ולא פליגי בסמוך אלא בקדשי בדק הבית. ולהכי לא מצי ממעט מ"תקח לך". ומיהו לשון "להביאו ליד גזבר" אין מיושב כל כך, דגזבר לא שייך אלא בקדשי בדק הבית.
כיון

## שיטה מקובצת
א] חד אמר כל היכא דתנן בארץ ובחו"ל. נ"ב עי' תוס' בכורות דף נג ע"א:

כפי' הקונטרס שלפנינו אינו ועי' רש"ל ורש"א

[מעילה יב:]

## הגהות הב"ח
(א) תוס' ד"ה כל היכא וכו' תימה כיון דהא לאין חילוק בין חולין ומוקדשים אינו אלא:

מראשית הגז. והא דנקט ראשית הגז – משום דעלה א"ר אלעאי בהדיא, כדאמר לעיל, רבי אלעאי אומר: ראשית הגז אינה נוהגת אלא בארץ. *וכל היכא דתני בחולין ובמוקדשין. דהיינו, גיד הנשה ואותו ואת בנו. לצורך. דאותו ואת בנו אי לאו דאשמועינן ליה, הוה אמינא דאינו נוהג אלא במוקדשין, דהא בקדשים כתיב. הילכך אשמועינן דנוהג הוא בחולין, כדאמר התם: *"ושור" הפסיק הענין. וכ"ש הנך דתנן. אבל "לא במוקדשין" – לצורך הוא, דאשמועינן חילוק. בר מגיד הנשה. דשלא לצורך תנייה דנוהג הוא, דפשיטא לן דמשום דאקדשיה לא לפקע איסור גיד הנשה מיניה. ולאו מי אוקימנא ליה. בפרק "גיד הנשה" (לעיל דף פט:). בולדות קדשים. דאתא לאשמועינן דחייב משום גיד ומוקדשין. דכיון דאיסור מוקדשין קדים, כדמפרש התם שיצירת הולד קודמת לגידין, איצטריך לאשמועינן דאתי איסור גיד וחייל עלייהו. ומשני: מ"ט דוחקת. לאוקמה בהכי – משום דהויא קשיא לך למאי הלכתא תנינהו, והשתא אתו רבי אבין ורבי מיישא להנך למימר: לא תדחק לאוקמה בהכי. דמעיקרא כי מקשת התם פשיטא – לאו קושיא היא, דהא איכא טובא דמתני שלא לצורך. ואיידי דתנינהו כל חדא וחדא בחדא לצורך, תנא נמי בהן באידך שלא לצורך. וה"ה ל"מוקדשין" – איידי דתנייה בכולהו לצורך, תנייה נמי בהן שלא לצורך. וכן "בפני הבית" – משום אותו ואת בנו תנייה בכולהו, וכן "חו"ל" – משום ראשית הגז. *שהרג את הנפש. ואח"כ מרד, ונמצא בקן. פטור מלשלח. הואיל ובר קטלא הוא. והכי דרשת ליה: דקא בעי לשלח למקום הפלה והפקר, והאי לאו בר הכי הוא. והכי דריש קרא: "שלח תשלח" – את הראוי לשלחו, ואת שאין ראוי לשלחו – אל תשלחנו.
בר

[נ"ל כל]
[נ"ל שור]
[ועיין רש"ל]

בַּר קְטָלָא הוּא! אֶלָּא דְּלָא גָּמַר דִּינֵיהּ וּבָעֵי
דברים יג לְאַתוּיֵיהּ לְבֵי דִינָא, וְקַיּוּמֵי בֵּיהּ °"וּבִעַרְתָּ
הָרָע מִקִּרְבֶּךָ". הָנֵי מוּקְדָּשִׁין הֵיכִי דָמֵי? אִילֵימָא
דַּהֲוָה לֵיהּ קֵן בְּתוֹךְ בֵּיתוֹ וְאַקְדְּשֵׁיהּ — מִי
שם כב מִיחַיַּיב? °"כִּי יִקָּרֵא קַן צִפּוֹר" — פְּרָט לִמְזוּמָּן! אֶלָּא
ויקרא כז דַּחֲזָא קֵן בְּעָלְמָא וְאַקְדְּשֵׁיהּ — וּמִי קָדוֹשׁ? °"אִישׁ
כִּי יַקְדִּישׁ אֶת בֵּיתוֹ קֹדֶשׁ" אָמַר רַחֲמָנָא,
*מָה בֵּיתוֹ — בִּרְשׁוּתוֹ, אַף כֹּל — בִּרְשׁוּתוֹ! אֶלָּא
דְּאַגְבְּהִינְהוּ לְאֶפְרוֹחִים וְאַקְדְּשִׁינְהוּ, וַהֲדַר
הַדְרִינְהוּ — הַאי אֲפִילּוּ בְּחוּלִּין נַמִי לָא מִיחַיַּיב,
*דְּתַנְיָא: *נָטַל אֶת הַבָּנִים וְהֶחֱזִירָן לַקֵּן,
וְאח"כ חָזְרָה הָאֵם עֲלֵיהֶן — פָּטוּר מִלְּשַׁלֵּחַ! אֶלָּא
דְּאַגְבְּהַהּ לָאֵם וְאַקְדְּשַׁהּ, וְהַדְרַהּ — מֵעִיקָּרָא
אִיחַיַּיב לֵיהּ בְּשִׁילּוּחַ מִקַּמֵּי דְּאַקְדְּשַׁהּ. דְּתַנְיָא, ר' יוֹחָנָן בֶּן יוֹסֵף אוֹמֵר: הִקְדִּישׁ
חַיָּה וְאח"כ שְׁחָטָהּ — פָּטוּר מִלְּכַסּוֹת, גשְׁחָטָהּ וְאח"כ הִקְדִּישָׁהּ — חַיָּיב לְכַסּוֹת,
שֶׁכְּבָר נִתְחַיֵּיב בְּכִסּוּי קוֹדֶם שֶׁיָּבֹא לִידֵי הֶקְדֵּשׁ! רַב אָמַר: בְּמַקְדִּישׁ פֵּירוֹת
שׁוֹבָכוֹ וּמָרְדוּ, וּשְׁמוּאֵל אָמַר: בְּמַקְדִּישׁ תַּרְנְגוֹלְתּוֹ לְבֶדֶק הַבַּיִת. בִּשְׁלָמָא
שְׁמוּאֵל לָא אָמַר כְּרַב — דְּקָא מוֹקִים לַהּ בְּקָדְשֵׁי בֶּדֶק הַבַּיִת, אֶלָּא רַב מַאי
טַעְמָא לָא אָמַר כִּשְׁמוּאֵל? אָמַר לָךְ רַב: דַּוְקָא קָפָטְרֵי מִשִּׁילּוּחַ כְּגוֹן פֵּירוֹת
שׁוֹבָכוֹ דְּקָדְשֵׁי מִזְבֵּחַ נִינְהוּ, דְּכֵיוָן דְּקָדְשֵׁי קְדוּשַּׁת הַגּוּף לָא פָּקְעָה קְדוּשָּׁתַיְיהוּ
מִינַּיְיהוּ, אֲבָל בְּמַקְדִּישׁ תַּרְנְגוֹלְתּוֹ לְבֶדֶק הַבַּיִת, דְּלָאו קָדְשֵׁי מִזְבֵּחַ, דִּקְדוּשַּׁת
דָּמִים בְּעָלְמָא הוּא, כֵּיוָן דְּמָרְדָה — פָּקְעָה קְדוּשָּׁתַיְיהוּ, וְחַיֶּיבֶת בְּשִׁילּוּחַ. וּשְׁמוּאֵל
תהלים כד אָמַר: *כָּל הֵיכָא דְּאִיתֵיהּ, בְּבֵי גַּזָּא דְּרַחֲמָנָא אִיתָא, דִּכְתִיב: °"לַה' הָאָרֶץ וּמְלוֹאָהּ".
וְכֵן אָמַר ר' יוֹחָנָן: בְּמַקְדִּישׁ תַּרְנְגוֹלְתּוֹ לְבֶדֶק הַבַּיִת וּמָרְדָה. אֲמַר לֵיהּ רַבִּי
שִׁמְעוֹן בֶּן לָקִישׁ: וְכֵיוָן שֶׁמָּרְדָה פָּקְעָה לֵיהּ קְדוּשָּׁתָהּ! אֲמַר לֵיהּ: בְּבֵי גַּזָּא
דְּרַחֲמָנָא אִיתָא, דִּכְתִיב: "לַה' הָאָרֶץ וּמְלוֹאָהּ". וְרָמֵי דְּר' יוֹחָנָן אַדְּר' יוֹחָנָן, וְרָמֵי
דְּר' שִׁמְעוֹן בֶּן לָקִישׁ אַדְּר"ש בֶּן לָקִישׁ. א] דְּאִיתְּמַר: "מָנֶה זֶה לְבֶדֶק הַבַּיִת" וְנִגְנְבוּ
אוֹ נֶאֶבְדוּ — רַבִּי יוֹחָנָן אָמַר: חַיָּיב בְּאַחֲרָיוּתָן עַד שֶׁיָּבוֹאוּ לִידֵי גִּזְבָּר. וְרֵישׁ לָקִישׁ
אָמַר: כָּל הֵיכָא דְּאִיתֵיהּ — בְּבֵי גַּזָּא דְּרַחֲמָנָא אִיתֵיהּ, דִּכְתִיב: "לַה' הָאָרֶץ וּמְלוֹאָהּ".
קַשְׁיָא דְּרֵישׁ לָקִישׁ אַדְּרֵישׁ לָקִישׁ, קַשְׁיָא דְּר' יוֹחָנָן אַדְּר' יוֹחָנָן! דְּרֵישׁ לָקִישׁ
אַדְּרֵישׁ לָקִישׁ לָא קַשְׁיָא, *הָא מִקַּמֵּי דְּשַׁמְעֵיהּ מֵר' יוֹחָנָן רַבֵּיהּ, הָא לְבָתַר
דְּשַׁמְעֵיהּ מֵר' יוֹחָנָן רַבֵּיהּ. אֶלָּא דְּר' יוֹחָנָן אַדְּר' יוֹחָנָן קַשְׁיָא! דְּר' יוֹחָנָן אַדְּר'
יוֹחָנָן נַמִי לָא קַשְׁיָא, הָא — דְּאָמַר "עָלַי", הָא — דְּאָמַר "הֲרֵי זוֹ". מִכְּלָל דְּר"ש בֶּן לָקִישׁ
אע"ג דְּאָמַר "עָלַי" לָא מְחַיֵּיב? *וְהָתַנְיָא: *אֵיזֶהוּ נֶדֶר וְאֵיזוֹ הִיא נְדָבָה, נֶדֶר —
הָאוֹמֵר "הֲרֵי עָלַי עוֹלָה", נְדָבָה — הָאוֹמֵר "הֲרֵי זוֹ עוֹלָה". הוּמָה בֵּין נֶדֶר לִנְדָבָה? נֶדֶר
— מֵתָה אוֹ נִגְנְבָה אוֹ שֶׁאָבְדָה, חַיָּיב בְּאַחֲרָיוּתָהּ. נְדָבָה — מֵתָה אוֹ נִגְנְבָה אוֹ
שֶׁאָבְדָה, אֵינוֹ חַיָּיב בְּאַחֲרָיוּתָהּ! אָמַר לָךְ רֵישׁ לָקִישׁ: הָנֵי מִילֵּי קָדְשֵׁי מִזְבֵּחַ,
דִּמְחוּסַּר הַקְרָבָה, אֲבָל קָדְשֵׁי בֶּדֶק הַבַּיִת, דְּלָאו מְחוּסַּר הַקְרָבָה, אע"ג דְּאָמַר
"עָלַי" — לָא מְחַיֵּיב. *וְהָתְנַן: הָאוֹמֵר "שׁוֹר זֶה עוֹלָה", "בַּיִת זֶה קָרְבָּן". מֵת הַשּׁוֹר,
נָפַל הַבַּיִת — אֵינוֹ חַיָּיב בְּאַחֲרָיוּתָן. י"שׁוֹר זֶה עָלַי עוֹלָה", "בַּיִת זֶה עָלַי קָרְבָּן". מֵת
הַשּׁוֹר וְנָפַל הַבַּיִת — חַיָּיב לְשַׁלֵּם! ה"מ הֵיכָא דְּמֵת הַשּׁוֹר וְנָפַל הַבַּיִת חַיָּיב לְשַׁלֵּם
— דְּלֵיתְנְהוּ, אֲבָל הֵיכָא דְּאִיתְנְהוּ, כָּל הֵיכָא דְּאִיתֵיהּ — בְּבֵי גַּזָּא דְּרַחֲמָנָא אִיתֵיהּ,
דִּכְתִיב "לַה' הָאָרֶץ וּמְלוֹאָהּ". אָמַר רַב הַמְנוּנָא: הַכֹּל מוֹדִים בַּעֲרָכִין, אע"ג
דַּאֲמַר "עָלַי" — לָא מִיחַיַּיב. מַאי טַעְמָא — דְּלָא מִיתְּמַר לֵיהּ בְּלָא "עָלַי". הֵיכִי לֵימָא? לֵימָא
"עֶרְכִּי" — אַמַּאן? לֵימָא "עֵרֶךְ פְּלוֹנִי" — אַמַּאן? מַתְקִיף לַהּ רָבָא: לֵימָא "הֲרֵינִי בְּעֶרְכִּי",
ויקרא כז "הֲרֵינִי בְּעֵרֶךְ פְּלוֹנִי"! וְעוֹד, תַּנְיָא, רַבִּי נָתָן אוֹמֵר: °"וְנָתַן אֶת הָעֶרְכְּךָ בַּיּוֹם
הַהוּא קֹדֶשׁ לַה'" — מַה תַּלְמוּד לוֹמַר? לְפִי שֶׁמָּצִינוּ בְּהֶקְדֵּשׁוֹת וּמַעַשְׂרוֹת —
שֶׁמִּתְחַלְּלִין עַל מָעוֹת, שֶׁבְּחוּלִּין נִגְנְבוּ אוֹ שֶׁאָבְדוּ — אֵינָן חַיָּיבִין בְּאַחֲרָיוּתָן,
יָכוֹל

---

**רש"י**

בַּר קְטָלָא הוּא. וּמֵהֵיכָן נִמְלַט? וּבִעַרְתָּ הָרָע. מְצַוֶּה עַל כָּל הַפּוֹגֵעַ בְּחַיָּיבֵי מִיתָה לַהֲבִיאָן לְבֵ"ד, כְּדֵי לְבַעֵר רְשָׁעִים מִיִּשְׂרָאֵל. מִי מִיחַיַּיב. אֲפִילּוּ כְּשֶׁהוּא חוּלִּין? אֶלָּא דַּחֲזָא קֵן בְּעָלְמָא. בְּמָקוֹם שֶׁאֵין קָנוּי לוֹ, וְהַבֵּיצִים אֵינָן שֶׁלּוֹ, דְּהָא כָּל מָקוֹם שֶׁהַבֵּיצִים שֶׁלּוֹ, אֲפִילּוּ ע"י חָצֵר הַמִּשְׁתַּמֶּרֶת לָאָדָם שֶׁלֹּא מִדַּעְתּוֹ — חָשִׁיב לֵיהּ מְזוּמָּן, בְּ"הַשּׁוֹאֵל אֶת הַפָּרָה" (ב"מ דף קב). אֶלָּא דְּאַגְבְּהִינְהוּ לְאֶפְרוֹחִים. וְזָכָה בָּהוּ, וְאַקְדְּשִׁינְהוּ, וּמֵאַחַר דְּאֶפְרוֹחִין קְדוֹשִׁים — נִפְטַר מִלְּשַׁלֵּחַ אֶת הָאֵם. וַהֲדַר אַהַדְרִינְהוּ. וְחָזְרָה הָאֵם עֲלֵיהֶן. פָּטוּר מִלְּשַׁלֵּחַ. דְּהָא כֵּיוָן דְּזָכָה בָּהוּ — "מְזוּמָּן" קָרֵינָא בְּהוּ. אִיחַיַּיב לֵיהּ בְּשִׁילּוּחַ. כְּשֶׁמְּצָאָהּ, וּמִשּׁוּם דְּאַקְדְּשָׁהּ בָּתַר הָכִי — לָא פָּקַע לֵיהּ שׁוּם מִצְוָה מִינַּיְיהוּ, א] דְּתַנְיָא וכו'. מוּקְדָּשִׁים אֵין כִּסּוּי הַדָּם נוֹהֵג בָּהֶן, כִּדְאָמְרִינַן בְּפֶרֶק "כִּסּוּי הַדָּם" (לעיל דף פג:) מִשּׁוּם שְׁחִיטָה שֶׁאֵינָהּ רְאוּיָה, שֶׁאֲסוּרִים בַּהֲנָאָה. שְׁחָטָהּ וְאַחַר כָּךְ הִקְדִּישָׁהּ חַיָּיב לְכַסּוֹת. דְּחִיּוּבָא דְּחָיֵיל עֲלֵיהּ לָא פָּקַע. רַב אָמַר. לְתָרוֹצֵי לְמַתְנִי'. בְּמַקְדִּישׁ פֵּירוֹת שׁוֹבָכוֹ. גּוֹזָלוֹת שׁוֹבָכוֹ לַמִּזְבֵּחַ לְעוֹלַת נְדָבָה, וְאַחַר כָּךְ כְּשֶׁגָּדְלוּ אוֹתָן פֵּירוֹת מָרְדוּ, וְיָצְאוּ וְקִנְּנוּ בְּמָקוֹם אַחֵר. דִּמְעִיקָּרָא כִּי אַקְדְּשִׁינְהוּ, דִּידֵיהּ הָווּ, וְחָל הֶקְדֵּשׁ עֲלַיְיהוּ, וְהַשְׁתָּא דִּמְצָאָן לָאו מְזוּמָּן הוּא. וְאִי הָווּ חוּלִּין — הָווּ מִיחַיְּיבִי. וְהַאי דִּנְקַט "פֵּירוֹת", וְלֹא אָמַר "מַקְדִּישׁ שׁוֹבָכוֹ עַצְמוֹ" — מִשּׁוּם דְּיוֹנִים אֵינָן רְאוּיִין אֶלָּא כְּשֶׁהֵן קְטַנִּים, וְרַב לֹא אָמַר לְמִילְּתֵיהּ אֶלָּא בְּקָדְשֵׁי מִזְבֵּחַ. דְּקָא מוֹקִים לֵיהּ אֲפִילּוּ בְּקָדְשֵׁי בֶּדֶק הַבַּיִת. וְאַשְׁמוּעִינַן רְבוּתָא: דְּאַע"ג דִּקְדוּשַּׁת דָּמִים בְּעָלְמָא הוּא — פָּטוּר מִלְּשַׁלֵּחַ, כְּדַאֲמַרַן טַעְמָא: שֶׁהַתּוֹרָה מְצַוֶּה לַהֲבִיאוֹ לִידֵי גִּזְבָּר. לָא פָּקְעָה קְדוּשָּׁתַיְיהוּ. בִּמְרִידָתָן לֹא יָצְאוּ מִכְּלַל הֶקְדֵּשׁ. פָּקְעָה קְדוּשָּׁתַיְיהוּ. וּמִיחַיְּיבִי בְּשִׁילּוּחַ. לַה' הָאָרֶץ. אֵינָן אֲבוּדִין, שֶׁבְּכָל מָקוֹם שֶׁהֵם — שֶׁל הֶקְדֵּשׁ הֵן. הָא מִקַּמֵּי דְּשַׁמְעֵיהּ מֵר' יוֹחָנָן רַבּוֹ. הֲוָה קִים לֵיהּ: כֵּיוָן דְּמָרְדָה פָּקְעָה לָהּ קְדוּשָּׁתָהּ. וּבָתַר דְּשַׁמְעֵיהּ מֵרַבִּי יוֹחָנָן דְּתָרֵיץ לֵיהּ "לַה' הָאָרֶץ וּמְלוֹאָהּ" — קִבְּלָהּ מִמֶּנּוּ, וּמִשּׁוּם הָכִי פָּטוּר בְּמַקְדִּישׁ וְאָבַד. הָא דְּאָמַר הֲרֵי עָלַי. "לַהֲבִיאוֹ". וּכְשֶׁהִפְרִישָׁהּ אַחַר כָּךְ נִגְנְבוּ וְאָבְדוּ — אע"ג דִּבֵי גַּזָּא דְּרַחֲמָנָא הוּא, לֹא קִיֵּים נִדְרוֹ. נֶדֶר הָאוֹמֵר הֲרֵי עָלַי עוֹלָה. וְאח"כ הִפְרִישׁ בְּהֵמָה, וְאָמַר "הֲרֵי זוֹ לְנִדְרִי". אִם מֵתָה — חַיָּיב בְּאַחֲרָיוּתָהּ, הוֹאִיל וּמֵעִיקָּרָא אַהַרְכָּבֵהּ אַכַּתְפֵּיהּ. דִּמְחוּסַּר הַקְרָבָה. דְּכִי אָמַר "עָלַי" — הָכִי קָאָמַר: עָלַי לַהֲבִיאוֹ לָעֲזָרָה. אֲבָל בֶּדֶק הַבַּיִת — גְּמָרוֹ בְּהַפְרָשָׁתוֹ. וְאִי מִשּׁוּם דְּלֹא הֱבִיאוֹ לְיַד גִּזְבָּר — הַכֹּל גִּזְבָּרִים הֵן, דְּ"לַה' הָאָרֶץ". וּבַיִת זֶה קָרְבָּן. "לְבֶדֶק הַבַּיִת". שֶׁאַף הֵן נִקְרָאִים "קָרְבָּן", כְּעִנְיָן שֶׁנֶּאֱמַר (במדבר לא): "וַנַּקְרֵב אֶת קָרְבַּן ה' אִישׁ אֲשֶׁר מָצָא כְלִי זָהָב", וּקְדוּשַּׁת דָּמִים הֵם. שׁוֹר זֶה עָלַי עוֹלָה. אע"ג דְּקָאָמַר "זֶה" — כֵּיוָן דְּקָאָמַר "עָלַי", "עָלַי לַהֲבִיאוֹ" קָאָמַר. וְכֵן בַּבַּיִת לְבֶדֶק הַבַּיִת — לְמוֹכְרוֹ, לְהָבִיא דָּמָיו לְיַד גִּזְבָּר. אֲבָל הֵיכָא דְּאִיתְנְהוּ. כְּגוֹן מָעוֹת שֶׁאָבְדוּ — בֵּי גַּזָּא דְּרַחֲמָנָא אִתְנְהוּ, וְאִם הוֹצִיאָן הַגַּנָּב — הוּא מָעַל, וְעָלָיו לְשַׁלְּמָן לְהֶקְדֵּשׁ. בַּעֲרָכִין. הָאוֹמֵר "עֶרְכִּי עָלַי", וְהִפְרִישׁ עֶרְכּוֹ. דְּלָא מִיתְּמַר לֵיהּ בְּלָא עָלַי. דְּלָא אֶפְשָׁר לְמֵימַר "הֲרֵי זֶה" בִּלְשׁוֹן עֵרֶךְ דְּהָא עֲדַיִין לֹא קִבֵּל חוֹבַת עֵרֶךְ עָלָיו. דְּאִי נֵימָא עֶרְכִּי. וְלֹא "עָלַי" — אַמַּאן רָמֵי הַאי נֶדֶר לְשַׁלּוּמֵי? אִם אָמַר עֵרֶךְ פְּלוֹנִי. וְלֹא אָמַר "עָלַי" — אַמַּאן רָמֵי? וְעוֹד תַּנְיָא. דְּחַיָּיב בְּאַחֲרָיוּתוֹ. וְנָתַן אֶת הָעֶרְכְּךָ. בְּפוֹדֶה שָׂדֶה מִקְנָה מִן הַהֶקְדֵּשׁ כְּתִיב: "וְחִשַּׁב לוֹ הַכֹּהֵן אֶת מִכְסַת הָעֶרְכְּךָ עַד שְׁנַת הַיּוֹבֵל וְנָתַן אֶת הָעֶרְכְּךָ" — הו"ל לְמִכְתַּב "וְנָתַן אוֹתוֹ", אוֹ "וּנְתָנוֹ", מַה ת"ל "הָעֶרְכְּךָ"? ש"מ: אַעֲרָכִין קָמְדַבֵּר. לְפִי שֶׁמָּצִינוּ בְּהֶקְדֵּשׁוֹת וּמַעֲשֵׂר שֵׁנִי שֶׁהֵן מִתְחַלְּלִין עַל הַמָּעוֹת. כְּשֶׁהִפְרִישׁ פִּדְיוֹנָן וְאָבַד — אֵינוֹ חַיָּיב בְּאַחֲרָיוּתָן, דְּהָא כְּתִיב: "וְיָסַף חֲמִישִׁית כֶּסֶף עֶרְכְּךָ עָלָיו וְהָיָה לוֹ", וְלָא כְּתִיב בֵּיהּ נְתִינָה, אֶלָּא מִשֶּׁהִפְרִישׁוֹ וְאָמַר "הֲרֵי זֶה מְחוּלָּל עַל זֶה" — נִקְרָא עֵרֶךְ לְהַקְדִּישׁ דָּמָיו, וְיָצָא לְחוּלִּין הַהֶקְדֵּשׁ.
יָכוֹל

---

**תוספות**

כֵּיוָן דְּמָרְדוּ פָּקְעָה קְדוּשָׁתַיְיהוּ. שְׁמַעִינַן מֵהָכָא דְּאַוְוזִים וְתַרְנְגוֹלִים שֶׁל חוּלִּין שֶׁמָּרְדוּ בִּבְעָלֵיהֶם וְהָלְכוּ לָהֶן, הָווּ הֶפְקֵר, וְהַמַּחֲזִיק בָּהֶן — זָכָה. דְּהָא הָכָא הַיְינוּ טַעְמָא: כֵּיוָן דְּמָרְדוּ הָווּ הֶפְקֵר, וְחַיָּיבִין בְּשִׁלּוּחַ.

דּוּקָא מֵת וְנָפַל דְּלֵיתְנְהוּ. לָאו דּוּקָא נָקַט "מֵת", דְּהָא שׁוֹר אֲפִילּוּ נִגְנַב אוֹ נֶאֱבַד נַמִי חַיָּיב בְּאַחֲרָיוּתוֹ, שֶׁהוּא קָדְשֵׁי הַמִּזְבֵּחַ. וּלְרַבִּי יוֹחָנָן "נָפַל" נַמִי לָאו דּוּקָא.

לְפִי שֶׁמָּצִינוּ בְּהֶקְדֵּשׁוֹת וּמַעֲשֵׂר שֵׁנִי כו'. תֵּימַהּ: בְּאֵיזֶה הֶקְדֵּשׁ מַיְירֵי? אִי דְּאָמַר "הֲרֵי זֶה" — מַאי אִירְיָא דְּנָקַט לְאַחַר שֶׁנִּתְחַלְּלוּ, אֲפִילּוּ הֶקְדֵּשׁ עַצְמוֹ נִגְנַב אוֹ נֶאֱבַד אֵין חַיָּיב בְּאַחֲרָיוּתוֹ! אֶלָּא עַל כָּרְחָךְ דְּאָמַר "עָלַי" — אַף עַל גַּב דְּהֶקְדֵּשׁ גּוּפֵיהּ חַיָּיב בְּאַחֲרָיוּתוֹ, כֵּיוָן שֶׁנִּתְחַלֵּל — אֵינוֹ חַיָּיב בְּאַחֲרָיוּת הַמָּעוֹת. וְאִם כֵּן, מַה קָּאָמַר "יָכוֹל אַף זֶה כֵּן"? הֵיאַךְ דּוֹמֶה עֵרֶךְ לְהֶקְדֵּשׁ שֶׁנִּתְחַלֵּל? שֶׁכְּשֶׁהוּא

---

**מסורת הש"ס**

[ב"ק סח: ע"ש סט: ב"מ ו. ע"ז סג. תמורה ט. כט: ערכין כח:]

[נ"ל דתנן]

[ר"ה ו.]

[לעיל לט.]

[נ"ל והתנן]

ערכין כ:

[לקמן קמח.]

מגילה ח. ר"ה ו. קינין פ"א מ"א

---

**עין משפט נר מצוה**

ו א מיי' פ"ו מהלכות ערכין הל' כב:

ז ב מיי' פי"ג מהל' שחיטה הלכה ז סמג עשין סה טוש"ע י"ד סי' רלב סעיף ה:

ח ג מיי' פי"ד שם הל' ג:

ט ד מיי' פי"ד מהל' מעשה קרבנות הל' ז:

י ה מיי' שם הלכה ה:

יא ו מיי' שם הלכה ו וע"ש בלאמר דמי זה עלי:

---

**שיטה מקובצת**

א] דאיתמר מנה זה לבדק הבית. נ"ב עי' תוס' ערכין דף כ ע"ב:

---

**הגהות מהר"ב רנשבורג**

א] רש"י ד"ה איחייב ליה וכו' שום מצוה מינייהו. כאן הס"ד ואח"כ מה"ד דתניא וכו':

---

**גליון הש"ס**

גמ' הא מקמי דשמעיה. לעיל דף לט ע"א: רש"י ד"ה דמיחסר הקרבה וכו' להביאו לעזרה. עי' מעילה דף יט ע"א ברש"י ד"ה עד שיגיע ועי' לעיל דף כב ע"ב תוס' ד"ה והביא:

[שייך לעיל קלח: במשנה]

[א מיי' פ"ג מהל' ערכין דין יג]

יב א ב ג ד מיי' פי"ג מהל' שחיטה הל' יז סמג לאוין קכ טוש"ע י"ד סי' רצב סעיף ג:

יג ה מיי' שם הלכה ח טוש"ע שם סעיף ב:

יד ו ז מיי' שם הל' יז טוש"ע שם סעיף ג:

**שכסוי** הדם נוהג כו'. תימה: אמאי לא תני "שכסוי הדם נוהג בזכרים ונקבות, ושלוח הקן אינו נוהג אלא בנקבות"?

**בדרך** כדרב יהודה כו'. וא"ת: אמאי איצטריך ריבויא לקן שבים? דאי משום דכתיב "על הארץ" – א"כ לא ליכתוב "בדרך" ולשתוק מ"על הארץ"! ומיהו "על הארץ" איצטריך למעוטי נשר בשמים. אבל קשה: דא"כ, מאי פריך בסמוך "מצא קן בשמים, הכי נמי דמחייב?", ומאי קושיא, הא כתיב "על הארץ"! ונראה: דפריך דקן בשמים נחייב מ"בדרך" ומ"על" הארץ" נמעט שבים, במה ראית.

**תא שמע** תבנית כל צפור כנף וגו'. וא"ת: והא כתיב (תהלים יא): "איך תאמרו לנפשי נודי הרכם צפור"? י"ל: דפשיטא דדוד לעוף טהור היה מדמה עצמו. וכן (שם קכד) "כצפור נמלטה מפח יוקשים", (ישעיה לא) "כצפרים עפות". וא"ת: והא כתיב (תהלים פד): "גם צפור מצאה בית", דאיירי נמי בטמא! דאטו טהור מצא, טמא לא מצא?! ומיהו אפשר דמיירי בטהור, כדמוכח סיפא דקרא, דכתיב: "ודרור קן לה", וצפור דרור היא טהורה, כדמוכח *ב"אלו טריפות" (לעיל דף סב.). והא דכתיב (תהלים קד): "אשר שם צפרים יקננו חסידה" וגו' – אפשר דבכלל חסידה הם כל הטמאים, ו"צפרים" היינו טהורה.

טרפות

## שיטה מקובצת

א] דאע"ג דלא אמר עלי מיחייב דכתיב את הערכך:

(הט"ז בי"ד סי' פ"ב סק"ו כתב דל"ל כאן לדין קף כל. אמנם בהגה"ה מקיים כדאיתא לפנינו לעיל סב. וע"ש בארוכות)

יכול אף זה כן — ת"ל: "ונתן את הערכך" וגו', חולין עד שיבאו לידי גזבר! אלא, אי איתמר הכי איתמר, אמר רב המנונא: הכל מודים [א] בערכין, דאע"ג דלא אמר "עלי" — מיחייב, דכתיב: א) °"ונתן את הערכך" (ויקרא כז) — חולין הן בידך עד שיבאו לידי גזבר. § "חומר בכסוי" וכו'. תנו רבנן: °"כי יקרא קן צפור לפניך" (דברים כב) — מה ת"ל? לפי שנאמר: °"שלח תשלח את האם ואת הבנים תקח לך" (שם), יכול יחזור בהרים וגבעות כדי שימצא קן? ת"ל: "כי יקרא" — במאורע. "לפניך". "קן" — מ"מ. "צפור" — טהורה ולא טמאה. "לפניך" — ברשות היחיד. "בדרך" — ברשות הרבים. באילנות מנין — ת"ל: "בכל עץ". בבורות שיחין ומערות מנין — ת"ל: "או על הארץ". וכי מאחר שסופנו לרבות כל דבר, "לפניך בדרך" למה לי? לומר לך: מה דרך — שאין קנו בידך, אף כל — שאין קנו בידך. מכאן אמרו: *יוני שובך ויוני עלייה (א) שקננו בטפיחין ובבירות, *ואווזין ותרנגולין שקננו בפרדס — חייב בשילוח. אבל קננו בתוך הבית, וכן יוני הרדסיאות — פטור משילוח. אמר מר: מה דרך — שאין קנו בידך, אף כל — שאין קנו בידך. הא למה לי? מ"כי יקרא" נפקא — כי יקרא פרט למזומן! ועוד, "לפניך" למה לי? אלא "לפניך" — לאתויי שהיו לפניך ומרדו. "בדרך" — כדרב יהודה אמר רב, דאמר רב יהודה אמר רב: מצא קן בים — חייב בשילוח, שנאמר: °"כה אמר ה' הנותן בים דרך" (ישעיהו מג) וגו'. אלא מעתה מצא קן בשמים, דכתיב: °"דרך נשר בשמים" (משלי ל), הכי נמי דמיחייב בשילוח הקן! °"דרך נשר" איקרי, "דרך" סתמא לא איקרי. אמרי ליה פפונאי לרב מתנה: מצא קן בראשו של אדם מהו? *אמר: °"ואדמה על ראשו" (ש"ב טו). משה מן התורה מנין? °"בשגם הוא בשר" (בראשית ו). המן מן התורה מנין? °"המן העץ" (בראשית ג). אסתר מן התורה מנין? °"ואנכי הסתר אסתיר" (דברים לא). מרדכי מן התורה מנין? דכתיב °"מר דרור" (שמות ל) *ומתרגמינן: מירא דכיא. § "ואיזהו שאינו מזומן" וכו'. § ר' חייא ור' שמעון. חד תני הדרסיאות, וחד תני הרדסיאות. מאן דתני הדרסיאות — על שם מקומן, ומאן דתני הרדסיאות — על שם הורדוס, אמר רב כהנא: לדידי חזיין, וקיימן שיתסר דרי בפתי מילא, והוה קרא "קירי קירי". הוה חד מינייהו דלא הוה קרי "קירי קירי", אמרה לה חברתה: סומא, אמרי "קירי קירי"! אמרה: סומא, אמרי "קירי "בירי"! אתיוה ושחטוה. *א"ר אשי, אמר לי [ר'] חנינא: מילין. מילין ס"ד? אלא אימא: במילין. § "עוף טמא פטור מלשלח". מנה"מ? א"ר יצחק: דאמר קרא "כי יקרא קן צפור לפניך". "עוף" — משמע לן בין טהור בין טמא. "צפור" — טהור אשכחן דאיקרי "צפור", טמא לא אשכחן דאיקרי "צפור". תא שמע: °"תבנית כל צפור כנף" (דברים ד), מאי לאו: "צפור" — בין טהור בין טמא, "כנף" — חגבים! לא: "צפור" — טהור, "כנף" — טמא וחגבים. ת"ש: °"החיה וכל בהמה רמש וצפור כנף" (תהלים קמח). מאי לאו: "צפור" — בין טהור בין טמא, ו"כנף" — חגבים? לא, "צפור" — טהור, "כנף" — טמא וחגבים. תא שמע: °"כל צפור כל כנף" (בראשית ז), מאי לאו כדמקשינן? לא, כדמשנינן. תא שמע °"ואתה בן אדם אמור לצפור כל כנף" (יחזקאל לט), מאי לאו כדאקשינן? לא, כדשנינן. ת"ש:

ובענפוהי

יכול אף. ערכין משפרישן יפטר? תלמוד לומר ונתן את הערכך קדש. אין ערכין קדושין עד שעת נתינה. וקרא הכי מדריש: "וחשב לו הכהן למקדיש את שדה מקנה את מכסת הערכך", ושבקיה. והאי "את הערכך" קאי אערכין, דאילו בפדיון הקדש כתיב לעיל מיניה: "והיה לו", בלא שום נתינה. ה"ג: לפי שנאמר שלח תשלח. ב' פעמים, שומע אני לחזור אחר המצוה הזאת עד שתבא לידו. ת"ל כי יקרא במאורע. הכתוב מדבר, לכשיקרא. קן מ"מ. אפילו באפרוח אחד או בביצה אחת, כדתנן במתניתין. צפור טהורה ולא טמאה. לקמן מפרש לה ר' יצחק: "עוף" — משמע בין בטמא בין בטהור, אבל "צפור" — לא אשכחן בטמאים אלא בטהורים. לפניך. משמע ברה"י, כגון בפרדס ובשדה שאינה משתמרת, דלא קנייא ליה חצרו, דלאו מזומן הוא. בדרך. להביא רה"ר. שאין קנו בידך. אין קן מזומן לך, ואין קנוי לך. יוני שובך. *ויוני מדבריות שקננו בשובך. ובשלהי פרקין פריך: הא כיון דחצרו קונה לו הבצים, מזומן הוא! טפיחים. שעושין בהן קדרות קטנות בחומה, וקורין בויל"ש. ובבירות. בירות ומגדל עיר. שקננו בפרדס. שמרדו, דהשתא אין קנו בידך. ועוד לפניך למה לי. משום רה"י דפרדס, הואיל וסופנו לרבות את הכל? אלא לפניך. מיבעי ליה לחייב את שהיו כבר שלו ומרדו. בדרך. נמי מיבעי ליה לכדרב יהודה. קן בים. ששטף הים את האילן, והיה קן בראשו — חייב לשלח, דים נמי איקרי "דרך". קן בשמים. עוף נושא קן באויר. דרך סתמא לא איקרי. אבל ים איקרי "דרך" סתמא, "הנותן בים דרך". אדמה על ראשו. אע"פ שהיה בראשו, לא אבדה את שמה, ה"מ: אדם גופיה אדמה הוא, מדלא אבדה את שמה, דלא קרייה "עפר". והשתא נמי "על הארץ" קרינא ביה. ועוד זה שאלו ממנו: מנין למשה רמז קודם שבא שסופו לבא? בשגם הוא. "בשגם" בגימטריא כמו "משה". וכתיב שם: "והיו ימיו מאה ועשרים שנה", וכך היו ימי חיי משה. כלומר, עתיד לבא, בשגם משה מן הנולדים וכן ימיו. מנין. למעשה המן? המן העץ. יתלה על העץ. למעשה אסתר. "הסתר אסתיר" בימי אסתר יהיה הסתר פנים, ומצאוהו צרות רבות ורעות. מנין. לגדולת מרדכי? מר דרור. וקרי ליה ראש לבשמים, לצדיקים ואנשי כנסת הגדולה. חד תני הדרסיאות, וחד תני הרדסיאות. הורדוס. התחיל להתעסק בגדולן. לדידי חזיין לי. הנך שנשארו מבני בניהם של יוני הורדוס. וקיימא שית סרי דרי. ט"ז שורות. בפתי מילא. כל שורה ארכה ברחב מיל, ואמרן "קירי, קרי" — "אדוני, אדוני". "קירי" — הוא לשון אדון, "בירי" — הוא עבד, כדאמר בעירובין (דף נג.) גבי בני גליל שאין מדקדקים בלשונם: (ב) ההוא דאמאי לקמיה (דרבי ינאי) [דדייני] דבעא למימר "מרי קירי, טבלא הוית לי וגנבוה מיני", ואמרה "מרי בירי, טפלא הוית לי וגנבוך מינך". סומא. שוטה, בלא ראות. אימא קירי. כמו שאנו אומרים. אמרה לה. איהי לחברתה. סומא ואימא קירי בירי. לאותו שאתה קורא אדון — עבד הוא, על שהיה הוא עבד. אתיוה. עבדים שנשארו מעבדי הורדוס ושחטוה. אמר לי ר' חנינא מילין. דברי רוח הן, שלא דברו מעולם. מילין ס"ד. והאמר רב כהנא "לדידי חזי לי", והרי רב כהנא מעיד על הדבר. ואי לאו דקושטא הוא, לא הוה אמר! אלא במילין. על ידי כשפים מלומדות לדבר אותן עופות*. עוף משמע בין טמא וכו'. אי הוה כתיב "עוף" — הוה משמע: בין טמא בין טהור, כדכתיב (דברים יד): "כל עוף טהור תאכלו", וכתיב: "כל שרץ העוף טמא הוא לכם", וכתיב (ויקרא יא): "תשקצו מן העוף". ת"ש. דהזהיר הכתוב שלא לעשות עבודה זרה דמות צפור, וע"כ אטמאים נמי מזהיר, ומהיכא משתמע מיניה? לאו מ"צפור" משתמעי בין טמאין בין טהורין, ו"כנף" — לאתויי חגבים! לא צפור טהורה. משתמעי מיניה, ו"כנף" — לאתויי טמאים וחגבים. תא שמע. "החיה וכל בהמה יהללו את שם ה'", וע"כ צפרים טמאים נמי משבחי קמיה, ומהיכא אדכרינהו דוד? לאו מ"צפור", ו"כנף" — לאתויי חגבים!

ובענפוהי

[נ"ל ונתן את]

נ"ל יוני יעב"ץ

ב"מ קב. [לקמן קמא: תוספתא פ"י]

[לעיל קלח:]

[נ"ל אמר להו]

[מגילה י:]

[ע"ז לח: ע"ש]

[נ"ל כירי בלשון יוני עבד ערוך וכן איתא ברש"י עירובין נג: ד"ה מרי כירי]

[עי' בערוך ערך מל ח' מה שפי' בשם ר' חננאל]

## גליון הש"ס

גמ' דרך נשר איקרי. כעין זה לעיל דף פח ע"ב ולקמן דף קמ ע"א ברכות דף לה ע"ב עירובין דף ב ע"ב יומא דף י ע"א ב"מ דף פז ע"ב מנחות דף לז ע"א:

## הגהות הב"ח

(א) גמ' יוני עלייה ופריס שקננו בטפיחים: (ב) רש"י ד"ה בפתי מילא וכו' ההיא איתתא דאמאי:

"וּבְעַנְפוֹהִי יְדוּרָן צִפֲּרֵי שְׁמַיָּא"! "צִפֲּרֵי שְׁמַיָּא" – אִיקְּרוּ, "צִפֲּרֵי" סְתָמָא לָא אִיקְּרוּ. ת"ש: "כָּל צִפּוֹר טְהוֹרָה" – מִכְּלָל דְּאִיכָּא טְמֵאָה! לָא, מִכְּלָל דְּאִיכָּא אֲסוּרָה. מַאי הִיא? אִי טְרֵפָה – בְּהֶדְיָא כְּתִיב! וְאִי בִּשְׁחוּטָה דִּמְצוֹרָע – מִסֵּיפָא דִּקְרָא נָפְקָא, "וְזֶה אֲשֶׁר לֹא תֹאכְלוּ מֵהֶם" – *לְרַבּוֹת שְׁחוּטַת מְצוֹרָע! לְעוֹלָם בִּשְׁחוּטָה דִּמְצוֹרָע, א] וְלַעֲבוֹר עָלָיו בַּעֲשֵׂה וּבְלֹא תַעֲשֶׂה. וְלוֹקְמָה בִּטְרֵפָה, וְלַעֲבוֹר עָלָיו בַּעֲשֵׂה וְלֹא תַעֲשֶׂה! *דָּבָר הַלָּמֵד מֵעִנְיָנוֹ, וּבְעִנְיָנָא דִּשְׁחוּטָה כְּתִיב. ת"ש: "שְׁתֵּי צִפֳּרִים חַיּוֹת", מַאי "חַיּוֹת"? לָאו שֶׁחַיּוֹת בְּכַפָּן, מִכְּלָל דְּאִיכָּא (א) לָאו שֶׁחַיּוֹת בְּכַפָּן! לָא, מַאי "חַיּוֹת" – שֶׁחַיִּין רָאשֵׁי אֵבָרִים שֶׁלָּהֶן. ת"ש מִסֵּיפָא: "טְהוֹרוֹת" (ב) – מִכְּלָל דְּאִיכָּא טְמֵאוֹת! לָא, מִכְּלָל דְּאִיכָּא טְרֵפוֹת. טְרֵפוֹת – מֵ"חַיּוֹת" נָפְקָא! הָנִיחָא לְמַאן דְּאָמַר *טְרֵפָה חַיָּה, אֶלָּא לְמ"ד טְרֵפָה אֵינָהּ חַיָּה מַאי אִיכָּא לְמֵימַר? וְעוֹד, בֵּין לְמ"ד טְרֵפָה חַיָּה בֵּין לְמ"ד אֵינָהּ חַיָּה, מִדְּתַנָּא דְּבֵי ר' יִשְׁמָעֵאל נָפְקָא, *דְּתָנָא דְּבֵי רַבִּי יִשְׁמָעֵאל: נֶאֱמַר מַכְשִׁיר וּמְכַפֵּר בִּפְנִים, וְנֶאֱמַר מַכְשִׁיר וּמְכַפֵּר בַּחוּץ, מַה מַּכְשִׁיר וּמְכַפֵּר הָאָמוּר בִּפְנִים – עָשָׂה בּוֹ מַכְשִׁיר כִּמְכַפֵּר, אַף מַכְשִׁיר וּמְכַפֵּר הָאָמוּר בַּחוּץ – עָשָׂה בּוֹ מַכְשִׁיר כִּמְכַפֵּר! אֶלָּא אָמַר רַב נַחְמָן בַּר יִצְחָק: לְמַעוּטֵי צִפּוֹרֵי עִיר הַנִּדַּחַת. לְמַאי? אִי לְשִׁילּוּחַ – *לֹא אָמְרָה תּוֹרָה שַׁלַּח לְתַקָּלָה! ב] אֶלָּא לִשְׁחִיטָה. רָבָא אָמַר: לְמַעוּטֵי שֶׁלֹּא לְזַוֵּוג לָהּ אַחֶרֶת קוֹדֶם שִׁילּוּחֶיהָ, לְמַאי? אִי לִשְׁחִיטָה – הָא בָּעֲיָא שִׁילּוּחַ! אֶלָּא לְשִׁילּוּחַ. רַב פָּפָּא אָמַר: לְצִפּוֹרִים (ג) שֶׁהֶחֱלִיפוּ א) *(בְּצִפּוֹרֵי) עֲבוֹדָה זָרָה, דִּכְתִיב: "וְהָיִיתָ חֵרֶם כָּמוֹהוּ" – *כָּל מַה שֶּׁאַתָּה מְהַיֶּה הֵימֶנּוּ כָּמוֹהוּ, לְמַאי? אִי לְשִׁילּוּחַ – לֹא אָמְרָה תּוֹרָה שַׁלַּח לְתַקָּלָה! אֶלָּא לִשְׁחִיטָה. רָבִינָא אָמַר: הָכָא בְּמַאי עָסְקִינַן – בְּעוֹף שֶׁהָרַג אֶת הַנֶּפֶשׁ, הֵיכִי דָּמֵי? *אִי דִּגְמַר דִּינָא – בַּר קְטָלָא הוּא! אֶלָּא קוֹדֶם גְּמַר דִּינָא, וּלְמַאי? אִי לְשִׁילּוּחַ – בָּעֵי לְאַתּוּיֵי לְבֵי דִּינָא וְקִיּוּמֵי "וּבִעַרְתָּ הָרָע מִקִּרְבֶּךָ"! אֶלָּא לִשְׁחִיטָה. § "עוֹף טָמֵא רוֹבֵץ עַל בֵּיצֵי עוֹף טָהוֹר". § בִּשְׁלָמָא עוֹף טָמֵא רוֹבֵץ עַל בֵּיצֵי טָהוֹר – בְּעִינַן "צִפּוֹר", וְלֵיכָּא! אֶלָּא עוֹף טָהוֹר רוֹבֵץ עַל בֵּיצֵי עוֹף טָמֵא, הָא צִפּוֹר הוּא! כִּדְאָמַר רַב כָּהֲנָא: "תִּקַּח לָךְ" – וְלֹא לְכַלְבְּךָ, הָכָא נַמִי: "תִּקַּח לָךְ" – וְלֹא לְכַלְבְּךָ. וְהֵיכָא אִיתְּמַר דְּרַב כָּהֲנָא? אַהָא, דִּתְנַן: אֵם טְרֵפָה – חַיָּיב בְּשִׁילּוּחַ, בא) אֶפְרוֹחִים טְרֵפוֹת – פָּטוּר מִשִּׁילּוּחַ. מְנָא הָנֵי מִילֵּי? אָמַר רַב כָּהֲנָא: דְּאָמַר קְרָא "תִּקַּח לָךְ" – וְלֹא לְכַלְבְּךָ. *וּלְהַקִּישׁ אֵם טְרֵפָה לָאֶפְרוֹחִים, מָה אֶפְרוֹחִים טְרֵפוֹת – פָּטוּר מִשִּׁילּוּחַ, אַף אֵם טְרֵפָה נַמִי פָּטוּר מִלְּשַׁלֵּחַ!

(דניאל ד) (דברים יד) (שם) (ויקרא יד) (דברים ז) (שם יג) (שם כב)

**רש"י**

וּבְעַנְפּוֹהִי יְדוּרָן צִפֲּרֵי שְׁמַיָּא. וְהָכָא לָא כְּתִיב "כָּנָף", וְע"כ עוֹפוֹת טְמֵאִין נַמִי מִתְקַבְּצִין בָּאִילָנוֹת, וּמִשְׁתַּמְּעִי כּוּלְּהוּ מִ"צִּפּוֹר". מִדְּקָאָמַר צִפּוֹר טְהוֹרָה מִכְּלָל דְּאִיכָּא טְמֵאָה. דְּאִי אֵין טְמֵאִים בִּכְלַל "צִפּוֹר" – לִכְתּוֹב קְרָא "כָּל צִפּוֹר תֹּאכֵלוּ". וּמְשַׁנֵּי: הַאי "טָהוֹר" לָאו לְמַעוּטֵי טְמֵאָה אֲתָא, אֶלָּא לְמַעוּטֵי אֲסוּרָה, וּמִן הַטְּהוֹרִים *הִיא וּטְרֵפָה. וְהָא בְּהֶדְיָא כְּתִיב. "נְבֵלָה וּטְרֵפָה לֹא יֹאכַל לְטָמְאָה בָהּ", וּבְעוֹף טָהוֹר מִיּוֹקַם קְרָא בְּת"כ שֶׁהִיא מְטַמְּאָה בְּבֵית הַבְּלִיעָה. אִי שְׁחוּטָה דִּמְצוֹרָע. "וְשָׁחַט אֶת הַצִּפּוֹר הָאֶחָת", וְקי"ל בע"ז (דף עד.) וּבְקִדּוּשִׁין (דף נז.) דַּאֲסוּרִין בַּהֲנָאָה. וְזֶה אֲשֶׁר לֹא תֹאכְלוּ מֵהֶם. יְתֵירָה הוּא "מֵהֶם", מִן הַטְּהוֹרִין, דְּהָא אֲסוּרִין דִּלְעֵיל מִינֵּיהּ קָאֵי. לְרַבּוֹת שְׁחוּטַת דִּמְצוֹרָע. אֲבָל הַמְשׁוּלַּחַת – מוּתֶּרֶת, דְּלָא אָמְרָה תּוֹרָה שַׁלְּחָה כְּדֵי שֶׁיִּכָּשְׁלוּ בָהּ אֲחֵרִים, שֶׁיְּהוּ צָדִין וְאוֹכְלִין אוֹתָהּ בְּנֵי אָדָם, אֶלָּא וַדַּאי מוּתֶּרֶת. עֲשֵׂה. טְהוֹרָה תֹּאכֵלוּ וְלֹא הָאֲסוּרָה, כְּגוֹן שְׁחוּטָה דִּמְצוֹרָע, וְלָאו הַבָּא מִכְּלַל עֲשֵׂה – עֲשֵׂה. וְאֵימָא לְרַבּוֹת טְרֵפָה. כְּלוֹמַר, אַמַּאי נִיחָא לָךְ לְאוֹקוּמֵי עֲשֵׂה בִּשְׁחוּטָה דִּמְצוֹרָע טְפֵי מִטְּרֵפָה? דָּבָר הַלָּמֵד מֵעִנְיָנוֹ. זֶה אֶחָד מִי"ג מִדּוֹת: מִקְרָא שֶׁכָּתוּב סְתָם, וְאֵין אָנוּ יוֹדְעִין בַּמֶּה מְדַבֵּר, הֱוֵי לוֹמֵד מֵעִנְיָנוֹ. וְהָא בְּעִנְיָנָא דִּשְׁחוּטָה כְּתִיב. "טְהוֹרָה תֹּאכֵלוּ", וְהָא וַדַּאי לָא קָאֵי אֶלָּא אַשְּׁחוּטָה, וְעָלָה כְּתִיב: וְזֶה אֲשֶׁר לֹא תֹאכְלוּ מִן הַשְּׁחוּטָה. שְׁתֵּי צִפֳּרִים חַיּוֹת. מַאי חַיּוֹת לָאו חַיּוֹת לְסוֹף. רְאוּיוֹת לְסוֹף, טְהוֹרוֹת. וּמִדִּכְתִיב: "צִפֳּרִים חַיּוֹת" – מִכְּלָל דְּאִיכָּא דִּשְׁמַיְיהוּ צִפֳּרִים, וְלָא חַיּוֹת נִינְהוּ, דְּהָווּ טְמֵאוֹת. שֶׁחַיִּין רָאשֵׁי אֵבָרִים שֶׁלָּהֶן. לְמַעוּטֵי מְחוּסְּרוֹת אֵבֶר. לָאו מִכְּלָל דְּאִיכָּא טְמֵאוֹת. בִּלְשׁוֹן קוּשְׁיָא. וּמְשַׁנֵּי: לָא, מִכְּלָל דְּאִיכָּא אֲסוּרוֹת טְרֵפוֹת, וּמַעֲטִינְהוּ דְּלָא לִיתַכְשְׁרוּ לְטָהֳרַת מְצוֹרָע, אע"ג דְּלָאו קָרְבָּן נִינְהוּ אֶלָּא מִחוּץ לַמַּחֲנֶה שׁוֹחֲטָהּ אֶל כְּלִי חֶרֶשׂ. מֵחַיּוֹת נָפְקָא. וְלָא טְרֵפָה, דְּאֵינָהּ חַיָּה. הָנִיחָא. הָא דְּמַצְרְכַתְּ קְרָא אַחֲרִינָא לְמַאן דְּאָמַר טְרֵפָה חַיָּה. וְעוֹד. טְרֵפָה, מִדְּתַנָּא דְּבֵי רַבִּי יִשְׁמָעֵאל מִמְּעֵיט נָפְקָא. מַכְשִׁיר בִּפְנִים. אָשָׁם מְצוֹרָע וְחַטָּאוֹת מְחוּסְּרֵי כַפָּרָה זָבִין וְיוֹלְדוֹת, שֶׁאֵינָן בָּאִין אֶלָּא לְהַכְשִׁירָן בְּקָדָשִׁים. מְכַפֵּר בִּפְנִים. כָּל חַטָּאוֹת וַאֲשָׁמוֹת. מַכְשִׁיר בַּחוּץ. צִפֳּרֵי מְצוֹרָע שֶׁהֵן לְטַהֵר. מְכַפֵּר בַּחוּץ. שָׂעִיר הַמִּשְׁתַּלֵּחַ. עָשָׂה בּוֹ מַכְשִׁיר כִּמְכַפֵּר. בְּכָל מִינֵי כַּשְׁרוּת וְטָהֳרָה, שֶׁהֲרֵי גַּם הַמַּכְשִׁירִין קְרֵבִים כְּשֵׁירִין שֶׁלָּהֶן. אַף בַּחוּץ עָשָׂה מַכְשִׁיר צִפֳּרִים כִּמְכַפֵּר. שָׂעִיר הַמִּשְׁתַּלֵּחַ דְּאָסוּר בְּמוּם, דְּבָעֵי רָאוּי לַשֵּׁם, שֶׁבְּאֵיזֶה שֶׁיִּפּוֹל הַגּוֹרָל לַשֵּׁם יִהְיֶה רָאוּי לַמִּזְבֵּחַ. אָמַר רַב נַחְמָן. "טְהוֹרוֹת" לְמַעוּטֵי צִפּוֹרִים שֶׁל עִיר הַנִּדַּחַת. וּלְמַאי. לְהֵי מִינַּיְיהוּ אִיצְטְרִיךְ קְרָא? לְהַךְ דְּהָא מְשַׁלֵּחַ – פְּשִׁיטָא, דְּשֶׁל עִיר הַנִּדַּחַת לָאו בַּר שִׁילּוּחַ הוּא, דְּלָא אָמְרָה תּוֹרָה שַׁלַּח לְתַקָּלָה. דְּמָמוֹן עִיר הַנִּדַּחַת – אָסוּר, וְאִם יְשַׁלְּחֶנָּה, יִהְיוּ בְּנֵי אָדָם צָדִין אוֹתָהּ לְאַחַר זְמַן. אֶלָּא בִּשְׁחוּטָה. אֲפִילּוּ הָכִי הִיא דִּשְׁחוּטָה הִיא וְלָא חָזְיָא לַהּ, וְיָכוֹל לְשׂוֹרְפָהּ אַחַר שְׁחִיטָה לָא תֵּיתֵי מֵעִיר הַנִּדַּחַת. רָבָא אָמַר. לְהָכִי אָתֵי "טְהוֹרוֹת" שֶׁלֹּא יְזַוֵּוג לָהּ אַחֶרֶת. שֶׁאִם בָּא לְיָדוֹ מְצוֹרָע אַחֵר לְאַחַר שֶׁיִּטְהַר אֶת זֶה – לֹא יֹאמַר הַכֹּהֵן "הָבֵא אַחֶרֶת וְזַוְּוגָהּ לַחַיָּה שֶׁל מְצוֹרָע רִאשׁוֹן". דְּהָכִי מַשְׁמַע: "טְהוֹרוֹת", מִכְּלָל דְּאִיכָּא אֲסוּרוֹת, וּמַאי נִיהוּ? הַמְּשׁוּלַּחַת דִּמְצוֹרָע. וּלְמַאי. בָּעֵית לַהּ דִּמְצוֹרָע? אִי לִשְׁחִיטָה הָא בָּעֲיָא שִׁילּוּחַ. מִשּׁוּם מְצוֹרָע קַמָּא, וּפְשִׁיטָא דְּאָסוּר! אֶלָּא לְשִׁילּוּחַ. וְתִיפּוֹק לֵיהּ לְשִׁילּוּחַ דְּמִתַּרְוַיְיהוּ. רַב פָּפָּא אָמַר. "טְהוֹרוֹת" לְמַעוּטֵי צִפֳּרִים שֶׁהֶחֱלִיפָן וּלְקָחָן מִן הַגּוֹי בִּדְמֵי עֲבוֹדָה זָרָה שֶׁמָּכַר לוֹ. וּלְמַאי קָבָעֵי לַהּ. לְמִבְעֵי קְרָא לְמֵיסְרָהּ? אִי לְשִׁילּוּחַ. פְּשִׁיטָא דְּאָסוּר. בַּר קְטָלָא הוּא. וּפְשִׁיטָא דְּאֵינוֹ רָאוּי לִשְׁלוֹחַ, וְלָא לִשְׁחִיטָה – דְּהָא דִּינוֹ בִּסְקִילָה. אֶלָּא לִשְׁחִיטָה. דְּאִי מִשּׁוּם "וּבִעַרְתָּ הָרָע" – הֲרֵי מְבוֹעָר מִן הָעוֹלָם הוּא. *רַבִּי אֱלִיעֶזֶר מְחַיֵּיב לְשַׁלֵּחַ. אע"פ שֶׁאֵין הַבֵּיצִים שֶׁלּוֹ, הוֹאִיל וּמִנְהָגוֹ בְּכָךְ שֶׁשּׁוֹכֵן עַל בֵּיצִים אֲחֵרִים. וְעוֹף טָהוֹר הוּא, וְלָא זֶהוּ שֶׁקּוֹרִין קוקו"א. קוֹרֵא זָכָר. אֲבָל נְקֵבָה – אֲפִילּוּ רַבָּנַן מוֹדוּ, כִּדְמְפָרֵשׁ בַּגְּמָרָא טַעְמָא דְּרַבִּי אֱלִיעֶזֶר. אִם טְרֵפָה. אֵם שֶׁל אֶפְרוֹחִים טְרֵפָה – חַיֶּיבֶת לְשַׁלֵּחַ, אֲבָל אֶפְרוֹחִים טְרֵפוֹת – אֵינוֹ חַיָּיב לְשַׁלֵּחַ אֶת הָאֵם. א"כ

**תוספות**

**טרפות** מחיות נפקא. תימה: הא דרשינן מיניה שחיין ראשי אברים! וליכא למימר דס"ק: דטרפה ידעינן מכל שכן דמחוסר אבר, דלמעוט מ"חיות" – דלכתי אימא דקרא למעוטי טרפה אתא, ולא למחוסר אבר! וע"ק: דקאמר "הניחא למ"ד טרפה חיה", דמשמע לדידיה לא ממעטינן טרפה מ"חיות", ובפ"ק דע"ז (דף ה:) אמרינן: מנין למחוסר אבר שאסור לבני נח? שנאמר "מכל החי" – אמרה תורה: הבא בהמה שחיין ראשי אברים שלה. ופריך: והא מבעי ליה למעוטי טרפה? טרפה מ"להחיות זרע" נפקא. הניחא למ"ד טרפה אינה יולדת, אלא למאן דאמר טרפה יולדת כו'. אלמא ממעט טרפה מקרא ד"מכל החי", אפילו למ"ד טרפה חיה. דלמ"ד דיולדת, כ"ש דחיה. דאפילו למ"ד דחיה, מצי סבר דאינה יולדת, כדמשמע ב"אלו טרפות" (לעיל דף נז:). ומשמע נמי התם, דליכא לאוקומי קרא אתרוייהו. וי"ל: דהתם, דלקיום העולם, אין סברא למעט מחוסר אבר אלא טרפה. דאע"ג דחיה, אינה חיה זמן מרובה. אבל הכא, איכא לאוקומי אתרוייהו. ולמ"ד טרפה חיה, לא מסתבר למעט מיניה טרפה, כיון דאיכא לאוקומי אמחוסר אבר. או שמא יש לחלק בין "חי" ל"חיות".

**למעוטי** צפרי עיר הנדחת. תימה: הא נמי נפקא מדתנא דבי רבי ישמעאל, דכיון שאסורים בהנאה, לא קרינן ביה "ממשקה ישראל"! ואפשר דלא ממעטינן "ממשקה ישראל" אלא דומיא דערלה וכלאי הכרם, שלא היה להם שעת הכושר, כדאמר פ"ק דמנחות (דף ו.), והילכך אפילו לכפרה מותרות. דאי משום הנאה – מצות לאו ליהנות ניתנו. ג]ול"ע: בבהמת עיר הנדחת, אם עבר והקדישה והקריבה, אם הוא קרבן כשר, כיון *דלשרפה קיימא.

**שלא** יזווג לה אחר. ל"ע: היאך משמע זה מ"טהורות". וא"ת: ו"חיות" ל"ל? וי"ל: דרבה ורב נחמן בר יצחק לא פליגי אהדדי, ותרי מיעוטי, חד למר וחד למר.

**לצפרים** שהחליפן בעבודה זרה. כאן נמי נ"ל לכפרה כשרות. דאל"כ, תיפוק ליה מדתני דבי רבי ישמעאל. ומשום הכי נקט שהחליפם בעבודה זרה, אבל לפרים הנעבדים – פשיטא דאסורין, דאין ראוין לכפרה. הכי

**עין משפט נר מצוה**

טו א מיי' פ"ג מהל' שחיטה הל' יא טוש"ע י"ד סי' רצב סעיף א:

טז ב מיי' שם הל' ט טוש"ע שם סעיף ז:

**שיטה מקובצת**

א] רב פפא אמר לצפרים שהחליפם בעבודת כוכבים דכתיב והיה כצ"ל:

**הגהות מהר"ב רנשבורג**

א] בגמ' דמצורע ולעבור עליו בעשה. נ"ב מיי' פי"א מהלכות טומאת צרעת הל' ז: ב] שם אלא לשחיטה וכו' אלא לשילוח וכו' לצפורים שהחליפו וכו' הכא במאי עסקינן בעוף שהרג וכו'. נ"ב עי' לעיל מיי' פי"א שם הל' ז' ח' וע"ש במל"מ הל' ח: ג] תוס' ד"ה למעוטי וכו' ול"ע וכו'. נ"ב עי' שער המלך פ"ד מהל' גירושין סוף הל' כ:

**הגהות הב"ח**

(א) גמ' מכלל דאיכא דלאו חיות: (ב) שם פ"ק מסיפא טהורות לאו מכלל דאיכא: (ג) שם רב פפא אמר לצפרים שהחליפן בעבודה זרה כצ"ל ותיבת בצפורי נמחק:

**מסורת הש"ס**

[לפי' הרש"ל נ"ל הטהורים הס"ד ואח"כ מה"ד לאו טרפה והא כו']

[קדושין נז.]

[לעיל קטו. וש"נ]

[לעיל מב. וש"נ]

כריתות כה. ע"ש קדושין נז.

[לעיל קטו. יומא סז: קדושין נז:]

[והרש"ל מוחק תיבות בצפורי וכתב שצ"ל שהחליפן בעבודה זרה דכתיב וכו' וכ"ה רק"ל וכ"נ מתוס' ד"ה לצפרים]

[לעיל קלח:]

[נ"ל ולקיש וכ"ה בילקוט]

[illegible]

[קדושין נח. ע"ז נב: תמורה לג:]

דיבור זה וגם דיבור שאחר זה המתחיל קורא זכר לית להו שייכות להכא בסוגיא ועל כרחך דשייכא לעיל במשנה קלח: ועי' בפרש"י דלעיל וקצת צריך תיקון

אִם כֵּן, "צִפּוֹר" לְמַעוּטֵי עוֹף טָמֵא ל"ל? וְהָתַנְיָא: אִם אֶפְרוֹחִין טְרֵפָה – חַיָּיב בְּשִׁילּוּחַ! אָמַר אַבַּיֵי: הָכִי קָאָמַר, אֶפְרוֹחַ שֶׁאִמָּן טְרֵפָה – חַיָּיב בְּשִׁילּוּחַ. בָּעֵי רַב הוֹשַׁעְיָא: א] הוֹשִׁיט יָדוֹ לַקֵּן וְשָׁחַט מִיעוּט סִימָנִים, מַהוּ? מִי אָמְרִינַן כֵּיוָן דְּאִילּוּ שָׁבֵיק לְהוּ מִטְרְפִי, בְּעֵינַן "לָךְ" – וְלֹא לְכַלְבְּךָ, אוֹ דִלְמָא: כֵּיוָן דְּבִידוֹ לִגְמוֹר שְׁחִיטָה, "תִּקַּח לָךְ" קָרֵינָא בֵּיהּ – וְחַיָּיב בְּשִׁילּוּחַ? תֵּיקוּ. בָּעֵי ר' יִרְמְיָה: מַטְלִית מַהוּ שֶׁתָּחוּץ? כְּנָפַיִם מַהוּ שֶׁיָּחוּצוּ? בֵּיצִים מוּזָרוֹת מַהוּ? שְׁנֵי סִדְרֵי בֵיצִים זוֹ עַל גַּב זוֹ מַהוּ? זָכָר עַל גַּבֵּי בֵּיצִים וּנְקֵבָה עַל גַּבֵּי זָכָר מַהוּ? תֵּיקוּ. בָּעֵי ר' זֵירָא: יוֹנָה עַל בֵּיצֵי תַסִּיל מַהוּ? תַּסִּיל עַל בֵּיצֵי יוֹנָה מַהוּ? אָמַר אַבַּיֵי, ת"ש: עוֹף טָמֵא רוֹבֵץ עַל בֵּיצֵי עוֹף טָהוֹר, וְטָהוֹר רוֹבֵץ עַל בֵּיצֵי עוֹף טָמֵא – פָּטוּר מִשִּׁילּוּחַ, הָא טָהוֹר וְטָהוֹר חַיָּיב! דִּלְמָא בְּקוֹרֵא.§ "קוֹרֵא זָכָר רַבִּי אֱלִיעֶזֶר מְחַיֵּיב וַחֲכָמִים פּוֹטְרִין".§ אָמַר רַבִּי אַבָּהוּ: מַאי טַעְמָא דְּרַבִּי אֱלִיעֶזֶר – אָתְיָא דְּגִירָה דְּגִירָה, כְּתִיב הָכָא: °"קוֹרֵא דָגַר וְלֹא יָלָד", וּכְתִיב הָתָם: °"וּבָקְעָה וְדָגְרָה בְצִלָּהּ". (ירמיה יז) (ישעיהו לד) אָמַר ר"א: מַחְלוֹקֶת בְּקוֹרֵא זָכָר, אֲבָל בְּקוֹרֵא נְקֵבָה דִּבְרֵי הַכֹּל חַיָּיב. פְּשִׁיטָא, "קוֹרֵא זָכָר" תְּנַן! מַהוּ דְּתֵימָא: רַבָּנַן – אֲפִילּוּ קוֹרֵא נְקֵבָה פָּטְרִי, וְהָא דְּקָתָנֵי זָכָר – לְהוֹדִיעֲךָ כֹּחוֹ דְּרַבִּי אֱלִיעֶזֶר, קָמַשְׁמַע לָן. (א) וְאָמַר רַבִּי אֶלְעָזָר: מַחְלוֹקֶת בְּקוֹרֵא זָכָר, אֲבָל בְּזָכָר דְּעָלְמָא – דִּבְרֵי הַכֹּל פָּטוּר. פְּשִׁיטָא, "קוֹרֵא זָכָר" תְּנַן! מַהוּ דְּתֵימָא: רַבִּי אֱלִיעֶזֶר – אֲפִי' זָכָר דְּעָלְמָא מְחַיֵּיב, וְהַאי דְּקָתָנֵי "קוֹרֵא זָכָר" – לְהוֹדִיעֲךָ כֹּחָן דְּרַבָּנַן, קמ"ל. תַּנְיָא נַמִּי הָכִי: זָכָר דְּעָלְמָא – פָּטוּר, קוֹרֵא זָכָר, ר"א מְחַיֵּיב, וַחֲכָמִים פּוֹטְרִין.§

**מתני'** הָיְתָה מְעוֹפֶפֶת, בִּזְמַן שֶׁכְּנָפֶיהָ נוֹגְעוֹת בַּקֵּן – חַיָּיב לְשַׁלֵּחַ, אֵין כְּנָפֶיהָ נוֹגְעוֹת בַּקֵּן – פָּטוּר מִלְּשַׁלֵּחַ. אֵין שָׁם אֶלָּא אֶפְרוֹחַ אֶחָד אוֹ בֵּיצָה אַחַת – חַיָּיב לְשַׁלֵּחַ, שֶׁנֶּאֱמַר: "קַן" – קַן מִכָּל מָקוֹם. הָיוּ שָׁם אֶפְרוֹחִים מַפְרִיחִים אוֹ בֵיצִים מוּזָרוֹת – פָּטוּר מִלְּשַׁלֵּחַ, שֶׁנֶּאֱמַר: °"וְהָאֵם רוֹבֶצֶת עַל הָאֶפְרוֹחִים אוֹ עַל הַבֵּיצִים". (דברים כב) מָה אֶפְרוֹחִים – בְּנֵי קַיָּימָא, אַף בֵּיצִים – בְּנֵי קַיָּימָא, יָצְאוּ מוּזָרוֹת. וּמָה הַבֵּיצִים – צְרִיכִין לְאִמָּן, אַף הָאֶפְרוֹחִין – צְרִיכִין לְאִמָּן, יָצְאוּ מַפְרִיחִין.§

**גמ'** תָּנוּ רַבָּנַן: "רוֹבֶצֶת" – וְלֹא מְעוֹפֶפֶת, יָכוֹל אֲפִי' כְּנָפֶיהָ נוֹגְעוֹת בַּקֵּן? ת"ל: "רוֹבֶצֶת", מַאי תַּלְמוּדָא? מִדְּלָא כְּתִיב "יוֹשֶׁבֶת". אָמַר רַב יְהוּדָה אָמַר רַב: הָיְתָה יוֹשֶׁבֶת בֵּין שְׁנֵי רוֹבְדֵי אִילָן, רוֹאִים, כֹּל שֶׁאִם תִּשָּׁמֵט נוֹפֶלֶת עֲלֵיהֶם – חַיָּיב לְשַׁלֵּחַ, וְאִם לָאו – פָּטוּר. *מֵיתִיבֵי: הָיְתָה יוֹשֶׁבֶת בֵּינֵיהֶן – פָּטוּר מִלְּשַׁלֵּחַ, עַל גַּבֵּיהֶן – חַיָּיב לְשַׁלֵּחַ. הָיְתָה מְעוֹפֶפֶת, אֲפִי' כְּנָפֶיהָ נוֹגְעוֹת בַּקֵּן – פָּטוּר מִלְּשַׁלֵּחַ. מַאי לָאו עַל גַּבֵּיהֶן דּוּמְיָא דְּבֵינֵיהֶן, מַה בֵּינֵיהֶן – דְּנָגְעָה בְּהוּ, אַף עַל גַּבֵּיהֶן – דְּנָגְעָה בְּהוּ, אֲבָל רוֹבְדֵי אִילָן – פָּטוּר! לָא, עַל גַּבֵּיהֶן דּוּמְיָא דְּבֵינֵיהֶן, מַה בֵּינֵיהֶן – דְּלָא נָגְעָה עֲלַיְיהוּ, אַף עַל גַּבֵּיהֶן – דְּלָא נָגְעָה עֲלַיְיהוּ, וְהַיְינוּ רוֹבְדֵי אִילָן. ה"נ מִסְתַּבְּרָא, דְּאִי סָלְקָא דַּעְתָּךְ רוֹבְדֵי אִילָן פָּטוּר, אַדְּתָנֵי "הָיְתָה מְעוֹפֶפֶת, אֲפִי' כְּנָפֶיהָ נוֹגְעוֹת בַּקֵּן – פָּטוּר מִלְּשַׁלֵּחַ" לִיתְנֵי רוֹבְדֵי אִילָן וְכ"ש מְעוֹפֶפֶת! מְעוֹפֶפֶת אִיצְטְרִיךְ לֵיהּ, דַּאֲפִי' כְּנָפֶיהָ נוֹגְעוֹת בַּקֵּן – פָּטוּר מִלְּשַׁלֵּחַ. וְהָאֲנַן תְּנַן: בִּזְמַן שֶׁכְּנָפֶיהָ נוֹגְעוֹת בַּקֵּן – חַיָּיב לְשַׁלֵּחַ! אָמַר ר' יִרְמְיָה: כִּי קָתָנֵי מַתְנִיתָא – בְּנוֹגֵעַ מִן הַצַּד. אִיכָּא דְּאָמְרִי, לֵימָא מְסַיֵּיעַ לֵיהּ: הָיְתָה יוֹשֶׁבֶת בֵּינֵיהֶן – פָּטוּר מִלְּשַׁלֵּחַ, עַל גַּבֵּיהֶן – חַיָּיב לְשַׁלֵּחַ, הָיְתָה מְעוֹפֶפֶת אֲפִי' כְּנָפֶיהָ נוֹגְעוֹת בַּקֵּן – פָּטוּר מִלְּשַׁלֵּחַ, מַאי לָאו עַל גַּבֵּיהֶן דּוּמְיָא דְּבֵינֵיהֶן, מַה בֵּינֵיהֶן – דְּלָא נָגְעָה עֲלַיְיהוּ, אַף עַל גַּבֵּיהֶן – דְּלָא נָגְעָה עֲלַיְיהוּ, וְהַיְינוּ רוֹבְדֵי אִילָן. לָא, עַל גַּבֵּיהֶן דּוּמְיָא, דְּבֵינֵיהֶן, מַה בֵּינֵיהֶן – דְּנָגְעָה בְּהוּ, אַף עַל גַּבֵּיהֶן – דְּנָגְעָה בְּהוּ, אֲבָל רוֹבְדֵי אִילָן – פָּטוּר. אִי הָכִי, אַדְּקָתָנֵי סֵיפָא "הָיְתָה מְעוֹפֶפֶת, אֲפִי' כְּנָפֶיהָ נוֹגְעוֹת בַּקֵּן – פָּטוּר", לִיתְנֵי

---

**הכי** גרסינן. וכן נמצא בספר ישן: "והתניא, אם אפרוח טרפה – חייב". וקא סלקא דעתך ד"טרפה" קאי א"אפרוח". ומשני: "הכי קאמר: אפרוח שאמו טרפה". אבל בספרים דגרסי: "אפרוחים טריפות" אינו מיושב. **שני** סדרי ביצים זה על גב זה מהו. פי': אי הוי חציצה, ויכול ליקח התחתונים קודם שילוח. ואי לא הויא חציצה – אסור ליקח עד שישלח, כדאמרינן לקמן. **מה** בינייהו דלא נגע עלייהו. תימה: הא דמחייב לעיל ברובדי אילן, היכי מיירי? אי אפילו בלא נגע מן הצד כלל – מאי משני הכא: "אף על גביהן, דלא נגעה עלייהו, והיינו רובדי אילן", משמע: הא מן הצד נגעה, אכתי תקשה: דהא חייב ברובדי אילן לעיל, אע"ג דלא נגעה כלל? ואי לא מחייב לעיל אלא בנוגעה מן הצד דוקא – אם כן, מאי קאמר בסמוך: "מעופפת איצטריכא ליה, דאפילו כנפיה נוגעות בקן", כיון דהוא נוגעים במן הצד, אכתי תקשה: ליתני רובדי אילן, וכ"ש מעופפת, דהא ברובדי אילן מיירי נמי בנוגעים מן הצד! לא

---

תורה אור

א"כ. דְּאָמַן נַמִּי מַקְשֵׁה לְהוּ וּמ"תִּקַּח לָךְ" וְלֹא לְכַלְבְּךָ מְמַעֵט הָאֵם כְּמוֹ הָאֶפְרוֹחִים, אִם טְמֵאָה נַמִּי מֵהָאֵם מִימַעֵט. וְהָתַנְיָא אִם אֶפְרוֹחִים טְרֵפָה חַיָּיב לְשַׁלֵּחַ. קס"ד דה"ק: אֵימָן שֶׁל אֶפְרוֹחִים שֶׁהֵן טְרֵפוֹת, וְהָאֵם כְּשֵׁרָה – חַיָּיב לְשַׁלֵּחַ, וְלָא דָּרְשִׁינַן "תִּקַּח לָךְ" וְלֹא לְכַלְבְּךָ. מִיעוּט סִימָנִים. שֶׁל אֶפְרוֹחִין תַּחַת הָאֵם. מַהוּ. לְחַיְּיבוֹ בְּשִׁלּוּחַ הָאֵם: כֵּיוָן שֶׁבְּיָדוֹ לִגְמוֹר אֶת הַשְּׁחִיטָה – "תִּקַּח לָךְ" קָרֵינָא בֵּיהּ, וְחַיָּיב לְשַׁלֵּחַ. אוֹ דִילְמָא, הַשְׁתָּא מֵיהָא כָּל זְמַן שֶׁלֹּא גָמַר בָּהֶם סִימָנִים – פָּטוּר מִלְּשַׁלֵּחַ, וְנוֹטֵל אֶת הָאֵם בְּהֶיתֵּר, וְאח"כ גּוֹמֵר שְׁחִיטָה. מַטְלִית. פְּרוּסָה עַל הַבֵּיצִים, וְהָאֵם רוֹבֶצֶת עָלֶיהָ, מִי הָוְיָא חֲצִיצָה דְּלָא לִיבָּעֵי שִׁלּוּחַ, דְּלָא קָרֵינָא בֵּיהּ "רוֹבֶצֶת", אוֹ לָא? כְּנָפַיִם. נוֹצָה תְּלוּשָׁה. בֵּיצִים מוּזָרוֹת. שֶׁאֵין אֶפְרוֹחַ בָּא מֵהֶן, כִּדְאָמְרִי' בְּמַתְנִי' דְּלָא מִיחַיְּיבֵי בְּשִׁלּוּחַ. מַהוּ שֶׁיָּחוּצוּ. אִם תִּמְצָא לוֹמַר בֵּיצִים מוּזָרוֹת חוֹצְצִים – ב' סִדְרֵי בֵיצִים בְּנֵי קַיָּימָא זֶה ע"ג זֶה מַהוּ? אִם נִתְכַּוֵּין לִיטּוֹל הַתַּחְתּוֹנִים – מִי הָווּ אֶמְצָעִים חֲצִיצָה וּפָטוּר מִלְּשַׁלֵּחַ אוֹ לָא? זָכָר לָאו בַּר שִׁלּוּחַ הוּא, כִּדְאָמְרִינַן לְקַמָּן: אֲבָל זָכָר דִּבְרֵי הַכֹּל פָּטוּר, דְּהָא "אֵם" כְּתִיב. וּבְקוֹרֵא הוּא דִּמְחַיֵּיב ר' אֱלִיעֶזֶר, מִשּׁוּם דִּכְתִיב בֵּיהּ דְּגִירָה, כִּדְלְקַמָּן. תַּסִּיל. עוֹף טָהוֹר, *וְדוֹמֶה לְיוֹנָה. דִּלְמָא. הָא דְּתָנֵי בְּטָהוֹר וְטָהוֹר חַיָּיב – בְּקוֹרֵא נְקֵבָה, דְּמִנְהָגוֹ בְּכָךְ. וּמוֹדוּ בְּקוֹרֵא נְקֵבָה, אַף עַל פִּי' אֵין הַבֵּיצִים שֶׁלָּהּ, כִּדְלְקַמָּן. דְּהוֹאִיל וְדַרְכָּהּ הוּא לְגַדְּלָן – "וְהָאֵם רוֹבֶצֶת" קָרֵינָא בֵּיהּ. וְכִי רוֹבֶצֶת עַל בֵּיצַת עוֹף טָמֵא פָּטוּר, דִּכְתִיב: "תִּקַּח לָךְ" וְלֹא לְכַלְבְּךָ, אֲבָל עוֹף אַחֵר – בָּטְלָה דַּעְתּוֹ, וְאֵינָהּ בְּשִׁלּוּחַ. וּבָקְעָה וְדָגְרָה. מַה הָתָם דְּגִירָה מַעֲלְיָא, דְּמִינוֹ מִשְׁתָּעֵי קְרָא, אַף הָכָא דְּגִירָה מַעֲלְיָא. ב] אֲבָל הַקּוֹרֵא נְקֵבָה, אֲפִילּוּ אֵין הַבֵּיצִים שֶׁלָּהּ – חַיָּיב לְשַׁלֵּחַ, דְּ"הָאֵם" קָרֵינָא בֵּיהּ, הוֹאִיל וּמִנְהָגוֹ בְּכָךְ. אֲבָל זָכָר דְּעָלְמָא – דִּבְרֵי הַכֹּל פָּטוּר, "וְהָאֵם רוֹבֶצֶת" כְּתִיב, וְלֹא "הָאָב רוֹבֵץ". וּבְקוֹרֵא הוּא דִּמְחַיֵּיב ר' אֱלִיעֶזֶר, מִשּׁוּם דִּכְתִיב בֵּיהּ דְּגִירָה, לָא שְׁנָא זָכָר וְל"ש נְקֵבָה. כֹּחָן דְּרַבָּנַן. דַּאֲפִילּוּ בְּקוֹרֵא פָּטְרִי, אִי לָאו דִּנְקֵבָה הִיא, אע"ג דִּכְתִיב בֵּיהּ דְּגִירָה "אֵם" בָּעֵינַן, וְלֹא זָכָר. **מתני'** מַפְרִיחִים. גְּדוֹלִים. **גמ'** הָיְתָה יוֹשֶׁבֶת בֵּין שְׁנֵי רוֹבְדֵי אִילָן. וְהַבֵּיצִים תַּחְתֶּיהָ, אֲבָל הָעֲנָפִים סוֹמְכִים וּמַגְבִּיהִים אוֹתָהּ בָּאֲוִיר. כֹּל. שֶׁאִילּוּ יִדָּחֶה זֶה מִזֶּה תִּשָּׁמֵט הָאֵם וְתִפּוֹל עֲלֵיהֶן – חַיָּיב, וְאִם נוֹפֶלֶת לִצְדָדִין – פָּטוּר. בֵּינֵיהֶן. בֵּיצָה מִכָּאן וּבֵיצָה מִכָּאן. אֲפִילּוּ כְּנָפֶיהָ נוֹגְעוֹת *בָּהֶן פָּטוּר. וּלְקַמָּן מְפָרֵשׁ לָהּ, (ג) מִן הַצַּד. מַה בֵּינֵיהֶן אֲפִילּוּ נָגְעָה בָּהֶן. וְאַשְׁמוּעִינַן פָּטוּר דְּ"עַל" בָּעֵינַן. אַף עַל גַּבֵּיהֶן. דְּקָתָנֵי "חַיָּיב" – כְּדְנָגְעָה בְּהוּ. וּמַתְנִי' לֵיכָּא לְאוֹתוּבֵי א] אַדְּרַב דְּבָעֵי נוֹגְעִים, מִשּׁוּם דְּמַתְנִיתִין בִּמְעוֹפֶפֶת, הָא בֵּין שְׁנֵי רוֹבְדֵי אִילָן – "רוֹבֶצֶת" קָרֵינָא בֵּיהּ. מַה בֵּינֵיהֶן דְּלָא נָגְעָה עֲלַיְיהוּ אַף עַל גַּבֵּיהֶן דְּלָא נָגְעָה עֲלַיְיהוּ. מִלְּעֵיל, וְשׁוּב אֵין כָּאן נְגִיעָה. דְּאִי נַמִּי נָגְעָה מִן הַצְּדָדִין – אֵינָהּ נְגִיעָה, דְּ"עַל" בָּעֵינַן, וַאֲפִילּוּ הָכִי קָתָנֵי "חַיָּיב", הוֹאִיל וַעֲלֵיהֶן רוֹבֶצֶת. לִיתְנֵי רוֹבְדֵי אִילָן. וְאע"ג דְּיוֹשֶׁבֶת בִּמְקוֹמָהּ תַּחְתֶּיהָ דְּפָטוּר, וְכ"ש מְעוֹפֶפֶת דְּאֵינָהּ רוֹבֶצֶת. מִן הַצַּד. שֶׁנּוֹגַעַת בְּצִדֵּיהֶן, וְלֹא עַל גַּבֵּיהֶן. אַף עַל גַּבֵּיהֶן דְּלָא נָגְעָה עֲלַיְיהוּ. וְשׁוּב אֵין כָּאן נְגִיעָה. וַאֲפִילּוּ הָכִי, הוֹאִיל וְיוֹשֶׁבֶת – חַיָּיב, דְּ"רוֹבֶצֶת" קָרֵינָא בֵּיהּ. מַה בֵּינֵיהֶן דְּנָגְעָה בְּהוּ. דְּלָא לַאֲשְׁמוּעִינַן. אַף עַל גַּבֵּיהֶן דְּנָגְעָה בְּהוּ. מִלְּמַעְלָה.

לִיתְנֵי

---

יז א מיי' פי"ג מהלכות שחיטה הל' יב טוש"ע י"ד סי' רצב סעיף ז:

יח ב מיי' שם הל' יג יד ועי' בכ"מ טוש"ע שם סעיף ט:

יט ג מיי' שם הל' יא טוש"ע שם סעיף י:

כ ד מיי' שם הלכה י טוש"ע שם סעיף ז:

כא ה מיי' שם הל' יג טוש"ע שם סעיף יא:

כב ו מיי' שם הל' ז טוש"ע שם סעיף ח:

כג ז מיי' שם הלכה ט טוש"ע שם סעיף ה:

כד ח מיי' שם הל' טז טוש"ע שם סעיף יג:

[כדאיתא לעיל סב.]

### הגהות הב"ח

(א) גמ' להודיעך כחו דר' אליעזר קמ"ל (ואמר ר' אלעזר) תא"מ ונ"ב ס"א איכא דאמרי אמר ר"א: (ב) רש"י ד"ה אפי' וכו' מפרש לה בנוגעות מן הצד:

[תוספתא פ"י ע"ש]

נ"ל בקן

### שיטה מקובצת

א] וממתניתין ליכא לאותובי עלה דרב:

### הגהות מהר"ב רנשבורג

א] גמ' הושיט ידו לקן ושחט מיעוט סימנין. נ"ב עי' ש"ך בי"ד סי' רצ"ב ס"ק ט"ו ועוד נלע"ד די"ל בגרגרת דכשר עד שנפסק רובו ומה דאמר בעל האבעיא כיון דאילו שביק להו מטרפי וכו' ר"ל שהעוף ע"י הכאב מתנענע והולך עד שיפסק רובו כנלע"ד: ב] רש"י ד"ה ובקעה ודגרה וכו' דגירה מעליא. כאן הס"ד ואח"כ מה"ד אבל בקורא נקבה וכו' ומנהגו בכך כאן הס"ד ואח"כ מה"ד אבל זכר וכו' ובקורא הוא וכו' כצ"ל:

ליתני רובדי אילן. אע"ג דדמיא לרבילה, וכ"ש מעופפת. ה"ג: א"כ ליכתוב והאם רובצת עליהן. לאקושי אפרוחין לביצים. למפטר מפריחים. וביצים לאפרוחים. למפטר מוזרות, ועל כרחך "קן" מ"מ — לרבות בילה אחת, ו"אפרוחים" ו"בילים" — אורחיה דקרא הוא למינקט רבים, כרוב קנים. **מתני'** נטל את הביצים ואח"כ חזרה האם עליהם פטור מלשלח. דכיון דנטל את הבילים, הוה ליה קן מזומן. **גמ'** ואימא. "תשלח" לאתויי עוד פעם שניה, ותו לא? א"ל שלח לעולם משמע. ורבוי ד"תשלח" להכי הוא דאתא. אין לי. דצריך שלוח אלא לדבר הרשות. לדבר מצוה. כגון קן יולדת וטהרת מצורע מנין? ת"ל: "תשלח". הא לאו הכי ה"א לדבר מצוה. לא בעי שלוח, והא שלוח עשה ול"ת הוא, "תשלח" ו"לא תקח", ואין עשה של "ולקח למטהר" דוחה את שניהם! לא צריכא דעבר ושקליה. ואשמועינן דחוזר ומשלח. ואי לא רבי דבר מצוה, ה"א דהיכא דעבר ונטלה, דכבר עבר על לאו ד"לא תקח", תו לא קאי בחפיה עשה דטהרת מצורע אלא עשה דשלוח. דאכתי ב"עמוד ושלח" קאי, ואימא לידחייה. ולקמן פריך: מאי אולמיה דעשה דמצורע מעשה דשילוח, דנימא דנידחייה, דאיצטריך לרבויי. דלאו עבריה. הלאו כבר עבר עליה. הניחא למאן דתני. במסכת מכות (דף טו.). קיימו ולא קיימו. כל מצות ל"ת שיש בה קום עשה, כגון זה שניתק הלאו לעשה, דמשמע: לא תקח, ואם *לקחה קיים עשה שבה, כשהתרו בו "לא תקח!", ולקחה, ושלחה בתוך כדי דבור של התראה פטור, ואע"פ שעבר על "לא תקח". דלכך נתקו לעשה, לומר: אם עברת על אזהרה זו, עשה זה והפטר. לא קיים עשה שבה תוך כדי דבור, דקי"ל: תכ"ד כדבור דמי — כי עבר על התראה, חייב, אפילו שלחה אחר זמן. הכא נמי איכא למימר: עבריה ללאו משלקחה ולא שלחה, והשתא עשה הוא דאיכא. ס"ד אמינא: ליתי עשה ולידחי עשה, להכי איצטריך קרא. אלא למאן דתני בטלו ולא בטלו. בטל עשה שבה לגמרי, שאין יכול לקיימו עוד, כגון ששחטה — חייב. לא בטל עשה שבה — כל זמן שלא שחטה, אע"פ שלא שלח מיד כשהתרו בו, פטור. וה"נ כל זמן שלא שחטה — לא עבריה ללאו, דב"עמוד ושלח והפטר" קאי. ואכתי לאו ועשה הוא, ולא בעי קרא כלל לדבר מצוה, ואנא ידענא, דאין עשה דוחה את לא תעשה ועשה. ותו לרבי יהודה דאמר. במתני': לוקה ואינו משלח, ואמר לקמן דהיינו טעמא דרבי יהודה, דקסבר: "שלח" — מעיקרא משמע. כלומר, לא תקח האם, אבל כשתמצאנה שלחנה. ואם לקחה — לא קאמר קרא דלשלחה. הא תו ליכא לאוקמא כשעבר ונטלה, דהא אפילו לדבר הרשות עשה ליכא, ולא בעי שילוח, דכיון דנטלה עבריה ללאו ועשה, דלאו ב"עמוד ושלח" קאי. על מנת לשלחה. ואפילו לרבי יהודה ב"עמוד ושלח" קאי, דהא לא עבריה ללאו. ואי נמי לא משלחה, תו ליכא לאו, דהא כבר לקחה בהיתר, ותו לא קרינא ביה "לא תקח", ועשה איכא. וס"ד: ליתי עשה דמצורע ולידחייה, להכי איצטריך קרא. ומאי אולמיה דעשה. דמצורע מעשה דשלוח, דתיסק אדעתיה דנדחייה? ימחה על המים. פרשת סוטה יש בה הזכרות הרבה כתובות. אסור בתשמיש המטה. כמאן דאמר במועד קטן (דף ז:): ימי ספירו, וקל וחומר לימי חלוטו. אהלו זו אשתו. "שובו לכם לאהליכם", לנשותיכם שאסרתים לכם ואמרתי "אל תגשו אל אשה" (שמות יט). **מתני'** טעמא דרבי יהודה דלוקה מפרש בגמרא. ואינו משלח. דאיסור דעבד עבד. אין לוקין עליו. דלהכי נתקו לעשה, לומר: אם עבר על הלאו, יעשה זאת וינצל. "לא תקח האם", ואם לקח — "שלח תשלח". זה הכלל וכו' אין לוקין עליו. אלא אם כן לא קיימו תוך כדי דבור, למאן דתני קיימו ולא קיימו, אלא משלח תוך כדי דבור, ואינו לוקה. ואם לא שלח — לוקה, וצריך לשלח, אחר לקיחה משמע. ולמאן דתני בטלו ולא בטלו בעי עד שישחוט אותה, ואי לא — לא לקי. **גמ'** בעלמא. כגון "לא תגזול" "והשיב את הגזלה", דהתם ליכא למימר קודם גזילה משמע, דאם לא גזל מה ישיב! שלח מעיקרא משמע. הכי קאמר קרא: "לא תקח האם", אבל מה יש עליך לעשות כשתמצא קן? "שלח תשלח את האם". ואין כאן ניתק לעשה אלא עברת עשה ולא תעשה, מפני שהעשה קדם. והשיב את הגזלה. אף על פי שכתוב אחרון בפרשה, על כרחך לאו שניתק לעשה הוא, שאין השבה קודם גזילה, וכשגזל עבר על "לא תגזול". נמצא העשה נלטוה לאחר גזילה.

רבי

---

ליתני "רובדי אילן", וכ"ש מעופפת! מעופפת איצטריך ליה, דאפי' כנפיה נוגעות בקן — פטור מלשלח. והאנן תנן: בזמן שכנפיה נוגעות בקן — חייב לשלח! אמר רב יהודה: כי קתני מתניתין — בנוגע מן הצד.§ "אין שם *אפרוח" וכו'.§ א"ל ההוא מרבנן לרבא: אימא איפכא, אין שם (א) אפרוח אלא אחד או ביצה אחת — פטור מלשלח, דבעינן "אפרוחים או ביצים" וליכא. היו שם אפרוחים מפריחים או ביצים מוזרות — חייב לשלח, שנאמר "קן" — קן מכל מקום! אם כן, נכתוב קרא "והאם רובצת עליהם", מאי "והאם רובצת על האפרוחים או על הביצים" — לאקושי אפרוחים לביצים, וביצים לאפרוחים.§ **מתני'** שלחה וחזרה, אפי' ארבעה וחמשה פעמים — חייב, שנאמר: "שלח תשלח את האם". אמר "הריני נוטל את האם, ומשלח את הבנים" — חייב, שנאמר: "שלח תשלח את האם". *נטל את הבנים והחזירן *לה, ואח"כ חזרה האם עליהן — פטור מלשלח.§ **גמ'** א"ל ההוא מרבנן לרבא, *ואימא: "שלח" — חדא זימנא, "תשלח" — תרי זימני! א"ל: "שלח" — אפילו מאה פעמים, "תשלח" — אין לי אלא לדבר הרשות, לדבר מצוה מנין? ת"ל: "תשלח" — מכל מקום. א"ל ר' אבא בריה דרב יוסף בר רבא לרב כהנא: אלא טעמא דכתב רחמנא "תשלח", הא לאו הכי הוה אמינא לדבר מצוה — לא? עשה ולא תעשה הוא, ואין עשה דוחה לא תעשה ועשה! לא צריכא, דעבר ושקלה לאם, דלאו עבריה, עשה הוא דאיכא, ליתי עשה ולידחי עשה, קמ"ל. הניחא למאן *דתני קיימו ולא קיימו, אלא למאן דתני בטלו ולא בטלו, כמה דלא קטלה — לא עבריה ללאו! ותו, לר' יהודה דאמר "שלח" — מעיקרא משמע, אפי' עשה נמי ליכא! אלא אמר מר בר רב אשי: כגון שנטלה על מנת לשלח, דלאו — ליכא, עשה הוא דאיכא, וליתי עשה ולידחי עשה. (ב) מאי אולמיה דהאי עשה מהאי עשה? סלקא דעתך, הואיל ואמר מר: *גדול שלום שבין איש לאשתו, שהרי אמרה תורה: שמו של הקב"ה שנכתב בקדושה ימחה על המים, והאי מצורע כיון דחכמה דלא מטהר — אסור בתשמיש המטה, דכתיב: "וישב מחוץ לאהלו שבעת ימים", "אהלו" — זו אשתו, מכאן שאסור בתשמיש המטה.א] מהו דתימא: כיון דאסור בתשמיש המטה, ליתי עשה דידיה ולידחי עשה דשלוח הקן, קמ"ל.§ **מתני'** *הנוטל אם על הבנים — ר' יהודה אומר: לוקה ואינו משלח, וחכמים אומרים: משלח ואינו לוקה. זה הכלל: כל מצות לא תעשה שיש בה קום עשה — אין לוקין עליה.§ **גמ'** בעי רבי אבא בר ממל: טעמא דרבי יהודה משום דסבר לאו שניתק לעשה — לוקין עליו, או דלמא: בעלמא סבר לאו שניתק לעשה — אין לוקין עליו, והכא היינו טעמא, משום דקסבר "שלח" — מעיקרא משמע? תא שמע: גנב וגזלן ישנן בכלל מלקות, דברי רבי יהודה. והא הכא, דלאו שניתק לעשה הוא, דרחמנא אמר "לא תגזול", "והשיב את הגזלה", שמע מינה: טעמא דר' יהודה משום דקסבר לאו שניתק לעשה לוקין עליו! אמר ליה ר' זירא: לאו אמינא לכו, כל מתניתא דלא תניא בי רבי

---

**לא** צריכא דעבר ושקליה דלאו עבריה ב] כו'. מכאן קשה לפי' ריב"א בפ' "אלו עוברין" (פסחים דף מז:) דאמר: אחרישה לא ליחייב, הואיל וחזי לכסויי בהו דם לפור. והקשה: והא יום טוב עשה ולא תעשה הוא? ותירץ: דנהי דלא דחי, מיהו אם עבר על אותו לאו — אינו לוקה. דהא דלא דחי — היינו משום עשה, אבל הלאו כמאן דליתיה, דעשה דחי ליה. והכא משמע דכל זמן דלא עבר ושקלה איכא עשה ולא תעשה! וצריך לומר לפירושו: שמא דוקא לענין דלא לקי על אותו לאו, אבל לא מדחי ליה לגמרי.

אי

---

דברים כב | שם | ויקרא יד | שם יט | שם ה

[נ"ל אלא אפרוח]

[לעיל קלט.]

[נ"ל לקן כך איתא במשנה שבמשניות] ב"מ לא.

[מכות טו. טז.]

לקחה שלא קיים וכו' כנ"ל רש"ל

[שבת קטז. סוכה נג: נדרים סו: מכות יא.]

מכות טז. יז.

---

כה א ב ג מיי' פי"ג מהל' שחיטה הל' ה ו ז סמג עשין סה טוש"ע י"ד סי' רצב סעיף ה:

כו ד מיי' פי"א מהל' טומאת צרעת הל' ה:

כז ה מיי' פי"ג מהל' שחיטה הל' ח וע"ש סמג עשין סה טוש"ע י"ד סי' רצב סעיף ו:

כח ו מיי' פי"ח מהל' סנהדרין הל' ב:

---

הגהות מהר"ב רנשבורג

א] גמ' מהו דתימא כיון דאסור בתשמיש המטה. נ"ב עי' נזיר דף נח ע"ב בתוס' ד"ה הכ"ף וכו' ויעוש"ה בכסה"מ ד"מ בכס סוגיין לידחי ל"ת ועשה ול"ע דלכאן נאמר רק מלחייס עשה: ב] תוס' ד"ה לא צריכה דעבר ושקלה דלאו עבריה וכו'. נ"ב עי' על דבריהם ביבין שמועה כלל כ"ב דף פג ע"א:

הגהות הב"ח

(א) גמ' איפכא אין שם אלא אפרוח אחד: (ב) שם ומאי אולמיה:

כט א ב מיי' פי"ג מהל' שחיטה הל' ד סמג עשין סה טוש"ע י"ד סי' רצב סעיף ד:
ל ג מיי' שם הל' ח טוש"ע שם סעיף ב:
לא ד מיי' פ"ו מהלכות גזילה הל' ז סמג עשין פט טוש"ע ח"מ סי' שע סעיף ה:

רַבִּי חִיָּיא וּבֵי רַבִּי אוֹשַׁעְיָא — מְשַׁבַּשְׁתָּא הִיא, וְלָא תּוֹתְבוּ מִינָּהּ בֵּי מִדְרְשָׁא, דִּלְמָא "אֵינָהּ בִּכְלַל מַלְקוֹת אַרְבָּעִים" תַּנְיָא. ת"ש: דְּתָנֵי ר' אוֹשַׁעְיָא וְר' חִיָּיא: °"לֹא תָשׁוּב" — וְשַׁב, °"לֹא תְכַלֶּה" — וְכִלָּה, יֶשְׁנָן בִּכְלַל מַלְקוֹת אַרְבָּעִים, דִּבְרֵי רַבִּי יְהוּדָה. שְׁמַע מִינָּהּ: טַעְמֵיהּ דְּרַבִּי יְהוּדָה מִשּׁוּם דְּקָסָבַר לָאו שֶׁנִּיתַּק לַעֲשֵׂה — לוֹקִין עָלָיו! דִּלְמָא: הָתָם הַיְינוּ טַעַם דְּקָסָבַר "תַּעֲזוֹב" — מֵעִיקָּרָא מַשְׁמַע? א"ל רָבִינָא לְרַב אַשִׁי: ת"ש, *°"לֹא תוֹתִירוּ מִמֶּנּוּ עַד בֹּקֶר וגו' בָּאֵשׁ תִּשְׂרוֹפוּ" — בָּא הַכָּתוּב לִיתֵּן עֲשֵׂה אַחַר לֹא תַעֲשֶׂה, לוֹמַר לְךָ שֶׁאֵין לוֹקִין עָלָיו, דִּבְרֵי ר' יְהוּדָה. ש"מ: טַעְמָא דְּר' יְהוּדָה מִשּׁוּם דְּקָסָבַר "שַׁלֵּחַ" — מֵעִיקָּרָא מַשְׁמַע. ש"מ. א"ל רַב אִידִי לְרַב אַשִׁי: מַתְנִי' נַמִי דַּיְקָא, דְּקָתָנֵי: "הַנּוֹטֵל אֵם עַל הַבָּנִים — ר' יְהוּדָה אוֹמֵר: לוֹקֶה וְאֵין מְשַׁלֵּחַ". וְאִי ס"ד טַעְמָא דְּר' יְהוּדָה לָאו שֶׁנִּיתַּק לַעֲשֵׂה לוֹקִין עָלָיו, "לוֹקֶה וּמְשַׁלֵּחַ" מִבְּעֵי לֵיהּ! וְדִלְמָא הָכִי קָאָמַר בְּמַתְנִי': אֵין נִפְטָר — עַד דְּמַלְקִין לֵיהּ. עַד כַּמָּה מְשַׁלְּחָהּ? אָמַר רַב יְהוּדָה: אכְּדֵי שֶׁתֵּצֵא מִתַּחַת יָדוֹ. בַּמֶּה מְשַׁלְּחָהּ? רַב הוּנָא אָמַר: בְּרַגְלֶיהָ, רַב יְהוּדָה אָמַר: בַּאֲגַפֶּיהָ. רַב הוּנָא אָמַר בְּרַגְלֶיהָ, דִּכְתִיב: °"מְשַׁלְּחֵי רֶגֶל הַשּׁוֹר וְהַחֲמוֹר", רַב יְהוּדָה אָמַר *בַּאֲגַפֶּיהָ, דְּהָא כְּנָפֶיהָ נִינְהוּ. בהַהוּא דְּגַזְיִנְהוּ לְגַפָּהּ, וְשַׁלְּחָהּ, וְאח"כ °תְּפָשָׂהּ. נַגְדֵיהּ רַב יְהוּדָה. א"ל: זִיל רַבִּי לָהּ גַּדְפֵּיהּ, וְשַׁלְּחָהּ! כְּמַאן? אִי כְּר' יְהוּדָה — לוֹקֶה וְאֵין מְשַׁלֵּחַ! אִי כְּרַבָּנַן — מְשַׁלֵּחַ וְאֵין לוֹקֶה! לְעוֹלָם כְּרַבָּנַן, *וּמַכַּת מַרְדּוּת מִדְּרַבָּנַן. הַהוּא דַּאֲתָא לְקַמֵּיהּ דְּרָבָא, א"ל: תֵּימָה מַהוּ? אֲמַר: לָא יָדַע הַאי גַּבְרָא דְּעוֹף טָהוֹר חַיָּיב לְשַׁלּוּחֵי? אֲמַר לֵיהּ: דִּילְמָא חֲדָא בֵּיעֲתָא הוּא דְּרָמְיָא. אֲמַר לֵיהּ: הַאי יָדְעֵי לָךְ, מַתְנִיתִין הִיא: אֵין שָׁם אֶלָּא אֶפְרוֹחַ אֶחָד אוֹ בֵּיצָה אַחַת — חַיָּיב לְשַׁלֵּחַ. שַׁלְּחָהּ, וְאַהֲדַר לָהּ רָבָא פַּרְסְתְּקֵי וְתַפְסָהּ. וְלֵיחוּשׁ לַחֲשָׁדָא! כִּלְאַחַר יָד. *ת"ר: יוֹנֵי שׁוֹבָךְ וְיוֹנֵי עֲלִיָּיה — גחַיָּיבוֹת בְּשִׁלּוּחַ, דוַאֲסוּרוֹת מִשּׁוּם גָּזֵל, מִפְּנֵי דַּרְכֵי שָׁלוֹם. וְאִי אִיתָא לְהָא דְּאָמַר *ר' יוֹסֵי בַּר ר' חֲנִינָא: חֲצֵרוֹ שֶׁל אָדָם קוֹנָה לוֹ שֶׁלֹּא מִדַּעְתּוֹ, קְרֵי כָּאן "כִּי יִקָּרֵא" — פְּרָט לַמְּזוּמָּן! אָמַר *רַב: בֵּיצָה — עִם יְצִיאַת רוּבָּהּ הוּא דְּאִחַיַּיב בְּשִׁלּוּחַ, מִקְנָא לָא קָנֵי — עַד דְּתִפּוֹל לַחֲצֵרוֹ, וְכִי קָתָנֵי "חַיָּיבוֹת בְּשִׁלּוּחַ" — מִקַּמֵּי דְּתִפּוֹל לַחֲצֵרוֹ. אִי הָכִי, אַמַּאי אֲסוּרוֹת מִשּׁוּם גָּזֵל? אאֵם. וְאִיבָּעֵית אֵימָא: לְעוֹלָם אַבֵּיצָה, וּבֵיצָה כֵּיוָן דְּנָפִיק לֵיהּ רוּבָּא — דַּעְתֵּיהּ עֲלֵיהּ. וְהַשְׁתָּא דְּאָמַר רַב יְהוּדָה אָמַר רַב: אָסוּר לִזְכּוֹת בְּבֵיצִים שֶׁהָאֵם רוֹבֶצֶת עֲלֵיהֶן, שֶׁנֶּאֱמַר "שַׁלֵּחַ תְּשַׁלַּח אֶת הָאֵם" וַהֲדַר "הַבָּנִים תִּקַּח לָךְ", אֲפִי' תֵּימָא: אע"ג דִּנְפַל לַחֲצֵרוֹ, כָּל הֵיכָא דְּאִיהוּ מָצֵי זָכֵי — חֲצֵרוֹ נַמִי זָכְיָא, וְכָל הֵיכָא דְּאִיהוּ לָא מָצֵי זָכֵי — חֲצֵרוֹ נַמִי לָא זָכְיָא לֵיהּ. אִי הָכִי, אַמַּאי אֲסוּרוֹת מִפְּנֵי דַּרְכֵי שָׁלוֹם? אִי דְּשַׁלְּחָהּ — גָּזֵל מַעַלְיָא הוּא! אִי דְּלָא שַׁלְּחָהּ — שִׁלּוּחֵי בָּעֵי! בְּקָטָן. קָטָן בַּר דַּרְכֵי שָׁלוֹם הוּא? הָכִי קָאָמַר: אָבִיו שֶׁל קָטָן חַיָּיב לְהַחֲזִיר (א) לוֹ, מִפְּנֵי דַּרְכֵי שָׁלוֹם. לֵוִי בַּר סִימוֹן אַקְנֵי פֵּירוֹת שׁוּבְכוֹ לְרַב יְהוּדָה, אֲתָא לְקַמֵּיהּ דִּשְׁמוּאֵל, א"ל: °זִיל טְרוֹף אַקֵּן, *דְּלִיתַגְּבְהוּ, וּקְנִינְהוּ. לְמַאי? אִי לְמִקְנָא — לִקְנִינְהוּ לֵיהּ בְּסוֹדָר! אִי בְּיוֹם טוֹב — בְּעוֹמֵד

דברים כב | ויקרא יט | שמות יב | ישעיהו לב

**אי** כרבנן משלח ואינו לוקה. הוה מלי למימר דסבר קיימו ולא קיימו. הילכך, לוקה ומשלח אליבא דרבנן.

**אי** הכי אמאי אסורות משום גזל. מפורש בסוף "השואל" (ב"מ דף קב.).

## הדרן עלך שילוח הקן

רַבִּי חִיָּיא וְרַבִּי אוֹשַׁעְיָא. סִדְּרוּ אֶת הַבָּרַיְיתוֹת, וְדִקְדְּקוּ בְּדִבְרֵי כָּל חָכָם לוֹמַר כְּמוֹ שֶׁאָמַר. אֲבָל יֵשׁ תַּנָּאִים הַרְבֵּה שֶׁמּוֹסִיפִים עַל מִשְׁנָתָם בִּדְלָמֵי, כִּי הָכָא. מִשּׁוּם דְּשָׁמְעִינַן לְרַבִּי יְהוּדָה הָכָא דִּמְחַיֵּיב, סָבְרֵי טַעְמָא מִשּׁוּם לָאו שֶׁנִּיתַּק לַעֲשֵׂה לוֹקִין עָלָיו, וְהוֹסִיפוּ לוֹמַר גַּנָּב וְגַזְלָן. דִּילְמָא אֵינוֹ בִּכְלַל מַלְקוֹת אַרְבָּעִים תַּנְיָא. וְאַשְׁמוּעִינַן דְּטַעְמָא דְּרַבִּי יְהוּדָה בְּמַתְנִי' מִשּׁוּם דְּ"שַׁלַּח" מֵעִיקָּרָא מַשְׁמַע, וְהַתַּנָּאִים טָעוּ בְּגִירְסָתָם לְאַחַר זְמַן וְאָמְרוּ "שֶׁיֶּשְׁנָן", דְּאָמְרֵי דּוּמְיָא דְּמַתְנִי'. לֹא תָשׁוּב. "לְקַחְתּוֹ" (ב). לֹא תְכַלֶּה. דְּפֵאָה, וַהֲרֵי הֵן נִיתָּקִין לַעֲשֵׂה, דִּכְתִיב: "לֶעָנִי וְלַגֵּר תַּעֲזוֹב אוֹתָם". מֵעִיקָּרָא מַשְׁמַע. "לֹא תְכַלֶּה", אֲבָל מָה עָלֶיךָ לַעֲשׂוֹת? עֲזוֹב אוֹתָם וְלֹא תְּכַלֶּה. אֲבָל גַּנָּב וְגַזְלָן, דְּעַל כָּרְחָךְ נִיתַּק לַעֲשֵׂה, אֵימָא לָךְ דְּלָא לָקֵי. לֹא תוֹתִירוּ. וְאִם תּוֹתִירוּ, "בָּאֵשׁ תִּשְׂרֹפוּ" — הָא וַדַּאי נִיתַּק לַעֲשֵׂה. וְאִי ס"ד. קָסָבַר ר' יְהוּדָה "שַׁלַּח" דִּקְרָא אַחַר לְקִיחָה מַשְׁמַע, וְטַעְמָא דְּלוֹקֶה: מִשּׁוּם לָאו שֶׁנִּיתַּק לַעֲשֵׂה לוֹקִין עָלָיו — אַמַּאי קָתָנֵי "וְאֵין מְשַׁלֵּחַ"? הַכָּתוּב מְחַיְּיבוֹ אַף לְשַׁלְּחוֹ לְאַחַר לְקִיחָה, וְהוּא פּוֹטְרוֹ?! דִּילְמָא. "אֵינוֹ מְשַׁלֵּחַ" דְּקָאָמַר — אֵינוֹ נִפְטָר בְּשִׁלּוּחַ, אֶלָּא אַף לוֹקֶה. עַד כַּמָּה מְשַׁלְּחָהּ. אִם נְטָלָהּ? שֶׁתֵּצֵא מִתַּחַת יָדוֹ. וְאִם יָכוֹל לַחֲזוֹר וּלְתוֹפְשָׂהּ — מוּתָּר. בַּמֶּה מְשַׁלְּחָהּ בְּרֶגֶל. יֹאחֲזֶנָּה בְּרַגְלָהּ, וִישַׁלְּחֶנָּה. בִּגְפָהּ. אוֹחֲזָהּ בִּכְנָפֶיהָ, וּמְשַׁלְּחָהּ. מְשַׁלְּחֵי רֶגֶל. אַלְמָא שִׁילּוּחַ בָּרֶגֶל הוּא, כָּךְ שָׁמַעְתִּי. וְנִרְאֶה בְּעֵינַי שֶׁאֵין שִׁילּוּחַ זֶה דּוֹמֶה לְשִׁילּוּחַ רֶגֶל הַשּׁוֹר, שֶׁהוּא הוֹלֵךְ בְּרַגְלָיו, וְהָכָא אֲחִיזָה בְּרַגְלַיִם. וּכְמְדוּמֶּה לִי דְּהָכִי קָאָמַר: "רַב הוּנָא אָמַר בְּרֶגֶל" — שֶׁאִם תָּלַשׁ גַּפֶּהָ וְשִׁלְּחָהּ, נִפְטָר מִמִּצְוַת שִׁילּוּחַ, כֵּיוָן שֶׁהָלְכָה ב' פְּסִיעוֹת אוֹ ג', וּמוּתָּר לַחֲזוֹר לְתוֹפְשָׂהּ. וְרַב יְהוּדָה אָמַר בְּגַפָּהּ — שֶׁתּוּכַל לָעוּף כְּדַרְכָּהּ. וּרְאָיָה לְדִבְרַי מִדְּמַיְיתֵי עוֹבְדָא דְּהַהוּא דְּתַלְשִׁינְהוּ לְגַפָּהּ וְשִׁלְּחָהּ, דְּחַיְּיבֵיהּ רַב יְהוּדָה לְמַלְקוּת. דְּרַב יְהוּדָה לְטַעְמֵיהּ, דְּאָמַר אֵין שִׁילּוּחַ עוֹף בְּרֶגֶל. רַבִּי לָהּ גַּדְפָּהּ. הַשְׁהֵה אוֹתָהּ עַד שֶׁיִּגְדְּלוּ לָהּ כְּנָפֶיהָ וְתִשְׁלְחֶנָּה. מַכַּת מַרְדּוּת. לְיַסְּרוֹ בְּתוֹכָחָה, שֶׁלֹּא יַרְגִּיל בָּזֶה, וְאֵין לָהּ קִצְבָּה, אֶלָּא עַד שֶׁיְּקַבֵּל עָלָיו. תֵּימָה. עוֹף טָהוֹר הוּא. אָמַר לֵיהּ. רָבָא. דִּילְמָא חֲדָא בֵּיעֲתָא הוּא דְּרָמְיָא. לְכָךְ הוּצְרַכְתָּ לִשְׁאוֹל, שֶׁלֹּא הַטִּילָה אֶלָּא בֵּיצָה אַחַת, וּקְרָא "אֶפְרוֹחִים אוֹ בֵיצִים" כְּתִיב. פַּרְסְתְּקֵי. מְלוּגוֹת. וְלֵיחוּשׁ לַחֲשָׁדָא. שֶׁעַל הֲנָאַת עַצְמוֹ אֵינוֹ חַיָּיב לְשַׁלְּחָהּ. דְּצָרִיךְ לְהִתְרַחֵק מִן הַכִּיעוּר, כִּדְאָמַר בְּ"אֵלּוּ טְרֵפוֹת" (לעיל דף מד:) דְּרַב חִסְדָּא שָׁרֵי בּוּכְרָא, וְלָא זָבֵין מִינֵּיהּ. וּמְשַׁנֵּי: כִּלְאַחַר יָד. מֵרָחוֹק פֵּירֵשׁ הַמְּלוּגָה, שֶׁלֹּא הַדִּין הַמְשַׁלֵּחַ. וְאִם אִיתָא לְדְר' יוֹסֵי וכו'. הַתַּלְמוּד פָּרֵיךְ לָהּ. יְצִיאַת רוּבָּהּ. דְּאִם בָּא אָדָם וּמָצָא אֶת הָאֵם כְּשֶׁהִיא מַטִּילָה בֵּיצָתָהּ, וּכְבָר יָצָא רוּבָּהּ — חַיָּיב לְשַׁלֵּחַ מִקַּמֵּי דְּתִפּוֹל לַחֲצֵרוֹ, דְּהַשְׁתָּא לָאו מְזוּמָּן הוּא. אִי הָכִי. דְּלָא קָנְתָה חֲצֵרוֹ. אַמַּאי אֲסוּרוֹת מִשּׁוּם גָּזֵל. וַאֲפִילּוּ מִפְּנֵי דַּרְכֵי שָׁלוֹם, וַהֲלֹא עֲדַיִין מִגּוּף הָאֵם הוּא? וּמְשַׁנֵּי: אֵאֵם. "דַּרְכֵי שָׁלוֹם" דְּקָאָמַר, אֲפִילּוּ עַל הָאֵם עַצְמָהּ יֵשׁ מִשּׁוּם דַּרְכֵי שָׁלוֹם. וְאִיבָּעֵית אֵימָא לְעוֹלָם אַבֵּיצִים. דְּאִילּוּ עַל אֵם — אֲפִילּוּ מִשּׁוּם דַּרְכֵי שָׁלוֹם אֵין כָּאן, הוֹאִיל וְאֵינָהּ נוֹחָה לְתוֹפְשָׂהּ לֹא סָמְכָה דַּעַת בַּעַל הַשּׁוֹבָךְ עָלֶיהָ, וְאֵינוֹ מִתְקוֹטֵט עִם הַלּוֹקֵחַ. אֲבָל מֵהַבֵּיצִים הוּא מִתְקוֹטֵט — דְּדַעְתֵּיהּ עֲלֵיהֶן. וְהָכִי נַמִי דְּלָא קָנָה לוֹ חֲצֵרוֹ, מִשּׁוּם דַּרְכֵי שָׁלוֹם מִיהָא אִיכָּא (ג). לִזְכּוֹת. לִפְשׁוֹט יָדוֹ תַּחַת הָאֵם וּלְהַחֲזִיק בָּהֶם. כָּל קְנִיָּיה דְּהֶפְקֵר — "זְכִיָּיה" קָרֵי לֵיהּ. וְהַשְׁתָּא דְּאָמַר רַב יְהוּדָה כו'. מֵהַשְׁתָּא מָצֵית לְאוֹקוֹמָא מַתְנִיתִין אֲפִילּוּ יָצְאַת כּוּלָּהּ, וְלֹא תִּקְשֶׁה לְרַבִּי יוֹסֵי בְּרַבִּי חֲנִינָא דְּלָא מְזוּמָּן הוּא, וְחַיֶּיבֶת בְּשִׁילּוּחַ, מִשּׁוּם בֵּיצָה אַחֲרוֹנָה זֹאת שֶׁלֹּא עָמְדָה הָאֵם עָלֶיהָ מִשֶּׁהִטִּילַתָּהּ. וְאַף עַל פִּי שֶׁנָּפְלָה לֶחָצֵר — לֹא קָנְתָה חֲצֵרוֹ. דְּכֵיוָן דְּהוּא עַצְמוֹ, אִם הָיָה כָּאן, לֹא הָיָה יָכוֹל לְהַחֲזִיק, *כָּל חֲצֵרוֹ נַמִי לֹא מָצֵי זָכֵי לֵיהּ, וְאֵין זֶה מְזוּמָּן. אִי הָכִי אַמַּאי אֲסוּרוֹת. מִשּׁוּם גָּזֵל מִשּׁוּם דַּרְכֵי שָׁלוֹם. וְתוּ לָא. אִי דְּשַׁלְּחָהּ. קוֹדֶם דְּהֶחֱזִיק בָּהּ — הֲרֵי קָנְתָה חֲצֵרוֹ לְבַעַל הַבַּיִת, וְגָזֵל מַעַלְיָא הוּא. וְאִי דְּלָא שַׁלְּחָהּ — הֵיאָךְ הוּא יָכוֹל לִיטּוֹל לַבֵּיצִים, הָא בָּעֵי שִׁלּוּחַ קוֹדֶם לְקִיחַת הַבֵּיצִים כְּרַב יְהוּדָה! וּמְשַׁנֵּי: בְּקָטָן. דְּלָאו בַּר שִׁלּוּחַ הוּא. וְהוּא הַדִּין דַּהֲוָה מָצֵי לְשַׁנּוּיֵי: כְּגוֹן דְּעָבַר וְנָטְלָן תַּחַת הָאֵם, דְּגָזֵל מַעַלְיָא לֵיכָּא. אֶלָּא נִיחָא לֵיהּ לְשַׁנּוּיֵי בְּדֶרֶךְ הֵיתֵּר, וְלֹא בְּדֶרֶךְ אִיסּוּר. וַהֲדַר מַתְמַהּ וְאָמַר: קָטָן בַּר דַּרְכֵי שָׁלוֹם הוּא? ה"ג: אָבִיו שֶׁל קָטָן חַיָּיב לְהַחֲזִיר מִפְּנֵי דַּרְכֵי שָׁלוֹם. פֵּירוֹת שׁוּבְכוֹ. אֶפְרוֹחִים וּבֵיצִים. אֲתָא לְקַמֵּיהּ דִּשְׁמוּאֵל. לְקַמָּן מְפָרֵשׁ מַאי אִיצְטְרִיךְ לֵיהּ לְמִבְּעֵי. טְרוֹף אַקֵּן. הַקֵּשׁ בְּיָדְךָ עַל הַקֵּן. דְּלִיתַגְּבְהוּ. מִירְתָּתְךָ. וְהַשְׁתָּא מְפָרֵשׁ וְאָזֵיל מַאי בְּעָא מִינֵּיהּ וּמַאי מַהְדַּר לֵיהּ. לְמַאי. הַגְבָּהָה זוֹ לָמָּה? אִי לְמִקְנָא. שֶׁלֹּא יַחֲזוֹר בּוֹ לֵוִי בֶּן סִימוֹן, וְהָכִי קָאָמַר לֵיהּ: טְרוֹף אַקֵּן דְּלִיתַגְּבְהוּ אֶפְרוֹחִים מִירְתָּתְךָ, וְתִקְנֶה אוֹתָם בְּהַגְבָּהָה. לִיקְנִינְהוּ בְּסוּדָר. וְלָמָּה הוּצְרַךְ רַב יְהוּדָה לִשְׁאוֹל הֵיאָךְ יִקְנֶה? וְאִם לְיו"ט. שֶׁהוּא עֶרֶב יו"ט, וּלְמָחָר יִהְיוּ אֲסוּרִים מִשּׁוּם מוּקְצֶה, וּבָא לִשְׁאוֹל בַּמֶּה הַכְנָסָה? לָמָּה לִי הַאי טִרְחָא לִטְרוֹף אַקֵּן. בְּעוֹמֵד

תורה אור

[לעיל פב: וש"נ]

נ"א באגפיה רגל דהא כנפיה נינהו. ועי' רש"י

[שבת מ: יבמות נב. כתובות מה: נזיר כג. נח:]

ב"מ קב. [לעיל קלט: תוספתא פי"י]

[ב"מ יא. קב. קיח. ב"ק מט:] (קב)

[נ"ל רבא]

[עי' תוס' ב"ק לח. ד"ה והכי מילי ותוס' ב"מ ע. ד"ה השואל]

ל"ל בה

גליון הש"ס

**גמ'** תפסה נגדיה. עי' משנה למלך פ"ג הל' יח מהלכות עבדים: **שם** זיל טרוף אקן. עי' ב"מ קב ע"א תוס' ד"ה השואל:

הגהות הב"ח

(א) גמ' אביו של קטן חייב להחזיר מפני כצ"ל ותיבת לו נמחק: (ב) רש"י ד"ה לא תשוב לקחתו לאחר הס"ד: (ג) ד"ה לזכות לאחר ד"ה והשתא וכו' האם מעליה:

*בְּעוֹמֵד וְאוֹמֵר "זֶה וְזֶה אֲנִי נוֹטֵל" סַגְיָא! הָנְהוּ פֵּירֵי חֲדַתִּי הָווּ, דְּלֵוִי בַּר סִימוֹן גּוּפֵיהּ לָא הֲוָה קָנֵי לְהוּ. וְהָכִי קָאָמַר לֵיהּ: זִיל (א) וְטָרֵיף אַקֵּן, דְּלִיתְגַּבְהוּ, וְנֵיקְנִינְהוּ לֵוִי בַּר סִימוֹן, וַהֲדַר לִיקְנִינְהוּ נִיהֲלָךְ בְּסוּדָר.§ **מתני'** אלא יִטּוֹל אָדָם אֵם עַל בָּנִים, אֲפִי' לְטַהֵר אֶת הַמְּצוֹרָע. וּמָה אִם מִצְוָה קַלָּה שֶׁהִיא כְּאִיסָּר אָמְרָה תּוֹרָה: °"לְמַעַן יִיטַב לָךְ וְהַאֲרַכְתָּ יָמִים", ק"ו עַל מִצְוֹת חֲמוּרוֹת שֶׁבַּתּוֹרָה.§ **גמ'** *תַּנְיָא דְּבֵי ר' יַעֲקֹב אוֹמֵר: אֵין לְךָ כָּל מִצְוָה וּמִצְוָה שֶׁבַּתּוֹרָה שֶׁמַּתַּן שְׂכָרָהּ בְּצִדָּהּ, שֶׁאֵין תְּחִיַּית הַמֵּתִים תְּלוּיָה בָּהּ. בִּכְבוּד אָב וָאֵם כְּתִיב: °"לְמַעַן יַאֲרִיכוּן יָמֶיךָ וּלְמַעַן יִיטַב לָךְ", בְּשִׁילּוּחַ הַקֵּן כְּתִיב: "לְמַעַן יִיטַב לָךְ וְהַאֲרַכְתָּ יָמִים". הֲרֵי שֶׁאָמַר לוֹ אָבִיו: עֲלֵה לַבִּירָה וְהָבֵא לִי גוֹזָלוֹת! וְעָלָה, וְשִׁלַּח אֶת הָאֵם וְלָקַח אֶת הַבָּנִים, וּבַחֲזָרָתוֹ נָפַל וָמֵת, הֵיכָן אֲרִיכוּת יָמָיו שֶׁל זֶה? וְהֵיכָן טוֹבָתוֹ שֶׁל זֶה? אֶלָּא "לְמַעַן יַאֲרִיכוּן יָמֶיךָ" (ב) — בָּעוֹלָם שֶׁכּוּלּוֹ אָרוֹךְ, "וּלְמַעַן יִיטַב לָךְ" — לָעוֹלָם שֶׁכּוּלּוֹ טוֹב. *וְדִלְמָא *לָא הֲוָה הָכִי? ר' יַעֲקֹב מַעֲשֶׂה חֲזָא. וְדִלְמָא מְהַרְהֵר בַּעֲבֵירָה הֲוָה? מַחֲשָׁבָה רָעָה אֵין הקב"ה מְצָרְפָהּ לְמַעֲשֶׂה. וְדִלְמָא מְהַרְהֵר בַּעֲבוֹדָה זָרָה הֲוָה? דִּכְתִיב: °"לְמַעַן תְּפוֹשׂ אֶת בֵּית יִשְׂרָאֵל בְּלִבָּם", *וְאָמַר רַב אַחָא בַּר יַעֲקֹב: זוֹ מַחֲשֶׁבֶת עֲבוֹדָה זָרָה! הָכִי קָאָמַר: אִם אִיתָא דְּאִיכָּא שְׂכַר מִצְוֹת בְּהַאי עָלְמָא — תְּהַנֵּי לֵיהּ וְתָגֵן עֲלֵיהּ דְּלָא לֵיתֵי לִידֵי הִרְהוּר וְלִיתַּזַּק, אֶלָּא שְׂכַר מִצְוֹת בְּהַאי עָלְמָא לֵיכָּא. *וְהָאָמַר ר' אֶלְעָזָר: שְׁלוּחֵי מִצְוָה אֵינָן נִזּוֹקִים! בַּחֲזָרָתָם שָׁאנֵי. וְהָאָמַר רַבִּי אֶלְעָזָר: שְׁלוּחֵי מִצְוָה אֵינָן נִזּוֹקִים, לֹא בַּהֲלִיכָתָן וְלֹא בַּחֲזָרָתָן! סוּלָּם רָעוּעַ הֲוָה, וּמָקוֹם דְּקָבוּעַ הֶיזֵּקָא שָׁאנֵי, דִּכְתִיב: °"וַיֹּאמֶר שְׁמוּאֵל אֵיךְ אֵלֵךְ וְשָׁמַע שָׁאוּל וַהֲרָגָנִי". אָמַר רַב יוֹסֵף: *אִלְמָלֵא דַּרְשֵׁיהּ אַחֵר לְהַאי קְרָא כְּרַבִּי יַעֲקֹב בַּר בְּרַתֵּיהּ — לָא חָטָא. מַאי חֲזָא? אִיכָּא דְּאָמְרִי: כִּי הַאי מַעֲשֶׂה חֲזָא, וְאִיכָּא דְּאָמְרִי: לִישָּׁנָא דְּרַבִּי חוּצְפִּית הַמְּתוּרְגְּמָן חֲזָא, דַּהֲוָה מוּטֶּלֶת בָּאַשְׁפָּה. אָמַר: פֶּה שֶׁהֵפִיק מַרְגָּלִיּוֹת יִלְחוֹךְ עָפָר? וְהוּא לֹא יָדַע "לְמַעַן יִיטַב לָךְ" — בָּעוֹלָם שֶׁכּוּלּוֹ טוֹב, "וּלְמַעַן יַאֲרִיכוּן יָמֶיךָ" — בָּעוֹלָם שֶׁכּוּלּוֹ אָרוֹךְ.§

## הדרן עלך שילוח הקן וסליקא לה מסכת חולין

בְּעוֹמֵד וְאוֹמֵר זֶה וְזֶה אֲנִי נוֹטֵל סַגְיָא. כְּבֵית הִלֵּל בְּמַסֶּכֶת בֵּיצָה (דף י.). פֵּירֵי חֲדַתִּי. בֵּיצִים שֶׁהַטִּילָה אוֹתָם הָאֵם, וְלֹא עָמְדָה מֵעֲלֵיהֶם מֵעוֹלָם. וְלֹא קָנְתָה לוֹ חֲצֵרוֹ לְלֵוִי – דְּאָסוּר לִזְכּוֹת בָּהֶן כָּל זְמַן שֶׁהָאֵם רוֹבֶצֶת עֲלֵיהֶם. וְלֵוִי הָיָה צָרִיךְ לֵילֵךְ לִקְנוֹת, וּמַה שֶּׁלֹּא קָנָה אֵינוֹ יָכוֹל לְהַקְנוֹת, וְאִם יַקְנֶה לוֹ בְּסוּדָר – יָכוֹל לַחֲזוֹר בּוֹ. זִיל טְרוֹף אַקֵּן דְּלִיתְגַּבְהוּ. הָאִמָּהוֹת, וְלִיקְנִינְהוּ לֵוִי לַפֵּירוֹת עַל יְדֵי חֲצֵירוֹ, וְיַקְנֵהוּ לֵוִי נִיהֲלָךְ בְּסוּדָר. **מתני'** שֶׁהִיא כְּאִיסָּר. שֶׁאֵין בָּהּ חֶסְרוֹן כִּיס אֶלָּא דָּבָר מוּעָט. **גמ'** שֶׁמַּתַּן שְׂכָרָהּ בְּצִדָּהּ. כְּגוֹן כִּבּוּד אָב וָאֵם וְשִׁלּוּחַ הַקֵּן, שֶׁלֹּא תּוּכַל לְהָבִין *מַתַּן שְׂכָרָהּ, שֶׁעֲתִידִין הַמֵּתִים לְהַחֲיוֹת. לְעוֹלָם שֶׁכּוּלּוֹ טוֹב. שֶׁאֵין בּוֹ לֹא הֶיזֵּק וְלֹא יִסּוּרִין אֶלָּא טוֹבָה. וּבְשִׁילְהֵי פֶּרֶק קַמָּא דְּקִדּוּשִׁין (דף לט:) אָמְרִינַן דְּרַבִּי יַעֲקֹב עוּבְדָּא חֲזָא בְּאֶחָד שֶׁאָמַר לוֹ אָבִיו "עֲלֵה לַבִּירָה, וְהָבֵא לִי גוֹזָלוֹת". וְעָלָה וְשִׁלַּח אֶת הָאֵם וְנָטַל אֶת הַבָּנִים, וְקִיֵּים כִּבּוּד אָב וָאֵם וְשִׁלּוּחַ הַקֵּן, וּבַחֲזָרָתוֹ נָפַל וּמֵת. הֵיכָן טוֹבָתוֹ שֶׁל זֶה וְהֵיכָן אֲרִיכוּת יָמָיו? אֶלָּא הֲוֵי אוֹמֵר: "לְמַעַן יִיטַב לָךְ" – לָעוֹלָם שֶׁכּוּלּוֹ טוֹב, "וּלְמַעַן יַאֲרִיכוּן יָמֶיךָ" – לָעוֹלָם שֶׁכּוּלּוֹ אָרוֹךְ.

הדרן עלך שילוח הקן וסליקא לה מסכת חולין

לב א מיי' פי"ג מהל' שחיטה הל' יט סמג עשין סה (טוש"ע י"ד סי' רלב):

הגהות הב"ח
(א) גמ' זיל טריף כצ"ל ואות ו' נמחק: (ב) שם יאריכון ימיך לעולם:

[ביצה י.]
[נ"ל ממתן]
דברים כב
קדושין לט: [תוספתא סוף פ"י]
שם ה
[קדושין שם ע"ש]
[מפרש"י ד"ה לעולם כו' ובשילהי פ"ק דקדושין כו' משמע דלא גרים לכל זה וכ"כ הח"א]
יחזקאל יד
[קדושין לט: מ.]
פסחים ח. יומא יא.
[קדושין לט:]
שמואל א טז
[נ"ל אלמלי עי' תוס' מגילה כח.]

*The following paragraph is recited three times:*

הַדְרָן עֲלָךְ מַסֶּכֶת חֻלִּין וְהַדְרָךְ עֲלָן, דַּעְתָּן עֲלָךְ מַסֶּכֶת חֻלִּין וְדַעְתָּךְ עֲלָן, לָא נִתְנְשֵׁי מִנָּךְ מַסֶּכֶת חֻלִּין וְלָא תִתְנְשֵׁי מִנַּן, לָא בְּעָלְמָא הָדֵין וְלָא בְּעָלְמָא דְאָתֵי.

יְהִי רָצוֹן מִלְּפָנֶיךָ יהוה אֱלֹהֵינוּ וֵאלֹהֵי אֲבוֹתֵינוּ, שֶׁתְּהֵא תוֹרָתְךָ אֻמָּנוּתֵנוּ בָּעוֹלָם הַזֶּה, וּתְהֵא עִמָּנוּ לָעוֹלָם הַבָּא. חֲנִינָא בַּר פַּפָּא, רָמֵי בַּר פַּפָּא, נַחְמָן בַּר פַּפָּא, אֲחַאי בַּר פַּפָּא, אַבָּא מָרִי בַּר פַּפָּא, רַפְרָם בַּר פַּפָּא, רָכִישׁ בַּר פַּפָּא, סוּרְחָב בַּר פַּפָּא, אַדָּא בַּר פַּפָּא, דָּרוּ בַּר פַּפָּא.

הַעֲרֶב נָא יהוה אֱלֹהֵינוּ אֶת דִּבְרֵי תוֹרָתְךָ בְּפִינוּ וּבְפִי
עַמְּךָ בֵּית יִשְׂרָאֵל, וְנִהְיֶה אֲנַחְנוּ וְצֶאֱצָאֵינוּ (וְצֶאֱצָאֵי
צֶאֱצָאֵינוּ) וְצֶאֱצָאֵי עַמְּךָ בֵּית יִשְׂרָאֵל, כֻּלָּנוּ יוֹדְעֵי
תהלים קיט שְׁמֶךָ וְלוֹמְדֵי תוֹרָתְךָ לִשְׁמָהּ. מֵאֹיְבַי תְּחַכְּמֵנִי מִצְוֹתֶךָ
כִּי לְעוֹלָם הִיא־לִי: יְהִי־לִבִּי תָמִים בְּחֻקֶּיךָ לְמַעַן לֹא
אֵבוֹשׁ: לְעוֹלָם לֹא־אֶשְׁכַּח פִּקּוּדֶיךָ כִּי־בָם חִיִּיתָנִי:
בָּרוּךְ אַתָּה יהוה לַמְּדֵנִי חֻקֶּיךָ: אָמֵן אָמֵן אָמֵן סֶלָה
וָעֶד.

מוֹדִים אֲנַחְנוּ לְפָנֶיךָ יהוה אֱלֹהֵינוּ וֵאלֹהֵי אֲבוֹתֵינוּ
שֶׁשַּׂמְתָּ חֶלְקֵנוּ מִיּוֹשְׁבֵי בֵּית הַמִּדְרָשׁ, וְלֹא שַׂמְתָּ חֶלְקֵנוּ
מִיּוֹשְׁבֵי קְרָנוֹת. שֶׁאָנוּ מַשְׁכִּימִים וְהֵם מַשְׁכִּימִים,
אָנוּ מַשְׁכִּימִים לְדִבְרֵי תוֹרָה, וְהֵם מַשְׁכִּימִים לִדְבָרִים
בְּטֵלִים. אָנוּ עֲמֵלִים וְהֵם עֲמֵלִים, אָנוּ עֲמֵלִים וּמְקַבְּלִים
שָׂכָר, וְהֵם עֲמֵלִים וְאֵינָם מְקַבְּלִים שָׂכָר. אָנוּ רָצִים וְהֵם
רָצִים, אָנוּ רָצִים לְחַיֵּי הָעוֹלָם הַבָּא, וְהֵם רָצִים לִבְאֵר
תהלים נה שַׁחַת, שֶׁנֶּאֱמַר: וְאַתָּה אֱלֹהִים תּוֹרִדֵם לִבְאֵר שַׁחַת
אַנְשֵׁי דָמִים וּמִרְמָה לֹא־יֶחֱצוּ יְמֵיהֶם וַאֲנִי אֶבְטַח־בָּךְ:

יְהִי רָצוֹן מִלְּפָנֶיךָ יהוה אֱלֹהַי, כְּשֵׁם שֶׁעֲזַרְתַּנִי לְסַיֵּם
מַסֶּכֶת חֻלִּין כֵּן תְּעַזְרֵנִי לְהַתְחִיל מַסֶּכְתּוֹת וּסְפָרִים
אֲחֵרִים וּלְסַיְּמָם, לִלְמֹד וּלְלַמֵּד לִשְׁמֹר וְלַעֲשׂוֹת
וּלְקַיֵּם אֶת כָּל דִּבְרֵי תַלְמוּד תּוֹרָתְךָ בְּאַהֲבָה, וּזְכוּת
כָּל הַתַּנָּאִים וְאָמוֹרָאִים וְתַלְמִידֵי חֲכָמִים יַעֲמֹד לִי
וּלְזַרְעִי שֶׁלֹּא תָמוּשׁ הַתּוֹרָה מִפִּי וּמִפִּי זַרְעִי וְזֶרַע זַרְעִי
משלי ו עַד עוֹלָם, וְיִתְקַיֵּם בִּי: בְּהִתְהַלֶּכְךָ תַּנְחֶה אֹתָךְ בְּשָׁכְבְּךָ
משלי ט תִּשְׁמֹר עָלֶיךָ וַהֲקִיצוֹתָ הִיא תְשִׂיחֶךָ: כִּי־בִי יִרְבּוּ יָמֶיךָ
משלי ג וְיוֹסִיפוּ לְּךָ שְׁנוֹת חַיִּים: אֹרֶךְ יָמִים בִּימִינָהּ בִּשְׂמֹאולָהּ
תהלים כט עֹשֶׁר וְכָבוֹד: יהוה עֹז לְעַמּוֹ יִתֵּן יהוה יְבָרֵךְ אֶת־עַמּוֹ
בַשָּׁלוֹם:

*The following paragraph is recited three times:*

**הַדְרָן** We shall return to you, tractate *Ḥullin,* and your glory is upon us. Our thoughts are upon you, tractate *Ḥullin,* and your thoughts are upon us. We will not be forgotten from you, tractate *Ḥullin,* and you will not be forgotten from us; neither in this world nor in the World-to-Come.

**יְהִי רָצוֹן** May it be Your will, Lord our God and God of our ancestors, that Your Torah will be our avocation in this world and will accompany us to the World-to-Come. Ḥanina bar Pappa, Ramei bar Pappa, Naḥman bar Pappa, Aḥai bar Pappa, Abba Mari bar Pappa, Rafram bar Pappa, Rakhish bar Pappa, Surḥav bar Pappa, Adda bar Pappa, Daru bar Pappa.

**הַעֲרֶב נָא** Please, Lord our God, make the words of Your
Torah sweet in our mouths and in the mouths of Your
people, the house of Israel, so that we, our descendants
(and their descendants), and the descendants of Your
people, the house of Israel, may all know Your name and
study Your Torah for its own sake. Your commandments *Psalms 119*
make me wiser than my enemies, for they are ever with
me. Let my heart be undivided in Your statutes, in order
that I may not be put to shame. I will never forget Your
precepts, for with them You have quickened me. Blessed
are You, O Lord; teach me Your statutes. Amen, Amen,
Amen, Selah, Forever.

**מוֹדִים** We give thanks before You, Lord Our God and
God of our ancestors, that You have placed our lot
among those who sit in the study hall and that you have
not given us our portion among those who sit idly on
street corners. We rise early and they rise early. We rise
early to pursue matters of Torah and they rise early to
pursue frivolous matters. We toil and they toil. We toil
and receive a reward and they toil and do not receive a
reward. We run and they run. We run to the life of the
World-to-Come and they run to the pit of destruction,
as it is stated: But You, God, will bring them down into *Psalms 55*
the pit of destruction; men of blood and deceit shall not
live out half their days; but as for me, I will trust in You.

**יְהִי רָצוֹן** May it be Your will, Lord my God, just as you
have assisted me in completing tractate *Ḥullin* so assist
me to begin other tractates and books and conclude
them to learn and to teach, to observe and to perform,
and to fulfill all the teachings of Your Torah with love.
And may the merit of all the *tanna'im* and *amora'im* and
Torah scholars stand for me and my descendants so that
the Torah will not move from my mouth and from the
mouths of my descendants and the descendants of my
descendants forever. And may the verse: When you *Proverbs 6*
walk, it shall lead you, when you lie down, it shall watch
over you; and when you awaken, it shall talk with you
be fulfilled in me. For in the Torah your days shall be *Proverbs 9*
multiplied, and the years of your life shall be increased.
Length of days is in her right hand; in her left hand are *Proverbs 3*
riches and honor. May the Lord give strength to His *Psalms 29*
people; the Lord will bless His people with peace.

*The following* קדיש *requires the presence of a* מנין.

יִתְגַּדַּל וְיִתְקַדַּשׁ שְׁמֵהּ רַבָּא

בְּעָלְמָא דְּהוּא עָתִיד לְאִתְחַדָּתָא

וּלְאַחֲיָאָה מֵתַיָּא, וּלְאַסָּקָא יָתְהוֹן לְחַיֵּי עָלְמָא

וּלְמִבְנֵא קַרְתָּא דִירוּשְׁלֵם, וּלְשַׁכְלָלָא הֵיכְלֵהּ בְּגַוַּהּ

וּלְמֶעְקַר פָּלְחָנָא נֻכְרָאָה מֵאַרְעָא

וְלַאֲתָבָא פָּלְחָנָא דִשְׁמַיָּא לְאַתְרֵהּ

וְיַמְלִיךְ קֻדְשָׁא בְּרִיךְ הוּא בְּמַלְכוּתֵהּ וִיקָרֵהּ

(נוסח ספרד: וְיַצְמַח פּוּרְקָנֵהּ וִיקָרֵב מְשִׁיחֵהּ)

בְּחַיֵּיכוֹן וּבְיוֹמֵיכוֹן וּבְחַיֵּי דְכָל בֵּית יִשְׂרָאֵל

בַּעֲגָלָא וּבִזְמַן קָרִיב, וְאִמְרוּ אָמֵן.

יְהֵא שְׁמֵהּ רַבָּא מְבָרַךְ לְעָלַם וּלְעָלְמֵי עָלְמַיָּא.

יִתְבָּרַךְ וְיִשְׁתַּבַּח וְיִתְפָּאַר וְיִתְרוֹמַם וְיִתְנַשֵּׂא

וְיִתְהַדָּר וְיִתְעַלֶּה וְיִתְהַלָּל

שְׁמֵהּ דְּקֻדְשָׁא בְּרִיךְ הוּא

לְעֵלָּא מִן כָּל בִּרְכָתָא

/בעשרת ימי תשובה: לְעֵלָּא לְעֵלָּא מִכָּל בִּרְכָתָא/

וְשִׁירָתָא, תֻּשְׁבְּחָתָא וְנֶחֱמָתָא, דַּאֲמִירָן בְּעָלְמָא

וְאִמְרוּ אָמֵן. (קהל: אָמֵן)

עַל יִשְׂרָאֵל וְעַל רַבָּנָן

וְעַל תַּלְמִידֵיהוֹן וְעַל כָּל תַּלְמִידֵי תַלְמִידֵיהוֹן

וְעַל כָּל מָאן דְּעָסְקִין בְּאוֹרַיְתָא

דִּי בְּאַתְרָא (בארץ ישראל: קַדִּישָׁא) הָדֵין, וְדִי בְּכָל אֲתַר וַאֲתַר

יְהֵא לְהוֹן וּלְכוֹן שְׁלָמָא רַבָּא

חִנָּא וְחִסְדָּא, וְרַחֲמֵי, וְחַיֵּי אֲרִיכֵי, וּמְזוֹנֵי רְוִיחֵי

וּפֻרְקָנָא מִן קֳדָם אֲבוּהוֹן דִּי בִשְׁמַיָּא

וְאִמְרוּ אָמֵן.

יְהֵא שְׁלָמָא רַבָּא מִן שְׁמַיָּא

וְחַיִּים (טוֹבִים) עָלֵינוּ וְעַל כָּל יִשְׂרָאֵל

וְאִמְרוּ אָמֵן.

*Bow, take three steps back, as if taking leave of the Divine Presence, then bow, first left, then right, then center, while saying:*

עֹשֶׂה שָׁלוֹם/ בעשרת ימי תשובה: הַשָּׁלוֹם/ בִּמְרוֹמָיו

הוּא יַעֲשֶׂה בְרַחֲמָיו שָׁלוֹם, עָלֵינוּ וְעַל כָּל יִשְׂרָאֵל

וְאִמְרוּ אָמֵן.

*The following Kaddish requires the presence of a minyan.*

Magnified and sanctified may His great name be,
in the world that will in future be renewed,
reviving the dead and raising them up to eternal life.
He will rebuild the city of Jerusalem
and in it re-establish His Temple.
He will remove alien worship from the earth
and restore to its place the worship of Heaven.
Then the Holy One, blessed be He,
will reign in His sovereignty and splendor.
May it be in your lifetime and in your days,
(*Nusaḥ Sepharad:* make His salvation flourish,
and hasten His messiah,)
and in the lifetime of all the House of Israel,
swiftly and soon – and say: Amen.

May His great name be blessed for ever and all time.

Blessed and praised,
glorified and exalted,
raised and honored,
uplifted and lauded
be the name of the Holy One,
blessed be He,
beyond any blessing,
song, praise and consolation uttered in the world –
and say: Amen.

To Israel, to the teachers,
their disciples and their disciples' disciples,
and to all who engage in the study of Torah,
in this (*in Israel add:* holy) place or elsewhere,
may there come to them and you great peace,
grace, kindness and compassion,
long life, ample sustenance and deliverance,
from their Father in Heaven –
and say: Amen.

May there be great peace from heaven,
and (good) life for us and all Israel –
and say: Amen.

*Bow, take three steps back, as if taking leave of the Divine Presence, then bow, first left, then right, then center, while saying:*

May He who makes peace in His high places,
in His compassion make peace for us and all Israel –
and say: Amen.

Koren Talmud Bavli
THE NOÉ EDITION

# ḤULLIN

# KOREN TALMUD BAVLI

THE NOÉ EDITION

## ḤULLIN

Daf 130a through Daf 142a


COMMENTARY BY

Rabbi Adin Even-Israel Steinsaltz

EDITOR-IN-CHIEF

Rabbi Dr Tzvi Hersh Weinreb

SENIOR CONTENT EDITOR

Rabbi Dr Shalom Z Berger

EXECUTIVE EDITOR

Rabbi Joshua Schreier



STEINSALTZ CENTER

KOREN PUBLISHERS JERUSALEM

Supported by the Matanel Foundation

*Koren Talmud Bavli, The Noe Edition*
Vol. 31g: Tractate Ḥullin, Daf 130a through Daf 142a
Paperback, ISBN, 978-965-7767-35-1

First Hebrew/English paperback edition, 2026

Koren Publishers Jerusalem Ltd.
PO Box 4044, Jerusalem 91040, ISRAEL
PO Box 8531, New Milford, CT 06776, USA
www.korenpub.com

Steinsaltz Center

*Steinsaltz Center is the parent organization of institutions established by Rabbi Adin Even-Israel Steinsaltz*

PO Box 45187, Jerusalem 91450 ISRAEL
Telephone: +972 2 646 0900, Fax +972 2 624 9454
www.steinsaltz-center.org



This book was published in cooperation with the Israel Institute for Talmudic Publications.

הִנֵּה יָמִים בָּאִים, נְאֻם אֲדֹנָי יֱהוִֹה, וְהִשְׁלַחְתִּי רָעָב בָּאָרֶץ,
לֹא־רָעָב לַלֶּחֶם וְלֹא־צָמָא לַמַּיִם, כִּי אִם־לִשְׁמֹעַ אֵת דִּבְרֵי יהוה.

Behold, days are coming – says the Lord God – I will send a hunger to the land, not a hunger for bread nor a thirst for water, but to hear the words of the Lord. (AMOS 8:11)

*The Noé edition of the Koren Talmud Bavli*
*with the commentary of Rabbi Adin Even-Israel Steinsaltz*
*is dedicated to all those who open its covers*
*to quench their thirst for Jewish Knowledge,*
*in our generation of Torah renaissance.*

*This beautiful edition is for the young, the aged,*
*the novice and the savant alike,*
*as it unites the depth of Torah knowledge*
*with the best of academic scholarship.*

*Within its exquisite and vibrant pages,*
*words become worlds.*

*It will claim its place in the library of classics,*
*in the bookcases of the Beit Midrash,*
*the classrooms of our schools,*
*and in the offices of professionals and business people*
*who carve out precious time to grapple with its timeless wisdom.*

*For the Student and the Scholar*

DEDICATED BY LEO AND SUE NOÉ

## Executive Director, Steinsaltz Center

Rabbi Meni Even-Israel

## Managing Editor

Rabbi Jason Rappoport

## Senior Content Editor

Rabbi Dr. Shalom Z. Berger

## Editors

Rabbi Dr. Joshua Amaru, *Coordinating Editor*
Rabbi Yehoshua Duker, *Final Editor*
Rabbi Yedidya Naveh, *Content Curator*
Rabbi Avishai Magence, *Content Curator*
Menucha Chwat
Rabbi Yonatan Shai Freedman
Rabbi Ayal Geffon
Noam Harris
Yisrael Kalker
Rabbi Tzvi Chaim Kaye
Rabbi Adin Krohn
Catriel Lev
Elisha Loewenstern
Rabbi Jonathan Mishkin
Rabbi Eli Ozarowski
Rabbi David Sedley
Rabbi Jonathan Shulman
Rabbi Michael Siev
Aryeh Sklar
Avi Steinhart
Rabbi Yitzchak Twersky

## Hebrew Edition Editors

Rabbi Yehonatan Eliav
Rabbi Avraham Gelbstein
Rabbi Gershon Kitsis

## Copy Editors

Aliza Israel, *Coordinator*
Ita Olesker
Debbie Ismailoff
Shira Finson
Ilana Sobel
Deena Nataf
Eliana Kurlantzick Yorav
Erica Hirsch Edvi
Sara Henna Dahan
Oritt Sinclair

## Language Consultants

Dr. Stéphanie E. Binder, *Greek & Latin*
Rabbi Yaakov Hoffman, *Arabic*
Dr. Shai Secunda, *Persian*
Shira Shmidman, *Aramaic*

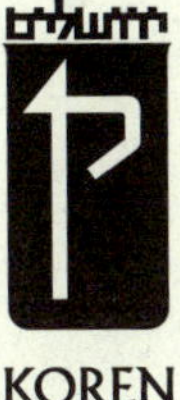


## Design & Typesetting

Dena Landowne Bailey, *Typesetting*
Tomi Mager, *Typesetting*
Tani Bayer, *Jacket Design*
Raphaël Freeman, *Design & Typography*

## Images

Eliahu Misgav, *Illustration & Image Acquisition*
Daniel Gdalevich, *Illustration & Image Acquisition*

# Introduction by the Publisher

The Talmud has sustained and inspired Jews for thousands of years. Throughout Jewish history, an elite cadre of scholars has absorbed its learning and passed it on to succeeding generations. The Talmud has been the fundamental text of our people.

Beginning in the 1960s, Rabbi Adin Even-Israel Steinsaltz שליט״א created a revolution in the history of Talmud study. His translation of the Talmud, first into modern Hebrew and then into other languages, as well the practical learning aids he added to the text, have enabled millions of people around the world to access and master the complexity and context of the world of Talmud.

It is thus a privilege to present the *Koren Talmud Bavli*, an English translation of the talmudic text with the brilliant elucidation of Rabbi Steinsaltz. The depth and breadth of his knowledge are unique in our time. His rootedness in the tradition and his reach into the world beyond it are inspirational.

Working with Rabbi Steinsaltz on this remarkable project has been not only an honor, but a great pleasure. Never shy to express an opinion, with wisdom and humor, Rabbi Steinsaltz sparkles in conversation, demonstrating his knowledge (both sacred and worldly), sharing his wide-ranging interests, and, above all, radiating his passion. I am grateful for the unique opportunity to work closely with him, and I wish him many more years of writing and teaching.

Our intentions in publishing this new edition of the Talmud are threefold. First, we seek to fully clarify the talmudic page to the reader – textually, intellectually, and graphically. Second, we seek to utilize today's most sophisticated technologies, both in print and electronic formats, to provide the reader with a comprehensive set of study tools. And third, we seek to help readers advance in their process of Talmud study.

To achieve these goals, the *Koren Talmud Bavli* is unique in a number of ways:

- The classic *tzurat hadaf* of Vilna, used by scholars since the 1800s, has been reset for great clarity, and opens from the Hebrew "front" of the book. Full *nikkud* has been added to both the talmudic text and Rashi's commentary, allowing for a more fluent reading with the correct pronunciation; the commentaries of *Tosafot* have been punctuated. Upon the advice of many English-speaking teachers of Talmud, we have separated these core pages from the translation, thereby enabling the advanced student to approach the text without the distraction of the translation. This also reduces the number of volumes in the set. At the bottom of each *daf*, there is a reference to the corresponding English pages. In addition, the Vilna edition was read against other manuscripts and older print editions, so that texts which had been removed by non-Jewish censors have been restored to their rightful place.
- The English translation, which starts on the English "front" of the book, reproduces the *menukad* Talmud text alongside the English translation (in bold) and commentary and explanation (in a lighter font). The Hebrew and Aramaic text is presented in logical paragraphs. This allows for a fluent reading of the text for the non-Hebrew or non-Aramaic reader. It also allows for the Hebrew reader to refer easily to the text alongside. Where the original text features dialogue or poetry, the English text is laid out in a manner appropriate to the genre. Each page refers to the relevant *daf*.

- Critical contextual tools surround the text and translation: personality notes, providing short biographies of the Sages; language notes, explaining foreign terms borrowed from Greek, Latin, Persian, or Arabic; and background notes, giving information essential to the understanding of the text, including history, geography, botany, archaeology, zoology, astronomy, and aspects of daily life in the talmudic era.
- Halakhic summaries provide references to the authoritative legal decisions made over the centuries by the rabbis. They explain the reasons behind each halakhic decision as well as the ruling's close connection to the Talmud and its various interpreters.
- Photographs, drawings, and other illustrations have been added throughout the text – in full color in the Standard and Electronic editions, and in black and white in the Daf Yomi edition – to visually elucidate the text.

This is not an exhaustive list of features of this edition, it merely presents an overview for the English-speaking reader who may not be familiar with the "total approach" to Talmud pioneered by Rabbi Steinsaltz.

Several professionals have helped bring this vast collaborative project to fruition. My many colleagues are noted on the Acknowledgments page, and the leadership of this project has been exceptional.

RABBI MENACHEM EVEN-ISRAEL, DIRECTOR OF THE STEINSALTZ CENTER, was the driving force behind this enterprise. With enthusiasm and energy, he formed the happy alliance with Koren and established close relationships among all involved in the work.

RABBI DR. TZVI HERSH WEINREB שליט״א, EDITOR-IN-CHIEF, brought to this project his profound knowledge of Torah, intellectual literacy of Talmud, and erudition of Western literature. It is to him that the text owes its very high standard, both in form and content, and the logical manner in which the beauty of the Talmud is presented.

RABBI JOSHUA SCHREIER, EXECUTIVE EDITOR, assembled an outstanding group of scholars, translators, editors, and proofreaders, whose standards and discipline enabled this project to proceed in a timely and highly professional manner.

RABBI MEIR HANEGBI, EDITOR OF THE HEBREW EDITION OF THE STEINSALTZ TALMUD, lent his invaluable assistance throughout the work process, supervising the reproduction of the Vilna pages.

RAPHAËL FREEMAN, EXECUTIVE EDITOR OF KOREN, created this Talmud's unique typographic design which, true to the Koren approach, is both elegant and user friendly.

It has been an enriching experience for all of us at Koren Publishers Jerusalem to work with the Steinsaltz Center to develop and produce the *Koren Talmud Bavli*. We pray that this publication will be a source of great learning and, ultimately, greater *avodat Hashem* for all Jews.

Matthew Miller, Publisher
Koren Publishers Jerusalem
Jerusalem 5772

# Contents



For the vocalized Vilna Shas layout, please open as a Hebrew book.

# Introduction to **Perek X**

*And this shall be the priests' due from the people, from those who slaughter an animal, whether it be ox or sheep; and he shall give to the priest the foreleg, and the jaw, and the maw.*

(Deuteronomy 18:3)

Just as one must separate *teruma* and tithes from one's produce and give them to the priests, so too, the verse states that there is a positive mitzva to separate the foreleg, the jaw, and the maw from one's slaughtered kosher animals to give to the priest. The foreleg, the jaw, and the maw are referred to in the Gemara as gifts of the priesthood, or sometimes simply as gifts.

Although the Torah specifies many of the details of the mitzva, i.e., which animals are included in the obligation, which limbs are given, and to whom are they given, nevertheless, many aspects of the fulfillment of this mitzva require clarification.

With regard to which animals are included in the obligation, the verse is apparently referring to non-sacred kosher domesticated animals. Several questions arise here: Does the mitzva apply only to slaughtered non-sacred kosher animals, or to all slaughtered kosher animals, even sacrificial ones? Does the mitzva apply to animals to which a certain measure of sanctity applies but which are not entirely sacred? Does the obligation apply exclusively to animals raised in the possession of an Israelite? What is the *halakha* with regard to purchased animals or those belonging to a convert? Is one obligated to separate the gifts from them as well?

Similarly, the precise definition of the foreleg, the jaw, and the maw must be established, to determine the areas in the body of the animal that one is obligated to give to the priest.

When the verse states that the gifts are given to the priests, this also raises several questions: Which priests are entitled to receive the gifts? Are they given only to priests capable of serving in the Temple, or do the gifts belong to the entire tribe of priests and therefore may be given to all priests, and even to their daughters? Furthermore, the status of the gifts themselves requires clarification. Are they sanctified, or do they have no sanctity but are merely considered the monetary possession of the priest? If the latter is correct, then the priest may sell them or give them to whomever he chooses.

This chapter addresses and clarifies all of these questions and discusses other related topics as well.

מתני׳ הַזְּרוֹעַ וְהַלְּחָיַיִם וְהַקֵּבָה נוֹהֲגִין בָּאָרֶץ וּבְחוּצָה לָאָרֶץ, בִּפְנֵי הַבַּיִת וְשֶׁלֹּא בִּפְנֵי הַבַּיִת, בְּחוּלִּין אֲבָל לֹא בְּמוּקְדָּשִׁין.

**MISHNA** The mitzva to give **the foreleg, the jaw, and the maw**[B] of slaughtered animals to the priests, known as the gifts of the priesthood, **applies**[H] both **in Eretz** Yisrael **and outside of Eretz** Yisrael,[N] **in the presence of the Temple and not in the presence of the Temple,** and it applies **to non-sacred** animals, **but not to sacrificial** animals.

שֶׁהָיָה בַּדִּין: וּמָה אִם הַחוּלִּין, שֶׁאֵינָן חַיָּיבִים בְּחָזֶה וָשׁוֹק – חַיָּיבִים בְּמַתָּנוֹת. קָדָשִׁים, שֶׁחַיָּיבִים בְּחָזֶה וָשׁוֹק – אֵינוֹ דִּין שֶׁחַיָּיבִים בְּמַתָּנוֹת?

It is necessary to emphasize that it does not apply to sacrificial animals, **as by right it should be** inferred *a fortiori*: **If non-sacred** animals, **which are not obligated to** have the **breast and thigh**[B] taken from them and given to the priest, **are obligated to** have **gifts** of the priesthood given from them, then with regard to **sacrificial** animals, **which are obligated to** have the **breast and thigh** given from them, **is it not right that** they should be **obligated to** have **gifts** of the priesthood given from them?

תַּלְמוּד לוֹמַר: ״וָאֶתֵּן אֹתָם לְאַהֲרֹן הַכֹּהֵן וּלְבָנָיו לְחָק עוֹלָם״ – אֵין לוֹ אֶלָּא מַה שֶּׁאָמוּר בָּעִנְיָן.

Therefore, **the verse states:** "For the breast of waving and the thigh of giving I have taken of the children of Israel from the sacrifice of the peace offerings, **and have given them to Aaron the priest and to his sons as a due forever** from the children of Israel" (Leviticus 7:34), from which it is derived that the priest **has only that which is stated with regard to** that **matter,** i.e., the breast and the thigh, and not the foreleg, the jaw and the maw.

כׇּל הַקֳּדָשִׁים שֶׁקָּדַם מוּם קָבוּעַ לְהֶקְדֵּשָׁן וְנִפְדּוּ – חַיָּיבִין בִּבְכוֹרָה וּבְמַתָּנוֹת, וְיוֹצְאִין לְחוּלִּין לְהִגָּזֵז וּלְהֵעָבֵד, וּוְלָדָן וַחֲלָבָן מוּתָּר לְאַחַר פִּדְיוֹנָן.

**All sacrificial** animals in **which a permanent blemish preceded their consecration** do not assume inherent sanctity, and only their value is consecrated. **And once they were redeemed,** they **are obligated in** the mitzva of **a firstborn,**[H] i.e., their offspring are subject to being counted a firstborn, **and in the gifts**[H] of the priesthood, **and they can emerge** from their sacred status and assume **non-sacred** status **with regard to being shorn and with regard to being utilized for labor,**[H] as it is prohibited to shear animals with sacred status or utilize them for labor. **And their offspring and their milk are permitted after their redemption.**[H]

**BACKGROUND**

The foreleg, the jaw, and the maw – זְרוֹעַ וּלְחָיַיִם וְקֵבָה:

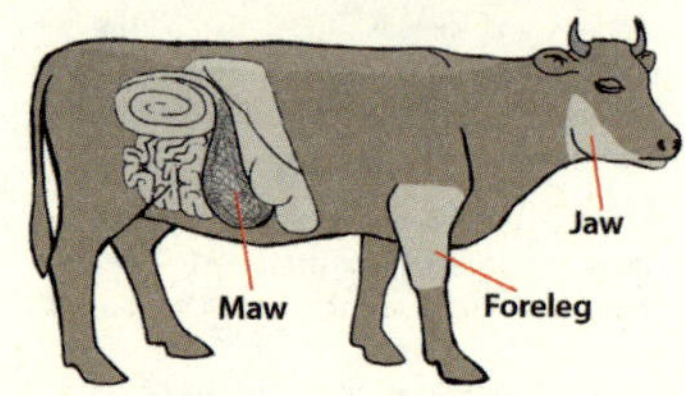

Foreleg, jaw, and maw

Breast and thigh – חָזֶה וְשׁוֹק:

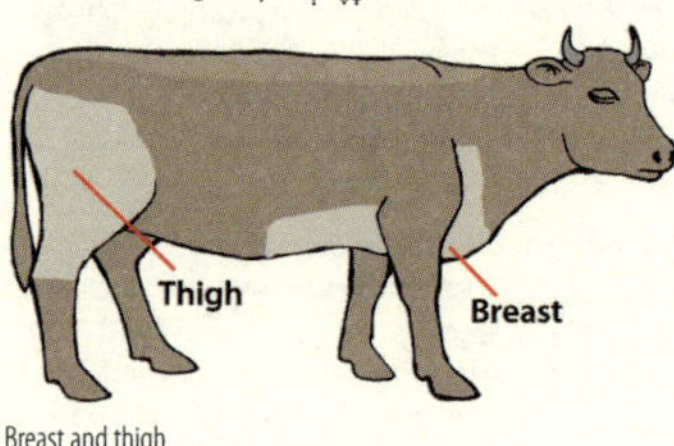

Breast and thigh

**NOTES**

**In Eretz Yisrael and outside of Eretz Yisrael – בָּאָרֶץ וּבְחוּצָה לָאָרֶץ:** The commentaries explain that this statement serves to exclude the opinion of Rabbi Ilai, who holds that the mitzvot relating to gifts of the priesthood apply only in Eretz Yisrael (Rashi on 136b and 138b; Ritva). According to Rashi and *Tosafot* (136b), the *halakha* is in accordance with the opinion of Rabbi Ilai. If so, that would explain why the mitzva to give the gifts of the priesthood is mentioned only in Deuteronomy (18:3), immediately before the entrance of the Jewish people into Eretz Yisrael: While they remained in the wilderness, which is outside of Eretz Yisrael, the mitzva was not yet relevant (*Meshekh Ḥokhma*).

**HALAKHA**

**The mitzva to give the foreleg, the jaw, and the maw to the priests applies, etc. – הַזְּרוֹעַ וְהַלְּחָיַיִם וְהַקֵּבָה נוֹהֲגִין וכו׳:** There is a positive mitzva to give a priest the foreleg, the jaw, and the maw of every slaughtered kosher animal. These portions are referred to as gifts of the priesthood. This mitzva applies both in the presence of the Temple and not in the presence of the Temple, and both inside and outside Eretz Yisrael. It applies only to non-sacred animals, not sacrificial ones. Some authorities hold that this mitzva does not apply outside of Eretz Yisrael, and the prevailing custom is in accordance with this opinion (Rambam *Sefer Zera'im, Hilkhot Bikkurim* 9:1; *Shulḥan Arukh, Yoreh De'a* 61:21).

**All sacrificial animals in which a permanent blemish preceded their consecration…are obligated in the mitzva of a firstborn – כׇּל הַקֳּדָשִׁים שֶׁקָּדַם מוּם קָבוּעַ לְהֶקְדֵּשָׁן...חַיָּיבִין בִּבְכוֹרָה:** All sacrificial animals whose permanent blemish preceded their consecration and were redeemed are subject to the mitzva of a firstborn (Rambam *Sefer Korbanot, Hilkhot Bekhorot* 5:8).

**And in the gifts – וּבְמַתָּנוֹת:** All sacrificial animals whose permanent blemish preceded their consecration and were later redeemed are obligated to have gifts of the priesthood given from them (Rambam *Sefer Zera'im, Hilkhot Bikkurim* 9:2).

**And they can emerge and assume non-sacred status with regard to being shorn and with regard to being utilized for labor – וְיוֹצְאִין לְחוּלִּין לְהִגָּזֵז וּלְהֵעָבֵד:** If one consecrates an animal with a permanent blemish and then redeems it, the animal loses its non-sacred status entirely and may be shorn and utilized for labor (Rambam *Sefer Avoda, Hilkhot Me'ila* 1:9).

**And their offspring…are permitted after their redemption – וּוְלָדָן...מוּתָּר לְאַחַר פִּדְיוֹנָן:** Offspring born to a consecrated animal that has a permanent blemish are redeemed and become non-sacred. This is the *halakha* even if the offspring are unblemished, so that the status of the secondary item, i.e., the offspring, should not be more stringent than that of the principal, its mother (Rambam *Sefer Avoda, Hilkhot Issurei Mizbe'aḥ* 1:11).

וְהַשּׁוֹחֲטָן בַּחוּץ – פָּטוּר, וְאֵין עוֹשִׂין תְּמוּרָה, וְאִם מֵתוּ – יִפָּדוּ. חוּץ מִן הַבְּכוֹר וּמִן הַמַּעֲשֵׂר.

And one who slaughters these animals outside the Temple courtyard is exempt[H] from *karet*, and those animals do not render an animal that was a substitute[B] for them consecrated.[H] And if these animals died before they were redeemed, they may be redeemed[H] and fed to dogs. Although typically sacrificial animals that were redeemed may not be fed to the dogs, in this case it is permitted. This is the *halakha* with regard to all animals except for the firstborn animal and the animal tithe,[HN] whose sanctity is inherent, even when a permanent blemish preceded their consecration.

כׇּל שֶׁקָּדַם הֶקְדֵּשָׁן אֶת מוּמָן, אוֹ מוּם עוֹבֵר קוֹדֶם לְהֶקְדֵּשָׁן וּלְאַחַר מִכָּאן נוֹלַד לָהֶם מוּם קָבוּעַ, וְנִפְדּוּ – פְּטוּרִין מִן הַבְּכוֹרָה וּמִן הַמַּתָּנוֹת, וְאֵינָן יוֹצְאִין לְחוּלִּין לְהִגָּזֵז וּלְהֵעָבֵד,

With regard to all sacrificial animals whose consecration preceded their blemish, or who had a temporary blemish prior to their consecration and afterward developed a permanent blemish and they were redeemed, they are exempt from the mitzva of a firstborn, and from the gifts[H] of the priestood, and they do not emerge from their sacred status and assume non-sacred status with regard to being shorn and with regard to being utilized for labor.[H]

וּוְלָדָן וַחֲלָבָן אָסוּר לְאַחַר פִּדְיוֹנָן, וְהַשּׁוֹחֲטָן בַּחוּץ – חַיָּיב, וְעוֹשִׂין תְּמוּרָה, וְאִם מֵתוּ – יִקָּבְרוּ.

And their offspring, which were conceived prior to redemption, and their milk, are prohibited after their redemption.[H] And one who slaughters them outside the Temple courtyard is liable[N] to receive *karet*, and those animals render an animal that was a substitute for them consecrated.[H] And if these animals died before they were redeemed, they may not be redeemed and fed to dogs; rather, they must be buried.[H]

גמ׳ טַעְמָא, דִּכְתַב רַחֲמָנָא ״אֹתָם״, הָא לָאו הָכִי, הֲוָה אָמִינָא קָדָשִׁים חַיָּיבִין בְּמַתָּנוֹת.

**GEMARA** The mishna teaches that the verse: "And have given them to Aaron the priest and to his sons" (Leviticus 7:34), indicates that only the breast and thigh, which are the subject of that verse, are given from sacrificial animals to the priest, but gifts of the priesthood are not given from sacrificial animals. The Gemara infers: The reason sacrificial animals are not included in the mitzva of gifts of the priesthood is due to the fact that the Merciful One writes: "Them," in reference to the breast and the thigh of sacrificial animals. But were it not for this, I would say by *a fortiori* inference that sacrificial animals are obligated to have gifts of the priesthood given from them.

### HALAKHA

**And one who slaughters them outside is exempt – וְהַשּׁוֹחֲטָן בַּחוּץ פָּטוּר:** If one slaughters outside the Temple courtyard an animal that may not be sacrificed upon the altar, he is exempt from *karet*, even if the animal was blemished, as the verse states: "Before the Tabernacle of the Lord" (Leviticus 17:4). This indicates that one is not liable for slaughtering outside the Temple any animal that is unfit to be brought before the Tabernacle (Rambam *Sefer Avoda, Hilkhot Ma'aseh HaKorbanot* 18:6).

**And they do not render a substitute for them consecrated – וְאֵין עוֹשִׂין תְּמוּרָה:** A permanently blemished animal that one consecrated cannot render an animal that was substituted for it consecrated. The reason is that only its value, not its body, was sanctified (Rambam *Sefer Korbanot, Hilkhot Temura* 1:13).

**And if they died they may be redeemed – וְאִם מֵתוּ יִפָּדוּ:** If one consecrated a permanently blemished animal, it can be redeemed even after it dies, as the sanctity took effect not upon its body but only upon its value (Rambam *Sefer Avoda, Hilkhot Issurei Mizbe'aḥ* 1:11).

**Except for the firstborn animal and the animal tithe – חוּץ מִן הַבְּכוֹר וּמִן הַמַּעֲשֵׂר:** Firstborn animals and the animal tithe possess inherent sanctity and never emerge from their sacred status. It remains prohibited to shear them or use them for labor even if they have a permanent blemish (Rambam *Sefer Avoda, Hilkhot Me'ila* 1:9).

**Exempt…and from the gifts – פְּטוּרִין...וּמִן הַמַּתָּנוֹת:** With regard to all sacrificial animals whose temporary blemish preceded their consecration, or that were consecrated while unblemished and thereafter developed a permanent blemish and were subsequently redeemed, their owners are exempt from the mitzva to give the gifts of the priesthood (Rambam *Sefer Zera'im, Hilkhot Bikkurim* 9:2).

**And they do not emerge…with regard to being shorn and with regard to being utilized for labor – וְאֵינָן יוֹצְאִין...לְהִגָּזֵז וּלְהֵעָבֵד:** A consecrated animal that developed a blemish, or that was consecrated while it had a temporary blemish and then developed a permanent blemish and was subsequently redeemed, may not be shorn or worked. This prohibition remains in force until it is slaughtered (Rambam *Sefer Avoda, Hilkhot Me'ila* 1:9).

**And their offspring…are prohibited after their redemption – וּוְלָדָן...אָסוּר לְאַחַר פִּדְיוֹנָן:** The offspring of an animal that developed a permanent blemish after its consecration is prohibited and cannot be redeemed if it was conceived before the mother was redeemed (Rambam *Sefer Avoda, Hilkhot Issurei Mizbe'aḥ* 1:11).

**And they render a substitute for them consecrated – וְעוֹשִׂין תְּמוּרָה:** An animal that developed a permanent blemish after its consecration renders an animal that was substituted for it consecrated (Rambam *Sefer Korbanot, Hilkhot Temura* 1:13).

**And if they died they must be buried – וְאִם מֵתוּ יִקָּבְרוּ:** An animal that developed a permanent blemish after its consecration and then died is not redeemed after death. It must be buried in the manner of all unblemished sacrificial animals that died. The reason is that it requires being stood before a priest and appraised in order to be redeemed (Rambam *Sefer Avoda, Hilkhot Issurei Mizbe'aḥ* 1:11).

### NOTES

**Except for the firstborn animal and the animal tithe – חוּץ מִן הַבְּכוֹר וּמִן הַמַּעֲשֵׂר:** A firstborn animal and an animal designated as animal tithe are inherently sanctified, even if they were blemished at the time of their sanctification and are unfit for sacrifice upon the altar. With regard to animal tithes, this is derived from a verbal analogy (see *Bekhorot* 14b), while in the case of a firstborn, the commentaries explain that it is because the firstborn is consecrated automatically from the womb (Rabbeinu Gershom Meor HaGola; Rambam).

**And one who slaughters them outside the Temple courtyard is liable – וְהַשּׁוֹחֲטָן בַּחוּץ חַיָּיב:** Generally, one who slaughters a blemished sacrificial animal outside the Temple courtyard is exempt from *karet*, as one is liable for slaughtering an offering outside the Temple only if the offering was fit for sacrifice inside (*Zevaḥim* 112b). By contrast, the mishna is referring to animals with minor blemishes, e.g., on the animal's cornea, as the *halakha* is that if such animals ascended the altar they do not subsequently descend. For this reason, one who slaughters them outside the Temple is liable (Rashi). An alternative version of the text states that one who slaughters them outside the Temple is exempt from *karet* (Rambam). Based on the Gemara in *Bekhorot* 16a, this was apparently the version of the *amora'im* as well.

### BACKGROUND

**Substitute – תְּמוּרָה:** The act of substitution is mentioned in the Torah (see Leviticus 27:10), and tractate *Temura* focuses on the *halakhot* of this act. The Torah prohibits the substitution of another animal for any offering, whether that offering is unblemished or blemished. One who performs an act of substitution violates a prohibition and receives lashes as a punishment. Nevertheless, if an act of substitution is performed, the second animal does acquire a measure of sanctity, while the initial animal also remains sacred. This applies to all animals used as substitutes, whether they are unblemished or blemished, and the animal designated as a substitute can never be used for labor or redeemed. The ultimate fate of the substitute varies with the particular type of offering. In some instances, e.g., a substitute for a sin offering, the animal is left to die. In other cases, such as a guilt offering, the animal is put out to graze until it becomes blemished. Lastly, some substitutes, e.g., that of a peace offering, are consecrated for the altar in addition to the original animal.

אִיכָּא לְמִיפְרַךְ: מָה לְחוּלִּין – שֶׁכֵּן חַיָּיבִין בִּבְכוֹרָה!

The Gemara asks: Why is it necessary to derive this *halakha* from a verse? The *a fortiori* inference **can be refuted** as follows: **What** is unique **about non-sacred** animals? They are unique **in that** they **are obligated** in the mitzva of **a firstborn,** whereas sacrificial animals are exempt. Therefore, the *a fortiori* inference stated in the mishna should not apply.

תֵּיתֵי מִזְּכָרִים. מָה לִזְכָרִים שֶׁכֵּן חַיָּיבִין בְּרֵאשִׁית הַגֵּז!

The Gemara responds: One could **derive** that the mitzva to give the gifts of the priesthood applies to sacrificial animals through an *a fortiori* inference **from** non-sacred **male** animals, which do not give birth to offspring and whose owners are therefore exempt from counting their offspring a firstborn, and nevertheless are subject to the giving of the gifts of the priesthood. The Gemara rejects this suggestion: **What** is unique **about** non-sacred **male** animals? They are unique **in that** they are **obligated to** have **the first sheared wool**[B] given to the priest from them.

מִתְּיָישִׁים. מָה לִתְיָישִׁים שֶׁכֵּן נִכְנָסִין לַדִּיר לְהִתְעַשֵּׂר!

The Gemara persists: One can derive that the obligation applies to sacrificial animals by an *a fortiori* inference **from male goats,**[B] whose owners are exempt from counting their offspring a firstborn as well as from the first sheared wool, and yet are subject to the obligation of gifts of the priesthood. The Gemara rejects this claim as well: **What** is unique **about male goats?** They are unique **in that they enter the pen to be tithed** for the animal tithe, whereas sacrificial animals are not subject to the animal tithe.

מִזְּקֵנִים. מָה לִזְקֵנִים שֶׁכֵּן נִכְנְסוּ לַדִּיר לְהִתְעַשֵּׂר!

The Gemara further suggests that one can derive the obligation of sacrificial animals having the breast and thigh given from them by *a fortiori* inference **from old** male goats, which have already entered the pen in order to be tithed. Consequently, the obligation of the animal tithe, the obligation of counting the offspring a firstborn, and the first sheared wool do not apply. The Gemara rejects this suggestion as well: **What** is unique **about old** male goats? They are unique **in that they** have **entered the pen to be tithed,** which is not the case with regard to sacrificial animals.

מִלָּקוּחַ וְיָתוֹם. מָה לְלָקוּחַ וְיָתוֹם שֶׁכֵּן נִכְנָסִין בְּמִינָן לַדִּיר לְהִתְעַשֵּׂר!

The Gemara again suggests that perhaps one can derive the obligation of giving gifts of the priesthood with regard to sacrificial animals by an *a fortiori* inference **from a purchased** animal, to which the obligation of the animal tithe never applies. **Or** perhaps it can be derived from **an orphaned** animal, born after the death of its mother, which is also not subject to the obligation of animal tithe. The Gemara rejects this claim: **What** is unique **about a purchased** animal **or an orphaned** animal? They are unique **in that** although they themselves do not enter the pen, animals **of their type enter the pen to be tithed.**

בְּמִינָן קָאָמְרַתְּ. קָדָשִׁים נַמִי בְּמִינָן נִכְנָסִין לַדִּיר לְהִתְעַשֵּׂר.

The Gemara responds: **You say** that it is significant that animals **of their type** enter the pen? With regard to **sacrificial** animals **as well,** non-sacred animals **of their type enter the pen to be tithed.** Accordingly, one can claim *a fortiori* that the mitzva to give the gifts applies to sacrificial animals, and it is only due to the verse that they are exempt.

וְיִהְיוּ חוּלִּין חַיָּיבִין בְּחָזֶה וָשׁוֹק, מִקַּל וָחוֹמֶר: וּמָה קָדָשִׁים שֶׁאֵין חַיָּיבִים בְּמַתָּנוֹת – חַיָּיבִין בְּחָזֶה וָשׁוֹק, חוּלִּין שֶׁחַיָּיבִין בְּמַתָּנוֹת – אֵינוֹ דִּין שֶׁחַיָּיבִין בְּחָזֶה וָשׁוֹק?

§ The Gemara challenges: **And** now that it has been established that the obligation of the gifts of the priesthood does not apply to sacrificial animals, **non-sacred** animals **should be obligated to** have the **breast and thigh** given from them **by an *a fortiori*** inference: **If sacrificial** animals, **which are not obligated to** have **gifts** of the priesthood given from them, are nevertheless **obligated to** have the **breast and thigh** given from them, then with regard to **non-sacred** animals, **which are obligated to** have **gifts** of the priesthood given from them, **is it not right that** they should be **obligated to** have the **breast and thigh** given from them?

אָמַר קְרָא: ״וְזֶה יִהְיֶה מִשְׁפַּט הַכֹּהֲנִים״, ״זֶה״ – אִין, מִידֵּי אַחֲרִינָא – לָא.

The Gemara responds that the **verse states: "And this shall be the priests' due** from the people, from them that perform a slaughter, whether it be an ox or sheep, that they shall give to the priest the foreleg, and the jaw, and the maw" (Deuteronomy 18:3). The verse indicates that **"this,"** the foreleg, the jaw, and the maw, **yes,** is given to the priests, but **another item,** i.e., the breast and thigh, is **not** given to the priests from non-sacred slaughtered animals.

**BACKGROUND**

**First sheared wool – רֵאשִׁית הַגֵּז:** One is obligated to give the priest the first portion of any wool shorn from a flock of five or more sheep (Deuteronomy 18:4). This donation must weigh at least five *sela*, and it becomes the personal property of the priest. It is not considered sacred. The details of this mitzva are discussed in the next chapter of this tractate.

**Male goats [*teyashim*] – תְּיָישִׁים:** The male goat is referred to in the Torah with this word, as in the following verse: "Two hundred female goats [*izim*], and twenty male goats [*teyashim*]" (Genesis 32:15). Its appearance is characterized by its beard, which is longer and hairier than that of the female goat, and its long horns, which curve to the sides.

Male goat

אֶלָּא טַעְמָא דִּכְתַב רַחֲמָנָא "זֶה", הָא לָאו הָכִי הֲוָה אָמִינָא: חוּלִּין חַיָּיבִין בְּחָזֶה וְשׁוֹק? וְהָא בָּעֵי תְּנוּפָה, הֵיכָא לֵינוֹפִינְהוּ? אִי אַבְּרָאֵי – "לִפְנֵי ה'" כְּתִיב,

The Gemara raises a difficulty: **But** this derivation indicates that the **reason** the giving of the breast and thigh does not apply to non-sacred animals is that **the Merciful One writes "this,"** from which it may be inferred if **not** for **this, I would say** that one is **obligated to** give the **breast and thigh** from **non-sacred** animals. **But** the procedure for giving the breast and thigh **requires waving,**[B] and **where would one wave** the breast and thigh of a non-sacred animal? **If** it is suggested that one wave them **outside** the Temple, that cannot be done, as **it is written:** "That the breast may be waved for a wave offering **before the Lord**" (Leviticus 7:30), indicating that they must be waved inside the Temple.

**BACKGROUND**

**Wavings – תְּנוּפוֹת:** An act of waving is performed with peace offerings, thanks offerings, and the nazirite's ram. Following the slaughter of the animal and the presenting of its blood upon the altar, its carcass is skinned; its fats, kidneys, and fat tail are removed; and the breast and thigh are separated. These parts are grasped by the individual bringing the offering, and the officiating priest puts his hands beneath those of the owner. Together they wave the sacrificial parts in the four directions of the compass, and then up and down. In the case of a thanks offering, four loaves of different types of bread are placed upon the pile of animal parts before the waving is performed.

Perek **X**
Daf **130** Amud **b**

אִי אַגַּוַּאי – קָא מְעַיֵּיל חוּלִּין לַעֲזָרָה! הִלְכָּךְ לָא אֶפְשָׁר.

**If** it is suggested that they should be waved **inside** the Temple, that too cannot be correct, because one who waves them inside the Temple thereby **brings a non-sacred** animal **into the** Temple **courtyard. Therefore,** since it is **not possible** to perform the procedure of giving the breast and thigh with non-sacred animals, it is not necessary for a verse to teach that the giving of the breast and thigh does not apply to such animals.

אֶלָּא "זֶה" לָמָּה לִי? לְכִדְרַב חִסְדָּא, דְּאָמַר רַב חִסְדָּא: הַמַּזִּיק מַתְּנוֹת כְּהוּנָּה אוֹ שֶׁאֲכָלָן – פָּטוּר מִלְּשַׁלֵּם.

The Gemara asks: **But** if that is so, **why do I** need the verse to state: "**This** shall be the priests' due" (Deuteronomy 18:3)? The Gemara answers: The verse is necessary **for that which Rav Ḥisda** taught, **as Rav Ḥisda said: One who causes damage to gifts of the priesthood, or who consumed them**[H] before they were given to the priests, is **exempt from** having **to pay** to the priest, as the verse states: "This shall be the priests' due," which indicates that only the foreleg, the jaw, and the maw themselves, not their replacements, are given to the priests.

גּוּפָא, אָמַר רַב חִסְדָּא: הַמַּזִּיק מַתְּנוֹת כְּהוּנָּה אוֹ שֶׁאֲכָלָן – פָּטוּר מִלְּשַׁלֵּם. מַאי טַעֲמָא? אִיבָּעֵית אֵימָא: דִּכְתִיב "זֶה", וְאִיבָּעֵית אֵימָא: מִשּׁוּם דַּהֲוָה לֵיהּ מָמוֹן שֶׁאֵין לוֹ תּוֹבְעִים.

§ The Gemara analyzes **the matter itself: Rav Ḥisda said** that **one who causes damage to gifts of the priesthood or who consumed them is exempt from** having **to pay** a substitute to the priest. The Gemara asks: **What is the reason? If you wish, say that** it is because **"this" is written** in the verse, indicating that only the foreleg, the jaw, and the maw themselves are given to the priests, as explained above. **And if you wish, say** instead that it is **because it is money that has no claimants.**[N] Since one may give the gifts to any priest, no single priest can issue a claim on them.

מֵיתִיבֵי: "וְזֶה יִהְיֶה מִשְׁפַּט הַכֹּהֲנִים" – מְלַמֵּד שֶׁהַמַּתָּנוֹת דִּין. לְמַאי הִלְכְתָא, לָאו לְהוֹצִיאָן בְּדַיָּינִין? לָא, לְחוֹלְקָן בְּדַיָּינִין,

The Gemara **raises an objection** from a *baraita*. The verse states: "**And this shall be the priests' due** [*mishpat*]" (Deuteronomy 18:3), which **teaches that the gifts** given to the priests are considered **a judgment,** as *mishpat* can mean judgment. The Gemara continues: **With regard to what *halakha*** are the gifts a judgment? Is it **not with regard to extracting** them **through judges,** i.e., a priest may claim them in court and the court will order the individual to give the gifts to that priest? If so, the gifts are considered to be money that has claimants. The Gemara rejects this suggestion: **No,** they are a judgment **with regard to distributing them through judges,** i.e., the court dictates to the owner to which type of priests he should give the gifts.

**HALAKHA**

**One who causes damage to gifts of the priesthood or who consumed them – הַמַּזִּיק מַתְּנוֹת כְּהוּנָּה אוֹ שֶׁאֲכָלָן:** It is prohibited for an Israelite to eat gifts of the priesthood without the permission of a priest. If he consumed them without permission, or if he caused damage to them or sold them, he is exempt from payment, as the gifts are considered money that has no specific claimants. The *Shakh* adds that even so, by the laws of Heaven one is obligated to pay (Rambam *Sefer Zera'im*, *Hilkhot Bikkurim* 9:14; *Shulḥan Arukh*, *Yoreh De'a* 61:31).

**NOTES**

**If you wish say that it is because "this" is written…money that has no claimants – אִיבָּעֵית אֵימָא דִּכְתִיב זֶה...מָמוֹן שֶׁאֵין לוֹ תּוֹבְעִים:** The early commentaries explain that according to the first reason, the verse indicates that only the gifts themselves are given to the priest but not their substitute. The verse also teaches that the foreleg, the jaw, and the maw are considered a judgment, whereas the breast and thigh are not, as the Gemara later notes. By contrast, according to the second reason, only the second *halakha* is derived from the verse. Another practical difference is that according to the second reason, although the priest may not issue a monetary claim against one who causes damage to gifts of the priesthood, the individual is nevertheless obligated to pay by the laws of Heaven. According to the first reason, the verse indicates that one is entirely exempt from payment (*Tosafot*; Rosh). The Rosh and the Rambam rule in accordance with the second reason (*Beit Yosef*, *Yoreh De'a* 61).

וְכִדְרַב שְׁמוּאֵל בַּר נַחְמָנִי. דְּאָמַר רַב שְׁמוּאֵל בַּר נַחְמָנִי, אָמַר רַבִּי יוֹנָתָן: מִנַּיִן שֶׁאֵין נוֹתְנִין מַתָּנָה לְכֹהֵן עַם הָאָרֶץ – שֶׁנֶּאֱמַר ״וַיֹּאמֶר לָעָם לְיוֹשְׁבֵי יְרוּשָׁלַםִ לָתֵת מְנָת הַכֹּהֲנִים וְהַלְוִיִּם לְמַעַן יֶחֶזְקוּ בְּתוֹרַת ה׳״ – כׇּל הַמַּחֲזִיק בְּתוֹרַת ה׳, יֵשׁ לוֹ מְנָת. וְשֶׁאֵינוֹ מַחֲזִיק בְּתוֹרַת ה׳, אֵין לוֹ מְנָת.

**And** this is **in accordance with** that which **Rav Shmuel bar Naḥmani** taught, as **Rav Shmuel bar Naḥmani said** that **Rabbi Yonatan said: From where** is it derived **that one does not give a gift** of the priesthood **to a priest** who is **an *am ha'aretz*?**[H] It is derived from a verse, **as it is stated: "And he commanded the people who dwelled in Jerusalem to give the portion of the priests and of the Levites, so that they may firmly adhere to the Torah of the Lord"** (II Chronicles 31:4). This indicates that **anyone who firmly adheres to the Torah of the Lord has a portion, and one who does not firmly adhere to the Torah of the Lord does not have a portion.**

תָּא שְׁמַע, רַבִּי יְהוּדָה בֶּן בְּתֵירָא אוֹמֵר: ״מִשְׁפַּט״ – מְלַמֵּד שֶׁהַמַּתָּנוֹת דִּין. יָכוֹל אֲפִילּוּ חָזֶה וְשׁוֹק דִּין? תַּלְמוּד לוֹמַר: ״זֶה״.

The Gemara suggests: **Come** and **hear** a proof with regard to the statement of Rav Ḥisda from a *baraita*: **Rabbi Yehuda ben Beteira says** that the phrase "And this shall be the priests' **due" teaches that the gifts** of the priesthood are **a judgment.** One **might** have thought that the gifts of the **breast and thigh** are **also a judgment.** Therefore, **the verse states: "This,"** to teach that only the gifts of the foreleg, the jaw, and the maw are called a judgment.

לְמַאי? אִילֵימָא לְחוֹלְקוֹ בְּדַיָּינִין – אַטּוּ חָזֶה וְשׁוֹק לָאו בְּדַיָּינִין מִיחַלְקוּ? אֶלָּא לָאו, לְהוֹצִיא בְּדַיָּינִין!

The Gemara analyzes this *baraita*: **With regard to what** matter is this *halakha* stated? **If we say** that it is **with regard to distributing** them **through judges, is that to say** that the **breast and thigh are not distributed through judges?** These are also called a "portion" (II Chronicles 31:4), and therefore the court determines to which priests they should be given, as stated above. **Rather, is it not** stated **with regard to extracting** them **through judges?** If so, one can infer from the *baraita* that gifts of the priesthood can be extracted in court by a priest, which contradicts the statement of Rav Ḥisda.

הָכָא בְּמַאי עָסְקִינַן, דְּאָתוּ לִידֵיהּ. אִי דְּאָתוּ לִידֵיהּ, מַאי לְמֵימְרָא? דְּאָתוּ לִידֵיהּ בְּטִבְלַיְיהוּ, וְקָסָבַר הַאי תַּנָּא: מַתָּנוֹת שֶׁלֹּא הוּרְמוּ – כְּמִי שֶׁהוּרְמוּ דָּמְיָין.

The Gemara responds: **Here, we are dealing with** a case **where** the gifts already **came into** the priest's **possession,** and the owner stole them from him. The *baraita* teaches that the priest may claim them in court and the court will order that they be returned to him. The Gemara asks: **If** this is a case **where they came into his possession, what** is the purpose **of stating** that the priest may claim them in court? That is obvious, as they already belong to him. The Gemara responds: The *baraita* is referring to a case **where they came into his possession while they** were still **untithed,** i.e., the priest received the entire animal before the gifts were separated, **and this *tanna* holds** that **gifts that have not been separated are considered as though they have been separated.** Accordingly, the gifts belong to the priest, and if the owner takes them from him against his will it is considered theft.

תָּא שְׁמַע: בַּעַל הַבַּיִת שֶׁהָיָה עוֹבֵר מִמָּקוֹם לְמָקוֹם, וְצָרִיךְ לִיטּוֹל לֶקֶט שִׁכְחָה וּפֵאָה וּמַעֲשַׂר עָנִי – נוֹטֵל, וְלִכְשֶׁיַּחֲזוֹר יְשַׁלֵּם, דִּבְרֵי רַבִּי אֱלִיעֶזֶר!

The Gemara suggests: **Come and hear** a proof with regard to the statement of Rav Ḥisda from a mishna (*Pe'a* 5:4): In the case of **a homeowner who was passing from place to place,** and he ran out of money while traveling **and needs to take gleanings,**[B] **forgotten** sheaves,[B] ***pe'a*,**[B] **or the poor man's tithe**[B] in order to sustain himself, he may **take** them, **and when he returns** to his house **he will pay** a poor person for whatever he took; this is **the statement of Rabbi Eliezer.** The mishna teaches that a poor person may extract payment for that which the homeowner took, despite the fact that he never had possession of the gifts. This ruling apparently contradicts the statement of Rav Ḥisda.

## HALAKHA

**That one does not give a gift of the priesthood to a priest who is an *am ha'aretz* – שֶׁאֵין נוֹתְנִין מַתָּנָה לְכֹהֵן עַם הָאָרֶץ:** Ideally, one should give the gifts of the priesthood to a priest who is a *ḥaver*. If there is no such priest, one gives it to a priest who is an *am ha'aretz*. Along the same lines, the Rema adds that if the priest who is a *ḥaver* declines to accept the gifts, one gives them to a priest who is an *am ha'aretz* (*Shulḥan Arukh, Yoreh De'a* 61:7).

## BACKGROUND

**Gleanings – לֶקֶט:** The Torah prohibits the owner of a field from gleaning for his own use individual stalks that have fallen during the harvest (Leviticus 19:9). Fewer than three stalks that fall in one place are deemed gleanings and are considered the property of the poor. The owner must leave them as one of the obligatory agricultural gifts to the poor.

**Forgotten sheaves – שִׁכְחָה:** This, too, is one of the agricultural gifts to the poor. A farmer who forgot a sheaf in the field while harvesting his grain may not return to collect it. Instead, it must be left for the poor (Deuteronomy 24:19).

***Pe'a* – פֵּאָה:** The Torah states that it is prohibited for a farmer to harvest the produce in the corner of his field. Rather, he must allow the poor to collect this produce themselves. The Sages decreed that the area of the corner must be at least one-sixtieth of the field. This mitzva is stated in the Torah (Leviticus 19:9, 23:22), and tractate *Pe'a* is devoted to the details of the mitzva.

**Poor man's tithe – מַעְשַׂר עָנִי:** The poor man's tithe is a special tithe set aside from agricultural produce and distributed to the poor. During the third and sixth years of the Sabbatical cycle, after the priests' share of the produce and the first tithe have been set aside, one-tenth of the remaining produce is distributed to the poor. This is called the poor man's tithe. During the other years of the Sabbatical cycle, the second tithe is separated instead of the poor man's tithe. Although the poor man's tithe is not sacred, the crop is considered untithed produce until it has been set aside, and the crop may not be eaten.

BACKGROUND

First tithe – מַעֲשֵׂר רִאשׁוֹן: After *teruma* is separated from the produce, one-tenth of the remaining produce is given to the Levites. This produce is called the first tithe, which the owner gives to any Levite he chooses. A Levite who received first tithe is required to set aside one-tenth of this tithe as *teruma*, which he gives to a priest. The remaining first tithe, which is the Levite's property, has no sanctity, and may be eaten by anyone. Produce from which the first tithe has not been set aside has the status of untithed produce and may not be eaten. Because not everyone was conscientious about setting aside the first tithe, the Sages instituted that one must separate this tithe from doubtfully tithed produce as well. In such a case it is not given to a Levite; it may be eaten by anyone.

HALAKHA

A Levite who consumed his tithes while they were untithed…that he is exempt from payment – לֵוִי שֶׁאָכַל מַעַשְׂרוֹתָיו טְבָלִים...שֶׁפָּטוּר מִן הַתַּשְׁלוּמִין: If a Levite consumed tithes before *teruma* of the tithe was separated from them, although he is liable to receive the punishment of death at the hand of Heaven, he is not required to pay for the gifts that he consumed (Rambam *Sefer Zera'im*, *Hilkhot Ma'aser* 1:5).

אָמַר רַב חִסְדָּא: מִדַּת חֲסִידוּת שָׁנוּ כָּאן. אָמַר רָבָא: תַּנָּא תָּנֵי "יְשַׁלֵּם", וְאַתְּ אָמְרַתְּ מִדַּת חֲסִידוּת שָׁנוּ כָּאן?! וְעוֹד, מִדְּרַבִּי אֱלִיעֶזֶר לֵיקוּם וְלֵיתוּב?

**Rav Ḥisda said:** The mishna **taught an attribute of piety here,** i.e., strictly speaking a poor person has no right to claim any amount from the homeowner for what he took. **Rava said** in bewilderment: **The** ***tanna*** **taught** explicitly that **he will pay, and you say** that he **taught an attribute of piety here? And furthermore, should** one **arise and raise an objection from** the statement **of Rabbi Eliezer?** The *halakha* is not in accordance with his opinion.

אֶלָּא מִסֵּיפָא: וַחֲכָמִים אוֹמְרִים. עָנִי הָיָה בְּאוֹתָהּ שָׁעָה, טַעְמָא – דְּעָנִי, הָא עָשִׁיר – מְשַׁלֵּם,

**Rather,** the objection is **from the latter clause** of the mishna: **And the Rabbis say** that the homeowner is not required to pay for what he took during his travels, as **he was** considered **poor at that time.** It may be inferred that the **reason** he is exempt from payment is only **that** he was considered **poor** at the time, **but** if he were considered **wealthy,** he would have to **pay** the poor people who issue a claim against him in court, as he was not entitled to those gifts.

אַמַּאי? לֶיהֱוֵי כְּמַזִּיק מַתְּנוֹת כְּהוּנָּה אוֹ שֶׁאֲכָלָן! אָמַר רַב חִסְדָּא: מִדַּת חֲסִידוּת שָׁנוּ כָּאן.

The Gemara explains the objection: But **why** must he pay? **Let it be** considered **like** a case where one **causes damage to gifts of the priesthood or consumes them,** with regard to which Rav Ḥisda states that he is not required to pay the priest. The opinion of the Rabbis apparently contradicts the statement of Rav Ḥisda. **Rav Ḥisda says:** Even if the homeowner was considered wealthy at the time he is not required to pay, and the Rabbis who obligated him to pay **taught an attribute of piety here.**

תָּא שְׁמַע: מִנַּיִן לְבַעַל הַבַּיִת שֶׁאָכַל פֵּירוֹתָיו טְבָלִין, וְכֵן לֵוִי שֶׁאָכַל מַעַשְׂרוֹתָיו טְבָלִים, מִנַּיִן שֶׁפָּטוּר מִן הַתַּשְׁלוּמִין – תַּלְמוּד לוֹמַר "וְלֹא יְחַלְּלוּ אֶת קָדְשֵׁי בְּנֵי יִשְׂרָאֵל אֲשֶׁר יָרִימוּ" – אֵין לְךָ בָּהֶן אֶלָּא מִשְּׁעַת הֲרָמָה וְאֵילָךְ,

The Gemara suggests: **Come** and **hear** a proof from a *baraita*: **From where** is it derived **with regard to a homeowner who consumed his produce** while it was **untithed,** i.e., neither *teruma* nor the first tithe[B] had been separated, **and similarly,** with regard to **a Levite who consumed his tithes** while they were **untithed,** i.e., *teruma* of the tithe had not been separated, **from where** is it derived **that** he is **exempt from payment?**[H] **The verse states: "And they shall not profane the sacred things of the children of Israel, which they set apart** to the Lord" (Leviticus 22:15). This teaches that **you,** the priest, **have** rights **to them only from the time of separation onward.** Since the produce was eaten before *teruma* was separated from it, the priest cannot claim payment for it in court.

הָא מִשְּׁעַת הֲרָמָה וְאֵילָךְ מִיהָא מְשַׁלֵּם, אַמַּאי? לֶיהֱוֵי כְּמַזִּיק מַתְּנוֹת כְּהוּנָּה אוֹ שֶׁאֲכָלָן! הָכָא נַמִי

The Gemara infers from this ruling: This indicates that if it was consumed **from the time of separation onward,** the priest may **in any event** claim payment for the *teruma* in court, and the one who consumed it must **pay.** But **why** must one pay? **Let it be like** a case where one **causes damage to gifts of the priesthood or consumes them,** with regard to which Rav Ḥisda states that he is exempt from payment. The Gemara responds: **Here too,**

Perek **X**
Daf **131** Amud **a**

דְּאָתוּ לִידֵיהּ בְּטִבְלַיְיהוּ, וְקָסָבַר הַאי תַּנָּא: מַתָּנוֹת שֶׁלֹּא הוּרְמוּ, כְּמִי שֶׁהוּרְמוּ דָּמְיָין.

the *baraita* is referring to a case **where they came into** the priest's **possession while they** were still **untithed, and this** ***tanna*** **holds** that **gifts that have not been separated are considered as though they have been separated.** In such a case, the priest obtained rights to the ownerless gifts by seizing them first. Although when he seized the produce it was still untithed, the portion of the produce that is to be separated has the status of *teruma*. Accordingly, one who consumes such produce is required to pay the priest.

תָּא שְׁמַע: הֲרֵי שֶׁאָנְסוּ בֵּית הַמֶּלֶךְ גָּרְנוֹ, אִם בְּחוֹבוֹ – חַיָּיב לְעַשֵּׂר, אִם בַּאֲנַפְרוֹת – פָּטוּר מִלְעַשֵּׂר!

The Gemara further suggests: **Come** and **hear** another proof with regard to the statement of Rav Ḥisda from a *baraita*: In a case **where the household of the king seized one's threshing floor** by force, **if** they took it **as** payment of **his debt**[N] owed to the king, then **he is obligated to tithe** other grain in accordance with the amount he would have tithed before the grain was seized. Since he was already obligated to tithe the grain before it was seized, it is considered as though the grain was sold in an untithed state. **If they took it without reason** [*anparot*],[L] then **he is exempt from tithing.** The fact that one is required to tithe grain seized as payment of a debt indicates that the tithe is considered money that has claimants, from which it follows that a priest may extract payment of the tithe from him. Again, this apparently contradicts the statement of Rav Ḥisda.

שָׁאנֵי הָתָם דְּקָא מִשְׁתַּרְשֵׁי לֵיהּ.

The Gemara rejects this proof: It **is different there,** since if one is not required to tithe grain seized as payment of a debt, this would mean **that** the seizure **causes benefit for him,**[N] as he will be exempt from tithing grain that he was previously obligated to tithe. It is for this reason that the *baraita* rules that one must tithe other grain instead of the seized grain, not because a priest could have issued a claim against him in court.

תָּא שְׁמַע: אָמַר לוֹ "מְכוֹר לִי בְּנֵי מֵעֶיהָ שֶׁל פָּרָה", וְהָיָה בָּהֶן מַתְּנוֹת כְּהוּנָּה – נוֹתְנָן לַכֹּהֵן, וְאֵינוֹ מְנַכֶּה לוֹ מִן הַדָּמִים. לָקַח הֵימֶנּוּ בְּמִשְׁקָל – נוֹתְנָן לַכֹּהֵן, וּמְנַכֶּה לוֹ מִן הַדָּמִים.

The Gemara suggests: **Come** and **hear** a proof from a mishna (132a): If an Israelite **says to** a butcher: **Sell me the innards of** a particular **cow, and there were gifts of the priesthood** included **with it,** i.e., the maw, that were not yet given to the priest, the purchaser **must give them to the priest, and** the butcher **may not deduct** the value of the gifts **from the money** that the purchaser pays **him,** as it is assumed that the gifts were not included in the sale. If **he purchased** the innards **from** the butcher **by weight,** the purchaser **must give** the gifts **to the priest, and** the butcher **deducts** the value of the gifts **from the money** that the Israelite pays **him.**

אַמַּאי? לֶיהֱוֵי כְּמַזִּיק מַתְּנוֹת כְּהוּנָּה אוֹ שֶׁאֲכָלָן! שָׁאנֵי הָתָם דְּאִיתְנְהוּ בְּעֵינַיְיהוּ.

The Gemara asks: **Why** must the buyer give the maw to the priest? **Let** the butcher's sale of the maw **be** considered **like** a case where one **causes damage to gifts of the priesthood or consumes them,** with regard to which Rav Ḥisda states that one is exempt from payment. This mishna apparently contradicts Rav Ḥisda's statement. The Gemara rejects this: It **is different there, as the** gifts **are intact,** i.e., they are distinct items in their own right. In such a case, the gifts must be given to the priest. By contrast, Rav Ḥisda is discussing cases in which the gifts are not distinguishable objects at the time.

תָּא שְׁמַע: תִּשְׁעָה נִכְסֵי כֹהֵן – תְּרוּמָה, וּתְרוּמַת מַעֲשֵׂר, וְחַלָּה, רֵאשִׁית הַגֵּז, וּמַתָּנוֹת, וְהַדְּמַאי, וְהַבִּכּוּרִים, וְהַקֶּרֶן, וְהַחוֹמֶשׁ.

The Gemara suggests: **Come** and **hear** another proof: **Nine** items are the **property of a priest:** ***Teruma, teruma* of the tithe,**[B] ***ḥalla,*** the portion of dough given to the priest, **the first sheared** wool, **gifts** of the priesthood, **doubtfully tithed produce** [*demai*],[L] **first fruits, the principal** value of the property of a convert, **and the** additional **one-fifth.** The two are paid to the priest in a case where the property of a convert was stolen and the thief took an oath that he did not steal it, and after the convert died the thief admitted to taking a false oath.

## LANGUAGE

**Without reason [*anparot*] – אַנְפָּרוֹת:** This is likely the Hebrew form of the Greek ἀναφορά, *anaphora*, which refers to the confiscation of one's assets. In this context it refers to unwarranted confiscation by a belligerent ruler rather than payment of an outstanding debt.

**Doubtfully tithed produce [*demai*] – דְּמַאי:** *Demai* is produce from which one is obligated to separate *teruma* and tithes due to uncertainty as to whether they were already separated from the produce. In general, *demai* refers to the produce of an *am ha'aretz*, as the Sages investigated the practices of *amei ha'aretz* and determined that some of them were not meticulous in separating tithes from their produce. The Sages therefore decreed that one must separate tithes from produce purchased from *amei ha'aretz*.

Several explanations are offered with regard to the source of the word *demai*. Some explain that it is a conjunction of two Aramaic words: *Da*, meaning: This, and *mai*, meaning: What is it, as *demai* denotes produce whose status is uncertain. Others suggest that it is derived from the Hebrew *dema*, meaning mixture, as *demai* refers to mixed produce in the sense that its status is uncertain. Yet another explanation is that *demai* is from the Greek δῆμος, *dēmos*, which denotes the masses; this is understood as a reference to the *amei ha'aretz* from whom the produce was acquired.

## BACKGROUND

***Teruma* of the tithe – תְּרוּמַת מַעֲשֵׂר:** The Levites are commanded to separate one-tenth of the tithe they receive and to transfer it to the priests. The Torah calls this "a tithe from the tithe" (Numbers 18:26), and the Sages refer to it as *teruma* of the tithe. All of the *halakhot* that apply to *teruma* apply to this tithe as well. Even nowadays, this tithe must be separated from produce, though it is ritually impure and therefore it may not be eaten.

## NOTES

**If they took it as payment of his debt – אִם בְּחוֹבוֹ:** The later commentaries explain that the obligation to separate tithes for produce taken as payment of a tax applies only to a head tax or property tax. One is not obligated to separate tithes for produce taken as payment for income tax, which is deducted from one's profits. The same is true with regard to giving charity from one's monetary income, i.e., money paid as income tax is deducted from the calculation of one's assets when determining the amount one is obligated to give to charity (*Iggerot Moshe*).

**It is different there since that causes benefit for him – שָׁאנֵי הָתָם דְּקָא מִשְׁתַּרְשֵׁי לֵיהּ:** The early commentaries point out that according to this answer, it is difficult to understand why one who consumes gifts of the priesthood is exempt from payment, as stated earlier. In that case as well, he is benefiting from the fact that by consuming these gifts he need not consume his own food. The commentaries answer that consuming the gifts is not considered a tangible benefit, as one could have fasted (*Tosafot*). Accordingly, if one sold gifts of the priesthood and received payment for them, even Rav Ḥisda agrees that one is obligated to pay the priest, as he clearly profited from the gifts. Nevertheless, some rule that one who sells gifts of the priesthood is exempt from payment (Rambam *Sefer Zera'im*, *Hilkhot Bikkurim* 9:14; see *Shulḥan Arukh*, *Yoreh De'a* 61:31).

לְמַאי? לָאו לְהוֹצִיאָן בְּדַיָּינִין?! לָא, לִכְדִתְנַן: לָמָּה אָמְרוּ נִכְסֵי כֹהֵן – שֶׁקּוֹנֶה בָּהֶן עֲבָדִים וְקַרְקָעוֹת וּבְהֵמָה טְמֵאָה, וּבַעַל חוֹב נוֹטְלָן בְּחוֹבוֹ, וְאִשָּׁה בִּכְתוּבָּתָהּ, וְסֵפֶר תּוֹרָה.

The Gemara explains the proof: **With regard to what** matter are these items considered the property of a priest? **Is it not with regard to extracting them with judges,** which would contradict the opinion of Rav Ḥisda? The Gemara responds: **No,** it is **with regard to that which we learned** in a mishna (*Bikkurim* 3:12): **To** what end did **they say** that these items are the **property of a priest?** It means **that** a priest may **purchase with them slaves and lands**[H] **and a non-kosher animal; and a lender takes them** as payment **of his debt; and** if the **wife** of a priest is divorced from him, she takes them as payment **of her marriage contract;**[B] **and** a priest may purchase **a Torah scroll** with them.

הַהוּא לֵיוָאָה דַּהֲוָה חָטֵף מַתְּנָתָא. אָתוּ אֲמַרוּ לֵיהּ לְרַב. אֲמַר לְהוּ: לָא מִסְתַּיֵּיהּ דְּלָא שָׁקְלִינַן מִינֵּיהּ אֶלָּא מִיחְטַף נָמֵי חָטֵיף?

§ The Gemara relates: There was **a certain Levite who would snatch gifts** of the priesthood from children who were delivering them to the priests on their fathers' behalf. **They came** and **told Rav** about this Levite. Rav **said to them: Is it not enough that** when he slaughters his own animals **we do not take** the gifts of the priesthood **from him, but he also snatches** gifts that are being delivered to priests?

וְרַב, אִי אִיקְרוּ "עַם" – מִשְׁקַל נָמֵי לִשְׁקוֹל מִינַּיְיהוּ.

Rav's comment indicates that in his opinion there are grounds to take the gifts from Levites, but nevertheless they are not taken. The Gemara asks: **And** what does **Rav** maintain in this regard? **If** he maintains that Levites **are called** part of the **"people,"** then **let one take** the foreleg, the jaw, and the maw **from them as well,** as the verse states: "From the people, from them that perform a slaughter, whether it be ox or sheep, they shall give to the priest the foreleg, and the jaw, and the maw" (Deuteronomy 18:3).

אִי לָא אִיקְרוּ "עַם" – רַחֲמָנָא פַּטְרִינְהוּ! מִסַּפְּקָא לֵיהּ אִי אִיקְרוּ "עַם" אִי לָא אִיקְרוּ "עַם".

**And if they are not called** part of the **people,** then **the Merciful One** has **exempted them** from giving those gifts, and there would be no grounds to take the gifts from them. The Gemara responds: Rav **is uncertain whether or not they are called** part of the **people.**[H] Therefore, he exempts the Levites from giving their own gifts, in accordance with the principle that the burden of proof rests upon the claimant.

**HALAKHA**

**The property of a priest that he may purchase with them slaves and lands, etc.** – **נִכְסֵי כֹהֵן שֶׁקּוֹנֶה בָּהֶן עֲבָדִים וְקַרְקָעוֹת וכו׳:** A priest may sell the gifts of the priesthood or give them as a gift, even to a gentile, as they have no sanctity. The same is true of a kosher blemished firstborn animal, whether it was born blemished or it later developed a blemish. Nowadays, a priest may sell even a live unblemished firstborn animal to an Israelite, as well as a live or slaughtered blemished firstborn animal. But a firstborn animal may not be sold in a butcher shop, nor may it be weighed in the usual manner of non-sacred meat. Rather, it must be weighed either against another piece of meat or against a tool (Rambam *Sefer Zera'im*, *Hilkhot Bikkurim* 9:20 and *Sefer Korbanot*, *Hilkhot Bekhorot* 1:3; *Shulḥan Arukh*, *Yoreh De'a* 61:13, 306:6).

**He is uncertain whether or not they are called part of the people** – **מִסַּפְּקָא לֵיהּ אִי אִיקְרוּ עַם אִי לָא אִיקְרוּ עַם:** It is uncertain whether or not Levites are obligated to give the gifts of the priesthood, and they are therefore exempt from this obligation. But if a priest took them from a Levite's possession, he is not required to return them. The Rema writes that some authorities disagree and rule that if the priest took them from the possession of a Levite, they must be returned to the Levite (Rambam *Sefer Zera'im*, *Hilkhot Bikkurim* 9:8; *Shulḥan Arukh*, *Yoreh De'a* 61:23).

**BACKGROUND**

**Marriage contract** – **כְּתוּבָּה:** This is a legal document given by a husband to his wife upon their marriage, stating his obligations toward her during and after their marriage. The contract includes a lien on the husband's estate in the minimum amount of two hundred dinars for a virgin bride or one hundred dinars for other brides, payable if she is divorced or widowed. The guidelines for a marriage contract are provided by the Talmud, but its particular provisions are often based on local custom. In addition, the marriage contract may include individual stipulations agreed to by the husband and wife. The marriage contract gives the marriage halakhic legitimacy. Without one, the couple's relationship is considered licentious.

יָתֵיב רַב פַּפָּא וְקָאָמַר לַהּ לְהָא שְׁמַעְתָּא. אֵיתִיבֵיהּ רַב אִידִי בַּר אָבִין לְרַב פַּפָּא, אַרְבַּע מַתָּנוֹת עֲנִיִּים שֶׁבַּכֶּרֶם: הַפֶּרֶט וְהָעוֹלֵלוֹת וְהַשִּׁכְחָה וְהַפֵּאָה. וְשָׁלֹשׁ שֶׁבַּתְּבוּאָה: הַלֶּקֶט וְהַשִּׁכְחָה וְהַפֵּאָה. שְׁנַיִם שֶׁבָּאִילָן: הַשִּׁכְחָה וְהַפֵּאָה.

The Gemara relates that **Rav Pappa was sitting and saying this** ***halakha*** in the name of Rav. **Rav Idi bar Avin raised an objection to Rav Pappa** from a *baraita*, with regard to the uncertainty of Rav: **Four gifts** are left **to the poor** from the produce **of a vineyard: The individual fallen** grapes [*peret*],[B] **and the incompletely formed clusters** of grapes [*olelot*],[B] **and the forgotten** clusters, **and** ***pe'a*****. And three** gifts are left to the poor **from grain: The gleanings**, i.e., sheaves that fell during the harvest, **and the forgotten** sheaves, **and the** ***pe'a*****. Two** gifts are left to the poor from the fruit **of a tree:**[H] **The forgotten** fruits **and the** ***pe'a*****.**

כּוּלָּן אֵין בָּהֶם טוֹבַת הֲנָאָה לַבְּעָלִים, וַאֲפִילּוּ עָנִי שֶׁבְּיִשְׂרָאֵל מוֹצִיאִין מִיָּדוֹ.

The *baraita* elaborates: With regard to **all of** these gifts, **the owner** of the produce **does not have the benefit of discretion.**[NH] This is the benefit accrued from giving a gift to an individual of one's choice, e.g., giving *teruma* or tithes to whichever priest or Levite that one chooses. Instead, poor person who takes possession of these gifts becomes their rightful owner. **And even a poor person of Israel** who owns a vineyard, field, or tree must leave these gifts for all other poor people; and if he does not do so, **the court removes** them **from his possession.**

מַעֲשַׂר עָנִי הַמִּתְחַלֵּק בְּתוֹךְ בֵּיתוֹ יֵשׁ בּוֹ טוֹבַת הֲנָאָה לַבְּעָלִים, וַאֲפִילּוּ עָנִי שֶׁבְּיִשְׂרָאֵל מוֹצִיאִין אוֹתוֹ מִיָּדוֹ. וּשְׁאָר מַתְּנוֹת כְּהוּנָּה, כְּגוֹן הַזְּרוֹעַ וְהַלְּחָיַיִם וְהַקֵּבָה – אֵין מוֹצִיאִין אוֹתָן מִיָּדוֹ לֹא מִכֹּהֵן לְכֹהֵן, וְלֹא מִלֵּוִי לְלֵוִי.

By contrast, with regard to the **poor man's tithe, which is distributed** from **within one's house,** unlike other gifts to the poor that are left in the field for them to take, **the owner has the benefit of discretion.**[H] **And even** in the case of **a poor person in Israel,** if he fails to separate the poor man's tithe from his produce, **the court removes it from his possession. And** with regard to **other gifts of the priesthood, such as the foreleg, and the jaw, and the maw,** the court **does not remove them, neither from a priest** to give **to** another **priest, nor from a Levite** to give **to** another **Levite.**

אַרְבַּע מַתָּנוֹת שֶׁבַּכֶּרֶם: הַפֶּרֶט וְהָעוֹלֵלוֹת וְהַשִּׁכְחָה וְהַפֵּאָה, דִּכְתִיב: ״וְכַרְמְךָ לֹא תְעוֹלֵל וּפֶרֶט כַּרְמְךָ לֹא תְלַקֵּט״,

Before Rav Idi bar Avin explains his objection, the Gemara cites the sources for the *halakhot* of the *baraita*: The *baraita* teaches that **four gifts** are left to the poor from the produce **of a vineyard: The** ***peret*****, and the** ***olelot*****, and the forgotten** clusters, **and the** ***pe'a*****, as it is written: "And you shall not glean [*te'olel*] your vineyard, neither shall you gather the fallen fruit [*peret*] of your vineyard;** you shall leave them for the poor and for the stranger" (Leviticus 19:10).

## NOTES

**Benefit of discretion** – **טוֹבַת הֲנָאָה**: The early commentaries disagree with regard to the type of benefit referred to here. Some explain that the *baraita* is referring to the gratitude a poor person feels toward the owner for choosing to give the gifts to him (Rabbeinu Ḥananel on *Pesaḥim* 46b; *Arukh*; *Shita Mekubbetzet* on *Nedarim* 36b, citing Rabbi Eliyahu Mizraḥi). Others maintain that the *baraita* is referring to the owner's acceptance of a small fee from someone who desires that the gifts be given to particular individuals and is willing to pay to that end (Rashi; Rabbeinu Gershom Meor HaGola; *Tosafot* on *Nedarim* 36b). The Sages disagree over whether or not the benefit of discretion is considered the asset of the owner. There are various halakhic ramifications of this inquiry, e.g., whether a thief must pay double the amount of the benefit of discretion if he steals untithed produce of an Israelite, and whether a man may betroth a woman with it (*Nedarim* 84b–85a).

## HALAKHA

**Four gifts are left to the poor from the produce of a vineyard… and three from grain…two from the fruit of a tree** – **אַרְבַּע מַתָּנוֹת עֲנִיִּים שֶׁבַּכֶּרֶם...וְשָׁלֹשׁ שֶׁבַּתְּבוּאָה...שְׁנַיִם שֶׁבָּאִילָן**: Four gifts are left for the poor in a vineyard: *Peret*, *olelot*, *pe'a*, and forgotten clusters of grapes. Three gifts are left from crops: Gleanings, forgotten sheaves, and *pe'a*. Two gifts are left to the poor from the fruit of trees: Forgotten fruits and *pe'a* (Rambam *Sefer Zera'im*, *Hilkhot Mattenot Aniyyim* 1:7).

**With regard to all of these gifts the owner does not have the benefit of discretion** – **כּוּלָּן אֵין בָּהֶם טוֹבַת הֲנָאָה לַבְּעָלִים**: *Peret* and *olelot* left from the harvest forgotten in a field may not be taken by their owner. If the owner transgressed this prohibition and took them, even if he processed them, they must be given to the poor, as the verse states that "it shall be for the stranger, for the fatherless, and for the widow" (Deuteronomy 24:19). Accordingly, these are prohibitions that can be rectified by a positive mitzva, and therefore the transgressor must fulfill that positive mitzva. If one fails to fulfill the positive mitzva, he is liable to receive lashes. Similarly, the owner does not have the benefit of discretion with regard to poor man's tithe that is distributed on the threshing floor, and the poor may take it from him against his will. Even if the owner of the field is himself a poor person, these gifts are removed from his possession (Rambam *Sefer Zera'im*, *Hilkhot Mattenot Aniyyim* 1:5, 6:10).

**With regard to the poor man's tithe which is distributed from within one's house the owner has the benefit of discretion** – **מַעֲשַׂר עָנִי הַמִּתְחַלֵּק בְּתוֹךְ בֵּיתוֹ יֵשׁ בּוֹ טוֹבַת הֲנָאָה לַבְּעָלִים**: The owner has the benefit of discretion with regard to poor man's tithe, which is distributed from inside one's house, and he may therefore give it to a poor man of his choosing (Rambam *Sefer Zera'im*, *Hilkhot Mattenot Aniyyim* 6:10).

## BACKGROUND

***Peret*** – **פֶּרֶט**: It is prohibited for the owner of a vineyard to collect individual fallen grapes during the harvest. Those grapes must be left for the poor (see Leviticus 19:10).

***Olelot*** – **עוֹלֵלוֹת**: *Olelot* are clusters of grapes that are not full. Commentaries explain that the word stems from the word *olel*, a small child. The Sages defined *olelot* as: Clusters that have no shoulder [*katef*], i.e., that are not full around the middle, and no *natef*, which some interpret as referring to grapes that dangle down at the bottom of the cluster (see Jerusalem Talmud, *Pe'a* 7:4).

Complete grape cluster with both a *katef* and a *natef*

Grape cluster with a *natef* but without a *katef*

Grape cluster without a *natef*

וּכְתִיב: ״כִּי תִבְצֹר כַּרְמְךָ לֹא תְעוֹלֵל אַחֲרֶיךָ״, אָמַר רַבִּי לֵוִי: ״אַחֲרֶיךָ״ – זוֹ שִׁכְחָה,

**And** it is also **written: "When you gather the grapes of your vineyard, you shall not glean it** [*te'olel*] **after you**; it shall be for the stranger, for the fatherless, and for the widow" (Deuteronomy 24:21). And **Rabbi Levi says** that with regard to the term **"after you," this** is a reference to **forgotten** clusters, as the *halakha* is that clusters that were passed over by the harvester have the status of forgotten clusters, whereas those that remain in front of him do not have that status.

פֵּאָה – גָּמַר ״אַחֲרֶיךָ״ ״אַחֲרֶיךָ״ מִזַּיִת, דִּכְתִיב: ״כִּי תַחְבֹּט זֵיתְךָ לֹא תְפַאֵר אַחֲרֶיךָ״, וְתָנָא דְּבֵי רַבִּי יִשְׁמָעֵאל: שֶׁלֹּא תִּטּוֹל תִּפְאַרְתּוֹ מִמֶּנּוּ.

The *halakha* that the mitzva of ***pe'a*** applies to one's vineyard is **derived** by a verbal analogy between the term **"after you"** in that verse and the term **"after you" from** another verse concerning **an olive** tree. **As it is written: "When you beat your olive tree, you shall not go over the boughs** [*tefa'er*] **after you;** it shall be for the stranger, for the fatherless, and for the widow" (Deuteronomy 24:20); **and the school of Rabbi Yishmael taught** that the term "You shall not go over the boughs" means **that you should not take** all of **its splendor** [*tiferet*] **from it;** rather, you should leave a portion of the olives for the poor. So too, one must leave a portion of one's vineyard as *pe'a* for the poor.

שְׁלֹשָׁה שֶׁבַּתְּבוּאָה: הַלֶּקֶט,

The Gemara continues: The *baraita* teaches that **three** gifts are left to the poor **from grain: The gleanings,**

Perek **X**
Daf **131** Amud **b**

הַשִּׁכְחָה וְהַפֵּאָה, דִּכְתִיב ״וּבְקֻצְרְכֶם אֶת קְצִיר אַרְצְכֶם לֹא תְכַלֶּה פְּאַת שָׂדְךָ בְּקֻצְרֶךָ וְלֶקֶט קְצִירְךָ״ וגו׳. ״כִּי תִקְצֹר קְצִירְךָ בְשָׂדֶךָ וְשָׁכַחְתָּ עֹמֶר בַּשָּׂדֶה״.

**and the forgotten** sheaves, **and the *pe'a*. As it is written:** "**And when you reap the harvest of your land, you shall not wholly reap the corner of** [*pe'at*] **your field,** neither shall you gather **the gleaning of your harvest;** you shall leave them for the poor, and for the stranger" (Leviticus 23:22). And it is also written: "**When you reap your harvest in your field and have forgotten a sheaf in the field,** you shall not go back to fetch it; it shall be for the stranger, for the fatherless, and for the widow" (Deuteronomy 24:19).

שְׁנַיִם שֶׁבָּאִילָן: הַשִּׁכְחָה וְהַפֵּאָה, דִּכְתִיב ״כִּי תַחְבֹּט זֵיתְךָ לֹא תְפַאֵר אַחֲרֶיךָ״, וְתָנָא דְּבֵי רַבִּי יִשְׁמָעֵאל: שֶׁלֹּא תִּטּוֹל תִּפְאַרְתּוֹ מִמֶּנּוּ. ״אַחֲרֶיךָ״ – זֶה שִׁכְחָה.

The *baraita* taught that **two** gifts are left to the poor **from** the produce **of a tree: The forgotten** fruits **and the *pe'a*, as it is written:** "**When you beat your olive tree, you shall not go over the boughs** [*tefa'er*] **after you;** it shall be for the stranger, for the fatherless, and for the widow" (Deuteronomy 24:20), **and the school of Rabbi Yishmael taught** that the phrase: "You shall not go over the boughs," means **that you should not take** all of **its splendor** [*tiferet*] **from it;** rather, you should leave a portion of the olives for the poor as *pe'a*. Additionally, when the verse states: **"After you," this** is a reference to **forgotten** fruits.

״וְכוּלָּן אֵין בָּהֶן טוֹבַת הֲנָאָה לַבְּעָלִים״. מַאי טַעְמָא? ״עֲזִיבָה״ כְּתִיבָא בְּהוּ.

The Gemara continues its analysis of the *baraita*. **And** with regard to **all of** the gifts left to the poor, **the owner** of the produce **does not have the benefit of discretion,** i.e., the right to distribute the gifts to poor people of his choosing. Instead, any poor person who takes possession of these gifts becomes their rightful owner. **What is the reason** for this *halakha*? It is because the requirement of **leaving is written with regard to them,** e.g., in the verse that states: "You shall leave them" (Leviticus 23:22).

״וַאֲפִילּוּ עָנִי שֶׁבְּיִשְׂרָאֵל מוֹצִיאִין אוֹתוֹ מִיָּדוֹ״ – דִּכְתִיב ״וְלֶקֶט קְצִירְךָ לֹא תְלַקֵּט לֶעָנִי וְלַגֵּר תַּעֲזֹב אֹתָם״ – לְהַזְהִיר עָנִי עַל שֶׁלּוֹ.

The *baraita* also stated: **And even a poor person of Israel** who owns a vineyard, field, or tree must leave these gifts for all poor people, and if he does not, **the court removes** them **from his possession.** This is derived from a verse, **as it is written: "Neither the gleaning of your harvest shall you gather; for the poor you shall leave them, and for the stranger"** (Leviticus 23:22). Since the verse juxtaposes the words "the poor" to the mitzva in the previous clause, this serves **to warn a poor person** that he must also separate these gifts from **his own** produce.

״וּמַעֲשַׂר עָנִי הַמִּתְחַלֵּק בְּתוֹךְ הַבַּיִת יֵשׁ בּוֹ טוֹבַת הֲנָאָה לַבְּעָלִים״. מַאי טַעְמָא? ״נְתִינָה״ כְּתִיבָא בֵּיהּ.

**And** the *baraita* teaches with regard to the **poor man's tithe that is distributed** from **within his house** that **the owner has the benefit of discretion.** The Gemara asks: **What is the reason** for this *halakha*? It is because the requirement of **giving is written with regard to it,** as the verse states: "When you have made an end of tithing all the tithe of your increase in the third year, which is the year of tithing, and you shall give it to the Levite, to the stranger, to the fatherless, and to the widow, that they may eat within your gates, and be satisfied" (Deuteronomy 26:12). Consequently, in this case it is not left for the poor but is actively given to them.

״וַאֲפִילּוּ עָנִי שֶׁבְּיִשְׂרָאֵל מוֹצִיאִין אוֹתוֹ מִיָּדוֹ״ – דַּאֲמַר רַבִּי אִילְעָא: גָּמַר ״לַגֵּר״ ״לַגֵּר״ מֵהָתָם, מַה לְּהַלָּן – מוּזְהָר עָנִי עַל שֶׁלּוֹ, אַף כָּאן – מוּזְהָר עָנִי עַל שֶׁלּוֹ.

The *baraita* states: **And even** in the case of **a poor person in Israel,** if he fails to separate the poor man's tithe from his produce, **the court removes it from his possession.** The Gemara explains that this is **as Rabbi Ile'a said:** This is **derived** from a verbal analogy between the term **"to the stranger"** stated with regard to the poor man's tithe in the verse cited previously, and the term **"to the stranger" from there,** the mitzva to leave gleanings for the poor. **Just as there,** with regard to the mitzva to leave gleanings, **a poor person is warned that** he must leave gleanings from the produce of **his own** fields, **so too here,** with regard to the mitzva to separate the poor man's tithe, **a poor person is warned to** separate it from **his own** fields.

״וּשְׁאָר מַתְּנוֹת כְּהוּנָּה כְּגוֹן הַזְּרוֹעַ וְהַלְּחָיַיִם וְהַקֵּבָה אֵין מוֹצִיאִין אוֹתָן לֹא מִכֹּהֵן לְכֹהֵן וְלֹא מִלֵּוִי לְלֵוִי״ – הָא מִלֵּוִי לְכֹהֵן מוֹצִיאִין, אַלְמָא אִיקְּרוּ ״עַם״!

The *baraita* taught: **And** with regard to **other gifts of the priesthood, such as the foreleg, and the jaw, and the maw,** the court **does not remove them, neither from a priest** to give **to** another **priest nor from a Levite** to give **to** another **Levite.** Rav Idi bar Avin now explains his objection: It may be inferred that the court does **remove** the gifts **from a Levite** to give **to a priest. Evidently,** Levites **are called** part of the **"people."** Accordingly, since the verse states: "And this shall be the priests' due from the people" (Deuteronomy 18:3), the gifts of the priesthood may be removed from the possession of Levites. Why, then, was Rav uncertain with regard to their status?

כְּגוֹן הַזְּרוֹעַ, וְלֹא זְרוֹעַ, וּמַאי נִיהוּ – מַעֲשֵׂר רִאשׁוֹן.

The Gemara responds: The *baraita* is not referring to the actual gifts of the foreleg, the jaw, and the maw themselves. Rather, it is referring to a gift that is **like the foreleg,** the jaw, and the maw, **but not** the **foreleg,** the jaw, and the maw themselves. **And what is this?** It is the **first tithe.**

מַעֲשֵׂר רִאשׁוֹן, דְּלֵוִי הוּא! כְּרַבִּי אֶלְעָזָר בֶּן עֲזַרְיָה, דְּתַנְיָא: תְּרוּמָה – לַכֹּהֵן, מַעֲשֵׂר רִאשׁוֹן – לַלֵּוִי, דִּבְרֵי רַבִּי עֲקִיבָא. רַבִּי אֶלְעָזָר בֶּן עֲזַרְיָה אוֹמֵר: אַף לַכֹּהֵן.

The Gemara asks: But the **first tithe is** given **to** the **Levite.** Why would it be removed from his possession? The Gemara responds: The *baraita* is **in accordance with** the opinion of **Rabbi Elazar ben Azarya, as it is taught** in another *baraita*: ***Teruma*** is given **to the priest,** whereas the **first tithe** is given **to the Levite;**[H] this is **the statement of Rabbi Akiva. Rabbi Elazar ben Azarya says:** The first tithe is given **to the priest as well,** despite the fact that the Torah states that it is given to the Levite, as priests are often called Levites in the Torah.

אֵימַר דַּאֲמַר רַבִּי אֶלְעָזָר בֶּן עֲזַרְיָה אַף לַכֹּהֵן, לַכֹּהֵן וְלֹא לַלֵּוִי מִי אֲמַר? אִין, לְבָתַר דְּקָנְסִינְהוּ עֶזְרָא.

The Gemara asks: **Say that Rabbi Elazar ben Azarya said** that the first tithe is given **to the priest as well;** but **did he say** that it is given exclusively **to the priest and not to the Levite?** The Gemara responds: **Yes;** although generally the first tithe is not removed from the possession of a Levite and given to a priest, the *baraita* is referring **to** first tithe in the period **after Ezra penalized** the Levites[H] for their unwillingness to return to Eretz Yisrael from Babylonia, as he decreed that they should no longer be given the first tithe.

אֵימַר דְּקָנְסִינְהוּ עֶזְרָא – דְּלָא יָהֲבִינַן לְהוּ, מִשְׁקַל מִינַּיְיהוּ מִי אֲמַר? אֶלָּא, כְּגוֹן זְרוֹעַ וְלֹא זְרוֹעַ, וּמַאי נִיהוּ – רֵאשִׁית הַגֵּז.

The Gemara persists: One can **say that Ezra penalized them** and decreed **that we should not give them** first tithe, but **did he say** that first tithe should even be **taken from them** and given to the priests? **Rather,** explain instead that the *baraita* is referring to a gift that is **like** the **foreleg,** the jaw, and the maw, **but** is **not** actually the **foreleg,** the jaw, or the maw. **And what is this?** It is **the first sheared** wool, with regard to which the verse states: "And the first of the fleece of your sheep, you shall give him" (Deuteronomy 18:4). Since the verse does not state that the first fleece is taken from the "people," even Levites are obligated to give their first shearing to the priest, and it may be removed from their possession to that end.

**HALAKHA**

***Teruma* is given to the priest whereas first tithe is given to the Levite** – תְּרוּמָה לַכֹּהֵן מַעֲשֵׂר רִאשׁוֹן לַלֵּוִי: This is the procedure for separating *teruma* and tithes: After one harvests his field or gathers the fruit of his trees, he separates one-fiftieth of his produce as *teruma gedola*, which he gives to a priest. One-fiftieth is the amount determined by the Sages as a standard proportion; by Torah law, even one kernel of wheat exempts the entire pile from *teruma* (Radbaz). Afterward, he separates one-tenth of the remaining crop. This is called first tithe, and it is given to the Levites (Rambam *Sefer Zera'im*, *Hilkhot Terumot* 6:2, and see 6:1).

**Did he say that it is given to the priest and not to the Levite…after Ezra penalized the Levites** – לַכֹּהֵן וְלֹא לַלֵּוִי מִי אֲמַר...לְבָתַר דְּקָנְסִינְהוּ עֶזְרָא: Since the Levites chose not to ascend with Ezra to Eretz Yisrael, Ezra penalized them and decreed that they should not be given the first tithe. Instead, the priests receive it (Rambam *Sefer Zera'im*, *Hilkhot Ma'aser* 1:4).

BACKGROUND

**Tent of Meeting** – אֹהֶל מוֹעֵד: The Tent of Meeting is another name for the Tabernacle (see Exodus 27:21). The name is based on the fact that this was the location where man encountered the divine. In the wilderness, it was the principal place of God's communications to Moses.

NOTES

**He shall make atonement, this is referring to the Temple courtyards** – יְכַפֵּר אֵלּוּ עֲזָרוֹת:

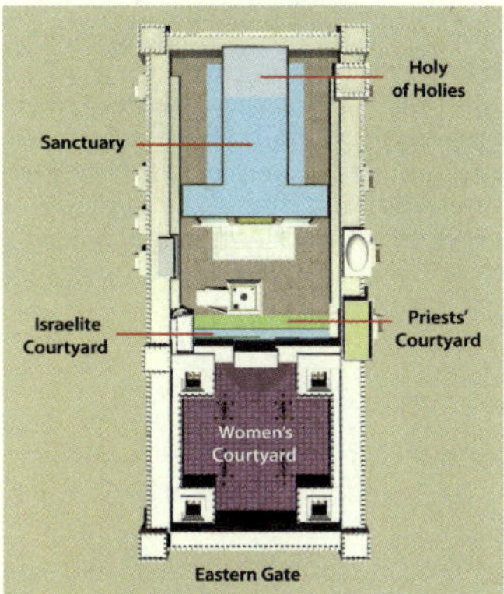


Courtyards of the Temple

תָּא שְׁמַע, זֶה הַכְּלָל: כָּל דָּבָר שֶׁהוּא בִּקְדוּשָּׁה, כְּגוֹן תְּרוּמָה וּתְרוּמַת מַעֲשֵׂר וְחַלָּה – מוֹצִיאִין אוֹתָן מִיָּדָם. וְכָל דָּבָר שֶׁאֵינוֹ בִּקְדוּשָּׁה, כְּגוֹן הַזְּרוֹעַ וְהַלְּחָיַיִם וְהַקֵּבָה – אֵין מוֹצִיאִין אוֹתוֹ מִיָּדָם!

The Gemara suggests: **Come and hear** a proof with regard to the uncertainty of Rav from a *baraita*. **This is the principle:** With regard to **any item that is of sanctity,** i.e., that may not be consumed by a non-priest, **such as** ***teruma*****, and** ***teruma*** **of the tithe, and** ***ḥalla***, the court **removes it from the possession** of a Levite in order to give it to the priests. **And** with regard to **any item that is not of sanctity, such as the foreleg, and the jaw, and the maw,** which are given from a non-sacred animal, the court **does not remove it from the possession** of the Levites to give to the priests. Evidently, Levites are not called part of the "people," and therefore they are exempt from giving the foreleg, the jaw, and the maw.

כְּגוֹן זְרוֹעַ וְלֹא זְרוֹעַ, וּמַאי נִיהוּ – מַעֲשֵׂר רִאשׁוֹן, וּלְבָתַר דְּקַנְסִינְהוּ עֶזְרָא.

The Gemara rejects this proof: The *baraita* is referring to a gift that is **like the foreleg,** the jaw, and the maw, **but** is **not** actually the **foreleg,** the jaw, and the maw themselves. **And what is this?** It is **first tithe, and** the *baraita* is dealing with first tithe in the period **after Ezra penalized** the Levites and decreed that the first tithe should be given to the priests rather than the Levites. Nevertheless, if a Levite received the first tithe it may not be removed from his possession, since this penalty was not included in Ezra's decree.

תָּא שְׁמַע: הַשּׁוֹחֵט לְכֹהֵן וְלַגּוֹי – פָּטוּר מִן הַמַּתָּנוֹת. הָא לַלֵּוִי וּלְיִשְׂרָאֵל חַיָּיב! לָא תֵּימָא: הָא לַלֵּוִי וּלְיִשְׂרָאֵל חַיָּיב, אֶלָּא אֵימָא: הָא לְיִשְׂרָאֵל חַיָּיב.

The Gemara further suggests: **Come and hear** a proof from a *baraita*: An Israelite **who slaughters** an animal **for a priest or for a gentile** is **exempt from** giving **the gifts,** as priests and gentiles are exempt from this obligation. The Gemara infers: This indicates that if an Israelite slaughtered an animal **for a Levite or for an Israelite,** he is **obligated** to give the gifts, and they may be removed from his possession to that end. Evidently, Levites are called part of the "people," and Rav should not have been uncertain with regard to their status. The Gemara rejects this proof: **Do not say** that one should infer that if an Israelite slaughtered an animal **for a Levite or for an Israelite** he is **obligated** to give the gifts. **Rather, say** merely that if an Israelite slaughtered an animal **for** another **Israelite,** he is **obligated** to give the gifts.

אֲבָל לַלֵּוִי מַאי – פָּטוּר? אִי הָכִי, לִיתְנֵי "הַשּׁוֹחֵט לַלֵּוִי וְלַגּוֹי פָּטוּר מִן הַמַּתָּנוֹת"! וְעוֹד, הָא תַּנְיָא: הַשּׁוֹחֵט לְכֹהֵן וְלַגּוֹי – פָּטוּר מִן הַמַּתָּנוֹת, לַלֵּוִי וּלְיִשְׂרָאֵל – חַיָּיב, תְּיוּבְתָּא דְּרַב!

The Gemara asks: **But** if so, when one slaughters an animal **for a Levite, what** is the *halakha*? Is one **exempt? If so, let** the *baraita* **teach: One who slaughters** an animal **for a Levite or for a gentile is exempt from** giving **the gifts,** and it would be obvious that this is also the *halakha* when one slaughters for a priest. **And furthermore, isn't it taught** explicitly in a *baraita* that **one who slaughters for a priest or for a gentile** is **exempt from** giving **the gifts,** whereas one who slaughters **for a Levite or for an Israelite** is **obligated** to give the gifts? This *baraita* apparently constitutes **a conclusive refutation** of the uncertainty **of Rav.**

אָמַר לָךְ רַב: תַּנָּאֵי הִיא, דְּתַנְיָא: "וְכִפֶּר אֶת מִקְדַּשׁ הַקֹּדֶשׁ" – זֶה לִפְנַי וְלִפְנִים,

The Gemara responds: **Rav** could **say to you** that although this *baraita* is in fact contrary to his opinion, the question of whether or not Levites are called part of the "people" is a dispute between ***tanna'im*****. As it is taught** in a *baraita* that the verse states with regard to the Yom Kippur Temple service: "And he shall make atonement for the most holy place, and he shall make atonement for the Tent of Meeting and for the altar; and he shall make atonement for the priests and for all the people of the assembly" (Leviticus 16:33). The *baraita* explains: **"And he shall make atonement for the most holy place"; this** is referring to **the innermost sanctum,** i.e., the bull and goat offerings brought on Yom Kippur atone for ritual impurity occurring inside the Holy of Holies.

"אֹהֶל מוֹעֵד" – זֶה הֵיכָל, "מִזְבֵּחַ" – כְּמַשְׁמָעוֹ, "יְכַפֵּר" – אֵלּוּ עֲזָרוֹת, "כֹּהֲנִים" – כְּמַשְׁמָעוֹ, "עַם הַקָּהָל" – אֵלּוּ יִשְׂרָאֵל, "יְכַפֵּר" – אֵלּוּ הַלְוִיִּם.

The *baraita* continues: **"Tent of Meeting";**[B] **this** is referring to the **Sanctuary,** i.e., the offerings atone for impurity occurring inside the Sanctuary. **"Altar";** this is understood **in accordance with its plain meaning,** i.e., the offerings atone for one who performs sacrificial rites on the altar in a state of ritual impurity. **"He shall make atonement"; this** is referring to the Temple **courtyards,**[N] i.e., the offerings atone for impurity occurring there. "For **the priests"**; this is understood **in accordance with its plain meaning,** indicating that the offerings atone for a priest who unwittingly enters the courtyard while impure. "And for all the **people of the assembly"; these are the Israelites. "He shall make atonement"; this** is referring to **the Levites.**

וְתַנְיָא אִידָךְ: "יְכַפֵּר" – אֵלּוּ עֲבָדִים, מַאי לָאו בְּהָא קָמִיפַּלְגִי, דְּמָר סָבַר אִיקְּרוּ "עַם", וּמָר סָבַר לָא אִיקְּרוּ "עַם".

**And it is taught** in **another** *baraita*: **"He shall make atonement"; this** is referring to Canaanite **slaves**[B] in the possession of Jews. These slaves are obligated in certain mitzvot and are therefore in need of atonement. The Gemara analyzes these sources: Why doesn't the *tanna* of this *baraita* interpret the term "He shall make atonement" as a reference to Levites? **What, is it not** that **they disagree about this, as** one **Sage,** the *tanna* of the second *baraita*, **holds** that Levites are **called** part of the **"people"** and are therefore included in the clause "the people of the assembly," and consequently, the term "he shall make atonement" is not required to include the Levites but instead serves to include Canaanite slaves. **And** by contrast, one **Sage,** the *tanna* of the first *baraita*, **holds** that **they are not called** part of the **"people,"** which means that the term "He shall make atonement" is required to include Levites.

וְרַב, אִי סְבִירָא לֵיהּ כְּהַאי תַּנָּא – לֵימָא, וְאִי סְבִירָא לֵיהּ כְּהַאי תַּנָּא – לֵימָא! מְסַפְּקָא לֵיהּ, אִי כְּהַאי תַּנָּא אִי כְּהַאי תַּנָּא.

The Gemara asks: **But** if this is a dispute between *tanna'im*, why is **Rav** uncertain with regard to the status of Levites? **If he holds in accordance with this** *tanna*, **let him say** that the *halakha* is in accordance with him, **and if he holds in accordance with that** *tanna*, **let him say** that the *halakha* is in accordance with him. The Gemara responds: Rav **is uncertain whether** the *halakha* is **in accordance with this** *tanna* **or in accordance with that** *tanna*.

דָּרֵשׁ מָרֵימָר: הִלְכְתָא כְּווֹתֵיהּ דְּרַב, וְהִלְכְתָא כְּווֹתֵיהּ דְּרַב חִסְדָּא.

**Mareimar taught: The** *halakha* **is in accordance with** the opinion of **Rav** that it is uncertain whether or not Levites are called part of the "people." Consequently, the court may not compel Levites to give the foreleg, the jaw, and the maw to the priests. **And the** *halakha* **is in accordance with** the opinion **of Rav Ḥisda,** who said that one who damages or consumes gifts of the priesthood is exempt from payment.

עוּלָּא הֲוָה יָהֵיב מַתְּנָתָא לְכַהַנְתָּא. אֵיתִיבֵיהּ רָבָא לְעוּלָּא: מִנְחַת כֹּהֶנֶת – נֶאֱכֶלֶת, מִנְחַת כֹּהֵן – אֵינָהּ נֶאֱכֶלֶת.

§ With regard to the gifts of the priesthood, the Gemara relates that **Ulla would give gifts** of the priesthood **to a female priest,**[H] i.e., the daughter of a priest, even if she was married to an Israelite. **Rava raised an objection to** the practice of **Ulla** from a *baraita*: The remainder of **a meal offering of a female priest is consumed,**[H] just like the remainder of the meal offering of an Israelite. But the remainder of **a meal offering of a priest is not consumed,** as the verse states: "And every meal offering of the priest shall be wholly made to smoke; it shall not be eaten" (Leviticus 6:16).

וְאִי אָמְרַתְּ כֹּהֵן וַאֲפִילּוּ כֹּהֶנֶת, וְהָכְתִיב "וְכָל מִנְחַת כֹּהֵן כָּלִיל תִּהְיֶה לֹא תֵאָכֵל"! אֲמַר לֵיהּ: רַבִּי,

Rava explains his objection: **And if you say** that one may give gifts of **a priest even** to **a female priest,** because when the verse mentions a priest it is referring even to the daughter of a priest, **but isn't it written: "And every meal offering of the priest shall be wholly made to smoke; it shall not be eaten"?** Why, then, is the remainder of a meal offering of the daughter of a priest consumed? Ulla **said to him** in response: **My teacher,**

**BACKGROUND**

**Canaanite slave** – עֶבֶד כְּנַעֲנִי: A Canaanite slave is any gentile slave purchased by a Jew (Leviticus 25:44–46). Such a slave must be immersed in a ritual bath, and, if male, circumcised. These acts signify a change in the slave's status. Although he is not a Jew in all aspects, a Canaanite slave must observe all the Torah's prohibitions and fulfill those positive mitzvot which are not time bound. In many respects Canaanite slaves are their masters' property and may be sold and purchased like other possessions. Accordingly, a Canaanite slave serves his master for life and is inherited by his master's heirs. Theoretically, his master can free him by handing him a bill of manumission, which is similar to a bill of divorce. Nevertheless, there is a positive mitzva not to free a Canaanite slave without compelling reasons. There is one exception to this principle: A master must set his slave free if he blinds the slave, knocks out his tooth, or damages any one of twenty-four other extremities.

**HALAKHA**

**Ulla would give gifts to a female priest** – עוּלָּא הֲוָה יָהֵיב מַתְּנָתָא לְכַהַנְתָּא: One may give the gifts of the priesthood to the daughter of a priest, even if she is married to an Israelite, as the gifts have no sanctity. This ruling is in accordance with the practice of Ulla, as well as the opinion of Rabbi Elazar ben Yaakov on 132a (Rambam *Sefer Zera'im, Hilkhot Bikkurim* 9:20; *Shulḥan Arukh, Yoreh De'a* 61:8).

**The remainder of a meal offering of a female priest is consumed** – מִנְחַת כֹּהֶנֶת נֶאֱכֶלֶת: With regard to the meal offering of the unmarried daughter of a priest (*Kesef Mishne*; see Ra'avad and *Leḥem Mishne*), a handful is removed from it in the manner of the meal offering of an Israelite, and its remainder is consumed (Rambam *Sefer Avoda, Hilkhot Ma'aseh HaKorbanot* 12:10).

מטונך! "אהרן ובניו" כתובין בפרשה.

**from your burden** [*mitunakh*],[L] i.e., from that which you raise your objection, I can cite a proof for my practice: With regard to the meal offering of a priest, both **Aaron and his sons are written in the passage** discussing this offering: "And this is the law of the meal offering: The sons of Aaron shall offer it before the Lord, in front of the altar" (Leviticus 6:7). The verse emphasizes that these *halakhot* apply only to male priests and not to their daughters. This indicates that when the verse refers merely to priests, even their daughters are included. Accordingly, one may give gifts of the priesthood to the daughter of a priest.

דבי רבי ישמעאל תנא: "כהן", ולא כהנת, וילמוד סתום מן המפורש!

The Gemara cites the opinions of various *tanna'im* with regard to the practice of Ulla: **The school of Rabbi Yishmael taught:** Anywhere that the Torah mentions a priest with regard to gifts of the priesthood, it is referring specifically to **a priest and not a female priest, and** let one **derive** the meaning of **an unspecified** reference to a priest **from the explicit** verse that states with regard to meal offerings: "Aaron and his sons." This verse indicates that any reference to a priest excludes a priest's daughter.

דבי רבי אליעזר בן יעקב תנא: "כהן", ואפילו כהנת – הוי מיעוט אחר מיעוט, ואין מיעוט אחר מיעוט אלא לרבות.

**The school of Rabbi Eliezer ben Yaakov taught:** In general, the reference to a priest in a verse serves to exclude a priest's daughter. But when the verse mentions **a priest** with regard to gifts of the priesthood, it means to include **even a female priest.** This is because the verse mentions priests twice: "And this shall be the priests' due from the people, from them that perform a slaughter, whether it be ox or sheep, that they shall give to the priest the foreleg, and the jaw, and the maw" (Deuteronomy 18:3). Since each reference to a priest excludes the daughter of a priest, this verse **is** a case of **a restrictive expression following a restrictive expression, and** there is a hermeneutical principle that **a restrictive expression following a restrictive expression** serves **only to amplify**[B] the *halakha* and include additional cases, in this instance, the daughter of a priest.

רב כהנא אכל בשביל אשתו, רב פפא אכל בשביל אשתו, רב ייםר אכל בשביל אשתו, רב אידי בר אבין אכל בשביל אשתו.

The Gemara relates that **Rav Kahana,**[P] who was an Israelite, **partook** of gifts of the priesthood **on account of his wife,**[NH] who was the daughter of a priest. Similarly, **Rav Pappa partook** of gifts of the priesthood **on account of his wife, Rav Yeimar partook** of gifts **on account of his wife,** and **Rav Idi bar Avin partook** of them **on account of his wife.**

### LANGUAGE

**From your burden [*mitunakh*] – מטונך:** It was common for Torah scholars engaging in debate in the study halls to respond to their colleague's objections by saying: From your burden, i.e., from the very point which you raise as an objection to me, I shall respond and raise an objection to you (Rashi on *Rosh HaShana* 4a). Alternatively, the response means: From your burden, i.e., that which you seek to heave upon me, I shall heave upon you (Rashi on *Zevaḥim* 32b). Here Rashi explains that this term is derived from the Aramaic term *matu*, meaning to reach, i.e., we have reached you and responded to your objection.

### PERSONALITIES

**Rav Kahana – רב כהנא:** Several Babylonian *amora'im* were known by the name Rav Kahana. One was a contemporary of Rav and Shmuel and a first-generation *amora*, another was a student of Rav and a second-generation *amora*, a third was the student of Rabba and a fourth-generation *amora*, and one was a student of Rav Zevid and a fifth- and sixth-generation *amora*. The Rav Kahana cited in this Gemara was not a priest, but his wife was the daughter of a priest.

### NOTES

**Partook of gifts of the priesthood on account of his wife – אכל בשביל אשתו:** The later commentaries ask: Considering that the gifts of the priesthood are meant for members of the priesthood and their daughters, how was it permitted for these Sages, who were Israelites, to partake of the gifts? Such consumption is effectively stealing and should be prohibited (*Ḥatam Sofer*). Some commentaries explain that there is no theft here, as an Israelite who marries the daughter of a priest acquires any rights that she may have to gifts of the priesthood (Maharam Schick).

### HALAKHA

**Rav Kahana partook of gifts of the priesthood on account of his wife – רב כהנא אכל בשביל אשתו:** A husband may partake of gifts of the priesthood on account of his wife. Similarly, one who gives gifts of the priesthood to the husband of the daughter of a priest has fulfilled his obligation to give the gifts (Rambam *Sefer Zera'im*, *Hilkhot Bikkurim* 9:20; *Shulḥan Arukh*, *Yoreh De'a* 61:8).

### BACKGROUND

**A restrictive expression following a restrictive expression serves only to amplify – אין מיעוט אחר מיעוט אלא לרבות:** This hermeneutical principle is unrelated to the phenomenon in many languages that a double negative indicates a positive. The principle does not relate specifically to negative terms such as "but" or "only." Rather, it applies to restrictive phrases that limit the scope of a certain *halakha*.

In fact, this principle is closely related to another principle: Two verses that come for the same purpose do not teach. The meaning of that principle is that if a *halakha* is expressed by the Torah in one specific case, it may be assumed that the case was just an example, and one should therefore apply the *halakha* to other cases as well. But if the *halakha* is stated with regard to two different cases, this is an indication that it applies only in those two specific cases and should not be applied elsewhere. Accordingly, the principle: Two verses that come for the same purpose do not teach, means that if two verses teach the same *halakha*, that *halakha* is not applied to additional cases.

The principle: A restrictive expression following a restrictive expression comes only to amplify the *halakha*, follows a similar logic. If the Torah states a *halakha* and then writes a single restrictive expression with regard to that *halakha*, it is assumed that the expression serves to limit the scope of the *halakha*. But if there are two restrictive expressions, evidently the expressions do not come to limit the scope, as one such expression would suffice for that purpose. Rather, the fact that there are two such expressions indicates that they are merely examples of the *halakha*. Consequently, there is no reason to exclude those cases that would have been excluded had the restrictive expressions been understood as limiting the scope of the *halakha*. Based on this understanding, the principle applies only when the two restrictive expressions do not teach two different *halakhot*. In that case, both expressions would be necessary, and the logic of the principle would not apply (*Yad Malakhi*).

אָמַר רָבִינָא, אֲמַר לִי מָרֵימָר: הִלְכְתָא כְּוָותֵיהּ דְּרַב, וְהִלְכְתָא כְּוָותֵיהּ דְּרַב חִסְדָּא, וְהִלְכְתָא כְּוָותֵיהּ דְּעוּלָּא,

**Ravina said: Mareimar said to me** that **the *halakha* is in accordance with** the opinion **of Rav** that it is uncertain whether or not Levites are obligated to give the gifts of the priesthood, and consequently, gifts are not removed from their possession to be given to the priests. **And the *halakha* is in accordance with** the opinion **of Rav Ḥisda** that one who damages or consumes gifts of the priesthood is exempt from payment. **And the *halakha* is in accordance with** the opinion **of Ulla** that gifts of the priesthood may be given to the daughter of a priest.

וְהִלְכְתָא כְּוָותֵיהּ דְּרַב אַדָּא בַּר אַהֲבָה: לְוִיָּה שֶׁיָּלְדָה – בְּנָהּ פָּטוּר מֵחָמֵשׁ סְלָעִים.

**And** in a case not previously discussed but related to the opinion of Ulla, **the *halakha* is in accordance with** the opinion **of Rav Adda bar Ahava** with regard to **a female Levite,** i.e., the daughter of a Levite, **who gave birth** to a firstborn boy, even if she is married to an Israelite, that **her son is exempt from** the obligation to give **five *sela***[BH] to the priest for his redemption, as the child is considered the son of a Levite, and Levites are exempt from this obligation.

תָּנוּ רַבָּנַן: הַזְּרוֹעַ וְהַלְּחָיַיִם וְהַקֵּבָה נוֹהֲגִים בְּכִלְאַיִם וּבְכוֹי. רַבִּי אֱלִיעֶזֶר אוֹמֵר: כִּלְאַיִם הַבָּא מִן הָעֵז וּמִן הָרָחֵל – חַיָּיב בְּמַתָּנוֹת, מִן הַתַּיִשׁ וּמִן הַצְּבִיָּיה – פָּטוּר מִן הַמַּתָּנוֹת.

§ The Gemara cites a dispute with regard to the gifts of the foreleg, the jaw, and the maw. **The Sages taught** in a *baraita*: The obligation to give **the foreleg, the jaw, and the maw applies** even **to a hybrid** animal[B] **and to** the animal known as **a *koy*.**[BH] **Rabbi Eliezer says: A hybrid** that **results from** the mating of **a goat and a ewe**[B] **is obligated to** have **gifts** of the priesthood given from it, while a hybrid that results **from** the mating of **a goat and a doe**[H] **is exempt from** having **gifts** of the priesthood given from it. This is because the verse states with regard to gifts of the priesthood: "Whether it be an ox or sheep" (Deuteronomy 18:3), i.e., a domesticated animal, and a doe is not a domesticated animal.

מִכְּדִי קַיְימָא לַן דִּלְעִנְיַן כִּסּוּי הַדָּם וּמַתָּנוֹת לָא מַשְׁכַּחַתְּ לַיהּ אֶלָּא בִּצְבִי הַבָּא עַל הַתַּיְישָׁה, וּבֵין לְרַבִּי אֱלִיעֶזֶר בֵּין לְרַבָּנַן – מִסַּפְּקָא לְהוּ אִי חוֹשְׁשִׁין לְזֶרַע הָאָב אִי אֵין חוֹשְׁשִׁין,

The Gemara asks: **Now, we maintain** (see 79b–80a) **with regard to** the mitzvot of **covering the blood and** giving the **gifts** of the priesthood that **you do not find** that Rabbi Eliezer and the Rabbis disagree **except in** the case of an animal born from **a deer that mates with a female goat.**[H] **And both Rabbi Eliezer and the Rabbis are uncertain whether one** needs **to be concerned with its paternity** when determining the species of a hybrid animal, which would mean that this animal is part domesticated and part undomesticated, or **whether one does not** need to be **concerned** with paternity and the species of an animal is determined entirely by the species of its mother, in which case it is a domesticated animal.

## BACKGROUND

**Five *sela* – חָמֵשׁ סְלָעִים:** The mitzva to redeem a firstborn son is mentioned in several places in the Torah (Exodus 13:2; Numbers 3:11–13, 44–51). Following the plague of the firstborn in Egypt, the Torah declares that a Jewish woman's firstborn son is sacred to God. The boy's father must therefore redeem him from a priest for a fixed sum of five *sela*. One whose father is a Levite or a priest, or one whose mother is the daughter of a Levite or a priest, is not subject to this mitzva. In addition, only children born by natural birth are redeemed; those born by caesarean section are excluded.

**Hybrid animal – כִּלְאַיִם:** The Torah prohibits crossbreeding different species of animals (Leviticus 19:19), a transgression punishable by lashes. It is nevertheless permitted to make use of the offspring of crossbreeding, e.g., a mule, which is the offspring of a female donkey and a horse. The *halakhot* of this prohibition are discussed in tractate *Kilayim*.

***Koy* – כּוֹי:** Many problems arise in trying to identify the *koy*. It is mentioned numerous times in the Mishna and the Gemara, not because it is a common animal, but because it is useful in discussions that explore the criteria and limits of the *halakhot* of domesticated versus undomesticated animals. As early as the mishnaic period, the Sages disagreed with regard to the identification of the *koy*. Some maintain that it is a hybrid born to a deer or another kosher wild animal and a goat.

According to many researchers, the *koy* is identified as the water buffalo. There are allusions to this identification in some medieval rabbinic sources. Others reject this idea and claim that water buffalo did not live in Eretz Yisrael during the time of the Mishna, when the *koy* was first mentioned. Others maintain that the *koy* is the mouflon, a subspecies of wild sheep, although there are a number of opinions as to the specific subspecies of mouflon it may be. There is also uncertainty with regard to both the origin of the term *koy* and its proper vocalization.

Water buffalo

Mouflon

**Hybrid that results from a goat and a ewe – כִּלְאַיִם הַבָּא מִן הָעֵז וּמִן הָרָחֵל:** The sheep, whose biological genus is *Ovis*, and the goat, whose genus is *Capra*, both belong to the biological family Bovidae and the Caprinae subfamily. Sheep have fifty-four chromosomes and goats have sixty, making it nearly impossible for them to interbreed and produce viable offspring. Nevertheless, even in modern times, rare cases of successful interbreeding have been reported.

## HALAKHA

**A female Levite who gave birth to a firstborn boy, her son is exempt from the obligation to give five *sela* – לְוִיָּה שֶׁיָּלְדָה בְּנָהּ פָּטוּר מֵחָמֵשׁ סְלָעִים:** The mitzva of redemption does not apply to the firstborn son of the daughter of a Levite who married an Israelite. This is because the obligation of redemption is dependent on the mother, as the verse states (Exodus 13:2): "Whatsoever opens the womb among the children of Israel" (Rambam *Sefer Zera'im, Hilkhot Bikkurim* 11:10; *Shulḥan Arukh, Yoreh De'a* 305:18).

**The obligation to give the foreleg, the jaw, and the maw applies even to a hybrid animal and to a *koy* – הַזְּרוֹעַ וְהַלְּחָיַיִם וְהַקֵּבָה נוֹהֲגִים בְּכִלְאַיִם וּבְכוֹי:** The mitzva to give the gifts of the priesthood from an animal, i.e., the foreleg, the jaw, and the maw, applies even to the offspring of a goat and a ewe, as well as to a *koy* (Rambam *Sefer Zera'im, Hilkhot Bikkurim* 9:5; *Shulḥan Arukh, Yoreh De'a* 61:17).

**From a goat and a doe – מִן הַתַּיִשׁ וּמִן הַצְּבִיָּיה:** The owner of an animal born from a goat that mated with a doe is exempt from the obligation to give the priestly gifts, as it is uncertain whether one must be concerned about its paternity. Accordingly, the burden of proof that the obligation applies rests upon the priest (Rambam *Sefer Zera'im, Hilkhot Bikkurim* 9:5; *Shulḥan Arukh, Yoreh De'a* 61:18).

**In the case of an animal born from a deer that mates with a female goat – בִּצְבִי הַבָּא עַל הַתַּיְישָׁה:** The owner of the offspring of a deer and a female goat is obligated to give half the priestly gifts, as such an animal is partially domesticated on account of its mother, and the term "sheep" (Deuteronomy 18:3) is interpreted as referring to animals that are even partially domesticated (Rambam *Sefer Zera'im, Hilkhot Bikkurim* 9:5; *Shulḥan Arukh, Yoreh De'a* 61:18).

וּבְשֶׂה – וַאֲפִילּוּ מִקְצָת שֶׂה, קָמִיפַּלְגִי. מָר סָבַר: "שֶׂה" – וַאֲפִילּוּ מִקְצָת שֶׂה, וּמָר סָבַר: "שֶׂה" וַאֲפִילּוּ מִקְצָת שֶׂה לָא אָמְרִינַן.

And they **disagree with regard to** whether the obligation of the gifts applies to **a sheep and even** an animal that is **partially a sheep,** i.e., partially domesticated. One **Sage,** the Rabbis, **holds** that the obligation applies to **a sheep and even** an animal that is **partially a sheep; and** one **Sage,** Rabbi Eliezer, **holds** that **we do not say** that the obligation applies to **a sheep and even** an animal that is **partially a sheep.**

בִּשְׁלָמָא רַבִּי אֱלִיעֶזֶר דְּפָטַר, קָסָבַר: "שֶׂה" וְלָא מִקְצָת שֶׂה, אֶלָּא לְרַבָּנַן, נְהִי נַמִּי דְּקָסָבְרִי "שֶׂה" וַאֲפִילּוּ מִקְצָת שֶׂה, פַּלְגָא לִשְׁקוֹל. וְאִידַּךְ פַּלְגָא, לֵימָא לֵיהּ: אַיְיתִי רְאָיָה דְּאֵין חוֹשְׁשִׁין לְזֶרַע הָאָב, וּשְׁקוֹל! אָמַר רַב הוּנָא בַּר חִיָּיא: מַאי "חַיָּיב" נַמִּי דְּקָא אָמַר – חַיָּיב בַּחֲצִי מַתָּנוֹת.

The Gemara concludes its question: **Granted,** it is understandable that **Rabbi Eliezer deems** the owner of a hybrid **exempt** from the mitzva to give the priestly gifts, as **he holds** that only in the case of **a sheep** is one obligated to give gifts of the priesthood, **but not** with regard to animals that are only **partially sheep. But according to** the opinion of **the Rabbis, though indeed they hold** that **sheep and even** animals that are **partially sheep** are subject to the obligation of giving gifts of the priesthood, **let** the priest **take** only **half** of the gifts. **And** with regard to **the other half, let** the owner of the animal **say to him: Bring proof that one** need **not be concerned with its paternity and** then you may **take** the other half. **Rav Huna bar Ḥiyya said** in response: **What** do the Rabbis mean **when they say** that the owner of this animal is **obligated?** They mean that he is **obligated in half of the gifts.**

מֵתִיב רַבִּי זֵירָא: כּוֹי יֵשׁ בּוֹ דְּרָכִים שָׁוֶה לִבְהֵמָה, וְיֵשׁ בּוֹ דְּרָכִים שָׁוֶה לַחַיָּה, וְיֵשׁ בּוֹ דְּרָכִים שָׁוֶה לַחַיָּה וְלִבְהֵמָה.

**Rabbi Zeira raises an objection** to this response from a *baraita*: In the case of a *koy*, with regard to which it is uncertain whether it is a domesticated animal or an undomesticated one, **there are ways** in which its *halakhot* **correspond to** those of **a domesticated animal, and there are ways** in which its *halakhot* **correspond to** those of **an undomesticated animal. And there are ways in** which its *halakhot* **correspond to** those of both **an undomesticated animal and a domesticated animal.**

כֵּיצַד: חֶלְבּוֹ אָסוּר – כְּחֵלֶב בְּהֵמָה, וְדָמוֹ חַיָּיב לְכַסּוֹת – כְּדַם הַחַיָּה. דְּרָכִים שָׁוֶה לִבְהֵמָה וְלַחַיָּה – שֶׁדָּמוֹ וְגִידוֹ אֲסוּרִין כִּבְהֵמָה וְחַיָּה, וְחַיָּיב בִּזְרוֹעַ וּלְחָיַיִם וְהַקֵּבָה. וְרַבִּי אֱלִיעֶזֶר פּוֹטֵר.

The *baraita* elaborates: **How so? Its fat is forbidden**[H] **like** the forbidden **fat of a domesticated animal,** unlike that of an undomesticated one. **And** one is **obligated to cover its blood**[H] from slaughter with dirt, **like the blood** of **an undomesticated animal.** And there are **ways** in which its *halakhot* **correspond to** both those of **a domesticated animal and an undomesticated animal, as its blood and its sciatic nerve are forbidden like** those of **a domesticated animal and an undomesticated animal.**[H] **And** its owner is **obligated** to give the **foreleg, the jaw, and the maw** from it to the priest, as in the case of domesticated animals. **And Rabbi Eliezer deems** the owner of a *koy* **exempt** from the mitzva to give the gifts.

וְאִם אִיתָא, "חַיָּיב בַּחֲצִי מַתָּנוֹת" מִבְּעֵי לֵיהּ! אַיְּידֵי דִּתְנָא חֶלְבּוֹ וְדָמוֹ דְּלָא מִתְנֵי חֲצִי חֲצִי, מִשּׁוּם הָכִי לָא קָא תָּנֵי חֲצִי.

Rabbi Zeira asks: **And if it is so** that the Rabbis mean that the owner of a *koy* is obligated to give half of the gifts, then the *baraita* **should have** said that he is **obligated to** give **half of the gifts** from it. The Gemara responds: **Since** the *tanna* **taught** that **its fat and its blood** are forbidden, with regard to **which it** could **not teach** that **half** of its blood or **half** of its fat are forbidden, as it is impossible that half of it is forbidden while the other half is permitted, **due to that** reason the *tanna* **did not teach** that the owner of a *koy* is obligated in **half** of the gifts.

**HALAKHA**

**Its fat is forbidden – חֶלְבּוֹ אָסוּר:** The offspring of a kosher domesticated animal and a kosher undomesticated animal is called a *koy*. Its fat is forbidden, but one who consumed this forbidden fat is not liable to receive lashes (Rambam *Sefer Kedusha, Hilkhot Ma'akhalot Assurot* 1:13; *Shulḥan Arukh, Yoreh De'a* 64:1).

**And one is obligated to cover its blood – וְדָמוֹ חַיָּיב לְכַסּוֹת:** The blood of the offspring of a domesticated animal and an undomesticated animal, as well as the blood of creatures with regard to which it is uncertain whether they are classified as domesticated or undomesticated, must be covered after their slaughter. One does not recite a blessing before covering their blood, because one does not recite a blessing in a case of uncertainty (Rambam *Sefer Kedusha, Hilkhot Ma'akhalot Assurot* 1:13; *Shulhan Arukh, Yoreh De'a* 28:3).

**Forbidden like those of a domesticated animal and an undomesticated animal – אֲסוּרִין כִּבְהֵמָה וְחַיָּה:** The prohibition against consuming the sciatic nerve applies to a *koy*, as stated in the *baraita* (*Shulḥan Arukh, Yoreh De'a* 65:6).

כִּי אֲתָא רָבִין אָמַר רַבִּי יוֹחָנָן: כּוֹי לְרַבָּנַן חַיָּיב בְּכוּלְּהוּ מַתָּנוֹת, דְּתַנְיָא: "שׁוֹר", מָה תַּלְמוּד לוֹמַר "אִם שׁוֹר" – לְרַבּוֹת אֶת הַכִּלְאַיִם. "שֶׂה", מָה תַּלְמוּד לוֹמַר "אִם שֶׂה" – לְרַבּוֹת אֶת הַכּוֹי.

The Gemara relates that **when Ravin came** from Eretz Yisrael to Babylonia, he said that **Rabbi Yoḥanan said: According to the Rabbis, a** ***koy*** **is obligated to** have **all of the gifts** of the priesthood given from it. **As it is taught** in a *baraita*: The verse states with regard to the gifts of the priesthood: "Whether it be an ox or sheep" (Deuteronomy 18:3). Since the verse needed to state only **"ox," why must the verse state: "Whether it be an ox"?** This phrase serves **to include a hybrid** in the obligation to give the gifts of the priesthood. And since the verse needed to state only **"sheep," why must the verse state: "Or sheep"?** This phrase serves **to include the** ***koy*** in the obligation to give the gifts.

וְרַבִּי אֱלִיעֶזֶר, הַאי "אִם" לָמָּה לִי? מִיבְּעֵי לֵיהּ לְחַלֵּק. וְרַבָּנַן לְחַלֵּק מְנָא לְהוּ? נָפְקָא לְהוּ "מֵאֵת זֹבְחֵי הַזֶּבַח".

The Gemara asks: **And** according to the opinion of **Rabbi Eliezer,** who deems the owners of a *koy* and the offspring of a hybrid exempt from giving gifts of the priesthood from these animals, **why do I** need **this** phrase: "**Whether** it be an ox or sheep"? The Gemara responds: **He requires it to divide** between an ox and a sheep, indicating that one is obligated with regard to either animal alone. Were it not for this phrase, one might have concluded that he is obligated to give the gifts only after slaughtering both an ox and a sheep. The Gemara asks: **And the Rabbis,** who derive other *halakhot* from this phrase, **from where do they** derive **to divide** between an ox and a sheep? The Gemara responds: **They derive it** from the phrase: **"From them that perform a slaughter"** (Deuteronomy 18:3), which indicates that the obligation to give the gifts applies even to one animal.

וְרַבִּי אֱלִיעֶזֶר הַאי "מֵאֵת זֹבְחֵי הַזֶּבַח" מַאי עָבֵיד לֵיהּ? מִבְּעֵי לֵיהּ לְכִדְרָבָא, דְּאָמַר רָבָא: הַדִּין – עִם הַטַּבָּח.

The Gemara asks: **And Rabbi Eliezer, what does he do with this** phrase: **"From them that perform a slaughter,"** i.e., what does he derive from it? The Gemara responds: **He requires it for** a statement **of Rava, as Rava said:** If a priest seeks to claim gifts of the priesthood in court, the priest issues his **demand with the butcher,** even if the animal itself belongs to another individual.

מתני׳ בְּכוֹר שֶׁנִּתְעָרֵב בְּמֵאָה, בִּזְמַן שֶׁמֵּאָה שׁוֹחֲטִין אֶת כּוּלָּן – פּוֹטְרִים אֶת כּוּלָּן. אֶחָד שׁוֹחֵט אֶת כּוּלָּן – פּוֹטְרִים לוֹ אֶחָד.

**MISHNA** With regard to a blemished **firstborn** animal, which one may slaughter and eat without being required to give the foreleg, jaw, and maw to the priest, **that was intermingled with one hundred**[H] non-sacred animals, from which one is required to give those gifts, in a case **when one hundred** different people **slaughter all of them,** each slaughtering one animal, one **exempts them all** from giving the gifts, as each could claim that the animal that he slaughtered was the firstborn. If **one** person **slaughtered them all,** one **exempts one** of the animals **for him.**

הַשּׁוֹחֵט לְכֹהֵן וּלְגוֹי – פָּטוּר מִן הַמַּתָּנוֹת, וְהַמִּשְׁתַּתֵּף עִמָּהֶן – צָרִיךְ שֶׁיִּרְשׁוֹם. וְאִם אָמַר, "חוּץ מִן הַמַּתָּנוֹת" – פָּטוּר מִן הַמַּתָּנוֹת.

**One who slaughters** the animal of a priest **for the priest or** the animal of a gentile **for the gentile**[H] **is exempt from** the obligation to give **the gifts** of the foreleg, the jaw, and the maw. **And** an Israelite **who enters into partnership with** a priest or a gentile[H] **must mark** the animal to indicate that it is jointly owned and exempt from the obligation to give the gifts. **And if** a priest sold his animal to an Israelite and **said:** The animal is sold **except for the gifts** with it, the Israelite is **exempt from** the obligation to give **the gifts,** as they are not his.

HALAKHA

**A firstborn that was intermingled with one hundred – בְּכוֹר שֶׁנִּתְעָרֵב בְּמֵאָה:** In the case of a firstborn animal that was given to a priest in a blemished state, and the priest then sold it to an Israelite, and the animal became intermingled with other animals, the *halakha* is as follows: If multiple people slaughter those animals, each individual is exempt from giving the gifts, since all of them can claim that his animal is the firstborn. If one person slaughters all of them, the exemption applies to only one animal. This ruling is in accordance with Rav Oshaya's explanation of the mishna on 132b (Rambam *Sefer Zera'im, Hilkhot Bikkurim* 9:4; *Shulḥan Arukh, Yoreh De'a* 61:20).

**One who slaughters for the priest or for the gentile – הַשּׁוֹחֵט לְכֹהֵן וּלְגוֹי:** One who slaughters an animal for a priest or for a gentile is exempt from the obligation to give the gifts of the priesthood (Rambam *Sefer Zera'im, Hilkhot Bikkurim* 9:10; *Shulḥan Arukh, Yoreh De'a* 61:25).

**And an Israelite who enters into partnership with a priest or a gentile – וְהַמִּשְׁתַּתֵּף עִמָּהֶן:** One who enters into partnership with a priest with regard to the ownership of an animal must mark his portion of the animal, so that the gifts are in the portion of the priest. If he does not do so, he is obligated to give the gifts, as others might be unaware of his partnership with the priest, and might conclude that giving the gifts in general is not obligatory (Rambam *Sefer Zera'im, Hilkhot Bikkurim* 9:10; *Shulḥan Arukh, Yoreh De'a* 61:25).

HALAKHA

**If he said, sell me the innards of a cow and there were gifts with it…if he bought the innards from the slaughterer by weight** – אָמַר מְכוֹר לִי בְּנֵי מֵעֶיהָ שֶׁל פָּרָה וְהָיוּ בָּהֶן מַתָּנוֹת...לְקָחָן הֵימֶנּוּ בְּמִשְׁקָל: If one said to a butcher: Sell me the innards of this cow, he must give the gifts to the priest and does not deduct their value from the price paid to the butcher. If he purchased the innards by weight, he gives the gifts to the priest and deducts their value from the price (Rambam *Sefer Zera'im, Hilkhot Bikkurim* 9:15; *Shulḥan Arukh, Yoreh De'a* 61:32).

אָמַר "מְכוֹר לִי בְּנֵי מֵעֶיהָ שֶׁל פָּרָה", וְהָיוּ בָּהֶן מַתָּנוֹת – נוֹתְנָן לַכֹּהֵן, וְאֵינוֹ מְנַכֶּה לוֹ מִן הַדָּמִים. לְקָחָן הֵימֶנּוּ בְּמִשְׁקָל – נוֹתְנָן לַכֹּהֵן, וּמְנַכֶּה לוֹ מִן הַדָּמִים.

If the Israelite **said** to the one slaughtering the animal: **Sell me the innards of a cow, and there were gifts** included **with it**, i.e., the maw, the purchaser **gives them to the priest and he does not deduct** the value of the gifts **from the money** that he pays **him.** If **he bought** the innards **from** the slaughterer **by weight,**[H] the purchaser **gives** the gifts, i.e., the maw, **to the priest and deducts** the value of the gifts **from the money** that he pays **him.**

גמ׳ וְאַמַּאי? יָבֹא עָלָיו כֹּהֵן מִשְּׁנֵי צְדָדִין, וְלֵימָא לֵיהּ: אִי בְּכוֹר הוּא – כּוּלֵּיהּ דִּידִי הוּא, וְאִי לָאו בְּכוֹר הוּא – הַב לִי מַתְּנָתַאי!

**GEMARA** The mishna teaches that if a firstborn animal was intermingled with one hundred non-sacred animals, each belonging to a different person, all of the animals are excluded from the obligation to give the gifts, due to the uncertainty of which animal is the firstborn. The Gemara asks: **But why** is this the *halakha*? **Let the priest come upon** each slaughterer with a claim **from two sides,** i.e., **let** the priest **say to him: If** this animal **is a firstborn, it is completely mine; and if it is not a firstborn** but is instead a non-sacred animal, then **give me my gifts.**

Perek **X**
Daf **132** Amud **b**

NOTES

**Even a butcher who is a priest is included** – אֲפִילּוּ טַבָּח כֹּהֵן בְּמַשְׁמַע: Some commentaries explain that this derivation applies only to a priest who slaughters the animals of an Israelite, as by Torah law a priest is always exempt from separating gifts from his own animals. The Sages obligated a priest who slaughters and sells his animal to separate gifts of the priesthood (*Tosafot*).

LANGUAGE

**Host** [*ushpizikhnei*] – אוּשְׁפִּיזִיכְנֵיהּ: From the Middle Persian aspanjakan, meaning host.

אָמַר רַב אוֹשַׁעְיָא: בְּבָא לִידֵי כֹּהֵן, וּמְכָרוֹ לְיִשְׂרָאֵל בְּמוּמוֹ.

**Rav Oshaya says** in response: In general, a priest may issue such a claim. But the mishna is dealing with a case **where** the firstborn **came into the possession of** the **priest** when it was unblemished and thereafter it developed a permanent blemish, **and** the priest **sold it to an Israelite in its blemished** state. In such a case, the priest may not demand that the owner give him the entire animal with the claim that it is a firstborn, as he already received it once as a firstborn.

"הַשּׁוֹחֵט לַכֹּהֵן וְלַגּוֹי פָּטוּר מִן הַמַּתָּנוֹת". וְלִיתְנֵי: כֹּהֵן וְגוֹי פְּטוּרִין מִן הַמַּתָּנוֹת! אָמַר רָבָא, זֹאת אוֹמֶרֶת: הַדִּין עִם הַטַּבָּח.

§ The mishna teaches that **one who slaughters** the animal of a priest **for the priest or** the animal of a gentile **for the gentile is exempt from** the obligation to give **the gifts** of the foreleg, the jaw, and the maw. The Gemara suggests: **And let** the *tanna* simply **teach** that **a priest and a gentile are exempt from** the obligation to give **the gifts. Rava says** in explanation: **That is to say,** i.e., the wording of the mishna indicates, that **the demand** of a priest who seeks to claim gifts of the priesthood **is with the butcher,** not with the owner of the animal. Even if the butcher is himself a priest, if he slaughters an animal on behalf of an Israelite he is obligated to give the gifts.

דָּרֵשׁ רָבָא: "מֵאֵת הָעָם" – וְלֹא מֵאֵת הַכֹּהֲנִים, כְּשֶׁהוּא אוֹמֵר "מֵאֵת זֹבְחֵי הַזֶּבַח" הֱוֵי אוֹמֵר: אֲפִילּוּ טַבָּח כֹּהֵן בְּמַשְׁמַע.

The Gemara adds: **Rava** also **interpreted** the verse in such a manner. The verse states: "This shall be the priests' due from the people, from them that perform a slaughter, whether it be ox or sheep, that they shall give to the priest the foreleg, and the jaw, and the maw" (Deuteronomy 18:3). The verse specifies that the gifts are taken **"from the people," and not from the priests. When** the verse **states: "From them that perform a slaughter,"** indicating that the gifts are given by anyone who slaughters an animal, **you must say** that this teaches that **even a butcher** who is **a priest is included**[N] in the obligation to give the gifts.

אוּשְׁפִּיזִיכְנֵיהּ דְּרַבִּי טַבְלָא כֹּהֵן הֲוָה, וַהֲוָה דָּחֵיק לֵיהּ מִלְּתָא. אֲתָא לְקַמֵּיהּ דְּרַבִּי טַבְלָא, אֲמַר לֵיהּ: זִיל אִישְׁתַּתַּף בַּהֲדֵי טַבָּחֵי יִשְׂרָאֵל, דְּמִגּוֹ דְּמִפַּטְרִי מִמַּתְּנָתָא, מִשְׁתַּתְּפִי בַּהֲדָךְ.

§ The mishna teaches that the obligation to give the gifts of the priesthood does not apply to an animal jointly owned by an Israelite and a priest. The Gemara relates that the **host** [*ushpizikhnei*][L] **of Rabbi Tavla was a priest and he was hard-pressed** for money. **He came before Rabbi Tavla** to ask for advice. Rabbi Tavla **said to him: Go** and **enter into a partnership with those Israelite butchers,** to obtain part ownership of their animals, **as since they** will be **exempt from** the obligation to give the **gifts** on account of this partnership, they will agree to **enter into** a business **partnership with you** free of charge.

חַיְּיבֵיהּ רַב נַחְמָן. אֲמַר לֵיהּ: וְהָא רַבִּי טַבְלָא פַּטְרַן! אֲמַר לֵיהּ: זִיל אַפֵּיק, וְאִי לָא – מַפְּקִינָא לָךְ רַבִּי טַבְלָא מֵאוּנָךְ!

The priest heeded the advice of Rabbi Tavla and entered into a partnership with an Israelite butcher. Nevertheless, **Rav Naḥman obligated** the butcher to give the gifts of the priesthood from the animals he slaughtered. The priest **said to** Rav Naḥman: **But Rabbi Tavla exempted us** from this obligation. Rav Naḥman **said to him: Go remove** the gifts of the priesthood that are in your possession and give them to a priest, **and if** you will **not** do so, **I will remove Rabbi Tavla from your ear** [*me'unakh*],[L] i.e., I will refute his basis for deeming you exempt.

אֲזַל רַבִּי טַבְלָא קַמֵּיהּ דְּרַב נַחְמָן, אֲמַר לֵיהּ: מַאי טַעֲמָא עָבֵיד מָר הָכִי? אֲמַר לֵיהּ: דְּכִי אֲתָא רַבִּי אַחָא בַּר חֲנִינָא מִדָּרוֹמָא אֲמַר רַבִּי יְהוֹשֻׁעַ בֶּן לֵוִי זִקְנֵי דָרוֹם אָמְרוּ: כֹּהֵן טַבָּח – שְׁתַּיִם וְשָׁלֹשׁ שַׁבָּתוֹת פָּטוּר מִן הַמַּתָּנוֹת, מִכָּאן וְאֵילָךְ – חַיָּיב בְּמַתָּנוֹת.

**Rabbi Tavla came before Rav Naḥman** and **said to him: What is the reason** that the **Master has done this** and ruled in contradiction to the mishna? Rav Naḥman **said to him:** I ruled in this manner, **as when Rabbi Aḥa bar Ḥanina of the south came** from Eretz Yisrael to Babylonia, he **said** that **Rabbi Yehoshua ben Levi** and all **the elders of the south**[B] **said:** With regard to **a priest** who becomes **a butcher,** for the first **two or three weeks** he is **exempt from** the obligation to give **the gifts,** as he has not yet established himself in the community as a butcher. But **from this** point **forward** he is **obligated to** give the **gifts,** as he is now known as a butcher.

אֲמַר לֵיהּ: וְלַעֲבֵיד לֵיהּ מָר מִיהַת כְּרַבִּי אַחָא בַּר חֲנִינָא! אֲמַר לֵיהּ: הָנֵי מִילֵּי – דְּלָא קָבַע מַסַּחְתָּא, אֲבָל הָכָא – הָא קָבַע מַסַּחְתָּא.

Rabbi Tavla **said to** Rav Naḥman: **And let the Master at least do** for the priest **in accordance with** the opinion of **Rabbi Aḥa bar Ḥanina** and exempt him from giving the gifts for the first three weeks of his partnership. Rav Naḥman **said to him: This statement** of Rabbi Aḥa bar Ḥanina applies only when the priest **did not** immediately **establish a butcher shop.** In such a case, the priest is exempt until he becomes known as a recognized butcher. **But here, he has** already **established a butcher shop**[H] and is therefore obligated to give the gifts without delay.

אֲמַר רַב חִסְדָּא: הַאי כָּהֲנָא דְּלָא מַפְרִישׁ מַתְּנָתָא – לֶיהֱוֵי בְּשַׁמְתָּא דֵּאלֹהֵי יִשְׂרָאֵל. אֲמַר רַבָּה בַּר רַב שֵׁילָא: הָנֵי טַבָּחֵי דְּהוּצַל קָיְימִי בְּשַׁמְתָּא דְּרַב חִסְדָּא הָא עֶשְׂרִים וְתַרְתֵּי שְׁנִין.

§ **Rav Ḥisda said:** With regard to **a priest who** slaughters an animal and **does not separate gifts** of the priesthood from them for another priest, **let him be** under the **excommunication of the God of Israel. Rabba bar Rav Sheila said: These butchers of** the city of **Huzal** have **remained** under the **excommunication of Rav Ḥisda these** last **twenty-two years,** as they have continuously refused to separate gifts of the priesthood for this period.

לְמַאי הִלְכְתָא? אִילֵימָא דְּתוּ לָא מְשַׁמְּתִינַן לְהוּ – וְהָא תַּנְיָא: בַּמֶּה דְּבָרִים אֲמוּרִים בְּמִצְוַת לֹא תַעֲשֶׂה, אֲבָל בְּמִצְוַת עֲשֵׂה, כְּגוֹן: אוֹמְרִים לוֹ ״עֲשֵׂה סוּכָּה״! וְאֵינוֹ עוֹשֶׂה, ״לוּלָב״! וְאֵינוֹ עוֹשֶׂה, ״עֲשֵׂה צִיצִית״! וְאֵינוֹ עוֹשֶׂה – מַכִּין אוֹתוֹ עַד שֶׁתֵּצֵא נַפְשׁוֹ!

The Gemara asks: **With regard to what *halakha*** did Rabba bar Rav Sheila state that the butchers of Huzal have been under excommunication for twenty-two years? **If we say that we do not excommunicate them** for a period **any longer** than twenty-two years, **but isn't it taught** in a *baraita*: **In what** case **is this statement,** that one is not excommunicated for committing a transgression, **said?** It is said **with regard to a prohibition,** for which one is liable to receive a relatively severe punishment, e.g., death or *karet*. **But with regard to** one who refuses to perform **a positive mitzva, e.g.,** the court **says to him: Perform** the mitzva of ***sukka*, and he does not do** so, or: Perform the mitzva of taking the ***lulav*, and he does not do** so, or: **Prepare ritual fringes** for your garments, **and he does not do** so, the court **strikes him** an unlimited number of times, even **until his soul departs.** Accordingly, the butchers of Huzal should remain under excommunication indefinitely until they separate the gifts.

**LANGUAGE**

**Your ear** [*unakh*] – **אוּנָךְ:** This term is derived from *ona*, a shortened form of *odna*, meaning ear in Aramaic. With regard to the meaning of Rav Naḥman's statement, some explain that he threatened to punish the host until he agreed to ignore the advice of Rabbi Tavla and stop acting in accordance with his opinion. Others maintain that Rav Naḥman meant that he would cause the host to forget Rabbi Tavla and he would no longer make any mention of his name (*Arukh*).

**BACKGROUND**

**Elders of the south** – **זִקְנֵי דָרוֹם:** This was the title of a group of Torah scholars who lived in Judea, particularly in Lod and its surrounding areas, during the period of the *amora'im*. During that era, the majority of the Jewish population in Eretz Yisrael lived in the Galilee, where the main centers of Torah study were located. Even after Judea was ravaged by the war that led to the destruction of the Second Temple and the bar Kokheva revolt, Torah scholars remained in Judea who had studied under the greatest Torah scholars of the previous generations. Rabbi Yehoshua ben Levi cites this *halakha* in the name of this group of scholars.

**HALAKHA**

**A priest who becomes a butcher…established a butcher shop** – **כֹּהֵן טַבָּח...קָבַע מַסַּחְתָּא:** With regard to a priest who works as a butcher, the court waits two or three weeks, after which they remove gifts of the priesthood from his possession and give them to other priests. If the priest established a butcher shop to sell the meat, the court does not wait. Rather, the gifts are removed from his possession at once. If the priest refuses to relinquish them, he is excommunicated until he complies (Rambam *Sefer Zera'im*, *Hilkhot Bikkurim* 9:9; *Shulḥan Arukh*, *Yoreh De'a* 61:22, 24).

BACKGROUND

Cloak – גְּלִימָא:

Sculpture from the mishnaic era of a man in a cloak

Mustard – חַרְדָּל: This refers to *Eruca sativa* L., known in modern times as arugula. It is an annual plant that grows to heights of 20–100 cm, and it can be found growing along the sides of roads throughout Eretz Yisrael, with the exception of the Negev Desert. Its leaves are used in salads and are eaten raw. The flowers of the arugula plant have a yellowish color with purple veins. During the Second Temple era the seeds of the arugula were used as a substitute for pepper.

Flower of the arugula plant

אֶלָּא, דְּקָנְסִינַן לְהוּ בְּלָא אַתְרָייתָא. כִּי הָא דְּרָבָא קָנֵיס אַטְמָא, רַב נַחְמָן בַּר יִצְחָק קָנֵיס גְּלִימָא.

**Rather,** Rabba bar Rav Sheila means **that** because the butchers of Huzal have refused to give the gifts for so many years, **we fine them** even **without forewarning.** There was a case **like this** of a person who refused to give the gifts of the priesthood to a priest, **where Rava fined** him by taking the entire **thigh** of his animal and giving it to a priest. Similarly, **Rav Naḥman bar Yitzḥak fined** an individual who refused to give the gifts of the priesthood to a priest by taking his **cloak**[B] and giving it to a priest.

וְאָמַר רַב חִסְדָּא: זְרוֹעַ – לְאֶחָד, וְקֵבָה – לְאֶחָד, לְחָיַיִם – לִשְׁנַיִם. אִינִי, וְהָא כִּי אֲתָא רַב יִצְחָק בַּר יוֹסֵף אֲמַר: בְּמַעְרְבָא פָּלְגִינַן לְהוּ גַּרְמָא גַּרְמָא!

§ **And Rav Ḥisda** also **says** with regard to gifts of the priesthood: The **foreleg** is given **to one** priest **and** the **maw** is given **to one** priest, while the **jaw** is given **to two**[H] priests. The Gemara asks: **Is that so? But when Rav Yitzḥak bar Yosef came** to Babylonia from Eretz Yisrael **he said: In the West,** Eretz Yisrael, **we divide** the gifts **bone by bone,** each of which is given to two priests.

הָתָם בְּדִתְוֹרָא.

The Gemara explains: **There,** in the case dealt with in Eretz Yisrael, the gifts were **of a** large **bull.**[H] The Torah states: "That they shall give to the priest" (Deuteronomy 18:3). The use of the term "give" indicates that the gift given should be a substantial one. Even when one limb of the large bull was divided between two priests, each received a substantial portion. This is not the case with regard to the gifts of smaller animals, where each limb is not large enough to provide two substantial portions.

אָמַר רַבָּה בַּר בַּר חָנָה, אָמַר רַבִּי יוֹחָנָן: אָסוּר לֶאֱכוֹל מִבְּהֵמָה שֶׁלֹּא הוּרְמָה מַתְּנוֹתֶיהָ. אָמַר רַבָּה בַּר בַּר חָנָה, אָמַר רַבִּי יוֹחָנָן: כׇּל הָאוֹכֵל מִבְּהֵמָה שֶׁלֹּא הוּרְמָה מַתְּנוֹתֶיהָ – כְּאִילּוּ אוֹכֵל טְבָלִים. וְלֵית הִלְכְתָא כְּוָותֵיהּ.

§ **Rabba bar bar Ḥana says** that **Rabbi Yoḥanan says:** It **is prohibited to partake of** a slaughtered **animal whose gifts have not** yet **been separated.**[H] Furthermore, **Rabba bar bar Ḥana says** that **Rabbi Yoḥanan says: Anyone who partakes of an animal whose gifts have not** yet **been separated** is considered **as though he consumes untithed produce. But** the Gemara states: **The *halakha* is not in accordance with** the opinion of Rabbi Yoḥanan.

אָמַר רַב חִסְדָּא: מַתְּנוֹת כְּהוּנָּה אֵין נֶאֱכָלוֹת אֶלָּא צָלִי, וְאֵין נֶאֱכָלוֹת אֶלָּא בְּחַרְדָּל. מַאי טַעְמָא – אָמַר קְרָא ״לְמׇשְׁחָה״ – לִגְדוּלָּה, כְּדֶרֶךְ שֶׁהַמְּלָכִים אוֹכְלִים.

**Rav Ḥisda says: Gifts of the priesthood may be consumed only** when they are **roasted, and they may be consumed only with mustard**[BH] seasoning. **What is the reason** for this *halakha*? The **verse states:** "And the Lord spoke to Aaron: And I, behold, I have given you the charge of My gifts; of all the consecrated items of the children of Israel to you have I given them for prominence, and to your sons, as an eternal portion" (Numbers 18:8). The term **"for prominence"** means that the portions were given to the priests as a mark **of greatness.** Accordingly, they should be eaten **in a manner that kings eat,** i.e., roasted and with mustard.

HALAKHA

**The foreleg to one and the maw to one while the jaw is given to two** – זְרוֹעַ לְאֶחָד וְקֵבָה לְאֶחָד לְחָיַיִם לִשְׁנַיִם: One who wishes to give all of the gifts to one priest may do so. If he wishes to divide them among more than one priest, he should not divide them among many, as each must receive a substantial portion. Accordingly, he should give the foreleg to one priest, the maw to one, and the jaw to two (Rambam *Sefer Zera'im, Hilkhot Bikkurim* 9:17; *Shulḥan Arukh, Yoreh De'a* 61:9).

**Bone by bone…of a large bull** – גַּרְמָא גַּרְמָא...בְּדִתְוֹרָא: If one owns a large bull and wishes to distribute the gifts from it to multiple priests, he may divide the foreleg among two priests so that each one receives one bone (Rambam *Sefer Zera'im, Hilkhot Bikkurim* 9:17; *Shulḥan Arukh, Yoreh De'a* 61:9).

**Partaking of an animal whose gifts have not yet been separated** – אֲכִילַת בְּהֵמָה שֶׁלֹּא הוּרְמוּ מַתְּנוֹתֶיהָ: An animal whose gifts have not yet been separated may be consumed. It is not considered equivalent to untithed produce, because the gifts are distinct from the rest of the meat. The gifts themselves may not be consumed by an Israelite without the express permission of a priest. Although it is permitted to partake of such an animal, it is a mitzva to refrain from partaking of it until the gifts have been set aside (Rambam *Sefer Zera'im, Hilkhot Bikkurim* 9:14; *Shulḥan Arukh, Yoreh De'a* 61:5).

**Gifts of the priesthood may be consumed only roasted and they may be consumed only with mustard** – מַתְּנוֹת כְּהוּנָּה אֵין נֶאֱכָלוֹת אֶלָּא צָלִי וְאֵין נֶאֱכָלוֹת אֶלָּא בְּחַרְדָּל: The priests may consume gifts of the priesthood only with mustard, as the verse states: "For prominence," which indicates that the portions should be eaten in a manner of kings. Some commentaries claim that if the priest prefers cooked to roasted meat, he cannot be forced to consume it roasted, as the manner of kings is to consume food in a manner most pleasing to them (*Kesef Mishne*, citing *Tosafot*). The *Shulḥan Arukh* likewise states: A priest may consume the gifts in the manner that is most pleasant to him. If he does not have a preference, he should eat it roasted and with mustard (Rambam *Sefer Zera'im, Hilkhot Bikkurim* 9:22; *Shulḥan Arukh, Yoreh De'a* 61:12).

וְאָמַר רַב חִסְדָּא: עֶשְׂרִים וְאַרְבַּע מַתְּנוֹת כְּהוּנָּה, כָּל כֹּהֵן שֶׁאֵינוֹ בָּקִי בָּהֶן – אֵין נוֹתְנִין לוֹ מַתָּנָה. וְלָאו מִילְּתָא הִיא, דְּתַנְיָא, רַבִּי שִׁמְעוֹן אוֹמֵר: כָּל כֹּהֵן שֶׁאֵינוֹ מוֹדֶה בַּעֲבוֹדָה – אֵין לוֹ חֵלֶק בִּכְהוּנָּה, שֶׁנֶּאֱמַר ״הַמַּקְרִיב אֶת דַּם הַשְּׁלָמִים וְאֶת הַחֵלֶב מִבְּנֵי אַהֲרֹן לוֹ תִהְיֶה שׁוֹק הַיָּמִין לְמָנָה״,

**And Rav Ḥisda says: One may not give a gift to any priest who is not an expert in the** *halakhot* pertaining to all **twenty-four gifts of the priesthood.** The Gemara notes: **But this is not correct, as it is taught** in a *baraita* that **Rabbi Shimon says: Any priest who does not believe in** the validity of the Temple **service**[N] **has no portion in** any of the gifts given to the **priesthood, as it is stated: "He among the sons of Aaron, who offers** [*hamakriv*] **the blood of the peace offerings, and the fat, shall have the right thigh for a portion"** (Leviticus 7:33). The word "*hamakriv*," which literally means: Who brings it close, indicates that only one who believes in the validity of conveying the blood to the altar is entitled to receive the right thigh of the offering, as only one who believes in the rite would perform it.

אֵין לִי אֶלָּא זֶה בִּלְבַד, מִנַּיִן לְרַבּוֹת חֲמֵשׁ עֶשְׂרֵה עֲבוֹדוֹת, כְּגוֹן: הַיְּצִיקוֹת וְהַבְּלִילוֹת וְהַפְּתִיתוֹת וְהַמְּלִיחוֹת, תְּנוּפוֹת וְהַגָּשׁוֹת [וְהַקְּמִיצוֹת], הַקְטָרוֹת (וְהַמְּצִיּוֹת) [וְהַמְּלִיקוֹת]

The *baraita* continues: **I have** derived **only** that a priest does not have a share in the priestly gifts if he does not believe in **this** rite of conveying of the blood **alone. From where** do I derive **to include fifteen** additional sacrificial **rites, such as** the rites of a meal offering, i.e., **the pouring** of the oil **and the mixing** of the oil and the subsequent pouring of the oil; **and the crumbling** of meal offerings prepared in a shallow or deep pan or in an oven, whose handfuls are removed after they are baked and subsequently crumbled; **and the salting** of meal offerings (see Leviticus 2:13); and the **waving** of certain meal offerings; **and the bringing** of certain meal offerings to the southwestern corner of the altar before a handful is removed; **and the removal of the handful;** and **the burning** of offerings on the altar; **and the squeezing** of a bird offering to extract its blood; **and the pinching** of the nape of the neck of a bird offering;

**NOTES**

**Any priest who does not believe in the Temple service – כָּל כֹּהֵן שֶׁאֵינוֹ מוֹדֶה בַּעֲבוֹדָה:** Some commentaries explain that this refers to a priest who thinks that the sacrificial rites of the Temple service were fabricated by Moses and they were not commanded by God (Rashi). Others claim that this cannot refer to one who denies the divinity of the entire Temple service, as it is obvious that such a person has no portion in the gifts of the priesthood. Rather, it refers to one who denies the divinity of certain rites, claiming that they are not obligatory or that their performance is not indispensable (Ritva). Although such a person denies the words of the Sages, he believes in the Written Torah. He is therefore not considered an apostate who rejects the entire Torah, but one who rejects one matter of the Torah, and such a person does not disqualify the Temple service (*Ḥazon Ish*). Others contend that the *baraita* is dealing with a priest who thinks that the Temple service is not genuine worship of God but merely a series of actions intended to steer the Jewish people's thoughts away from idol worship (*Ḥatam Sofer*). Yet another explanation is that this priest thinks that the Temple service may be performed by any member of the Jewish people and is not solely the domain of the priests (*Mizbaḥ Kappara*).

Perek **X**
Daf **133** Amud **a**

וְקַבָּלוֹת, הַזָּאוֹת, וְהַשְׁקָאַת סוֹטָה, וַעֲרִיפַת עֶגְלָה עֲרוּפָה, וְטָהֳרַת מְצוֹרָע, וּנְשִׂיאוּת כַּפַּיִם בֵּין מִבִּפְנִים בֵּין מִבַּחוּץ – תַּלְמוּד לוֹמַר ״מִבְּנֵי אַהֲרֹן״, עֲבוֹדָה הָאֲמוּרָה לִבְנֵי אַהֲרֹן.

and the **receiving** of the blood in a vessel; and its **sprinkling** upon the altar, each offering according to its *halakha*; **and the giving of water to a woman suspected by her husband of having been unfaithful** [*sota*]; **and the** ritual of **breaking a heifer's neck** in an untilled valley when a corpse is discovered and the murderer is unknown; **and the purification of a leper; and the lifting of the hands** for the Priestly Benediction, **whether inside or outside** the Temple; from where are these derived? **The verse states: "Among the sons of Aaron,"** indicating that this is the *halakha* with regard to any sacrificial **rite that is stated to the sons of Aaron.**

וְכָל כֹּהֵן שֶׁאֵינוֹ מוֹדֶה בָּהּ – אֵין לוֹ חֵלֶק בִּכְהוּנָּה. טַעֲמָא – דְּאֵינוֹ מוֹדֶה בָּהּ, הָא מוֹדֶה בָּהּ – אַף עַל גַּב דְּאֵינוֹ בָּקִי בָּהֶן.

And the Gemara explains the proof: The *baraita* teaches that **any priest who does not believe in** the validity of these rites **has no portion in the** gifts of the **priesthood.** It may be inferred that the **reason** the priest has no portion is **that he does not believe in it,** whereas if **he does believe in it, even though he is not an expert in its** *halakhot*, he receives a portion. This contradicts the opinion of Rav Ḥisda.

אָמַר רַבִּי אַבָּא, אָמַר רַב הוּנָא, אָמַר רַב: חוּטִין שֶׁבַּלֶּחִי אֲסוּרִים, וְכָל כֹּהֵן שֶׁאֵינוֹ יוֹדֵעַ לִיטְּלָן – אֵין נוֹתְנִין לוֹ מַתָּנָה.

With regard to priests who should not be given gifts of the priesthood, **Rabbi Abba says** that **Rav Huna says** that **Rav says:** The **veins that** are contained **in the jaw**[HB] of an animal are **prohibited** for consumption, due to the blood they contain. **And one does not give** the **gift** of the jaw **to any priest who does not know** how to **remove** the veins, as the priest might eat them.

**HALAKHA**

**Veins that are contained in the jaw – חוּטִין שֶׁבַּלֶּחִי:** The veins in the lower jaw that are close to the tongue on either side are prohibited due to the blood they contain (Rambam *Sefer Kedusha*, *Hilkhot Ma'akhalot Assurot* 7:13; *Shulḥan Arukh*, *Yoreh De'a* 65:1).

**BACKGROUND**

**Veins that are contained in the jaw – חוּטִין שֶׁבַּלֶּחִי:**

Blood vessels of the head

## HALAKHA

**A priest who seizes gifts – כַּהֲנָא דְּחָטֵיף מַתְּנָתָא:** A priest should not seize gifts of the priesthood, nor even request that they be given to him. Rather, if they are given to him in a respectful manner, he should take them (Rambam *Sefer Zera'im, Hilkhot Bikkurim* 9:22; *Shulḥan Arukh, Yoreh De'a* 61:11).

**The modest ones withdraw their hands…to affirm myself among the priests – ...הַצְּנוּעִים מוֹשְׁכִין אֶת יְדֵיהֶם ...לְאַחְזוּקֵי נַפְשַׁאי בְּכָהֲנֵי:** If there are many priests in the slaughterhouse, the modest ones withdraw their hands and the gluttons take the gifts. If there is a modest priest whose status as a priest is not widely known, he should take gifts in order to publicize the fact that he is a priest (Rambam *Sefer Zera'im, Hilkhot Bikkurim* 9:22; *Shulḥan Arukh, Yoreh De'a* 61:11).

## LANGUAGE

**Modest ones [*tzenu'im*] – צְנוּעִים:** The Hebrew root *tzadi, nun, ayin* is generally associated with hiding or concealing. Accordingly, *tzenu'im* refers to individuals who behave with humility. *Tzenu'im* may also be related to the Aramaic meaning of *tzena*, intelligence and comprehension. If so, when the Gemara discusses the actions of *tzenu'im*, it is referring to individuals possessing great wisdom or awe of Heaven.

## NOTES

**His schedule constrained him – אַנְסֵיהּ לֵיהּ עִידָּנֵיהּ:** Some commentaries explain that Abaye suffered from a condition that rendered him unable to delay relieving himself. Consequently, he could not raise his hands for the Priestly Benediction (Rif; Rosh; Ritva). Others reject this explanation on the grounds that it is unlikely that Abaye suffered from such a condition throughout his entire life (*Ma'adannei Yom Tov*).

וְלָא הִיא, אִי בְּטַוְיָא – מֵידָב דָּייבִי. וְאִי לְקִדְרָה, אִי דְּמִיחַתַךְ לְהוּ וּמָלַח לְהוּ – מֵידָב דָּייבִי.

The Gemara notes: **But that is not so,** i.e., one need not be concerned that the priest might consume the blood within the veins, as any method of preparing the jaw will remove the blood: **If** the priest prepares the jaw **by roasting** it, the blood **will drain** from the jaw due to the fire. **And if** he intends **to** place the jaws in **a pot** to cook them, **if he cuts them and salts them,** as one is required to do before cooking any meat, the blood **will drain** from them, and they will be permitted for consumption.

אָמַר רָבָא, בְּדַק לָן רַב יוֹסֵף: הַאי כַּהֲנָא דְּחָטֵיף מַתְּנָתָא, חֲבוּבֵי קָא מְחַבֵּב מִצְוָה, אוֹ זִלְזוּלֵי קָא מְזַלְזֵל בְּמִצְוָה? וּפְשַׁטְנָא לֵיהּ: ״וְנָתַן״ – וְלֹא שֶׁיִּטּוֹל מֵעַצְמוֹ.

§ With regard to the manner in which a priest takes gifts of the priesthood from their owners, **Rava said: Rav Yosef examined us,** his students, with the following question: **A priest who seizes gifts**[H] of the priesthood from their owners, is **he demonstrating fondness** for the **mitzva or is he demonstrating contempt for the mitzva? And I resolved** this question **for him** from the verse: "That they shall give to the priest the foreleg, and the jaw, and the maw" (Deuteronomy 18:3). The term **"that they shall give"** indicates that the owner should give the gifts, **and not that** a priest **should take them by himself.** Accordingly, a priest who seizes the gifts from their owners is demonstrating contempt for the mitzva.

אָמַר אַבָּיֵי: מֵרֵישׁ הֲוָה חָטֵיפְנָא מַתְּנָתָא, אָמִינָא – חֲבוּבֵי קָא מְחַבֵּיבְנָא מִצְוָה. כֵּיוָן דִּשְׁמַעְנָא לְהָא ״וְנָתַן״ – וְלֹא שֶׁיִּטּוֹל מֵעַצְמוֹ, מִיחְטַף לָא חָטֵיפְנָא. מֵימַר אָמְרִי: ״הָבוּ לִי״. וְכֵיוָן דִּשְׁמַעְנָא לְהָא דְּתַנְיָא: ״וַיִּטּוּ אַחֲרֵי הַבָּצַע״, רַבִּי מֵאִיר אוֹמֵר: בְּנֵי שְׁמוּאֵל חֶלְקָם שָׁאֲלוּ בְּפִיהֶם, מֵימַר נָמֵי לָא אָמִינָא, וְאִי יָהֲבוּ לִי – שָׁקֵילְנָא.

**Abaye,** who was a priest, **said: At first, I would seize gifts** of the priesthood, as **I said** to myself that **I am demonstrating fondness** for the **mitzva** in this manner. **Once I heard this** interpretation: **"That they shall give," and not that he should take by himself, I did not seize** them anymore. Instead, **I would say** to the owners of the gifts: **Give me. And once I heard that which is taught** in a *baraita*: The verse states with regard to the sons of Samuel, who were Levites: **"But turned aside after wealth"** (1 Samuel 8:3), and **Rabbi Meir says: The sons of Samuel** sinned when they **asked for their portion,** the first tithe given to the Levite, **with their mouths,** i.e., they demanded that the owners give them the first tithe. Abaye continued: After I heard that, **I also did not say** anything to the owners, **but if they would give me** gifts **I would take** them.

כֵּיוָן דִּשְׁמַעְנָא לְהָא דְּתַנְיָא: הַצְּנוּעִים מוֹשְׁכִין אֶת יְדֵיהֶם, וְהַגַּרְגְּרָנִים חוֹלְקִים – מִשְׁקַל נָמֵי לָא שָׁקֵילְנָא, לְבַר מִמַּעֲלֵי יוֹמָא דְּכִיפּוּרֵי, לְאַחְזוּקֵי נַפְשַׁאי בְּכָהֲנֵי.

Abaye said further: **Once I heard that which is taught** in a *baraita* with regard to the distribution of the shewbread among the priests: **The modest ones** [*hatzenu'im*][L] **withdraw their hands** and do not take, **and the gluttons divide** all the bread; **I also did not take** gifts even when they were offered to me, **except for** when they were given on **the eve of Yom Kippur,** when there was an abundance of gifts due to the many animals that were slaughtered, as it is a mitzva to eat that day. In that instance, I took the gifts in order **to affirm myself among the priests,**[H] i.e., if I would never take gifts then my status as a priest might be called into question.

וְלִפְרוֹס יְדֵיהּ? אַנְסֵיהּ לֵיהּ עִידָּנֵיהּ.

The Gemara challenges: **But let him spread his hands**[B] for the Priestly Benediction throughout the year, as this will make it clear to all that he is in fact a priest. The Gemara responds: **His schedule constrained him,**[N] as he was constantly involved in teaching Torah to his students, so much so that he would miss the time during which the community gathered in the synagogue for the Priestly Benediction.

## BACKGROUND

**Lifting hands – נְשִׂיאוּת כַּפַּיִם:** The Priestly Benediction is recited by priests in the synagogue between the blessings of thanksgiving and peace, the final two blessings in the repetition of the *Amida* prayer. It is comprised of the three verses of priestly benediction in Numbers 6:24–26. As the priests turn to face the congregation to recite the Priestly Benediction, they first recite a blessing acknowledging the sanctity of the priesthood and their responsibility to bless the people in a spirit of love. While reciting the Priestly Benediction, the priests lift their hands. In most places in Eretz Yisrael, the Priestly Benediction is recited by the priests during the repetition of every morning and additional prayer. In the Diaspora, though, there is a long-established Ashkenazic practice of reciting it only during the additional prayer on Festivals.

אָמַר רַב יוֹסֵף: הַאי כָּהֲנָא דְּאִית לֵיהּ צוּרְבָא מֵרַבָּנָן בְּשִׁבָבוּתֵיהּ וּדְחִיקָא לֵיהּ מִילְּתָא – לִיזַכֵּי לֵיהּ מַתְּנָתָא. וְאַף עַל גַּב דְּלָא אָתֵי לִידֵיהּ, בְּמַכָּרֵי כְהוּנָּה וּלְוִיָּה.

**Rav Yosef said:** In a case where **a priest who has a Torah scholar** [*tzurva merabbanan*][L] living **in his neighborhood and** that Torah scholar **is hard-pressed** for money,[H] let the priest **grant** his **gifts to him,** i.e., the priest may declare that those gifts he is destined to receive should be given to the poor Torah scholar. **And even though** the gifts **have not** yet **come into his possession,** he may grant them to the Torah scholar **in** a case where there are **associates of the priesthood and the Levites,** i.e., if that specific priest or Levite was well known in his neighborhood and has a standard arrangement with many people that they give him their gifts, as he is certain that he will be given them.

רָבָא וְרַב סָפְרָא אִיקְלְעוּ לְבֵי מָר יוֹחָנָא בְּרֵיהּ דְּרַב חָנָא בַּר אַדָּא, וְאָמְרִי לַהּ לְבֵי מָר יוֹחָנָא בְּרֵיהּ דְּרַב חָנָא בַּר בִּיזְנָא. עֲבִיד לְהוּ עֶגְלָא תִּילְתָּא. אֲמַר לֵיהּ רָבָא לְשַׁמָּעֵיהּ: זַכִּי לָן מַתְּנָתָא, דְּבָעֵינָא לְמֵיכַל לִישָּׁנָא בְּחַרְדְּלָא!

With regard to the statement of Rav Yosef, the Gemara relates that **Rava and Rav Safra visited the house of Mar Yoḥana, son of Rav Ḥana bar Adda, and some say** they visited **the house of Mar Yoḥana, son of Rav Ḥana bar Bizna.** Mar Yoḥana **prepared for them a third-born calf.**[N] **Rava said to the attendant** of Mar Yoḥana, who was a priest and would normally receive gifts of the priesthood from Mar Yoḥana: **Grant us the gifts, as I wish to eat tongue with mustard,** and the tongue along with the jaw is one of the gifts.

זַכִּי לֵיהּ. רָבָא אֲכַל, וְרַב סָפְרָא לָא אֲכַל. אַקְרְיוּהּ לְרַב סָפְרָא בְּחֶלְמָא: "מַעֲדֶה בֶּגֶד בְּיוֹם קָרָה חֹמֶץ עַל נָתֶר וְשָׁר בַּשִּׁירִים עַל לֶב רָע".

The attendant **granted** the gifts **to him; Rava ate** from them **but Rav Safra did not eat.** Following this incident, **they read** the following verse **to Rav Safra in a dream: "As one that takes off a garment in cold weather, and as vinegar upon niter, so is he that sings songs to a heavy heart"** (Proverbs 25:20). The verse can be interpreted allegorically as a chastisement of one who studies Torah but fails to understand it.

אֲתָא לְקַמֵּיהּ דְּרַב יוֹסֵף, אֲמַר לֵיהּ: דִּלְמָא מִשּׁוּם דַּעֲבַרִי אַשְּׁמַעְתָּא דְּמָר אַקְרְיַין הָכִי? אֲמַר לֵיהּ: כִּי אָמְרִי אֲנָא – בְּאַחֵר, שַׁמָּעָא – בְּעַל כָּרְחֵיהּ מְזַכֵּי. וְכִי אָמְרִי אֲנָא – לְמַאן דְּלָא אֶפְשָׁר לֵיהּ, הָא – אֶפְשָׁר לֵיהּ.

Rav Safra **came before Rav Yosef** and **said to him: Perhaps because I transgressed the** ***halakha*** **of the Master they read this** verse to me in chastisement. Rav Yosef **said to him:** No, you acted appropriately by refraining from consuming the gifts. **When I said** that a priest may grant the gifts to a Torah scholar, that was only **with regard to** a priest who grants them to **another** person of his own choosing.[H] I did not permit this in the case of **an attendant** who grants the gifts to a dignified guest of the homeowner. The reason is that **he grants** the gifts **against his will,** as he feels pressured by the homeowner to acquiesce. **And** furthermore, **when I said** this *halakha,* it was only **for one who cannot** eat under another circumstance, as he is hard-pressed for money. In **this** incident, it was **possible for** Rava to consume his own meat with mustard, since Rava was not poor.

וְאֶלָּא מַאי טַעְמָא אַקְרְיַין הָכִי? כְּלַפֵּי רָבָא. וְלִקְרְיַין לְרָבָא? רָבָא נָזוּף הֲוָה.

Rav Safra asked Rav Yosef: **But** if so, **what is the reason** that **they read this** verse to me? Rav Yosef responded: The reading was directed not toward you but **toward Rava,** who ate from the gifts against my ruling. The Gemara objects: **But let them read** this verse **to Rava** himself in a dream. The Gemara responds: **Rava was rebuked**[N] as a result of this incident and therefore was not granted heavenly communication. The verse was therefore proclaimed to Rav Safra instead.

**LANGUAGE**

**Torah scholar [*tzurva merabbanan*] – צוּרְבָא מֵרַבָּנָן:** This refers to a Torah scholar, particularly a young scholar. Since ancient times, authorities have disagreed as to the linguistic source of this expression. Some relate the word *tzurva* to *tzarevet*, which connotes something hot and scorching like fire. This describes the intense engagement of a young scholar in his Torah studies (Rav Hai Gaon). Other commentaries explain that it means vigor and strength, finding support for this interpretation from other talmudic expressions. The word would therefore be similar to the Arabic root ضرب, *ḍrb*, which also denotes vigor and strength (Ran; *Arukh*).

**HALAKHA**

**A priest who has a Torah scholar in his neighborhood and he is hard-pressed for money, etc. – כָּהֲנָא דְּאִית לֵיהּ צוּרְבָא מֵרַבָּנָן בְּשִׁבָבוּתֵיהּ וּדְחִיקָא לֵיהּ מִילְּתָא וכו׳:** If a priest has associates of the priesthood who normally give their gifts to him, he may grant these gifts to an Israelite, such that the Israelite receives them directly from the priest's associates. This is permitted only if the Israelite is a Torah scholar who has no other means of sustenance (Rambam *Sefer Zera'im, Hilkhot Bikkurim* 9:21; *Shulḥan Arukh, Yoreh De'a* 61:14).

**When I said that a priest may grant the gifts that was only with regard to another person of his own choosing, etc. – כִּי אָמְרִי אֲנָא בְּאַחֵר וכו׳:** A priest who is an attendant in the house of an Israelite may not grant gifts to the homeowner, such that he receives them directly from the priest's associates, even if the Israelite is a poor Torah scholar. This ruling is in accordance with the Rambam's explanation of Rav Yosef's response to Rav Safra (Rambam *Sefer Zera'im, Hilkhot Bikkurim* 9:21; *Shulḥan Arukh, Yoreh De'a* 61:14 and Gra there).

**NOTES**

**A third-born [*tilta*] calf – עֶגְלָא תִּילְתָּא:** According to Rashi (*Shabbat* 11a; *Pesaḥim* 68b), this refers to a calf that has grown to one-third of its full size. Such a calf is considered to provide choice meat. *Tosafot* explain (*Shabbat* 11a; *Pesaḥim* 68b) that the term *tilta*, like its Hebrew equivalent *shelish*, means the best, just as the verse: "A *meshuleshet* heifer" (Genesis 15:9), refers to a choice heifer, and the verse: "And captains [*shalishim*] over all of them" (Exodus 14:7), refers to elite warriors.

**Rava was rebuked – רָבָא נָזוּף הֲוָה:** Rashi first cites an explanation that Rava was rebuked due to another incident in which he complained to Heaven that rain should fall during the summer months when rainfall was not necessary, in honor of the mother of King Shapur (see *Ta'anit* 24b). The Gemara there relates that Rava's father appeared to him in a dream and warned him to change his place of rest since his behavior aroused a grievance against him in Heaven. Rava obeyed, and the next morning he discovered that his bed was slashed with the knives of angels sent to kill him. Rashi then suggests that in his opinion Rava was rebuked due to the incident cited in this Gemara, i.e., he was rebuked for eating from the gifts of the priesthood against the opinion of Rav Yosef.

HALAKHA

**It is referring to one who teaches an unworthy student – בְּשׁוֹנֶה לְתַלְמִיד שֶׁאֵינוֹ הָגוּן:** One should not teach Torah to an unworthy student. Rather, he should make an effort to change the student's behavior, after which the student is examined. If his behavior is appropriate he is brought into the study hall to be taught Torah (Rambam *Sefer HaMadda, Hilkhot Talmud Torah* 4:1; *Shulḥan Arukh, Yoreh De'a* 246:7).

BACKGROUND

**Markulis – מַרְקוּלִיס:** The reference here is to the Roman god Mercurius, which parallels the Greek god Hermes. In Aramaic, the god is referred to as Markulis, with the second *r* in the name replaced with the letter *l*. The substitution of these sounds for one another is a common phenomenon, although it is possible that here it is also intentional, in order to avoid pronouncing the deity by its proper name. Some suggest that the reference is to a different deity called Heliopolitan Mercurius, a Hellenistic amalgamation of Middle Eastern and Greco-Roman deities.

The deity Markulis was considered by its adherents to provide, among other things, protection for travelers and merchants. For this reason they would erect statues of this idol at crossroads. Frequently, the statue would not be whole, but merely the head of the idol placed on top of a pillar, a structure that was called *herma*. As part of the usual manner of worship of this god, adherents would cast stones toward the statue, so that over the course of time a large pile of rocks would accumulate that were themselves considered as part of the idol.

It can be inferred from the Mishna and other sources that sometimes there was no statue present at all. Rather, a symbolic arrangement of two stones and one stone on top of them was placed as a representation of the idol. The idolaters would then perform the standard ritual of worship with this symbolic replacement.

אֲמַר לֵיהּ אַבָּיֵי לְרַב דִּימִי: וּפְשָׁטֵיהּ דִּקְרָא בְּמַאי כְּתִיב? אֲמַר לֵיהּ: בְּשׁוֹנֶה לְתַלְמִיד שֶׁאֵינוֹ הָגוּן.

In the preceding incident, the Gemara related that the verse: "As one that takes off a garment in cold weather, and as vinegar upon niter, so is he that sings songs to a heavy heart" (Proverbs 25:20), was proclaimed to Rav Safra in a dream. **Abaye said to Rav Dimi: And with regard to what** matter **is the plain meaning of the verse written?** Rav Dimi **said to him:** It is referring **to one who teaches an unworthy student.**[H] In other words, just as one should remove a worn garment that has no use in cold weather, or just as vinegar upon niter ruins the niter, rendering it unusable, so too, there is no use in singing songs, i.e., teaching Torah, to an unworthy student who has a heavy heart, i.e., who does not intend to adhere to the *halakhot* he is taught.

דַּאֲמַר רַב יְהוּדָה, אֲמַר רַב: כׇּל הַשּׁוֹנֶה לְתַלְמִיד שֶׁאֵינוֹ הָגוּן – נוֹפֵל בְּגֵיהִנָּם, שֶׁנֶּאֱמַר ״כׇּל חֹשֶׁךְ טָמוּן לִצְפוּנָיו תְּאׇכְלֵהוּ אֵשׁ לֹא נֻפָּח יֵרַע שָׂרִיד בְּאׇהֳלוֹ״, וְאֵין ״שָׂרִיד״ אֶלָּא תַּלְמִיד חָכָם, שֶׁנֶּאֱמַר ״וּבַשְּׂרִידִים אֲשֶׁר ה׳ קֹרֵא״.

**As Rav Yehuda said** that **Rav said: Anyone who teaches** Torah **to an unworthy student falls into Gehenna, as it is stated: "All darkness is laid up for his treasures; a fire not blown by man shall consume him; it shall go ill with him that remains [*yera sarid*] in his tent"** (Job 20:26), **and** *sarid* **means nothing other than a Torah scholar, as it is stated: "And among the remnant [*sarid*] those whom the Lord shall call"** (Joel 3:5). The word *yera* shares a root with the word *ra*, evil, and "*yera sarid*" is therefore understood to be referring to an unworthy student.

אָמַר רַבִּי זֵירָא אָמַר רַב: כׇּל הַשּׁוֹנֶה לְתַלְמִיד שֶׁאֵינוֹ הָגוּן – כְּזוֹרֵק אֶבֶן לְמַרְקוּלִיס, שֶׁנֶּאֱמַר ״כִּצְרוֹר אֶבֶן בְּמַרְגֵּמָה כֵּן נוֹתֵן לִכְסִיל כָּבוֹד״, וּכְתִיב ״לֹא נָאוֶה לִכְסִיל תַּעֲנוּג״.

On a similar note, **Rabbi Zeira says** that **Rav says: Anyone who teaches** Torah **to an unworthy student** is considered **like one who throws a stone to Markulis,**[B] **as it is stated: "As a small stone in a heap of stones, so is he that gives honor to a fool"** (Proverbs 26:8), **and it is written: "Luxury is not seemly for a fool"** (Proverbs 19:10).

״וְהַמִּשְׁתַּתֵּף עִמָּהֶן צָרִיךְ לִרְשׁוֹם״. וַאֲפִילּוּ עִם הַגּוֹי? וּרְמִינְהוּ: הַמִּשְׁתַּתֵּף עִם כֹּהֵן – צָרִיךְ לִרְשׁוֹם, וְהַמִּשְׁתַּתֵּף עִם הַגּוֹי וּפְסוּלֵי הַמּוּקְדָּשִׁים – אֵין צָרִיךְ לִרְשׁוֹם!

§ The mishna teaches that **one who enters into partnership with** a priest or a gentile **must mark** the animal. The Gemara asks: **And** is one obligated to mark the animal **even** if he enters into partnership **with a gentile? And** the Gemara **raises a contradiction** from a *baraita*: **One who enters into partnership with a priest must mark** the animal, **but one who enters into partnership with a gentile and** one who slaughters **disqualified consecrated** animals **does not need to mark** the animal.

Perek **X**
Daf **133** Amud **b**

HALAKHA

**A case where the gentile is sitting in the butcher shop – דְּיָתֵיב גּוֹי אַמַּסְחָתָא:** With regard to one who owns an animal in partnership with a gentile and slaughters it, he must mark the animal. If the gentile is sitting with him in the butcher shop, he is not required to mark the animal (*Shulḥan Arukh, Yoreh De'a* 61:25; see Rambam *Sefer Zera'im, Hilkhot Bikkurim* 9:10, and *Kesef Mishne* and Radbaz there).

הָכָא בְּמַאי עָסְקִינַן – דְּיָתֵיב גּוֹי אַמַּסְחָתָא.

The Gemara responds: **Here, we are dealing with** a case **where the gentile is sitting in the butcher shop**[H] of the Israelite. In such a situation, it is evident that the gentile is in partnership with the Israelite and the animal need not be marked. By contrast, the mishna is referring to a case where the gentile does not sit in the shop.

דִּכְוָותָהּ גַּבֵּי כֹּהֵן דְּיָתֵיב אַמַּסְחָתָא, אַמַּאי צָרִיךְ לִרְשׁוֹם? דְּאָמְרִי: בִּשְׂרָא קָא זָבֵין. אִי הָכִי, גּוֹי נָמֵי אָמְרִי: בִּשְׂרָא קָא זָבֵין!

The Gemara asks: If so, then **in the corresponding** situation **involving a priest,** where the *baraita* teaches that one who enters into partnership with a priest must mark the animal, this must also be referring to a case **where** the priest **sits in the butcher shop. Why,** then, **must one mark** the animal? The Gemara responds: The fact that the priest sits in the shop does not indicate that he is in partnership with the Israelite, **as** people will **say:** He is in the shop because **he is purchasing meat.** The Gemara objects: **If so,** then in the case of the **gentile as well, they** will **say** that he is in the shop because **he is purchasing meat.**

אֶלָּא הָכָא בְּמַאי עָסְקִינַן – דְּיָתֵיב גּוֹי אַכַּסְפְּתָא. דִּכְוָותָהּ גַּבֵּי כֹּהֵן דְּיָתֵיב אַכַּסְפְּתָא, אַמַּאי צָרִיךְ לִרְשׁוֹם? אָמְרִי: הֵמוֹנֵי הֵימְנֵיהּ. גּוֹי נָמֵי, אָמְרִי: הֵמוֹנֵי הֵימְנֵיהּ!

**Rather, here we are dealing with** a case **where the gentile sits by the safe** into which the butcher places money received from his customers. In such a situation, it is evident that the gentile is in partnership with the Israelite, and therefore the animal need not be marked. The Gemara asks: If so, then **the corresponding** situation in the *baraita* **involving a priest** must also be a case **where** the priest **sits by the safe. Why,** then, **must one mark** the animal? The Gemara responds: The fact that the priest sits by the safe does not indicate that he is in partnership with the Israelite, **as** people will **say:** The butcher **trusts him** to protect the safe from theft. The Gemara asks: **If so,** then in the case of the **gentile as well, they will say** that he sits by the safe because the butcher **trusts him.**

אֵין אֱמוּנָה בְּגוֹי. אִיבָּעֵית אֵימָא: סְתָם גּוֹי מִפְעָא פָּעֵי.

The Gemara responds: It is **not** common for a Jew to place his **trust in a gentile. If you wish, say** instead that in both cases of the *baraita* the priest and the gentile sit in the butcher shop, not by the safe. It is evident that the gentile is in partnership with the Israelite, as **an ordinary gentile** partner **yells** at the seller, saying, for example: Do not sell an item for this price but for a different price. By contrast, a priest, even if he sits in the shop, would not question the practices of the salesman, due to his modesty, but would defer to the seller's expertise. Accordingly, it is not evident that the priest is a partner, and the animal must therefore be marked.

אָמַר מָר: וּפְסוּלֵי הַמּוּקְדָּשִׁין אֵין צָרִיךְ לִרְשׁוֹם. אַלְמָא מוֹכְחָא מִלְּתָא, וְהָא אֲנַן תְּנַן: פְּסוּלֵי הַמּוּקְדָּשִׁין נִמְכָּרִים בָּאִיטְלִיז, וְנִשְׁחָטִים בָּאִיטְלִיז, וְנִשְׁקָלִים בְּלִיטְרָא!

§ **The Master said** in the *baraita*: **And** the owner of **disqualified consecrated** animals, which were slaughtered after they were redeemed and became non-sacred, is exempt from the obligation to give the gifts, and one **does not need to mark** the animal. The Gemara objects: **Apparently, it is an evident matter** that this is a disqualified consecrated animal, and therefore one need not mark it. **But didn't we learn** in a mishna (*Bekhorot* 31a): All **disqualified consecrated** animals **are sold in the meat market** [*be'itliz*],[HL] **and are slaughtered in the meat market, and are weighed** and sold **by the *litra*,**[L] in the manner of non-sacred meat? Since disqualified consecrated animals are treated in the same manner as ordinary non-sacred animals, how is it evident that this is a disqualified consecrated animal?

תַּרְגְּמָא רַב אַדָּא בַּר אַהֲבָה קַמֵּיהּ דְּרַב פַּפָּא: בְּאוֹתָן הַנִּמְכָּרִים בְּתוֹךְ הַבַּיִת.

The Gemara responds: **Rav Adda bar Ahava interpreted** the *baraita* **before Rav Pappa** as referring **to those** disqualified consecrated animals **that are sold** from **inside the house,** i.e., a firstborn animal and an animal tithe, whose redemption payments belong to their owners, as their value has no sanctity. Since no gain would accrue to the Temple, the Sages prohibited one from selling these animals in the market, despite the fact one could have obtained a higher sale price there due to the high concentration of customers.

אָמַר רַב הוּנָא: שׁוּתָּף בְּרֹאשׁ – פָּטוּר מִן הַלְּחִי, שׁוּתָּף בְּיָד – פָּטוּר מִן הַזְּרוֹעַ, שׁוּתָּף בִּבְנֵי מֵעַיִין – פָּטוּר מִן הַקֵּיבָה. וְחִיָּיא בַּר רַב אָמַר: אֲפִילּוּ שׁוּתָּף בְּאַחַת מֵהֶן – פָּטוּר מִכּוּלָּן.

§ With regard to gifts of the priesthood from animals owned in partnership, **Rav Huna says:** If an Israelite is **a partner** with a priest or gentile **in** only **the head** of the animal, he is **exempt** merely **from** the obligation to give the **jaw,** which is part of the head. He remains obligated to give the foreleg and the maw. If he is **a partner** with a priest or gentile **in the leg and hoof** of the animal, he is **exempt** only **from** the obligation to give **the foreleg.** If he is **a partner** with a priest or gentile **in the innards,**[H] he is **exempt** merely **from** the obligation to give **the maw. And Ḥiyya bar Rav says** that **even** if the priest or gentile is **a partner in** only **one of them,** the Israelite is **exempt from all of** the gifts.

HALAKHA

**All disqualified consecrated animals are sold in the meat market, etc. – פְּסוּלֵי הַמּוּקְדָּשִׁין נִמְכָּרִים בָּאִיטְלִיז וכו׳:** All disqualified consecrated animals that were redeemed may be slaughtered and sold in the meat market, and their meat may be weighed by the *litra* like non-sacred animals, except for a firstborn animal and an animal tithe. The reason is that they would be sold in the market for a higher price (Rambam *Sefer Avoda, Hilkhot Issurei Mizbe'aḥ* 1:12).

**A partner in the head…a partner in the leg and hoof…a partner in the innards – שׁוּתָּף בְּרֹאשׁ...שׁוּתָּף...בְּיָד שׁוּתָּף בִּבְנֵי מֵעַיִין:** If one is in partnership with a priest or a gentile in the head of an animal, but is the sole owner of the remainder, he is exempt only from giving the jaw. If the partnership is in the leg and hoof alone, he is exempt from giving the foreleg. If the partnership is only in the innards, he is exempt from giving the maw. This ruling is in accordance with the opinion of Rav Huna (Rambam *Sefer Zera'im, Hilkhot Bikkurim* 9:12; *Shulḥan Arukh Yoreh De'a* 61:26).

LANGUAGE

**Meat market [*itliz*] – אִיטְלִיז:** This word is used in modern Hebrew to mean butcher. Most scholars attribute the derivation to the Greek κατάλυσις, *katalusis*, meaning, among other things, quarters, lodging, or a place to rest. Some claim that it derives from the Greek ἀτελής, *atelēs*, meaning tax-free zone, and by extension, a fair, where people engaged in commerce and often enjoyed tax-exempt status.

***Litra* – לִיטְרָא:** From the Greek λίτρα, *litra*, which has a variety of meanings: A measurement of volume, a weight, and the name of a coin. The volume of a *litra* is less than 300 cc and is therefore a very small amount of meat. According to the Jerusalem Talmud, the value of a Greek *litra* is the equivalent of one hundred dinars.

## NOTES

**And with a covenant of salt – וּבְרִית מֶלַח:** Rashi explains that just as a covenant of salt is unbreakable, so too, the gifts of the priesthood are given eternally to the priests. In his commentary on the Torah, Rashi provides two additional explanations for the depiction of the giving of the gifts as a covenant of salt: God made a covenant with Aaron by means of that which is healthy, enduring, and can heal others, i.e., salt; and that like salt, the covenant with Aaron never spoils.

מֵיתִיבֵי: ״הָרֹאשׁ שֶׁלִּי, וְכוּלֵּה שֶׁלָּךְ״, וַאֲפִילּוּ אֶחָד מִמֵּאָה בָּרֹאשׁ – פָּטוּר. ״הַיָּד שֶׁלִּי, וְכוּלֵּה שֶׁלָּךְ״, אֲפִילּוּ אֶחָד מִמֵּאָה בַּיָּד – פָּטוּר. ״בְּנֵי מֵעַיִין שֶׁלִּי, וְכוּלֵּה שֶׁלָּךְ״, אֲפִילּוּ אֶחָד מִמֵּאָה בָּהֶן – פָּטוּר.

The Gemara **raises an objection** to the opinion of Ḥiyya bar Rav from a *baraita*: If a priest says to an Israelite butcher: Let us enter into a partnership in which **the head** of the animal **is mine and the entire** remainder **is yours, even** if the priest proposes that only **one-hundredth of the head** should be his, the Israelite is **exempt.** Similarly, if the priest offers: Let us enter into a partnership in which **the leg and hoof** of the animal **are mine and the entire** remainder **is yours, even** if the priest suggests that only **one-hundredth of the leg and hoof** will be his, the Israelite is **exempt.** And likewise, if the priest says: Let us enter into a partnership in which **the innards** of the animal **are mine and the entire** remainder **is yours, even** if the priest offers to take only **one-hundredth of the innards,** the Israelite is **exempt.**

מַאי לָאו פָּטוּר – מִן הַלֶּחִי, וְחַיָּיב בְּכוּלָּן, פָּטוּר מִן הַזְּרוֹעַ וְחַיָּיב בְּכוּלָּן, פָּטוּר מִן הַקֵּבָה וְחַיָּיב בְּכוּלָּן! לָא, פָּטוּר מִכּוּלָּן.

The Gemara explains the objection: **What, is it not** correct that the *baraita* is teaching that when the priest owns the head the butcher is **exempt from** giving **the jaw, but obligated in** giving **all** the rest, and likewise when the priest owns the leg and hoof, he is **exempt from** giving **the foreleg but obligated in all** the rest, and when the priest owns the innards, he is **exempt from the maw and obligated in all** the rest? This would contradict the opinion of Ḥiyya bar Rav. The Gemara responds: **No;** in each case the *baraita* means that he is **exempt from all** the gifts.

וְלִיתְנֵי ״פָּטוּר מִכּוּלָּן״! וְעוֹד, תַּנְיָא: ״הָרֹאשׁ שֶׁלִּי, וְכוּלֵּה שֶׁלָּךְ״, אֲפִילּוּ אֶחָד מִמֵּאָה בָּרֹאשׁ – פָּטוּר מִן הַלֶּחִי וְחַיָּיב בְּכוּלָּן! תְּיוּבְתָּא דְחִיָּיא בַּר רַב תְּיוּבְתָּא.

The Gemara suggests: **But** if so, **let** the *baraita* **teach** explicitly that he is **exempt from all the** gifts, rather than simply stating that he is exempt. **And furthermore,** it **is taught** in another *baraita* that if a priest says to an Israelite butcher: Let us enter into a partnership in which **the head** of the animal **is mine and the entire** remainder **is yours, even** if the priest suggests that only **one-hundredth of the head** will be his, the butcher is **exempt from** the obligation to give **the jaw but is obligated in** giving **all the** rest. This *baraita* explicitly contradicts the opinion of Ḥiyya bar Rav. The Gemara concludes: **The refutation of** the opinion of **Ḥiyya bar Rav** is indeed **a conclusive refutation.**

אָמַר רַב חִסְדָּא: הָא מַתְנִיתָא אַטְעִיתֵיהּ לְחִיָּיא בַּר רַב, דְּתַנְיָא: עֶשְׂרִים וְאַרְבַּע מַתְּנוֹת כְּהוּנָּה הֵן, וְכוּלָּן נִיתְּנוּ לְאַהֲרֹן וּלְבָנָיו בִּכְלָל וּפְרָט וּבְרִית מֶלַח.

**Rav Ḥisda said** in explanation of the opinion of Ḥiyya bar Rav: **This** *baraita* **misled Ḥiyya bar Rav, as it is taught** in a *baraita*: **There are twenty-four gifts of the priesthood,**[H] **and all of them were given** in the Torah **to Aaron and his sons by a generalization and a detail, and with a covenant of salt.**[N] The verse states: "And the Lord spoke to Aaron: And I, behold, I have given you the charge of My gifts; of all the consecrated items of the children of Israel to you have I given them for prominence, and to your sons, as an eternal portion" (Numbers 18:8). After this generalization, the Torah proceeds to list the gifts in detail. Finally, after delineating all the gifts of the priesthood, the verse states: "It is an everlasting covenant of salt" (Numbers 18:19), assuring Aaron that just as a covenant of salt is unbreakable, so too, the gifts of the priesthood are eternal.

## HALAKHA

**There are twenty-four gifts of the priesthood – עֶשְׂרִים וְאַרְבַּע מַתְּנוֹת כְּהוּנָּה הֵן:** Twenty-four gifts were given to the priests, all of which are delineated in the Torah and were given to Aaron. Any priest who does not believe in them has no portion in the priesthood and is not given these gifts. Eight of the gifts may be consumed by priests only in the Temple, inside the walls of the Temple courtyard. Five of them are consumed only in Jerusalem, within the city walls. Five are given to priests only inside Eretz Yisrael, while five are given to priests whether inside or outside of Eretz Yisrael. Finally, one of the gifts is granted to the priests serving in the Temple.

The eight gifts that may be consumed only in the Temple are the meat of a sin offering, whether a bird sin offering or an animal; the meat of a guilt offering, both a provisional and a definite guilt offering; communal peace offerings; the remainder of the *omer* meal offering; the remainder of an Israelite's meal offering; the two loaves offering brought on *Shavuot*; the shewbread; and the *log* of oil of a leper. The five gifts that may be consumed only within the city walls of Jerusalem are the breast and thigh of a peace offering; the portions separated from a thanks offering; the portions separated from a nazirite's ram; an unblemished kosher firstborn animal; and first fruits. The five gifts that are granted to priests only in Eretz Yisrael are *teruma*, *teruma* of the tithe, and *ḥalla*, all of which have sanctity; and first shearing and ancestral fields, which have no sanctity. The five gifts that are granted to priests anywhere are the gifts of the foreleg, the jaw, and the maw; the redemption money of a firstborn son; a firstborn donkey; property stolen from a convert who has no heirs; and dedications. All of these are non-sacred. The gift that is granted to the priests serving in the Temple is the skins of offerings of the most sacred order (Rambam *Sefer Zera'im*, *Hilkhot Bikkurim* 1:1, 3–8, and see *Kesef Mishne* and Radbaz there).

כָּל הַמְקַיְּימָן – כְּאִילּוּ קִיֵּים בִּכְלָל וּפְרָט וּבְרִית מֶלַח, וְכׇל הָעוֹבֵר עֲלֵיהֶן – כְּאִילּוּ עוֹבֵר עַל בִּכְלָל וּפְרָט וּבְרִית מֶלַח.

The *baraita* continues: Therefore, **anyone who fulfills** the mitzva of giving the gifts of the priesthood is considered **as though he fulfills** all these mitzvot that are derived using the principle of **a generalization and a detail, and** as though he has upheld the **covenant of salt. And anyone who violates** the mitzva of giving the gifts of the priesthood is considered **as though he violates** all of the mitzvot derived by the principle of **a generalization and a detail, and** as though he has not upheld the **covenant of salt.**

וְאֵלּוּ הֵן: עֶשֶׂר בַּמִּקְדָּשׁ, וְאַרְבַּע בִּירוּשָׁלַיִם, וְעֶשֶׂר בַּגְּבוּלִים. עֶשֶׂר בַּמִּקְדָּשׁ: חַטָּאת, וְחַטַּאת הָעוֹף, אָשָׁם וַדַּאי, וְאָשָׁם תָּלוּי, וְזִבְחֵי שַׁלְמֵי צִבּוּר, וְלוֹג שֶׁמֶן שֶׁל מְצוֹרָע, וּשְׁתֵּי הַלֶּחֶם, וְלֶחֶם הַפָּנִים, וּשְׁיָרֵי מְנָחוֹת, וּמִנְחַת הָעוֹמֶר.

**And these are** the twenty-four gifts: **Ten** are consumed **in the Temple, and four in Jerusalem, and ten in the boundaries** of Eretz Yisrael. The **ten** gifts consumed only **in the Temple** are an animal **sin offering; and a bird sin offering;** and **a definite guilt offering; and a provisional guilt offering; and communal peace offerings,** i.e., the lambs that accompany the two loaves brought on *Shavuot* and which are considered offerings of the most sacred order; **and** the remainder of **the *log* of oil** that accompanies the guilt offering of a recovered **leper; and the two loaves** offering from the new wheat brought on *Shavuot*; **and the shewbread; and the leftovers of meal offerings; and the *omer* meal offering,** i.e., the measure of barley brought as a communal offering on the sixteenth of Nisan.

וְאַרְבַּע בִּירוּשָׁלַיִם: הַבְּכוֹרָה, וְהַבִּכּוּרִים, וּמוּרָם מִן הַתּוֹדָה וּמֵאֵיל נָזִיר, וְעוֹרוֹת קָדָשִׁים.

**And** these are the **four** gifts that the priests consume anywhere **in Jerusalem: The** unblemished **firstborn** of kosher animals; **and the first fruits; and the** portions **separated** for the priests **from the thanks offering,** i.e., the breast and thigh and one loaf from each of the four types of loaves brought with a thanks offerings: Cakes, wafers, cakes of fine flour, and leavened bread, **and** the portions separated **from the nazirite's ram,** i.e., the boiled shoulder, a cake, and a wafer, in addition to the breast and thigh of any peace offering; **and** the **hides of sacrificial** animals brought as burnt offerings, sin offerings, and guilt offerings.

וְעֶשֶׂר בַּגְּבוּלִים: תְּרוּמָה, וּתְרוּמַת מַעֲשֵׂר, וְחַלָּה, וְרֵאשִׁית הַגֵּז, וּמַתָּנוֹת, וּפִדְיוֹן הַבֵּן, וּפִדְיוֹן פֶּטֶר חֲמוֹר,

**And** these are the **ten** gifts that the priests consume anywhere **in the boundaries** of Eretz Yisrael: ***Teruma***, i.e., the portion of the produce designated for the priest; **and *teruma* of the tithe; and *ḥalla*; and the first sheared** wool; **and the gifts** of the foreleg, the jaw, and the maw; **and** the five *sela* given as **redemption of** the firstborn **son;** **and** a sheep or goat given as **redemption of the firstborn donkey.**[B]

וּשְׂדֵה אֲחוּזָּה, וּשְׂדֵה חֲרָמִים, וְגֶזֶל הַגֵּר.

The *baraita* continues the list: **And** a consecrated **ancestral field** that one did not redeem, which was sold to another by the Temple treasurer and is therefore given to the members of the priestly watch serving during the Jubilee Year; **and a dedicated field; and** payment for the **robbery of a convert** who died without heirs. If one takes an oath that he did not rob from a convert, and after the death of the convert he admits to having taken a false oath, he must pay the principal value of the stolen item and an additional one-fifth of the value, all of which is given to the priests.

הוּא סָבַר: מִדְּקָא חָשֵׁיב לְהוּ לְמַתָּנוֹת בַּחֲדָא – חֲדָא נִינְהוּ. וְלָא הִיא, אַטּוּ מוּרָם מִתּוֹדָה וְאֵיל נָזִיר דְּקָא חָשֵׁיב לְהוּ כַּחֲדָא, מִשּׁוּם דַּחֲדָא נִינְהוּ? אֶלָּא, כֵּיוָן דְּדָמְיָין לַהֲדָדֵי – חָשֵׁיב לְהוּ כַּחֲדָא, הָכִי נַמִי, כֵּיוָן דְּדָמְיָין לַהֲדָדֵי – חָשֵׁיב לְהוּ כַּחֲדָא.

Rav Ḥisda explains how the *baraita* misled Ḥiyya bar Rav: **He thought** that **from** the fact **that** the *tanna* of the *baraita* **counts the gifts** of the foreleg, the jaw, and the maw **as one** gift, **they are** treated as **one** gift, which means that if one is exempt from one of them he is exempt from all of them. **But it is not so,** as **is that to say** that **the** portions **separated** for the priests **from the thanks offering and** from **the nazirite's ram, which** the *tanna* **counts as one,** are counted this way **because they are one?** Obviously, these are independent gifts. **Rather, since they are similar to one another** the *tanna* **counts them as one. So too,** with regard to the foreleg, the jaw, and the maw, **since they are similar to one another he counts them as one.**

**BACKGROUND**

**Firstborn donkey – פֶּטֶר חֲמוֹר:** The Torah requires that a firstborn male donkey be redeemed with a sheep or goat that is given to a priest. Once this transfer is performed, the donkey loses all sanctity of a firstborn animal and may be used for any purpose. Before the transaction, the donkey may not be put to work. If the donkey is not redeemed in this manner, its neck must be broken and no benefit may be derived from its carcass (Exodus 13:13).

איבעיא להו: "הראש שלך, וכולה שלי", מהו? בתר חיובא אזלינן, וחיובא גבי ישראל הוא. או דלמא בתר עיקר בהמה אזלינן, ועיקר בהמה דכהן הוא?

§ With regard to animals owned in partnership with a priest, the Gemara relates that **a dilemma was raised before** the Sages: If a priest says to an Israelite butcher: Let us enter into partnership in ownership of a live animal, in which **the head is yours and the entire** remainder **is mine, what is** the *halakha*? Is the Israelite obligated to give the jaw to a priest when it is slaughtered? The Gemara explains the sides of the dilemma: Do **we follow the obligation,** i.e., the limbs of the animal which contain the gifts, **and** since **the obligation is** owned **by the Israelite** he is obligated? **Or perhaps, we follow the principal** part of the **animal, and** since **the principal** of **the animal is** in the possession **of the priest,** the Israelite is exempt?

תא שמע: גוי וכהן שמסרו צאנם לישראל לגוזז – פטור. הלוקח גז צאנו של גוי – פטור מראשית הגז.

The Gemara suggests: **Come** and **hear** a proof from a *baraita*: With regard to **a gentile or a priest who transferred his sheep to an Israelite** to act as his agent **to shear** it, the Israelite is **exempt** from giving the first sheared wool to a priest. Similarly, **one who purchases** the **shearing** of the **sheep of a gentile,** even before the sheep was actually sheared, is **exempt from** giving **the first sheared** wool.

וזה חומר בזרוע ובלחיים ובקבה יותר מראשית הגז. שמע מינה: בתר חיובא אזלינן, שמע מינה.

The *baraita* adds: **And this,** the *halakha* in a case where one purchases an item before the obligation of a certain gift of the priesthood takes effect, **is a stringency** that applies **in** the case of **the foreleg, the jaw, and the maw more so than** in the case of the **first sheared** wool. In other words, one who purchases wool from a priest before it is shorn is exempt from giving first sheared wool, whereas one who purchases part of an animal from a priest before its slaughter is obligated to give any gifts contained within the purchased portion. Since this is the *halakha* even if the portion he purchased is not the principal part, similar to the stated case of one who purchases only the shearing of the sheep of a gentile, one can **conclude from** this *baraita* that **we follow the obligation,** i.e., the limbs of the animal that contain the gifts. The Gemara concludes: Indeed, **conclude from it** that this is correct.

"ואם אמר לו חוץ מן המתנות פטור מן המתנות".

§ The mishna teaches: **And if** a priest sold his animal to an Israelite and **said** that he is selling everything **except for the gifts**[H] with it, the Israelite is **exempt from** the obligation to give **the gifts,** because they are not his.

**HALAKHA**

**Except for the gifts – חוץ מן המתנות:** If a priest sold a cow to an Israelite and stipulated: I am selling you the entire cow except for the gifts contained with it, his stipulation is valid and the Israelite must give those parts to the seller (Rambam *Sefer Zera'im, Hilkhot Bikkurim* 9:11; *Shulḥan Arukh Yoreh De'a* 61:29).

Perek **X**
Daf **134** Amud **a**

ורמינהו: "על מנת שהמתנות שלי" – נותן לכל כהן שירצה!

The Gemara objects: **But** one can **raise a contradiction** from a *baraita*: If a priest sells his animal to an Israelite and stipulates: I am selling it **on the condition that the gifts are mine,**[H] the Israelite is not obligated to give the gifts to that priest. Rather, he **gives** the gifts **to any priest that he wants.** Since the priest sold his animal, the priest cannot issue a condition involving the gifts, as they no longer belong to him but to the entire tribe of priests. The *baraita* indicates that the Israelite is nevertheless obligated to give the gifts, which apparently contradicts the ruling of the mishna.

"על מנת" א"חוץ" קא רמית? "חוץ" – שיורא, "על מנת" – לאו שיורא.

The Gemara responds: Do **you raise a contradiction** from a *baraita* that discusses a case where the priest states: **On the condition** that the gifts are mine, **with regard to** the case of the mishna, where the priest states: **Except** for the gifts? That is not a contradiction, as the word **except** is a term of **retention,** i.e., the priest retains the gifts and does not sell them to the Israelite. By contrast, the term: **On the condition,** is **not** one of **retention,**[N] as the priest does not keep the gifts for himself but instead stipulates that the buyer must give the gifts to him. The priest is not authorized to issue such a stipulation and it is therefore disregarded entirely, and because the Israelite owns the gifts he must give them to a priest.

**HALAKHA**

**On the condition that the gifts are mine – על מנת שהמתנות שלי:** If a priest sold his cow to an Israelite and stipulated: I am selling this cow to you on the condition that the gifts are mine, the stipulation is void. Nevertheless, the sale is valid, and the buyer may give the gifts to a priest of his choosing (Rambam *Sefer Zera'im, Hilkhot Bikkurim* 9:11; *Shulḥan Arukh, Yoreh De'a* 61:29).

**NOTES**

**On the condition is not one of retention – על מנת לאו שיורא:** The commentaries raise the following difficulty: Since the buyer may give the gifts to a priest of his choosing, the sale should be invalidated, as the priest stipulated that the buyer must give the gifts to him. *Tosafot* suggest two explanations: The first is that the *baraita* is referring to a case where the priest stipulated that even if the condition is unfulfilled, the sale remains valid. The second is that the sale remains valid even if the condition is unfulfilled, because this stipulation that the gifts must be given to a particular priest is counter to that which is written in the Torah, and such a stipulation is void.

וּרְמִינְהוּ: "עַל מְנָת שֶׁהַמַּתָּנוֹת שֶׁלִּי" – הַמַּתָּנוֹת שֶׁלּוֹ! בְּהָא פְּלִיגִי, מָר סָבַר: "עַל מְנָת" – שִׁיּוּרָא הוּא, וּמָר סָבַר: "עַל מְנָת" – לָאו שִׁיּוּרָא הוּא.

The Gemara objects: **But** one may **raise a contradiction** against the previous *baraita* from another *baraita*: If a priest sells his animal to an Israelite and stipulates: I am selling it **on the condition that the gifts are mine, the gifts are his** and the Israelite must give the gifts to that priest. The Gemara responds: There is a dispute between the *tanna'im* of these *baraitot*, and **they disagree with regard to this** matter: One **Sage**, the *tanna* of the second *baraita*, **holds** that the term: **On the condition, is** one of **retention**, and the priest therefore retains possession of the gifts. **And** one **Sage**, the *tanna* of the first *baraita*, **holds** that: **On the condition, is not** a term of **retention,** and the priest is not authorized to stipulate that the buyer must give the gifts to him.

"אָמַר לוֹ מְכוֹר לִי בְּנֵי מֵעֶיהָ" וכו׳. אָמַר רַב: לֹא שָׁנוּ אֶלָּא שֶׁשָּׁקַל לְעַצְמוֹ, אֲבָל שָׁקַל לוֹ טַבָּח – הַדִּין עִם הַטַּבָּח. וְרַב אַסִי אָמַר: אֲפִילּוּ שָׁקַל לוֹ טַבָּח – הַדִּין עִמּוֹ.

§ The mishna teaches that if one **said to** a butcher: **Sell me the innards** of a cow that you slaughtered, and there were gifts, i.e., the maw, included with it, the buyer gives the gifts to the priest and does not deduct its value from the money that he pays to the butcher. If he bought the innards by weight, the buyer gives the maw to the priest and deducts its value from the money he pays to the butcher. With regard to innards purchased by weight, **Rav says:** The Sages **taught** that the buyer gives the maw to the priest **only when** the buyer **weighed** the innards **for himself** when purchasing them. In such a case, the priest claims the maw from the buyer. **But** if the **butcher weighed** the innards **for** the buyer, **the judgment is** also **with the butcher,** i.e., the priest may claim the maw from either the butcher or the buyer. **And Rav Asi says: Even** if the **butcher weighed** the innards **for** the buyer, **the judgment is with** the buyer alone.

לֵימָא בִּדְרַב חִסְדָּא קָא מִיפַּלְגִי, דְּאָמַר רַב חִסְדָּא: גָּזַל וְלֹא נִתְיָיאֲשׁוּ הַבְּעָלִים, וּבָא אַחֵר וַאֲכָלוֹ – רָצָה מִזֶּה גּוֹבֶה, רָצָה מִזֶּה גּוֹבֶה. דְּמָר אִית לֵיהּ דְּרַב חִסְדָּא, וּמָר לֵית לֵיהּ דְּרַב חִסְדָּא.

The Gemara suggests: **Let us say that they disagree with regard to** a statement **of Rav Ḥisda, as Rav Ḥisda said:** In a case where one **robbed** another of an item, **and the owners had not despaired**[B] **of retrieving** it, **and another** person **came and consumed** the stolen item,[H] if the owner **wants, he** may **collect** the value of the stolen item **from this one,** the robber, and if he **wants, he** may **collect from that one** who consumed it. The suggestion is **that** one **Sage,** Rav, **holds** in accordance with the opinion **of Rav Ḥisda,** and he therefore holds that the priest may claim the maw from either the buyer or the butcher; **and** one **Sage,** Rav Asi, **does not hold** in accordance with the opinion **of Rav Ḥisda,** and the priest may therefore claim the maw from the buyer alone.

לָא, דְּכוּלֵּי עָלְמָא אִית לְהוּ דְּרַב חִסְדָּא, וְהָכָא בְּמַתְּנוֹת כְּהוּנָּה נִגְזָלוֹת קָא מִיפַּלְגִי. דְּמָר סָבַר: נִגְזָלוֹת, וּמָר סָבַר: אֵין נִגְזָלוֹת.

The Gemara rejects this suggestion: **No; everyone holds** in accordance with the opinion **of Rav Ḥisda, and here they disagree with regard to** whether or not **gifts of the priesthood can be stolen.**[H] As one **Sage,** Rav, **holds** that they **can be stolen,** and accordingly the robber remains responsible for them even if they are consumed by another. Consequently, if the butcher weighed the innards, the priest may claim the gifts from either the butcher or the buyer. **And** one **Sage,** Rav Asi, **holds** that gifts of the priesthood **cannot be stolen.** Since technically one cannot steal the gifts, the obligation to return them to the priest rests solely on the one in physical possession of them. Accordingly, the priest may claim the gifts from the buyer alone, as the gifts are in his custody.

**BACKGROUND**

**Despair – יֵאוּשׁ:** This is referring to the owner's despair of recovering an article that was lost or stolen. A lost article whose owner has despaired of recovering it is considered ownerless and may be acquired by the finder. If an article is lost in a natural disaster, e.g., a flood, the owner is considered to have immediately despaired of its recovery. With regard to stolen property, the owner's despair of regaining possession of the article might negate his ownership over the property and allow it to be acquired by the person to whom it is given or sold to by the thief. If so, there is no requirement to return the stolen object to the owner. Nevertheless, the thief must still compensate the owner for its value. Whether despair alone effects this transfer or not is the subject of a dispute in the Talmud.

**HALAKHA**

**Where one robbed another and the owners had not despaired of retrieving it, and another came and consumed the stolen item – גָּזַל וְלֹא נִתְיָיאֲשׁוּ הַבְּעָלִים וּבָא אַחֵר וַאֲכָלוֹ:** In a case where one robbed another, and before the owner despaired of retrieving the stolen item another came and consumed it, if the owner wants to collect from the one who consumed the item he may do so, since the item still belongs to the owner. If he prefers to collect from the robber instead, he has the right to do so (Rambam *Sefer Nezikin, Hilkhot Gezeila VaAveda* 5:4; *Shulḥan Arukh, Ḥoshen Mishpat* 361:5).

**Gifts of the priesthood can be stolen – מַתְּנוֹת כְּהוּנָּה נִגְזָלוֹת:** It is prohibited for an Israelite to consume gifts of the priesthood without the permission of a priest. If he transgressed this prohibition and consumed them, damaged them, or sold them, the court does not force him to pay, as the gifts are considered like money that has no claimants. Nevertheless, he is obligated to pay by the laws of Heaven. If one purchases gifts of the priesthood from an Israelite, although it is prohibited to do so, he may consume them, as gifts of the priesthood can be stolen (Rambam *Sefer Zera'im, Hilkhot Bikkurim* 9:14; *Shulḥan Arukh, Yoreh De'a* 61:31 and *Shakh* there).

## HALAKHA

**A convert who converted and he had a cow, etc.** – **גֵּר שֶׁנִּתְגַּיֵּיר וְהָיְתָה לוֹ פָּרָה וכו׳:** With regard to one who converted and owned a cow, if it was slaughtered before his conversion, he is exempt from giving the gifts of the priesthood from that cow. If it was slaughtered after his conversion, he is obligated to give gifts of the priesthood from it. If there is uncertainty whether it was slaughtered before or after his conversion, he is exempt, as the burden of proof rests upon the claimant (Rambam *Sefer Zera'im, Hilkhot Bikkurim* 9:13; *Shulḥan Arukh, Yoreh De'a* 61:33).

**Grain found in ant holes that are inside the standing crop** – **חוֹרֵי הַנְּמָלִים שֶׁבְּתוֹךְ הַקָּמָה:** Grain that is found inside ant holes belongs to the owner of the field if the holes are inside the standing crop, as there are no gifts for the poor from the standing crop. If the holes are in an already harvested area, the grain belongs to the poor, as it is possible that the grain is gleanings that were dragged by the ants into the hole. Even if the grain is black, it is not assumed to be from previous years, as grain whose status as gleanings is uncertain is considered gleanings, in accordance with the opinion of Rabbi Meir (Rambam *Sefer Zera'im, Hilkhot Mattenot Aniyyim* 4:9).

אִיכָּא דְּמַתְנֵי לָהּ לְהָא שְׁמַעְתָּא בִּפְנֵי עַצְמָהּ, רַב אָמַר: מַתְּנוֹת כְּהוּנָּה נִגְזָלוֹת, וְרַב אַסִּי אָמַר: מַתְּנוֹת כְּהוּנָּה אֵין נִגְזָלוֹת.

The Gemara notes that **some teach this** ***halakha***, that there is a dispute between Rav and Rav Asi as to whether or not gifts of the priesthood can be stolen, **by itself,** i.e., as an independent dispute between them rather than in explanation of another dispute. **Rav says** that **gifts of the priesthood can be stolen, and Rav Asi says** that **gifts of the priesthood cannot be stolen.**

**מתני׳** גֵּר שֶׁנִּתְגַּיֵּיר וְהָיְתָה לוֹ פָּרָה. נִשְׁחֲטָה עַד שֶׁלֹּא נִתְגַּיֵּיר – פָּטוּר, מִשֶּׁנִּתְגַּיֵּיר – חַיָּיב. סָפֵק – פָּטוּר, שֶׁהַמּוֹצִיא מֵחֲבֵירוֹ עָלָיו הָרְאָיָה.

**MISHNA** In the case of **a convert who converted and he had a cow,**[H] if the cow **was slaughtered before** he **converted,** he is **exempt** from giving the gifts to the priest. If the animal was slaughtered **after he converted,** the convert is **obligated** to give the gifts. If there is **uncertainty** whether it was slaughtered before or after the conversion, the convert is **exempt, as the burden of proof rests upon the claimant.**[B]

**גמ׳** כִּי אֲתָא רַב דִּימִי אֲמַר, רְמֵי לֵיהּ רַבִּי שִׁמְעוֹן בֶּן לָקִישׁ לְרַבִּי יוֹחָנָן: תְּנַן, סָפֵק – פָּטוּר. אַלְמָא סְפֵיקָא לְקוּלָּא.

**GEMARA** The mishna teaches that if there is an uncertainty whether an individual is obligated to give gifts of the priesthood, he is exempt from giving them. In this regard, the Gemara relates that **when Rav Dimi came** from Eretz Yisrael to Babylonia, **he said** that **Rabbi Shimon ben Lakish raised a contradiction to Rabbi Yoḥanan: We learned** in the mishna that when there is **an uncertainty** one is **exempt** from giving the gifts. **Evidently,** in cases of **uncertainty** the *halakha* is **to be lenient.**

וּרְמִינְהוּ, חוֹרֵי הַנְּמָלִים שֶׁבְּתוֹךְ הַקָּמָה – הֲרֵי אֵלּוּ שֶׁל בַּעַל הַבַּיִת, וְשֶׁלְּאַחַר הַקּוֹצְרִים, הָעֶלְיוֹנִים – לַעֲנִיִּים, וְהַתַּחְתּוֹנִים – שֶׁל בַּעַל הַבַּיִת.

But one can **raise a contradiction** from that which is taught in another mishna (*Pe'a* 4:11) with regard to gleanings left for the poor: In a case of grain found in **ant holes that are inside the standing crop**[H] in an area of the field that was not harvested, **these are** the property **of the owner** of the field, as this grain does not have the status of gleanings. **And** in the case of grain found in ant holes **that are behind the harvesters** in an already harvested area, **the upper** wheat stalks, i.e., those stalks found at the mouth of the holes, belong **to the poor,** as they are assumed to be gleanings that fell from the bundles when that area was harvested, **and the lower** wheat inside the holes are the property **of the owner,** since it is possible that they were collected by the ants before the harvest and are not gleanings.

רַבִּי מֵאִיר אוֹמֵר: הַכֹּל לַעֲנִיִּים, שֶׁסְּפֵק לֶקֶט – לֶקֶט!

**Rabbi Meir says: Everything** goes **to the poor, as** grain whose status as **gleanings** is **uncertain** is considered **gleanings.** According to Rabbi Meir, the *halakha* is stringent in the case of an uncertainty with regard to gifts left for the poor. This apparently contradicts the mishna's statement that one is lenient in the case of an uncertainty with regard to gifts of the priesthood, as these gifts are similar in this regard to gifts left for the poor. Since any unattributed mishna is considered to be in accordance with the opinion of Rabbi Meir, this is apparently a contradiction with regard to the opinion of Rabbi Meir.

אֲמַר לֵיהּ: אַל תְּקַנְיטֵנִי, שֶׁבִּלְשׁוֹן יָחִיד אֲנִי שׁוֹנֶה אוֹתָהּ. דְּתַנְיָא, רַבִּי יְהוּדָה בֶּן אַגְרָא אוֹמֵר מִשּׁוּם רַבִּי מֵאִיר: סְפֵק לֶקֶט – לֶקֶט, סְפֵק שִׁכְחָה – שִׁכְחָה, סְפֵק פֵּאָה – פֵּאָה.

Rabbi Yoḥanan **said to** Rabbi Shimon ben Lakish: **Do not trouble me** with this contradiction, **as I teach** that *baraita* **in the singular,** i.e., it is not certain that this is the opinion of Rabbi Meir; rather, it is merely the claim of one Sage that this is Rabbi Meir's opinion. **As it is taught** in a *baraita* that **Rabbi Yehuda ben Agra says in the name of Rabbi Meir:** Grain whose status as **gleanings** is **uncertain** is considered **gleanings;** grain whose status as **forgotten** sheaves is **uncertain** is considered **forgotten** sheaves; and grain whose status as *pe'a* is **uncertain** is considered *pe'a*. Therefore, one should not raise a contradiction to the mishna from the statement of a single Sage claiming to represent the opinion of Rabbi Meir.

## BACKGROUND

**The burden of proof rests upon the claimant** – **הַמּוֹצִיא מֵחֲבֵירוֹ עָלָיו הָרְאָיָה:** This is a principle in monetary disputes, according to which the burden of proof is placed upon the plaintiff when he claims property that is in the possession of the defendant. If the plaintiff cannot provide such proof, the article remains in the hands of the defendant despite the fact that he too is unable to prove ownership. It is only in unusual circumstances that this principle is not applied.

אָמַר לוֹ: אַל תִּשְׁנֶה אוֹתָהּ אֶלָּא בִּלְשׁוֹן בֶּן תְּדָל, וְהָא טַעֲמָא קָאָמַר. דְּאָמַר רַבִּי שִׁמְעוֹן בֶּן לָקִישׁ: מַאי דִּכְתִיב "עָנִי וָרָשׁ הַצְדִּיקוּ"? מַאי "הַצְדִּיקוּ"?

Rabbi Shimon ben Lakish **said to** Rabbi Yoḥanan: Even if **you teach that** *baraita* **only in a language** whereby a certain imbecile named **ben Tedal** states that this is the opinion of Rabbi Meir, a question remains, as **isn't** there **a stated reason** for stringency in cases of uncertainties with regard to gifts left for the poor? **As Rabbi Shimon ben Lakish said: What** is the meaning of that **which is written: "Do justice to the afflicted and destitute"** (Psalms 82:3)? Specifically, **what is** the meaning of **"do justice"?**

אִילֵימָא בְּדִינִים – וְהָא כְּתִיב "וְדָל לֹא תֶהְדַּר בְּרִיבוֹ". אֶלָּא – צַדֵּק מִשֶּׁלְּךָ וְתֵן לוֹ!

**If we say** that it means that one should do justice **in judgments,** i.e., a judge should sway judgments in favor of the afflicted and destitute, **but isn't it written: "Neither shall you favor a poor man in his cause"** (Exodus 23:3)? **Rather,** the verse is teaching that in cases of uncertainty with regard to gifts left for the poor, **be righteous with that which is yours and give it to** the poor. Why, then, is the *halakha* stringent in the case of gifts left for the poor but lenient with regard to gifts to priests?

אֲמַר רָבָא: הָכָא – פָּרָה בְּחֶזְקַת פְּטוּרָה קַיְימָא, קָמָה – בְּחֶזְקַת חִיּוּבָא קַיְימָא.

**Rava said** in response: **Here,** in the case of gifts of the priesthood, the *halakha* is lenient because the **cow** of a convert **maintains** the **presumptive status of exemption,**[N] as the obligation of the gifts did not apply to the cow before the convert converted. By contrast, the *halakha* is stringent in the case of the gifts left for the poor, as the **standing** crop **maintains** the **presumptive status of obligation.**

אֲמַר לֵיהּ אַבַּיֵי: וַהֲרֵי עִיסָּה נַעֲשֵׂית עַד שֶׁלֹּא נִתְגַּיֵּיר – פָּטוּר מִן הַחַלָּה, מִשֶּׁנִּתְגַּיֵּיר – חַיָּיב, סָפֵק – חַיָּיב!

**Abaye said to** Rava: **But** with regard to the **dough** of a convert, the *halakha* is that if **it was prepared before he converted**[H] he is **exempt from** separating *ḥalla* from this dough, and if it was prepared **after he converted,** he is **obligated** to separate *ḥalla* from it. And if there is an **uncertainty** as to whether the dough was prepared before or after his conversion, he is **obligated,** despite the fact that dough prepared by a gentile is exempt from *ḥalla*. Why isn't the convert exempt from separating *ḥalla* just as he is exempt from giving gifts of the priesthood in the case of an uncertainty, as both the dough and the cow maintain a presumptive status of exemption?

אֲמַר לֵיהּ: סְפֵק אִיסּוּרָא – לְחוּמְרָא, סְפֵק מָמוֹנָא – לְקוּלָּא.

Rava **said to** Abaye: There is a difference between *ḥalla* and gifts of the priesthood. Although the dough maintains the presumptive status of exemption, here there is also uncertainty with regard to a prohibition, as a non-priest who consumes *ḥalla* is liable to receive the punishment of death at the hand of Heaven. And whenever there is **an uncertainty** with regard to **a prohibition,** the *halakha* is **to** be **stringent.** Conversely, uncertainties with regard to gifts of the priesthood involve no prohibition and are strictly monetary, and whenever there is **an uncertainty** with regard to **monetary matters,** the *halakha* is **to be lenient.** Consequently, one relies on the presumptive status of exemption in the case of a cow, and the convert is exempt from giving the gifts to the priest.

דַּאֲמַר רַב חִסְדָּא, וְכֵן תָּנֵי רַבִּי חִיָּיא: שְׁמוֹנָה סְפֵיקוֹת נֶאֶמְרוּ בַּגֵּר, אַרְבַּע לְחִיּוּב וְאַרְבַּע לִפְטוּר. קָרְבַּן אִשְׁתּוֹ,

**As Rav Ḥisda said, and Rabbi Ḥiyya teaches likewise: Eight** instances of **uncertainties were stated with regard to the convert;** in **four** instances the *halakha* is **that** there is **an obligation, and** in the other **four** instances the *halakha* is **that** there is **an exemption.** These are the four instances where the *halakha* is stringent: The first is an uncertainty with regard to the **offering of** one's **wife**[H] who gave birth, where it is uncertain whether she gave birth before her conversion and she is exempt from bringing an offering, or after her conversion and she is obligated. This case involves a prohibition, as a woman who does not bring her atonement offering is liable to receive *karet* for consuming sanctified items.

## NOTES

**Here the cow maintains the presumptive status of exemption – הָכָא פָּרָה בְּחֶזְקַת פְּטוּרָה קַיְימָא:** One way of explaining this difference is as follows: Due to the cow's presumptive status of exemption, the very applicability of the obligation to give the gifts of the priesthood is itself uncertain. By contrast, the obligation to leave gleanings for the poor definitely applied to this stalk, as to the entire crop; the only uncertainty is whether this particular stalk is considered part of the gleanings.

## HALAKHA

**Dough if it was prepared before he converted – עִיסָּה נַעֲשֵׂית עַד שֶׁלֹּא נִתְגַּיֵּיר:** One who converted and owned dough is exempt from separating *ḥalla* if he rolled the dough before his conversion. If he rolled it after his conversion, he is obligated. If there is an uncertainty as to whether he rolled it before or after his conversion, he is obligated (Rambam *Sefer Zera'im, Hilkhot Bikkurim* 8:9; *Shulḥan Arukh, Yoreh De'a* 330:4).

**The offering of one's wife – קָרְבַּן אִשְׁתּוֹ:** If it is uncertain whether a woman gave birth before or after her conversion, she brings a sin offering due to uncertainty, and it is not consumed (Rambam *Sefer Korbanot, Hilkhot Meḥusrei Kappara* 1:11).

וְחַלָּה, וּבְכוֹר בְּהֵמָה טְמֵאָה, וּבְכוֹר בְּהֵמָה טְהוֹרָה – לְחִיּוּב,

And the second case is an uncertainty with regard to the obligation to separate *ḥalla* from his dough, which also involves a prohibition, as explained above. **And** the third case is an uncertainty with regard to a male **firstborn non-kosher animal,** i.e., a firstborn donkey, where it is uncertain if it was born before or after the owner's conversion, which involves the prohibition against deriving benefit from it before its redemption. **And** the fourth case of an uncertainty is with regard to a male **firstborn of a kosher animal,** where it is uncertain if it was born before or after the owner's conversion, where one can be liable to receive *karet* for slaughtering it outside the Temple courtyard. In these four cases, the *halakha* is **that** there is **an obligation.**

Perek **X**
Daf **134** Amud **b**

**BACKGROUND**

Ravens – עוֹרְבִים: This is referring to members of an extensive order of birds known as Passeriformes. Although these birds generally eat flesh, either from corpses or small creatures, some are known to consume fruit.

Fan-tailed raven

Bats – עֲטַלֵּפִים: The bat is a member of the order Chiroptera, and is a mammal that is capable of flight. Bats live in dark places and are generally active at night. They also have exceptional hearing. While most bats feed on insects, some eat mainly fruit.

Egyptian fruit bat

רֵאשִׁית הַגֵּז, וְהַמַּתָּנוֹת, וּפִדְיוֹן הַבֵּן, וּפִדְיוֹן פֶּטֶר חֲמוֹר – לִפְטוֹר.

And these are the four uncertainties with regard to a convert where the *halakha* is lenient: The first is an uncertainty with regard to **the first sheared** wool of one's sheep, where it is uncertain whether they were shorn before or after his conversion. **And** the second is whether or not the obligation of giving **the gifts** of the foreleg, the jaw, and the maw applies to his animal. **And** the third is an uncertainty with regard to the obligation to give five *sela* for the mitzva of the **redemption of** the firstborn **son,** where it is uncertain if he was born before or after the owner's conversion. **And** the last is an uncertainty with regard to the **redemption of a firstborn donkey** by means of a sheep or a goat, where it is uncertain if it was born before or after the owner's conversion. In each of these instances, the uncertainty is only with regard to monetary matters, and therefore the *halakha* is **that** one is **exempt.**

כִּי אֲתָא רָבִין אָמַר: קָמָה אַקָּמָה רְמֵי לֵיהּ.

In connection to the previous discussion between Rabbi Shimon ben Lakish and Rabbi Yoḥanan, the Gemara relates that **when Ravin came** from Eretz Yisrael to Babylonia, **he said** a slightly different version of the above discussion: Rabbi Shimon ben Lakish **raised** the **contradiction** to the opinion of Rabbi Meir from a *baraita* that states that Rabbi Meir exempts the **standing** crop of a convert from the obligation to leave gleanings for the poor when it is uncertain whether the crop was harvested before or after his conversion. This *baraita* is in contradiction **to the** *baraita* that likewise discusses the **standing** crop: Grain whose status as gleanings is uncertain is considered gleanings. Rabbi Yoḥanan resolved this contradiction by explaining that the second *baraita* is the opinion of Rabbi Meir only according to Rabbi Yehuda ben Agra.

לֵוִי זָרַע בְּכִישַׁר, וְלָא הָווּ עֲנִיִּים לְמִשְׁקַל לֶקֶט. אֲתָא לְקַמֵּיהּ דְּרַב שֵׁשֶׁת, אֲמַר לֵיהּ: "לֶעָנִי וְלַגֵּר תַּעֲזֹב אֹתָם" – וְלֹא לָעוֹרְבִים וְלֹא לָעֲטַלֵּפִים.

§ With regard to gifts left for the poor, the Gemara relates that **Levi sowed** crops in his field **in Kishar, but there were no poor** people in Kishar **to take gleanings** from his field. Levi **came before Rav Sheshet** to ask what should be done with the gleanings. Rav Sheshet **said to him:** The verse states with regard to the mitzvot of *pe'a* and gleanings: **"You shall leave them for the poor and for the stranger"** (Leviticus 23:22), **and not for the ravens**[B] **nor for the bats.**[BHN] Since there are no poor people to take the gleanings, you should take them for yourself.

**HALAKHA**

And not for the ravens nor for the bats – וְלֹא לָעוֹרְבִים וְלֹא לָעֲטַלֵּפִים: The verse states with regard to gifts left for the poor: "You shall leave them for the poor and for the stranger," and the Sages derived that this applies only if there are poor people to claim them. Therefore, if the poor ceased to come to one's field to claim their gifts, the gifts may be taken by anyone, as they have no sanctity. Additionally, one who takes them need not pay anything to the poor, as the verse does not state: You shall give them, but: "You shall leave them," and one is obligated only to leave them for the poor, not for the ravens or bats (Rambam *Sefer Zera'im, Hilkhot Mattenot Aniyyim* 1:10; *Shulḥan Arukh, Yoreh De'a* 332:1, and see *Shakh* and *Pitḥei Teshuva* there).

**NOTES**

You shall leave them for the poor and for the stranger, and not for the ravens nor for the bats – לֶעָנִי וְלַגֵּר תַּעֲזֹב אֹתָם וְלֹא לָעוֹרְבִים וְלֹא לָעֲטַלֵּפִים: Similarly, one may not leave them for gentiles. Accordingly, the Rema writes (*Shulḥan Arukh, Yoreh De'a* 332:1) that the mitzva to leave gleanings in the field no longer applies even in Eretz Yisrael, as in his time the majority of its inhabitants were gentiles and if one leaves them in the field a gentile is likely to come and take them. The later commentaries add another reason why one should not leave gleanings in one's field even in modern times, when the majority of the inhabitants in Eretz Yisrael are Jewish: It is uncommon for a poor person to venture into a field in search of gleanings and other gifts left for the poor. Therefore, if one leaves them and the poor do not take them, one would violate the injunction of the Gemara: You shall leave them for the poor and for the stranger, and not for the ravens or for the bats (*Ḥazon Ish*).

מֵיתִיבֵי: אֵין מְבִיאִין תְּרוּמָה לֹא מִגּוֹרֶן לָעִיר וְלֹא מִמִּדְבָּר לַיִּשּׁוּב, וְאִם אֵין שָׁם כֹּהֵן – שׂוֹכֵר פָּרָה וּמְבִיאָהּ, מִפְּנֵי הֶפְסֵד תְּרוּמָה!

The Gemara **raises an objection** from a *baraita*: The owner of a field **does not** need to expend the effort to **bring *teruma*, neither from the threshing floor to the city nor from the wilderness to a settled area,**[H] in order to give it to a priest. Rather, the priest must travel to the field to receive the *teruma*. **And if there is no priest there,** at the threshing floor or in the wilderness, to receive the *teruma*, the owner must **hire a cow and bring** the *teruma* to the city, **due to** the **loss of *teruma*** that would occur if it were left in the field. According to this *baraita*, the owner of the field should likewise be obligated to do the same with gleanings.

שָׁאנֵי תְּרוּמָה – דְּטָבְלָה, וְלָא סַגְיָא דְּלָא מַפְרִישׁ לָהּ.

The Gemara explains: ***Teruma* is different,** in **that** if it is not separated **it** causes the entire crop to be considered **untithed, and** it is therefore **not possible for** one **not** to **separate** *teruma* from the crop. By contrast, gleanings do not render the remaining crop prohibited for consumption, and therefore it is not necessary to set them aside and remove them.

וַהֲרֵי מַתָּנוֹת דְּלָא טָבְלִי, וְתַנְיָא: מָקוֹם שֶׁנָּהֲגוּ לִמְלוֹג בַּעֲגָלִים – לֹא יַפְשִׁיט אֶת הַזְּרוֹעַ.

The Gemara objects: **But** what about the case of the **gifts** of the priesthood, **which do not render** the rest of the animal **untithed,** i.e., they do not prohibit the entire animal in consumption before they are separated. **And** nevertheless **it is taught** in a *baraita*: In a **place where they were accustomed to put the** meat of slaughtered **calves in boiling water** in order to remove the hairs from the skin, and then eat the meat with the skin still attached to the flesh, one **may not skin the foreleg** before giving it to the priest. Rather, he gives it with its skin intact.

לְהַפְשִׁיט אֶת הָרֹאשׁ – לֹא יַפְשִׁיט אֶת הַלֶּחִי. וְאִם אֵין שָׁם כֹּהֵן – מַעֲלִין אוֹתָן בְּדָמִים וְאוֹכְלָן, מִפְּנֵי הֶפְסֵד כֹּהֵן!

The *baraita* continues: Similarly, in a place where people are accustomed **to skin the head** of an animal, one **may not skin the** cheek of the **jaw** of an animal before giving it to the priest, but must give it with its skin intact so that the priest may use the skin as he wishes. **And if there is no priest** available to receive the gifts, the gifts are **appraised** by their **monetary** value, **and** the owner may **eat them** and gives their monetary value to a priest at the next available time, **due to** the **loss** that would otherwise be incurred by the **priest.** Evidently, one must expend effort to ensure that a priest receives the gifts despite the fact that they do not render the entire animal untithed. Why is the *halakha* different with regard to gleanings?

שָׁאנֵי מַתְּנוֹת כְּהוּנָּה, דִּ״נְתִינָה״ כְּתִיבָא בֵּיהּ. הַשְׁתָּא דְּאָתֵית לְהָכִי, תְּרוּמָה נָמֵי: ״נְתִינָה״ כְּתִיבָא בֵּיהּ.

The Gemara responds: The *halakha* **is different** in the case of **gifts of the priesthood, as** a term of **giving is written with regard to it:** "That they shall give to the priest the foreleg, and the jaw, and the maw" (Deuteronomy 18:3). This teaches that one must actively give the gifts to a priest, whereas no equivalent term is written with regard to gleanings. The Gemara adds: **Now that you have arrived at this** explanation with regard to gifts of the priesthood, one can likewise explain that the reason ***teruma*** must be brought to a locale where there is a priest is **likewise** due to the fact that a term of **giving is written with regard to it:** "The first fruits of your grain, of your wine, and of your oil, and the first sheared wool of your sheep you shall give him" (Deuteronomy 18:4), not because *teruma* renders the crop untithed.

## HALAKHA

**The owner does not bring *teruma* neither from the threshing floor to the city nor from the wilderness to a settled area, etc.** – **אֵין מְבִיאִין תְּרוּמָה לֹא מִגּוֹרֶן לָעִיר וְלֹא מִמִּדְבָּר לַיִּשּׁוּב וכו׳**: An Israelite is not obligated to expend effort in order to bring *teruma* from the threshing floor to the city or from the wilderness to a settled area. Rather, the priests go to the threshing floor and the Israelite gives it to them there. If they do not come to collect it, he separates the *teruma* and places it on the threshing floor. With regard to a case where the threshing floor is unprotected from wild animals who may consume the *teruma*, the Sages decreed that he must bring it to the city, as leaving it on the threshing floor for the animals is a desecration of God's name. In that case, he may collect the cost of its transfer from the priest (Rambam *Sefer Zera'im, Hilkhot Terumot* 12:17).

## BACKGROUND

**Sack of dinars** – שַׂקָּא דְּדִינָרֵי: The sack referred to both by the Torah and the Sages was fashioned from a coarse fabric that came from goats' hair. It was sometimes sewn in the shape of a sack and sometimes in other shapes. Since most goats in those times had black hair, the color of the sack was usually black as well. Sacks were generally transported by donkey, often together in pairs, with the sacks tied together and hanging down the two sides of the donkey's body. These sacks were used for storing various types of items, including coins.

Roman-style leather money bag

## NOTES

**In beauty, in wisdom, and in wealth** – בְּנוֹי בְּחָכְמָה וּבְעוֹשֶׁר: In manuscripts and the parallel passage in tractate *Horayot* 9a, strength is also mentioned as a quality of the High Priest. In addition, some manuscripts mention honor as well.

וְאֶלָּא "תַּעֲזֹב" יְתֵירָא לָמָּה לִי?

The Gemara asks: **But** if so, **why do I** need the verse to state **an extra** term of **leaving** with regard to gleanings? One verse states: "Neither shall you gather the gleaning of your harvest, and your vineyard you shall not harvest completely, and the fallen fruit of your vineyard you shall not gather; you shall leave them for the poor and for the stranger" (Leviticus 19:9–10), and another verse states: "Neither shall you gather the gleaning of your harvest; you shall leave them for the poor and for the stranger" (Leviticus 23:22). Doesn't this additional mention of leaving indicate that even if there are no poor people to take the gleanings, the owner must collect them and ensure that a poor person can claim them?

לְכִדְתַנְיָא: הַמַּפְקִיר אֶת כַּרְמוֹ, וְלַשַּׁחַר הִשְׁכִּים וּבְצָרוֹ – חַיָּיב בְּפֶרֶט וּבְעוֹלֵלוֹת וּבְשִׁכְחָה וּבְפֵאָה, וּפָטוּר מִן הַמַּעַשְׂרוֹת.

The Gemara responds: No, the extra term of leaving is required **for that which is taught** in a *baraita*: With regard to **one who declares his vineyard ownerless,**[H] **and in the morning awoke** and reclaimed the ownerless vineyard **and harvested** the grapes, he **is obligated in** the mitzva of leaving **individual fallen** grapes for the poor [*peret*], **and in** the mitzva of leaving **incompletely formed clusters** of grapes for the poor [*olelot*], **and in** the mitzva of leaving **forgotten** clusters, **and in** the mitzva of ***pe'a*. And he is exempt from** the obligation to separate **the tithes** from the grapes, as the vineyard had been ownerless. The *baraita* rules that he is obligated in the gifts for the poor despite the *halakha* that the obligation to leave these gifts does not apply to an ownerless vineyard. It is derived from the additional mention of leaving that the obligation of gifts to the poor applies even to an ownerless field of this type.

הַהוּא שַׂקָּא דְּדִינָרֵי דַּאֲתָא לְבֵי מִדְרְשָׁא, קְדֵים רַבִּי אַמִי וְזָכָה בָּהֶן. וְהֵיכִי עָבֵיד הָכִי? וְהָא כְּתִיב "וְנָתַן" – וְלֹא שֶׁיִּטּוֹל מֵעַצְמוֹ! רַבִּי אַמִי נַמִי לַעֲנִיִּים זָכָה בָּהֶן.

§ In relation to the discussion of a case where the owner of a field takes gifts left for the poor for himself, the Gemara relates that there was **a certain sack of dinars**[B] **that was brought to the study hall** to provide financial assistance for the students. **Rabbi Ami rushed and acquired them.** The Gemara asks: **And how can he act in this** manner? **But isn't it written** with regard to gifts of the priesthood: **"That they shall give** to the priest" (Deuteronomy 18:3), and the Sages derived from the verse that a priest should receive the gifts **and he should not take** them **by himself.** The same applies to gifts for the poor as well. The Gemara responds: **Rabbi Ami too** did not take the gifts for himself. Rather, **he acquired them for the poor.**

וְאִיבָּעֵית אֵימָא: אָדָם חָשׁוּב שָׁאנֵי, דְּתַנְיָא: "וְהַכֹּהֵן הַגָּדוֹל מֵאֶחָיו" – שֶׁיְּהֵא גָּדוֹל מֵאֶחָיו בְּנוֹי בְּחָכְמָה וּבְעוֹשֶׁר.

**And if you wish, say** instead that the *halakha* with regard to **a distinguished person** such as Rabbi Ami, who was the head of the yeshiva, **is different,** and he may acquire the gifts for himself. **As it is taught** in a *baraita* that the verse: **"And the priest who is greater than his brethren"** (Leviticus 21:10), indicates **that** the High Priest **should be greater than his** priestly **brethren in beauty, in wisdom, and in wealth.**[NH]

אֲחֵרִים אוֹמְרִים: מִנַּיִן שֶׁאִם אֵין לוֹ, שֶׁאֶחָיו הַכֹּהֲנִים מְגַדְּלִין אוֹתוֹ? תַּלְמוּד לוֹמַר: "וְהַכֹּהֵן הַגָּדוֹל מֵאֶחָיו" – גַּדְּלֵהוּ מִשֶּׁל אֶחָיו.

**Others say: From where** is it derived **that if** the High Priest **does not have** property of his own, **his brethren the priests elevate him** and render him wealthy from their own property? **The verse states: "And the priest who is greater than his brethren,"** i.e., they must **elevate him from** the property **of his brethren.** Since the members of the study hall are required to enrich Rabbi Ami from their own property, it is certainly permitted for him to take these gifts for himself.

## HALAKHA

**One who declares his vineyard ownerless, etc.** – הַמַּפְקִיר אֶת כַּרְמוֹ וכו׳: With regard to one who declared his vineyard ownerless, and in the morning reacquired the field for himself and harvested it, he is obligated to leave *peret*, *olelot*, forgotten grape clusters, and *pe'a* for the poor. The reason is that such a vineyard is called "your field" and "your vineyard," as it was previously his and is now in his possession as well. If one acquires an ownerless field that formerly belonged to others, he is exempt from leaving these gifts (Rambam *Sefer Zera'im*, *Hilkhot Mattenot Aniyyim* 5:27).

**That the High Priest should be greater than his brethren in beauty, in wisdom, and in wealth** – שֶׁיְּהֵא גָּדוֹל מֵאֶחָיו בְּנוֹי בְּחָכְמָה וּבְעוֹשֶׁר: The High Priest should be greater than all of his priestly brethren in beauty, in strength, in wealth, in wisdom, and in bearing. If he does not have money, all of the priests provide him with money from their own assets, each one according to his financial capability, until the point that he is wealthier than the wealthiest of the other priests (Rambam *Sefer Avoda*, *Hilkhot Kelei HaMikdash* 5:1).

מתני׳ אֵיזֶהוּ הַזְּרוֹעַ – מִן הַפֶּרֶק שֶׁל אַרְכּוּבָה עַד כַּף שֶׁל יָד, וְהוּא שֶׁל נָזִיר. וּכְנֶגְדּוֹ בָּרֶגֶל, שׁוֹק. רַבִּי יְהוּדָה אוֹמֵר: שׁוֹק מִן הַפֶּרֶק שֶׁל אַרְכּוּבָה עַד סוֹבֶךְ שֶׁל רֶגֶל. אֵי זֶהוּ לֶחִי – מִן הַפֶּרֶק שֶׁל לֶחִי, עַד פִּיקָה שֶׁל גַּרְגֶּרֶת.

**MISHNA** **What is the** definition of the **foreleg**[H] that is given to the priests as one of the gifts? It is the part of the leg **from the joint of the** lower **knee until the rounded protrusion** surrounding the thigh bone **of the foreleg; and that is** the foreleg mentioned in the Torah **with regard to the nazirite:** "And the priest shall take the foreleg of the ram when it is cooked" (Numbers 6:19). **And the parallel in the hind leg is the thigh** that is given to the priest from the peace offering, which is also from the joint of the lower knee until the rounded protrusion surrounding the thigh bone. **Rabbi Yehuda says:** The **thigh is from the joint of the** lower **knee until the upper knee** joint, which connects the middle and upper parts of the leg. **What is the** definition of the **jaw?**[HB] It is **from the joint of the** lower **jaw** beneath the temples and downward **until the upper ring of the windpipe.**

גמ׳ תָּנוּ רַבָּנַן: ״הַזְּרֹעַ״ – זֶה זְרוֹעַ יָמִין. אַתָּה אוֹמֵר זֶה זְרוֹעַ יָמִין, אוֹ אֵינוֹ אֶלָּא זְרוֹעַ שְׂמֹאל? תַּלְמוּד לוֹמַר: ״הַזְּרֹעַ״.

**GEMARA** **The Sages taught** in a *baraita*: The verse states with regard to the gifts of the priesthood: "That they shall give to the priest the foreleg, and the jaw, and the maw" (Deuteronomy 18:3). **"The foreleg"; this is the right foreleg** of the animal. The *baraita* continues: **Do you say** that **this is the right foreleg, or is it only the left foreleg? The verse states: "The foreleg."** The definite article indicates that the verse is referring to the right foreleg.

מַאי תַּלְמוּדָא? כִּדְאָמַר רָבָא: ״הַיָּרֵךְ״ – הַמְיוּמֶּנֶת שֶׁבַּיָּרֵךְ, הָכָא נַמִי: ״הַזְּרֹעַ״ – הַמְיוּמָּן שֶׁבַּזְּרוֹעַ.

The Gemara asks: **What is the** biblical **derivation** for this, i.e., how is it understood from the definite article that the verse is referring to the right foreleg? The Gemara responds: It is derived **like that** which **Rava said** with regard to the verse: "Therefore the children of Israel do not eat the sciatic nerve which is upon the hollow of **the thigh"** (Genesis 32:33). The definite article indicates that this is referring to **the most important thigh. Here too,** the definite article in the term **"the foreleg"** indicates that the verse is referring to **the most important foreleg,** i.e., the right foreleg.

״וְהַלְּחָיַיִם״ לְמַאי אֲתָא? לְהָבִיא צֶמֶר שֶׁבְּרֹאשׁ כְּבָשִׂים, וְשֵׂעָר שֶׁבִּזְקַן תְּיָישִׁים. ״וְהַקֵּבָה״ לְמַאי אֲתָא? לְהָבִיא חֵלֶב שֶׁעַל גַּבֵּי הַקֵּבָה, וְחֵלֶב שֶׁבְּתוֹךְ הַקֵּבָה. דְּאָמַר רַבִּי יְהוֹשֻׁעַ: כֹּהֲנִים נָהֲגוּ בּוֹ עַיִן יָפָה וּנְתָנוּהוּ לַבְּעָלִים, טַעְמָא – דְּנָהֲגוּ, הָא לָא נָהֲגוּ – דִּידֵיהּ הוּא.

The Gemara continues: And in the term **"and the jaw," for what** purpose **does** the definite article **come,** i.e., what *halakha* does it teach? It serves **to include wool that is on the head of lambs and hair that is in the beard of goats**[H] in the obligation to give the jaw to the priest. And in the term **"and the maw," for what** purpose **does** the definite article **come?** It serves **to include fat that is on the maw and fat that is inside the maw**[H] in the obligation to give the maw to the priest. **As Rabbi Yehoshua said: Priests behaved generously with** fat that is on the maw **and they gave it to** its **owner,** i.e., they relinquished their right to receive it. The Gemara infers: The **reason** this fat was not given to the priests is **that they behaved** generously, **but** had they **not behaved** generously, the fat would be **his,** the priest's.

### HALAKHA

**What is the foreleg – אֵיזֶהוּ הַזְּרוֹעַ:** The foreleg that one is obligated to give as part of the gifts of the priesthood is the right foreleg, from the joint of the lower knee until the rounded protrusion surrounding the thigh bone of the foreleg. This consists of two bones connected to one another (Rambam *Sefer Avoda, Hilkhot Ma'aseh HaKorbanot* 9:10 and *Sefer Zera'im, Hilkhot Bikkurim* 9:18; *Shulḥan Arukh, Yoreh De'a* 61:2).

**What is the jaw – אֵי זֶהוּ לֶחִי:** The jaw that is given as a gift of the priesthood is from the joint of the jaw until the upper ring of the windpipe, which is the large ring, with the tongue in between (Rambam *Sefer Zera'im, Hilkhot Bikkurim* 9:18; *Shulḥan Arukh, Yoreh De'a* 61:3).

### BACKGROUND

Foreleg, thigh, jaw – זְרוֹעַ, שׁוֹק, לֶחִי:

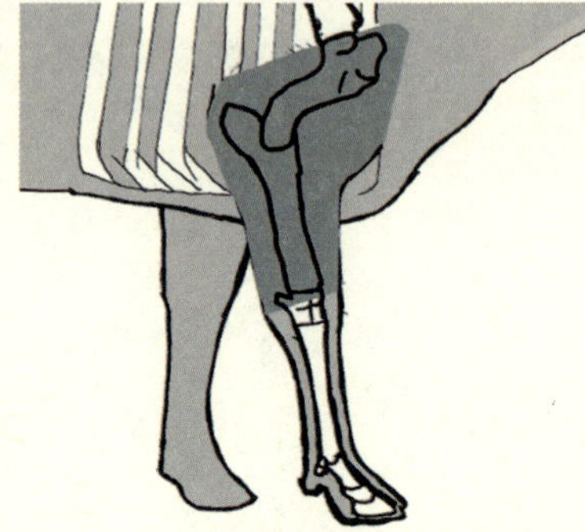
Foreleg

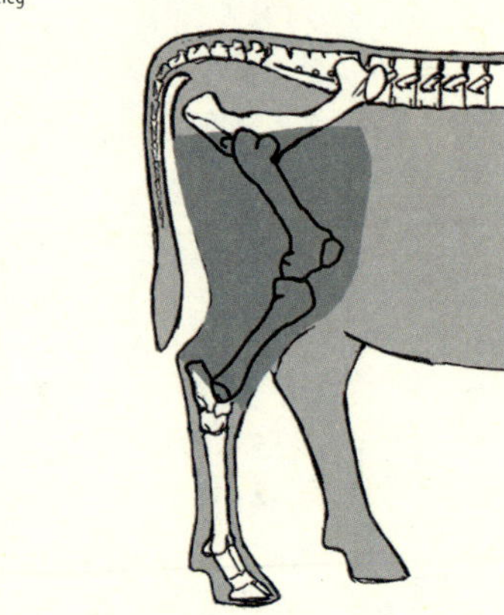
Thigh

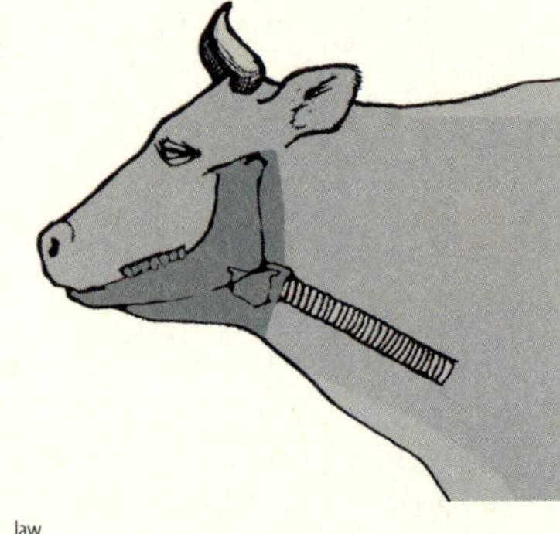
Jaw

דּוֹרְשֵׁי חֲמוּרוֹת הָיוּ אוֹמְרִים: הַזְּרוֹעַ כְּנֶגֶד הַיָּד. וְכֵן הוּא אוֹמֵר ״וַיִּקַּח רֹמַח בְּיָדוֹ״.

The Gemara cites a homiletical idea with regard to the gifts of the priesthood: **The interpreters** of Torah **symbolism** [*dorshei ḥamurot*][L] **would say** with regard to the reason why the foreleg, the jaw, and the maw are given to the priests: **The foreleg corresponds to the hand** of Pinehas, son of Elazar the priest, who killed Zimri, son of Salu, thereby bringing an end to the plague that was ravaging the children of Israel. **And it likewise states** in the verse: **"And he took a spear in his hand"** (Numbers 25:7).

וּלְחָיַיִם כְּנֶגֶד תְּפִלָּה, וְכֵן הוּא אוֹמֵר ״וַיַּעֲמֹד פִּינְחָס וַיְפַלֵּל״. קֵבָה כְּמַשְׁמָעָהּ, וְכֵן הוּא אוֹמֵר ״וְאֶת הָאִשָּׁה אֶל קֳבָתָהּ״.

**And** the **jaw** corresponds to the **prayer** [*tefilla*] offered by Pinehas during the aforementioned incident. **And so it states** in the verse: **"Then stood up Pinehas, and wrought judgment** [*vayefallel*], and so the plague was stayed. And that was counted to him for righteousness, to all generations forever" (Psalms 106:30). The **maw** is **as its plain meaning** in the verses describing the incident, **and it likewise states:** "And he thrust both of them through, the man of Israel, **and the woman through her belly.** So the plague was stayed from the children of Israel" (Numbers 25:8).

וְתַנָּא מַיְיתֵי לַהּ מֵהָכָא: ״שׁוֹק הַיָּמִין״ אֵין לִי אֶלָּא שׁוֹק הַיָּמִין, זְרוֹעַ מוּקְדָּשִׁין מִנַּיִן? תַּלְמוּד לוֹמַר: ״תְּרוּמָה״. זְרוֹעַ חוּלִּין מִנַּיִן? תַּלְמוּד לוֹמַר: ״תִּתְּנוּ״.

The Gemara above cited a source for the *halakha* that the right foreleg is given to the priest. The Gemara notes: **And the** ***tanna*** of the following *baraita* **cites** this *halakha* **from here:** The verse states with regard to the gift to the priest from a peace offering: "And **the right thigh** you shall give to the priest as a gift from your sacrifices of peace offerings" (Leviticus 7:32). **I have** derived **only** that **the right thigh** of a peace offering is given to the priest. **From where** do I derive that the right **foreleg** of the **sacrificial** ram of the nazirite is given to the priest? **The verse states:** "You shall give to the priest as **a gift."** And **from where** is it derived that the right **foreleg** of **a non-sacred** animal is also given as a gift to the priest? **The verse states: "You shall give."**

״אֵיזֶהוּ לֶחִי מִן הַפֶּרֶק שֶׁל לֶחִי וְעַד פִּיקָה שֶׁל גַּרְגֶּרֶת״. וְהָתַנְיָא: נוֹטְלָהּ וּבֵית שְׁחִיטָה עִמָּהּ!

§ The mishna taught: **What is** definition of **the jaw?** It is **from the joint of the jaw** beneath the temples and below **until the upper ring of the windpipe.** The Gemara objects: **But isn't it taught** in a *baraita* that when one removes the jaw from the animal to give to the priest, **he removes it and the area of slaughter** on the throat **with it?** The area of slaughter is beyond the upper ring of the windpipe.

לָא קַשְׁיָא, הָא רַבָּנַן וְהָא רַבִּי חֲנִינָא בֶּן אַנְטִיגְנוֹס,

The Gemara responds: This is **not difficult.** Everyone agrees that the priest receives only the part until the upper ring of the windpipe, and the difference between the two rulings is that **this** mishna is in accordance with the opinion of **the Rabbis, and that** *baraita* is in accordance with the opinion of **Rabbi Ḥanina ben Antigonus.**

**LANGUAGE**

**Interpreters of Torah symbolism [*dorshei ḥamurot*] – דּוֹרְשֵׁי חֲמוּרוֹת:** This term, which sometimes appears in the Gemara as: Interpreters in the manner of *ḥomer*, refers to a method of interpretation based on a comparative analysis of obscure verses. This exegetical method is known as *ḥamurot* because it is analogous to pearls and spices that hang from the neck of a woman, which contain within them pleasant scents called *ḥomer* that refresh the soul (Rashi). Others have a version of the text that states: *Homer*, similar to *hamara*, exchange, i.e., giving an allegorical interpretation in place of a straightforward one.

**HALAKHA**

**To include wool that is on the head of lambs and hair that is in the beard of goats – לְהָבִיא צֶמֶר שֶׁבְּרֹאשׁ כְּבָשִׂים וְשֵׂעָר שֶׁבִּזְקַן תְּיָישִׁים:** When one gives the jaw and the foreleg to the priest, he must do so with their skin intact as well as the wool on the heads of sheep and the hair on the head of goats. One may not boil the flesh in water in order to remove the hairs, nor may one skin the animal before it is given to the priest (Rambam *Sefer Zera'im, Hilkhot Bikkurim* 9:19; *Shulḥan Arukh, Yoreh De'a* 61:3).

**It serves to include fat that is on the maw and fat that is inside the maw – לְהָבִיא חֵלֶב שֶׁעַל גַּבֵּי הַקֵּבָה וְחֵלֶב שֶׁבְּתוֹךְ הַקֵּבָה:** When one gives the maw to the priest, he must give it with all its fat, i.e., both the inner and outer fat, unless the priests are accustomed to allowing the owner to keep the fat (Rambam *Sefer Zera'im, Hilkhot Bikkurim* 9:19; *Shulḥan Arukh, Yoreh De'a* 61:4).

דְּתַנְיָא: מוּגְרֶמֶת פְּסוּלָה. הֵעִיד רַבִּי חֲנִינָא בֶּן אַנְטִיגְנוֹס עַל מוּגְרֶמֶת שֶׁהִיא כְּשֵׁרָה.

The Gemara explains that this is **as it is taught** in a *baraita*: The slaughter of an animal in such a manner that the knife is **diverted** to an area above the place of slaughter on its throat is **not valid. Rabbi Ḥanina ben Antigonus testified with regard to** the slaughter of an animal when the knife is **diverted that it is valid** (see 18b). The *baraita* calls the area of the jaw until the upper ring of the windpipe the area of slaughter, in accordance with the opinion of Rabbi Ḥanina ben Antigonus, who maintains that it is also a valid area for slaughter.

אִיבָּעֵית אֵימָא: הָא וְהָא רַבָּנַן, וּמַאי "עִמָּהּ"? עִמָּהּ דִּבְהֵמָה.

And **if you wish, say** instead that **this** mishna **and that** *baraita* are both in accordance with the opinion of **the Rabbis, and what** does the *baraita* mean when it says: **With it?** It means that the area of slaughter remains **with the animal,** i.e., it remains with the owner and is not given to the priest.

הדרן עלך הזרוע והלחיים

# Summary of **Perek X**

This chapter dealt primarily with the parameters of a single positive mitzva: The obligation to give the foreleg, the jaw, and the maw of a slaughtered animal to a priest. The mishna taught that this mitzva applies at all times and in all places.

With regard to the question of which animals are included in the mitzva, the Gemara concluded that the obligation applies only to non-sacred kosher slaughtered domesticated animals, but sacred animals are exempt.

The Gemara also concluded that the gifts of the foreleg, the jaw, and the maw have no sanctity and may be given or sold to anyone of the priest's choosing. Accordingly, an Israelite may consume the gifts as well, provided that he receives permission from the priest. Likewise, an animal whose gifts have not yet been separated is permitted in consumption, as the gifts have no sanctity. Nevertheless, one must give the gifts before partaking of the remainder of the animal *ab initio*. Nowadays, people are not meticulous about performing this mitzva because it is only a monetary obligation, and priests lack incontrovertible proof that they are members of the priesthood who are entitled to the gifts.

The Gemara determined that gifts of the priesthood may be given to all priests and to their daughters as well. They may be given entirely to one priest, or they may be divided among several priests. The obligation of the gifts does not apply to an animal owned in partnership with a priest or a gentile.

The chapter included a precise description of the gifts and their parameters. The Gemara concluded that the foreleg refers to the right foreleg, and that it extends from the joint of the lower knee until the rounded protrusion surrounding the thigh bone of the foreleg. The jaw refers to both cheeks as well as the tongue, while the maw includes fat on and inside it.

# Introduction to **Perek XI**

*And this shall be the priests' due from the people, from those who slaughter an animal, whether it be ox or sheep; and he shall give to the priest the foreleg, and the jaw, and the maw. The first fruits of your grain, of your wine, and of your oil; and the first sheared wool of your flock shall you give him.*

(Deuteronomy 18:3–4)

This chapter is a direct continuation of the previous one, as it continues to discuss the gifts of the priesthood. Having examined the mitzva to give the priest the foreleg, the jaw, and the maw, the Gemara focuses on the mitzva to give the priest the first sheared wool. The order of these two chapters follows the order in which these mitzvot appear in the Torah: The mitzva to give the priest the foreleg, the jaw, and the maw is addressed first, and then the mitzva to give the priest the first sheared wool is stated. The aforementioned verses also refer to the first fruits of the grain, i.e., *teruma*. The mitzva of *teruma* is discussed in the order of *Zera'im*, which is devoted to *halakhot* relating to agricultural produce.

This chapter will clarify many details of the mitzva of the first sheared wool, as a simple reading of the Torah raises many questions: The verse mentions the shearing of sheep. Does this indicate that the mitzva does not apply to other animals, or is this merely an example? Furthermore, the verse is apparently referring to non-sacred sheep, just as the mitzvot of *teruma* and the foreleg, the jaw, and the maw both apply to non-sacred possessions. If so, are consecrated animals exempt from the first sheared wool, or does this mitzva apply even to consecrated animals?

Another question is: How many sheep must one own for him to be obligated in the mitzva of the first sheared wool? In addition, the verse states that one must give the priest the first sheared wool, but it does not indicate how much one is required to give. Is any amount sufficient, or is there a minimum amount one must give the priest in order to fulfill one's obligation? It must also be established at which point in time the obligation to separate the first sheared wool takes effect. It is possible that the mitzva applies only to the individual who owned the flock prior to the process of shearing; alternatively, it might take effect at the time of shearing.

Another case explored in the chapter is that of one who did not separate the first sheared wool. Perhaps the mitzva continues to apply to the wool, even if one already wove it into cloth, or perhaps it ceases to apply once the wool has been changed. These and other matters are discussed in this chapter.

מתני׳ רֵאשִׁית הַגֵּז נוֹהֵג בָּאָרֶץ וּבְחוּצָה לָאָרֶץ, בִּפְנֵי הַבַּיִת וְשֶׁלֹּא בִּפְנֵי הַבַּיִת, בְּחוּלִּין אֲבָל לֹא בְּמוּקְדָּשִׁים.

**MISHNA** The mitzva of **the first sheared wool** that every Jew must give to the priest, as stated in the verse: "And the first sheared wool of your flock [*tzonekha*] shall you give him" (Deuteronomy 18:4), **applies** both **in Eretz** Yisrael **and outside of Eretz** Yisrael,[H] **in the presence of the Temple and not in the presence of the Temple,**[N] **and with regard to non-sacred** animals. **But** it does **not** apply **to sacrificial** animals.

חוֹמֶר בִּזְרוֹעַ וּלְחָיַיִם וּבְקֵבָה מֵרֵאשִׁית הַגֵּז: שֶׁהַזְּרוֹעַ וְהַלְּחָיַיִם וְהַקֵּבָה נוֹהֲגִין בְּבָקָר וּבְצֹאן, בִּמְרוּבֶּה וּבְמוּעָט, וְרֵאשִׁית הַגֵּז אֵינוֹ נוֹהֵג אֶלָּא בִּרְחֵלוֹת, וְאֵינוֹ נוֹהֵג אֶלָּא בִּמְרוּבֶּה.

There are more **stringent** elements **in the** mitzva of **the foreleg, the jaw, and the maw** (see 130a) **than in the** *halakha* **of the first sheared wool** in **that** the mitzva of **the foreleg, the jaw, and the maw applies to cattle and to sheep,** as it is written: "Whether it be ox or sheep, that he shall give unto the priest the foreleg, and the jaw, and the maw" (Deuteronomy 18:3); and it applies **to numerous** animals **and to few** animals. **But** by contrast, the mitzva of **the first sheared wool applies only to sheep**[HN] and not to goats and cattle, **and applies only to numerous** animals.

וְכַמָּה הוּא מְרוּבֶּה? בֵּית שַׁמַּאי אוֹמְרִים: שְׁתֵּי רְחֵלוֹת, שֶׁנֶּאֱמַר ״יְחַיֶּה אִישׁ עֶגְלַת בָּקָר וּשְׁתֵּי צֹאן״. וּבֵית הִלֵּל אוֹמְרִים: חָמֵשׁ, שֶׁנֶּאֱמַר ״חָמֵשׁ צֹאן עֲשׂוּיוֹת״.

**And how many are numerous?**[H] **Beit Shammai say:** It is at least **two sheep, as it is stated: "That a man shall rear a young cow, and two sheep** [*tzon*]" (Isaiah 7:21), indicating that two sheep are characterized as *tzon*; and the mitzva of the first sheared wool is written using the term "your flock [*tzonekha*]." **And Beit Hillel say:** It is at least **five** sheep, **as it is stated: "And five sheep** [*tzon*] **made"** (I Samuel 25:18).

רַבִּי דּוֹסָא בֶּן הַרְכִּינָס אוֹמֵר: חָמֵשׁ רְחֵלוֹת גּוֹזְזוֹת מָנֶה, מָנֶה, וּפְרַס – חַיָּיבוֹת בְּרֵאשִׁית הַגֵּז. וַחֲכָמִים אוֹמְרִים: חָמֵשׁ רְחֵלוֹת גּוֹזְזוֹת כׇּל שֶׁהֵן.

**Rabbi Dosa ben Harkinas says:** When shearing **five sheep,** the **sheared** wool of each sheep weighing **one hundred dinars**[B] each **and half** [*peras*][L] of one hundred dinars each, i.e., one hundred and fifty dinars each, **are subject to the obligation of the first sheared wool,** i.e., they render the owner obligated to give the first sheared wool to the priests. **And the Rabbis say:** Any **five sheep,** each of whose **sheared** wool weighs **any amount,** render the owner obligated in the mitzva.

וְכַמָּה נוֹתְנִין לוֹ – מִשְׁקַל חָמֵשׁ סְלָעִים בִּיהוּדָה, שֶׁהֵן עֶשֶׂר סְלָעִים בַּגָּלִיל, מְלוּבָּן וְלֹא צוֹאִי, כְּדֵי לַעֲשׂוֹת מִמֶּנּוּ בֶּגֶד קָטָן, שֶׁנֶּאֱמַר ״תִּתֶּן לּוֹ״ – שֶׁיְּהֵא בּוֹ כְּדֵי מַתָּנָה.

**And how much** of the sheared wool **does one give to** the priest? One gives him sheared wool of the **weight of five sela in Judea, which are** the equivalent of **ten sela in the Galilee,** as the weight of the Galilean *sela* is half that of the Judean *sela*. Furthermore, although one may give the wool to the priest without laundering it, this must be the weight of the wool once **laundered and not when sullied,**[H] as is characteristic of wool when sheared. The measure that must be given to the priest is **enough to fashion a small garment from it, as it is stated: "Shall you give him"** (Deuteronomy 18:4), indicating **that** the sheared wool **must contain enough for** a proper **gift.**

### HALAKHA

**Applies both in Eretz Yisrael and outside of Eretz Yisrael, etc.** – **נוֹהֵג בָּאָרֶץ וּבְחוּצָה לָאָרֶץ וכו׳:** The mitzva of the first sheared wool applies only in Eretz Yisrael, but not outside of Eretz Yisrael, in accordance with the opinion of Rabbi Ilai in the *baraita* cited later (136a), and not in accordance with the ruling of the mishna. The mitzva applies both in the presence of the Temple and not in the presence of the Temple, and it applies to non-sacred animals but not to consecrated animals, as stated in the mishna. According to some authorities, the obligation of the first sheared wool applies even outside Eretz Yisrael by Torah law. This opinion is not accepted in practice (Rambam *Sefer Zera'im, Hilkhot Bikkurim* 10:1; *Shulḥan Arukh, Yoreh De'a* 333:1, and in the comment of Rema).

**The first sheared wool applies only to sheep** – **רֵאשִׁית הַגֵּז אֵינוֹ נוֹהֵג אֶלָּא בִּרְחֵלוֹת:** The mitzva of the first sheared wool applies only to sheep, both males and females (Rambam *Sefer Zera'im, Hilkhot Bikkurim* 10:4; *Shulḥan Arukh, Yoreh De'a* 333:2).

**And how many are numerous, etc.** – **וְכַמָּה הוּא מְרוּבֶּה וכו׳:** One must have at least five sheep in order to be obligated in the mitzva of the first sheared wool, as stated by Beit Hillel (Rambam *Sefer Zera'im, Hilkhot Bikkurim* 10:13; *Shulḥan Arukh, Yoreh De'a* 333:9).

**Laundered and not when sullied, etc.** – **מְלוּבָּן וְלֹא צוֹאִי וכו׳:** If one designated a large amount of wool as the first sheared wool and wishes to divide it among several priests, he may not give each priest less than the weight of five *sela*, which is enough to fashion a small garment. One may give the wool to the priest without laundering it, but the wool must weigh at least five *sela* after it is laundered. Other commentaries maintain that one is not required to give each priest the weight of five *sela*. Rather, it is sufficient if the total weight of the first sheared wool amounts to five *sela* (Rambam *Sefer Zera'im, Hilkhot Bikkurim* 10:16; *Shulḥan Arukh, Yoreh De'a* 333:13, and in the comment of Rema, and see Gra there).

### BACKGROUND

**One hundred dinars [*maneh*]** – **מָנֶה:** A *maneh* is a coin worth one hundred dinars. It should be noted that the average daily wage of a laborer at the time of the Talmud was approximately four dinars. One hundred dinars was therefore roughly equivalent to a monthly wage.

### LANGUAGE

**Half [*peras*]** – **פְּרַס:** Derived from the root *peh, reish, samekh*, it usually refers to breaking. Accordingly, a *peras* is a part or piece broken from a whole. Generally, when the word *peras* is used in the context of a size or amount it means half of that amount.

### NOTES

**In the presence of the Temple and not in the presence of the Temple** – **בִּפְנֵי הַבַּיִת וְשֶׁלֹּא בִּפְנֵי הַבַּיִת:** The Rambam rules that the mitzva of the first sheared wool applies both in the presence of the Temple and not in the presence of the Temple, as is the *halakha* with regard to *teruma* (Rambam *Sefer Zera'im, Hilkhot Bikkurim* 10:1). Some commentaries infer from this statement that just as the Rambam holds that the obligation of *teruma* applies by rabbinic law nowadays (*Hilkhot Terumot* 1:26), so too, the mitzva of the first sheared wool applies by rabbinic law. One proof for this interpretation of the Rambam is that with regard to the foreleg, the jaw, and the maw, the Rambam writes that this mitzva is always in effect, both in the presence of the Temple and not in the presence of the Temple (*Hilkhot Bikkurim* 9:1), whereas with regard to the first sheared wool the Rambam does not use the word: Always. Its omission indicates that nowadays the mitzva of the first sheared wool is by rabbinic law, whereas the mitzva of the foreleg, the jaw, and the maw is always by Torah law (Mahari Kurkus; *Minḥat Ḥinnukh*). Other commentaries hold that according to the Rambam, the mitzva of the first sheared wool applies by Torah law even today (Maharit; *Sefer HaḤinnukh*, as explained by *Minḥat Ḥinnukh*).

**The first sheared wool applies only to sheep** – **רֵאשִׁית הַגֵּז אֵינוֹ נוֹהֵג אֶלָּא בִּרְחֵלוֹת:** Although the Torah uses the term "*tzonekha*," which can be interpreted as referring to goats as well, and although goats' hair can be used to fashion clothing, the mitzva does not apply to goats, as the term shearing refers only to sheep (Rashi, based on the Gemara on 137a).

לֹא הִסְפִּיק לִיתְּנוֹ לוֹ עַד שֶׁצְּבָעוֹ – פָּטוּר. לִבְּנוֹ וְלֹא צְבָעוֹ – חַיָּיב.

If the owner of the shearing **did not manage to give it to** the priest **until he dyed it,** the owner is **exempt**[NH] from the mitzva of the first sheared wool, as this constitutes a change in the wool by which means he acquires ownership of it. If he **laundered it but did not dye it,** he is **obligated**[H] to give the first sheared wool, as laundering does not constitute a change in the wool.

הַלּוֹקֵחַ גֵּז צֹאנוֹ שֶׁל גּוֹי – פָּטוּר מֵרֵאשִׁית הַגֵּז. הַלּוֹקֵחַ גֵּז צֹאנוֹ שֶׁל חֲבֵירוֹ, אִם שִׁיֵּיר – הַמּוֹכֵר חַיָּיב, לֹא שִׁיֵּיר – הַלּוֹקֵחַ חַיָּיב. הָיוּ לוֹ שְׁנֵי מִינִים שְׁחוּפוֹת וּלְבָנוֹת, מָכַר לוֹ שְׁחוּפוֹת אֲבָל לֹא לְבָנוֹת, זְכָרִים אֲבָל לֹא נְקֵבוֹת – זֶה נוֹתֵן לְעַצְמוֹ וְזֶה נוֹתֵן לְעַצְמוֹ.

**One who purchases the fleece of the sheep of a gentile**[H] is **exempt from** the obligation of giving **the first sheared wool** to the priest. With regard to **one who purchases the fleece of the sheep of another** Jew,[H] **if the** seller **kept** some of the wool, then **the seller is obligated** to give the first sheared wool to the priest. If the seller **did not keep** any of the wool, **the buyer is obligated** to give it. If the seller **had two types** of sheep, **gray and white,** and he **sold** the buyer the **gray** fleece **but not the white** fleece, or if he sold the fleece of the **male** sheep **but not** of the **female**[H] sheep, then **this** one, the seller, **gives** the first sheared wool **for himself** to the priest from the wool that he kept, **and that** one, the buyer, **gives** the first sheared wool **for himself** to the priest from the wool that he bought.

גמ׳ בְּמוּקְדָּשִׁין מַאי טַעְמָא לָא? אָמַר קְרָא: ״צֹאנְךָ״ – וְלֹא צֹאן הֶקְדֵּשׁ.

**GEMARA** The mishna states that the mitzva of the first sheared wool does not apply **to sacrificial** animals. The Gemara asks: **What is the reason** that it does **not** apply? The Gemara answers that the **verse states: "Your flock"** (Deuteronomy 18:4), indicating that the mitzva applies to non-sacred animals, which belong to a private individual, **and not to a flock** that is **consecrated** property.

טַעְמָא דִּכְתַב רַחֲמָנָא ״צֹאנְךָ״, הָא לָאו הָכִי הֲוָה אָמִינָא קָדָשִׁים חַיָּיבִים בְּרֵאשִׁית הַגֵּז? הָא לָאו בְּנֵי גִּיזָּה נִינְהוּ, דִּכְתִיב: ״וְלֹא תָגֹז בְּכוֹר צֹאנֶךָ״!

The Gemara challenges: **The reason** for the exemption of sacrificial animals **is that the Merciful One writes "your flock,"** from which it may be inferred that **were that not** the case **I would say** that even with regard to **sacrificial** animals one is **obligated in** the mitzva of **the first sheared wool. But** this suggestion is impossible, since **they are not fit for shearing, as it is written** with regard to firstborn animals, which are consecrated: **"And you shall not shear the firstborn of your flock"** (Deuteronomy 15:19).

אִי בְּקׇדְשֵׁי מִזְבֵּחַ – הָכִי נָמֵי, הָכָא בְּמַאי עָסְקִינַן – בְּקׇדְשֵׁי בֶּדֶק הַבַּיִת.

The Gemara explains: **If** the mishna was referring to sheep **consecrated** for the **altar, indeed** there would be no need to derive their exemption from the verse. But **here we are dealing with** sheep **consecrated** to the treasury for **Temple maintenance,**[B] which it is permitted to shear, and the verse teaches that even with regard to these one is exempt from the mitzva of the first sheared wool.

## NOTES

**If the owner did not manage to give it to the priest until he dyed it he is exempt – לֹא הִסְפִּיק לִיתְּנוֹ לוֹ עַד שֶׁצְּבָעוֹ פָּטוּר:** Generally, a significant change in a stolen article exempts one from returning the article itself, though one is still obligated to pay the rightful owner its value. Nevertheless, the first sheared wool is one of the gifts of the priesthood, and as stated by Rav Ḥisda, one who damages the gifts of the priesthood is not obligated to pay their value to a priest (see Rashi; 130b). The commentaries note that one is exempt from giving the first sheared wool to the priest only if all of the wool was dyed, as otherwise the obligation applies to the remaining wool (*Mishne LaMelekh*; *Ḥazon Ish*).

## BACKGROUND

**Sheep consecrated to the treasury for Temple maintenance – קׇדְשֵׁי בֶּדֶק הַבַּיִת:** There is a distinction between animals consecrated as sacrificial offerings and items consecrated to the treasury for Temple maintenance. Items consecrated for Temple maintenance are used to repair the Temple, to replace its utensils, or to beautify its structure. Alternatively, they are sold, with the proceeds of the sale used for these purposes. Anything of worth can be consecrated for Temple maintenance, but animals that are fit to be sacrificed may be consecrated only as offerings.

## HALAKHA

**If the owner did not manage to give it to the priest until he dyed it he is exempt – לֹא הִסְפִּיק לִיתְּנוֹ לוֹ עַד שֶׁצְּבָעוֹ פָּטוּר:** If one dyed the wool before giving it to the priest, he is exempt from the obligation of giving the first sheared wool, as this constitutes a change in the wool by means of which he acquires ownership. Furthermore, the first sheared wool is one of the gifts of the priesthood, and one who causes damage to the gifts of the priesthood is not obligated to pay their value (*Shakh*). According to some commentaries, although one is exempt by human laws, he must pay if he wishes to comply with the laws of Heaven (Rambam *Sefer Zera'im*, *Hilkhot Bikkurim* 10:6, and see *Mishne LaMelekh* there; *Shulḥan Arukh*, *Yoreh De'a* 333:3).

**If he laundered it but did not dye it he is obligated – לִבְּנוֹ וְלֹא צְבָעוֹ חַיָּיב:** If one sheared the fleece and laundered it, he is obligated to give the first sheared wool to a priest, as laundering is not considered to have effected a change in the wool (Rambam *Sefer Zera'im*, *Hilkhot Bikkurim* 10:6; *Shulḥan Arukh*, *Yoreh De'a* 333:3 and *Shakh* there).

**One who purchases the fleece of the sheep of a gentile, etc. – הַלּוֹקֵחַ גֵּז צֹאנוֹ שֶׁל גּוֹי וכו׳:** If one purchased the fleece of the sheep of a gentile after the gentile sheared it, the purchaser is exempt from the obligation of the first sheared wool (Rambam *Sefer Zera'im*, *Hilkhot Bikkurim* 10:9; *Shulḥan Arukh*, *Yoreh De'a* 333:7).

**One who purchases the fleece of the sheep of another Jew, etc. – הַלּוֹקֵחַ גֵּז צֹאנוֹ שֶׁל חֲבֵירוֹ וכו׳:** With regard to one who purchased the fleece of the sheep of a Jew before the seller sheared it, if the seller kept some of the wool, he is obligated to give the first sheared wool even for those sheep that he sold. The reason is that it is presumed that he did not sell the gifts of the priesthood, and therefore the shearing to be given to the priest remained in the possession of the seller. If the seller did not keep any of the wool, then the buyer is obligated to give the first sheared wool (Rambam *Sefer Zera'im*, *Hilkhot Bikkurim* 10:10; *Shulḥan Arukh*, *Yoreh De'a* 333:8).

**Two types of sheep, gray and white…the fleece of the male but not of the female, etc. – שְׁנֵי מִינִים שְׁחוּפוֹת וּלְבָנוֹת...זְכָרִים אֲבָל לֹא נְקֵבוֹת וכו׳:** If the seller had two types of sheep, e.g., gray sheep and white sheep, or male and female sheep, and he sold the fleece of one type and kept the fleece of the other type for himself, then the seller gives the first sheared wool for the wool that he kept, and the buyer gives the first sheared wool for the wool that he bought (Rambam *Sefer Zera'im*, *Hilkhot Bikkurim* 10:11; *Shulḥan Arukh*, *Yoreh De'a* 333:8).

וְהָאָמַר רַבִּי אֶלְעָזָר: קָדְשֵׁי בֶדֶק הַבַּיִת אֲסוּרִים בְּגִיזָּה וַעֲבוֹדָה! מִדְּרַבָּנַן. סָלְקָא דַעְתָּךְ אָמֵינָא: הוֹאִיל וּמִדְּאוֹרַיְיתָא בְּנֵי גִיזָּה נִינְהוּ, הֵיכָא דְּגָזַז לֵיהּ – לֵיתֵיב לֵיהּ.

The Gemara asks: **But didn't Rabbi Elazar say** with regard to animals **consecrated** for **Temple maintenance** that it is **prohibited to shear** them **or to work** them? The Gemara answers: The prohibition with regard to animals consecrated for Temple maintenance applies **by rabbinic** law, not by Torah law. Therefore, it might **enter your mind to say** that **since by Torah** law **they** are **fit for shearing,** in a case **where** one transgressed the rabbinical prohibition and **sheared** the consecrated sheep, he **should give** the first sheared wool **to** the priest. Consequently, the verse teaches that he is exempt from the mitzva of the first sheared wool.

וְהָא קָדֵישׁ לַהּ! סָלְקָא דַעְתָּךְ אָמֵינָא: לִפְרוֹק וְלֵיתֵיב לֵיהּ.

The Gemara objects: **But** since he **consecrated** the wool it is consecrated property, and therefore in practice it cannot be given to a priest. Consequently, there is no need to derive their exemption from the verse. The Gemara explains: It might **enter your mind to say** that the owner is required **to redeem** the wool by giving its value to the Temple treasury **and** then **give it to** the priest.

וְהָא בָּעֵי הַעֲמָדָה וְהַעֲרָכָה! הָנִיחָא לְמַאן דְּאָמַר קָדְשֵׁי בֶדֶק הַבַּיִת לֹא הָיוּ בִּכְלַל הַעֲמָדָה וְהַעֲרָכָה. אֶלָּא לְמַאן דְּאָמַר הָיוּ מַאי אִיכָּא לְמֵימַר?

The Gemara objects: **But** when an animal is redeemed it **requires standing and valuation,**[N] as it is written: "And he shall stand the animal before the priest, and the priest shall value it, whether it be good or bad; as the priest evaluates it, so shall it be" (Leviticus 27:11–12). Once the wool has been sheared this process cannot be performed, which means that the wool cannot be redeemed. The Gemara comments: **This works out well according to the one who said** that animals **consecrated** for **Temple maintenance were not included in** the requirement **of standing and valuation. But according to the one who said** that they **were** included in this requirement, **what can be said?**

אָמַר רַבִּי מָנִי בַּר פַּטִּישׁ מִשּׁוּם רַבִּי יַנַּאי: הָכָא בְּמַקְדִּישׁ בְּהֶמְתּוֹ לְבֶדֶק הַבַּיִת חוּץ מִגִּיזּוֹתֶיהָ. סָלְקָא דַעְתָּךְ אָמֵינָא: לִיגְזוֹז וְלֵיתֵיב לֵיהּ, אָמַר קְרָא "צֹאנְךָ" – וְלֹא צֹאן שֶׁל הֶקְדֵּשׁ.

**Rabbi Mani bar Pattish said in the name of Rabbi Yannai:** The statement **here** in the mishna is referring **to** a case where one **consecrated** the rest of **his animal for Temple maintenance except for its fleece,** which he reserved for himself. Because the owner did not consecrate the wool, it might **enter your mind to say: Let him shear** the sheep **and** be obligated to **give** the wool to the priest. Therefore, the **verse states: "Your flock,"** indicating that the mitzva applies to non-sacred animals, which belong to an individual, **and not to sheep that are consecrated** property.

אִי הָכִי, קָדְשֵׁי מִזְבֵּחַ נָמֵי! כָּחֲשִׁי.

The Gemara raises a difficulty: **If so,** that the mishna is discussing a case where one consecrated an animal except for its fleece, one could say that it is **also** referring to animals **consecrated** for the **altar.** The Gemara answers: The mishna cannot be discussing animals consecrated for the altar, as it is prohibited to shear them even if their fleece was not consecrated. The reason is that this causes the animal to **become weakened,** which entails a loss of consecrated property.

קָדְשֵׁי בֶדֶק הַבַּיִת נָמֵי כָּחֲשִׁי! דְּאָמַר "חוּץ מִגִּיזָּה וּכְחִישָׁה".

The Gemara objects: But animals **consecrated** for **Temple maintenance** are **also weakened** by shearing, and therefore it should be prohibited to shear them as well. The Gemara explains: The mishna is referring to a case **where** one **said** that he consecrates his animal for Temple maintenance **except for** both its **fleece and** its **weakening,** i.e., the loss of strength caused by shearing.

קָדְשֵׁי מִזְבֵּחַ נָמֵי דְּאָמַר "חוּץ מִגִּיזָּה וּכְחִישָׁה"! אֲפִילּוּ הָכִי, פָּשְׁטָה קְדוּשָּׁה בְּכוּלָּהּ.

The Gemara further objects: The mishna could **also** be referring to animals **consecrated** for the **altar** in a case **where** one **said** that he consecrates the animal **except for** both its **fleece and** the **weakening,** i.e., the loss in strength caused by shearing. The Gemara explains: With regard to animals consecrated for the altar this stipulation is ineffective, as **even so,** i.e., despite his declaration, the **sanctity extends to the entire** animal, and therefore it is prohibited to shear it.

**NOTES**

**It requires standing and valuation – הָא בָּעֵי הַעֲמָדָה וְהַעֲרָכָה:** The Gemara (*Temura* 32a) derives from Leviticus 27:11–12 that when redeeming a sacrificial animal, one must stand it before a priest, who evaluates it. If the animal died and cannot be stood before the priest, it cannot be redeemed, and instead it is buried. The Sages disagree as to whether this *halakha* applies only to animals consecrated as offerings, which are the subject of these verses, or also to animals consecrated for Temple maintenance. According to one opinion, animals consecrated for Temple maintenance can be redeemed even after their death.

**HALAKHA**

**An animal owned by two partners is obligated in the first sheared wool – בְּהֶמַת הַשּׁוּתָּפִים חַיָּיב בְּרֵאשִׁית הַגֵּז:** Partners who jointly own sheep are obligated in the mitzva of the first sheared wool, provided that the share of each partner is the requisite amount of five sheep and the fleece of each sheep weighs no less than twelve *sela*. If the partners own only five sheep between them, they are exempt from the first sheared wool. This ruling is in accordance with the opinion of the first *tanna* (Rambam *Sefer Zera'im, Hilkhot Bikkurim* 10:14; *Shulḥan Arukh, Yoreh De'a* 333:10).

וּמְנָא תֵּימְרָא – דַּאֲמַר רַבִּי יוֹסֵי: וַהֲלֹא בְּמוּקְדָּשִׁין הָאוֹמֵר ״רַגְלָהּ שֶׁל זוֹ עוֹלָה״ – כּוּלָּהּ עוֹלָה. וַאֲפִילּוּ לְרַבִּי מֵאִיר דַּאֲמַר אֵין כּוּלָּהּ עוֹלָה – הָנֵי מִילֵּי דְּאַקְדֵּישׁ דָּבָר שֶׁאֵין הַנְּשָׁמָה תְּלוּיָה בּוֹ, אֲבָל הִקְדִּישׁ דָּבָר שֶׁהַנְּשָׁמָה תְּלוּיָה בּוֹ – קָדְשָׁה.

The Gemara explains: **And from where do you say** that if one consecrates an animal for the altar the sanctity extends to the entire animal? **This is as Rabbi Yosei said: Isn't it the** *halakha* **with regard to sacrificial** animals that if **one says: The leg of this** animal is consecrated as a **burnt offering,** then the **entire** animal is **a burnt offering,** as the sanctity of the leg spreads throughout the animal's body? **And even according to** the opinion of **Rabbi Meir** that **it is not entirely a burnt offering, that statement** of Rabbi Meir applies only **where he consecrated** its leg, which is **not a matter,** i.e., a limb, **upon which** the animal's **life depends.** It is possible for an animal to survive the removal of a leg. **But if one consecrated a matter upon which** the animal's **life depends,** everyone agrees that all of it **is consecrated.**

רָבָא אָמַר: בְּמַקְדִּישׁ גִּיזָּה עַצְמָהּ, סָלְקָא דַּעְתָּךְ אָמִינָא: לִיגְזוֹז וְלִיפְרוֹק וְלֵיתֵיב לֵיהּ,

§ **Rava said** that there is no need to interpret the mishna as discussing a case where one consecrated a whole animal apart from its fleece and the loss caused by shearing. Rather, the mishna is referring **to** one who **consecrates the fleece itself** to the treasury for Temple maintenance, but not the sheep. It might **enter your mind to say: Let him shear** the sheep **and redeem** the wool by giving its value to the Temple treasury, **and** then be required to **give** the wool **to** the priest.

אֲמַר קְרָא ״גֵּז צֹאנְךָ תִּתֶּן לוֹ״ – מִי שֶׁאֵין מְחוּסָּר אֶלָּא גְּזִיזָה וּנְתִינָה, יָצָא זֶה שֶׁמְּחוּסָּר גְּזִיזָה פְּדִיָּיה וּנְתִינָה.

Therefore, the **verse states:** "The first sheared wool **of your flock, shall you give him**" (Deuteronomy 18:4), which indicates that there should be no additional action between shearing and giving the first sheared wool to the priest. In other words, the mitzva of first sheared wool applies to a sheep **that is lacking only shearing and giving,** which **excludes this** sheep **that is lacking shearing, redeeming, and giving.**

אֶלָּא ״צֹאנְךָ״ לְמַאי אֲתָא? לְכִדְתַנְיָא: בֶּהֱמַת הַשּׁוּתָּפִים חַיָּיב בְּרֵאשִׁית הַגֵּז, וְרַבִּי אֶלְעַאי פּוֹטֵר. מַאי טַעֲמָא דְּרַבִּי אֶלְעַאי – אֲמַר קְרָא ״צֹאנְךָ״ – וְלֹא שֶׁל שׁוּתָּפוּת.

The Gemara asks: **But** if this verse is the source of the exemption of consecrated animals, then **for what** purpose does the term **"your flock" come?** That term also indicates that certain sheep are excluded from the mitzva. The Gemara answers that it is necessary **for that which is taught** in a *baraita*: **An animal** owned by two **partners is obligated,** i.e., renders its owners obligated, **in the** mitzva of the **first sheared** wool,[H] **but Rabbi Ilai exempts** them. **What is the reason for** the ruling **of Rabbi Ilai?** The reason is that the **verse states "your flock,"** using the singular pronoun, indicating that the mitzva applies to animals belonging to an individual, **but not** to sheep that are owned **in partnership.**

וְרַבָּנַן – לְמַעוּטֵי שׁוּתָּפוּת גּוֹי. וְרַבִּי אֶלְעַאי – שׁוּתָּפוּת גּוֹי מְנָא לֵיהּ?

The Gemara asks: **But** according to **the Rabbis,** who hold that joint owners of sheep are obligated in the mitzva of the first sheared wool, what is excluded by the term "your flock"? The Gemara answers that this serves **to exclude** an animal owned in **partnership with a gentile.** The Gemara asks: **And from where does Rabbi Ilai** derive that an animal owned in **partnership** with **a gentile** renders its Jewish owner exempt from the mitzva?

נָפְקָא לֵיהּ מֵרֵישָׁא דִּקְרָא ״רֵאשִׁית דְּגָנְךָ״ – וְלֹא שׁוּתָּפוּת גּוֹי.

The Gemara answers: He **derives it from the beginning of** this **verse,** which states with regard to *teruma*: **"The first fruits of your grain,** of your wine, and of your oil" (Deuteronomy 18:4), using the singular pronoun. This indicates that only in the case of produce owned by a Jew is one obligated to separate *teruma*, **but not** with regard to that which is owned **in partnership** with **a gentile.**

וְרַבָּנַן – ״רֵאשִׁית״ (הַגֵּז) הִפְסִיק הָעִנְיָן,

The Gemara asks: **And** why do the **Rabbis,** who derive the exemption of sheep owned in partnership with a gentile from the term "your flock," not derive this from the term "your grain"? The Gemara answers that the repetition of the term "the first" with regard to the first sheared wool: "The first fruits of your grain, of your wine, and of your oil, and **the first sheared wool** of your flock, shall you give him" (Deuteronomy 18:4), is an indication that the verse **concluded** discussion of **the** previous **matter.** The superfluous mention of "first" signals that the two issues discussed in this verse, which are the first fruits, i.e., *teruma*, and the first sheared wool, are two separate matters. Therefore, one cannot derive the *halakhot* of one from the other.

וְרַבִּי אֱלְעַאי – וָי״ו הֲדַר עַרְבֵיהּ.

The Gemara asks: **And** how does **Rabbi Ilai** respond to the Rabbis' claim? The Gemara answers: Rabbi Ilai holds that when the verse states: "And the first sheared wool," the conjunction **"and" goes back and combines** the two matters together.

Perek **XI**
Daf **135** Amud **b**

וְרַבָּנַן – לָא נִכְתּוֹב רַחֲמָנָא לָא וָי״ו וְלָא ״רֵאשִׁית״!

The Gemara asks further: **And** how do **the Rabbis** respond to Rabbi Ilai's claim? The Gemara answers: The Rabbis do not accept that the conjunction "and" goes back and combines the two matters together, as, if that were so, **let the Merciful One write neither "and" nor "the first."**

וְרַבִּי אֱלְעַאי – אַיְּידֵי דְּהַאי קְדוּשַּׁת דָּמִים וְהַאי קְדוּשַּׁת הַגּוּף, פָּסֵיק לְהוּ, וַהֲדַר עָרְבִי לְהוּ.

The Gemara asks: **And** how does **Rabbi Ilai** respond to this contention? The Gemara answers that Rabbi Ilai would say that the first sheared wool and *teruma* are essentially different obligations, as the first sheared wool is merely a monetary obligation with no inherent sanctity. By contrast, it is prohibited for non-priests to partake of *teruma*. **Since this** case of the first sheared wool involves only **sanctity** that inheres in its **value, and that** case of *teruma* referred to in the beginning of the verse involves **inherent sanctity,** the verse **separated them** through the repetition of the term "the first," **and** then the verse **went back and combined them** through the term "and," so that their *halakhot* could be derived from one another.

וְאִיבָּעֵית אֵימָא: שׁוּתָּפוּת גּוֹי בִּתְרוּמָה, רַבָּנַן חִיּוּבֵי מְחַיְּיבִי. דְּתַנְיָא: יִשְׂרָאֵל וְגוֹי שֶׁלָּקְחוּ שָׂדֶה בְּשׁוּתָּפוּת – טֶבֶל וְחוּלִּין מְעוֹרָבִים זֶה בָּזֶה, דִּבְרֵי רַבִּי. רַבָּן שִׁמְעוֹן בֶּן גַּמְלִיאֵל אוֹמֵר: שֶׁל יִשְׂרָאֵל – חַיָּיב, וְשֶׁל גּוֹי – פָּטוּר.

The Gemara provides an alternative explanation as to why the Rabbis do not derive the exemption of sheep owned in partnership with a gentile from the case of *teruma*. **If you wish, say** instead that **with regard to *teruma*, the Rabbis** hold that one who owns produce in **partnership** with **a gentile** is in fact **obligated, as it is taught** in a *baraita*: If there were **a Jew and a gentile who purchased a field in partnership,**[H] the produce grown in that field is considered to be **untithed produce,** which is subject to the *halakhot* of *terumot* and tithes, **and non-sacred** produce, which is exempt from the requirements of *terumot* and tithes, **mixed together;**[N] this is **the statement of Rabbi** Yehuda HaNasi. **Rabban Shimon ben Gamliel says:** The portion **of the Jew is obligated** in *teruma* and tithes, **but** the portion **of the gentile is exempt.**

**NOTES**

**Untithed produce and non-sacred produce mixed together – טֶבֶל וְחוּלִּין מְעוֹרָבִים זֶה בָּזֶה:** Separating *teruma* from this produce presents a difficulty, as one may not separate *teruma* from produce that is exempt from *teruma* on behalf of produce that is obligated. It is therefore necessary to ensure that the produce designated as *teruma* was never part of the gentile's portion. Rashi cites an opinion according to which there is no remedy in this situation: Since there is no retroactive clarification, it is impossible to determine which half of the produce originally belonged to the Jew and is obligated and which half originally belonged to the gentile and is exempt.

Rashi himself disagrees with this opinion and suggests a method of separating *teruma* in this case. If the owner has other produce from which he is certainly obligated to separate *teruma*, he may separate *teruma* from the other produce on behalf of half the mixed produce, i.e., the half that is obligated in *teruma*. If the owner does not have any other produce, he should separate *teruma* in full from the mixed produce itself, as it is considered with regard to each part of the produce as though half belonged to the Jew and half to the gentile. Accordingly, only half the produce separated as *teruma* is actually *teruma*, but as he cannot separate only this produce he must set aside twice the requisite amount.

Rashi elsewhere writes that one cannot separate *teruma* from the mixed produce, as it is possible that the part separated as *teruma* originally belonged entirely to the gentile (*Gittin* 47b). Apparently, Rashi here retracts from his previous statement in tractate *Gittin* (*Yam shel Shlomo*).

**HALAKHA**

**A Jew and a gentile who purchased a field in partnership, etc. – יִשְׂרָאֵל וְגוֹי שֶׁלָּקְחוּ שָׂדֶה בְּשׁוּתָּפוּת וכו׳:** If a Jew and a gentile purchased a field in partnership, each stalk in the field is considered a mixture of untithed produce and non-sacred produce. This is true even if they divided the produce between them before harvesting it. Therefore, the Jew must separate *teruma* not only for his share, but also for the gentile's share. This ruling is in accordance with the opinion of Rabbi Yehuda HaNasi, as explained by Rashi, and applies in Eretz Yisrael, where the obligation to separate *teruma* applies by Torah law. In Syria, and all the more so other places outside Eretz Yisrael, where the obligation applies by rabbinic law, the gentile's share is exempt. The reason is that although there is no retroactive clarification with regard to obligations that apply by Torah law, there is retroactive clarification concerning obligations that apply by rabbinic law. Accordingly, the *Shulḥan Arukh* writes that because nowadays the obligation to separate *teruma* applies only by rabbinic law even in Eretz Yisrael, the gentile's share is exempt in Eretz Yisrael as well (Rambam *Sefer Zera'im*, *Hilkhot Terumot* 1:20–21; *Shulḥan Arukh*, *Yoreh De'a* 331:11).

**BACKGROUND**

**Retroactive clarification** – **בְּרֵירָה**: Retroactive clarification, or retroactive designation, is a principle according to which an object that initially was not explicitly designated for a certain purpose may retroactively be considered as though it were designated for that purpose from the outset. For example, if one declares that the last tenth of the produce to remain in his granary shall be designated as the tithe, according to the principle of retroactive clarification his separation of the tithe is valid, and the produce is considered tithed from the moment of his declaration, despite the fact that the tithe was not identifiable at that time. The reason is that when the last tenth remains, it is retroactively clarified that this has always been the designated tithe. There is a dispute between the Sages as to whether or not the principle of retroactive clarification is accepted. In practice, this principle is generally accepted with regard to questions pertaining to rabbinic law but not with regard to matters of Torah law.

עַד כָּאן לָא פְּלִיגִי, אֶלָּא דְּמָר סָבַר יֵשׁ בְּרֵירָה, וּמָר סָבַר אֵין בְּרֵירָה. אֲבָל שׁוּתָּפוּת דְּגוֹי – דִּבְרֵי הַכֹּל חַיֶּיבֶת.

The Gemara explains the inference. **They disagree only with regard to** the following issue: **That one Sage,** Rabban Shimon ben Gamliel, **holds** that **there is retroactive clarification,**[B] which means that when they divide the produce it will be clarified who owned which produce from the outset; **and one Sage,** Rabbi Yehuda HaNasi, **holds** that **there is no** retroactive **clarification,** and because it grew in a mixed state, it retains that status even after they divide the produce. **But** with regard to produce that a Jew owns in **partnership** with **a gentile, everyone agrees** that it is **obligated** in *teruma*.

וְאִי בָּעֵית אֵימָא: תַּרְוַיְיהוּ לְרַבִּי אֶלְעַאי מִ״צֹּאנְךָ״ נָפְקָא.

The Gemara presents an alternative explanation of Rabbi Ilai's opinion: **If you wish, say** instead that Rabbi Ilai does not derive only the exemption of sheep owned in partnership with a Jew from the term "your flock" while he derives the exemption of sheep owned in partnership with a gentile from the term "your grain." Rather, **according to Rabbi Ilai both** exemptions are **derived from** the term **"your flock."**

שׁוּתָּפוּת דְּגוֹי מַאי טַעְמָא – דְּלָא מְיַיחֲדָא לֵיהּ, לְיִשְׂרָאֵל נַמִי – לָא מְיַיחֲדָא לֵיהּ. וְרַבָּנַן, גּוֹי – לָאו בַּר חִיּוּבָא הוּא, יִשְׂרָאֵל – בַּר חִיּוּבָא הוּא.

The Gemara explains why both exemptions can be derived from a single phrase: With regard to **partnership** with **a gentile, what is the reason** that one is exempted from the obligation of the first sheared wool? It is due to the fact **that** the sheep is **not exclusively his.** In the case of a partnership **with a Jew too,** the sheep is **not exclusively his.** The Gemara asks: **And** what do **the Rabbis** reply to this claim of Rabbi Ilai? The Gemara answers: The Rabbis hold that partnership with a Jew cannot be compared to partnership with a gentile, as a **gentile is not obligated** in the mitzva of the first sheared wool, whereas **a Jew is obligated.**

אָמַר רָבָא: מוֹדֶה רַבִּי אֶלְעַאי בִּתְרוּמָה, אַף עַל גַּב דִּכְתִיב ״דְּגָנְךָ״ – דִּידָךְ אִין, דְּשׁוּתָּפוּת לָא,

§ **Rava said** with regard to the dispute between the Rabbis and Rabbi Ilai: Although **Rabbi Ilai** holds that two partners who own a sheep are exempt from the first sheared wool, he **concedes** that jointly owned produce is obligated **in *teruma*.** This is the *halakha* **even though it is written** with regard to *teruma*: **"Your grain"** (Deuteronomy 18:4), using the singular pronoun, from which one may infer that with regard to **yours, yes,** one is obligated, whereas with regard to that **which is** owned **in partnership,** the partners are **not** obligated.

כְּתַב רַחֲמָנָא ״תְּרוּמֹתֵיכֶם״. אֶלָּא ״דְּגָנְךָ״ לְמָה לִי? לְמַעוֹטֵי שׁוּתָּפוּת גּוֹי.

The Gemara explains that the joint owners of produce are nevertheless obligated in *teruma*, as **the Merciful One writes:** "There will I require **your *terumot*"** (Ezekiel 20:40).[H] The use of the plural pronoun in this verse indicates that even partners who own produce are obligated in *teruma*. The Gemara asks: **But** if so, **why do I** need the term: **"Your grain,"** using the singular pronoun? The Gemara answers: This serves **to exclude** produce owned in **partnership** with **a gentile.**

חַלָּה אַף עַל גַּב דִּכְתִיב ״רֵאשִׁית״, וְאִיכָּא לְמֵימַר: נֵילַף ״רֵאשִׁית״ ״רֵאשִׁית״ מֵרֵאשִׁית הַגֵּז, מָה לְהַלָּן – דְּשׁוּתָּפוּת לָא, אַף כָּאן – דְּשׁוּתָּפוּת לָא, כְּתַב רַחֲמָנָא ״עֲרִסוֹתֵיכֶם״.

Similarly, with regard to ***ḥalla***, the portion of dough that one is required to separate and give to a priest, Rabbi Ilai concedes that joint owners are obligated in this mitzva, **even though** one could claim otherwise, **as it is written:** "Of **the first** of your dough you shall set apart a cake for a gift" (Numbers 15:20), **and it is possible to say** that one **should derive** a verbal analogy between the term **"the first"** in this context and the term **"the first" from the first sheared wool: Just as there,** with regard to the first sheared wool, if the sheep are owned **in partnership** the owners are **not** obligated, **so too here,** with regard to *ḥalla*, if the dough is owned **in partnership** they are **not** obligated. Nevertheless, **the Merciful One writes: "Your dough,"**[H] using a plural pronoun, indicating that even joint owners of dough are obligated to separate *ḥalla*.

**HALAKHA**

**In *teruma*…the Merciful One writes: Your *terumot*** – **בִּתְרוּמָה...כְּתַב רַחֲמָנָא תְּרוּמֹתֵיכֶם**: *Teruma* and tithes must be separated from produce owned in partnership (Rambam *Sefer Zera'im*, *Hilkhot Terumot* 4:8; *Shulḥan Arukh*, *Yoreh De'a* 331:35).

**With regard to *ḥalla*…the Merciful One writes: Your dough** – **חַלָּה...כְּתַב רַחֲמָנָא עֲרִסוֹתֵיכֶם**: *Ḥalla* must be separated from dough owned in partnership (Rambam *Sefer Zera'im*, *Hilkhot Bikkurim* 6:6; *Shulḥan Arukh*, *Yoreh De'a* 330:2).

אֶלָּא טַעְמָא דִּכְתִיב ״עֲרִסוֹתֵיכֶם״, הָא לָאו הָכִי הֲוָה אָמֵינָא: נֵילַף ״רֵאשִׁית״ ״רֵאשִׁית״ מֵרֵאשִׁית הַגֵּז? אַדְּרַבָּה, נֵילַף מִתְּרוּמָה!

The Gemara challenges: **But** according to this claim, **the reason** joint owners of dough are obligated to separate *ḥalla* is **that it is written "your dough,"** using a plural pronoun. It can be inferred from here that **were that not** the case **I would say** that they are exempt, as **derived** by a verbal analogy between the term **"the first"** mentioned with regard to *ḥalla* and the term **"the first" from the first sheared wool. On the contrary,** one **should derive** a verbal analogy between the term "the first" with regard to *ḥalla* and the term "the first" **from *teruma***: Just as the obligation to separate *teruma* applies to produce owned in partnership, so too, the obligation to separate *ḥalla* applies to dough owned in partnership. It is preferable to compare *ḥalla* to *teruma*, because their halakhic status is similar in that they are both prohibited to non-priests. If so, the inference from the term "your dough" is unnecessary.

הָכִי נַמִי, אֶלָּא ״עֲרִסוֹתֵיכֶם״ לָמָּה לִי? כְּדֵי עֲרִיסוֹתֵיכֶם.

The Gemara explains: It **is indeed so;** the obligation of produce owned in partnership in the case of *ḥalla* is derived from the case of *teruma*. **But** if so, **why do I** need the term **"your dough"?** This teaches that the quantity of dough to which the obligation of *ḥalla* applies **is equivalent to** the quantity of **your dough,** i.e., the quantity of dough kneaded daily by the Jewish people when they were in the Sinai Desert, when the mitzva was given. This is one *omer* for each person (see Exodus 16:16), which is a tenth of an ephah (see Exodus 16:36).

פֵּאָה אַף עַל גַּב דִּכְתִיב ״שָׂדְךָ״ – דִּידָךְ אִין, שׁוּתָּפוּת לָא, כְּתַב רַחֲמָנָא ״וּבְקֻצְרְכֶם אֶת קְצִיר אַרְצְכֶם״, אֶלָּא ״שָׂדְךָ״ לָמָּה לִי? לְמַעוֹטֵי שׁוּתָּפוּת גּוֹי.

Likewise, with regard to *pe'a*, produce in the corner of the field that is left for the poor, Rabbi Ilai concedes that the joint owners of produce are obligated, **even though it is written** in the verse cited below: **"Your field [*sadekha*],"** using a singular pronoun, from which it can be inferred that with regard to **your** field, **yes,** one is obligated, whereas with regard to that **which is** owned **in partnership,** one is **not** obligated. The reason is that **the Merciful One writes: "And when you reap [*uvekutzrekhem*] the harvest of your land,** you shall not entirely reap the corner of your field" (Leviticus 19:9). The term "when you reap" uses the plural pronoun, which indicates that even partners of land are obligated in *pe'a*. The Gemara asks: **But** if so, **why do I** need the term **"your field"** in the singular? The Gemara answers: This serves **to exclude** land owned in **partnership** with **a gentile** from the obligation of *pe'a*.

בְּכוֹרָה אַף עַל גַּב דִּכְתִיב ״כׇּל הַבְּכוֹר אֲשֶׁר יִוָּלֵד בִּבְקָרְךָ וּבְצֹאנְךָ״ – דִּידָךְ אִין, דְּשׁוּתָּפוּת לָא,

Similarly, with regard to the **firstborn** status of a male firstborn kosher animal, Rabbi Ilai concedes that jointly owned animals are sanctified, **even though it is written: "All the firstborn that are born of your herd [*bivkarekha*] and of your flock [*tzonekha*]** that are male you shall sanctify to the Lord your God" (Deuteronomy 15:19). Once again it might have been inferred from the singular pronoun in the terms "your herd" and "your flock" that **your** firstborn, **yes,** are sanctified, but the firstborn **that is** owned **in partnership** is **not** sanctified.

כְּתַב רַחֲמָנָא ״וּבְכֹרֹת בְּקַרְכֶם וְצֹאנְכֶם״, אֶלָּא ״בְּקָרְךָ וְצֹאנְךָ״ לָמָּה לִי? לְמַעוֹטֵי שׁוּתָּפוּת גּוֹי.

Therefore, **the Merciful One writes:** "And there you shall bring there your burnt offerings, and your peace offerings, and your tithes, and the gift of your hand, and your vows, and your gift offerings, **and the firstborn of your herd [*bekarkhem*] and of your flock [*tzonekhem*]**" (Deuteronomy 12:6).[H] The pronouns in the terms "your herd" and "your flock" in this verse are in the plural, which indicates that firstborn animals owned in partnership are sanctified. The Gemara asks: **But** if so, **why do I** need the terms **"your herd" and "your flock"** (Deuteronomy 15:19), where the pronouns are in the singular? The Gemara again answers: This serves **to exclude** animals owned in **partnership** with **a gentile,**[H] which are not sanctified.

**HALAKHA**

**The Merciful One writes: And the firstborn of your herd and of your flock, etc.** – כְּתַב רַחֲמָנָא וּבְכֹרֹת בְּקַרְכֶם וְצֹאנְכֶם וכו׳: If an animal is owned by Jews in partnership, its offspring is subject to being counted a firstborn (Rambam *Sefer Korbanot, Hilkhot Bekhorot* 4:1; *Shulḥan Arukh, Yoreh De'a* 320:2).

**Your herd and your flock, to exclude animals owned in partnership with a gentile** – בְּקָרְךָ וְצֹאנְךָ...לְמַעוֹטֵי שׁוּתָּפוּת גּוֹי: If an animal is owned by a Jew and a gentile in partnership, its offspring is not subject to being counted a firstborn. Even if the gentile owned one-thousandth of either the mother cow or the fetus, the firstborn calf is not sanctified (Rambam *Sefer Korbanot, Hilkhot Bekhorot* 4:1; *Shulḥan Arukh, Yoreh De'a* 320:3).

מְזוּזָה אַף עַל גַּב דִּכְתִיב ״בֵּיתֶךָ״ – דִּידָךְ אִין, שׁוּתָּפוּת לָא, כְּתַב רַחֲמָנָא ״לְמַעַן יִרְבּוּ יְמֵיכֶם וִימֵי בְנֵיכֶם״, וְאֶלָּא ״בֵּיתֶךָ״ לְמַאי אֲתָא? לְכִדְרַבָּה, דְּאָמַר רַבָּה:

Likewise, with regard to a ***mezuza***, Rabbi Ilai concedes that the house of two partners is obligated, **even though it is written:** "And you shall write them upon the doorposts of **your house** [***beitekha***]" (Deuteronomy 6:9), with a singular pronoun, from which one might have inferred that with regard to **your** house, **yes,** it is obligated, whereas a house owned by two people **in partnership** is **not** obligated. Consequently, **the Merciful One writes** with regard to the mitzva of *mezuza*: **"So that your days may be multiplied, and the days of your children"** (Deuteronomy 11:21). The use of the plural pronoun in the terms "your days" and "your children" in this verse indicates that partners are obligated in the mitzva of *mezuza*. The Gemara asks: **But** if so, **for what** purpose does the term **"your house [*beitekha*]" come?** The Gemara answers: It is necessary **for that which Rabba** derived, **as Rabba said:**

Perek **XI**
Daf **136** Amud **a**

**HALAKHA**

**The** ***mezuza*** **is affixed to the right side of the doorway** – מִן הַיָּמִין: A *mezuza* should be affixed in the space of the doorway, within one handbreadth of the outer edge of the doorpost, at the beginning of the upper third of its height. If the *mezuza* was affixed higher than this, it is valid, provided it is at least one handbreadth below the lintel. It must be affixed to the right side of an individual entering the house, irrespective of whether or not he is left-handed (Rema). If the *mezuza* was affixed to the left side, it is invalid (Rambam *Sefer Ahava, Hilkhot Tefillin UMezuza VeSefer Torah* 6:12).

**Tithe…the Merciful One writes: All your tithes, etc.** – מַעֲשֵׂר...כְּתַב רַחֲמָנָא מַעְשְׂרֹתֵיכֶם וכו׳: If Jews own produce in partnership, they are obligated to separate *teruma* and tithes from their jointly owned produce (Rambam *Sefer Zera'im, Hilkhot Terumot* 4:8; *Shulḥan Arukh, Yoreh De'a* 331:35).

דֶּרֶךְ בִּיאָתְךָ, מִן הַיָּמִין.

The term "your house [*beitekha*]" is similar to the term: You enter [*bi'atkha*], indicating that one places the *mezuza* in the **way that you enter** the house.[N] When a person lifts his foot to begin walking, he lifts his right foot first. Therefore, the *mezuza* is affixed **to the right** side of the doorway,[HN] as one enters.

מַעֲשֵׂר, אַף עַל גַּב דִּכְתִיב ״מַעְשַׂר דְּגָנְךָ״ – דִּילָךְ אִין, דְּשׁוּתָּפוּת לָא, כְּתַב רַחֲמָנָא ״מַעְשְׂרֹתֵיכֶם״, אֶלָּא ״מַעְשַׂר דְּגָנְךָ״ לְמַאי אֲתָא? לְמַעוֹטֵי שׁוּתָּפוּת דְּגוֹי.

Similarly, with regard to **tithe,** Rabbi Ilai concedes that joint owners of produce are obligated, **even though it is written: "The tithe of your grain [*deganekha*]"** (Deuteronomy 12:17), using the singular pronoun, from which one might have inferred that with regard to **your** grain, **yes,** one is obligated, whereas with regard to that **which is** owned **in partnership,** one is **not** obligated. The reason is that **the Merciful One writes:** "All **your tithes [*ma'asroteikhem*]"** (Numbers 18:28),[H] using the plural pronoun, indicating that even partners are obligated in this mitzva. The Gemara asks: **But** if so, **for what** purpose does the term: **"The tithe of your grain [*deganekha*],"** using the singular pronoun, **come?** The Gemara answers: It serves **to exclude** produce owned in **partnership with a gentile** from the obligation of tithes.

מַתָּנוֹת, אַף עַל גַּב דִּכְתַב רַחֲמָנָא ״וְנָתַן״,

Likewise, with regard to the **gifts** to which members of the priesthood are entitled, i.e., the foreleg, the jaw, and the maw, Rabbi Ilai concedes that the joint owners of an animal are obligated, **even though the Merciful One writes:** "And this shall be the priests' due from the people, from those who slaughter an animal, whether it be ox or sheep; **and he shall give** to the priest the foreleg, and the jaw, and the maw" (Deuteronomy 18:3).

**NOTES**

**The way that you enter the house** – דֶּרֶךְ בִּיאָתְךָ: Unlike in the previous discussions, the Gemara does not answer that the singular pronoun in the term: "Your house [*beitekha*]" (Deuteronomy 6:9), excludes from the obligation to affix a *mezuza* a house owned in partnership by a Jew and a gentile. The early commentaries explain that the reason the Gemara did not offer this answer is that since the obligation to affix a *mezuza* is incumbent upon the one who dwells in the house, as opposed to a requirement that applies to the house itself (*Pesaḥim* 4a; *Bava Metzia* 101b), if a Jew dwells in a house owned in partnership with a gentile he is obligated to affix a *mezuza*. Furthermore, even if a Jew lives in the house of a gentile, he is obligated in this mitzva (Rashba; Ritva; Ran; *Beit Yosef, Yoreh De'a* 286).

**The way that you enter the house, to the right side of the doorway** – דֶּרֶךְ בִּיאָתְךָ מִן הַיָּמִין: When entering a room, one generally leads with his right foot. The *mezuza* is therefore affixed to the right side (Rashi). The later commentaries note that according to this reasoning, a left-footed person, who is accustomed to lift his left foot first, should affix the *mezuza* to the left side of the doorway, just as a left-handed person wears phylacteries on his right arm whereas right-handed people wear them on their left. Yet there is an essential difference between the mitzvot of phylacteries and *mezuza*: Wearing phylacteries is a personal mitzva, whereas the *mezuza* serves all the inhabitants of the house. Therefore, even if the owner is left-footed the *mezuza* is affixed to the right side (*Beit Yosef, Yoreh De'a* 289, citing Mordekhai). Furthermore, the mitzva of phylacteries applies to one's body. Consequently, the place to affix them is determined by each individual's personal characteristics. Conversely, the mitzva of *mezuza* is incumbent upon the house, which is why even a left-footed person dwelling alone affixes the *mezuza* to the right side of the doorway (*Shakh*).

אִיכָּא לְמֵימַר: יָלֵיף "נְתִינָה" "נְתִינָה" מֵרֵאשִׁית הַגֵּז, מָה לְהַלָּן – דִּשְׁוּתָּפוּת לָא, אַף כָּאן – דִּשְׁוּתָּפוּת לָא, כְּתַב רַחֲמָנָא "מֵאֵת זֹבְחֵי הַזֶּבַח".

The Gemara elaborates: **It is possible to say** that one should **derive** a verbal analogy between **giving** mentioned in the context of gifts to the priesthood and **giving from the first sheared wool.** The Torah states: "He shall give," with regard to the gifts of the priesthood, and it states: "Shall you give him" (Deuteronomy 18:4), with regard to the first sheared wool; **just as there,** with regard to the first sheared wool, sheep owned **in partnership** do **not** render their owners obligated, **so too here,** with regard to the gifts of the priesthood, an animal owned **in partnership** does **not** render the owners obligated. But **the Merciful One writes: "From those who slaughter an animal,"**[H] in the plural, indicating that even the owners of an animal owned in partnership are obligated to give the foreleg, the jaw, and the maw.

אֶלָּא טַעְמָא דִּכְתַב רַחֲמָנָא "מֵאֵת זֹבְחֵי הַזֶּבַח", הָא לָאו הָכִי הֲוָה אָמֵינָא: לֵילַף מֵרֵאשִׁית הַגֵּז? אַדְּרַבָּה, נֵילַף מִתְּרוּמָה!

The Gemara challenges: **But** according to this inference, **the reason** the joint owners of an animal are obligated in the gifts of the priesthood is **that the Merciful One writes: "From those who slaughter an animal,"** in the plural. **But** were it **not so, I would say** that they are exempt, as **derived** by means of a verbal analogy **from the first sheared wool. On the contrary,** since the term "shall you give him" is also referring to *teruma*, one should **derive** by means of a verbal analogy **from** *teruma*: Just as the obligation of *teruma* applies to those who own produce in partnership, so too, the requirement of the gifts of the priesthood applies to partners that own an animal together.

אִין הָכִי נַמִי, "מֵאֵת זֹבְחֵי הַזֶּבַח" לָמָּה לִי? לְכִדְרָבָא, דְּאָמַר רָבָא: הַדִּין עִם הַטַּבָּח.

The Gemara explains: **Yes,** it **is indeed so;** the obligation of partners with regard to gifts of the priesthood is derived from *teruma*. But if so, **why do I** need the phrase **"from those who slaughter an animal"?** It is necessary **for that which Rava** taught, **as Rava said:** The priest issues his **demand** to receive the foreleg, the jaw, and the maw **from the butcher**[N] who slaughtered the animal, not from the buyer.

בִּכּוּרִים, אַף עַל גַּב דִּכְתִיב "אַרְצְךָ" – דִּידָךְ אִין, דִּשְׁוּתָּפוּת לָא,

Similarly, with regard to the **first fruits,** Rabbi Ilai concedes that the joint owners of produce are obligated, **even though it is written:** "And you shall take of the first of all the fruit of the ground, which you shall bring in from **your land** [*be'artzekha*]" (Deuteronomy 26:2), using the singular pronoun. One might have inferred from the singular pronoun that with regard to **your** land, **yes,** one is obligated, whereas with regard to **that which is** owned **in partnership** one is **not** obligated.

כְּתַב רַחֲמָנָא "בִּכּוּרֵי כׇּל אֲשֶׁר (בְּאַרְצְךָ) [בְּאַרְצָם]". אֶלָּא "אַרְצְךָ" לָמָּה לִי? לְמַעוֹטֵי חוּצָה לָאָרֶץ.

Therefore, **the Merciful One writes: "The first fruits of all that is in their land,"**[H] which they bring to the Lord, shall be yours" (Numbers 18:13). The use of the plural pronoun indicates that even from land owned in partnership one is obligated to bring first fruits. The Gemara asks: **But** if so, **why do I** need the term **"your land** [*be'artzekha*]," using the singular pronoun? The Gemara answers: This serves **to exclude** produce grown **outside of Eretz** Yisrael[N] from the mitzva of the first fruits.[H]

### NOTES

**From those who slaughter…as Rava said, the priest issues his demand to receive the foreleg, the jaw, and the maw from the butcher – מֵאֵת זֹבְחֵי הַזֶּבַח...דְּאָמַר רָבָא הַדִּין עִם הַטַּבָּח:** Rashi notes that Rava's statement is explained more fully in the previous chapter (132a). Rashi adds that the reason the term "those who slaughter" appears in the plural is that it is often the manner of the Torah to use the plural form even when referring to the obligation of an individual (see *Yissa Berakha*).

**Why do I need the term your land, to exclude outside of Eretz Yisrael – אַרְצְךָ לָמָּה לִי לְמַעוֹטֵי חוּצָה לָאָרֶץ:** Rashi notes that this derivation is necessary, and the term: "Their land" (Numbers 18:13), is insufficient to derive that first fruit is not brought from produce grown outside of Eretz Yisrael. The reason is that the term "their land" could be understood as referring to any land owned by a Jew, even outside of Eretz Yisrael. By contrast, the singular form of the term "your land" emphasizes the uniqueness of the bond between land and owner. The Gemara therefore understands this term as referring either to land owned by a single individual, or, according to the Gemara's conclusion, to Eretz Yisrael, which belongs exclusively to the Jewish people.

The early commentaries ask: Since there is a principle that any mitzva that is dependent on the land applies only in Eretz Yisrael (*Kiddushin* 36b), it should be evident that the mitzva of the first fruits does not apply outside Eretz Yisrael. Why, then, is it necessary for the Gemara to derive this *halakha* from the term "your land"? The commentaries answer the following: Two verses juxtapose the mitzva of first fruits to the prohibition against cooking meat in milk: "The choicest first fruits of your land you shall bring into the House of the Lord your God; you shall not cook a kid in its mother's milk" (Exodus 23:19, 34:26). Therefore, one might derive that just as the prohibition against cooking meat in milk applies outside of Eretz Yisrael, the mitzva of first fruits likewise applies outside of Eretz Yisrael. The Gemara's inference from the term "your land" rules out this possibility (*Tosafot*, citing Rashbam).

### HALAKHA

**Gifts of the priesthood…the Merciful One writes: From those who slaughter an animal – מַתָּנוֹת...כְּתַב רַחֲמָנָא מֵאֵת זֹבְחֵי הַזֶּבַח:** If an animal is owned by partners, the partners are obligated in the gifts of the priesthood, i.e., the foreleg, the jaw, and the maw, as the Torah states: "And this shall be the priests' due from the people, from those who slaughter an animal" (Rambam *Sefer Zera'im, Hilkhot Bikkurim* 9:7).

**First fruits…the Merciful One writes: The first fruits of all that is in their land – בִּכּוּרִים...כְּתַב רַחֲמָנָא בִּכּוּרֵי כׇּל אֲשֶׁר בְּאַרְצָם:** Partners are obligated in the mitzva to give the first fruits from their jointly owned produce (Rambam *Sefer Zera'im, Hilkhot Bikkurim* 2:8).

**To exclude outside of Eretz Yisrael from the mitzva of the first fruits – לְמַעוֹטֵי חוּצָה לָאָרֶץ:** The mitzva of first fruits applies only to produce grown in Eretz Yisrael. If one brought first fruits from outside Eretz Yisrael to the Temple, they do not have the halakhic status of first fruits. By rabbinic law, first fruits are brought from the cities formerly controlled by Sihon and Og, to the east of Eretz Yisrael, and from Syria, in accordance with the statement that one who buys land in Syria is comparable to one who buys land in Jerusalem (see *Gittin* 8a–b). The mitzva of first fruits does not apply in Ammon, Moab, and Babylonia (see *Kelim* 1:6), despite the fact that by rabbinic law *teruma* and tithes must be separated in those places (Rambam *Sefer Zera'im, Hilkhot Bikkurim* 2:1).

צִיצִית, אַף עַל גַּב דִּכְתַב רַחֲמָנָא "כְּסוּתְךָ" – דִּידָךְ אִין, דְּשׁוּתָּפוּת לָא,

Likewise, with regard to the mitzva to attach **ritual fringes** to one's garment, Rabbi Ilai concedes that a jointly owned garment is obligated, **even though the Merciful One writes:** "You shall make yourself twisted cords upon the four corners of **your covering** [*kesutekha*]" (Deuteronomy 22:12), using the singular pronoun. It might have been inferred from the singular form that with regard to **your** covering, **yes,** it is obligated, whereas with regard to **that which is** owned **in partnership** it is **not** obligated.

כְּתַב רַחֲמָנָא "עַל כַּנְפֵי בִגְדֵיהֶם לְדֹרֹתָם". וְאֶלָּא "כְּסוּתְךָ" לָמָּה לִי? לְכִדְרַב יְהוּדָה, דְּאָמַר רַב יְהוּדָה: טַלִּית שְׁאוּלָה – פְּטוּרָה מִן הַצִּיצִית כׇּל שְׁלֹשִׁים יוֹם.

Therefore, **the Merciful One writes:** "And they shall make for themselves fringes **in the corners of their garments,**[H] **throughout their generations,** and they shall put with the fringe of each corner a thread of blue" (Numbers 15:38). The use of the plural pronoun indicates that even jointly owned garments are obligated. The Gemara asks: **But** if so, **why do I** need the term **"your covering** [*kesutekha*]," using the singular pronoun? The Gemara answers: This is necessary **for that which Rav Yehuda** taught, **as Rav Yehuda said: A borrowed cloak is exempt from the** mitzva of **ritual fringes throughout** the first **thirty days.**[H]

מַעֲקֶה, אַף עַל גַּב דִּכְתַב רַחֲמָנָא "לְגַגֶּךָ" – דִּידָךְ אִין, דְּשׁוּתָּפוּת לָא,

Similarly, with regard to the obligation of establishing **a parapet** around a roof, Rabbi Ilai concedes that the joint owners of a roof are obligated, **even though the Merciful One writes:** "When you build a new house, then you shall make a parapet **for your roof** [*legaggekha*]," using the singular pronoun, "and you shall not bring blood upon your house, if any man falls from there" (Deuteronomy 22:8). One might have inferred from the singular form that with regard to **your** roof, **yes,** one is obligated, whereas with regard to **that which is** owned **in partnership** one is **not** obligated.

כְּתַב רַחֲמָנָא "כִּי יִפֹּל הַנֹּפֵל מִמֶּנּוּ". אֶלָּא "גַּגֶּךָ" לְמַאי אֲתָא? לְמַעוּטֵי בָּתֵּי כְנֵסִיּוֹת וּבָתֵּי מִדְרָשׁוֹת.

Therefore, **the Merciful One writes: "If any man falls from there,"**[H] indicating that wherever the danger of falling from the roof exists, there is an obligation to erect a parapet. The Gemara asks: **But** if so, **for what** purpose does the term **"your roof** [*gaggekha*]," using the singular pronoun, **come?** The Gemara answers: It serves **to exclude synagogues and houses of study.**[H]

אֲמַר רַב בֵּיבָי בַּר אַבַּיֵי: לֵיתְנְהוּ לְהָנֵי כְּלָלֵי, דְּתַנְיָא: בֶּהֱמַת הַשּׁוּתָּפִין חַיֶּיבֶת בִּבְכוֹרָה, וְרַבִּי אֶלְעַאי פּוֹטְרָה.

§ Rava maintains that although Rabbi Ilai holds that if a sheep is owned in partnership its owners are exempt from giving the first sheared wool to a priest, he concedes that partners are obligated with regard to all the other issues discussed above, including the mitzva of the firstborn animal and the gifts of the priesthood. **Rav Beivai bar Abaye said: These principles** stated by Rava **are not** accepted, **as it is taught** in a *baraita*: **An animal** owned by **partners is obligated in** the mitzva of **a firstborn,** i.e., its offspring is subject to firstborn status. **And Rabbi Ilai exempts** the animal from having its offspring subject to firstborn status.

**HALAKHA**

**Ritual fringes…the Merciful One writes: In the corners of their garments, etc.** – **צִיצִית...כְּתַב רַחֲמָנָא עַל כַּנְפֵי בִגְדֵיהֶם וכו׳**: One must attach ritual fringes to a garment owned by partners. The *Mishna Berura* adds that this applies even to a garment owned jointly by a Jew and a gentile, or a man and a woman. Nevertheless, one does not recite a blessing over this garment (Rambam *Sefer Ahava, Hilkhot Tzitzit* 3:4; *Shulḥan Arukh, Oraḥ Ḥayyim* 14:5).

**A borrowed cloak is exempt from ritual fringes throughout the first thirty days** – **טַלִּית שְׁאוּלָה פְּטוּרָה מִן הַצִּיצִית כׇּל שְׁלֹשִׁים יוֹם**: If one borrows a garment that does not have ritual fringes, he is exempt from affixing fringes for the first thirty days, as stated by Rav Yehuda. After the first thirty days, he is required by rabbinic law to affix ritual fringes to the garment, as it has the appearance of being owned by him. If one borrows a garment to which ritual fringes are already affixed, he may recite the blessing over it immediately (Rambam *Sefer Ahava, Hilkhot Tzitzit* 3:4; *Shulḥan Arukh, Oraḥ Ḥayyim* 14:3).

**Parapet…the Merciful One writes: If any man falls from there** – **מַעֲקֶה...כְּתַב רַחֲמָנָא כִּי יִפֹּל הַנֹּפֵל מִמֶּנּוּ**: Jewish partners who own a house jointly are obligated to erect a parapet around their roof. This is because the Torah states: "If any man falls from there" (Deuteronomy 22:8), indicating that the obligation applies wherever there is a danger of falling from the roof. The commentaries disagree as to whether the mitzva applies to a house owned in partnership with a gentile (Rambam *Sefer Nezikin, Hilkhot Rotze'aḥ UShmirat HaNefesh* 11:2; *Shulḥan Arukh, Ḥoshen Mishpat* 427:3, and see *Shakh* there).

**To exclude synagogues and houses of study** – **לְמַעוּטֵי בָּתֵּי כְנֵסִיּוֹת וּבָתֵּי מִדְרָשׁוֹת**: Synagogues and houses of study, which are not places of residence, are excluded from the obligation to erect a parapet around the roof, as it is stated: "Your roof," using the singular pronoun (Rambam *Sefer Nezikin, Hilkhot Rotze'aḥ UShmirat HaNefesh* 11:2; *Shulḥan Arukh, Ḥoshen Mishpat* 427:3).

מַאי טַעְמָא דְּרַבִּי אֶלְעַאי? דִּכְתִיב "בְּקָרְךָ וְצֹאנֶךָ", וְהָא כְּתִיב "בְּקַרְכֶם וְצֹאנְכֶם"! דְּכוּלְּהוּ יִשְׂרָאֵל.

The Gemara asks: **What is the reason for** the opinion of **Rabbi Ilai? As it is written:** "And the firstborn of **your herd and of your flock** [*bekarekha vetzonekha*]" (Deuteronomy 12:17), using the singular pronoun, indicating that only privately owned animals are consecrated. The Gemara comments: **But it is also written:** "And the firstborn of **your herd and of your flock** [*bekarkhem vetzonekhem*]" (Deuteronomy 12:6), using the plural pronoun. The Gemara explains: This verse is referring to the obligation **of all Jews**[N] to bring their firstborn animals to the Temple, but this applies only to animals with a single owner.

אָמַר רַב חֲנִינָא מִסּוּרָא: לֵיתְנְהוּ לְהָנֵי כְּלָלֵי, דְּתַנְיָא: בֶּהֱמַת הַשּׁוּתָּפִין חַיֶּיבֶת בְּמַתָּנוֹת, וְרַבִּי אֶלְעַאי פּוֹטֵר. מַאי טַעְמָא – יָלֵיף "נְתִינָה" "נְתִינָה" מֵרֵאשִׁית הַגֵּז, מָה לְהַלָּן – דְּשׁוּתָּפוּת לָא, אַף כָּאן – דְּשׁוּתָּפוּת לָא.

**Rav Ḥanina of Sura** also **said: These principles** stated by Rava **are not** accepted, **as it is taught** in a *baraita*: **An animal** owned by **partners is obligated,** i.e., renders its owners obligated, **to** take **gifts** of the priesthood from it, **and Rabbi Ilai exempts** the partners from the obligation. **What is the reason** for Rabbi Ilai's statement? He **derives** a verbal analogy between **giving** mentioned in this context **and giving from the first sheared wool.** The Torah states: "He shall give" (Deuteronomy 18:3), with regard to the gifts of the priesthood, and: "Shall you give him" (Deuteronomy 18:4), with regard to the first sheared wool. **Just as there,** with regard to the first sheared wool, in the case of sheep owned **in partnership** the owners are **not** obligated according to Rabbi Ilai, **so too here,** with regard to the gifts of the priesthood, if the animal is owned **in partnership** the owners are **not** obligated.

וְאִי סָלְקָא דַּעְתָּךְ בִּתְרוּמָה מִיחַיֵּיב, נֵילַף "נְתִינָה" "נְתִינָה" מִתְּרוּמָה, אֶלָּא שְׁמַע מִינָּהּ: בִּתְרוּמָה נַמִי פּוֹטֵר.

Rabbi Ḥanina of Sura adds: **And if it enters your mind** to accept Rava's statement that in the case **of *teruma*** Rabbi Ilai **deems** partners **obligated,** this is not possible. The reason is that the term "shall you give him" is also used with regard to *teruma*. Accordingly, instead of deriving the *halakha* of an animal owned by partners with regard to gifts of the priesthood by verbal analogy from the first sheared wool, one should **derive** by verbal analogy between **giving** mentioned with regard to gifts of the priesthood and **giving from *teruma*,** as follows: Just as joint owners of produce are obligated to separate *teruma* from that produce, so too with regard to an animal owned in partnership, the owners are obligated to take the gifts of the priesthood from it. **Rather, conclude from** the *baraita* that **with regard to *teruma* too,** Rabbi Ilai **deems** partners **exempt,** and therefore their exemption from the gifts of the priesthood can be derived either from the first sheared wool or from *teruma*.

אִי מָה תְּרוּמָה – בָּאָרֶץ אִין, בְּחוּצָה לָאָרֶץ לָא, אַף מַתָּנוֹת – בָּאָרֶץ אִין, בְּחוּצָה לָאָרֶץ לָא! אָמַר רַבִּי יוֹסֵי מִנְּהַרְבִּיל: אִין. וְהָתַנְיָא, רַבִּי אֶלְעַאי אוֹמֵר: מַתָּנוֹת אֵין נוֹהֲגִין אֶלָּא בָּאָרֶץ, וְכֵן הָיָה רַבִּי אֶלְעַאי אוֹמֵר: רֵאשִׁית הַגֵּז אֵין נוֹהֵג אֶלָּא בָּאָרֶץ.

The Gemara raises a difficulty: **If** it is possible to derive *halakhot* of the gifts of the priesthood from *teruma* by verbal analogy, one could also say: **Just as** with regard to ***teruma*** the *halakha* is that **in Eretz** Yisrael, **yes,** it applies, whereas **outside of Eretz** Yisrael it does **not** apply, **so too,** with regard to the **gifts** of the priesthood, **in Eretz** Yisrael, **yes,** they apply, whereas **outside of Eretz** Yisrael they do **not** apply. **Rabbi Yosei of Neharbil said: Yes,** it is indeed so, **and it is taught** in a *baraita* that **Rabbi Ilai says:** The **gifts** of the priesthood **apply only in Eretz** Yisrael. **And likewise, Rabbi Ilai would say:** The mitzva of **the first sheared wool applies only in Eretz** Yisrael.

NOTES

**This verse is referring to the obligation of all Jews** – דְּכוּלְּהוּ יִשְׂרָאֵל: Rav Beivai is saying that Rabbi Ilai exempts partners with regard to all of the ten mitzvot discussed earlier: Separating *teruma*, *ḥalla*, *pe'a*, the sanctity of the firstborn, *mezuza*, tithes, the gifts of the priesthood, the first fruit, ritual fringes, and erecting a parapet. Rava claims that Rabbi Ilai concedes that these mitzvot apply to partners, since the Torah uses the plural pronoun with regard to them. By contrast, Rav Beivai holds that just as the plural pronoun used with regard to the firstborn refers to the obligation of all Jews, so too, the plural pronoun with regard to the other nine mitzvot should be understood as a reference to the obligation of all Jews, not as referring to partners. Similarly, Rabbi Ḥanina claims that since Rabbi Ilai exempts partners from the mitzva of *teruma*, the plural pronoun in the term: "Your *terumot*" (Ezekiel 20:40), necessarily refers to the obligation of all Jews, and the plural pronoun used with regard to the other nine mitzvot should be understood in a like manner (*Torat Ḥayyim*). Other commentaries explain that Rabbi Ilai exempts partners only with regard to some of the ten matters (*Iggerot Moshe*).

HALAKHA

**From five sheep the wool accumulates – חָמֵשׁ מִצְטָרְפוֹת:** If an owner of five sheep sheared one of them and sold the fleece before shearing the second, and he then sheared the second and sold the fleece before shearing the third, and then he sheared the third and sold its fleece, and so on, all of the fleece combines to render one obligated in the mitzva of the first sheared wool. This is the *halakha* even if the wool was shorn over a number of years, in accordance with the opinion of the Rabbis (Rambam *Sefer Zera'im*, *Hilkhot Bikkurim* 10:15; *Shulḥan Arukh*, *Yoreh De'a* 333:12).

מַאי טַעֲמָא דְּרַבִּי אֶלְעַאי? אֲמַר רָבָא: יָלֵיף ״נְתִינָה״ ״נְתִינָה״ מִתְּרוּמָה, מַה תְּרוּמָה – בָּאָרֶץ אִין, בְּחוּצָה לָאָרֶץ לָא, אַף רֵאשִׁית הַגֵּז – בָּאָרֶץ אִין, בְּחוּצָה לָאָרֶץ לָא.

**What is the reason for** the ruling of **Rabbi Ilai? Rava said:** He **derives** by means of a verbal analogy between **giving** mentioned in the context of the first sheared wool and **giving from *teruma*** that **just as** with regard to ***teruma*** the *halakha* is that **in Eretz** Yisrael, **yes,** it applies, whereas **outside of Eretz** Yisrael, it does **not** apply; **so too,** with regard to **the first sheared wool, in Eretz** Yisrael, **yes,** it applies, whereas **outside of Eretz** Yisrael it does **not** apply.

אֲמַר לֵיהּ אַבַּיֵי: אִי מַה תְּרוּמָה טוֹבֶלֶת, אַף רֵאשִׁית הַגֵּז טוֹבֶלֶת! אֲמַר לֵיהּ: אֲמַר קְרָא ״וְרֵאשִׁית גֵּז צֹאנְךָ תִּתֶּן לוֹ״ – אֵין לְךָ בּוֹ אֶלָּא מֵרֵאשִׁיתוֹ וְאֵילָךְ.

**Abaye said to** Rava: **If** one compares the first sheared wool to *teruma* by means of a verbal analogy, one can say that **just as** with regard to the requirement to separate ***teruma***, it **produces** the halakhic status of forbidden **untithed produce, so too** the requirement to separate **the first sheared wool produces** the halakhic status of **untithed produce,** i.e., wool from which the first sheared wool has not been separated should be forbidden. Yet this is not the *halakha*. Rava **said to him** that the **verse states: "And the first sheared wool of your flock, shall you give him,"** i.e., the priest, which indicates that **you,** i.e., the priest, have a right **to** the first sheared wool **only from its** designation as **the first sheared wool and onward.** Since the first sheared wool does not belong to the priest prior to its designation, it does not render the rest of the wool forbidden.

אִי מַה תְּרוּמָה – חַיָּיבִים עָלֶיהָ מִיתָה וְחוֹמֶשׁ, אַף רֵאשִׁית הַגֵּז חַיָּיבִים עָלָיו מִיתָה וְחוֹמֶשׁ!

Abaye continues to question Rava: **If** one compares the first sheared wool to *teruma* by means of a verbal analogy, one can say that **just as** non-priests who partake of ***teruma*** intentionally are **liable** to receive the punishment of **death** at the hand of Heaven, **and** those who do so unwittingly are obligated to pay an additional **one-fifth** of its value, **so too,** non-priests who derive benefit from **the first sheared wool** intentionally should be **liable** to **death** at the hand of Heaven, **and** those who do so unwittingly should be obligated to pay an additional **one-fifth** of its value.

אֲמַר קְרָא: ״וּמֵתוּ בוֹ וְיָסַף עָלָיו״, ״עָלָיו״ – וְלֹא עַל רֵאשִׁית הַגֵּז, ״בּוֹ״ – וְלֹא בְּרֵאשִׁית הַגֵּז.

Rava replies: The **verse states** with regard to a non-priest who partakes of *teruma*: "Lest they bear sin for it, **and die because of it,** if they profane it … and if a man eat of the holy thing through error, **and he shall add** its fifth part **to it,** and shall give to the priest the holy thing" (Leviticus 22:9–14). Rava infers: "He shall add its fifth part **to it," and not to the first sheared wool. "And die because of it," and not because of the first sheared wool.** Consequently, a non-priest is liable to death at the hand of Heaven or to pay an additional one-fifth for partaking of *teruma*, but not for deriving benefit from the first sheared wool.

אִי מַה תְּרוּמָה – רִאשׁוֹן וְשֵׁנִי אַחֲרֶיהָ, אַף רֵאשִׁית הַגֵּז – רִאשׁוֹן וְשֵׁנִי אַחֲרֶיהָ! אֲמַר קְרָא: ״רֵאשִׁית״ – אֵין לְךָ בּוֹ אֶלָּא רֵאשִׁית בִּלְבַד.

Abaye further questions Rava: **If** one compares the first sheared wool to *teruma* by verbal analogy, one can say that **just as** with regard to ***teruma***, the **first and second** tithes are separated from the produce **after** *teruma* is separated, **so too** with regard to the **first sheared wool, first and second** tithes should be separated from the fleece **after it.** Rava replies: The **verse states** that the first sheared wool is **"the first."** Since the verse already stated "first" with regard to *teruma*, its repetition indicates that in this case there is no second separation. One **does not have** any separation **in this** case **other than the first** one.

אִי מַה תְּרוּמָה – מֵחָדָשׁ עַל הַיָּשָׁן לֹא, אַף רֵאשִׁית הַגֵּז – מֵחָדָשׁ עַל הַיָּשָׁן לֹא! אִין,

Abaye continues to question Rava: **If** one compares the first sheared wool to *teruma* by means of a verbal analogy, one can say that **just as** with regard to ***teruma*** one may **not** separate **from** the **new** produce of this year **on** behalf of **the old** produce from last year, **so too,** one may **not** separate **the first sheared wool from** the **new** shearing of this year **on** behalf of **the old** shearing from last year. On this occasion Rava replied: **Yes,** that is the *halakha*.

וְהָתַנְיָא: הָיוּ לוֹ שְׁתֵּי רְחֵלוֹת, גָּזַז וְהִנִּיחַ, גָּזַז וְהִנִּיחַ, שְׁנַיִם וּשְׁלֹשָׁה שָׁנִים – אֵין מִצְטָרְפוֹת, הָא חָמֵשׁ – מִצְטָרְפוֹת.

Rava proves his point: **And it is** likewise **taught** that this is Rabbi Ilai's opinion, through a contradiction between two *baraitot*. One *baraita* teaches: A person **had two sheep;** he **sheared** them **and left** the shearing in his possession, and the following year he again **sheared** them **and left** the shearing in his possession, and continued in this manner for **two or three years.** Although the accumulated wool is equivalent to the wool of five sheep, to which the obligation of the first sheared wool applies, the wool **does not accumulate** to constitute the minimum amount, as only two sheep were shorn. This indicates that if the wool is from **five** sheep, then it **accumulates,** and one is obligated to give the priest the first sheared wool, despite the fact that the wool was shorn in different years.[H]

וְהָתַנְיָא: אֵין מִצְטָרְפוֹת! אֶלָּא שְׁמַע מִינַּהּ: הָא – דְּרַבִּי אֶלְעַאי, וְהָא – דְּרַבָּנַן.

**But isn't it taught** in a *baraita* that even wool from five sheep shorn in different years **does not accumulate** to create an obligation? **Rather, conclude from** this contradiction that **this** second *baraita* is **in accordance with** the opinion of **Rabbi Ilai,** who compares the first sheared wool to *teruma*. Therefore, he holds that wool from separate years does not accumulate. **And that** first *baraita* **is in accordance with** the opinion of **the Rabbis,** who do not compare the first sheared wool to *teruma*. Therefore, they maintain that wool from separate years does accumulate.

אִי מָה תְּרוּמָה, גָּדֵל בְּחִיּוּב – חַיָּיב, גָּדֵל בִּפְטוּר – פָּטוּר, אַף רֵאשִׁית הַגֵּז נָמֵי, גָּדֵל בְּחִיּוּב – חַיָּיב, בִּפְטוּר – פָּטוּר!

Abaye asks Rava: **If** one compares the first sheared wool to *teruma*, one can say that **just as** with regard to ***teruma***, if a Jew purchased a field from a gentile then produce that **grew under** the ownership of a Jew, who is **obligated** to separate *teruma* from his produce, is **obligated,** whereas produce that **grew under** the ownership of a gentile, whose produce is **exempt, is exempt** even after purchase by a Jew; **so too,** with regard to the **first sheared wool,** the fleece that **grew under** the ownership of a Jew, who is **obligated** in the first sheared wool, is **obligated,** whereas the fleece that grew **under** the ownership of a gentile, who is **exempt,** is **exempt** even after purchase by a Jew.

וְגַבֵּי תְּרוּמָה מְנָלַן? דְּתַנְיָא: יִשְׂרָאֵל שֶׁלָּקַח שָׂדֶה בְּסוּרְיָא מִגּוֹי, עַד שֶׁלֹּא הֵבִיאָה שְׁלִישׁ – חַיָּיב, מִשֶּׁהֵבִיאָה שְׁלִישׁ, רַבִּי עֲקִיבָא מְחַיֵּיב בַּתּוֹסֶפֶת, וַחֲכָמִים פּוֹטְרִין.

Abaye adds: **And with regard to *teruma*, from where do we** derive that produce that grew when owned by a gentile is exempt? **As it is taught** in a *baraita*: With regard to **a Jew who purchased a field in Syria**[B] **from a gentile,**[H] if he bought the field **before** the produce **reached one-third** of its growth, he is **obligated** to separate *teruma*. If he bought the field **after** the produce **reached one-third** of its growth, **Rabbi Akiva deems him obligated** to separate *teruma* **from the** growth **added** after he bought the field, **and the Rabbis deem** him **exempt.** All agree, though, that he is exempt with regard to the part of the produce that grew under the gentile's ownership.

וְכִי תֵּימָא הָכִי נָמֵי, וְהָתְנַן: הַלּוֹקֵחַ גֵּז צֹאן גּוֹי – פָּטוּר מֵרֵאשִׁית הַגֵּז, הָא צֹאנוֹ לִגְזוֹז – חַיָּיב! מַתְנִיתִין

**And if you would say: Indeed,** Rabbi Ilai holds that wool that grew under the ownership of a gentile is exempt from the mitzva of the first sheared wool, that is difficult, as **didn't we learn** in the mishna (135a): **One who purchases the fleece of** the **sheep of a gentile** is **exempt from** the obligation of the **first sheared wool?** It can be inferred from the mishna that if one purchased the gentile's **sheep** when they were ready **for shearing,** he is **obligated** in the mitzva of the first sheared wool. Rava replied: **The mishna**

### HALAKHA

A Jew who purchased a field in Syria from a gentile – יִשְׂרָאֵל שֶׁלָּקַח שָׂדֶה בְּסוּרְיָא מִגּוֹי: In a case where a Jew purchased a field in Syria from a gentile before the produce reached one-third of its growth, and then he sold it back to the gentile after it reached one-third of its growth, if the Jew subsequently purchased the field a second time he is obligated to separate *teruma* and tithes from this produce, as the obligation took effect while the field was under Jewish ownership (Rambam *Sefer Zera'im*, *Hilkhot Terumot* 1:18).

### BACKGROUND

**Syria – סוּרְיָא:** Syria is comprised of the lands north of Eretz Yisrael that were conquered by King David. The biblical names for these areas are Aram, Aram of Damascus, and Aram Zobah. This area is roughly parallel to modern-day Syria, extending as far as Aleppo, although the border of Eretz Yisrael was further north than the current border of the State of Israel. The Sages accorded Syria a halakhic status in between the status of Eretz Yisrael and that of outside of Eretz Yisrael: Although it does not have the sanctity of Eretz Yisrael, some of the *halakhot* unique to Eretz Yisrael also apply in Syria, either completely or partially. This is because when Syria was conquered by King David, he conquered it as an individual rather than as the representative of the entire Jewish people. Another reason for Syria's special status is that it was under Jewish rule during various other periods.

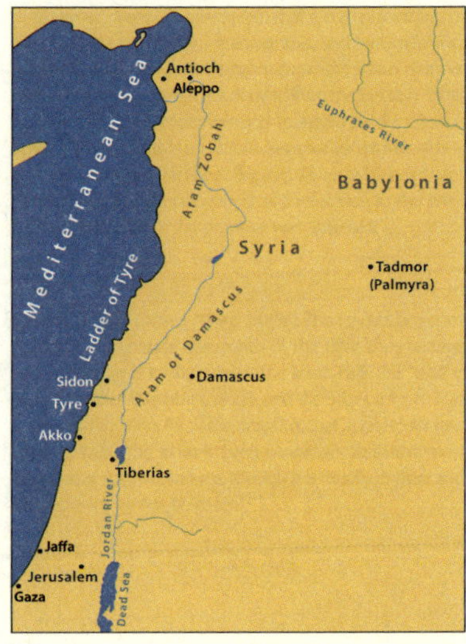


Syria



דְּלָא כְּרַבִּי אֶלְעַאי;

**is not in accordance with** the opinion of **Rabbi Ilai,** who holds that if the wool grew under the ownership of a gentile one is exempt from separating the first sheared wool.

אִי מָה תְּרוּמָה – מִמִּין עַל שֶׁאֵינוֹ מִינוֹ, לֹא. אַף רֵאשִׁית הַגֵּז – מִמִּין עַל שֶׁאֵינוֹ מִינוֹ, לֹא!

Abaye further asks Rava: **If** one compares the first sheared wool to *teruma*, can one say that **just as** with regard to ***teruma*** one may **not** separate *teruma* **from** one **type** of produce **on** behalf of that **which is not** of the same **type, so too,** one may **not** separate **the first sheared wool from** one **type** of sheep **on** behalf of sheep **which are not** of the same **type?**

וְגַבֵּי תְּרוּמָה מְנָלַן? דְּתַנְיָא: הָיוּ לוֹ שְׁנֵי מִינֵי תְאֵנִים שְׁחוֹרוֹת וּלְבָנוֹת, וְכֵן שְׁנֵי מִינֵי חִטִּין – אֵין תּוֹרְמִים וּמְעַשְּׂרִים מִזֶּה עַל זֶה. רַבִּי יִצְחָק אוֹמֵר מִשּׁוּם רַבִּי אֶלְעַאי: בֵּית שַׁמַּאי אוֹמְרִים אֵין תּוֹרְמִין, וּבֵית הִלֵּל אוֹמְרִים תּוֹרְמִין. אַף רֵאשִׁית הַגֵּז – מִמִּין עַל שֶׁאֵינוֹ מִינוֹ לֹא!

The Gemara asks: **And with regard to *teruma*, from where do we** derive that one may not do so? **As it is taught** in a *baraita*: If **one had two types of figs, black** figs **and white** figs; **or similarly,** if one had **two types of wheat,**[H] one may **not separate *teruma* and tithes from this** type **on** behalf of **that** type. **Rabbi Yitzḥak says in the name of Rabbi Ilai: Beit Shammai say** that one may **not separate** *teruma* from one of these on behalf of the other, **and Beit Hillel say** that one may **separate *teruma*** from one on behalf of the other, as they consider all forms of figs or wheat to be a single type. But all agree that with regard to two distinct types of food one may not separate *teruma* from one type on behalf of another type. **So too,** with regard to **the first sheared wool,** perhaps one may **not** separate **from** one **type** of sheep **on** behalf of sheep **which are not** of the same **type.**

אִין, וְהָתְנַן: הָיוּ לוֹ שְׁנֵי מִינִים, שְׁחוּפוֹת וּלְבָנוֹת, מָכַר לוֹ שְׁחוּפוֹת אֲבָל לֹא לְבָנוֹת – זֶה נוֹתֵן לְעַצְמוֹ וְזֶה נוֹתֵן לְעַצְמוֹ.

Rava replied: **Yes,** this is the *halakha*. **And we learned** in the mishna (135a) that one may not separate the first sheared wool from one type of sheep on behalf of another: If the seller **had two types** of sheep, **gray and white,** and he **sold him** the **gray** fleece **but not** the **white** fleece, then **this** seller **gives** the first sheared wool **for himself** from the wool that he kept, **and that** buyer **gives** the first sheared wool **for himself** from the wool that he bought.

אֶלָּא מֵעַתָּה סֵיפָא דְּקָתָנֵי, זְכָרִים אֲבָל לֹא נְקֵבוֹת – זֶה נוֹתֵן לְעַצְמוֹ וְזֶה נוֹתֵן לְעַצְמוֹ, הָכִי נַמִי מִשּׁוּם דִּתְרֵי מִינֵי נִינְהוּ?

The Gemara objects: **If that is so,** then consider **the latter clause, which teaches:** If he sold the fleece of the **male** sheep **but not** of the **female** sheep, then **this** seller **gives** the first sheared wool **for himself** from the wool that he kept, **and that** buyer **gives** the first sheared wool **for himself** from the wool that he bought. Is this **also due to** the fact that **they are two** different **types?** Clearly, it is not.

אֶלָּא – עֵצָה טוֹבָה קָא מַשְׁמַע לָן, דְּלֵיתִיב לֵיהּ מֵהַאי דְּרַכִּיךְ וּמֵהַאי דְּאַשְׁוַן. הָכָא נַמִי: עֵצָה טוֹבָה קָא מַשְׁמַע לָן, דְּלֵיתִיב לְהוּ מִתַּרְוַיְיהוּ!

The Gemara explains: **Rather,** the mishna **teaches us good advice.** The seller is obligated to give the first sheared wool even on behalf of the wool he sold. Since the fleece of the female sheep is softer and more valuable, it is profitable for the seller to buy back part of the fleece of the male sheep and separate it as the first sheared wool on behalf of the sheep he sold, so **that he gives** the priest both **from this** wool **that is soft and from that** wool **that is hard,** rather than giving him from the fleece of his female sheep on behalf of the male sheep. **Here too,** with regard to the gray and white sheep, the mishna **teaches us good advice,** that it is profitable for the seller to buy back part of the fleece of the gray sheep, so **that he gives** the priests **from both** types of wool, rather than giving the first sheared wool entirely from the more valuable white fleece.

הָא אוֹקִימְנָא לְמַתְנִיתִין דְּלָא כְּרַבִּי אֶלְעַאי.

According to the above explanation, the mishna rules that it is permitted to separate the first sheared wool from one type of sheep on behalf of another type. This is difficult according to the opinion of Rabbi Ilai, who compares the first sheared wool to *teruma*, where this practice is prohibited. The Gemara answers: **We** already **established that the mishna is not in accordance with** the opinion of **Rabbi Ilai.**

אִי מַה תְּרוּמָה – בָּעֵינַן רֵאשִׁית שֶׁשְּׁיָרֶיהָ נִיכָּרִין, אַף רֵאשִׁית הַגֵּז – שֶׁשְּׁיָרֶיהָ נִיכָּרִין! אִין,

The Gemara challenges further: **If** one compares the first sheared wool to *teruma* by means of a verbal analogy, one can say that **just as** with regard to ***teruma* we require** it to be **a first** gift **whose remainders are evident,** i.e., a part of the produce must remain after one has separated *teruma*, **so too, the first sheared wool** must be a gift **whose remainders are evident.** The Gemara responds: **Yes,** it is indeed so.

**HALAKHA**

One had two types of figs…or similarly two types of wheat, etc. – הָיוּ לוֹ שְׁנֵי מִינֵי תְאֵנִים...וְכֵן שְׁנֵי מִינֵי חִטִּין וכו׳: All types of wheat are considered a single type with regard to *teruma*. Likewise, all types of figs, dried figs, and pressed figs are considered a single type. One may therefore separate *teruma* from one on behalf of the other, as stated by Beit Hillel (Rambam *Sefer Zera'im, Hilkhot Terumot* 5:3).

וְהָתְנַן: הָאוֹמֵר ״כׇּל גְּרָנִי תְּרוּמָה, וְכׇל עִיסָּתִי חַלָּה״ – לֹא אָמַר כְּלוּם. הָא ״כׇּל גִּזַּיי רֵאשִׁית״ – דְּבָרָיו קַיָּימִין. וְתַנְיָא אִידַּךְ: לֹא אָמַר כְּלוּם!

The Gemara cites a proof for this claim. **And we learned** in a mishna (*Ḥalla* 1:9): With regard to **one who says: All my granary** shall be *teruma*,[H] **or: All my dough** shall be *ḥalla*,[H] he **has not said anything. But** one can infer from the mishna that if he said: **All my shearing** shall be designated as **first** sheared wool, **his declaration is valid. And** yet it **is taught** in **another** tannaitic source, a *baraita*, that if he said: All my shearing shall be designated as first sheared wool, he **did not say anything.**

אֶלָּא לָאו שְׁמַע מִינַּהּ: הָא – רַבִּי אֶלְעַאי, וְהָא – רַבָּנַן, שְׁמַע מִינַּהּ.

**Rather,** must one **not conclude from** the conflicting rulings that **this** *baraita* is in accordance with the opinion of **Rabbi Ilai,** who compares the first sheared wool to *teruma*, **and that** mishna is in accordance with the opinion of **the Rabbis,** who do not compare the two cases? The Gemara affirms: **Conclude from** here that this is correct.

אָמַר רַב נַחְמָן בַּר יִצְחָק: הָאִידָּנָא נְהוּג עָלְמָא כְּהָנֵי תְּלָת סָבֵי. כְּרַבִּי אֶלְעַאי – בְּרֵאשִׁית הַגֵּז. דְּתַנְיָא, רַבִּי אֶלְעַאי אוֹמֵר: רֵאשִׁית הַגֵּז אֵינוֹ נוֹהֵג אֶלָּא בָּאָרֶץ.

§ **Rav Naḥman bar Yitzḥak said: Nowadays the universally** accepted **practice is in accordance with** the lenient rulings of **these three elders:**[N] It is **in accordance with** the opinion of **Rabbi Ilai**[N] **with regard to the first sheared wool,**[N] **as it is taught** in a *baraita* that **Rabbi Ilai says:** The mitzva of **the first sheared wool applies only in Eretz** Yisrael.[H]

## HALAKHA

**All my granary shall be *teruma* – כׇּל גְּרָנִי תְּרוּמָה:** With regard to one who separates a greater portion of his produce than required as *teruma*, if he left a portion of the produce as non-sacred, his separation is valid. But if he said: All this produce shall be *teruma*, then his declaration is of no effect, as stated by the mishna in tractate *Ḥalla* (Rambam *Sefer Zera'im*, *Hilkhot Terumot* 3:5).

**All my dough shall be *ḥalla* – כׇּל עִיסָּתִי חַלָּה:** If one declares that all his dough should be *ḥalla*, his statement is of no effect, unless he left a part of the dough non-sacred, as stated by the mishna in tractate *Ḥalla* (Rambam *Sefer Zera'im*, *Hilkhot Bikkurim* 5:1; *Shulḥan Arukh*, *Yoreh De'a* 322:1).

**The first sheared wool applies only in Eretz Yisrael – רֵאשִׁית הַגֵּז אֵינוֹ נוֹהֵג אֶלָּא בָּאָרֶץ:** The mitzva of the first sheared wool applies only in Eretz Yisrael, whether or not the Temple is standing. According to some authorities, the mitzva of the first sheared wool applies even outside of Eretz Yisrael by Torah law (Rema, citing *Tur*). Nevertheless, the accepted custom is not in accordance with this opinion (Rambam *Sefer Zera'im*, *Hilkhot Bikkurim* 10:1; *Shulḥan Arukh*, *Yoreh De'a* 333:1).

## NOTES

**The universally accepted practice is in accordance with the lenient rulings of these three elders – נְהוּג עָלְמָא כְּהָנֵי תְּלָת סָבֵי:** *Tosafot* note that with regard to each of these *halakhot* it became the accepted practice to follow the lenient ruling notwithstanding a dissenting majority opinion. With regard to the first sheared wool and the gifts of the priesthood, which are equivalent in this regard in his opinion, the Gemara (132a) lists many *amora'im* who received the gifts of the priesthood, even though they lived in Babylonia. Clearly they held that these gifts apply even outside of Eretz Yisrael. Concerning the sowing of diverse kinds, most of the *amora'im* do not accept Rabbi Yoshiya's opinion (see *Shabbat* 139b). With regard to one who experiences a seminal emission, many *tanna'im* and *amora'im* hold that it is prohibited for him to engage in Torah study until he immerses himself in a ritual bath (*Berakhot* 22a).

**In accordance with the opinion of Rabbi Ilai – כְּרַבִּי אֶלְעַאי:** The early commentaries raise a difficulty: Rav Naḥman bar Yitzḥak rules here that the gifts of the priesthood do not apply outside of Eretz Yisrael. Yet in the previous chapter (132b), the Gemara states that Rav Naḥman bar Yitzḥak, who lived outside Eretz Yisrael, fined butchers who neglected to give the gifts of the priesthood by appropriating their cloaks. The commentaries answer that Rav Naḥman bar Yitzḥak acted in this manner before it became the accepted practice to follow the ruling of Rabbi Ilai (*Tosafot*).

**In accordance with the opinion of Rabbi Ilai with regard to the first sheared wool – כְּרַבִּי אֶלְעַאי בְּרֵאשִׁית הַגֵּז:** According to some of the early commentaries, this ruling applies both to the first sheared wool and to the gifts of the priesthood, i.e., the foreleg, the jaw, and the maw (Rashi; *Tosafot*; Rosh). Others maintain that the custom to follow Rabbi Ilai's lenient ruling only applies to the first sheared wool, whereas the obligation to give gifts of the priesthood applies even outside of Eretz Yisrael (Rambam; Ramban; Ran). Both opinions are cited by the *Shulḥan Arukh*.

There are also divergent opinions with regard to the fulfillment of these mitzvot today in Eretz Yisrael. Some hold that the second consecration of Eretz Yisrael, at the time of Ezra, remains in effect even after the destruction of the Temple, and therefore the mitzvot of the first sheared wool and the gifts of the priesthood apply by Torah law, like *teruma* (Ra'avad). Others maintain that the second consecration was abrogated by the destruction of the Second Temple, and therefore the mitzva of the gifts of the priesthood applies by rabbinic law, not by Torah law (Rashba). With regard to the opinion of the Rambam, although he holds that the second consecration is in effect even after the destruction of the Temple, he states that the mitzva of *teruma* applies by Torah law only when the majority of the Jewish people live in Eretz Yisrael. Therefore, the mitzva of the gifts of the priesthood also applies by rabbinic law, not by Torah law. Nevertheless, the common practice is to refrain from giving the gifts of the priesthood in Eretz Yisrael altogether. The later commentaries suggest the following explanation for this practice: Generally, priests are unable to prove their priestly lineage, and it is inappropriate for one to receive the gifts of the priesthood without proving his lineage. Nevertheless, some commentaries write that one should give the gifts of the priesthood in Eretz Yisrael nowadays (*Ḥazon Ish*).

וּכְרַבִּי יְהוּדָה בֶּן בְּתֵירָה – בְּדִבְרֵי תוֹרָה, דְּתַנְיָא, רַבִּי יְהוּדָה בֶּן בְּתֵירָה אוֹמֵר: אֵין דִּבְרֵי תוֹרָה מְקַבְּלִין טוּמְאָה.

**And** the accepted practice is **in accordance with** the opinion of **Rabbi Yehuda ben Beteira with regard to matters of Torah,**[N] **as it** is taught in a *baraita* that **Rabbi Yehuda ben Beteira says: Matters of Torah are not susceptible to ritual impurity.**[NH] Therefore, it is permitted for one who experienced a seminal emission to engage in Torah study even without first immersing in a ritual bath.

וּכְרַבִּי יֹאשִׁיָּה – בִּכְלָאִים, דְּתַנְיָא, רַבִּי יֹאשִׁיָּה אוֹמֵר: לְעוֹלָם אֵין חַיָּיב עַד שֶׁיִּזְרַע חִטָּה וּשְׂעוֹרָה וְחַרְצָן בְּמַפּוֹלֶת יָד.

**And** lastly, the accepted practice is **in accordance with** the opinion of **Rabbi Yoshiya with regard to diverse kinds, as it is taught** in a *baraita* that **Rabbi Yoshiya says: One** who sows diverse kinds **is never liable** by Torah law **until he sows wheat and barley and** a grape **pit with a single hand motion,**[H] i.e., by sowing in the vineyard he violates the prohibitions of diverse kinds that apply to seeds and to the vineyard simultaneously.

"חוֹמֶר בִּזְרוֹעַ" [וכו']. וְלִיתְנֵי חוֹמֶר בְּרֵאשִׁית הַגֵּז שֶׁנּוֹהֵג בִּטְרֵפוֹת, מַה שֶּׁאֵין כֵּן בְּמַתָּנוֹת!

§ The mishna states: There are more **stringent** elements **in** the mitzva of **the foreleg,** the jaw, and the maw than in the mitzva of the first sheared wool. The mishna then proceeds to list a number of these stringent elements. The Gemara objects: **But let** the mishna **teach** that there is a more **stringent** element **in** the mitzva of **the first sheared wool, as it is in effect with regard to animals with a wound that will cause them to die within twelve months** [*tereifot*], but that **is not so with regard to the gifts** of the priesthood, i.e., the foreleg, the jaw, and the maw, which are not given to the priest from a *tereifa*. This is because the Torah states: "He shall give to the priest the foreleg, and the jaw, and the maw" (Deuteronomy 18:3), whereas in the case of a *tereifa* the gifts are effectively not given to the priest himself but to his dog, as it is prohibited for the priest to eat them.

אָמַר רָבִינָא: הָא מַנִּי – רַבִּי שִׁמְעוֹן הִיא, דְּתַנְיָא: רַבִּי שִׁמְעוֹן פּוֹטֵר אֶת הַטְּרֵפוֹת מֵרֵאשִׁית הַגֵּז. מַאי טַעְמָא דְּרַבִּי שִׁמְעוֹן? יָלֵיף "נְתִינָה" "נְתִינָה" מִמַּתָּנוֹת, מַה מַּתָּנוֹת – טְרֵפָה לֹא, אַף רֵאשִׁית הַגֵּז נַמִי – טְרֵפָה לֹא.

**Ravina said:** In accordance with **whose** opinion **is this** mishna? **It** is in accordance with the opinion of **Rabbi Shimon, as it is taught** in a *baraita*: **Rabbi Shimon deems *tereifot* exempt from** the mitzva of **the first sheared wool. What is the reason for** the ruling of **Rabbi Shimon?** The reason is that he **derives** a verbal analogy between the term **giving** mentioned with regard to the first sheared wool and **giving from the gifts** of the priesthood. The Torah states: "Shall you give him" (Deuteronomy 18:4), with regard to the first sheared wool, and it states: "He shall give," with regard to the gifts of the priesthood. **Just as** with regard to the **gifts** of the priesthood, one is **not** obligated to give them from **a *tereifa*** animal, **so too,** with regard **to the first sheared wool,** one is **not** obligated to give them from **a *tereifa*.**

## NOTES

**In accordance with the opinion of Rabbi Yehuda ben Beteira with regard to matters of Torah – כְּרַבִּי יְהוּדָה בֶּן בְּתֵירָה בְּדִבְרֵי תוֹרָה:** Ezra instituted an ordinance that one who experiences a seminal emission must immerse in a ritual bath prior to studying Torah or praying. According to Rabbi Yehuda ben Beteira, this ordinance is no longer in effect. The later commentaries ask how Rabbi Yehuda ben Beteira could revoke an ordinance that had been in effect for many generations, as one rabbinical court cannot rescind an ordinance instituted by another rabbinical court, unless it is superior to the earlier court in wisdom and in number (see *Megilla* 2a). The commentaries explain that from the outset this particular ordination included a stipulation that later Sages have the authority to rescind the decree in the future (see *Moed Katan* 3b). Others answer that this ordinance was never adopted by the majority of the Jewish people, and therefore a lesser court could rescind it (see *Tosafot* on *Bava Kama* 82b). *Tosafot* on 122b cite the opinion of Rabbeinu Ḥananel that Ezra's ordinance was rescinded only with regard to Torah study but not with regard to prayer (*Yissa Berakha*).

The Gemara (*Pesaḥim* 7b) states: One recites a blessing prior to performing all mitzvot, except for ritual immersion, as before one's immersion one is unfit to recite a blessing. The *ge'onim* write that this ruling applies only to the immersion of a convert, who cannot recite the phrase: Who commanded us, before his immersion, as he is not yet Jewish. But one who immerses in a ritual bath due to a seminal emission does recite the blessing before he immerses himself, as according to the opinion of Rabbi Yehuda ben Beteira he is fit to recite blessings prior to immersing (*Tosafot*, citing Rav Hai Gaon). *Tosafot* also cite a different opinion, according to which the blessing is always recited after the immersion. The reason for this is that although the accepted practice follows the opinion of Rabbi Yehuda ben Beteira, many people are stringent in this matter and immerse themselves before they study Torah or recite blessings. Therefore, the correct practice is to immerse oneself first and recite the blessing afterward.

**Matters of Torah are not susceptible to ritual impurity – אֵין דִּבְרֵי תוֹרָה מְקַבְּלִין טוּמְאָה:** This statement does not contradict the prohibition against reciting matters of Torah in a place of filth (*Berakhot* 24b). The difference between filth and impurity is that ritual impurity is not concrete but conceptual, and as the words of the Lord are like fire they are incapable of becoming ritually impure (see *Berakhot* 22a). By contrast, filth that can be perceived by the senses impresses upon the individual that he is in a contemptible place, and one who recites matters of Torah in such a place is included in the verse (Numbers 15:31): "For he has shown contempt for the word of the Lord" (*Kesef Mishne*).

## HALAKHA

**Matters of Torah are not susceptible to ritual impurity – אֵין דִּבְרֵי תוֹרָה מְקַבְּלִין טוּמְאָה:** It is permitted for one who is ritually impure to read the Torah, recite *Shema*, and pray, except if he experienced a seminal emission. Ezra decreed that it is prohibited for one who experienced a seminal emission to engage in these matters until he immerses in a ritual bath, so that Torah scholars would not be with their wives constantly. This decree was never adopted by the entire Jewish people, and most people were unable to adhere to it. Therefore, Ezra's ordinance was repealed in subsequent generations, and it is permitted for one who experienced a seminal emission to engage in all these activities without immersion in a ritual bath. This became the accepted practice, in accordance with the ruling of Rabbi Yehuda ben Beteira that matters of Torah are not susceptible to ritual impurity. Furthermore, it is permitted for all those who are ritually impure to hold the Torah scroll and read from the Torah, provided their hands are not filthy. The commentaries write that even so, one who wishes to adopt the custom of immersing himself after a seminal emission before praying and studying Torah is praiseworthy. Nevertheless, one may not wait to immerse himself if meanwhile the time for reciting the *Shema* and the morning prayer is liable to elapse. Furthermore, it is possibly improper to delay even if this practice merely causes one to miss the opportunity to pray with a quorum of ten men. The *Mishna Berura* adds that if one wishes to adhere to Ezra's ordinance but he finds it difficult to immerse himself, he may instead pour on himself nine *kav* of water. Drawn water is fit for this purpose, and the nine *kav* may be poured from up to three vessels. The later commentaries note that immersing oneself in forty *se'a* of drawn water is also sufficient with regard to Ezra's ordinance (Rambam *Sefer Ahava*, *Hilkhot Tefillin UMezuza VeSefer Torah* 10:8; *Shulḥan Arukh* 282:9 and *Mishna Berura* there).

**One who sows diverse kinds is never liable until he sows wheat and barley and a grape pit with a single hand motion – לְעוֹלָם אֵין חַיָּיב עַד שֶׁיִּזְרַע חִטָּה וּשְׂעוֹרָה וְחַרְצָן בְּמַפּוֹלֶת יָד:** One is liable to be flogged for planting diverse kinds in a vineyard only if he plants wheat and barley and a grape pit at one time in Eretz Yisrael. One is also liable if he covers them with soil. Furthermore, this prohibition applies to either two species of vegetable seed and a grape pit or one vegetable seed, one seed of grain, and one grape pit. By rabbinic law, this prohibition applies outside of Eretz Yisrael as well, in accordance with the opinion of Rabbi Yoshiya (Rambam *Sefer Zera'im*, *Hilkhot Kilayim* 5:1–2; *Shulḥan Arukh*, *Yoreh De'a* 296:1).

**NOTES**

**Excludes a *tereifa*, which is not able to pass under the rod – פְּרָט לִטְרֵפָה שֶׁאֵינָהּ עוֹבֶרֶת:** Rashi explains that the verse excludes an animal whose leg was severed above the leg joint and is therefore unable to walk or pass under the rod of the owner counting the animals. An animal whose leg was severed above the joint is one of the eighteen *tereifot*, and the Sages derive from this case that the owner is exempt from animal tithe with regard to all other *tereifot*. The commentaries point out: An animal whose leg was severed below the joint is also unable to pass under the rod, although it is not a *tereifa*. Therefore, it too should not be subject to the obligation of animal tithe. *Tosafot* suggest that perhaps this animal is in fact exempt from animal tithe. Nevertheless, they admit that this resolution is unlikely to be correct, as the Gemara states only that *tereifot* are exempt.

וְאִי יָלֵיף ״נְתִינָה״ ״נְתִינָה״ מִמַּתָּנוֹת, לֵילַף ״נְתִינָה״ ״נְתִינָה״ מִתְּרוּמָה, מַה תְּרוּמָה – בָּאָרֶץ אִין בְּחוּצָה לָאָרֶץ לָא, אַף רֵאשִׁית הַגֵּז – נַמִי בָּאָרֶץ אִין בְּחוּצָה לָאָרֶץ לָא, אַלְמָה תְּנַן: רֵאשִׁית הַגֵּז נוֹהֵג בָּאָרֶץ וּבְחוּצָה לָאָרֶץ?

The Gemara asks: **If** Rabbi Shimon **derives** a verbal analogy between **giving** mentioned with regard to the first sheared wool and **giving from the gifts** of the priesthood, let him also **derive** a verbal analogy between **giving** mentioned with regard to the first sheared wool and **giving from *teruma*.** The Torah states: "The first fruits of your grain, of your wine, and of your oil, and the first sheared wool of your flock shall you give him" (Deuteronomy 18:4). **Just as** with regard to ***teruma***, produce grown **in Eretz** Yisrael, **yes,** it is obligated, whereas produce grown **outside of Eretz** Yisrael is **not** obligated, **so too** with regard to the mitzva of **the first sheared wool: In Eretz** Yisrael, **yes,** it applies, whereas **outside of Eretz** Yisrael it does **not** apply. **Why,** then, **did we learn** in the mishna that the mitzva of **the first sheared wool applies** both **in Eretz** Yisrael **and outside of Eretz** Yisrael?

אֶלָּא, הַיְינוּ טַעֲמָא דְּרַבִּי שִׁמְעוֹן: דְּיָלֵיף ״צֹאן״ ״צֹאן״ מִמַּעֲשֵׂר, מַה מַּעֲשֵׂר – טְרֵפָה לָא, אַף רֵאשִׁית הַגֵּז – טְרֵפָה לָא.

The Gemara suggests: **Rather, this is** the **reason for** the ruling of **Rabbi Shimon, as he derives** a verbal analogy between the term **"flock [*tzon*]"** mentioned with regard to the first sheared wool and the term **"flock [*tzon*]" from** the animal **tithe.** With regard to the first sheared wool, the verse states: "And the first sheared wool of your flock [*tzonekha*], shall you give him" (Deuteronomy 18:4), and with regard to the animal tithe it states: "And all the tithe of the herd or the flock [*tzon*], whichever passes under the rod, the tenth shall be holy unto the Lord" (Leviticus 27:32). **Just as** with regard to the **tithe,** one is **not** obligated in the case of an animal that is **a *tereifa*, so too,** with regard to **the first sheared wool,** one is **not** obligated in the case of **a *tereifa*.**

וְהָתָם מְנָלַן? דִּכְתִיב ״כֹּל אֲשֶׁר יַעֲבֹר תַּחַת הַשָּׁבֶט״ – פְּרָט לִטְרֵפָה שֶׁאֵינָהּ עוֹבֶרֶת. וְלֵילַף ״צֹאן״ ״צֹאן״ מִבְּכוֹר, מַה בְּכוֹר – אֲפִילּוּ טְרֵפָה, אַף רֵאשִׁית הַגֵּז – אֲפִילּוּ טְרֵפָה!

The Gemara asks: **And there,** with regard to the animal tithe, **from where do we** derive that it does not apply to a *tereifa*? The Gemara answers **that it is written: "Whichever passes under the rod,"** which **excludes a *tereifa*, which is not** able to **pass** under the rod[N] due to its physical state. The Gemara raises a difficulty: **But let** Rabbi Shimon **derive** a verbal analogy between the term **"flock [*tzon*]"** mentioned in this context and the term **"flock [*tzon*]" from** the mitzva to consecrate the male **firstborn** animal. In that context, the Torah states: "All the firstborn males that are born of your herd and of your flock [*tzonekha*] you shall sanctify to the Lord your God" (Deuteronomy 15:19). **Just as** with regard to the consecration of the **firstborn even a *tereifa*** is consecrated, **so too,** with regard to **the first sheared wool** the obligation applies **even** in the case of **a *tereifa*.**

מִסְתַּבְּרָא, מִמַּעֲשֵׂר הֲוָה לֵיהּ לְמֵילַף, שֶׁכֵּן: זְכָרִים, טְמֵאִין,

The Gemara answers: It **is reasonable** that Rabbi Shimon **should derive** the *halakha* of the first sheared wool **from** the *halakha* of animal **tithe** rather than from the mitzva of the firstborn, **as** there are many *halakhot* that are common to both the first sheared wool and the animal tithe. The Gemara enumerates these *halakhot*: First, the first sheared wool and the animal tithe apply to both **male** and female animals, while the mitzva of the firstborn applies only to males. Furthermore, the first sheared wool and the animal tithe do not apply to **non-kosher** animals, whereas the sanctity of the firstborn also applies to donkeys, which are not kosher.

בִּמְרוּבִּין, מֵרֶחֶם,

In addition, these two mitzvot both apply only in a case **of numerous** animals: The first sheared wool applies only if one shears no fewer than five sheep, and one must own at least ten animals to set aside the animal tithe, whereas the sanctity of the firstborn applies to a single animal. Another common feature is that unlike the firstborn, the first sheared wool and the animal tithe are not sanctified **from the womb,** but only once they are designated.

אָדָם, פָּשׁוּט, לִפְנֵי הַדִּבּוּר.

Moreover, both the first sheared wool and the animal tithe apply only to animals, whereas the sanctity of the firstborn also applies to a firstborn son in the case of **a man.** Likewise, these two mitzvot apply not only to firstborn animals but also to **ordinary** non-firstborn animals, unlike the sanctity of the firstborn. Finally, the first sheared wool and the animal tithe did not apply **before the** divine **word** was issued at the giving of the Torah at Mount Sinai, whereas the sanctity of the firstborn already applied while the Jews were still in Egypt.

אַדְּרַבָּה, מִבְּכוֹר הֲוָה לֵיהּ לְמֵילַף, שֶׁכֵּן: יָתוֹם, שֶׁלְּקָחוֹ,

The Gemara responds: **On the contrary,** Rabbi Shimon **should derive** the *halakha* of the first sheared wool **from** the sanctity of the **firstborn** rather than from the animal tithe, **as** there are many *halakhot* common to the first sheared wool and the firstborn animal. The Gemara again enumerates the *halakhot* in common: Both apply to **an orphan** animal, i.e., one whose mother died before its birth, whereas the animal tithe does not apply to an animal of this kind. Furthermore, both mitzvot are in effect in the case of an animal **that one purchased,** whereas the animal tithe does not apply to a purchased animal.

בְּשׁוּתָּפוּת, נְתָנוֹ, בִּפְנֵי, כֹּהֵן,

In addition, both the mitzva of the first sheared wool and the mitzva of the firstborn animal apply to an animal owned **in partnership,** unlike the animal tithe. Both apply as well to an animal that one **gave** another as a gift, whereas the animal tithe does not apply in the case of a gift. Likewise, both apply even when not **in the presence of**[N] the Temple, whereas the animal tithe is in effect only when the Temple is standing. Moreover, both the first sheared wool and the firstborn are given to **a priest,** whereas the animal tithe is eaten by the owner.

**NOTES**

**In the presence of [*bifnei*] – בִּפְנֵי:** Rashi and *Tosafot* disagree with regard to the correct version of the text. Rashi accepts the version of the Gemara as it appears here: Unlike the firstborn and the first sheared wool, the obligation of animal tithe applies only when the Temple is standing; but the Sages decreed that nowadays one should not tithe his animals, lest he mistakenly slaughter the tithe animal, utilize it for labor, or shear its wool, which is prohibited (*Bekhorot* 53a; see also Rashi here). *Tosafot* raise a difficulty with this explanation: The Gemara here lists these *halakhot* as considerations to prefer one verbal analogy over another, which is a matter of Torah law, but a decree of rabbinic origin cannot serve as a consideration when deriving a Torah law. *Tosafot* therefore claim that the text should read: *Lifnei*, i.e., before. This is an abbreviated form of the phrase: Sanctification of those walking before or after it. It refers to a *halakha* unique to the animal tithe, that if one lost count and mistakenly counted the ninth or eleventh animal in line as the tenth, that animal is also sanctified (see *Tiferet Ya'akov*).

Perek **XI**
Daf **137** Amud **a**

בִּקְדוּשָּׁה, וּמְכִירָה, וְהָנָךְ נְפִישִׁין!

The Gemara further states that the matter **of consecration**[N] applies neither to the mitzva of the first sheared wool nor to the firstborn animal. The firstborn is consecrated from the womb, while the first sheared wool is non-sacred. By contrast, the animal tithe is consecrated by the owner when passed under the rod. **And** finally, the option of **sale** by the priest applies to the first sheared wool and the firstborn animal after the priest receives them, whereas the animal tithe may not be sold. The Gemara adds: **And these** *halakhot* common to the first sheared wool and the firstborn are **more numerous** than the *halakhot* shared by the first sheared wool and the animal tithe. Therefore, Rabbi Shimon should derive the verbal analogy between the first sheared wool and the firstborn.

פָּשׁוּט מִפָּשׁוּט עָדִיף לֵיהּ.

The Gemara answers: Even so, Rabbi Shimon **prefers** to derive the *halakhot* of the first sheared wool, which apply to **an ordinary** non-firstborn animal, **from** those of animal tithe, which also apply to **an ordinary** animal. Rabbi Shimon maintains that the shared factor that the first sheared wool and the animal tithe apply to all animals, not only the first to emerge from the womb, is decisive and overrides the other shared *halakhot*.

**NOTES**

**Of consecration – בִּקְדוּשָּׁה:** The commentaries suggest different *halakhot* to which this word might be referring. Rashi explains that the first sheared wool has no sanctity. Others, such as Rav Se'adya Gaon, maintain that it does become consecrated, and there is even a mitzva to consecrate it. According to this opinion, the Gemara here can be interpreted as follows: The sanctity of the firstborn applies only to the firstborn animal itself, not to the animal born after it. Likewise, the first sheared wool is itself sanctified, but no sanctity applies to the remainder of the fleece. By contrast, in some cases the sanctity of the animal tithe extends to the ninth or eleventh animal as well (*Arukh*, citing Rabbeinu Ḥananel). As stated earlier, *Tosafot* hold that the term: In the presence of [*lifnei*], refers to this *halakha* (see *Bekhorot* 60b).

״רֵאשִׁית הַגֵּז אֵינוֹ נוֹהֵג אֶלָּא בִּרְחֵלִים״. מְנָא הָנֵי מִילֵּי? אָמַר רַב חִסְדָּא: אָתְיָא ״גִּיזָּה״ ״גִּיזָּה״, כְּתִיב הָכָא ״רֵאשִׁית גֵּז צֹאנְךָ תִּתֶּן לוֹ״ וּכְתִיב הָתָם ״וּמִגֵּז כְּבָשַׂי יִתְחַמָּם״, מָה לְהַלָּן כְּבָשִׂים, אַף כָּאן כְּבָשִׂים.

§ The mishna states: **The first sheared wool is in effect only with regard to sheep.** The Gemara asks: **From where are these matters** derived?[N] **Rav Ḥisda said:** It is **derived** by means of a verbal analogy between **shearing** mentioned in this context and **shearing**[N] mentioned elsewhere. It is **written here: "The first sheared wool of your flock [*tzonekha*], shall you give him"** (Deuteronomy 18:4), **and it** is **written there** that Job says concerning the needy: **"And he was warmed with the shearing of my sheep [*kevasai*]"** (Job 31:20). **Just as there,** the verse is referring specifically to the shearing of **sheep,** as the term *keves* is used only with regard to a sheep, **so too here,** with regard to the first sheared wool, the verse is referring to **sheep,** despite the fact that the term *tzon* can be interpreted as referring also to goats.[B]

וְנֵילַף ״גִּיזָּה״ ״גִּיזָּה״ מִבְּכוֹר, דְּתַנְיָא: ״לֹא תַעֲבֹד בִּבְכֹר שׁוֹרֶךָ וְלֹא תָגֹז בְּכוֹר צֹאנֶךָ״ אֵין לִי אֶלָּא שׁוֹר בַּעֲבוֹדָה וְצֹאן בִּגְזִיזָה,

The Gemara objects: **But derive** instead a verbal analogy concerning **shearing** mentioned in this context **from shearing** mentioned in the case of the **firstborn** animal: Just as the prohibition against shearing the firstborn also applies to a firstborn ox, so too, the *halakhot* of the first sheared wool should also apply to oxen. It is prohibited to shear a firstborn ox, **as it is taught** in a *baraita*: The verse states: **"You shall do no work with the firstborn of your ox, and you shall not shear the firstborn of your flock"** (Deuteronomy 15:19). From a straightforward reading of the verse, **I have** derived **only** that a firstborn **ox** may not be used **for labor and** that a firstborn of an animal from the **flock** may not be used **for shearing.**

מִנַּיִן לִיתֵּן הָאָמוּר שֶׁל זֶה בָּזֶה וְאֶת הָאָמוּר שֶׁל זֶה בָּזֶה? תַּלְמוּד לוֹמַר: ״לֹא תַעֲבֹד״ ״וְלֹא תָגֹז״!

The *baraita* continues: **From where** is it derived **to apply** the prohibition **that was stated about that** animal **to this** one, **and** the prohibition **that was stated about this** animal **to that** one? **The verse states: "You shall do no work…and you shall not shear."**[N] The conjunction "and" indicates that the two parts of the verse apply to both animals.

אֲמַר קְרָא: ״תִּתֶּן לוֹ״ – וְלֹא לְשַׂקּוֹ.

The Gemara explains: One cannot say that oxen are subject to the mitzva of first sheared wool, as the **verse states** with regard to this mitzva: **"Shall you give him,"** which indicates that the shearing is given to the priest himself, i.e., for him to wear, **and not for** use as **his sack.** The shearing of oxen is fit for use only as sackcloth, not as clothing.

אֶלָּא מֵעַתָּה נוֹצָה שֶׁל עִזִּים לִיחַיֵּיב! בָּעֵינַן גִּיזָּה וְלֵיכָּא!

The Gemara objects: **If that is so, let** one be obligated in the mitzva of the first sheared wool in the case of **goats' hair,** as it too can be used for clothing. The Gemara explains: To be obligated in the first sheared wool **we require** an act of **shearing, and** goats' hair is plucked, **not** sheared.

BACKGROUND

**Sheep…goats** – **כְּבָשִׂים...עִזִּים:** There are a number of breeds of goats and sheep, which differ from each other in their characteristics. The descriptions in the Mishna and Talmud indicate that the breed of sheep under discussion is similar to the Awassi breed, *Ovis aries platyura*, a fat-tailed type of sheep common nowadays in Israel. The breed of goats is apparently similar to the Israeli goat breed *Capra mambrica*. There are several distinctive characteristics that differentiate between these types of sheep and goats: The sheep's fleece is white, soft, and curly, as opposed to the black, hard hair of the goats. The sheep has a long, thick, and fatty tail, whereas the goat's tail is short and upright. Furthermore, the lamb has short ears, and the goat kid has long, hanging ears. The male goat has a beard, while the ram does not. Finally, the female goat has horns, whereas the ewe has no horns. They can also be differentiated by the sound of their bleat.

Awassi lamb

Mamber goat

NOTES

**From where are these matters derived** – **מְנָא הָנֵי מִילֵּי:** The verse states that the first sheared wool applies to the flock [*tzon*] (Deuteronomy 18:4). The term *tzon* can refer to goats as well as to sheep, as in the verse: "Go now to the flock [*tzon*], and fetch me from there two good goat kids" (Genesis 27:9). The Gemara therefore asks: From where does the mishna derive that the first sheared wool applies only to sheep (*Tosafot*)?

**It is derived by means of a verbal analogy between shearing and shearing, etc.** – **אָתְיָא גִּיזָּה גִּיזָּה וכו׳:** The commentaries are puzzled by this inference, as it is based on a verse in the book of Job, which is from the Writings, but the Gemara states elsewhere that Torah laws cannot be derived from the Prophets or the Writings (*Ḥagiga* 17b; *Bava Kamma* 2b). *Tosafot* explain that strictly speaking, the Gemara's inference here is not a verbal analogy. A verbal analogy is a hermeneutical principle by which new *halakhot* are derived, whereas in this case the parallel words merely serve to reveal the meaning of shearing in this context. The verse from Job indicates that this term refers specifically to sheep.

**The verse states, you shall do no work…and you shall not shear** – **תַּלְמוּד לוֹמַר לֹא תַעֲבֹד וְלֹא תָגֹז:** The conjunction "and" signifies that the second clause of the verse adds to the first clause (Rashi on *Bekhorot* 25a). Therefore, it is prohibited both to use the ox for labor as well as to shear it. In addition, one can infer from the juxtaposition of the flock to the ox that both prohibitions also apply to the flock. The later commentaries explain slightly differently: The conjunction "and" enables one to read the verse as though it were written: You shall not work and you shall not shear the firstborn of your ox or the firstborn of your flock. The verse did not state this explicitly, as the Torah expresses its prohibitions in accordance with standard behavior. People generally designate an ox for labor and a sheep for use of its fleece (*Torat Ḥayyim*).

מַאן שָׁמְעַתְּ לֵיהּ הַאי סְבָרָא – רַבִּי יוֹסֵי, הָא מוֹדֵי רַבִּי יוֹסֵי בְּמִידֵּי דְּאוֹרְחֵיהּ!

The Gemara asks: **Who did you hear** who accepts **this reasoning** that only an act of shearing renders one obligated in the mitzva of the first sheared wool? This is the opinion of **Rabbi Yosei,** which the Gemara will soon cite. But **Rabbi Yosei concedes** that the obligation does exist without the act of shearing **in a case where the** usual **manner of** removing the wool is not by shearing. Since goats' hair is not commonly shorn, the obligation of the first sheared wool should apply.

אֶלָּא כִּדְאָמַר רַבִּי יְהוֹשֻׁעַ בֶּן לֵוִי: ״לַעֲמֹד לְשָׁרֵת״ – דָּבָר הָרָאוּי לְשֵׁירוּת. הָכָא נַמִּי: דָּבָר הָרָאוּי לְשֵׁירוּת.

**Rather,** the Gemara provides a different source for the mishna's statement. The reason that the mitzva of first sheared wool applies only to sheep is **as Rabbi Yehoshua ben Levi said:** It is stated in the verse following the source for the mitzva of first sheared wool: "For the Lord your God has chosen him out of all your tribes, **to stand to serve** in the name of the Lord, he and his sons forever" (Deuteronomy 18:5). The term "to serve" indicates that the first sheared wool that is given to the priest must consist of **a matter fit for** the Temple **service,** i.e., its size must be large enough for use for the priestly garments. **Here too,** the first sheared wool must be of **a matter fit for** Temple **service,**[H] i.e., sheep's wool, from which the priestly garments are woven.

אֶלָּא ״גִּיזָּה״ ״גִּיזָּה״ לְמַאי אֲתָא? לְכִדְתָנָא דְּבֵי רַבִּי יִשְׁמָעֵאל, דְּתָנָא דְּבֵי רַבִּי יִשְׁמָעֵאל: כְּבָשִׂים שֶׁצַּמְרָן קָשֶׁה – פְּטוּרִים מֵרֵאשִׁית הַגֵּז, שֶׁנֶּאֱמַר ״וּמִגֵּז כְּבָשַׂי יִתְחַמָּם״.

The Gemara asks: **But** if so, **for what** purpose does the verbal analogy between **shearing** mentioned with regard to the first sheared wool and **shearing** mentioned with regard to the flock **come?** The Gemara answers: It is necessary **for that which was taught** in **the school of Rabbi Yishmael. As the school of Rabbi Yishmael taught:** In the case of **sheep whose wool is hard,**[H] the owner is **exempt from the first sheared wool, as it is stated: "And he was warmed with the shearing of my sheep"** (Job 31:20). Since hard wool does not provide warmth, the mitzva of the first sheared wool does not apply to this wool.

תָּנֵי חֲדָא: גּוֹזֵז אֶת הָעִזִּים וְשׁוֹטֵף אֶת הָרְחֵלִים – פָּטוּר, וְתַנְיָא אִידָּךְ: הַגּוֹזֵז אֶת הָעִזִּים – פָּטוּר, וְשׁוֹטֵף אֶת הָרְחֵלִים – חַיָּיב! לָא קַשְׁיָא, הָא – רַבָּנַן וְהָא – רַבִּי יוֹסֵי.

§ It **is taught** in **one** *baraita*: If one **shears goats, or washes sheep,** which causes some of their wool to be detached, he is **exempt** from the obligation of first sheared wool with regard to this wool. **And** it **is taught** in **another** *baraita*: **One who shears goats is exempt but** one who **washes the sheep** is **obligated** to separate the first sheared wool from the wool that was washed off. The Gemara resolves this apparent contradiction: It is **not difficult,** as **this** *baraita,* which requires one to separate the first sheared wool from the washed-off wool, is in accordance with the opinion of **the Rabbis, and that** *baraita,* which exempts the washed off wool, is in accordance with the opinion of **Rabbi Yosei.**

דְּתַנְיָא: ״לֶקֶט קְצִירְךָ״ – וְלֹא לֶקֶט קִיטּוּף. רַבִּי יוֹסֵי אוֹמֵר: אֵין לֶקֶט אֶלָּא הַבָּא מֵחֲמַת קָצִיר.

The Gemara cites the source of this dispute. **As it is taught** in a *baraita* with regard to the verse: "And when you reap the harvest of your land, you shall not completely remove the corner of your field when you reap, and you shall not gather the gleaning of your harvest; you shall leave them for the poor" (Leviticus 23:22). The phrase **"the gleaning of your harvest"** indicates that only such a gleaning is included, **and not gleaning from picking.**[H] If one picks the crop by hand rather than harvesting it using agricultural tools, he is exempt from the mitzva to leave the gleanings for the poor. **Rabbi Yosei says: Gleanings** are **only** those **that come due to harvesting** using agricultural tools.

**HALAKHA**

**A matter fit for Temple service** – **דָּבָר הָרָאוּי לְשֵׁירוּת:** The mitzva of the first sheared wool applies only to male and female sheep, as derived by Rabbi Yehoshua ben Levi (Rambam *Sefer Zera'im, Hilkhot Bikkurim* 10:4; *Shulḥan Arukh, Yoreh De'a* 333:2).

**Sheep whose wool is hard, etc.** – **כְּבָשִׂים שֶׁצַּמְרָן קָשֶׁה וכו׳:** If a sheep's wool is hard and unfit to be worn, the obligation of the first sheared wool does not apply to it, as taught by the school of Rabbi Yishmael (Rambam *Sefer Zera'im, Hilkhot Bikkurim* 10:4; *Shulḥan Arukh, Yoreh De'a* 333:2).

**The gleaning of your harvest and not gleaning from picking** – **לֶקֶט קְצִירְךָ וְלֹא לֶקֶט קִיטּוּף:** If one harvests without a scythe, whatever falls from his hand is not classified as gleanings. If one picks by hand those crops that are usually picked by hand, whatever falls from his hands is considered gleanings, as stated by Rabbi Yosei (Rambam *Sefer Zera'im, Hilkhot Mattenot Aniyyim* 4:2).

רַבִּי יוֹסֵי הַיְינוּ תַּנָּא קַמָּא! כּוּלָּהּ רַבִּי יוֹסֵי הִיא, וְהָכִי קָתָנֵי: שֶׁרַבִּי יוֹסֵי אוֹמֵר אֵין לֶקֶט אֶלָּא הַבָּא מֵחֲמַת קָצִיר.

The Gemara expresses puzzlement at this *baraita*: The opinion of **Rabbi Yosei** is identical to the opinion of **the first *tanna*.** The Gemara explains: The **entire *baraita* is** in accordance with the opinion of **Rabbi Yosei, and this** is what the *baraita* **is teaching:** The phrase "the gleaning of your harvest" teaches that crops picked by hand are exempt from the mitzva, **as Rabbi Yosei says: Gleanings** are **only** those **that come due to harvesting.** The Gemara infers that just as Rabbi Yosei interprets the term "harvest" as exempting crops that were picked by hand, so too he derives from the term "shearing" that the mitzva of the first sheared wool does not apply to fleece that was washed off. The Rabbis, who disagree with Rabbi Yosei with regard to the gleanings, likewise disagree with regard to the first sheared wool.

אֲמַר לֵיהּ רַב אַחָא בְּרֵיהּ דְּרָבָא לְרַב אַשִׁי: מוֹדֶה רַבִּי יוֹסֵי בְּמִידֵי דְּאוֹרְחֵיהּ. דְּתַנְיָא, רַבִּי יוֹסֵי אוֹמֵר: "קָצִיר" – אֵין לִי אֶלָּא קָצִיר, עוֹקֵר מִנַּיִן?

**Rav Aḥa, son of Rava, said to Rav Ashi: Rabbi Yosei concedes** that the mitzva of gleanings applies **to a case where the** usual **manner** of harvesting is by picking, **as it is taught** in a *baraita* with regard to the verse cited above that **Rabbi Yosei says:** From the term **"harvest" I have** derived **only** the obligation of gleanings with regard to **harvest. From where** do I derive the obligation of gleanings with regard to one who **uproots** the crop?

תַּלְמוּד לוֹמַר: "לִקְצֹר", תּוֹלֵשׁ מִנַּיִן? תַּלְמוּד לוֹמַר: "בְּקֻצְרְךָ".

**The verse states:** "And when you reap the harvest of your land, you shall not completely remove the corner of your field by reaping, and you shall not gather the gleaning of your harvest" (Leviticus 19:9). The superfluous term **"by reaping"** includes uprooting the crop. **From where** is it derived that the obligation extends to one who **picked** the crop by hand? **The verse states: "When you reap"** (Leviticus 23:22), which is also superfluous. It is derived from here that the mitzva applies to all ways of gathering the crop, provided they are the usual manner of harvesting that particular crop.

אֲמַר לֵיהּ רָבִינָא לְרַב אַשִׁי, אַף אֲנַן נָמֵי תְּנֵינָא: מַלְבְּנוֹת בְּצָלִים שֶׁבֵּין הַיָּרָק – רַבִּי יוֹסֵי אוֹמֵר: פֵּאָה מִכׇּל אֶחָד וְאֶחָד, וַחֲכָמִים אוֹמְרִים: מֵאַחַת עַל הַכֹּל.

**Ravina said to Ravi Ashi: We learn as well** in a mishna (*Pe'a* 3:4) that discusses the mitzva to leave produce in the corner of the field for the poor [*pe'a*]: If one has **garden beds of onions**[N] **that are among the vegetables,**[HN] **Rabbi Yosei says** that one leaves separate ***pe'a* from each and every one** of the beds. **And the Rabbis say** that one leaves *pe'a* **from one** garden bed **for all** of them. This indicates that Rabbi Yosei concedes that one is obligated to leave *pe'a* and gleanings from onions, despite the fact that they are picked by hand rather than harvested with tools. The reason is that this is the usual manner of gathering onions.

## HALAKHA

**Garden beds of onions that are among the vegetables, etc.** – **מַלְבְּנוֹת בְּצָלִים שֶׁבֵּין הַיָּרָק וכו׳**: With regard to garden beds of onions that are situated among vegetables, one leaves *pe'a* from one garden bed for all of the others, despite the fact that the vegetables divide the onions into individual garden beds. This ruling is in accordance with the opinion of the Rabbis (Rambam *Sefer Zera'im, Hilkhot Mattenot Aniyyim* 3:10).

## NOTES

**Garden beds of onions, etc.** – **מַלְבְּנוֹת בְּצָלִים וכו׳**: The Jerusalem Talmud (*Pe'a* 4:1) explains Rabbi Yosei's ruling: Since people generally do not plant onions among vegetables, this is not considered a single bed of onions. Some commentaries explain that because the mitzva of *pe'a* does not apply to vegetables (see following note), according to Rabbi Yosei their presence therefore causes the onions, to which the obligation of *pe'a* does apply, to be divided into separate garden beds. The Rabbis reason in the opposite manner: Because the mitzva of *pe'a* does not apply to the vegetables, their presence is ignored with regard to *pe'a*, and therefore the onion beds are considered like a single bed (*Arukh*). This latter explanation is in accordance with the Jerusalem Talmud's ruling that only a species to which the obligation of *pe'a* applies causes produce to be separated into different fields with regard to the obligation of *pe'a* (see also *Melekhet Shlomo*).

**That are among the vegetables** – **שֶׁבֵּין הַיָּרָק**: The obligation of *pe'a* does not apply to vegetables, in accordance with the ruling of a mishna (*Pe'a* 1:4) that the mitzva of *pe'a* applies only when five conditions are fulfilled: First, the produce must be fit for human consumption, which excludes certain types of grass that are eaten only occasionally. Second, it must be protected, which excludes ownerless crops. Third, it must grow from the ground, which excludes mushrooms, which draw their sustenance from the air and not from the ground. Fourth, the produce must be gathered at one time, which excludes types of fruit that are gathered throughout an extended period, e.g., figs, which do not ripen all together. Finally, it must be possible to store the produce for a prolonged period. This excludes vegetables, which rot quickly and therefore cannot be stored for protracted lengths of time (*Pesaḥim* 56b). Since onions and garlic can be stored for lengthy periods, the obligation of *pe'a* does apply to them (Rashi).

## NOTES

**According to your reasoning…isn't one animal obligated – לְטַעֲמִיךְ...חֲדָא מִי לָא מִיחַיְיבָא:** The later commentaries are puzzled by this question: If the verse is referring to the first sheared wool and the gifts of the priesthood, as initially suggested according to the opinion of Beit Hillel, one can understand why the verse specifies five sheep, because if there are less than five then one of the mitzvot, the first sheared wool, does not apply. But according to the suggestion that the two mitzvot are the firstborn and the gifts of the priesthood, why does the verse specify five sheep? After all, these two mitzvot already apply to a single sheep. Clearly, the first interpretation is preferable. The commentaries therefore explain the question as follows: One cannot say that the term "made [*asuyot*]" means that two mitzvot were performed with them, as one of the mitzvot was obligatory with even less than five sheep. Therefore, the Gemara suggests a different interpretation of the verse.

**Statements of the Torah…texts of the tradition [*kabbala*] – דִּבְרֵי תוֹרָה...קַבָּלָה:** Rashi explains that the term Torah refers to the five books of Moses. The word Torah means teaching, and the five books are called by this name because they are a divine teaching for all generations. The Prophets and Writings are called *kabbala*, which literally means: Received, because they are prophecies received for the requirements of the time and the generation (Rashi). Elsewhere Rashi writes that the term *kabbala* refers specifically to commands of a prophet to the people, but the narrative portions of the books of the Prophets are not referred to as *kabbala* (*Ta'anit* 15a).

"וְכַמָּה הוּא מְרוּבֶּה". בִּשְׁלָמָא לְבֵית שַׁמַּאי – תַּרְתֵּי נָמֵי אִיקְרוּ "צֹאן", אֶלָּא לְבֵית הִלֵּל מַאי טַעְמָא?

§ The mishna states: **And how many is numerous?** Beit Shammai say: It is at least two sheep, and Beit Hillel say: It is at least five sheep. The Gemara objects: **Granted,** according **to** the opinion of **Beit Shammai, two** sheep are **also called** ***tzon***, as in the verse cited by Beit Shammai: "That a man shall rear a young cow and two sheep [*tzon*]" (Isaiah 7:21). Since the mitzva of the first sheared wool is written with regard to *tzon*, it is logical that it applies to two sheep. **But what is the reasoning of Beit Hillel,** who hold that the mitzva applies only to five sheep, due to the verse: "And five sheep [*tzon*] made" (I Samuel 25:18)? Why do they not apply the obligation using the broader criterion of two sheep, as the verse quoted by Beit Shammai clearly indicates that two sheep are also called *tzon*?

אָמַר רַב כָּהֲנָא: אָמַר קְרָא "עֲשׂוּיוֹת" – שֶׁעוֹשׂוֹת שְׁתֵּי מִצְוֹת, רֵאשִׁית הַגֵּז וּמַתָּנוֹת. אֵימָא: בְּכוֹרָה וּמַתָּנוֹת!

**Rav Kahana said: The verse states:** "Five sheep **made** [*asuyot*]," in plural. The plural form indicates **that two mitzvot** have been **made,** i.e., performed, with them. The two mitzvot are **the first sheared wool and** the **gifts** of the priesthood, a mitzva that applies to a single animal. If the two mitzvot have been performed only when there are five sheep, evidently the mitzva of the first sheared wool applies only to five sheep. The Gemara asks: Why can't one **say** that the two mitzvot are the **firstborn** animal **and** the **gifts** of the priesthood?

בְּכוֹרָה, חֲדָא מִי לָא מִיחַיְיבָא? וּלְטַעֲמִיךְ, מַתָּנוֹת – חֲדָא מִי לָא מִיחַיְיבָא? אֶלָּא אָמַר רַב אָשֵׁי: "עֲשׂוּיוֹת" – שֶׁמְּעַשּׂוֹת אֶת בַּעֲלֵיהֶן וְאוֹמְרוֹת לוֹ: קוּם עֲשֵׂה מִצְוָה.

The Gemara answers: The other mitzva cannot be the firstborn animal, as with regard to the **firstborn, isn't one** animal **obligated,** i.e., doesn't one animal render its owner obligated? Yet the verse states that one performs the two mitzvot only with five sheep. The Gemara asks: **And according to your reasoning,** with regard to the **gifts** of the priesthood, **isn't one** animal **obligated,**[N] i.e., doesn't one animal render its owner obligated? **Rather, Rav Ashi says:** The term **"made"** should be understood as meaning **that** five sheep **make their owner** perform the first sheared wool **and** figuratively **say to him: Stand** and **fulfill a mitzva,** whereas less than five sheep do not obligate their owner in the mitzva of first sheared wool.

תַּנְיָא דְּבֵי רַבִּי יִשְׁמָעֵאל בְּרַבִּי יוֹסֵי אוֹמֵר מִשּׁוּם אָבִיו: אַרְבַּע, שֶׁנֶּאֱמַר "וְאַרְבַּע צֹאן תַּחַת הַשֶּׂה".

**It was taught** in a *baraita* **of the school of Rabbi Yishmael, son of Rabbi Yosei,** that he **says in the name of his father:** The obligation of the first sheared wool applies to one who owns **four** sheep, since a verse calls four sheep *tzon*, **as it is stated:** "If a man steals an ox or a sheep, and kills it or sells it, he shall pay five oxen for the ox, **and four sheep** [***tzon***] **for a sheep**" (Exodus 21:37).

תַּנְיָא, אָמַר רַבִּי: אִלְמָלֵא דִּבְרֵיהֶן דִּבְרֵי תוֹרָה וְדִבְרֵי בְּרִיבִּי קַבָּלָה – אָנוּ דִּבְרֵי בְּרִיבִּי שׁוֹמְעִין. וְכׇל שֶׁכֵּן שֶׁדִּבְרֵיהֶם דִּבְרֵי קַבָּלָה, וְדִבְרֵי בְּרִיבִּי דִּבְרֵי תוֹרָה.

**It is taught** in a *baraita* that **Rabbi** Yehuda HaNasi **says: Had their statements,** i.e., the opinions of Beit Shammai and Beit Hillel, been based on **statements of the Torah, and the statement of the Distinguished One** [***Beribbi***],[L] Rabbi Yosei, based on the texts of the **tradition** [***kabbala***],[N] the Prophets and Writings, even so **we** would **listen to the statement of the Distinguished One,** Rabbi Yosei. **All the more so** now **that their statements** are based on **texts of the tradition,** as both Beit Shammai and Beit Hillel derived their rulings from verses from the Prophets, while **the statement of the Distinguished One,** Rabbi Yosei, is based on **the statements of the Torah.**

וְהָאָמַר מָר: אֵין הַכְרָעָה שְׁלִישִׁית מַכְרַעַת!

The Gemara objects: **But didn't the Master say: The decision** of a **third** opinion that compromises between the first two opinions is **not** considered **decisive** if it is based on considerations that were not mentioned by the other two opinions. Although Rabbi Yosei's opinion is a compromise between the opinions of Beit Shammai and Beit Hillel, it is based on a different source.

## LANGUAGE

**Distinguished One [*Beribbi*] – בְּרִיבִּי:** The appellation *Beribbi* originated as an abbreviated form of the term *ben rabbi*, son of a rabbi. Already during the tannaitic period, the term was used as an honorific title appended to the name of an important Sage, acquiring the meaning of: Son of great men, or: Son of Sages. In this sense, the term was used irrespective of whether or not the Sage in question was actually the son of another great Sage. Sometimes the term *Beribbi* was used in reference to a great Sage without mentioning his name, as in the Gemara here.

אָמַר רַבִּי יוֹחָנָן: מִפִּי שְׁמוּעָה אֲמָרָהּ, מִפִּי חַגַּי זְכַרְיָה וּמַלְאָכִי.

**Rabbi Yoḥanan says** in response: Rabbi Yehuda HaNasi accepted Rabbi Yosei's opinion not because it was a compromise, but rather because **he said it according to a tradition** he had **from the** prophets **Haggai, Zechariah, and Malachi.**[N]

״רַבִּי דּוֹסָא בֶּן הָרְכִּינָס אוֹמֵר״ וכו׳. וְכַמָּה ״כׇּל שֶׁהֵן״? אָמַר רַב: מָנֶה וּפְרָס, וּבִלְבַד שֶׁיְּהוּ מְחוּמָּשׁוֹת. וּשְׁמוּאֵל אָמַר: שִׁשִּׁים, וְנוֹתֵן סֶלַע אַחַת לַכֹּהֵן.

§ The mishna states: **Rabbi Dosa ben Harkinas says**[N] that the mitzva of the first sheared wool applies to five sheep, each of whose shearing weighs one hundred and fifty dinars, whereas the Rabbis say: Five sheep, each of whose shearing is any amount. The Gemara asks: **And how much** is signified by the phrase: **Any amount? Rav says:** It is a total weight of **one hundred dinars** [*maneh*] **and half** of one hundred dinars [*peras*],[N] **provided that they are divided** equally **between the five** sheep.[HN] **And Shmuel says:** It is a total weight of **sixty** *sela*, of which he **gives** the weight of **one** ***sela*** **to the priest.**

רַבָּה בַּר בַּר חָנָה אָמַר רַבִּי יוֹחָנָן: שֵׁשׁ, לַכֹּהֵן – חֲמִשָּׁה, וְאֶחָד – לוֹ. עוּלָּא אָמַר רַבִּי אֶלְעָזָר: ״כׇּל שֶׁהֵן״ שָׁנִינוּ.

**Rabba bar bar Ḥana** says that **Rabbi Yoḥanan says:** It is a total weight of **six** *sela*, of which he gives **to the priest** the weight of **five** *sela*, **and** he leaves **one** *sela* **for himself. Ulla** says that **Rabbi Elazar says: We learned** in the mishna that according to the Rabbis the obligation of the first sheared wool applies to **any amount,** even if the total weight is only one *sela*.

תְּנַן: וְכַמָּה נוֹתֵן לוֹ – מִשְׁקַל חָמֵשׁ סְלָעִים בִּיהוּדָה, שֶׁהֵן עֶשֶׂר סְלָעִים בַּגָּלִיל. בִּשְׁלָמָא לְרַב וְרַבִּי יוֹחָנָן – נִיחָא, אֶלָּא לִשְׁמוּאֵל וְרַבִּי אֶלְעָזָר קַשְׁיָא!

**We learned** in the mishna (135a): **And how much does one give to the priest?** One gives him sheared wool of the **weight of five** ***sela*** **in Judea, which are** the equivalent of **ten** ***sela*** **in the Galilee. Granted,** according **to the opinions of Rav and Rabbi Yoḥanan,** the mishna **works out well,** as their statements do not contradict the mishna. Rav does not discuss the amount one is required to give the priest, and Rabbi Yoḥanan states that one gives the priest five *sela*. **But** according **to Shmuel and Rabbi Elazar,** the mishna is **difficult,** as Shmuel states that one is required to give one *sela*, while Rabbi Elazar states that the obligation of the first sheared wool applies even for a weight of less than five *sela*.

וְלִיטַעְמִיךְ, וּלְרַב מִי נִיחָא? וְהָא רַב וּשְׁמוּאֵל דְּאָמְרִי תַּרְוַיְיהוּ: רֵאשִׁית הַגֵּז בְּשִׁשִּׁים!

The Gemara responds: **And according to your reasoning, does it work out well** according **to** the opinion of **Rav? But Rav and Shmuel both say** that **the first sheared wool** given to the priest is one part **in sixty.**[N] Rav holds that the weight of one hundred and fifty dinars renders one obligated in the first sheared wool, and one-sixtieth of this weight is less than one *sela*. Therefore, Rav's opinion is also not in accordance with the mishna.

### HALAKHA

**One hundred dinars and half of one hundred dinars provided that they are divided equally between the five sheep – מָנֶה וּפְרָס וּבִלְבַד שֶׁיְּהוּ מְחוּמָּשׁוֹת:** How many sheep must one own in order to be obligated in the first sheared wool? One must own no less than five sheep, as stated by Beit Hillel, Rabbi Dosa ben Harkinas, and the Rabbis. The total weight of their shearing must be no less than sixty *sela*, and the shearing of each sheep at least twelve *sela*, in accordance with the opinion of Rav and Shmuel. If the shearing from one sheep is less than twelve *sela* one is exempt from the first sheared wool, even though the total weight of the shearing is sixty *sela* or more, as stated by Rav. Although Shmuel disagrees, the *halakha* is in accordance with Rav with regard to ritual matters (Rambam *Sefer Zera'im, Hilkhot Bikkurim* 10:1; *Shulḥan Arukh, Yoreh De'a* 333:9).

### NOTES

**From the prophets Haggai, Zechariah, and Malachi – מִפִּי חַגַּי זְכַרְיָה וּמַלְאָכִי:** Haggai, Zechariah, and Malachi, who lived at the beginning of the Second Temple period, were the last prophets. They were also members of the Great Assembly, which instituted ordinances to ensure the continued observance of the Torah (see Rashi on *Sukka* 44a).

**Rabbi Dosa ben Harkinas says, etc. – רַבִּי דּוֹסָא בֶּן הָרְכִּינָס אוֹמֵר וכו׳:** Some early commentaries explain that according to Rabbi Dosa ben Harkinas, the mitzva of the first sheared wool applies to five sheep whose shearing has a total weight of twice one hundred and fifty dinars. Rabbi Dosa does not say simply: Three hundred dinars, because the sheep are sheared twice a year, and the phrase: Twice one hundred and fifty dinars, teaches that the two portions of shearing combine to form the minimum amount. Furthermore, even when one shears the sheep several times, each time by a small amount, if by the end of the year the shearing accumulates to the required amount, one is obligated to separate the first sheared wool from it all (Ramban, based on *Tosefta*).

**Rav says a total weight of one hundred dinars and half of one hundred dinars – אָמַר רַב מָנֶה וּפְרָס:** Although the Rabbis use the term: Any amount, this is an exaggeration (Rashi) that serves to emphasize that in comparison to the amount mentioned by Rabbi Dosa, the amount stated by the Rabbis is relatively small: Rabbi Dosa holds that one is obligated only if the shearing of each sheep weighs one hundred and fifty dinars, whereas the Rabbis maintain that the obligation applies if the total weight of the fleece is one hundred and fifty dinars. Nevertheless, as explained in the previous note, the Ramban holds that there is no significant difference between the opinions of Rabbi Dosa and the Rabbis, as Rabbi Dosa holds that the first sheared wool applies to fleece weighing three hundred dinars in total, and Shmuel states that the Rabbis apply the mitzva to sixty *sela*, which are 240 dinars.

**Provided that they are divided equally between the five sheep – וּבִלְבַד שֶׁיְּהוּ מְחוּמָּשׁוֹת:** According to some commentaries, Shmuel disagrees with Rav only with regard to the amount of shearing that renders one obligated in the first sheared wool, but he concedes that the requisite amount must be divided equally between the five sheep (*Kesef Mishne*). Others maintain that Shmuel disagrees on this point as well, since he holds that there is no need for the total weight of sixty *sela* to be divided equally between the sheep (*Beit Yosef*; Gra; *Lev Arye*).

**The first sheared wool given to the priest is one part in sixty – רֵאשִׁית הַגֵּז בְּשִׁשִּׁים:** Some commentaries hold that by Torah law there is no fixed amount that one must give as the first sheared wool, as the Torah states simply: "The first sheared wool" (Deuteronomy 18:4), without indicating a specific amount. The measure of one-sixtieth stated by Rav and Shmuel applies by rabbinic law (*Minḥat Ḥinnukh*). Similarly, the mishna (*Pe'a* 1:1) states that by Torah law the mitzva of *pe'a* has no measure, and the Sages instituted a measure of one-sixtieth, again as stated by Rav and Shmuel. Other commentaries raise a difficulty with this opinion: If by Torah law the first sheared wool has no measure, why is it not included in the list of mitzvot that have no measure (*Pe'a* 1:1)? They therefore claim that with regard to the first sheared wool, the measure of one-sixtieth applies by Torah law, although the source from which the Sages derived this *halakha* is unknown (*Yosef Da'at*). Similarly, with regard to the dispute mentioned earlier between Rabbi Dosa and the Rabbis as to the amount of shearing that renders one obligated in the mitzva, *Tosafot* state that the source of each opinion is unknown (*Tosafot* on *Bava Batra* 150a).

הָא אִיתְּמַר עֲלָהּ דְּהַהִיא, רַב וּשְׁמוּאֵל דְּאָמְרִי תַּרְוַיְיהוּ: בְּיִשְׂרָאֵל שֶׁיֵּשׁ לוֹ גִּיזִּין הַרְבֵּה עָסְקִינַן, וּמְבַקֵּשׁ לִיתְּנָן לְכֹהֵן, וְאָמְרִינַן לֵיהּ: כָּל חַד וְחַד לָא תִּבְצַר לֵיהּ מֵחֲמֵשֶׁת סְלָעִים.

The Gemara answers: **It was stated with regard to that** mishna that **Rav and Shmuel both say:** The five *sela* stated in the mishna is not referring to the total amount given from the sheared wool. Rather, in the mishna **we are dealing with a Jew who has a large** amount of **shearing, and he wishes to give them to the priest,** i.e., to several priests. **And we say to him:** With regard to **each and every one** of the priests, do **not** give **him less than five** ***sela***. But if one has only a small amount of shearing, he gives the priest one-sixtieth of the shearing, even if it is less than five *sela*.

גּוּפָא, רַב וּשְׁמוּאֵל דְּאָמְרִי תַּרְוַיְיהוּ: רֵאשִׁית הַגֵּז – בְּשִׁשִּׁים, תְּרוּמָה – בְּשִׁשִּׁים, פֵּאָה – בְּשִׁשִּׁים.

§ The Gemara mentioned a ruling of Rav and Shmuel with regard to the amount that one is required to give as the first sheared wool. The Gemara discusses **the** matter **itself. Rav and Shmuel both say: The first sheared wool** given to the priest is one part **of sixty.** Likewise, the amount one is required to separate as ***teruma*** is one part **of sixty,** and the amount one must leave in his field as ***pe'a*** is one part **of sixty.**

תְּרוּמָה בְּשִׁשִּׁים? וְהָא אֲנַן תְּנַן: תְּרוּמָה, עַיִן יָפָה – אֶחָד מֵאַרְבָּעִים! דְּאוֹרַיְיתָא בְּשִׁשִּׁים, דְּרַבָּנַן בְּאַרְבָּעִים.

The Gemara asks: Is the amount one is required to separate as *teruma* one part **of sixty? But didn't we learn** in a mishna (*Terumot* 4:3): With regard to the measure one should separate as ***teruma***, if one is of **generous disposition** he gives **one-fortieth.**[H] The Gemara answers: **By Torah law,** it is sufficient to give one part **of sixty; by rabbinic law** the requisite amount is one part **of forty.**

דְּאוֹרַיְיתָא בְּשִׁשִּׁים? וְהָאָמַר שְׁמוּאֵל: חִטָּה אַחַת פּוֹטֶרֶת אֶת הַכְּרִי! דְּאוֹרַיְיתָא – כִּדְשְׁמוּאֵל. דְּרַבָּנַן בִּדְאוֹרַיְיתָא – אַחַת מֵאַרְבָּעִים, דְּרַבָּנַן בִּדְרַבָּנַן – בְּשִׁשִּׁים.

The Gemara asks: Is the measure of *teruma* **by Torah law** one part **of sixty? But doesn't Shmuel say:** By Torah law, even **one** grain of **wheat** given as *teruma* **exempts the entire pile** [***keri***][L] of grain?[H] The Gemara answers: **By Torah law** the measure is **as** stated **by Shmuel,** that even one grain of wheat is sufficient. **By rabbinic law, with regard to** produce that is obligated in *teruma* **by Torah law** the measure is **one-fortieth,** whereas **by rabbinic law, with regard to** produce obligated in *teruma* **by rabbinic law** the measure is one part **of sixty.**

פֵּאָה בְּשִׁשִּׁים? וְהָתְנַן: אֵלּוּ דְּבָרִים שֶׁאֵין לָהֶן שִׁיעוּר: הַפֵּאָה, וְהַבִּכּוּרִים, וְהָרֵאָיוֹן! דְּאוֹרַיְיתָא – אֵין לָהּ שִׁיעוּר, דְּרַבָּנַן – בְּשִׁשִּׁים.

Rav and Shmuel said above that the amount one is required to leave in his field as *pe'a* is one part out **of sixty.** The Gemara raises a difficulty: **But didn't we learn** in a mishna (*Pe'a* 1:1): **These are** the **matters,** i.e., mitzvot, **that have no measure:**[N] ***Pe'a*, and the first fruits,**[H] **and the** burnt offering of **appearance**[BH] sacrificed on the pilgrimage Festivals. The Gemara answers: **By Torah law,** ***pe'a*** **has no** fixed **measure; by rabbinic law** the measure is one part **of sixty.**

### LANGUAGE

**Pile [*keri*] – כְּרִי:** The word *keri* denotes the heap into which the grain is piled after harvest, as does the Aramaic *karya*. After it is stacked, the pile of grain is smoothed and evened out with a special tool, at which point the owner is obligated to separate *teruma* and tithes from the grain.

### NOTES

**These are matters that have no measure – אֵלּוּ דְּבָרִים שֶׁאֵין לָהֶן שִׁיעוּר:** The term: These, indicates that only these mitzvot have no measure, whereas other mitzvot do have a requisite measure. The Jerusalem Talmud at the beginning of tractate *Pe'a* discusses the reason why the mishna does not list other mitzvot that have no measure, e.g., *teruma*, in accordance with the statement of Shmuel here that by Torah law it is sufficient to separate one grain of wheat as *teruma*. It explains that although *teruma* has no minimum measure, it has a maximum measure, as one may not declare that his entire granary is *teruma*, as noted earlier (136b). The commentaries add other mitzvot that have no measure, and they explain why those mitzvot are not discussed by the Jerusalem Talmud: The mitzva to honor one's parents has no measure, but it is included in the general mitzva of acts of loving-kindness, which is listed in the mishna (Rabbi Shimshon of Saens). The peace offering of rejoicing is not listed, because it is consumed by its owner. The prohibition against rounding the hair on the sides of one's head is not listed, because although one must leave hair on the side of the head, one may leave any amount of hair (*Melekhet Shlomo*). The sin offering is not listed, because it is undesirable to incur the obligation to sacrifice a sin offering. The mitzva to relate the story of the exodus on the first night of Passover is not listed, because one cannot extend the mitzva beyond the time to recite the morning *Shema*. Prayer is not listed, despite the fact that the Rambam holds that this mitzva applies by Torah law, because prayer also has a measure: One must leave time to study Torah and fulfill other mitzvot (*Mishna Rishona*).

### BACKGROUND

**Burnt offering of appearance – רֵאָיוֹן:** This refers to the burnt offering that one is obligated to sacrifice on each of the three pilgrimage Festivals. It is prohibited to come to the Temple on these Festivals empty-handed (Deuteronomy 16:16–17). In addition to the burnt offering, one is also required to sacrifice a peace offering, known as the Festival peace offering, part of which is consumed by the owner.

### HALAKHA

**With regard to *teruma* if one is of generous disposition he gives one-fortieth – תְּרוּמָה עַיִן יָפָה אֶחָד מֵאַרְבָּעִים:** The Sages set fixed measures for the amount that one should separate as *teruma*: One who is generous gives one-fortieth, one of average disposition gives one-fiftieth, and one who is miserly gives no less than one-sixtieth, as stated in the mishna in tractate *Terumot* (Rambam *Sefer Zera'im, Hilkhot Terumot* 3:2).

**One grain of wheat given as *teruma* exempts the entire pile – חִטָּה אַחַת פּוֹטֶרֶת אֶת הַכְּרִי:** By Torah law there is no minimal amount that must be separated as *teruma*, as the verse states: "The first fruits of your grain" (Deuteronomy 18:4), which can be any amount, even a single grain of wheat from an entire pile of grain, as stated by Shmuel. Nevertheless, one should separate the measure set by the Sages *ab initio*. Today, when everyone is considered in a state of ritual impurity and therefore *teruma* is burned rather than consumed, one should separate a single grain *ab initio* (Rambam *Sefer Zera'im, Hilkhot Terumot* 3:1; see also *Shulḥan Arukh, Yoreh De'a* 331:19).

**First fruits – בִּכּוּרִים:** The first fruits have no measure by Torah law. By rabbinic law, one must separate one-sixtieth of his produce as first fruits. If one wishes to consecrate the produce of his entire field as first fruits he may do so, as stated in the mishna in tractate *Pe'a* 1:1 (Rambam *Sefer Zera'im, Hilkhot Bikkurim* 2:17).

**Burnt offering of appearance – רֵאָיוֹן:** The burnt offering of appearance and the Festival peace offering have no measure by Torah law, in accordance with the verse: "Every man shall give as he is able" (Deuteronomy 16:17). The Sages instituted an ordinance that the burnt offering of appearance should be worth no less than one silver *ma'a*, and the Festival peace offering at least two silver *ma'a*. Although this is the minimum measure, it is a mitzva to bring offerings as befitting one's means (Rambam *Sefer Korbanot, Hilkhot Ḥagiga* 1:2).

מאי קא משמע לן? תנינא: אין פוחתין לפאה משׁשׁים, אף על פי שׁאמרו הפאה אין לה שׁיעור! התם - בארץ, הכא - בחוצה לארץ.

The Gemara asks: **What is** the statement of Rav and Shmuel **teaching us? We** already **learn** in the subsequent mishna (*Pe'a* 1:2): One should **not give for *pe'a* less than** one part **of sixty, even though they said** that **the** mitzva of ***pe'a* has no measure.**[H] The Gemara answers: The mishna **there** is referring to the obligation to leave *pe'a* **in Eretz** Yisrael, whereas **here,** the statement of Rav and Shmuel is referring to the obligation of *pe'a* **outside of Eretz** Yisrael.[N]

כי סליק איסי בר הִיני אשׁכחיה (לרבי) [רבי] יוחנן דקא מתני ליה לבריה "רחלים". אמר ליה: אתנייה "רחלות"! אמר ליה: כדכתיב "רחלים מאתים". אמר ליה: לשׁון תורה לעצמה, לשׁון חכמים לעצמן.

§ **When Isi bar Hini ascended** from Babylonia to Eretz Yisrael, **Rabbi Yoḥanan found him teaching** the mishna **to his son.** Isi taught that the obligation of the first sheared wool applies only in the case of **sheep** [*reḥelim*], the masculine plural form of *raḥel,* meaning a sheep. Rabbi Yoḥanan **said to** Isi: You should **teach him** using the term *reḥelot,* the feminine plural form. Isi **said to him** in reply: I teach the mishna in accordance with **that which is written: "Two hundred *reḥelim*"** (Genesis 32:15). Rabbi Yoḥanan **said to** Isi: The **language** of the **Torah is distinct** and the **language** of the **Sages is distinct,** i.e., these are like two separate languages, and the Sages do not always use the same forms that appear in the Bible. In this case, they use *reḥelot* rather than *reḥelim.*

אמר ליה: מאן רישׁ סדרא בבבל? אמר ליה: אבא אריכא. אמר ליה: "אבא אריכא" קרית ליה? דכירנא כד הוה יתיבנא אחר שׁבע עשׂרה שׁורן אחוריה דרב קמיה דרבי, ונפקי זיקוקין דנור מפומיה דרב לפומיה דרבי, ומפומיה דרבי לפומיה דרב, ולית אנא ידע מה הן אמרין, ואת "אבא אריכא" קרית ליה!

Rabbi Yoḥanan **said to** Isi: **Who is the head of the yeshiva** [*reish sidra*][B] **in Babylonia?** Isi **said to** Rabbi Yoḥanan: It is **Abba the tall,**[P] i.e., the *amora* Rav. Rabbi Yoḥanan **said to** Isi: **You call him Abba the tall,** in such a familiar manner? **I remember when I sat seventeen rows behind Rav,** who sat **before Rabbi** Yehuda HaNasi, **and fiery sparks emerged from the mouth of Rav to the mouth of Rabbi** Yehuda HaNasi, **and from the mouth of Rabbi** Yehuda HaNasi **to the mouth of Rav, and I did not know what they said,** due to the profundity of their discussion. **And** yet **you call him Abba the tall?**

אמר ליה איהו: ראשׁית הגז בכמה? אמר ליה רבי יוחנן: בשׁשׁים. והאנן "בכל שׁהן" תנן? אמר ליה: אם כן, מה בין לי ולך?

Isi **said to** Rabbi Yoḥanan: With regard to **the first sheared wool, to how much** fleece does the mitzva apply? **Rabbi Yoḥanan said to him:** The first sheared wool applies **to** fleece weighing **sixty** *sela.* Isi asked: **But didn't we learn** in the mishna (135a) that the first sheared wool applies **to any amount** of fleece? Rabbi Yoḥanan **said to him** in reply: **If so,** i.e., if the *halakha* could be understood by a simple reading of the mishna, **what is** the difference **between my** knowledge **and yours?** In fact, you know only the mishna's statement, whereas I know the halakhic conclusion in this matter.

כי אתא רב דימי אמר: ראשׁית הגז - רב אמר: בשׁשׁים, ורבי יוחנן משׁום רבי ינאי אמר: בשׁשׁ. אמר ליה אביי לרב דימי: אנחת לן חדא, ואקשׁת לן חדא.

§ **When Rav Dimi came** from Eretz Yisrael to Babylonia, he **said:** With regard to **the first sheared wool, Rav says** that the mitzva applies **to sixty** *sela,* **and Rabbi Yoḥanan in the name of Rabbi Yannai says** that the mitzva applies **to six** *sela.* **Abaye said to Rav Dimi: You have made one** statement **work out well for us, but you have made another** statement **difficult for us.**

בשׁלמא דרבי יוחנן אדרבי יוחנן לא קשׁיא, הא - דידיה, הא - דרביה.

Abaye elaborates: **Granted,** you have resolved a contradiction between two statements of Rabbi Yoḥanan. Rabbi Yoḥanan said above that the amount of fleece to which the obligation of the first sheared wool applies is six *sela,* whereas in his answer to Isi he stated that the amount is sixty *sela.* According to Rav Dimi, the apparent contradiction between one statement **of Rabbi Yoḥanan and** the other statement **of Rabbi Yoḥanan is not difficult,** as **this** statement **is his** and **that** statement **is his teacher's.** Rabbi Yoḥanan holds that the obligation applies to sixty *sela,* whereas his teacher Rabbi Yannai maintains that it applies to six *sela.*

### NOTES

**The obligation of *pe'a* outside of Eretz Yisrael – חיוב פאה בחוצה לארץ:** The Rambam writes that according to the Gemara, the mitzva of *pe'a* applies outside of Eretz Yisrael by rabbinic law (Rambam *Sefer Zera'im, Hilkhot Mattenot Aniyyim* 1:14). Some commentaries explain that the Rambam is referring to the Gemara earlier (134b) that relates that Levi sowed crops in a place called Kishar and asked Rav Sheshet whether he should leave gleanings, as there were no poor people available to collect them. The obligation to leave *pe'a* is possibly similar to the obligation to leave gleanings in this regard, and although the exact location of Kishar is unknown, it was likely outside of Eretz Yisrael, as the Babylonian *amora* Rav Sheshet was consulted (*Kesef Mishne*). Since the Gemara here explicitly refers to the obligation of *pe'a* outside of Eretz Yisrael, it is more likely that the Rambam's ruling is based on this discussion (*Torat Ḥayyim*).

### HALAKHA

**Pe'a has no measure – פאה אין לה שׁיעור:** The mitzva of *pe'a* has no measure by Torah law; if one leaves even a single stalk he has fulfilled his obligation. By rabbinic law its measure is no less than one-sixtieth of the produce, both within and outside of Eretz Yisrael. One should add to this one-sixtieth in accordance with the size of the field, the number of poor people, and the size of the crop with which he is blessed. How is this done? If one has a very small field, of which one-sixtieth is a portion of no consequence, or if there are many poor people, one should add to the specified measure. If one sowed little and yet harvested a large crop, he should likewise add to the measure in accordance with the blessing he received. The amount one should add to the minimal requirement has no measure, and whoever adds more *pe'a* receives additional reward. This ruling is based upon the mishna in tractate *Pe'a* and upon the statement of Rav and Shmuel (Rambam *Sefer Zera'im*, *Hilkhot Mattenot Aniyyim* 1:15).

### BACKGROUND

**Head of the yeshiva [*reish sidra*] – רישׁ סדרא:** The ancient title of the head of the yeshiva in Babylonia was *reish sidra*, presumably because he would give a discourse on the weekly Torah portion, which is called a *sidra*.

### PERSONALITIES

**Abba the tall – אבא אריכא:** Abba the tall is a moniker of Rav, founder of the yeshiva in Sura and one of the first Babylonian *amora'im*. His name was Abba bar Aivu, although he was referred to as Rav because he was the greatest scholar in the Diaspora. The name Abba the tall is derived from the fact that he was one of the tallest men of his time (*Nidda* 24b).

אֶלָּא דְּרַב אַדְּרַב קַשְׁיָא, דְּהָא אָמַר רַב: מָנֶה וּפְרָס! דְּרַב אַדְּרַב נַמִּי לָא קַשְׁיָא, מַאי "מָנֶה" דְּקָאָמַר – בֶּן אַרְבָּעִים סְלָעִים, דַּהֲוָה לֵיהּ

**But** the contradiction between one statement **of Rav and** another statement **of Rav** poses **a difficulty, as Rav said** that fleece weighing **one hundred dinars** [*maneh*] **and half** of one hundred dinars [*maneh*] is obligated in the first sheared wool, whereas Rav Dimi stated that according to Rav the obligation applies to sixty *sela*, which are 240 dinars. The Gemara answers: The apparent contradiction between the one statement **of Rav and** the other statement **of Rav** is **also not difficult,** as **what** is the ***maneh*** **of which** Rav **said** that a *maneh* and a half are obligated? Rav was referring not to a *maneh* of one hundred dinars but to a *maneh* **of forty *sela*,** i.e., 160 dinars, a *maneh* and a half of **which is**

Perek **XI**
Daf **138** Amud **a**

בְּשִׁשִּׁים, וְתָנֵי תַּנָּא "מָנֶה בֶּן אַרְבָּעִים סְלָעִים"? אִין, וְהָתְנַן: חֵמֶת חֲדָשָׁה, אַף עַל פִּי שֶׁמְּקַבֶּלֶת רִמּוֹנִים – טְהוֹרָה

equivalent to the weight **of sixty** *sela*, as stated by Rav Dimi. The Gemara asks: **But does a *tanna* teach** that **a *maneh* is of forty *sela*?** The Gemara answers: **Yes; and we learned** in the *Tosefta* (*Kelim, Bava Metzia* 6:2): With regard to **a new** leather **flask**[B] that is not yet completely sewn together, **even though it can contain pomegranates,** nevertheless, because it cannot contain liquids it is considered unfinished and is **not susceptible to ritual impurity.**

תְּפָרָהּ וְנִקְרְעָה – שִׁיעוּרָהּ כְּמוֹצִיא רִמּוֹנִים. רַבִּי אֱלִיעֶזֶר בֶּן יַעֲקֹב אוֹמֵר: כִּפְקָעִיּוֹת שֶׁל שְׁתִי, אַחַת מֵאַרְבַּע בְּמָנֶה בֶּן אַרְבָּעִים סְלָעִים.

If one **sewed** the flask together **and it tore,** the **measure** of the tear that renders the flask no longer susceptible to impurity is a hole large enough **to enable pomegranates to go out,** as then it ceases to serve as a vessel. **Rabbi Eliezer ben Ya'akov says:** The tear must be **like** the measure of **balls of a warp,**[B] the weight of each of which is **one-quarter of a *maneh* of forty *sela*.** This *tanna* explicitly mentions a *maneh* of forty *sela*.

"וְכַמָּה נוֹתֵן לוֹ" כו'. תָּנָא: לֹא שֶׁיְּלַבְּנֶנּוּ וְיִתְּנֶנּוּ לוֹ, אֶלָּא שֶׁיְּלַבְּנֶנּוּ כֹּהֵן וְיַעֲמוֹד עַל חָמֵשׁ סְלָעִים.

§ The mishna states: **And how much** of the sheared wool **does one give to** the priest? One gives him the weight of five *sela* in Judea, which are ten *sela* in the Galilee, once laundered and not when sullied. The Sages **taught:** The mishna does **not** mean **that one** must **launder** the wool **and** then **give it to** the priest; **rather,** the meaning is **that** one must give him enough wool for the **priest to launder it and it will amount to five *sela*.**

כְּדֵי לַעֲשׂוֹת בֶּגֶד קָטָן. מְנָהָנֵי מִילֵּי? אָמַר רַבִּי יְהוֹשֻׁעַ בֶּן לֵוִי: אָמַר קְרָא "לַעֲמֹד לְשָׁרֵת" – דָּבָר שֶׁהוּא רָאוּי לְשֵׁירוּת, מַאי נִיהוּ – אַבְנֵט.

The mishna states: The measure that must be given to the priest is **enough to fashion a small garment** from it. The Gemara asks: **From where are these matters** derived? **Rabbi Yehoshua ben Levi said:** The **verse** that follows the mention of the first sheared wool **states:** "For the Lord your God has chosen him out of all your tribes, **to stand to serve**[N] in the name of the Lord, he and his sons forever" (Deuteronomy 18:5). The term "to serve" indicates that the first sheared wool given to the priest must be **a matter that is fitting for service** in the Temple, i.e., an amount of wool sufficient to fashion one of the priestly garments. **What is** the garment in question? It is the **belt,**[N] which is made from wool weighing five *sela*.

**NOTES**

**To stand to serve, etc.** – לַעֲמֹד לְשָׁרֵת וכו׳: Rabbi Yehoshua ben Levi's inference was cited earlier (137a) with regard to the *halakha* that the obligation of the first sheared wool applies only to sheep's wool, from which the priestly garments are woven. The Gemara here cites this reasoning with regard to the amount of wool one must give the priest, which was the original subject of Rabbi Yehoshua ben Levi's inference.

**Belt** – אַבְנֵט: The belt was fashioned from four types of threads, each of which was spun from six strands (*Yoma* 71b, and see Rashi there). The High Priest's belt was embroidered (see Exodus 28:39), as were the belts of the common priests, according to some commentaries (Ramban; *Smag*). Others maintain that the belts of common priests were not embroidered (Rambam; *Sefer HaHinnukh*). There was an alcove in the chamber of vestments marked: Belts, in which the belts were stored.

The belt, which was worn above the tunic, was thirty-two cubits in length (Jerusalem Talmud, *Yoma* 7:3) and three fingerbreadths wide. The priest would wind the belt around his body several times before tying it (Rambam *Sefer Avoda, Hilkhot Kelei HaMikdash* 10:1–2). Josephus writes that the ends of the belt would dangle down to the priest's ankles (*Antiquities of the Jews* III:7).

Embroidered belt

**BACKGROUND**

**New leather flask** – חֵמֶת חֲדָשָׁה: The leather flask was a wineskin, a type of sack fashioned from leather, mainly used to store liquids, such as water or wine. The two sides of the skin were sewn firmly together to prevent the liquids from seeping out. An opening was left at the top of the flask, which was tied closed and opened only when necessary. A new flask was one that was not yet completely sewn together. Since it still contained holes through which the liquids could seep, it was unfit for use and considered unfinished.

**Balls of a warp** – פְּקָעִיּוֹת שֶׁל שְׁתִי: The threads of the warp formed the basis of the fabric. The weaver first attached the threads of the warp to the loom in a fixed position, and then would weave the threads of the woof between those of the warp. Although the threads of the warp were sometimes lifted to enable the threads of the woof to pass between them, their position was fixed. Since the threads of the warp held the fabric together, they had to be much stronger than the threads of the woof, and typically were also thinner. Before they were placed in the loom, the threads of the warp were wrapped around balls. Apparently the dimensions of the balls of the warp were fixed, and therefore they served as a particular measurement of size.

אֵימָא מְעִיל! תָּפַשְׂתָּ מְרוּבֶּה – לֹא תָּפַשְׂתָּ, תָּפַשְׂתָּ מוּעָט – תָּפַשְׂתָּ.

The Gemara asks: Is the garment in question necessarily the belt? **Say** that it is the **robe,**[N] which is fashioned from a far greater amount of wool. The Gemara answers: This inference is based on the principle that if **you grasped a lot you did not grasp** anything; if **you grasped a little, you grasped** something. Since a belt meets the condition of "to serve," as it is one of the priestly vestments, one cannot say that the obligation is any greater than the amount of wool needed to fashion a belt.

וְאֵימָא כִּיפָּה שֶׁל צֶמֶר! דְּתַנְיָא: כִּיפָּה שֶׁל צֶמֶר הָיְתָה מוּנַּחַת בְּרֹאשׁ כֹּהֵן גָּדוֹל, וְעָלֶיהָ צִיץ נָתוּן, לְקַיֵּים מַה שֶּׁנֶּאֱמַר "וְשַׂמְתָּ אֹתוֹ עַל פְּתִיל תְּכֵלֶת"!

**But say** that the garment in question is the **cap of wool** that the High Priest wears, which is smaller than the belt. **As it is taught** in a *baraita*: **A cap of wool was placed on the High Priest's head, and the frontplate was placed upon it,**[BN] **to fulfill that which is stated** with regard to the frontplate: **"And you shall put it on a thread of sky blue,** and it shall be upon the mitre; upon the forefront of the mitre it shall be" (Exodus 28:37). The term "thread of sky blue" is referring to the cap of sky-blue wool.

אָמַר קְרָא: "הוּא וּבָנָיו" – דָּבָר הַשָּׁוֶה לְאַהֲרֹן וּלְבָנָיו.

The Gemara answers that the **verse states:** "To stand to serve in the name of the Lord, **he and his sons"** (Deuteronomy 18:5), which indicates that the verse is referring to **a matter,** i.e., a garment, **that is equal for Aaron and for his sons.** The wool given to the priest must be of sufficient size for fashioning a garment worn both by the High Priest and by common priests, whereas the woolen cap is worn only by the High Priest.

אַבְנֵט נַמִי לָא שָׁוֵי! הָנִיחָא לְמַאן דְּאָמַר אַבְנֵטוֹ שֶׁל כֹּהֵן גָּדוֹל לֹא זֶהוּ אַבְנֵטוֹ שֶׁל כֹּהֵן הֶדְיוֹט – שַׁפִּיר.

The Gemara objects: But the **belt is also not equal** for all priests. The Gemara elaborates: **This works out well according to the one who said** that the linen **belt of** the **High Priest** worn on Yom Kippur **is not** the same as **the belt of an ordinary priest.**[HN] According to this opinion, both the belt of common priests and the belt worn by the High Priest during the rest of the year were fashioned from a mixture of wool and linen. This belt is therefore equal for all priests, and it works out **well.**

אֶלָּא לְמַאן דְּאָמַר זֶהוּ אַבְנֵטוֹ שֶׁל כֹּהֵן הֶדְיוֹט מַאי אִיכָּא לְמֵימַר? שֵׁם אַבְנֵט בְּעוֹלָם.

**But according to the one who said** that the linen belt worn by the High Priest on Yom Kippur **is the same as the belt of an ordinary priest, what can be said?** According to this opinion, the belt fashioned from wool and linen is worn only by the High Priest during the rest of the year. The Gemara answers: Although the belts are different, the **term belt in general** applies to all priests, whereas no type of cap is worn by common priests.

### BACKGROUND

**Cap of wool…and the frontplate was placed upon it – כִּיפָּה שֶׁל צֶמֶר...וְעָלֶיהָ צִיץ:**

Front and back view of the High Priest wearing the frontplate

### HALAKHA

**Belt of the High Priest…belt of an ordinary priest – אַבְנֵטוֹ שֶׁל כֹּהֵן גָּדוֹל...אַבְנֵטוֹ שֶׁל כֹּהֵן הֶדְיוֹט:** The belt of the High Priest was embroidered, as was the belt of ordinary priests (Rambam *Sefer Avoda, Hilkhot Kelei HaMikdash* 8:2, and see *Leḥem Mishne* there).

### NOTES

**Say that it is the robe – אֵימָא מְעִיל:** The principle invoked by the Gemara here: If you grasped a lot you did not grasp anything, is necessary only at this stage of the discussion. Yet, the Gemara later derives that the garment is one worn by both the High Priest and common priests, while the robe is worn only by the High Priest. Therefore, it is evidently not the garment in question (*Lev Arye*).

**A cap of wool was placed on the High Priest's head and the frontplate was placed upon it – כִּיפָּה שֶׁל צֶמֶר הָיְתָה מוּנַּחַת בְּרֹאשׁ כֹּהֵן גָּדוֹל וְעָלֶיהָ צִיץ נָתוּן:** The cap was worn beneath the frontplate (Rashi). Although it is prohibited for the priests to wear garments other than the priestly vestments when performing the Temple service, the cap is not considered an additional garment, nor does it constitute an interposition between the priest and the frontplate. Rather, the cap is part of the mitzva of the frontplate: The Torah states that the frontplate must be placed on a thread of sky blue (Exodus 28:37), and this thread was woven into the form of a cap (Rabbi Avraham ben HaRambam). Others maintain that the cap was not placed beneath the frontplate when the High Priest wore his other priestly vestments and performed the Temple service, as that would in fact be considered an additional garment. Rather, this is referring to a High Priest who was not performing the Temple service. Even during these periods he still wore the frontplate, during which time he would wear the cap beneath it (*Barukh Ta'am*).

**The linen belt of the High Priest worn on Yom Kippur is not the same as the belt of an ordinary priest – אַבְנֵטוֹ שֶׁל כֹּהֵן גָּדוֹל לֹא זֶהוּ אַבְנֵטוֹ שֶׁל כֹּהֵן הֶדְיוֹט:** The Yom Kippur garments of the High Priest were fashioned entirely from linen, in accordance with the verse: "He shall put on the sacred linen tunic, and he shall have the linen breeches upon his flesh, and shall be girded with the linen girdle, and with the linen mitre shall he be attired; they are the sacred garments; and he shall bathe his flesh in water and put them on" (Leviticus 16:4). The belt worn during the rest of the year was fashioned from a mixture of dyed wool and linen, as the Torah states: "And the girdle of fine twined linen, and blue, and purple, and scarlet" (Exodus 39:29). The Sages (*Yoma* 6a) dispute whether this verse refers to all priests, in which case even common priests wear a belt of linen and wool, or whether it refers only to the High Priest, whereas common priests wear a belt of linen (Rashi).

## NOTES

**He sheared and sold the first sheep, etc.** – גָּזַז וּמָכַר רִאשׁוֹנָה וכו׳: Some commentaries write that the *halakha* is in accordance with the opinion of Rav Ḥisda, as the discussion in the Gemara appears to follow his opinion (Ritva). Therefore, in the case discussed here one is obligated in the mitzva of the first sheared wool. Yet, the Gemara states elsewhere that if there is a lenient opinion with regard to a *halakha* that applies in Eretz Yisrael, then outside Eretz Yisrael the *halakha* is in accordance with that opinion (*Berakhot* 36a). If so, the *halakha* should follow the stringent opinion of Rav Ḥisda only in Eretz Yisrael, whereas outside Eretz Yisrael the *halakha* should be in accordance with the opinion of Rabbi Natan bar Hoshaya. In any case, the accepted practice nowadays is in accordance with the opinion of Rabbi Ilai, who holds that the mitzva of the first sheared wool is not in effect outside of Eretz Yisrael.

**One who sells tree stalks** – הַמּוֹכֵר קִלְחֵי אִילָן: The phrase: Tree stalks, is unusual, as the term stalks typically applies to grain. Rashi explains that the mishna uses this term because it is in fact discussing a field of grain in which there are also two or three trees. Since the buyer bought only the trees, he gives *pe'a* for each tree separately. The field does not serve to combine the trees into a single obligation, as it is not owned by him. The mitzva of *pe'a* applies to trees as well as to grain, in accordance with the verse: "When you beat your olive tree, you shall not go over the boughs again; it shall be for the stranger, for the fatherless, and for the widow" (Deuteronomy 24:20).

Others explain that the mishna is referring to one who sold several parts of his field to different buyers. Each buyer is obligated to leave *pe'a* from his part of the field. If the seller initially commenced his harvesting and then sold sections of his field, leaving part of it in his possession, he is obligated to leave *pe'a* for the entire field. If he first sold part of his field and only afterward commenced harvesting, he is required to leave *pe'a* only for that part of the field which he reserved for himself (Rambam's Commentary on the Mishna; Rambam *Sefer Zera'im, Hilkhot Mattenot Aniyyim* 3:18).

## HALAKHA

**Sheared and sold the first sheep** – גָּזַז וּמָכַר רִאשׁוֹנָה: If one had five sheep, and he sheared one of them and sold the fleece before shearing the second, and then sheared the second and sold the fleece before shearing the third, and continued in this manner, all the fleeces combine to render him obligated in the mitzva of the first sheared wool. This is the *halakha* even if the wool was shorn over the course of a number of years. Some commentaries claim that the same applies if one sold some of the sheep before he completed all the shearing (Rema). This ruling is in accordance with the opinion of Rav Ḥisda, as he is considered a greater authority than Rabbi Natan bar Hoshaya, and also because the straightforward meaning of the mishna is in accordance with his opinion (*Kesef Mishne*). If one owned only one sheep, which he sheared before buying a second sheep, and then sheared the second before buying a third, and so on, the fleece does not combine to render him obligated in the mitzva of the first sheared wool, even if all of the fleece was in his possession at the conclusion of the process (Rambam *Sefer Zera'im, Hilkhot Bikkurim* 10:15; *Shulḥan Arukh, Yoreh De'a* 333:12).

**One who sells a few tree stalks within his field** – הַמּוֹכֵר קִלְחֵי אִילָן בְּתוֹךְ שָׂדֵהוּ: If one sells his field, dividing it between several buyers and leaving nothing for himself, each buyer gives *pe'a* from his part of the field. If the seller first commenced harvesting and then sold part of his field, leaving part of it in his possession, he gives *pe'a* for the entire field, as the obligation applies to him from when he begins harvesting. If he first sold part of his field and subsequently commenced harvesting, then the buyer gives *pe'a* for the part that he purchased, and the seller gives *pe'a* for the section of the field that he reserved for himself. This ruling is based on the statements of both the first *tanna* and Rabbi Yehuda, as Rabbi Yehuda does not dispute the ruling of the first *tanna* but merely clarifies its meaning (Rambam *Sefer Zera'im, Hilkhot Mattenot Aniyyim* 3:18).

"לֹא הִסְפִּיק לִיתְּנוֹ" וכו׳. אִיתְּמַר, גָּזַז וּמָכַר רִאשׁוֹנָה. רַב חִסְדָּא אָמַר: חַיָּיב, רַבִּי נָתָן בַּר הוֹשַׁעְיָא אָמַר: פָּטוּר.

§ The mishna states: If the owner of the shearing **did not manage to give it** to the priest until he dyed it, he is exempt from the obligation of giving the first sheared wool. The mishna further teaches that one who purchases the fleece of the sheep of a gentile is exempt from the obligation of the first sheared wool. It **was stated** that *amora'im* disagreed with regard to one who owned five sheep and he **sheared and sold the first** sheep[NH] before shearing the second, and in this manner sold each sheep after shearing it. When he finished shearing he owned the requisite five fleeces, to which the obligation of the first sheared wool applies, but he no longer owned the sheep. **Rav Ḥisda says:** He is **obligated** in the mitzva of the first sheared wool; and **Rabbi Natan bar Hoshaya says:** He is **exempt** from the mitzva of the first sheared wool.

רַב חִסְדָּא אָמַר חַיָּיב – דְּהָא גָּזַז. רַבִּי נָתָן בַּר הוֹשַׁעְיָא אָמַר פָּטוּר – בְּעִידָּנָא דְּקָא מְלֵא שִׁיעוּרָא, בָּעֵינַן "צֹאנְךָ" – וְלֵיכָּא!

The Gemara clarifies the two opinions. **Rav Ḥisda says** that he is **obligated, as** he **sheared** five sheep that he owned at the time of shearing, and therefore the term: "Your flock" (Deuteronomy 18:4), applies to this case. **Rabbi Natan bar Hoshaya says** that he is **exempt**, as **at the time that the measure** of five fleeces **is completed, we require** the term **"your flock"** to apply, since the obligation takes effect at that stage, **and** in this case it does **not** apply.

תְּנַן: הַלּוֹקֵחַ גֵּז צֹאנוֹ שֶׁל גּוֹי – פָּטוּר מֵרֵאשִׁית הַגֵּז, הָא צֹאנוֹ לִגְזוֹז – חַיָּיב, אַמַּאי? כׇּל חַד וְחַד בָּתַר גִּיזָּה נָפְקָא לַהּ מֵרְשׁוּתֵיהּ!

The Gemara raises a challenge: **We learned** in the mishna (135a): **One who purchases the fleece of the sheep of a gentile is exempt from** the obligation of **the first sheared wool,** as he purchased only the fleece but not the sheep. One can infer from here that if he purchased the gentile's **sheep** themselves in order **to shear** them and then return them to the gentile, he is **obligated,** because the sheep belonged to him at the time of shearing. But **why** is he obligated, according to the opinion of Rabbi Natan bar Hoshaya? **Each and every one** of the sheep, **after** the **shearing** is completed, **leaves his possession,** and when he has sheared five sheep, the term "your flock" no longer applies to them.

תַּרְגְּמָא רַב חִסְדָּא אַלִּיבָּא דְּרַבִּי נָתָן בַּר הוֹשַׁעְיָא: כְּגוֹן שֶׁהִקְנָה לוֹ כׇּל שְׁלֹשִׁים יוֹם.

Rav Ḥisda **interpreted** the mishna **according to** the opinion **of Rabbi Natan bar Hoshaya:** The mishna is referring to a case **where** the gentile **transferred ownership to him** for the **entire** period of **thirty days** during which the Jew sheared the sheep. Therefore, he retained ownership after he completed shearing, and the term "your flock" does apply to the sheep at the time when the obligation of the first sheared wool took effect.

"הַלּוֹקֵחַ גֵּז צֹאנוֹ שֶׁל חֲבֵירוֹ" כו׳. מַאן תַּנָּא דְּהֵיכָא דְּאִיכָּא שִׁיּוּרָא גַּבֵּי מוֹכֵר – בָּתַר מוֹכֵר אָזְלִינַן?

§ The mishna teaches: With regard to **one who purchases the fleece of the sheep of another** Jew, if the seller kept some of the wool, then he is obligated to give the first sheared wool to the priest. If the seller did not keep any of the wool, the buyer is obligated to give it. The Gemara asks: **Who** is the *tanna* who **taught that** in a case **where there is residual** wool **in** the possession of the **seller, we follow the seller** in determining who is obligated in the mitzva of first sheared wool?

אָמַר רַב חִסְדָּא: רַבִּי יְהוּדָה הִיא, דִּתְנַן: הַמּוֹכֵר קִלְחֵי אִילָן בְּתוֹךְ שָׂדֵהוּ – נוֹתֵן פֵּאָה לְכׇל אֶחָד וְאֶחָד.

**Rav Ḥisda said:** The *tanna* who taught the mishna **is Rabbi Yehuda, as we learned** in a mishna (*Pe'a* 3:5): With regard to **one who sells** a few fruit-bearing **tree stalks**[N] **within his field,**[H] without selling the field itself, for the buyer to uproot them and plant them in his own field, the buyer **gives** separate ***pe'a* for each and every one** of the trees. The field does not combine the trees into a single unit for *pe'a*, as the land is not owned by the buyer.

אָמַר רַבִּי יְהוּדָה: אֵימָתַי – בִּזְמַן שֶׁלֹּא שִׁייֵּר בַּעַל הַשָּׂדֶה, אֲבָל שִׁייֵּר בַּעַל הַשָּׂדֶה – נוֹתֵן פֵּאָה עַל הַכֹּל.

**Rabbi Yehuda said: When** is it the buyer's obligation to give *pe'a*? It is **when the owner of the field did not leave** any of the trees in his possession. **But if the owner of the field left** some of the trees in his possession, the owner **gives *pe'a* for all** the trees. Just as in the case of *pe'a*, if the seller left trees for himself then the obligation applies to him, so too, with regard to the first sheared wool, if the seller left some of the wool for himself, the obligation applies to him.

אֲמַר לֵיהּ רָבָא: וְהָא מָר הוּא דַּאֲמַר, וְהוּא שֶׁהִתְחִיל בַּעַל הַשָּׂדֶה לִקְצוֹר!

**Rava said to** Rav Ḥisda: **But wasn't it** you, **Master, who said** with regard to Rabbi Yehuda's ruling that the owner gives *pe'a* for all the trees: **This is the** *halakha* only **when the owner of the field began to harvest** the fruit before he sold the trees, as the obligation to give *pe'a* had already applied to him. By contrast, with regard to the first sheared wool, the obligation came into effect only after he sold his sheep.

וְכִי תֵּימָא הָכִי נַמִּי וְהוּא שֶׁהִתְחִיל לִגְזוֹז, בִּשְׁלָמָא הָתָם "וּבְקֻצְרְכֶם אֶת קְצִיר אַרְצְכֶם" כְּתִיב – מֵעִידָּנָא דְּאַתְחֵיל לִקְצוֹר מִיחַיֵּיב בְּכוּלָּהּ שָׂדֶה, אֶלָּא הָכָא – מֵעִידָּנָא דְּאַתְחֵיל לְמֵיגַז לָא מִיחַיֵּיב בְּכוּלֵּיהּ עֶדְרֵיהּ!

**And if you would say** that **so too,** with regard to the first sheared wool, **this** *halakha* that the seller gives the first sheared wool applies only **if** the seller **began to shear** the sheep before he sold them, that explanation is difficult. The Gemara elaborates: **Granted, there,** with regard to *pe'a*, it **is written: "And when you reap the harvest of your land"** (Leviticus 19:9), which indicates that **from the time that he began to harvest he is obligated** in the mitzva of *pe'a* **with regard to the entire field. But here,** in the case of the first sheared wool, **he is not obligated with regard to the entire flock from the time that he began to shear** his sheep. Therefore, even if he began shearing before he sold the sheep, the obligation to give the first sheared wool should not apply to the seller.

אֶלָּא אֲמַר רָבָא: הַאי תַּנָּא הוּא, דִּתְנַן: אָמַר לוֹ "מְכוֹר לִי בְּנֵי מֵעֶיהָ שֶׁל פָּרָה זוֹ", וְהָיָה בָּהֶן מַתָּנוֹת – נוֹתְנָן לַכֹּהֵן, וְאֵין מְנַכֶּה לוֹ מִן הַדָּמִים. לָקַח מִמֶּנּוּ בְּמִשְׁקָל – נוֹתְנָן לַכֹּהֵן וּמְנַכֶּה לוֹ מִן הַדָּמִים.

**Rather, Rava said: It is this** ***tanna*** who taught the mishna, **as we learned** in a different mishna (132a): If one **said to** a butcher: **Sell me the innards of this cow, and there were gifts** of the priesthood included **in them,** i.e., the maw, the purchaser **must give them to the priest, and** he **may not deduct** the value of the gifts **from the money** that he pays the butcher, as it is assumed that the gifts were not included in the sale. If **he purchased** the innards **from** the butcher **by weight,** the buyer **must give** the gifts **to a priest and** he **may deduct** the value of the gifts **from the money** that he pays the butcher. If the priestly gifts have not yet been separated from the animal, the price by weight includes the price of these gifts. But since the priests had the right to their gifts from the time of the slaughter, the buyer does not need to pay for them and may therefore deduct their value from his payment.

Perek **XI**
Daf **138** Amud **b**

אַלְמָא – מַתָּנוֹת דְּכֹהֵן לָא מְזַבֵּין אִינִישׁ, הָכָא נַמִּי – מַתָּנוֹת דְּכֹהֵן לָא מְזַבֵּין אִינִישׁ. הִלְכָּךְ: שִׁיֵּיר הַמּוֹכֵר – מוֹכֵר חַיָּיב, דַּאֲמַר לֵיהּ לוֹקֵחַ: מַתָּנָה דְּכֹהֵן גַּבָּךְ הִיא. לֹא שִׁיֵּיר – לוֹקֵחַ חַיָּיב, דַּאֲמַר לֵיהּ מוֹכֵר: מַתָּנָה דְּכֹהֵן לָא זַבְנִי לָךְ.

**Evidently, a person does not sell the gifts** belonging **to the priest,** and therefore they are not included in the sale of the innards unless they were sold by weight. **Here too,** with regard to the first sheared wool, **a person does not sell the gifts** belonging **to** the **priest. Therefore,** if **the seller left** wool in his possession, the **seller is obligated** to give the first sheared wool from the remaining wool for that which he sold, as the **buyer** can **say to** the seller: The **gift of** the **priest is in your** possession, since you did not sell me everything. If the seller did **not leave** any wool in his possession, **the buyer is obligated** to give the first sheared wool and he does not deduct its value from the price, **as the seller** can **say to him: I did not sell the gift of** the **priest to you,** i.e., there was no obligation to give the gifts to a priest when I sold the wool to you, and therefore the buyer is required to give the gifts to the priest.

הדרן עלך ראשית הגז

# Summary of **Perek XI**

This chapter analyzed a single topic: The mitzva to give the first sheared wool to a priest. It continued the discussion of the previous chapter, which also dealt with one of the gifts of the priesthood.

The Sages ruled that the mitzva of the first sheared wool is in effect everywhere and at all times. Nevertheless, nowadays the priests are unable to claim the first sheared wool, because they cannot prove their priestly lineage. Furthermore, the accepted practice follows the opinion that the first sheared wool is not in effect outside of Eretz Yisrael.

The Gemara concluded that the first sheared wool is non-sacred. There is a monetary obligation to give it to the priest, but it has no inherent sanctity. If one neglected to separate the first sheared wool, neither the fleece nor the animal is prohibited. Furthermore, the mitzva applies only to sheep.

The Torah does not specify how many sheep one must own in order for the mitzva of the first sheared wool to apply, nor does it indicate how much of the fleece one is required to give the priest. The Sages derived that one is obligated in the mitzva of the first sheared wool only if he owns a minimal number of sheep. According to the Gemara's conclusion, the mitzva applies to no fewer than five sheep. As for the quantity one is required to give, the Sages stated that one must give the priest an amount of significance, i.e., enough to constitute an actual gift. The mishna specified that this is equal to the amount required for the fashioning of a small garment.

The mitzva of the first sheared wool applies to any wool detached from a sheep, whether it was shorn in the usual manner or removed in another way. With regard to the issue of who is obligated in the mitzva of the first sheared wool, the Gemara concluded that partners are obligated in the first sheared wool. If one buys sheep from another, whoever owns the sheep at the time of their shearing is obligated in the mitzva.

If the owner did not give the first sheared wool to the priest, once he has dyed the wool he is exempt from this obligation, as this action causes him to acquire ownership of the wool. Therfeore, he is considered like one who damaged the gifts of the priesthood, and he is not obligated to pay their value. If the wool was not dyed, then he does not acquire ownership of the wool even if it was laundered. Consequently, he is obligated to give the first sheared wool to the priest.

# Introduction to **Perek XII**

*If a bird's nest happens before you on the way, in any tree or on the ground, with fledglings or eggs, and the mother is resting upon the fledglings, or upon the eggs, you shall not take the mother with the young; you shall send the mother, but the young you may take for yourself; that it may be well for you, and that you may prolong your days.*

(Deuteronomy 22:6–7)

The principles of the mitzva of sending away the mother bird from the nest are written and to a degree explained in the Torah. Yet various details are not clarified, leaving room for several questions with regard to the various aspects of the mitzva that must be resolved.

The Torah does not specify a type of bird when discussing the mitzva of sending away the mother bird. The question therefore arises: Does this mitzva apply to all birds that one happens upon or only to specific birds? For example, is one obligated to send away only ownerless birds, or does the obligation extend even to those readily available in one's home? Additionally, does it apply only to kosher birds or to non-kosher birds as well?

Another question: How does one fulfill the mitzva properly? Granted, the Torah requires that one send away the mother bird and states that one may not take the eggs or fledglings with her. But is one allowed to trap the mother bird after sending her away, or does the mitzva entail sending away the mother such that one cannot subsequently trap her?

The wording of the verses discussing this mitzva also raises some questions. The verse describes a case where one finds a bird's nest "on the way." Does this limit the mitzva to nests literally found on the road, or is any nest included, wherever it is found? Similarly, the verse states that "the mother is resting upon the fledglings." Does the mitzva apply if a male is found resting upon the young? And since the verse describes a case where the mother "is resting" upon the nest, what is the *halakha* if the mother flew away from the nest, or is not resting directly upon it?

From the phrase "You shall not take the mother with the young," it would appear that one who transgresses this prohibition is liable to receive lashes by the court, as is the *halakha* with regard to other prohibitions. This raises yet another question: Can the transgressor rectify his transgression by subsequently sending away the mother, or does he receive lashes in any case?

These issues constitute the primary focus of this chapter, which concludes tractate *Ḥullin*. The chapter, and therefore the entire tractate, ends with a description of the reward bestowed upon those who fulfill the mitzvot and the long life promised to those who fulfill the mitzva of sending away the mother bird from the nest.

מתני׳ שִׁילּוּחַ הַקֵּן נוֹהֵג בָּאָרֶץ וּבְחוּצָה לָאָרֶץ, בִּפְנֵי הַבַּיִת וְשֶׁלֹּא בִּפְנֵי הַבַּיִת, בַּחוּלִּין אֲבָל לֹא בַּמּוּקְדָּשִׁין. חוֹמֶר בְּכִסּוּי הַדָּם מִשִּׁילּוּחַ הַקֵּן, שֶׁכִּסּוּי הַדָּם נוֹהֵג בַּחַיָּה וּבָעוֹף, בִּמְזוּמָּן וּבְשֶׁאֵין מְזוּמָּן, וְשִׁילּוּחַ הַקֵּן אֵינוֹ נוֹהֵג אֶלָּא בָּעוֹף, וְאֵינוֹ נוֹהֵג אֶלָּא בְּשֶׁאֵינוֹ מְזוּמָּן.

**MISHNA** The mitzva of **sending** away the mother bird from **the nest**[N] **applies** both **in Eretz** Yisrael **and outside of Eretz** Yisrael, and **in the presence of the Temple and not in the presence of the Temple.** It applies **to non-sacred** birds, **but** it does **not** apply **to sacrificial birds.**[H] There are more **stringent** elements **in the covering of the blood than in the sending** away of the mother bird from **the nest, as the covering of the blood applies to undomesticated animals and birds, to** animals and birds that are readily **available** in one's home, **and to** animals and birds **that are not** readily **available** and are hunted in the wild; **and the sending** of the mother bird from **the nest applies only to birds, and applies only to** birds **that are not** readily **available.**[H]

אֵיזֶהוּ שֶׁאֵינוֹ מְזוּמָּן? כְּגוֹן אַוָּוזִין וְתַרְנְגוֹלִים שֶׁקִּנְּנוּ בַּפַּרְדֵּס, אֲבָל אִם קִנְּנוּ בַּבַּיִת, וְכֵן יוֹנֵי הַרְדְּסִיאוֹת - פָּטוּר מִשִּׁילּוּחַ. עוֹף טָמֵא - פָּטוּר מִלְשַׁלֵּחַ. עוֹף טָמֵא רוֹבֵץ עַל בֵּיצֵי עוֹף טָהוֹר, וְטָהוֹר רוֹבֵץ עַל בֵּיצֵי עוֹף טָמֵא - פָּטוּר מִלְשַׁלֵּחַ. קוֹרֵא זָכָר, רַבִּי אֱלִיעֶזֶר מְחַיֵּיב, וַחֲכָמִים פּוֹטְרִין.

**What are** considered birds **that are not** readily **available?** They are any birds, even domesticated, that may fly away at any time, **such as geese or chickens that nested in the orchard** [*pardes*].[L] **But if** geese or chickens **nested in the house, and likewise,** with regard to **domesticated pigeons** [*yonei hardisei'ot*],[B] one is **exempt from sending** away the mother bird. With regard to the nest of **a non-kosher bird,** one is **exempt from sending** away the mother bird.[H] In a case where **a non-kosher bird is resting upon the eggs of a kosher bird, or a kosher** bird **is resting upon the eggs of a non-kosher bird,** one is **exempt from sending** away the bird.[H] With regard to **a male pheasant** [*korei*],[BH] which is known to sit upon the eggs like the female of its species, **Rabbi Eliezer deems** one **obligated** to send it away, **and the Rabbis deem** one **exempt** from sending it away.

## LANGUAGE

**Orchard** [*pardes*] – **פַּרְדֵּס:** This word appears in the Bible (Song of Songs 4:13) in reference to a pomegranate grove, and the Sages used it to refer to an orchard containing any type of fruit tree. At times it may refer to a garden used for rest and recreation.

## BACKGROUND

**Domesticated pigeons** [*yonei hardisei'ot*] – **יוֹנֵי הַרְדְּסִיאוֹת:** During the mishnaic period, most pigeons and doves were only partially domesticated. They were often wild doves or pigeons that had become accustomed to human society and nested in the protective custody of their owners, who built dovecotes for them. These birds, who were accustomed to roam on their own during the day, found food for themselves.

Only pigeons of one specific type were completely domesticated. Those pigeons, called *yonei hardise'iot*, were entirely dependent on their owners for their care, including the provision of their food. The source of their name is disputed in the Gemara (139b). Some explain the name as deriving from Herodes, the original pronunciation of the name of King Herod, reputedly the person who first brought these birds to Eretz Yisrael. Another possibility is that they were named after the island of Rhodes, said to be their place of origin.

Ancient dovecote in Beit Guvrin

**Pheasant** [*korei*] – **קוֹרֵא:** This bird is identified as the sand partridge, a desert bird of the genus *Ammoperdix* in the pheasant family Phasianidae. In Eretz Yisrael these birds are found in the Jordan Valley and Dead Sea areas. The *korei* is one of the birds mentioned in the Bible, and since it was known to all in those days it served as an example or allegory in various matters.

Sand partridge, native to Eretz Yisrael

## NOTES

**The mitzva of sending the mother bird from the nest** – **שִׁילּוּחַ הַקֵּן:** The early commentaries suggest various possible rationales for this mitzva. One explanation is that it is similar to the prohibition against slaughtering an animal and its offspring on the same day. Since animals can also experience feelings of suffering, such as when the offspring is slaughtered in the presence of its parent, or when a mother sees its chicks or eggs taken away, the mitzva is designed to prevent that suffering (Rambam, *Guide of the Perplexed*). Another explanation is that the mitzva is designed to prevent humans from developing cruel traits and does not relate to mercy for the animals, because if the purpose were mercy for the animals, the Torah would prohibit their slaughter altogether (Ramban). A third suggestion is that the mitzva teaches that unlike divine providence for people, which relates to each individual, divine providence for animals is of a general nature, simply to ensure the survival of each species. Therefore, slaughter of animals is permitted, but acts that could herald eliminating the entire species, such as slaughter of an animal and its offspring on the same day, or taking a mother bird along with its offspring, are prohibited (*Sefer HaHinnukh*). Yet another explanation is that this mitzva evokes divine mercy for the entire world (Rabbeinu Bahyei, based on the *Zohar*).

## HALAKHA

**To non-sacred birds but not to sacrificial birds** – **בַּחוּלִּין אֲבָל לֹא בַּמּוּקְדָּשִׁין:** In a case where one consecrated a bird for Temple maintenance but it then flew away, if he is capable of identifying it and found it resting upon fledglings, or upon eggs, he brings everything to the Temple treasurer, as sending the mother bird away from the nest does not apply to consecrated items (Rambam *Sefer Kedusha, Hilkhot Sheḥita* 13:20).

**And applies only to birds that are not readily available** – **וְאֵינוֹ נוֹהֵג אֶלָּא בְּשֶׁאֵינוֹ מְזוּמָּן:** Sending the mother bird away from the nest applies only to a kosher bird that is not readily available, such as a pigeon that is in a dovecote or attic, or a bird that roosted in an orchard. One is not required to send away birds that are readily available, such as geese or chickens or pigeons that roosted in a house (Rambam *Sefer Kedusha, Hilkhot Sheḥita* 13:8; *Shulḥan Arukh, Yoreh De'a* 292:2).

**With regard to the nest of a non-kosher bird one is exempt from sending away the mother bird** – **עוֹף טָמֵא פָּטוּר מִלְשַׁלֵּחַ:** The mitzva to send the mother bird away from the nest applies only to a kosher bird (Rambam *Sefer Kedusha, Hilkhot Sheḥita* 13:8; *Shulḥan Arukh, Yoreh De'a* 292:1).

**In a case where a non-kosher bird is resting upon the eggs of a kosher bird…one is exempt from sending the bird** – **עוֹף טָמֵא רוֹבֵץ עַל בֵּיצֵי עוֹף טָהוֹר...פָּטוּר מִלְשַׁלֵּחַ:** If a non-kosher bird is resting upon the eggs of a kosher bird, one is exempt from the mitzva of sending away the bird (Rambam *Sefer Kedusha, Hilkhot Sheḥita* 13:10; *Shulḥan Arukh, Yoreh De'a* 292:7).

**Male pheasant** – **קוֹרֵא זָכָר:** If a male bird, even a male pheasant, is resting upon the nest, one is exempt from sending the bird away from the nest (Rambam *Sefer Kedusha, Hilkhot Sheḥita* 13:10; *Shulḥan Arukh, Yoreh De'a* 292:7).

## NOTES

**Except for the mitzva of the first shearing to exclude the opinion of Rabbi Ilai** – **לְבַד מֵרֵאשִׁית הַגֵּז לְאַפּוֹקֵי מִדְּרַבִּי אֶלְעַאי**: According to the opinion of Rabbi Ilai mentioned earlier (136a), the mitzva of the first shearing of wool does not apply outside of Eretz Yisrael.

The early commentaries ask why the Gemara does not mention that it is also necessary to state that the mitzva of giving the foreleg, the jaw, and the maw of slaughtered animals to a priest applies both in Eretz Yisrael and outside of Eretz Yisrael. In that case too, Rabbi Ilai's opinion that it does not apply outside of Eretz Yisrael (136a) must be refuted.

Some commentaries answer that that mitzva should also have been mentioned, but the Gemara simply used one of the two mitzvot as an example (*Tosafot*). Another explanation is that the first shearing of wool is the one about which Rabbi Ilai stated explicitly that it does not apply outside of Eretz Yisrael, while Rabbi Ilai's opinion with regard to the other mitzva is derived from it (Rashi). Alternatively, some early commentaries hold that Rabbi Ilai's opinion is that while the mitzva of the first shearing of wool does not apply outside of Eretz Yisrael, the mitzva of giving the foreleg, the jaw, and the maw to the priests does apply everywhere (Ramban).

גמ׳ רַבִּי אָבִין וְרַבִּי מְיָישָׁא, חַד אָמַר: כׇּל הֵיכָא דִּתְנַן ״בָּאָרֶץ וּבְחוּצָה לָאָרֶץ״ – שֶׁלֹּא לְצוֹרֶךְ, לְבַד מֵרֵאשִׁית הַגֵּז. לְאַפּוֹקֵי מִדְּרַבִּי אֶלְעַאי דְּאָמַר: רֵאשִׁית הַגֵּז אֵינוֹ נוֹהֵג אֶלָּא בָּאָרֶץ.

**GEMARA** The mishna contains several phrases related to the mitzva of sending away the mother bird from the nest that also appear in the first mishna of several other chapters of this tractate. With regard to this, **Rabbi Avin and Rabbi Meyasha** made the following statements. **One of them said: Anywhere** in this tractate **that we learned** in a mishna that a particular mitzva applies both **in Eretz** Yisrael **and outside of Eretz** Yisrael, it is stated **needlessly,** as those mitzvot are not related to land, such that there is no need to teach that they apply outside of Eretz Yisrael as well. This is true **except for** the mitzva of **the first shearing** of wool, which one must give to a priest. It was necessary to teach that that mitzva applies even outside of Eretz Yisrael, **to exclude** the opinion **of Rabbi Ilai,**[N] **who said: The first shearing is in effect only in Eretz** Yisrael.

וְחַד אָמַר: כׇּל הֵיכָא דִּתְנַן ״בִּפְנֵי הַבַּיִת וְשֶׁלֹּא בִּפְנֵי הַבַּיִת״ – שֶׁלֹּא לְצוֹרֶךְ, לְבַד מֵאוֹתוֹ וְאֶת בְּנוֹ. סָלְקָא דַּעְתָּךְ אָמֵינָא, הוֹאִיל וּבְעִנְיָינָא דְּקָדָשִׁים כְּתִיב, בִּזְמַן דְּאִיכָּא קָדָשִׁים – נִנְהוֹג, בִּזְמַן דְּלֵיכָּא קָדָשִׁים – לָא נִנְהוֹג, קָא מַשְׁמַע לַן.

**And the other one said: Anywhere** in this tractate **that we learned** in a mishna that a particular mitzva applies both **in the presence of the Temple and not in the presence of the Temple,** it is stated **needlessly,** as these mitzvot are requirements of the object itself, and there is no need to teach that they apply even after the destruction of the Temple. This is true **except for** the prohibition against slaughtering an animal **itself and its offspring** on the same day. It was necessary to teach that this mitzva applies even after the destruction of the Temple, because it might **enter your mind to say: Since** this prohibition **is written in** a passage in the Torah discussing **the matter of sacrificial** animals (see Leviticus, chapter 22), **at a time when there are sacrificial** animals, i.e., when the Temple is standing, **we will abide** by it, but **at a time when there are no sacrificial** animals, after the destruction of the Temple, **we will not abide** by it. Therefore, that mishna **teaches us** that this is not so.

וְתַרְוַיְיהוּ אָמְרִי: כׇּל הֵיכָא דִּתְנַן ״בַּחוּלִּין וּבַמּוּקְדָּשִׁים״ – לְצוֹרֶךְ, לְבַד מִגִּיד הַנָּשֶׁה. פְּשִׁיטָא! מִשּׁוּם דְּאִיקַּדֵּשׁ פָּקַע לֵיהּ אִיסּוּר גִּיד הַנָּשֶׁה מִינֵּיהּ?

**And both of them said: Anywhere** in this tractate **that we learned** in a mishna that a particular mitzva applies both **to non-sacred** animals **and to sacrificial** animals, it is stated **necessarily.** This is the case **except for** the mishna discussing the **sciatic nerve,** as it is **obvious** that the prohibition applies to sacrificial animals as well. Can it enter one's mind to say that **because it was consecrated, the prohibition of** eating **the sciatic nerve is abrogated from** the animal?

וְלָאו אוֹקִימְנָא בִּוְלָדוֹת קָדָשִׁים?

The Gemara asks: **But didn't we establish** that the mishna there (89b) is referring **to offspring of sacrificial** animals? Without the mishna, one might have thought that since the offspring was already prohibited as a sacrificial animal before its sciatic nerve was even formed, the prohibition with regard to the latter does not take effect where the former prohibition already exists. If so, it was in fact necessary to teach this *halakha*.

וּמַאי טַעְמָא אוֹקִימְנָא? לָאו מִשּׁוּם דְּקַשְׁיָא לַן לָא לִיתְנֵי, מֵעִיקָּרָא נָמֵי לָא תִּקְשֵׁי לָךְ, אַיְּידֵי דִּתְנָא לְצוֹרֶךְ – תְּנָא נָמֵי שֶׁלֹּא לְצוֹרֶךְ.

The Gemara responds: **But what is the reason we interpreted** that mishna as referring to offspring of sacrificial animals? Is it **not due** to the fact that the question: **Let** the mishna **not teach** that the prohibition applies to both non-sacred and sacrificial animals, is **difficult for us?** It is in response to this question that Rabbi Avin and Rabbi Meyasha stated that **even from the outset,** this **should not** pose a **difficulty for you.** Rather, **since** the phrase: Applies to both non-sacred and sacrificial animals, **is taught necessarily** with regard to the prohibition against slaughtering an animal itself and its offspring, it **is also taught needlessly** with regard to the prohibition against eating the sciatic nerve, to parallel the formula of the other mishna.

״בַּחוּלִּין אֲבָל לֹא בַּמּוּקְדָּשִׁים״. אַמַּאי לָא? דְּאָמַר קְרָא: ״שַׁלֵּחַ תְּשַׁלַּח אֶת הָאֵם״ – בְּמִי שֶׁאַתָּה מְצוּוֶּה לְשַׁלְּחוֹ, יָצָא זֶה – שֶׁאִי אַתָּה מְצוּוֶּה לְשַׁלְּחוֹ אֶלָּא לַהֲבִיאוֹ לִידֵי גִּזְבָּר.

§ The mishna states that the mitzva of sending away the mother bird from the nest applies **to non-sacred** birds, **but not to sacrificial** birds. The Gemara asks: **Why** does this mitzva **not** apply to sacrificial birds? The Gemara responds: **As the verse states: "You shall send the mother"** (Deuteronomy 22:7). The verse refers only **to a** bird **that you are commanded to send** away, i.e., a non-sacred bird; that **excludes this** sacrificial bird, **which you are not commanded to send** away, but **rather to bring it to the custody of** the Temple **treasurer.**

אָמַר רָבִינָא: הִלְכָּךְ, עוֹף טָהוֹר שֶׁהָרַג אֶת הַנֶּפֶשׁ – פָּטוּר מִשִּׁלּוּחַ. מַאי טַעְמָא? דְּאָמַר קְרָא "שַׁלֵּחַ תְּשַׁלַּח אֶת הָאֵם", בְּמִי שֶׁאַתָּה מְצוּוֶּה לְשַׁלְּחוֹ, יָצָא זֶה שֶׁאִי אַתָּה מְצוּוֶּה לְשַׁלְּחוֹ אֶלָּא לַהֲבִיאוֹ לְבֵית דִּין. הֵיכִי דָּמֵי? אִי דִּגְמַר דִּינֵיהּ

**Ravina says: Therefore,** with regard to **a kosher bird that killed a person**[H] and must now be executed, one **is exempt from sending** it away. **What is the reason** for this? It is **as the verse states: "You shall send the mother."** The verse is referring only **to** a bird **that you are commanded to send** away, which **excludes this** bird **that you are not commanded to send** away, but **rather to bring it to court.** The Gemara asks: **What are the circumstances** of this case, i.e., how is this bird that killed a person now resting on its eggs? **If** this is a case **where its verdict** of execution **was issued,**

HALAKHA

**A kosher bird that killed a person – עוֹף טָהוֹר שֶׁהָרַג אֶת הַנֶּפֶשׁ:** With regard to a kosher bird that killed a person, one is exempt from the mitzva of sending it away from the nest because one is required to bring it to court for judgment (Rambam *Sefer Kedusha, Hilkhot Sheḥita* 13:21).



בַּר קְטָלָא הוּא! אֶלָּא דְּלָא גְּמַר דִּינֵיהּ וּבָעֵי לְאַתּוּיֵיהּ לְבֵי דִּינָא, וְקַיּוּמֵי בֵּיהּ "וּבִעַרְתָּ הָרָע מִקִּרְבֶּךָ".

how could it be free to rest on its eggs? **It is subject** to being **killed** and should have been executed. **Rather,** it must be a case **where its verdict was not** yet **issued, and** one is **required to bring it to the court to fulfill through it** the verse: **"And you shall eradicate the evil from your midst"** (Deuteronomy 13:6).[N]

הָנֵי מוּקְדָּשִׁין הֵיכִי דָּמֵי? אִילֵימָא דַּהֲוָה לֵיהּ קֵן בְּתוֹךְ בֵּיתוֹ וְאַקְדְּשֵׁיהּ – מִי מִיחַיַּיב? "כִּי יִקָּרֵא קַן צִפּוֹר" – פְּרָט לִמְזוּמָּן!

§ With regard to the statement of the mishna that sacrificial birds are not included in the mitzva of sending away the mother bird from the nest, the Gemara asks: **What are the circumstances of these sacrificial** birds discussed in the mishna? **If we say that** the mishna is referring to a case where one **had a nest in his house and consecrated it, is one obligated** to send away even a non-sacred bird in such a case? The verse states: **"If a bird's nest happens** before you on the way" (Deuteronomy 22:6), which **excludes** a nest readily **available** in one's home.

אֶלָּא דַּחֲזָא קֵן בְּעָלְמָא וְאַקְדְּשֵׁיהּ – וּמִי קָדוֹשׁ? "אִישׁ כִּי יַקְדִּשׁ אֶת בֵּיתוֹ קֹדֶשׁ" אָמַר רַחֲמָנָא, מָה בֵּיתוֹ – בִּרְשׁוּתוֹ, אַף כֹּל – בִּרְשׁוּתוֹ!

**Rather,** perhaps the mishna is referring to a case **where** one **merely saw a nest** that did not belong to him, **and he consecrated it. But** this, too, is problematic: **Is** the nest **consecrated** in such a case? But **the Merciful One states: "When a man shall sanctify his house to be holy"** (Leviticus 27:14), indicating that **just as his house** is **in his possession** when he consecrates it, **so too, any** item that one wishes to consecrate must be **in his possession**[H] when consecrating it. If so, one cannot consecrate a nest that does not belong to him.

אֶלָּא דְּאַגְבְּהִינְהוּ לְאֶפְרוֹחִים וְאַקְדְּשִׁינְהוּ, וַהֲדַר הַדְרִינְהוּ – הַאי אֲפִילּוּ בְּחוּלִּין נָמֵי לָא מִיחַיַּיב, דִּתְנַן: נָטַל אֶת הַבָּנִים וְהֶחֱזִירָן לַקֵּן, וְאַחַר כָּךְ חָזְרָה הָאֵם עֲלֵיהֶן – פָּטוּר מִלְּשַׁלֵּחַ!

**Rather,** say that the mishna is referring to a case **where** one **lifted** the **chicks,** taking possession of them, **and** then **consecrated them, and then returned them** to the nest. But **this** too cannot be, as **even with regard to non-sacred** birds one **is not obligated** to send the mother away in such a case, **as is taught** in a mishna (141a): If one sent the mother away and **took the offspring and** then **returned them to the nest, and thereafter, the mother returned** and rested **upon them,**[H] one is **exempt from sending** the mother bird away, because he has acquired the offspring and they are now considered readily available.

HALAKHA

**Just as his house is in his possession so too any item that one wishes to consecrate must be in his possession – מָה בֵּיתוֹ בִּרְשׁוּתוֹ אַף כֹּל בִּרְשׁוּתוֹ:** A person cannot consecrate that which is not in his possession (Rambam *Sefer Hafla'a, Hilkhot Arakhin VaḤaramim* 6:22).

**If one took the offspring and then returned them to the nest and thereafter the mother returned and rested upon them – נָטַל אֶת הַבָּנִים וְהֶחֱזִירָן לַקֵּן וְאַחַר כָּךְ חָזְרָה הָאֵם עֲלֵיהֶן:** If one sent the mother away and took the young, and then returned the young to the nest, and the mother returned to rest upon them, he is exempt from sending the mother away again (Rambam *Sefer Kedusha, Hilkhot Sheḥita* 13:7; *Shulḥan Arukh, Yoreh De'a* 292:5).

NOTES

**Fulfill through it the verse: And you shall eradicate the evil from your midst – קַיּוּמֵי בֵּיהּ וּבִעַרְתָּ הָרָע מִקִּרְבֶּךָ:** The early commentaries question why the mitzva of sending away the mother bird from the nest does not override the mitzva of eradicating evil from one's midst. After all, sending away the mother bird includes both a positive mitzva as well as a prohibition against taking the mother with the offspring (see Deuteronomy 22:6), while the mitzva of eradicating evil is only a positive mitzva. The Ran cites one suggestion that the positive mitzva of eradicating evil takes precedence because it is an absolute mitzva and is not dependent upon the will of the person. By contrast, the mitzva of sending away the mother bird is dependent upon one's desire to take the chicks or the eggs. If one does not wish to take the chicks or the eggs, then one need not send away the mother bird. The Ran himself though suggests that the dilemma itself is unnecessary, since one positive mitzva never overrides another, even if one of them is accompanied by a prohibition.

The later commentaries conclude, in accordance with the first answer, that the mitzva of sending away the mother bird is not an absolute requirement. Rather, it simply devolves upon one who desires to take the offspring. By contrast, one of the later commentaries views this mitzva as a requirement devolving upon anyone who happens upon a bird's nest containing a mother and her fledglings or her eggs, even if he does not desire to take the young (*Ḥavvot Ya'ir*). In fact, the early commentaries also engage in a dispute concerning this issue: Rashi and *Tosafot* (on 140b) hold that the mitzva depends upon one's desire to take the young, while the Ramban and Rashba hold that it is an absolute requirement.

**HALAKHA**

**If he slaughtered it and then consecrated it –** שְׁחָטָהּ וְאַחַר כָּךְ הִקְדִּישָׁהּ: If one slaughtered an undomesticated animal or a bird and afterward consecrated it or its blood, he is required to cover the blood, in accordance with the opinion of Rabbi Yoḥanan ben Yosef (Rambam *Sefer Kedusha, Hilkhot Sheḥita* 14:3).

**LANGUAGE**

**Treasury** [*bei gazza*] – בֵּי גַּזָּא: This phrase, meaning: House of treasure, derives from the Persian ganz, which means treasure, with the word *bei* parallel to the Hebrew term *beit*, meaning: House of. The words *ginzakh* and *ganaz* that appear in the Bible (see, e.g., Esther 3:9, I Chronicles 28:11) are also derivatives of this word.

אֶלָּא דְּאַגְבְּהָהּ לָאֵם וְאַקְדְּשָׁהּ, וְהַדְרָהּ – מֵעִיקָּרָא אִיחַיַּיב לֵיהּ בְּשִׁילּוּחַ מִקַּמֵּי דְּאַקְדְּשָׁהּ. דְּתַנְיָא, רַבִּי יוֹחָנָן בֶּן יוֹסֵף אוֹמֵר: הִקְדִּישׁ חַיָּה וְאַחַר כָּךְ שְׁחָטָהּ – פָּטוּר מִלְּכַסּוֹת, שְׁחָטָהּ וְאַחַר כָּךְ הִקְדִּישָׁהּ – חַיָּיב לְכַסּוֹת, שֶׁכְּבָר נִתְחַיֵּיב בְּכִסּוּי קוֹדֶם שֶׁיָּבֹא לִידֵי הֶקְדֵּשׁ!

The Gemara suggests: **Rather,** say that the mishna is referring to a case **where** one **lifted the mother,** taking possession of her, **and** then **consecrated her, and** thereafter **returned her** to the nest. The Gemara responds that this too cannot be, because **he was initially obligated in** the **sending** away of the mother bird **before he consecrated her.** Consequently, the consecration of the bird afterward cannot abrogate the requirement to send it away, **as it is taught** in a *baraita*: **Rabbi Yoḥanan ben Yosef says:** If one **consecrated an undomesticated animal and then slaughtered it,** he is **exempt from covering** its blood, because a consecrated animal is not subject to the obligation of covering the blood. But if he **slaughtered it and then consecrated it,**[H] he is **obligated to cover** its blood, **as he was already obligated in** the mitzva of **covering** of the blood **before it came into the possession of the Temple** treasury.

רַב אָמַר: בְּמַקְדִּישׁ פֵּירוֹת שׁוֹבָכוֹ וּמָרְדוּ, וּשְׁמוּאֵל אָמַר: בְּמַקְדִּישׁ תַּרְנְגוֹלְתּוֹ לְבֶדֶק הַבַּיִת.

Rather, **Rav says:** The mishna is referring **to** a case of one who **consecrates the fruit,** i.e., the chicks, **of his dovecote** for sacrifice on the altar, **and they** later **rebelled** and fled from the dovecote and nested elsewhere. The mishna teaches that although such birds are not considered readily available, one is exempt from sending away the mother because they are sacrificial birds. If they were non-sacred, one who finds them would be obligated to do so. **And Shmuel says:** The mishna is referring **to** a case of one who **consecrates his chicken for Temple maintenance,** and the chicken later rebelled and fled its owner's home and established a nest elsewhere.

בִּשְׁלָמָא שְׁמוּאֵל לָא אָמַר כְּרַב – דְּקָא מוֹקִים לַהּ בְּקָדְשֵׁי בֶדֶק הַבַּיִת, אֶלָּא רַב מַאי טַעְמָא לָא אָמַר כִּשְׁמוּאֵל?

The Gemara objects: **Granted, Shmuel did not state** his explanation of the mishna **in accordance with** that of **Rav, since he interprets it** as referring even **to** birds **consecrated for Temple maintenance,** which do not have inherent sanctity. Accordingly, the mishna teaches that all consecrated birds are not included in the mitzva of sending away the mother bird. **But what is the reason** that **Rav did not state** his explanation **in accordance with** that of **Shmuel?**

אָמַר לָךְ רַב: דַּוְקָא קָפָטְרִי מִשִּׁילּוּחַ כְּגוֹן פֵּירוֹת שׁוֹבָכוֹ דְּקָדְשֵׁי מִזְבֵּחַ נִינְהוּ, דְּכֵיוָן דְּקָדְשֵׁי קְדוּשַּׁת הַגּוּף לָא פָּקְעָה קְדוּשָּׁתַיְיהוּ מִינַּיְיהוּ, אֲבָל בְּמַקְדִּישׁ תַּרְנְגוֹלְתּוֹ לְבֶדֶק הַבַּיִת, דְּלָאו קָדְשֵׁי מִזְבֵּחַ, דִּקְדוּשַּׁת דָּמִים בְּעָלְמָא הוּא, כֵּיוָן דְּמָרְדָה – פָּקְעָה קְדוּשָּׁתַיְיהוּ, וְחַיֶּיבֶת בְּשִׁילּוּחַ.

The Gemara responds: **Rav** could have **said to you: I specifically exempted** one **from sending** the mother bird away in a case **where** the birds are the **fruit of his dovecote, as they are consecrated for** the **altar. Since they are consecrated** with **inherent sanctity, their sanctity is not abrogated from them**[N] even when they flee from the dovecote. **But in a** case where one **consecrates his chicken for Temple maintenance, where** the chicken is **not consecrated for** the **altar but merely** has **sanctity** that inheres in its **value, once it rebels its sanctity is abrogated, and it is obligated in,** i.e., subject to, the mitzva of **sending** away the mother bird.

וּשְׁמוּאֵל אָמַר: כׇּל הֵיכָא דְּאִיתֵיהּ, בְּבֵי גַּזָּא דְּרַחֲמָנָא אִיתָא, דִּכְתִיב ״לַה׳ הָאָרֶץ וּמְלוֹאָהּ״. וְכֵן אָמַר רַבִּי יוֹחָנָן: בְּמַקְדִּישׁ תַּרְנְגוֹלְתּוֹ לְבֶדֶק הַבַּיִת וּמָרְדָה. אָמַר לֵיהּ רַבִּי שִׁמְעוֹן בֶּן לָקִישׁ: וְכֵיוָן שֶׁמָּרְדָה פָּקְעָה לֵיהּ קְדוּשָּׁתָהּ! אָמַר לֵיהּ: בְּבֵי גַּזָּא דְּרַחֲמָנָא אִיתָא, דִּכְתִיב ״לַה׳ הָאָרֶץ וּמְלוֹאָהּ״.

**And Shmuel** could have **said:** Though it has rebelled, the chicken retains its sanctity, since **wherever it is, it is in the treasury** [*bei gazza*][L] **of the Merciful One, as it is written: "The earth is the Lord's, and its fullness thereof"** (Psalms 24:1). **And so Rabbi Yoḥanan says** that the mishna is referring **to** a case where one **consecrated his chicken for Temple maintenance, and the chicken** then **rebelled. Rabbi Shimon ben Lakish said to him: But once it rebels, its sanctity is abrogated.** Rabbi Yoḥanan **said to him:** Wherever it is, **it is in the treasury of the Merciful One, as it is written: "The earth is the Lord's, and its fullness thereof."**

**NOTES**

**Since they are consecrated with inherent sanctity their sanctity is not abrogated from them –** דְּכֵיוָן דְּקָדְשֵׁי קְדוּשַּׁת הַגּוּף לָא פָּקְעָה קְדוּשָּׁתַיְיהוּ מִינַּיְיהוּ: According to Rav, there is a distinction in *halakha* here between a bird that was consecrated to be sacrificed upon the altar and a bird that was sacrificed for Temple maintenance. This difference is rooted in a similar distinction with regard to the *halakhot* of misuse of consecrated property. In that context, the prohibition against misusing an animal consecrated to be sacrificed upon the altar is due to the inherent sanctity of the animal. By contrast, the prohibition against misusing an animal consecrated for Temple maintenance is essentially a prohibition against stealing from the Temple treasury. With regard to the mitzva to send away the mother bird, the difference is as follows: A bird consecrated to be sacrificed upon the altar retains its inherent sanctity wherever it may be. By contrast, a bird consecrated for Temple maintenance is consecrated only inasmuch as it is still in the possession of the Temple treasury. Once it flees the dovecote, the Temple treasurer presumably despairs of ever recovering it, and, like any lost item whose owner despairs of recovering it, the bird becomes ownerless and is no longer consecrated. Shmuel disagrees and holds that based on the principle that wherever a consecrated item is, it is in the treasury of the Merciful One, the despair of the Temple treasurer will not take effect, just as despair of an owner of an item does not take effect if the item is still in his possession, even if he is not aware of that fact (*Kehillot Ya'akov*).

וְרָמֵי דְּרַבִּי יוֹחָנָן אַדְּרַבִּי יוֹחָנָן, וְרָמֵי דְּרַבִּי שִׁמְעוֹן בֶּן לָקִישׁ אַדְּרַבִּי שִׁמְעוֹן בֶּן לָקִישׁ.

And the Gemara **raises a contradiction** between the statement **of** Rabbi Yoḥanan here **and that of Rabbi Yoḥanan** elsewhere, **and the** Gemara **raises a contradiction** between the statement **of Rabbi Shimon ben Lakish** here **and that of Rabbi Shimon ben Lakish** elsewhere.

דְּאִיתְּמַר: "מָנֶה זֶה לְבֶדֶק הַבַּיִת" וְנִגְנְבוּ אוֹ נֶאֶבְדוּ, רַבִּי יוֹחָנָן אָמַר: חַיָּיב בְּאַחֲרָיוּתָן עַד שֶׁיָּבוֹאוּ לִידֵי גִּזְבָּר. וְרֵישׁ לָקִישׁ אָמַר: כָּל הֵיכָא דְּאִיתֵיהּ – בְּבֵי גַּזָּא דְּרַחֲמָנָא אִיתֵיהּ, דִּכְתִיב "לַה' הָאָרֶץ וּמְלוֹאָהּ". קַשְׁיָא דְּרֵישׁ לָקִישׁ אַדְּרֵישׁ לָקִישׁ, קַשְׁיָא דְּרַבִּי יוֹחָנָן אַדְּרַבִּי יוֹחָנָן!

**As it was stated:** If one declares that **these one hundred dinars** are consecrated **for Temple maintenance, and they were stolen or lost, Rabbi Yoḥanan says: He bears responsibility for them until they come into the** physical **possession of the** Temple **treasurer** [*gizbar*].[L] Consequently, he must pay one hundred dinars to the treasury. **And Reish Lakish says:** One is not required to replace the lost money, since **wherever it is, it is in the treasury of the Merciful One, as it is written: "The earth is the Lord's, and its fullness."** Accordingly, the money is considered to have entered the possession of the treasury. If so, this statement **of Reish Lakish** poses **a difficulty for** the other statement **of Reish Lakish,** and this statement **of Rabbi Yoḥanan** poses **a difficulty for** the other statement **of Rabbi Yoḥanan.**

דְּרֵישׁ לָקִישׁ אַדְּרֵישׁ לָקִישׁ לָא קַשְׁיָא, הָא מִקַּמֵּי דִּשְׁמָעֵיהּ מֵרַבִּי יוֹחָנָן רַבֵּיהּ, הָא לְבָתַר דִּשְׁמָעֵיהּ מֵרַבִּי יוֹחָנָן רַבֵּיהּ.

The Gemara responds: The apparent contradiction between this statement **of Reish Lakish** and that statement **of Reish Lakish is not difficult. This** statement, that the sanctity of a consecrated chicken that rebelled is abrogated, was made **before he heard** the statement **from Rabbi Yoḥanan, his teacher,** that wherever it is, it is in God's treasury. **That** statement, that one is not liable to replace the missing consecrated funds, was made **after he heard** that statement **from Rabbi Yoḥanan his teacher.**

אֶלָּא דְּרַבִּי יוֹחָנָן אַדְּרַבִּי יוֹחָנָן קַשְׁיָא! דְּרַבִּי יוֹחָנָן אַדְּרַבִּי יוֹחָנָן נַמִי לָא קַשְׁיָא, הָא – דַּאֲמַר "עָלַי", הָא – דַּאֲמַר "הֲרֵי זוֹ".

The Gemara objects: **But** still, this statement **of Rabbi Yoḥanan** poses **a difficulty** for that statement **of Rabbi Yoḥanan.** The Gemara responds: The apparent contradiction between this statement **of Rabbi Yoḥanan** and that statement **of Rabbi Yoḥanan is also not difficult. This** statement, that one bears responsibility for the missing consecrated funds, is referring to a case **where** the consecrator **said:** It is incumbent **upon me** to bring one hundred dinars to the Temple treasury. In such a case, one bears responsibility for the money until it reaches the Temple treasurer. **That** statement, that a consecrated chicken that rebelled remains consecrated, is referring to a case **where** the consecrator **said: This** chicken **is** consecrated for Temple maintenance. In such a case, the sanctity is not abrogated even after the chicken flees, because wherever it is, it is in God's treasury.

מִכְּלָל דְּרַבִּי שִׁמְעוֹן בֶּן לָקִישׁ אַף עַל גַּב דַּאֲמַר "עָלַי" לָא מִחַיֵּיב?

The Gemara objects: If it is so that when Rabbi Yoḥanan says that one bears financial responsibility for the missing consecrated funds, he is referring to a case where one said: It is incumbent upon me, **by inference** one may conclude **that** according to **Rabbi Shimon ben Lakish,** who says that one does not bear responsibility for the money, one **does not bear** financial responsibility **even though** one **said:** It is incumbent **upon me.**

וְהָתַנְיָא: אֵיזֶהוּ נֶדֶר וְאֵיזוֹ הִיא נְדָבָה, נֶדֶר – הָאוֹמֵר "הֲרֵי עָלַי עוֹלָה", נְדָבָה – הָאוֹמֵר "הֲרֵי זוֹ עוֹלָה". וּמַה בֵּין נֶדֶר לִנְדָבָה? נֶדֶר – מֵתָה אוֹ נִגְנְבָה אוֹ שֶׁאָבְדָה, חַיָּיב בְּאַחֲרָיוּתָהּ. נְדָבָה – מֵתָה אוֹ נִגְנְבָה אוֹ שֶׁאָבְדָה, אֵינוֹ חַיָּיב בְּאַחֲרָיוּתָהּ!

**But isn't it taught** in a mishna (*Kinnim* 1:1): **Which is** the case of **a vow offering, and which is** the case of **a gift offering?**[H] **A vow** offering is where **one says: It is** incumbent **upon me** to bring **a burnt offering. A gift** offering is where **one says: This** animal is **a burnt offering. And what is** the **difference between a vow offering and a gift** offering?[H] With regard to **a vow offering,** if **it died or was stolen or lost,** one **bears** financial **responsibility for it.** With regard to **a gift** offering, if **it died or was stolen or lost,** one **does not bear** financial **responsibility for it.**

אֲמַר לָךְ רֵישׁ לָקִישׁ: הָנֵי מִילֵּי קָדְשֵׁי מִזְבֵּחַ, דִּמְחוּסַּר הַקְרָבָה, אֲבָל קָדְשֵׁי בֶּדֶק הַבַּיִת, דְּלָאו מְחוּסַּר הַקְרָבָה, אַף עַל גַּב דַּאֲמַר "עָלַי" – לָא מִחַיֵּיב.

The Gemara responds that **Reish Lakish** could have **said to you: This statement,** that one who says: It is incumbent upon me, bears financial responsibility, applies only to an item **consecrated for the altar, since** one vowed to sacrifice it as an offering and **it has not yet been sacrificed. But** with regard to an item **consecrated for Temple maintenance, which is not lacking sacrifice** on the altar, **even though** one **said:** It is incumbent **upon me,** one **does not bear** financial responsibility for it.

**LANGUAGE**

Treasurer [*gizbar*] – גִּזְבָּר: This word appears in the Bible (Ezra 1:8) and derives from the Old Persian ganzabara. Ganz means treasure, while bara is an element meaning bearer and is frequently used as a grammatical agent. The term ganzabara therefore means treasurer.

**HALAKHA**

**Which is the case of a vow offering and which is the case of a gift offering, etc. – אֵיזֶהוּ נֶדֶר וְאֵיזוֹ הִיא נְדָבָה וכו׳:** Which is the case of a vow offering, and which is the case of a gift offering? When one says: It is incumbent upon me to bring a burnt offering, or: It is incumbent upon me to bring a peace offering, or: It is incumbent upon me to bring a meal offering, or: The value of this animal is incumbent upon me to bring as a burnt offering, or: The value of this animal is incumbent upon me to bring as a peace offering, that is a case of a vow offering. But when one says: This animal is a burnt offering, or: The value of this animal shall be for a burnt offering, or: The value of this animal shall be for a peace offering, or: This tenth of an ephah is a meal offering, that is a case of a gift offering, in accordance with the mishna from tractate *Kinnim* (Rambam *Sefer Avoda, Hilkhot Ma'aseh HaKorbanot* 14:4).

**And what is the difference between a vow offering and a gift offering, etc. – וּמַה בֵּין נֶדֶר לִנְדָבָה וכו׳:** What is the difference between a vow offering and a gift offering? If the animal one selects for a vow offering is lost or stolen, one bears responsibility for it until it, or its replacement, is sacrificed upon the altar. But if the animal one selects for a gift offering is lost or stolen, one bears no responsibility for it and need not replace it, in accordance with the mishna in tractate *Kinnim* (Rambam *Sefer Avoda, Hilkhot Ma'aseh HaKorbanot* 14:5).

## NOTES

**This house is an offering – בַּיִת זֶה קׇרְבָּן:** In other words, this house is consecrated for Temple maintenance. Rashi notes that items consecrated for Temple maintenance are also referred to as offerings, as the verse states: "And we have brought the Lord's offering, what every man has gotten, of jewels of gold" (Numbers 31:50).

**It is incumbent upon me to give this bull as a burnt offering, etc. – שׁוֹר זֶה עָלַי עוֹלָה וכו׳:** Rashi explains that although one refers to a specific bull or a specific house, this is not considered a gift offering, because one also says: Upon me. His statement is therefore understood as an acceptance of financial responsibility.

## HALAKHA

**If the bull died or the house collapsed – מֵת הַשּׁוֹר וְנָפַל הַבַּיִת:** If one says: The monetary value of this bull is incumbent upon me to bring as a burnt offering, or: The monetary value of this house is incumbent upon me to bring as an offering, and the bull died or the house collapsed, he bears financial responsibility to pay its value, in accordance with the mishna in tractate *Arakhin* and the explanation of the Gemara there (Rambam *Sefer Avoda, Hilkhot Ma'aseh HaKorbanot* 14:6).

וְהָתְנַן: הָאוֹמֵר "שׁוֹר זֶה עוֹלָה", "בַּיִת זֶה קׇרְבָּן". מֵת הַשּׁוֹר, נָפַל הַבַּיִת – אֵינוֹ חַיָּיב בְּאַחְרָיוּתָן. "שׁוֹר זֶה עָלַי עוֹלָה", "בַּיִת זֶה עָלַי קׇרְבָּן". מֵת הַשּׁוֹר וְנָפַל הַבַּיִת – חַיָּיב לְשַׁלֵּם!

The Gemara objects: **But didn't we learn** in a mishna (*Arakhin* 20b) that in the case of **one who says: This bull** is consecrated as **a burnt offering, or: This house** is consecrated as **an offering,**[N] and **the bull died** or **the house collapsed, he does not bear** financial **responsibility for them;** but in the case of one who says: It is incumbent **upon me** to give **this bull as a burnt offering,**[N] **or:** It is incumbent **upon me** to give **this house as an offering, if the bull died** or **the house collapsed,**[H] he is **obligated to pay** its value? Evidently, even with regard to items consecrated for Temple maintenance, if one says: It is incumbent upon me, one bears financial responsibility for them.

הָנֵי מִילֵּי הֵיכָא דְּמֵת הַשּׁוֹר וְנָפַל הַבַּיִת חַיָּיב לְשַׁלֵּם – דְּלֵיתְנְהוּ, אֲבָל הֵיכָא דְּאִיתְנְהוּ, כׇּל הֵיכָא דְּאִיתֵיהּ – בְּבֵי גַּזָּא דְּרַחֲמָנָא אִיתֵיהּ, דִּכְתִיב "לַה׳ הָאָרֶץ וּמְלוֹאָהּ".

The Gemara responds: With regard to **this statement,** that if one says: It is incumbent upon me to give an item for Temple maintenance, he bears financial responsibility, that applies only **where the bull died or the house collapsed.** In such a case **he is obligated to pay, since they no** longer **exist. But where they** still **exist,** e.g., in the case of an item or sum of money that was lost or stolen, one applies the principle: **Wherever it is, it is in the treasury of the Merciful One, as it is written: "The earth is the Lord's, and its fullness thereof."**

אָמַר רַב הַמְנוּנָא: הַכֹּל מוֹדִים בַּעֲרָכִין, אַף עַל גַּב דְּאָמַר "עָלַי" – לָא מִיחַיַּיב. מַאי טַעְמָא – דְּלָא מִיתְמַר לֵיהּ בְּלָא "עָלַי".

§ The Gemara above cited a dispute between Rabbi Yoḥanan and Reish Lakish as to the *halakha* about one who says: It is incumbent upon me to bring an item for Temple maintenance. With regard to this dispute, **Rav Hamnuna says: Everyone concedes with regard to valuations**[B] that **even if one said:** It is incumbent **upon me** to donate my own valuation, and one set aside money that was then lost or stolen, one **does not bear** financial responsibility for it. **What is the reason** for this? It is **because it cannot be stated by him without** stating: **Upon me.** In other words, one cannot say: This is my valuation, since he has yet to accept upon himself any such obligation.

הֵיכִי לֵימָא? לֵימָא "עֶרְכִּי" – אַמַּאן? לֵימָא "עֵרֶךְ פְּלוֹנִי" – אַמַּאן?

Therefore, although one says: It is incumbent upon me to donate my valuation, this is not considered an acceptance of financial responsibility. After all, **how shall he say** it without stating: It is incumbent upon me? **Shall he say** only: **My own valuation,** without: Is incumbent upon me? If so, **upon whom** is the obligation placed to pay the money? Or **shall he say** only: **The valuation of so-and-so?** Still, **upon whom** is the obligation placed to pay the money?

מַתְקִיף לַהּ רָבָא: לֵימָא "הֲרֵינִי בְּעֶרְכִּי", "הֲרֵינִי בְּעֵרֶךְ פְּלוֹנִי"! וְעוֹד, תַּנְיָא, רַבִּי נָתָן אוֹמֵר: "וְנָתַן אֶת הָעֶרְכְּךָ בַּיּוֹם הַהוּא קֹדֶשׁ לַה׳" – מָה תַּלְמוּד לוֹמַר? לְפִי שֶׁמָּצִינוּ בְּהֶקְדֵּשׁוֹת וּמַעַשְׂרוֹת – שֶׁמִּתְחַלְּלִין עַל מָעוֹת שֶׁבְּחוּלִּין, נִגְנְבוּ אוֹ שֶׁאָבְדוּ – אֵינָן חַיָּיבִין בְּאַחְרָיוּתָן,

**Rava objects to this: Let him say: I am** encumbered **with my own valuation,** or: **I am** encumbered **with the valuation of so-and-so.** One need not say: Is incumbent upon me. **Additionally, it is taught** in a *baraita* with regard to the redemption of a purchased field that was consecrated that **Rabbi Natan says** about the verse: "Then the priest shall reckon for him the worth of your valuation until the Jubilee Year, **and he shall give your valuation on that day, as a consecrated thing to the Lord"** (Leviticus 27:23): **Why must the verse state:** "And he shall give your valuation"? It could have stated simply: And he shall give it. It is necessary **because we have found with regard to consecrated** property **and tithes that they can be desacralized** by transferring their sanctity **onto non-sacred money,** and that if that money **was stolen or lost,** the owners **do not bear** financial **responsibility for it.**

## BACKGROUND

**Valuations – עֲרָכִין:** A valuation is a special type of consecration mentioned in the Torah by which a fixed sum is given for each individual in accordance with their age and sex, regardless of their importance or actual monetary worth as a slave. If one says: I am obligated in the valuation of my hand, he has not said anything of consequence, as only a whole person has a valuation. By contrast, one can vow to consecrate the monetary value of a hand or foot to the Sanctuary. Notwithstanding that distinction, if one obligates himself in the valuation of a part of the body upon which life depends, e.g., if he says: I am obligated in the valuation of my head, it is as though he has obligated himself in the valuation of the entire person, as one cannot live without a head. The valuations appear in Leviticus 27:1–8 and are discussed in depth in tractate *Arakhin*.

יָכוֹל אַף זֶה כֵּן – תַּלְמוּד לוֹמַר ״וְנָתַן אֶת הָעֶרְכְּךָ״ וגו׳, חוּלִּין עַד שֶׁיָּבֹאוּ לִידֵי גִּזְבָּר!

One **might** have thought that with regard to **this** valuation **too,** the *halakha* should be **so,** i.e., if money from a valuation is stolen or lost, the owner does not bear financial responsibility for it. Therefore, **the verse states: "And he shall give your valuation**[N] on that day," indicating that the valuation money is **non-sacred until it enters the possession of** the Temple **treasurer,** and that the owner bears responsibility for it until that time. Evidently, even with regard to valuations, the consecrator bears financial responsibility, in contradiction to the statement of Rav Hamnuna.

אֶלָּא, אִי אִיתְּמַר הָכִי אִיתְּמַר, אָמַר רַב הַמְנוּנָא: הַכֹּל מוֹדִים בַּעֲרָכִין, דְּאַף עַל גַּב דְּלָא אֲמַר ״עָלַי״ – מִיחַיַּיב, דִּכְתִיב ״וְנָתַן אֶת הָעֶרְכְּךָ״ – חוּלִּין הֵן בְּיָדְךָ עַד שֶׁיָּבֹאוּ לִידֵי גִּזְבָּר.

**Rather, if** a statement **was stated, this** is what **was stated: Rav Hamnuna says** that **everyone concedes with regard to valuations that even if** one **did not say:** It is incumbent **upon me,**[H] one **bears** financial responsibility for it, **as it is written: "And he shall give your valuation,"** indicating that the valuation money is **non-sacred until it enters the possession of** the Temple **treasurer.**

״חוֹמֶר בְּכִסּוּי״ וכו׳. תָּנוּ רַבָּנַן: ״כִּי יִקָּרֵא קַן צִפּוֹר לְפָנֶיךָ״ – מָה תַּלְמוּד לוֹמַר?

§ The mishna states: There are more **stringent** elements **in the covering** of the blood than in the sending away of the mother from the nest, as the covering of the blood applies to undomesticated animals and birds, to animals and birds that are readily available in one's home, and to animals and birds that are not readily available; and the sending of the mother from the nest applies only to birds that are not readily available. With regard to the mitzva of sending away the mother, **the Sages taught** in a *baraita*: The verse states: **"If a bird's nest happens before you** on the way, in any tree or on the ground, with fledglings or eggs, and the mother is resting upon the fledglings, or upon the eggs, you shall not take the mother with the young; you shall send the mother, but the young you may take for yourself" (Deuteronomy 22:6–7). **What is the meaning when the verse states** all the various details contained in it?

לְפִי שֶׁנֶּאֱמַר ״שַׁלֵּחַ תְּשַׁלַּח אֶת הָאֵם וְאֶת הַבָּנִים תִּקַּח לָךְ״, יָכוֹל יַחֲזוֹר בֶּהָרִים וּגְבָעוֹת כְּדֵי שֶׁיִּמְצָא קַן? תַּלְמוּד לוֹמַר ״כִּי יִקָּרֵא״ – בִּמְאוֹרָע לְפָנֶיךָ.

**Since it is stated: "You shall send** [*shalle'ah teshallah*] **the mother, but the young you may take for yourself,"** one **might** have thought that the doubled verb *"shalle'ah teshallah"* indicates that one must **search** even **in the mountains and hills in order to find a nest** with which to perform this mitzva. Therefore, **the verse states: "If** a bird's nest **happens,"** indicating that one is obligated to send away the mother only **when it confronts you;**[N] one is not required to seek out a nest.

״קַן״ – מִכָּל מָקוֹם. ״צִפּוֹר״ – טְהוֹרָה וְלֹא טְמֵאָה. ״לְפָנֶיךָ״ – בִּרְשׁוּת הַיָּחִיד. ״בַּדֶּרֶךְ״ – בִּרְשׁוּת הָרַבִּים. בְּאִילָנוֹת מִנַּיִן – תַּלְמוּד לוֹמַר ״בְּכָל עֵץ״. בְּבוֹרוֹת שִׁיחִין וּמְעָרוֹת מִנַּיִן – תַּלְמוּד לוֹמַר ״אוֹ עַל הָאָרֶץ״.

The *baraita* continues: The word **"nest"** indicates that this mitzva applies **in any case,** even to a nest with only a single chick or egg. The word **"bird's"** indicates that the mitzva applies only to **kosher** birds, **and not** to **non-kosher** birds. The term **"before you"** indicates that the mitzva applies to a nest that is **on private property,** e.g., an unguarded orchard or field, such that the owner's property does not acquire the nest for him. The term **"on the way"** indicates that the mitzva also applies to a nest found **in a public thoroughfare. From where** is it derived that the mitzva also applies to nests found **in trees? The verse states: "In any tree."** And with regard to nests found **in pits,**[H] **ditches, and caves,**[B] **from where** is it derived that the mitzva also applies to them? **The verse states: "Or on the ground,"** indicating that the mitzva applies to a nest on any type of ground.

## NOTES

**Therefore the verse states: And he shall give your valuation** – תַּלְמוּד לוֹמַר וְנָתַן אֶת הָעֶרְכְּךָ: The primary subject of this verse is the value of a purchased field, as evident from the beginning of the verse: "And if he sanctify unto the Lord a field which he has bought, which is not an ancestral field; then the priest shall reckon for him the worth of the valuation up to the Jubilee Year, and he shall give the valuation on that day, as a consecrated thing to the Lord" (Leviticus 27:22–23). Nevertheless, the second part of the verse, where the word "valuation" is mentioned for the second time, is referring to one who vows to donate the valuation of his person (Rashi).

**If a bird's nest happens, when it confronts you** – כִּי יִקָּרֵא בִּמְאוֹרָע לְפָנֶיךָ: One of the later commentaries understands this to mean that if one does encounter a bird's nest, the mitzva of sending away the mother bird devolves upon him even if he does not desire to take the young (*Havvot Ya'ir*). Others disagree with this and explain that the phrase "if a bird's nest happens" simply precludes any requirement to search for such a nest in order to fulfill this mitzva at least once in a lifetime. Nevertheless, this applies only to one who desires to take the young, but one who does not desire to take the young is exempt from sending away the mother in any case (*Hazon Ish*).

## BACKGROUND

**Pits, ditches, and caves** – בּוֹרוֹת שִׁיחִין וּמְעָרוֹת: The difference between these terms is that a pit is narrow and circular, a ditch is long and narrow, and a cave resembles a pit with a roof.

Opening to ancient pit in Yatir Forest

## HALAKHA

**With regard to valuations that even if one did not say: It is incumbent upon me** – בַּעֲרָכִין...דְּלָא אֲמַר עָלַי: If one designates money for a donation of his valuation or his monetary value to the Temple treasury, and the money was stolen or lost, even if the consecrator did not say: It is incumbent upon me, he bears financial responsibility for it until it reaches the possession of the Temple treasurer, in accordance with the opinion of Rav Hamnuna (Rambam *Sefer Hafla'a, Hilkhot Arakhin VaHaramim* 3:13).

**Before you...on the way...in trees...in pits** – לְפָנֶיךָ...בַּדֶּרֶךְ...בְּאִילָנוֹת...בְּבוֹרוֹת: If one finds a nest anywhere, whether in a tree, or on the ground, or in pits, ditches, or caves, or in the sea, or on a person's head, or on the head of an animal, whether this occurs in the public domain or the private domain, he is obligated to send the mother bird away (Rambam *Sefer Kedusha, Hilkhot Sheḥita* 13:17; *Shulḥan Arukh, Yoreh De'a* 292:3).

וְכִי מֵאַחַר שֶׁסּוֹפֵנוּ לְרַבּוֹת כׇּל דָּבָר, "לְפָנֶיךָ בַּדֶּרֶךְ" לָמָּה לִי? לוֹמַר לָךְ: מָה דֶּרֶךְ – שֶׁאֵין קִנּוֹ בְּיָדְךָ, אַף כֹּל – שֶׁאֵין קִנּוֹ בְּיָדְךָ. מִכָּאן אָמְרוּ: יוֹנֵי שׁוֹבָךְ וְיוֹנֵי עֲלִיָּיה שֶׁקִּנְּנוּ בְּטָפִיחִין וּבְבִירוֹת, וְאַוָּוזִין וְתַרְנְגוֹלִין שֶׁקִּנְּנוּ בְּפַרְדֵּס – חַיָּיב בְּשִׁילּוּחַ. אֲבָל קִנְּנוּ בְּתוֹךְ הַבַּיִת, וְכֵן יוֹנֵי הַרְדִּסְיָאוֹת – פָּטוּר מִשִּׁילּוּחַ.

The *baraita* continues: **And since, in the end, we will include everything,** i.e., every location of the nest, from the verse: "In any tree or on the ground," **why do I** need the earlier statement: **"Before you on the way"?** It is **to say to you: Just as** a nest on the **way** is a case in **which** the bird's **nest is not in your possession** and is not readily available for you, **so too,** with regard to **all** other cases, one is obligated only **when its nest is not in your possession. From here** the Sages **stated:** With regard to **pigeons of a dovecote**[B] **or pigeons of an attic that nested in** small wall niches **or in buildings, and geese or chickens that nested**[H] **in an orchard, one is obligated in** the mitzva of **sending** the mother bird away, because such birds are not in one's possession. **But** with regard to birds that **nested inside the house, and likewise** with regard to **domesticated pigeons, one is exempt from** the mitzva of **sending** the mother bird away.

אָמַר מָר: מָה דֶּרֶךְ – שֶׁאֵין קִנּוֹ בְּיָדְךָ, אַף כֹּל – שֶׁאֵין קִנּוֹ בְּיָדְךָ. הָא לָמָּה לִי? מִ"כִּי יִקָּרֵא" נָפְקָא – כִּי יִקָּרֵא פְּרָט לִמְזוּמָּן! וְעוֹד, "לְפָנֶיךָ" לָמָּה לִי?

§ The Gemara analyzes the above *baraita*: **The Master said: Just as** a nest on the **way** is a case in **which** the bird's **nest is not in your possession, so too,** with regard to **all** other cases, one is obligated only **when its nest is not in your possession.** The Gemara asks: **Why do I need this** derivation? **It** may be **derived from: "If** a bird's nest **happens,"** as it is taught: **"If** a bird's nest **happens" excludes** a nest that is readily **available. And furthermore, why do I** need the term **"before you"** to include even a nest found on private property? It is already derived from the verse: "In any tree or on the ground."

אֶלָּא "לְפָנֶיךָ" – לְאֵתוֹיֵי שֶׁהָיוּ לְפָנֶיךָ וּמָרְדוּ. "בַּדֶּרֶךְ" – כִּדְרַב יְהוּדָה אָמַר רַב, דְּאָמַר רַב יְהוּדָה אָמַר רַב: מָצָא קֵן בַּיָּם – חַיָּיב בְּשִׁילּוּחַ, שֶׁנֶּאֱמַר "כֹּה אָמַר ה' הַנּוֹתֵן בַּיָּם דָּרֶךְ" וגו'.

**Rather,** the term **"before you"** is necessary **to include** a case **where** the birds **were before you,** i.e., they had an owner and were readily available to him, **and** they then **rebelled** and fled and nested elsewhere. **"On the way"** is necessary for **that which Rav Yehuda** said that **Rav said, as Rav Yehuda said** that **Rav said:** If one **found a nest in the sea,**[H] e.g., in a case where a tree was washed out to sea with a nest in its branches, one **is obligated in** the mitzva of **sending** the mother bird away, **as it is stated: "So said the Lord, who makes a way in the sea,** and a path in the mighty waters" (Isaiah 43:16). The term "way" applies even to the sea.

אֶלָּא מֵעַתָּה מָצָא קֵן בַּשָּׁמַיִם, דִּכְתִיב "דֶּרֶךְ נֶשֶׁר בַּשָּׁמַיִם", הָכִי נָמֵי דְּמִיחַיַּיב בְּשִׁילּוּחַ הַקֵּן! "דֶּרֶךְ נֶשֶׁר" אִיקְרֵי, "דֶּרֶךְ" סְתָמָא לָא אִיקְרֵי.

The Gemara challenges: **If that is so,** then if **one found a nest in the sky,** e.g., in a case where a bird carries the nest as it flies, about **which it is written: "The way of an eagle in the sky"** (Proverbs 30:19), one should **also be obligated in** the mitzva of **sending** away the mother bird from **the nest.** The Gemara responds: The sky **is called "the way of an eagle,"** but **it is not called: A way,** in an **unspecified** manner. The sea, by contrast, is referred to simply as: A way.

## BACKGROUND

**Pigeons of a dovecote** – **יוֹנֵי שׁוֹבָךְ:** In the period of the Mishna and the Gemara there were several methods of caring for doves and pigeons. There were *yonei hadrisei'ot*, or *hardisei'ot*, which were completely domesticated pigeons, whose food and other provisions were the responsibility of their owner. The majority of doves and pigeons were called: Pigeons of a dovecote. They were birds that nested in dovecotes built by their owner in his house or courtyard. These birds were accustomed to roam around on their own during the day, and they found food for themselves. They were essentially wild birds that nested in the household of the person who was considered their owner, who from time to time would seize some of the adult birds or the young for his sustenance or sacrificial needs. Due to the owner's minimal control over the birds, the ownership was valid only by rabbinic ordinance for the benefit of society, but was not valid by Torah law.

## HALAKHA

**Pigeons of a dovecote or pigeons of an attic that nested in small wall niches or in buildings, and geese or chickens that nested, etc.** – **יוֹנֵי שׁוֹבָךְ וְיוֹנֵי עֲלִיָּיה שֶׁקִּנְּנוּ בְּטָפִיחִין וּבְבִירוֹת וְאַוָּוזִין וְתַרְנְגוֹלִין שֶׁקִּנְּנוּ וכו׳:** The mitzva of sending away the mother bird from the nest applies only to a kosher bird that is not readily available, such as pigeons from a dovecote or an attic, and birds that nested in an orchard. If one encounters birds that are readily available, such as geese or chickens or pigeons that nested in the house, he is not obligated to send away the mother (Rambam *Sefer Kedusha, Hilkhot Sheḥita* 13:8; *Shulḥan Arukh, Yoreh De'a* 292:1–2).

**If one found a nest in the sea** – **מָצָא קֵן בַּיָּם:** If one found a nest in the sea he is obligated to send away the mother bird, in accordance with the opinion of Rav as cited by Rav Yehuda (Rambam *Sefer Kedusha, Hilkhot Sheḥita* 13:17; *Shulḥan Arukh, Yoreh De'a* 292:3).

אָמְרִי לֵיהּ פַּפּוּנָאֵי לְרַב מַתָּנָה: מָצָא קֵן בְּרֹאשׁוֹ שֶׁל אָדָם מַהוּ? אָמַר: ״וַאֲדָמָה עַל רֹאשׁוֹ״. מֹשֶׁה מִן הַתּוֹרָה מִנַּיִן? ״בְּשַׁגַּם הוּא בָשָׂר״.

§ The residents of **Pappunya**[B] **said to Rav Mattana: If one found a nest on the head of a person,**[H] **what is the** *halakha* with regard to the mitzva of sending away the mother? Is the nest considered to be on the ground, such that one is obligated in the mitzva? Rav Mattana **said** to them that one is obligated in the mitzva in such a case because the verse states: **"And earth upon his head"** (II Samuel 15:32), rather than: Dirt upon his head, indicating that one's head is considered like the ground. They also asked Rav Mattana: **From where in the Torah** is the existence of **Moses** [*Moshe*] alluded to before his birth? He replied that the verse states: **"For that he also** [*beshaggam*] **is flesh;** therefore shall his days be one hundred and twenty years" (Genesis 6:3). The numerical value of *beshaggam* is the same as that of the Hebrew name *Moshe*, and it is known that Moses lived a total of 120 years (see Deuteronomy 34:7).

הָמָן מִן הַתּוֹרָה מִנַּיִן? ״הֲמִן הָעֵץ״.

They also asked Rav Mattana: **From where in the Torah** can one find an allusion to the hanging of **Haman?** He replied: The verse states after Adam ate from the tree of knowledge: **"Have you eaten of** [*hamin*] **the tree,** about which I commanded you that you should not eat?" (Genesis 3:11). *Hamin* is spelled in the same manner as Haman: *Heh, mem, nun*.

אֶסְתֵּר מִן הַתּוֹרָה מִנַּיִן? ״וְאָנֹכִי הַסְתֵּר אַסְתִּיר״. מָרְדֳּכַי מִן הַתּוֹרָה מִנַּיִן? דִּכְתִיב ״מָר דְּרוֹר״ וּמְתַרְגְּמִינַן: מֵירָא דָּכְיָא.

They also asked Rav Mattana: **From where in the Torah** can one find an allusion to the events involving **Esther?** He replied to them that the verse states: "Then My anger shall be kindled against them on that day, and I will forsake them, and I will hide My face from them, and they shall be devoured, and many evils and troubles shall come upon them; so that they will say in that day: Have not these evils come upon us because our God is not among us? **And I will hide** [*haster astir*] My face on that day for all the evil which they shall have wrought, in that they are turned to other gods" (Deuteronomy 31:17–18). They also asked him: **From where in the Torah** can one find an allusion to the greatness bestowed upon **Mordecai?** He replied: **As it is written** with regard to the anointing oil in the Tabernacle: "And you shall also take the chief spices, of **flowing myrrh** [*mor deror*]" (Exodus 30:23); **and we translate** *mor deror* into Aramaic as: ***Mira dakhya*,** which resembles the name Mordecai.

״וְאֵיזֶהוּ שֶׁאֵינוֹ מְזוּמָּן״ וכו׳. רַבִּי חִיָּיא וְרַבִּי שִׁמְעוֹן. חַד תָּנֵי הַדְּרִסִיאוֹת, וְחַד תָּנֵי הַרְדִּסִיאוֹת. מַאן דְּתָנֵי הַרְדִּסִיאוֹת – עַל שֵׁם הוֹרְדוֹס, וּמַאן דְּתָנֵי הַדְּרִסִיאוֹת – עַל שֵׁם מְקוֹמָן.

§ The mishna states: **And which** are considered birds **that are not** readily **available?** They are any birds such as geese or chickens that nested in the orchard. But if the geese or chickens nested in the house, one is exempt from sending them away, and likewise with regard to domesticated pigeons. The Gemara relates: With regard to the correct name of the domesticated pigeons referred to in the mishna, **Rabbi Ḥiyya and Rabbi Shimon** disagree. **One teaches** that the correct name is *yonei* ***hadrisei'ot*****, and the** other **one teaches** that the correct name is *yonei* ***hardisei'ot*****.** According to the **one who teaches** that the correct name is *yonei* ***hardisei'ot***, they are called so **on account of** King **Herod,** who was involved in breeding these pigeons; **and** according to the **one who teaches** that the correct name is *yonei* ***hadrisei'ot***, they are called so **on account of their location.**

אָמַר רַב כָּהֲנָא: לְדִידִי חָזְיָין, וְקַיְימָן שִׁיתְסַר דָּרֵי בְּפוּתְיָא מִילָא, וַהֲוָה קָרוּ ״קִירִי קִירִי״. הֲוָה חַד מִינַּיְיהוּ דְּלָא הֲוָה קָרֵי ״קִירִי קִירִי״, אָמְרָה לַהּ חַבְרְתָּהּ: סוּמָא, אֵימְרִי ״קִירִי קִירִי״! אָמְרָה: סוּמָא, אֵימְרִי ״קִירִי בִּירִי״! אַתְיוּהָ וּשְׁחָטוּהָ.

**Rav Kahana said: I myself saw** these pigeons, **and they** were **standing in sixteen rows,** each **a** ***mil***[B] **wide, and they were calling** out: **My master, my master. There was one of them who was not calling** out: **My master, my master. Another** one **said to it: Blind** one, i.e., fool, **say: My master, my master,** so that you will not be punished for refusing to acknowledge the authority of the king. The pigeon **said** in response: **Blind** one, you should **say: My master, my slave,** as Herod is not a king but a slave. **They brought** that pigeon to a slaughterhouse **and slaughtered it** for speaking against the king.

אָמַר רַב אַשִׁי, אָמַר לִי [רַבִּי] חֲנִינָא: מִילִין. מִילִין סָלְקָא דַּעְתָּךְ? אֶלָּא אֵימָא: בְּמִילִין.

**Rav Ashi said: Rabbi Ḥanina said to me:** This story is no more than mere **words,** as no such incident took place. The Gemara asks: Can it **enter your mind** that Rabbi Ḥanina dismisses as mere **words** an incident reported by Rav Kahana? **Rather, say** that Rabbi Ḥanina said that those pigeons acted as described above **through words** of witchcraft.

### BACKGROUND

**Residents of Pappunya – פַּפּוּנָאֵי:** These are the inhabitants of the city of Pappunya in Babylonia. Pappunya was located between Pumbedita and Meḥoza, and its name possibly derives from the river Pappa. This is the city in which the Sages Rav Mattana and Rav Aḥa lived. In fact, Rav Aḥa is sometimes called: One of Pappunya, for that reason (*Bava Kamma* 54b).

***Mil* – מִיל:** The talmudic *mil* is a unit of distance related, but not identical, to the Roman mile, from which it received its name. One *mil* equals 2,000 cubits. This is equivalent to 960 m according to Rav Ḥayyim Na'e, and 1,150 m according to the Ḥazon Ish.

### HALAKHA

**If one found a nest on the head of a person – מָצָא קֵן בְּרֹאשׁוֹ שֶׁל אָדָם:** If one found a nest on the head of a person, he is obligated to send away the mother, in accordance with the opinion of Rav as cited by Rav Yehuda (Rambam *Sefer Kedusha, Hilkhot Sheḥita* 13:17; *Shulḥan Arukh, Yoreh De'a* 292:3).

״עוֹף טָמֵא פָּטוּר מִלְּשַׁלֵּחַ״. מְנָהָנֵי מִילֵּי? אֲמַר רַבִּי יִצְחָק: דַּאֲמַר קְרָא ״כִּי יִקָּרֵא קַן צִפּוֹר לְפָנֶיךָ״. ״עוֹף״ – מַשְׁמַע לָן בֵּין טָהוֹר בֵּין טָמֵא. ״צִפּוֹר״ – טָהוֹר אַשְׁכַּחַן דְּאִיקְּרִי ״צִפּוֹר״, טָמֵא לָא אַשְׁכַּחַן דְּאִיקְּרִי ״צִפּוֹר״.

§ The mishna states: If one encounters a nest of **a non-kosher bird,** one is **exempt from sending** away the mother bird. The Gemara asks: **From where is this matter** derived? **Rabbi Yitzḥak said: As the verse states: "If a bird's [*tzippor*] nest happens before you"** (Deuteronomy 22:6), and not: If a bird's [*of*] nest happens before you. The word *of* **indicates to us** that all birds are included, **whether kosher or non-kosher.** But with regard to the word ***tzippor*****, we have found** that **a kosher** bird **is called a *tzippor*,** but **we have not found** that **a non-kosher** bird **is called a *tzippor*.**

תָּא שְׁמַע: ״תַּבְנִית כָּל צִפּוֹר כָּנָף״, מַאי לָאו: ״צִפּוֹר״ – בֵּין טָהוֹר בֵּין טָמֵא, ״כָּנָף״ – חֲגָבִים! לָא ״צִפּוֹר״ – טָהוֹר, ״כָּנָף״ – טָמֵא וַחֲגָבִים.

The Gemara attempts to reject the above assertion: **Come** and **hear** that which is stated in the verse with regard to the prohibition against fashioning idols: **"The likeness of any winged bird [*tzippor*]"** (Deuteronomy 4:17). **What, is it not** that the word **"*tzippor*"** is referring to any bird, **whether kosher or non-kosher,** and the word **"winged"** adds the likeness of **grasshoppers** to the prohibition? If so, we have found that a non-kosher bird is called a *tzippor*. The Gemara rejects this: **No,** the word **"*tzippor*"** means **a kosher** bird, while the word **"winged"** is referring to **non-kosher** birds **and** to **grasshoppers.**

תָּא שְׁמַע: ״הַחַיָּה וְכָל בְּהֵמָה רֶמֶשׂ וְצִפּוֹר כָּנָף״. מַאי לָאו: ״צִפּוֹר״ – בֵּין טָהוֹר בֵּין טָמֵא, וְ״כָנָף״ – חֲגָבִים? לָא, ״צִפּוֹר״ – טָהוֹר, ״כָּנָף״ – טָמֵא וַחֲגָבִים.

The Gemara suggests: **Come** and **hear** that which is stated in the passage describing how all of creation praises God: **"The undomesticated animal and all domesticated animals, creeping things and winged birds [*tzippor*]"** (Psalms 148:10). **What, is it not** that the word **"*tzippor*"** is referring to all birds, **whether kosher or non-kosher, and** the word **"winged"** is referring to **grasshoppers?** The Gemara rejects this: **No,** the word **"*tzippor*"** means **a kosher** bird, while the word **"winged"** is referring to **non-kosher** birds **and** to **grasshoppers.**

תָּא שְׁמַע: ״כֹּל צִפּוֹר כָּל כָּנָף״, מַאי לָאו כִּדְמַקְשִׁינַן? לָא, כִּדְמְשַׁנֵּינַן.

The Gemara suggests: **Come** and **hear** that which is stated in the verse about the animals that entered Noah's ark: **"Every bird [*tzippor*] of every type of wing"** (Genesis 7:14). **What, is it not** the same **difficulty that we posed** previously, that the word "*tzippor*" is referring to all birds, kosher and non-kosher, and the word "wing" is referring to grasshoppers? The Gemara rejects this as well: **No,** it is actually **as we resolved** it, that the word "*tzippor*" is referring only to kosher birds, and the word "wing" is referring to non-kosher birds and to grasshoppers.

תָּא שְׁמַע ״וְאַתָּה בֶן אָדָם...אֱמֹר לְצִפּוֹר כָּל כָּנָף״, מַאי לָאו כִּדְאַקְשִׁינַן? לָא, כִּדְשַׁנֵּינַן.

The Gemara suggests: **Come** and **hear** that which is stated in the passage describing the war of Gog and Magog: **"And you, son of man,** so said the Lord God: **Speak to the birds [*tzippor*] of every type of wing,** and to every animal of the field: Assemble yourselves, and come" (Ezekiel 39:17). **What, is it not** the same **difficulty that we posed** previously? The Gemara responds: **No,** it is actually **as we resolved** it.

תָּא שְׁמַע:

The Gemara suggests: **Come** and **hear** that which is

Perek **XII**
Daf **140** Amud **a**

״וּבְעַנְפּוֹהִי יְדוּרָן צִפְּרֵי שְׁמַיָּא״! ״צִפְּרֵי שְׁמַיָּא״ – אִיקְּרוּ, ״צִפְּרֵי״ סְתָמָא לָא אִיקְּרוּ.

stated in the verse describing a tree: **"And in its branches will dwell the birds [*tzipparei*] of the heaven"** (Daniel 4:9). The verse states only: "The birds [*tzipparei*]," and not: The birds of any type of wing. Accordingly, the term "the birds [*tzipparei*]" must be referring to all birds, whether kosher or non-kosher, since all birds dwell in tree branches. The Gemara rejects this: Non-kosher birds **are called: Birds [*tzipparei*] of the heaven, but they are not called: *Tzipparei*,** in **an unspecified** manner.

תָּא שְׁמַע: "כׇּל צִפּוֹר טְהֹרָה" – מִכְּלָל דְּאִיכָּא טְמֵאָה! לָא, מִכְּלָל דְּאִיכָּא אֲסוּרָה.

The Gemara suggests: **Come and hear** that which is stated in the passage discussing kosher and non-kosher animals: **"Every kosher bird [*tzippor*]** you may eat" (Deuteronomy 14:11). Since it was necessary for the verse to specify that it is referring to a kosher bird [*tzippor*], **by inference,** one may conclude **that there is a non-kosher** bird [*tzippor*], in contradiction to the statement of Rabbi Yitzḥak. The Gemara rejects this: **No,** this is not the correct inference. Rather, **by inference** one may conclude **that there is** a *tzippor* that is **prohibited** for consumption, despite its being a kosher bird.

מַאי הִיא? אִי טְרֵפָה – בְּהֶדְיָא כְּתִיב! וְאִי בְּשְׁחוּטָה דִּמְצוֹרָע – מִסֵּיפָא דִּקְרָא נָפְקָא, "וְזֶה אֲשֶׁר לֹא תֹאכְלוּ מֵהֶם" – לְרַבּוֹת שְׁחוּטַת מְצוֹרָע!

The Gemara asks: **What is** this kosher bird whose prohibition must be derived from this verse? **If** it is a bird **with a wound that will cause it to die within twelve months [*tereifa*],** that would be superfluous, as that **is written explicitly** in the verse: "An unslaughtered animal carcass, or a *tereifa*, he shall not eat" (Leviticus 22:8). **And if** it is referring **to the slaughtered** bird from the purification ritual **of a leper,** which is prohibited for consumption despite being kosher, that would also be superfluous, since it **is derived from the latter clause of the verse** in Deuteronomy, as the verse states: **"But these are they of which you shall not eat"** (Deuteronomy 14:12), which serves **to include the slaughtered** bird **of the leper.**

לְעוֹלָם בִּשְׁחוּטָה דִּמְצוֹרָע, וְלַעֲבוֹר עָלָיו בַּעֲשֵׂה וּבְלֹא תַעֲשֶׂה. וְלוֹקְמַהּ בִּטְרֵפָה, וְלַעֲבוֹר עָלָיו בַּעֲשֵׂה וְלֹא תַעֲשֶׂה! דָּבָר הַלָּמֵד מֵעִנְיָנוֹ, וּבְעִנְיָנָא דִּשְׁחוּטָה כְּתִיב.

The Gemara responds: **Actually,** the verse: "Every kosher bird you may eat," is referring **to the slaughtered** bird **of a leper,**[N] **and** the verse indicates that one **transgresses** the **positive mitzva** of: "You may eat," in addition to the **prohibition** of: "But these are they of which you shall not eat," **on account of it.** The Gemara objects: **But** why not **interpret** the verse as referring **to a *tereifa*,** and explain that the verse teaches that one **transgresses a positive mitzva and a prohibition on account of it?** The Gemara responds: The verse should be interpreted as referring to the slaughtered bird of a leper, since it is **a matter derived from its context,** as that verse **is written in the context of a slaughtered** bird. By contrast, a *tereifa* is not properly slaughtered, and interpreting the verse in that manner does not fit the context.

תָּא שְׁמַע: "שְׁתֵּי צִפֳּרִים חַיּוֹת", מַאי "חַיּוֹת"? לָאו שֶׁחַיּוֹת בְּפִיךָ, מִכְּלָל דְּאִיכָּא לָאו שֶׁחַיּוֹת בְּפִיךָ! לָא, מַאי "חַיּוֹת" – שֶׁחַיִּין רָאשֵׁי אֵבָרִים שֶׁלָּהֶן.

The Gemara suggests: **Come and hear** that which is stated in the passage discussing the purification ritual of a leper: "Then shall the priest command to take for him that is to be cleansed **two living birds [*tzipporim*]** that are kosher" (Leviticus 14:4). Since the birds are obviously alive before the purification ritual begins, **what** is the meaning of the word **"living"?** Is it **not that they are living in your mouth,** i.e., permitted for consumption? If so, **by inference,** one may conclude **that there are** birds [*tzipporim*] **that are not living in your mouth,** i.e., that are not kosher. The Gemara rejects this: **No,** that is not its meaning. Rather, **what** is the meaning of the word **"living"?** It means **that their extremities are living,** i.e., attached to their bodies. The verse indicates that the kosher birds must have all their limbs attached to their bodies in order to be used in the purification ritual.

תָּא שְׁמַע מִסֵּיפָא: "טְהֹרוֹת" – מִכְּלָל דְּאִיכָּא טְמֵאוֹת! לָא, מִכְּלָל דְּאִיכָּא טְרֵפוֹת.

The Gemara suggests: **Come** and **hear** a proof **from the latter clause** of that verse: "Two living birds [*tzipporim*] that are **kosher."** Since it was necessary for the verse to specify that it is referring to kosher birds, **by inference** one may conclude **that there are non-kosher** birds, in contradiction to the statement of Rabbi Yitzḥak. The Gemara rejects this: **No,** that is not the correct inference. Rather, **by inference** one may conclude **that there are** other birds of kosher species that may not be used for this ritual, i.e., ***tereifot.***

NOTES

**Referring to the slaughtered bird of a leper** – **בִּשְׁחוּטָה דִּמְצוֹרָע:** The purification ritual of a leper requires two birds, as the verse states: "Then shall the priest command to take for him that is to be cleansed two living birds that are kosher" (Leviticus 14:4). The Sages explain that these must be free-ranging birds (*Nega'im* 14:1). One of the birds must be slaughtered, as the verse states: "And the priest shall command to slaughter one of the birds in an earthen vessel over running water" (Leviticus 14:5). The other bird is sent away.

טְרֵפוֹת – מֵ"חַיּוֹת" נָפְקָא! הָנִיחָא לְמַאן דְּאָמַר טְרֵפָה חַיָּה, אֶלָּא לְמַאן דְּאָמַר טְרֵפָה אֵינָהּ חַיָּה מַאי אִיכָּא לְמֵימַר? וְעוֹד, בֵּין לְמַאן דְּאָמַר טְרֵפָה חַיָּה בֵּין לְמַאן דְּאָמַר אֵינָהּ חַיָּה, מִדְּתָנָא דְּבֵי רַבִּי יִשְׁמָעֵאל נָפְקָא,

The Gemara objects: But the disqualification of ***tereifot*** **is** already **derived from** the word **"living"** in that verse. The Gemara elaborates: Granted, **this works out well according to the one who says** that **a *tereifa* can live** (see 42a); it is therefore necessary for the verse to state "kosher" to exclude *tereifot*, because one could not have derived it from the word "living." **But according to the one who says** that **a *tereifa*** animal **cannot live, what is there to say?** Let it be derived from the word "living." **And furthermore, whether according to the one who says** that **a *tereifa* can live or according to the one who says** that **a *tereifa* cannot live,** it is not necessary to derive the exclusion of *tereifot* from the word "kosher," since it **is derived from that which the school of Rabbi Yishmael taught.**

דְּתָנָא דְּבֵי רַבִּי יִשְׁמָעֵאל: נֶאֱמַר מַכְשִׁיר וּמְכַפֵּר בִּפְנִים, וְנֶאֱמַר מַכְשִׁיר וּמְכַפֵּר בַּחוּץ,

**As the school of Rabbi Yishmael taught:** It is **stated** in the Torah that there are offerings that **enable** one to partake of sacrificial foods, e.g., the sin offering of a woman who has given birth or the guilt offering of a leper, **and** there are offerings that **atone,** e.g., a sin offering or guilt offering, all of which are brought **inside** the Temple. **And** it is also **stated** in the Torah that there are offerings that **enable** one to partake of sacrificial foods, e.g., the birds of a leper's purification ritual, **and** offerings that **atone,** e.g., the scapegoat of the Yom Kippur service, that are brought **outside** the Temple.

מַה מַּכְשִׁיר וּמְכַפֵּר הָאָמוּר בִּפְנִים – עָשָׂה בּוֹ מַכְשִׁיר כִּמְכַפֵּר, אַף מַכְשִׁיר וּמְכַפֵּר הָאָמוּר בַּחוּץ – עָשָׂה בּוֹ מַכְשִׁיר כִּמְכַפֵּר!

The *baraita* continues: Therefore, the offerings brought outside the Temple are compared to those offered inside: **Just as** with regard to the offerings that **enable or atone stated** in the Torah that are offered **inside** the Temple, the Torah **made** the offering that **enables like** the offering that **atones,** as even the former has portions of it that are burned on the altar, **so too,** with regard to offerings that **enable or atone stated** in the Torah that are offered **outside** the Temple, the Torah **made** the offering that **enables like** the offering that **atones.** Accordingly, just as the scapegoat must not be a *tereifa*, so too, the birds of a leper's purification ritual must not be *tereifot*. If so, there is no need to derive the exclusion of *tereifa* birds from the word "kosher."

אֶלָּא אָמַר רַב נַחְמָן בַּר יִצְחָק: לְמַעוּטֵי צִפּוֹרֵי עִיר הַנִּדַּחַת. לְמַאי? אִי לְשִׁילּוּחַ – לֹא אָמְרָה תּוֹרָה שַׁלַּח לְתַקָּלָה! אֶלָּא לִשְׁחִיטָה.

**Rather, Rav Naḥman bar Yitzḥak said:** The word "kosher" serves **to exclude birds from an idolatrous city.** Such a city must be burned to the ground, and it is prohibited for one to derive benefit from any of its contents. The verse indicates that such a bird is unfit for use in the leper's purification ritual. The Gemara asks: **For what** function are such birds rendered unfit by the word "kosher"? **If** the verse means **to** render them unfit for **sending** away as part of the ritual, this is unnecessary, since the **Torah did not say** to **send** a bird only **to** create **a stumbling block.** It is obvious that any bird prohibited for consumption is unfit for sending, since the Torah would not allow for the possibility that the bird sent away will be trapped and consumed by unwitting individuals. **Rather,** the verse means **to** render them unfit for use as the bird intended for **slaughter.**

רָבָא אָמַר: לְמַעוּטֵי שֶׁלֹּא לְזַוֵּוג לָהּ אַחֶרֶת קוֹדֶם שִׁילּוּחֶיהָ, לְמַאי? אִי לִשְׁחִיטָה – הָא בָּעֲיָא שִׁילּוּחַ! אֶלָּא לְשִׁילּוּחַ.

**Rava said:** The word "kosher" serves **to exclude** the repeated use of a bird, i.e., a leper may **not pair** a bird **with another** bird from a previous leper, **before its being sent** away.[N] The Gemara asks: **For what** function does the word "kosher" indicate that a bird may not be reused? **If** it means **to** indicate that the bird intended for being sent away by the first leper may not be used for **slaughter** by the second leper, the verse is unnecessary, as this bird **requires** being **sent** away as part of the first leper's purification ritual. **Rather,** the verse means **to** indicate that the bird intended for being sent away by the first leper may not be used for **sending** simultaneously by the second leper.

NOTES

**To exclude the repeated use of a bird one may not pair a bird with another bird before its being sent away – לְמַעוּטֵי שֶׁלֹּא לְזַוֵּוג לָהּ אַחֶרֶת קוֹדֶם שִׁילּוּחֶיהָ:** This is derived from the fact that the word "kosher" indicates that there are other birds that are forbidden, similar to the derivations used by the other Sages. Rava derives that among those forbidden birds is the one to be sent away, which is prohibited from use by a different leper before it is sent away (Rashi). Nevertheless, *Tosafot* acknowledge that it is difficult to understand how this case is derived from the word "kosher."

רַב פַּפָּא אֲמַר: לְצִפּוֹרִים שֶׁהֶחֱלִיפוּ בְּצִפּוֹרֵי עֲבוֹדָה זָרָה, דִּכְתִיב ״וְהָיִיתָ חֵרֶם כָּמֹהוּ״ – כׇּל מַה שֶּׁאַתָּה מְהַיֶּיה הֵימֶנּוּ כָּמוֹהוּ, לְמַאי? אִי לְשִׁילּוּחַ – לֹא אָמְרָה תּוֹרָה שַׁלַּח לְתַקָּלָה! אֶלָּא לִשְׁחִיטָה.

**Rav Pappa said:** The word "kosher" serves **to** exclude the use of **birds that were exchanged for birds of idol worship,** i.e., a gentile paid a Jew for his idol by giving the Jew birds. Such birds are prohibited from use in the leper's ritual, **as it is written** about objects of idol worship: "And you shall not bring an abomination into your house, **and become** [*vahayita*] **accursed like it**" (Deuteronomy 7:26), indicating that **anything that you generate** [*mehayye*] **from it,** e.g., through exchange, is prohibited **like it.** The Gemara asks: **For what** function does the word "kosher" indicate that such birds are prohibited? **If** it serves **to** exclude such birds from being **sent** away, this is unnecessary, because **the Torah did not say: Send** it away, if doing so could lead **to a mishap.** If the bird were prohibited, the Torah would not have commanded one to send it away, as others might eat it unwittingly. **Rather,** the word "kosher" serves **to** disqualify such birds for **slaughter.**

רָבִינָא אֲמַר: הָכָא בְּמַאי עָסְקִינַן – בְּעוֹף שֶׁהָרַג אֶת הַנֶּפֶשׁ, הֵיכִי דָּמֵי? אִי דִּגְמַר דִּינָא – בַּר קְטָלָא הוּא! אֶלָּא קוֹדֶם גְּמַר דִּינָא, וּלְמַאי? אִי לְשִׁילּוּחַ – בָּעֵי לְאַתוּיֵי לְבֵי דִינָא וְקַיּוֹמֵי ״וּבִעַרְתָּ הָרָע מִקִּרְבֶּךָ״! אֶלָּא לִשְׁחִיטָה.

**Ravina said:**[N] **Here we are dealing with a bird that killed a person** and is therefore subject to being killed. The verse indicates that such a bird is unfit for use in the leper's ritual. The Gemara asks: **What are the circumstances** of this case? **If** this is a case **where its verdict** of execution **was issued,** then **it is subject** to being **killed,** and there is no need for the verse to teach that it cannot be used in the ritual. **Rather,** it must be referring to a bird **before its verdict** of execution **was issued. And for what** function does the verse exclude such a bird? **If** it serves **to** exclude the bird from **sending** away, this is unnecessary, since one is **required to bring it to the court to fulfill** the verse: **"And you shall eradicate the evil from your midst"** (Deuteronomy 13:6). Obviously, one may not send it away. **Rather,** the verse serves **to** disqualify such a bird for **slaughter.**

״עוֹף טָמֵא רוֹבֵץ עַל בֵּיצֵי עוֹף טָהוֹר״. בִּשְׁלָמָא עוֹף טָמֵא רוֹבֵץ עַל בֵּיצֵי טָהוֹר – בָּעֵינַן ״צִפּוֹר״, וְלֵיכָּא! אֶלָּא עוֹף טָהוֹר רוֹבֵץ עַל בֵּיצֵי עוֹף טָמֵא, הָא צִפּוֹר הוּא!

§ The mishna states: If **a non-kosher bird is resting upon the eggs of a kosher bird,** or a kosher bird is resting upon the eggs of a non-kosher bird, one is exempt from sending away the bird. The Gemara objects: **Granted,** it is understandable that one is exempt in a case where **a non-kosher bird is resting upon the eggs of a kosher** bird, since **we require** a kosher bird, as the verse uses the word **"*tzippor*"** (Deuteronomy 22:6) in this context, which the Gemara earlier (139b) interpreted as a reference to a kosher bird, **and this bird is not** kosher. **But** in a case where **a kosher bird is resting upon the eggs of a non-kosher bird, it is a *tzippor*,** a kosher bird, and one should be required to send it away.

כִּדְאָמַר רַב כָּהֲנָא: ״תִּקַּח לָךְ״ – וְלֹא לִכְלָבֶיךָ, הָכָא נַמִי: ״תִּקַּח לָךְ״ – וְלֹא לִכְלָבֶיךָ.

The Gemara responds that this is in accordance with **that which Rav Kahana said** in a different context: The verse states: "But the young **you may take for yourself**" (Deuteronomy 22:7), indicating that one is required to send away the mother only if the eggs are fit for consumption, **but not** if they are fit only **for your dog. Here too,** with regard to non-kosher eggs, the mitzva applies only if **you may take for yourself, but not** if they are fit only **for your dog** because they are not kosher.

וְהֵיכָא אִיתְּמַר דְּרַב כָּהֲנָא? אַהָא, דְּתַנְיָא: אֵם טְרֵפָה – חַיָּיב בְּשִׁילּוּחַ, אֶפְרוֹחִים טְרֵפוֹת – פָּטוּר מִשִּׁילּוּחַ, מְנָא הָנֵי מִילֵּי? אָמַר רַב כָּהֲנָא: דְּאָמַר קְרָא ״תִּקַּח לָךְ״ – וְלֹא לִכְלָבֶיךָ.

The Gemara asks: **And where was** this statement **of Rav Kahana stated?** The Gemara answers that it was stated **with regard to that which is taught** in a *baraita*: Even if the **mother** bird **is a *tereifa*,**[H] one is **obligated to send** away the mother from the nest. But if the **fledglings** are ***tereifot*,**[H] one is **exempt from sending** away the mother. **From where is this matter** derived? **Rav Kahana said: As the verse states: "You may take for yourself,"** indicating that you are required to send away the mother only if the fledglings are fit for consumption, **but not** if they are fit only **for your dog** because they are *tereifot*.

וּלְהַקִּישׁ אֵם טְרֵפָה לְאֶפְרוֹחִים, מָה אֶפְרוֹחִים טְרֵפוֹת – פָּטוּר מִשִּׁילּוּחַ, אַף אֵם טְרֵפָה נַמִי פָּטוּר מִלְּשַׁלֵּחַ!

The Gemara objects: But why not **compare a *tereifa* mother** bird **to *tereifa* fledglings** and say: **Just as** with regard to ***tereifa* fledglings** one is **exempt from sending** away the mother, **so too,** with regard to **a *tereifa* mother** one should **also** be **exempt from sending** her away.

**NOTES**

**Rav Naḥman bar Yitzḥak said…Rava said…Rav Pappa said…Ravina said – אָמַר רַב נַחְמָן בַּר יִצְחָק...רָבָא אָמַר...רַב פַּפָּא אָמַר...רָבִינָא אָמַר:** These Sages give four explanations as to what the verse excludes by use of the word "kosher" (Leviticus 14:4). The Rambam rules that a bird for use in the purification process of a leper may not be from an idolatrous city, nor may it be a bird that was exchanged for an object of idol worship, nor one that killed a person (Rambam *Sefer Kedusha, Hilkhot Tumat Tzara'at* 11:8). Since each of these categories is derived by a different Sage, this ruling appears to be self-contradictory. Nevertheless, the commentaries explain that these *amora'im* do not disagree with each other, but rather each explains a different case that is excluded. Consequently, the Rambam may rule in accordance with several of them (*Kesef Mishne*).

**HALAKHA**

**If the mother bird is a *tereifa* – אֵם טְרֵפָה:** The sending away of the mother bird from the nest applies even if the mother is a *tereifa* (Rambam *Sefer Kedusha, Hilkhot Sheḥita* 13:11; *Shulḥan Arukh, Yoreh De'a* 292:1).

**If the fledglings are *tereifot* – אֶפְרוֹחִים טְרֵפוֹת:** If the fledglings are *tereifot*, one is exempt from the sending away of the mother bird (Rambam *Sefer Kedusha, Hilkhot Sheḥita* 13:9; *Shulḥan Arukh, Yoreh De'a* 292:7).

אִם כֵּן, ״צִפּוֹר״ לְמַעוּטֵי עוֹף טָמֵא לָמָּה לִי?

The Gemara responds: **If so,** that the mother should be compared to the fledglings, then **why do I need the word *"tzippor"* to exclude a non-kosher bird?** One could simply derive it from the fact that one is exempt from the mitzva in the case of non-kosher fledglings, since they are not fit for consumption. Rather, since it was necessary for the verse to teach that non-kosher birds are not included in the mitzva of sending away the mother, it must be that no such comparison is to be drawn.

וְהָתַנְיָא: אֵם אֶפְרוֹחִין טְרֵפָה – חַיָּיב בְּשִׁילּוּחַ! אָמַר אַבָּיֵי: הָכִי קָאָמַר, אֶפְרוֹחַ שֶׁאִמָּן טְרֵפָה – חַיָּיב בְּשִׁילּוּחַ.

The Gemara questions the statement of Rav Kahana that the mitzva of sending away the mother bird from the nest does not apply in the case of fledglings unfit for consumption: **But isn't it taught** in a *baraita*: With regard to **a mother of fledglings,** in the case of a ***tereifa,*** one is **obligated to send** away the mother bird from the nest? The *baraita* appears to teach that even if the fledglings themselves are *tereifot,* one is obligated in the mitzva. **Abaye said** in response: The word *tereifa* is not referring to the fledglings. Rather, **this** is what the *baraita* **is saying:** In the case of **a fledgling whose mother is a *tereifa*,** one is **obligated to send** away the mother bird. This *baraita,* then, is in accordance with the statement of Rav Kahana.

בָּעֵי רַב הוֹשַׁעְיָא: הוֹשִׁיט יָדוֹ לַקֵּן וְשָׁחַט מִיעוּט סִימָנִים, מַהוּ?

§ With regard to the statement of Rav Kahana above, **Rav Hoshaya raises a dilemma:** If one **stretched his hand into a nest** containing a mother bird and its fledglings **and slaughtered,** i.e., severed, **a minority of the two organs that must be severed in ritual slaughter [*simanim*],** i.e., the windpipe and the gullet, of the fledglings,[H] **what is the *halakha*** with regard to sending away the mother bird?

מִי אָמְרִינַן כֵּיוָן דְּאִילּוּ שָׁבֵיק לְהוּ מִטְּרְפִי, בָּעֵינַן ״לָךְ״ – וְלֹא לְכַלְבְּךָ, אוֹ דִּלְמָא: כֵּיוָן דְּבִידוֹ לְמִגְמַר שְׁחִיטָה, ״תִּקַּח לָךְ״ קָרֵינָא בֵּיהּ – וְחַיָּיב בְּשִׁילּוּחַ? תֵּיקוּ.

The two sides of the dilemma are explained: **Do we say: Since if those** fledglings **are left** as they are, with only partially severed *simanim,* **they will** eventually be rendered ***tereifot,*** one is therefore exempt from sending away the mother because **we require** that the fledglings be taken **"for yourself," and not for your dog? Or perhaps, since it is in his power to complete the** act of **slaughter,** thereby permitting the fledglings for consumption, **we** may **call** this case: **"Take for yourself," and** one **is obligated to send** away the mother bird. Since no answer is given, the Gemara concludes: The dilemma **shall stand** unresolved.

בָּעֵי רַבִּי יִרְמְיָה: מַטְלִית מַהוּ שֶׁתָּחוֹץ? כְּנָפַיִם מַהוּ שֶׁיָּחוֹצוּ?

§ **Rabbi Yirmeya raises a dilemma:** In a case where **a rag** is lying in the nest between the mother bird and the eggs, **what is the *halakha*?** Does **it interpose**[NH] between them, such that the mother is not considered to be resting upon the eggs? If so, one would be exempt from sending away the mother. Similarly, if feathers are detached from a bird's **wings** and are lying between the mother bird and the eggs, **what is the *halakha*? Do they interpose**[H] between the eggs and the mother?

**NOTES**

**Where a rag is lying between the mother bird and the eggs…does it interpose – מַטְלִית...שֶׁתָּחוֹץ:** Rabbi Yirmeya raises five dilemmas related to interpositions between the mother bird and the young. The question in all of them is whether the interposition creates an exemption from the obligation of sending away the mother bird by disrupting the fulfillment of: "The mother is resting upon the fledglings, or upon the eggs" (Deuteronomy 22:6). The commentaries explain that the dilemmas are listed in ascending order, such that even if it is decided that the interposition in an earlier case creates such an exemption, it is still appropriate to inquire about the latter cases.

The first case of the rag interposing between the mother and the young involves a significantly different item from those usually associated with birds. Nevertheless, it may not be considered an interposition between the mother bird and the young due to the manner in which birds build their nests. They gather an assortment of different materials to pad the nest, and it is possible that a rag may be gathered in that process. Consequently, a rag may yet be considered part of the nesting process of the bird and therefore would not be deemed an interposition (*Yosef Da'at*).

Even if it is decided that a rag is an interposition that creates an exemption, that may be due to its being an object physically unrelated to birds. Therefore, one may still inquire about feathers, which grow on birds, as to whether they may not be considered an interposition that creates an exemption. Even if feathers are considered to be such an interposition, that may be because feathers are not usually found resting upon eggs; therefore, one may inquire about unfertilized eggs, as they may not be considered an interposition because they are often found resting upon fertilized eggs (Rosh).

Likewise, even if an unfertilized egg is considered to be such an interposition, that may be because it is a type of egg that does not create the obligation of sending away the mother; still, an additional row of fertilized eggs might not be considered an interposition, because such eggs, were they alone in the nest, would require the sending of the mother (*Likkutei Ḥever ben Ḥayyim*).

**HALAKHA**

**If one stretched his hand into a nest and slaughtered a minority of the *simanim* of the fledglings – הוֹשִׁיט יָדוֹ לַקֵּן וְשָׁחַט מִיעוּט סִימָנִים:** If one partially severed the *simanim* of the fledglings within the nest before he seized them, he must send away the mother. If he does not send her away, he is not flogged, as the relevant dilemma is not resolved in the Gemara (Rambam *Sefer Kedusha, Hilkhot Sheḥita* 13:12; *Shulḥan Arukh, Yoreh De'a* 292:10).

**Where a rag is lying between the mother bird and the eggs…does it interpose – מַטְלִית...שֶׁתָּחוֹץ:** If there was a rag between the mother bird and the eggs within the nest, one must send away the mother. If he does not send her away, he is not flogged, as the relevant dilemma is not resolved in the Gemara (Rambam *Sefer Kedusha, Hilkhot Sheḥita* 13:13; *Shulḥan Arukh, Yoreh De'a* 292:9).

**If feathers are detached from a bird's wings and are lying between the mother bird and the eggs…do they interpose – כְּנָפַיִם...שֶׁיָּחוֹצוּ:** If there were feathers detached from another bird's wings lying between the mother bird and the young within the nest, one must send away the mother. If he does not send her away, he is not flogged, as the relevant dilemma is not resolved in the Gemara (Rambam *Sefer Kedusha, Hilkhot Sheḥita* 13:13; *Shulḥan Arukh, Yoreh De'a* 292:9).

בֵּיצִים מוּזָרוֹת מַהוּ? שְׁנֵי סְדָרֵי בֵיצִים זוֹ עַל גַּב זוֹ מַהוּ? זָכָר עַל גַּבֵּי בֵיצִים וּנְקֵבָה עַל גַּבֵּי זָכָר מַהוּ? תֵּיקוּ.

Rabbi Yirmeya continues: If **unfertilized** [*muzarot*] **eggs** separate between the mother bird and fertilized eggs, **what is the** *halakha*?[NH] Additionally, in a case where **two sets of** fertilized **eggs** are lying **one on top of the other, what is the** *halakha*?[H] Does the upper set of eggs interpose between the mother and the lower set? Furthermore, **what is the** *halakha* in a case where **a male** bird is resting **on top of** the **eggs and a female** bird is resting **on top of** the **male?**[H] Does the male bird interpose between the female and the eggs? No answers are given, so the Gemara concludes: The dilemma **shall stand** unresolved in all of these cases.

בָּעֵי רַבִּי זֵירָא: יוֹנָה עַל בֵּיצֵי תָסִיל מַהוּ? תָּסִיל עַל בֵּיצֵי יוֹנָה מַהוּ?

§ **Rabbi Zeira raises a dilemma:** If **a pigeon** is resting **upon the eggs of a** ***tasil*****,**[B] a kosher bird resembling a pigeon, **what is the** *halakha*[H] with regard to sending away the mother bird from the nest? Likewise, if **a** ***tasil*** is resting **upon the eggs of a pigeon, what is the** *halakha*?[N]

אֲמַר אַבַּיֵי, תָּא שְׁמַע: עוֹף טָמֵא רוֹבֵץ עַל בֵּיצֵי עוֹף טָהוֹר, וְטָהוֹר רוֹבֵץ עַל בֵּיצֵי עוֹף טָמֵא – פָּטוּר מִשִּׁילּוּחַ, הָא טָהוֹר וְטָהוֹר חַיָּיב! דִּלְמָא בְּקוֹרֵא.

**Abaye said: Come** and **hear** that which is taught in the mishna: In a case where **a non-kosher bird is resting upon the eggs of a kosher bird, or a kosher** bird **is resting upon the eggs of a non-kosher bird,** one is **exempt from sending** away the bird. One may infer from the mishna **that** in a case involving **a kosher** bird **and kosher** eggs, e.g., a *tasil* resting on the eggs of a pigeon, one is **obligated** to send away the mother bird. The Gemara rejects this: **Perhaps** this inference applies only **to** the case of a female **pheasant,** which normally rests upon the eggs of other birds. Since this is its normal behavior, one is obligated to send it away even if it rests upon the eggs of another kosher bird. This may not be the case with regard to a *tasil* or pigeon.

״קוֹרֵא זָכָר רַבִּי אֱלִיעֶזֶר מְחַיֵּיב וַחֲכָמִים פּוֹטְרִין״. אֲמַר רַבִּי אַבָּהוּ: מַאי טַעְמָא דְּרַבִּי אֱלִיעֶזֶר – אָתְיָא דְּגִירָה דְּגִירָה, כְּתִיב הָכָא ״קוֹרֵא דָגָר וְלֹא יָלָד״, וּכְתִיב הָתָם ״וּבָקְעָה וְדָגְרָה בְצִלָּהּ״.

§ The mishna teaches: With regard to the case of **a male pheasant** that rests upon the eggs of its species, **Rabbi Eliezer deems** one **obligated** to send away the pheasant, **and the Rabbis deem** one **exempt** from sending it away. With regard to this dispute, **Rabbi Abbahu said: What is the reasoning of Rabbi Eliezer?** According to Rabbi Eliezer, a verbal analogy between **brooding** stated with regard to a male pheasant and **brooding** with regard to a female bird **comes** to indicate that the resting of a male pheasant upon its eggs is considered an effective resting. **It is written here: "As the pheasant that broods over young that he has not brought forth"** (Jeremiah 17:11)**, and it is written elsewhere** about a female bird: "There shall the great owl make her nest, and lay, **and hatch, and brood under her shadow"** (Isaiah 34:15). Just as a female bird broods over its nest, so too, a male pheasant broods over a nest. Therefore, one is required to send away the male bird from the nest as well.

## NOTES

**If unfertilized eggs separate between the mother bird and fertilized eggs what is the** ***halakha*** **– בֵּיצִים מוּזָרוֹת מַהוּ:** Though an item of a certain type generally cannot create an interposition with regard to items of the same type, and these eggs are of the same type as fertilized eggs, the dilemma is raised about them as well. This is because the mother is expected to be directly upon the young, as the verse states: "The mother is resting upon the fledglings, or upon the eggs" (Deuteronomy 22:6), indicating that nothing at all should interpose between her and the young.

**If a pigeon is resting upon the eggs of a** ***tasil*****…if a** ***tasil*** **is resting upon the eggs of a pigeon what is the** ***halakha*** **– יוֹנָה עַל בֵּיצֵי תָסִיל...תָּסִיל עַל בֵּיצֵי יוֹנָה מַהוּ:** Later commentaries derive from Rabbi Zeira's formulation with regard to a *tasil* and a pigeon that this question arises only when the bird and the eggs are of different species. When a bird rests upon eggs of another bird of its own species, it is clear that one is obligated in the sending of the bird (*Torat Ḥayyim*).

## BACKGROUND

***Tasil*** **– תָּסִיל:** Some maintain that the *tasil*, which is also mentioned earlier in the tractate (see 62b), is a bird similar to a pigeon, or to a laughing dove, a small dove native to Eretz Yisrael that resembles a pigeon in its general appearance. Others maintain that it is one of the species of wild pigeons.

## HALAKHA

**If unfertilized eggs separate between the mother bird and fertilized eggs what is the** ***halakha*** **– בֵּיצִים מוּזָרוֹת מַהוּ:** If there were unfertilized eggs between the mother bird and the young within the nest, one must send away the mother. If he does not send her away, he is not flogged, as the relevant dilemma is not resolved in the Gemara (Rambam *Sefer Kedusha, Hilkhot Sheḥita* 13:14; *Shulḥan Arukh, Yoreh De'a* 292:9).

**In a case where two sets of fertilized eggs are lying one on top of the other what is the** ***halakha*** **– שְׁנֵי סְדָרֵי בֵיצִים זוֹ עַל גַּב זוֹ מַהוּ:** If there are two sets of eggs lying in the nest one on top of the other, and the wings of the mother are touching the upper set, one must send away the mother. If he does not send it, he is not flogged, as the relevant dilemma is not resolved in the Gemara (Rambam *Sefer Kedusha, Hilkhot Sheḥita* 13:14; *Shulḥan Arukh, Yoreh De'a* 292:9).

**What is the** ***halakha*** **in a case where a male bird is resting on top of the eggs and a female bird is resting on top of the male – זָכָר עַל גַּבֵּי בֵיצִים וּנְקֵבָה עַל גַּבֵּי זָכָר מַהוּ:** If a male is resting on top of the nest and the mother is on top of the male, or if the mother bird is resting upon another female bird, one must send away the mother. If he does not send her away, he is not flogged, as the relevant dilemma is not resolved in the Gemara (Rambam *Sefer Kedusha, Hilkhot Sheḥita* 13:14; *Shulḥan Arukh, Yoreh De'a* 292:9).

**If a pigeon is resting upon the eggs of a** ***tasil*** **what is the** ***halakha*** **– יוֹנָה עַל בֵּיצֵי תָסִיל מַהוּ:** If a kosher bird is resting on kosher eggs that are not of the same species, one must send away the bird. If he does not send away the bird, he is not flogged, as the relevant dilemma is not resolved in the Gemara (Rambam *Sefer Kedusha, Hilkhot Sheḥita* 13:11; *Shulḥan Arukh, Yoreh De'a* 292:8).

BACKGROUND

**To convey to you the far-reaching nature of the opinion – לְהוֹדִיעֲךָ כֹּחוֹ:** Often, the need arises to formulate a dispute in terms of the opinion of one of the parties in order to clarify the parameters of that opinion. In those cases, the Gemara states that the dispute was formulated in that manner to convey the far-reaching nature of that opinion, especially when there is a novel element or lenient ruling involved.

אָמַר רַבִּי אֶלְעָזָר: מַחְלוֹקֶת בְּקוֹרֵא זָכָר, אֲבָל בְּקוֹרֵא נְקֵבָה דִּבְרֵי הַכֹּל חַיָּיב. פְּשִׁיטָא, ״קוֹרֵא זָכָר״ תְּנַן! מַהוּ דְּתֵימָא: רַבָּנַן – אֲפִילּוּ קוֹרֵא נְקֵבָה פָּטְרִי, וְהָא דְּקָתָנֵי זָכָר – לְהוֹדִיעֲךָ כֹּחוֹ דְּרַבִּי אֱלִיעֶזֶר, קָמַשְׁמַע לָן.

With regard to this dispute between Rabbi Eliezer and the Rabbis, **Rabbi Elazar says:** Their **dispute** is only **with regard to a male pheasant, but** with regard **to a female pheasant all agree** that one is **obligated** to send away the bird. The Gemara asks: Isn't that **obvious,** given that **we learned** in the mishna: **A male pheasant?** The Gemara responds: **Lest you say** that **the Rabbis deem** one **exempt** from the mitzva of sending away the mother bird **even** in the case of **a female pheasant, and** as for **that which** the mishna **teaches** the dispute in the case of **a male** pheasant, the reason is **to convey to you the far-reaching nature of** the opinion[B] **of Rabbi Eliezer,** in that he requires one to send away even a male pheasant, therefore, Rabbi Elazar **teaches us** that the Rabbis agree that one must send away a female pheasant.

וְאָמַר רַבִּי אֶלְעָזָר: מַחְלוֹקֶת בְּקוֹרֵא זָכָר, אֲבָל בְּזָכָר דְּעָלְמָא – דִּבְרֵי הַכֹּל פָּטוּר. פְּשִׁיטָא, ״קוֹרֵא זָכָר״ תְּנַן! מַהוּ דְּתֵימָא: רַבִּי אֱלִיעֶזֶר – אֲפִילּוּ זָכָר דְּעָלְמָא מְחַיֵּיב, וְהַאי דְּקָתָנֵי ״קוֹרֵא זָכָר״ – לְהוֹדִיעֲךָ כֹּחָן דְּרַבָּנַן, קָא מַשְׁמַע לָן.

**And Rabbi Elazar** also **says:** The **dispute** between Rabbi Eliezer and the Rabbis is only **with regard to a male pheasant, but** with regard **to male** birds **in general,**[H] **all agree** that one is **exempt** from the mitzva of sending away the bird from the nest. The Gemara asks: Isn't that **obvious,** given that **we learned** in the mishna: **A male pheasant?** The Gemara responds: **Lest you say** that **Rabbi Eliezer deems** one **obligated** to send away **even male** birds **in general, and that which** the mishna **teaches: A male** pheasant, is **to convey to you the far-reaching nature of** the opinion of **the Rabbis,** in that they also deem one exempt from sending a male pheasant, therefore, Rabbi Elazar **teaches us** that even according to Rabbi Eliezer, one is exempt from sending away male birds in general.

תַּנְיָא נַמִי הָכִי: זָכָר דְּעָלְמָא – פָּטוּר, קוֹרֵא זָכָר, רַבִּי אֱלִיעֶזֶר מְחַיֵּיב, וַחֲכָמִים פּוֹטְרִין.

The Gemara notes: **This** explanation of Rabbi Elazar **is also taught** in a *baraita*: With regard to **a male** bird **in general,** one is **exempt** from the mitzva of sending it away, but with regard to **a male pheasant, Rabbi Eliezer deems** one **obligated** to send it away from the nest, **and the Rabbis deem** one **exempt** from sending it away.

מתני׳ הָיְתָה מְעוֹפֶפֶת, בִּזְמַן שֶׁכְּנָפֶיהָ נוֹגְעוֹת בַּקֵּן – חַיָּיב לְשַׁלֵּחַ, אֵין כְּנָפֶיהָ נוֹגְעוֹת בַּקֵּן – פָּטוּר מִלְּשַׁלֵּחַ. אֵין שָׁם אֶלָּא אֶפְרוֹחַ אֶחָד אוֹ בֵּיצָה אַחַת – חַיָּיב לְשַׁלֵּחַ, שֶׁנֶּאֱמַר ״קַן״ – קֵן מִכׇּל מָקוֹם.

**MISHNA** If the mother bird **was hovering**[H] over the eggs or fledglings in the nest, **when its wings are touching** the eggs or fledglings **in the nest,** one is **obligated to send** away the mother. When its wings **are not touching** the eggs or fledglings **in the nest,** one is **exempt from sending** away the mother. Even if **there is only one fledgling or one egg,**[H] one is **obligated to send** away the mother, **as it is stated:** "If a bird's **nest** happens before you" (Deuteronomy 22:6), indicating that one is obligated to send away the mother bird from the **nest in any case.**

הָיוּ שָׁם אֶפְרוֹחִים מַפְרִיחִים אוֹ בֵּיצִים מוּזָרוֹת – פָּטוּר מִלְּשַׁלֵּחַ, שֶׁנֶּאֱמַר ״וְהָאֵם רֹבֶצֶת עַל הָאֶפְרֹחִים אוֹ עַל הַבֵּיצִים״. מָה אֶפְרוֹחִים – בְּנֵי קַיְימָא, אַף בֵּיצִים – בְּנֵי קַיְימָא, יָצְאוּ מוּזָרוֹת. וּמָה הַבֵּיצִים – צְרִיכִין לְאִמָּן, אַף הָאֶפְרוֹחִין – צְרִיכִין לְאִמָּן, יָצְאוּ מַפְרִיחִין.

If **there were fledglings** capable of **flying, or unfertilized eggs**[H] from which a fledgling will not hatch, one is **exempt from sending** away the mother bird from the nest, **as it is stated** in the same verse: **"And the mother is resting upon the fledglings or upon the eggs."** From the juxtaposition of the fledglings and the eggs one derives: **Just as the fledglings are living, so too, the eggs** must **be** capable of producing **living** fledglings. This **excludes unfertilized** eggs, which cannot produce a living fledgling. **And** furthermore, **just as the eggs need their mothers** to hatch them, **so too, the fledglings** must be those that **need their mothers.** This **excludes** fledglings that are capable of **flying.**

HALAKHA

**A male pheasant…male birds in general – קוֹרֵא זָכָר...זָכָר דְּעָלְמָא:** If a male kosher bird is resting on the eggs in its nest, one is exempt from sending away the bird, even if it is a male pheasant (Rambam *Sefer Kedusha*, *Hilkhot Sheḥita* 13:10; *Shulḥan Arukh*, *Yoreh De'a* 292:7 and *Shakh* there).

**If the mother bird was hovering – הָיְתָה מְעוֹפֶפֶת:** In a case where the mother bird is hovering over the nest, if her wings are touching the nest from above, one is obligated to send her away. If her wings are not, one is exempt, even if they are touching the side of the nest (Rambam *Sefer Kedusha*, *Hilkhot Sheḥita* 13:13; *Shulḥan Arukh*, *Yoreh De'a* 292:11).

**Even if there is only one fledgling or one egg – אֵין שָׁם אֶלָּא אֶפְרוֹחַ אֶחָד אוֹ בֵּיצָה אַחַת:** Even if the mother bird is resting upon only one fledgling or one egg, one is obligated to send her away (Rambam *Sefer Kedusha*, *Hilkhot Sheḥita* 13:17; *Shulḥan Arukh*, *Yoreh De'a* 292:1).

**If there were fledglings capable of flying or unfertilized eggs – הָיוּ שָׁם אֶפְרוֹחִים מַפְרִיחִים אוֹ בֵּיצִים מוּזָרוֹת:** If the nest contains unfertilized eggs or fledglings capable of flying that are no longer in need of their mother, one is not obligated to send away the mother bird (Rambam *Sefer Kedusha*, *Hilkhot Sheḥita* 13:9; *Shulḥan Arukh*, *Yoreh De'a* 292:7).

גמ׳ תָּנוּ רַבָּנַן: ״רֹבֶצֶת״ – וְלֹא מְעוֹפֶפֶת, יָכוֹל אֲפִילּוּ כְּנָפֶיהָ נוֹגְעוֹת בַּקֵּן? תַּלְמוּד לוֹמַר ״רֹבֶצֶת״, מַאי תַּלְמוּדָא? מִדְּלָא כְּתִיב ״יוֹשֶׁבֶת״.

**GEMARA** The mishna discusses the case of a mother bird that hovers over the nest. With regard to this, **the Sages taught** in a *baraita*: The verse teaches that one is obligated to send away the mother bird only when it is at rest, as it states: "And the mother is **resting** upon the fledglings" (Deuteronomy 22:6), **and not** when it is **hovering.** One **might** have thought that one is exempt **even** if the mother is hovering and **its wings are touching the nest.** Therefore, **the verse states: "Resting,"** indicating that in fact one is obligated in the mitzva in such a case. The Gemara asks: **What is the** biblical **derivation,** i.e., how is this derived from the word "resting"? The Gemara responds: It is derived **from** the fact **that** the word **sitting is not written** in the verse. Although a bird whose wings are touching the nest is not sitting upon it, such a bird is considered to be resting upon it.

אָמַר רַב יְהוּדָה אָמַר רַב: הָיְתָה יוֹשֶׁבֶת בֵּין שְׁנֵי רוֹבְדֵי אִילָן, רוֹאִים, כֹּל שֶׁאִם תִּשָּׁמֵט נוֹפֶלֶת עֲלֵיהֶם – חַיָּיב לְשַׁלֵּחַ, וְאִם לָאו – פָּטוּר.

§ **Rav Yehuda says that Rav says:** If the mother bird **was sitting** above the eggs or fledglings **between two tree branches,**[NH] one **looks** at the following factor in order to determine whether the obligation to send away the mother applies: In **any** case **where if** the branches were to separate, the bird **would slip** between them and **fall upon** the eggs or fledglings, one is **obligated to send** away the mother bird. **And if** the bird would **not** fall upon them, but to the sides, one is **exempt** from the mitzva of sending away the mother bird.

מֵיתִיבֵי: הָיְתָה יוֹשֶׁבֶת בֵּינֵיהֶן – פָּטוּר מִלְּשַׁלֵּחַ, עַל גַּבֵּיהֶן – חַיָּיב לְשַׁלֵּחַ. הָיְתָה מְעוֹפֶפֶת, אֲפִילּוּ כְּנָפֶיהָ נוֹגְעוֹת בַּקֵּן – פָּטוּר מִלְּשַׁלֵּחַ.

The Gemara **raises an objection** to the statement of Rav from that which was taught in a *baraita*: If the mother bird **was sitting among** the eggs or the fledglings, one is **exempt from sending** it away, as the verse states: "And the mother is resting upon the fledglings, or upon the eggs" (Deuteronomy 22:6), i.e., upon and not among. If it was sitting **above them,** one is **obligated to send** it away. If it **was hovering, even** if **its wings are touching the nest,** one is **exempt from sending** it away.

מַאי לָאו עַל גַּבֵּיהֶן דּוּמְיָא דְּבֵינֵיהֶן, מָה בֵּינֵיהֶן – דְּנָגְעָה בְּהוּ, אַף עַל גַּבֵּיהֶן דְּנָגְעָה בְּהוּ, אֲבָל רוֹבְדֵי אִילָן – פָּטוּר!

**What, is it not** that the case of sitting **above them** is **similar to** the case of sitting **between them?** The Gemara elaborates: **Just as** in the case of sitting **between them** one is exempt **where she is touching them, so too,** in the case of sitting **above them** one is obligated **where she is touching them.** If so, conclude from this *baraita* that one is obligated only if the bird is touching the fledglings or eggs, **but** if it is sitting between two **tree branches** above the eggs or fledglings without touching them, one is **exempt** from sending her away.

לָא, עַל גַּבֵּיהֶן דּוּמְיָא דְּבֵינֵיהֶן, מָה בֵּינֵיהֶן – דְּלָא נָגְעָה עֲלַיְיהוּ, אַף עַל גַּבֵּיהֶן – דְּלָא נָגְעָה עֲלַיְיהוּ, וְהַיְינוּ רוֹבְדֵי אִילָן.

The Gemara rejects this: **No;** actually, the case of sitting **above them** is **similar to** that of sitting **between them** in the following manner: **Just as** the case of sitting **between them** is one **where she is not touching them** from **above,** but from the side, **so too,** the case of sitting **above them** is one **where she is not touching them** from **above.** Accordingly, the *baraita* teaches that one is obligated to send away the bird if it is resting on branches above the nest, even though it is not touching the eggs or fledglings. **And that is** the case where the mother is sitting between two **tree branches.**

הָכִי נַמִי מִסְתַּבְּרָא, דְּאִי סָלְקָא דַּעְתָּךְ רוֹבְדֵי אִילָן פָּטוּר, אַדְּתָנֵי ״הָיְתָה מְעוֹפֶפֶת, אֲפִילּוּ כְּנָפֶיהָ נוֹגְעוֹת בַּקֵּן – פָּטוּר מִלְּשַׁלֵּחַ״ לִיתְנֵי רוֹבְדֵי אִילָן וְכׇל שֶׁכֵּן מְעוֹפֶפֶת!

The Gemara notes: **This, too, stands to reason,** that one is obligated to send away a mother bird that is sitting between two tree branches above the nest. **As, if** it should **enter your mind** that one is **exempt** when the mother bird is sitting between two **tree branches,** then one may ask: **Rather than teaching** that if it was **hovering, even** if **its wings are touching the nest,** one is **exempt from sending** it away, **let** the *baraita* **teach** that one is exempt in the case of a mother bird that is sitting between two **tree branches, and all the more so** if the mother **is hovering.**

**NOTES**

**If the mother bird was sitting above the eggs or fledglings between two tree branches – הָיְתָה יוֹשֶׁבֶת בֵּין שְׁנֵי רוֹבְדֵי אִילָן:** Though Rabbi Yirmeya asked about several types of potential interpositions between the mother and the eggs or fledglings, those situations are not similar to a mother sitting between two branches of the tree. In the case at hand, only air separates her from the fledglings or eggs, and air is not considered an interposition (*Iggerot Moshe*).

**HALAKHA**

**If the mother bird was sitting above the eggs or fledglings between two tree branches – הָיְתָה יוֹשֶׁבֶת בֵּין שְׁנֵי רוֹבְדֵי אִילָן:** If a mother bird is sitting on two branches of a tree and the nest is below her, one considers the following factor: In any situation where if she were to slip between the branches she would fall upon the eggs or fledglings in the nest, one is obligated to send her away. If that is not the case, then one is exempt (Rambam *Sefer Kedusha, Hilkhot Sheḥita* 13:16; *Shulḥan Arukh, Yoreh De'a* 292:13).

מְעוֹפֶפֶת אִיצְטְרִיךְ לֵיהּ, דַּאֲפִילּוּ כְּנָפֶיהָ נוֹגְעוֹת בַּקֵּן – פָּטוּר מִלְּשַׁלֵּחַ.

The Gemara rejects this: Perhaps one is exempt from sending the mother bird if it is resting between two tree branches. Nevertheless, it **was necessary** for the *tanna* to teach the case of **a hovering** bird, in order to teach **that even if its wings are touching the nest,** one is **exempt from sending** away the mother bird. Had the *tanna* taught the exemption in a case of a bird resting between two tree branches, one might have thought that this is because the bird's wings are not touching the nest.

וְהָאֲנַן תְּנַן: בִּזְמַן שֶׁכְּנָפֶיהָ נוֹגְעוֹת בַּקֵּן – חַיָּיב לְשַׁלֵּחַ! אֲמַר רַבִּי יִרְמְיָה: כִּי קָתָנֵי מַתְנִיתָא – בְּנוֹגֵעַ מִן הַצַּד.

The Gemara now questions the *baraita* itself: How can the *baraita* state that even if the hovering bird's wings are touching the nest, one is exempt from sending the bird away? **But didn't we learn** in the mishna: **When its wings are touching the nest,** one is **obligated to send** away the mother? **Rabbi Yirmeya said: When** the case of the hovering mother bird **is taught** in **the** ***baraita***, it is referring **to** a bird **touching** the nest **from the side.** In such a case, one is exempt because its wings are not touching the nest from above. By contrast, the mishna is referring to a case where the bird is hovering directly above the nest and touching the nest with its wings from above.

אִיכָּא דְּאָמְרִי, לֵימָא מְסַיַּיע לֵיהּ: הָיְתָה יוֹשֶׁבֶת בֵּינֵיהֶן – פָּטוּר מִלְּשַׁלֵּחַ, עַל גַּבֵּיהֶן – חַיָּיב לְשַׁלֵּחַ, הָיְתָה מְעוֹפֶפֶת אֲפִילּוּ כְּנָפֶיהָ נוֹגְעוֹת בַּקֵּן – פָּטוּר מִלְּשַׁלֵּחַ,

**There are** those **who say** that the discussion proceeded as follows: **Let us say** that the following *baraita* **supports** the opinion of Rav: If the mother bird **was sitting among** the eggs or the fledglings, one is **exempt from sending** it away. If it was sitting **above them,** one is **obligated to send** it away. If **it was hovering, even if its wings are touching the nest,** one is **exempt from sending** it away.

מַאי לָאו עַל גַּבֵּיהֶן דּוּמְיָא דְּבֵינֵיהֶן, מַה בֵּינֵיהֶן – דְּלָא נָגְעָה עֲלַיְיהוּ, אַף עַל גַּבֵּיהֶן – דְּלָא נָגְעָה עֲלַיְיהוּ, וְהַיְינוּ רוֹבְדֵי אִילָן.

**What, is it not** that the case of sitting **above them** is **similar to** that of sitting **between them** in the following manner: **Just as** the case of sitting **between them** is one **where she is not touching them** from **above** but from the side, **so too,** the case of sitting **above them** is one **where she is not touching them** from **above?** If so, the *baraita* teaches that if the bird rests on branches over the eggs or fledglings without touching them, one is obligated in the mitzva. **And that is** the case where the mother is sitting between two **tree branches.**

לָא, עַל גַּבֵּיהֶן דּוּמְיָא דְּבֵינֵיהֶן, מַה בֵּינֵיהֶן – דְּנָגְעָה בְּהוּ, אַף עַל גַּבֵּיהֶן – דְּנָגְעָה בְּהוּ, אֲבָל רוֹבְדֵי אִילָן – פָּטוּר. אִי הָכִי, אַדְּקָתָנֵי סֵיפָא "הָיְתָה מְעוֹפֶפֶת, אֲפִילּוּ כְּנָפֶיהָ נוֹגְעוֹת בַּקֵּן – פָּטוּר",

The Gemara rejects this: **No,** the case of sitting **above them** is **similar to** that of sitting **between them** in the following manner: **Just as** the case of sitting **between them** is one **where she is touching them, so too,** the case of sitting **above them** is one **where she is touching them.** Accordingly, one is obligated only if the bird is touching the nest from above; **but** if it is sitting between two **tree branches** without touching the eggs or the fledglings, one is **exempt** from sending it away. The Gemara objects: **If that is so, rather than teaching** in **the last clause:** If it **was hovering, even if its wings are touching the nest,** one is **exempt** from sending it away,

Perek **XII**
Daf **141** Amud **a**

לִיתְנֵי "רוֹבְדֵי אִילָן", וְכָל שֶׁכֵּן מְעוֹפֶפֶת! מְעוֹפֶפֶת אִיצְטְרִיךְ לֵיהּ, דַּאֲפִילּוּ כְּנָפֶיהָ נוֹגְעוֹת בַּקֵּן – פָּטוּר מִלְּשַׁלֵּחַ.

**let** the *baraita* **teach** that one is exempt in a case where the bird is sitting between two **tree branches,** which resembles a case where the bird is resting upon the nest itself in that the bird is sitting in both cases, **and** it would be clear **all the more so** that one is exempt if the mother **is hovering.** The Gemara responds: It **was necessary** for the *baraita* to teach the case of **a hovering** bird in order to teach **that even if its wings are touching the nest,** one is **exempt from sending** away the mother bird. Had the *baraita* taught the exemption in a case of a bird resting between two tree branches, one might have thought that this is because the bird's wings are not touching the nest.

וְהָאֲנַן תְּנַן: בִּזְמַן שֶׁכְּנָפֶיהָ נוֹגְעוֹת בַּקֵּן – חַיָּיב לְשַׁלֵּחַ! אָמַר רַב יְהוּדָה: כִּי קָתָנֵי מַתְנִיתִין – בְּנוֹגֵעַ מִן הַצַּד.

The Gemara now questions the *baraita* itself: How can the *baraita* state that even if the hovering bird's wings are touching the nest, one is exempt from sending the bird? **But didn't we learn** in the mishna: **When its wings are touching the nest,** one is **obligated to send** away the mother? **Rav Yehuda said: When** the case of the hovering mother bird **is taught** in **the *baraita*,** it is referring **to** a bird **touching** the nest **from the side.** In such a case, one is exempt because its wings are not touching the nest from above. By contrast, the mishna is referring to a case where the bird is hovering directly above the nest and touching the nest with its wings from above.

״אֵין שָׁם אֶפְרוֹחַ״ וכו׳. אֲמַר לֵיהּ הַהוּא מֵרַבָּנַן לְרָבָא: אֵימָא אִיפְּכָא, אֵין שָׁם אֶפְרוֹחַ אֶלָּא אֶחָד אוֹ בֵּיצָה אַחַת – פָּטוּר מִלְּשַׁלֵּחַ, דִּבְעֵינַן ״אֶפְרֹחִים אוֹ בֵּיצִים״ וְלֵיכָּא.

§ The mishna teaches: Even if **there is** only one **fledgling** or one egg, one is obligated to send away the mother, as it is stated: "If a bird's nest happens before you" (Deuteronomy 22:6), indicating that one is obligated to send the mother bird away from the nest in any case. Additionally, if there were fledglings capable of flying or unfertilized eggs, one is exempt from sending away the mother bird, as it is stated in the same verse: "And the mother is resting upon the fledglings or upon the eggs." From the juxtaposition of the fledglings and the eggs, one derives that the eggs or fledglings must be capable of living and they must require their mothers. With regard to this, **one of the Sages said to Rava: Say the opposite,** that if **there is only one fledgling or one egg,** one is **exempt from sending** away the mother, **since we require** that the mother be "resting upon the **fledglings or** upon the **eggs,"** and this condition is **not** fulfilled with fewer than two.

הָיוּ שָׁם אֶפְרוֹחִים מַפְרִיחִים אוֹ בֵּיצִים מוּזָרוֹת – חַיָּיב לְשַׁלֵּחַ, שֶׁנֶּאֱמַר ״קֵן״ – קֵן מִכׇּל מָקוֹם! אִם כֵּן, נִכְתּוֹב קְרָא ״וְהָאֵם רֹבֶצֶת עֲלֵיהֶם״, מַאי ״וְהָאֵם רֹבֶצֶת עַל הָאֶפְרֹחִים אוֹ עַל הַבֵּיצִים״ – לְאַקּוֹשֵׁי אֶפְרוֹחִים לְבֵיצִים, וּבֵיצִים לְאֶפְרוֹחִים.

Additionally, if **there were fledglings** capable of **flying or unfertilized eggs** in the nest, say that one is **obligated to send** the mother bird away, **as it is stated** in that verse: **"Nest,"** indicating that one is obligated to send the mother bird away from the **nest in any case.** Rava responds: **If so, let the verse write: And the mother is resting upon them.** For **what** reason does the verse state: **"And the mother is resting upon the fledglings or upon the eggs"?** It is **to compare the fledglings to the eggs and the eggs to the fledglings,** i.e., to indicate that the eggs or fledglings must be capable of living and must require their mothers. Fledglings that can fly and unfertilized eggs are therefore not included in the mitzva. Consequently, the word "nest" serves to indicate that one is obligated to send away the mother bird even if there is only one egg or fledgling in the nest.

מתני׳ שִׁלְּחָהּ וְחָזְרָה, אֲפִילּוּ אַרְבָּעָה וַחֲמִשָּׁה פְּעָמִים – חַיָּיב, שֶׁנֶּאֱמַר ״שַׁלֵּחַ תְּשַׁלַּח אֶת הָאֵם״. אָמַר ״הֲרֵינִי נוֹטֵל אֶת הָאֵם, וּמְשַׁלֵּחַ אֶת הַבָּנִים״ – חַיָּיב, שֶׁנֶּאֱמַר ״שַׁלֵּחַ תְּשַׁלַּח אֶת הָאֵם״. נָטַל אֶת הַבָּנִים וְהֶחֱזִירָן לָהּ, וְאַחַר כָּךְ חָזְרָה הָאֵם עֲלֵיהֶן – פָּטוּר מִלְּשַׁלֵּחַ.

**MISHNA** If **one sent** away the mother bird **and it returned**[H] to rest on the eggs, **even** if it returned **four or five times,** one is **obligated** to send it away again, **as it is stated: "You shall send** [*shalle'aḥ teshallaḥ*] **the mother"** (Deuteronomy 22:7). The doubled verb indicates that one must send away the mother bird multiple times if needed. If one **said: I am hereby taking the mother and sending** away **the offspring,**[H] he is still **obligated** to send away the mother even if he sent away the offspring, **as it is stated: "You shall send**[N] **the mother."** If one sent away the mother and **took the offspring and** then **returned them** to the mother's nest, **and thereafter the mother returned** and rested **upon them,**[H] one is **exempt from sending** away the mother bird.

## HALAKHA

**If one sent away the mother bird and it returned – שִׁלְּחָהּ וְחָזְרָה:** If one sent the mother bird away and it returned, and sent it again and it returned, even several times, he is obligated to continue sending it (Rambam *Sefer Kedusha, Hilkhot Sheḥita* 13:5; *Shulḥan Arukh, Yoreh De'a* 292:5).

**If one said: I am hereby taking the mother and sending the offspring – אָמַר הֲרֵינִי נוֹטֵל אֶת הָאֵם וּמְשַׁלֵּחַ אֶת הַבָּנִים:** It is not permitted to take the mother and send away the offspring. Rather, one must send away the mother (Rambam *Sefer Kedusha, Hilkhot Sheḥita* 13:6; *Shulḥan Arukh, Yoreh De'a* 292:5).

**If one took the offspring and returned them to the nest and thereafter the mother returned and rested upon them – נָטַל אֶת הַבָּנִים וְהֶחֱזִירָן לָהּ וְאַחַר כָּךְ חָזְרָה הָאֵם עֲלֵיהֶן:** If one sent away the mother and took the offspring and then returned them to the nest, and thereafter the mother returned and rested upon them, he is exempt from sending away the mother (Rambam *Sefer Kedusha, Hilkhot Sheḥita* 13:7; *Shulḥan Arukh, Yoreh De'a* 292:5).

## NOTES

**If one said: I am hereby taking the mother and sending the offspring, he is obligated to send the mother, as it is stated: You shall send – הֲרֵינִי נוֹטֵל אֶת הָאֵם וּמְשַׁלֵּחַ אֶת הַבָּנִים חַיָּיב שֶׁנֶּאֱמַר שַׁלֵּחַ תְּשַׁלַּח:** Some later commentaries maintain that if one takes the mother alone he has not violated the prohibition: "You shall not take the mother with the young" (Deuteronomy 22:6). This is because the prohibition is referring to one who takes "the mother with the young," but not one who takes the mother without the young. The *Ḥakham Tzvi* notes that the formulation of the mishna appears to support this as well, as the mishna mentions only the mitzva: "You shall send the mother" (Deuteronomy 22:7), in this case, but not the prohibition: "You shall not take the mother."

Others maintain that the early commentaries, such as Rashi and *Sefer HaḤinnukh*, indicate that they interpret the phrase "with the young" as describing the situation in which the mother is found, not as expressing that the prohibition applies only if both mother and offspring are taken. Therefore, they hold that the prohibition also applies when one takes the mother alone (*Minḥat Ḥinnukh*; *Devar Avraham*; *Aleh Yona*).

גמ׳ אָמַר לֵיהּ הַהוּא מֵרַבָּנַן לְרָבָא, וְאֵימָא: ״שַׁלֵּחַ״ – חֲדָא זִימְנָא, ״תְּשַׁלַּח״ – תְּרֵי זִימְנִין!

**GEMARA** The mishna teaches that if the mother bird returned to rest on the eggs, even if it returned four or five times, one is obligated to send it away again, as it is stated: "You shall send [*shalle'aḥ teshallaḥ*]." With regard to this, **one of the Sages said to Rava: But say** instead that the word "***shalle'aḥ***" indicates that one must send away the mother **once,** and the word "***teshallaḥ***" indicates that one must do so **twice,** and beyond that there is no obligation.

אֲמַר לֵיהּ: ״שַׁלֵּחַ״ – אֲפִילּוּ מֵאָה פְּעָמִים, ״תְּשַׁלַּח״ – אֵין לִי אֶלָּא לִדְבַר הָרְשׁוּת, לִדְבַר מִצְוָה מִנַּיִן? תַּלְמוּד לוֹמַר ״תְּשַׁלַּח״ – מִכָּל מָקוֹם.

Rava **said to him:** Actually, the *halakha* that one must send away the mother multiple times is not derived from the phrase "*shalle'aḥ teshallaḥ*." Rather, the word "***shalle'aḥ***" indicates that one must send away the mother bird **even one hundred times,** and the word "***teshallaḥ***" teaches another matter: **I have** derived **only** the obligation to send away the mother bird in a case where one takes the eggs or the fledglings and wants to take the mother bird **for a discretionary purpose,** e.g., to eat it. In a case where one takes the eggs or the fledglings and needs the mother bird **for a matter** involving **a mitzva,** e.g., the purification of a leper, **from where** is the *halakha* that he must send away the mother derived? **The verse states: "*Teshallaḥ*,"** to teach that **in any case** one must send away the mother bird.

אֲמַר לֵיהּ רַבִּי אַבָּא בְּרֵיהּ דְּרַב יוֹסֵף בַּר רָבָא לְרַב כָּהֲנָא: אֶלָּא טַעְמָא דִּכְתַב רַחֲמָנָא ״תְּשַׁלַּח״, הָא לָאו הָכִי הֲוָה אָמֵינָא לִדְבַר מִצְוָה – לָא? עֲשֵׂה וְלֹא תַעֲשֶׂה הוּא, וְאֵין עֲשֵׂה דּוֹחֶה לֹא תַעֲשֶׂה וַעֲשֵׂה!

**Rabbi Abba, son of Rav Yosef bar Rava, said to Rav Kahana: But** according to this explanation, the only **reason** that one must send away the mother bird even when needed for a matter involving a mitzva is **that the Merciful One wrote: "*Teshallaḥ*"; but if not for this, I would say** that when the mother is needed **for a matter** involving **a mitzva,** one is **not** obligated to send her away. But this is difficult, as the sending of the mother bird **is** both **a positive mitzva and a prohibition,** as the verse states: "You shall not take the mother with the young; you shall send the mother" (Deuteronomy 22:6–7), **and** there is a principle that **a positive mitzva cannot override** both **a prohibition and a positive mitzva.**

לָא צְרִיכָא, דְּעָבַר וְשַׁקְלַהּ לָאֵם, דְּלָאו – עַבְרֵיהּ, עֲשֵׂה הוּא דְּאִיכָּא, לֵיתֵי עֲשֵׂה וְלִידְחֵי עֲשֵׂה – קָא מַשְׁמַע לַן.

Rav Kahana replied: **No,** the word "*teshallaḥ*" is **necessary** for a case **where one transgressed and took the mother** with the fledglings. In such a case, **he has** already **transgressed the prohibition,** and **there is** now only **a positive mitzva** to send away the mother. Perhaps one might say: **Let the positive mitzva** performed with the mother, e.g., the purification of the leper, **come and override the positive mitzva** of sending away the mother. Therefore, the word "*teshallaḥ*" **teaches us** that this is not so, and one is obligated to send away the mother.

הָנִיחָא לְמַאן דְּתָנֵי קִיְּימוֹ וְלֹא קִיְּימוֹ,

The Gemara notes: **This works out well according to the one who teaches** that the criterion for determining whether one is flogged for violating a prohibition that entails fulfillment of a positive mitzva is whether he **fulfilled** the mitzva immediately afterward **or did not fulfill it.** If he does not fulfill the mitzva immediately, he is flogged when he fails to do so. Consequently, if one does not send away the mother bird immediately after taking her with the fledglings, he has immediately violated the prohibition, and only the requirement to fulfill the positive mitzva remains.

אֶלָּא לְמַאן דְּתָנֵי בִּטְּלוֹ וְלֹא בִּטְּלוֹ, כַּמָּה דְּלָא שְׁחָטָהּ – לָא עַבְרֵיהּ לְלָאו!

The Gemara continues: **But according to the one who teaches** that the criterion for determining whether one is flogged in that case is whether he **negated** the possibility of fulfilling the positive mitzva **or did not negate it,** and one is flogged only if he performed an action that renders it impossible to fulfill the mitzva, this explanation does not work out well. After all, **as long as one has not slaughtered** the mother bird, he **has not transgressed the prohibition,** since he may still send her away. Consequently, even if one takes the mother, as long as he has not slaughtered her, the prohibition remains in addition to the positive mitzva. If so, there is no need for the Torah to teach that the obligation to send away the mother bird applies in the case of a mitzva.

וְתוּ, לְרַבִּי יְהוּדָה דַּאֲמַר "שַׁלֵּחַ" – מֵעִיקָּרָא מַשְׁמַע, אֲפִילּוּ עֲשֵׂה נַמִּי לֵיכָּא!

**And furthermore,** one may ask: **According to** the opinion of **Rabbi Yehuda, who said** that the word ***"shalle'aḥ"*** **indicates** that the mitzva to send away the mother bird applies only **at the outset,** i.e., before taking the fledglings, one who takes the mother together with the fledglings violates both the prohibition and the positive mitzva associated with it, such that **even a positive mitzva does not** remain.

אֶלָּא אֲמַר מָר בַּר רַב אַשִׁי: כְּגוֹן שֶׁנְּטָלָהּ עַל מְנָת לְשַׁלֵּחַ, דְּלָאו – לֵיכָּא, עֲשֵׂה הוּא דְּאִיכָּא, וְלֵיתֵי עֲשֵׂה וְלִידְחֵי עֲשֵׂה.

**Rather, Mar bar Rav Ashi said:** The word *"teshallaḥ"* is necessary to indicate that the mitzva to send away the mother bird applies in a case **where one took her in order to send** her away immediately. In such a case, **there is no prohibition,** as one intends to send her away, but **there is** still **a positive** mitzva to send her away. **And** therefore, one might have said: Let another **positive mitzva,** e.g., taking the mother for the purification of a leper, **come and override the positive mitzva** of sending the mother. Therefore, the word *"teshallaḥ"* indicates that the mitzva of sending the mother bird applies even in such a case.

מַאי אוּלְמֵיהּ דְּהַאי עֲשֵׂה מֵהַאי עֲשֵׂה? סָלְקָא דַּעְתָּךְ, הוֹאִיל וַאֲמַר מָר: גָּדוֹל שָׁלוֹם שֶׁבֵּין אִישׁ לְאִשְׁתּוֹ, שֶׁהֲרֵי אָמְרָה תּוֹרָה: שְׁמוֹ שֶׁל הַקָּדוֹשׁ בָּרוּךְ הוּא שֶׁנִּכְתַּב בִּקְדוּשָּׁה יִמָּחֶה עַל הַמַּיִם,

The Gemara asks: **What is the strength of that** other **positive mitzva over this positive mitzva** of sending away the mother bird? Why might the former override the latter? The Gemara responds: It might **enter your mind** to say that **since the Master said: Great is peace between a man and his wife,**[N] **as the Torah said** that **the name of the Holy One, Blessed be He, which is written in sanctity, shall be erased on the waters** as part of the ritual of a woman suspected by her husband of adultery (see Numbers 5:23) in order to clear her from suspicion and restore peace between her and her husband, therefore, perhaps the *halakha* should be more lenient with regard to the leper.

וְהַאי מְצוֹרָע כֵּיוָן דְּכַמָּה דְּלָא מְטַהֵר – אָסוּר בְּתַשְׁמִישׁ הַמִּטָּה, דִּכְתִיב "וְיָשַׁב מִחוּץ לְאָהֳלוֹ שִׁבְעַת יָמִים", "אָהֳלוֹ" – זוֹ אִשְׁתּוֹ, מִכָּאן שֶׁאָסוּר בְּתַשְׁמִישׁ הַמִּטָּה. מַהוּ דְּתֵימָא: כֵּיוָן דְּאָסוּר בְּתַשְׁמִישׁ הַמִּטָּה, לֵיתֵי עֲשֵׂה דִּידֵיהּ וְלִידְחֵי עֲשֵׂה דְּשִׁלּוּחַ הַקֵּן, קָא מַשְׁמַע לַן.

The Gemara explains: **And** with regard to **this leper, since as long as he is not purified he is prohibited from** engaging in **marital relations,**[H] **as it is written: "But he shall dwell outside his tent seven days"** (Leviticus 14:8), and when the verse states: **"His tent," this** is referring to **his wife,** such that one may derive **from here that** a leper **is prohibited from** engaging in **marital relations,** perhaps his purification ceremony should take precedence. This is because **perhaps you** will **say: Since he is prohibited from** engaging in **marital relations, let his positive mitzva** of purification **come and override the positive mitzva of the sending** away **of** the mother bird from **the nest.** Therefore, the word *"teshallaḥ"* **teaches us** that even so, one may not take the mother bird.

**מתני׳** הַנּוֹטֵל אֵם עַל הַבָּנִים – רַבִּי יְהוּדָה אוֹמֵר: לוֹקֶה וְאֵינוֹ מְשַׁלֵּחַ, וַחֲכָמִים אוֹמְרִים: מְשַׁלֵּחַ וְאֵינוֹ לוֹקֶה. זֶה הַכְּלָל: כָּל מִצְוַת לֹא תַעֲשֶׂה שֶׁיֵּשׁ בָּהּ קוּם עֲשֵׂה – אֵין לוֹקִין עָלֶיהָ.

**MISHNA** With regard to **one who takes the mother** bird **with** its **fledglings,**[H] **Rabbi Yehuda says: He is flogged** for taking the mother bird, **and** he **does not send** away the mother. **And the Rabbis say: He sends** away the mother **and is not flogged,** as **this is the principle:** With regard to **any prohibition that entails** a command to **arise** and **perform** a mitzva, **one is not flogged for its** violation.

**גמ׳** בָּעֵי רַבִּי אַבָּא בַּר מָמֶל: טַעֲמָא דְּרַבִּי יְהוּדָה מִשּׁוּם דְּסָבַר לָאו שֶׁנִּיתַּק לַעֲשֵׂה – לוֹקִין עָלָיו.

**GEMARA** The mishna teaches that according to Rabbi Yehuda, one who takes the mother with the offspring is flogged. With regard to this, **Rabbi Abba bar Memel raises a dilemma:** Is **the reasoning** for the ruling **of Rabbi Yehuda that he holds** that **one is flogged for** violation of **a prohibition that entails** fulfillment **of a positive mitzva?** Accordingly, one is flogged for transgressing the prohibition: "You shall not take the mother with the young," which entails the fulfillment of: "You shall send the mother."

### HALAKHA

**Since as long as he is not purified he is prohibited from marital relations – כֵּיוָן דְּכַמָּה דְּלָא מְטַהֵר אָסוּר בְּתַשְׁמִישׁ הַמִּטָּה:** The leper is prohibited from engaging in sexual intercourse with his wife until he has counted seven days of purification, after the initial purification process, which includes his being sprinkled with the blood of the slaughtered bird, the live bird being sent away into the wild, having his hair cut, the laundering of his clothes, and his immersion (Rambam *Sefer Tahara, Hilkhot Tumat Tzara'at* 11:1).

**One who takes the mother with its fledglings – הַנּוֹטֵל אֵם עַל הַבָּנִים:** If one takes the mother bird with its fledglings and slaughters it, the meat may be eaten, and he is flogged for slaughtering the mother, as it is stated: "You shall not take the mother with the young" (Deuteronomy 22:6). Likewise, if the mother bird dies before he sends it away, he is flogged. If he sends it away after taking it, he is exempt. This ruling is in accordance with the opinion of the Rabbis (Rambam *Sefer Kedusha, Hilkhot Sheḥita* 13:1; *Shulḥan Arukh, Yoreh De'a* 292:6).

### NOTES

**Great is peace between a man and his wife – גָּדוֹל שָׁלוֹם שֶׁבֵּין אִישׁ לְאִשְׁתּוֹ:** Later commentaries note that although in this particular instance the word *"teshallaḥ"* (Deuteronomy 22:7) indicates that the mitzva of sending away the mother bird overrides that of the purification of a leper, in general a mitzva that contains an element of bringing peace between a man and his wife is considered more significant than other positive mitzvot that do not contain this element.

Because of this consideration, later authorities conclude that building a ritual bath, in which women will immerse in order to render themselves permitted to resume marital relations with their husbands, takes precedence over building a synagogue. They add that for the sake of bringing peace between a man and his wife, it is permitted to install a ritual bath in a room of a synagogue that was originally intended for prayer (*Iggerot Moshe*).

**BACKGROUND**

Thief and robber – גַּנָּב וְגַזְלָן: *Halakha* distinguishes between different forms of wrongful acquisition. A robber [*gazlan*] openly takes his plunder by force, such that the owner is aware he is being robbed. If a robber is subsequently apprehended, he must return the object but suffers no further fines for his behavior. A thief [*ganav*] operates by stealth, such that the owner is unaware his property is being stolen. Should a thief be caught he is required to return the object and pay the owner a fine equal to the value of the item he stole (see Exodus 22:3).

אוֹ דִּלְמָא: בְּעָלְמָא סָבַר לָאו שֶׁנִּיתַּק לַעֲשֵׂה – אֵין לוֹקִין עָלָיו, וְהָכָא הַיְינוּ טַעְמָא, מִשּׁוּם דְּקָסָבַר ״שַׁלֵּחַ״ – מֵעִיקָּרָא מַשְׁמַע?

The second possibility is now presented: **Or perhaps in general** Rabbi Yehuda **holds** that **one is not flogged for** violation of **a prohibition that entails** fulfillment **of a positive mitzva; and here, this is the reason** one is flogged for taking the mother: It is **because he holds** that when the verse states: "You shall send the mother [*shalle'aḥ teshallaḥ*]" (Deuteronomy 22:7), the word ***"shalle'aḥ"* indicates** that the mitzva to sending the mother bird applies only **at the outset,** i.e., when encountering the nest. Accordingly, this is not a case of a prohibition that entails the performance of a positive mitzva, but an independent prohibition, for which one is liable to receive lashes.

תָּא שְׁמַע: גַּנָּב וְגַזְלָן יֶשְׁנָן בִּכְלַל מַלְקוֹת, דִּבְרֵי רַבִּי יְהוּדָה. וְהָא הָכָא, דְּלָאו שֶׁנִּיתַּק לַעֲשֵׂה הוּא, דְּרַחֲמָנָא אָמַר ״לֹא תִגְזֹל״, ״וְהֵשִׁיב אֶת הַגְּזֵלָה״, שְׁמַע מִינַּהּ: טַעְמָא דְּרַבִּי יְהוּדָה מִשּׁוּם דְּקָסָבַר לָאו שֶׁנִּיתַּק לַעֲשֵׂה לוֹקִין עָלָיו!

The Gemara suggests: **Come** and **hear** a resolution to the dilemma from that which is taught: **A thief and a robber**[B] **are included among** those who are liable to receive **lashes** by Torah law. A thief violates the prohibition of: "You shall not steal" (Leviticus 19:11), and a robber violates the prohibition of: "You shall not rob" (Leviticus 19:13); this is **the statement of Rabbi Yehuda.** The Gemara continues: **But here,** the prohibition against robbing **is a prohibition that entails** fulfillment **of a positive mitzva, as the Merciful One states: "You shall not rob"** (Leviticus 19:13), and: **"And he shall restore the robbed item"** (Leviticus 5:23). And nevertheless, Rabbi Yehuda deems one liable to receive lashes for transgressing the prohibition against robbing. Therefore, **conclude from it** that **the reasoning** of the ruling **of Rabbi Yehuda** in the mishna is **that he holds** that **one is flogged for** violation of **a prohibition that entails** fulfillment **of a positive mitzva.**

אֲמַר לֵיהּ רַבִּי זֵירָא: לָאו אֲמִינָא לְכוּ, כׇּל מַתְנִיתָא דְּלָא תַּנְיָא בֵּי

**Rabbi Zeira said to him: Didn't I** already **tell you** that any ***baraita* that is not taught** in the study **hall**

Perek **XII**
Daf **141** Amud **b**

רַבִּי חִיָּיא וּבֵי רַבִּי אוֹשַׁעְיָא – מְשַׁבַּשְׁתָּא הִיא, וְלָא תּוֹתְבוּ מִינַּהּ בֵּי מִדְרְשָׁא, דִּלְמָא ״אֵינָהּ בִּכְלַל מַלְקוֹת אַרְבָּעִים״ תַּנְיָא.

of **Rabbi Ḥiyya or** the study **hall of Rabbi Oshaya,** who were precise in the formulation of their *baraitot*, **is corrupted, and you may not raise objections** based **upon it** in **the study hall?** Since this *baraita* was not taught in either of the aforementioned study halls, you may not cite it as proof. After all, **perhaps** the phrase: **Are not included among** those who are liable to receive **forty lashes** by Torah law, **was taught** by Rabbi Yehuda in the *baraita*, but the text was corrupted. It is therefore possible that according to Rabbi Yehuda, one is not flogged for violation of a prohibition that entails fulfillment of a positive mitzva, and his reasoning of his ruling in the mishna is that the word "*shalle'aḥ*" indicates that the mitzva to send away the mother bird applies only at the outset.

תָּא שְׁמַע: דְּתָנֵי רַבִּי אוֹשַׁעְיָא וְרַבִּי חִיָּיא: ״לֹא תָשׁוּב״ – וְשָׁב, ״לֹא תְכַלֶּה״ – וְכִלָּה, יֶשְׁנָן בִּכְלַל מַלְקוֹת אַרְבָּעִים, דִּבְרֵי רַבִּי יְהוּדָה.

The Gemara suggests: **Come** and **hear** a resolution from that **which is taught** in a *baraita* by **Rabbi Oshaya and Rabbi Ḥiyya:** It is written with regard to forgotten sheaves left for the poor: "When you reap your harvest in your field and forget a sheaf in the field, **you shall not return** to fetch it" (Deuteronomy 24:19). If one transgressed this prohibition **and** one **returned** to fetch it, he is liable to receive lashes. Likewise, it is written with regard to produce in the corner of the field [*pe'a*], which is given to the poor: "And when you reap the harvest of your land, **you shall not wholly reap** the corner of your field" (Leviticus 19:9). If one transgressed this prohibition **and reaped** the corner of his field, such individuals **are included among** those who are liable to receive **lashes** by Torah law. This is **the statement of Rabbi Yehuda.**

שְׁמַע מִינַּהּ: טַעְמֵיהּ דְּרַבִּי יְהוּדָה מִשּׁוּם דְּקָסָבַר לָאו שֶׁנִּיתַּק לַעֲשֵׂה – לוֹקִין עָלָיו!

The Gemara concludes the resolution: Since the mitzvot of leaving *pe'a* and forgotten sheaves are prohibitions that entail fulfillment of a positive mitzva, as the verse states with regard to both of them: "For the poor and for the stranger you shall leave them" (Leviticus 19:10), **conclude from** the *baraita* that **the reasoning** of the ruling **of Rabbi Yehuda** in the mishna is **that he holds** that **one is flogged for** violation of **a prohibition that entails** fulfillment **of a positive mitzva.**

דִּלְמָא: הָתָם הַיְינוּ טַעַם דְּקָסָבַר "תַּעֲזֹב" מֵעִיקָּרָא מַשְׁמַע.

The Gemara rejects this: **Perhaps there,** with regard to *pe'a* and forgotten sheaves, **this is** the **reason** that Rabbi Yehuda deems one liable to receive lashes: **Because he holds** that the positive mitzva: "For the poor and for the stranger **you shall leave** them," **indicates** that these mitzvot apply only **at the outset.** Accordingly, these are not cases of prohibitions that entail fulfillment of a positive mitzva, but of independent prohibitions. Similarly, it is possible that the reasoning of the ruling of Rabbi Yehuda in the mishna is that the mitzva of the sending away of the mother bird applies only at the outset.

אֲמַר לֵיהּ רָבִינָא לְרַב אָשֵׁי: תָּא שְׁמַע, "לֹא תוֹתִירוּ מִמֶּנּוּ עַד בֹּקֶר וגו' בָּאֵשׁ תִּשְׂרֹפוּ" – בָּא הַכָּתוּב לִיתֵּן עֲשֵׂה אַחַר לֹא תַּעֲשֶׂה, לוֹמַר לְךָ שֶׁאֵין לוֹקִין עָלָיו, דִּבְרֵי רַבִּי יְהוּדָה.

**Ravina said to Rav Ashi: Come** and **hear** a resolution from that which is taught in a *baraita*: The verse states with regard to the Paschal offering: **"You shall let nothing of it remain until the morning;** but that which remains of it until the morning **you shall burn in fire"** (Exodus 12:10). **The verse comes to position the positive mitzva** of burning the leftover meat **after** the **prohibition** against leaving over the meat, in order **to say that one is not flogged for its** violation; this is **the statement of Rabbi Yehuda.**

שְׁמַע מִינַּהּ: טַעְמָא דְּרַבִּי יְהוּדָה מִשּׁוּם דְּקָסָבַר "שַׁלֵּחַ" – מֵעִיקָּרָא מַשְׁמַע. שְׁמַע מִינַּהּ.

Ravina continued: **Conclude from** the *baraita* that according to Rabbi Yehuda, one is not flogged for violation of a prohibition that entails fulfillment of a positive mitzva, and that **the reasoning** of the ruling **of Rabbi Yehuda** in the mishna is **that he holds** that the word ***"shalle'aḥ"* indicates** that the mitzva to send away the mother applies only **at the outset.** Consequently, the prohibition against taking the mother with the offspring is not one that entails fulfillment of a positive mitzva, but an independent prohibition that is punishable by lashes. The Gemara concedes: **Conclude from** it that this is the reasoning of Rabbi Yehuda.

אֲמַר לֵיהּ רַב אִידִי לְרַב אָשֵׁי: מַתְנִיתִין נָמֵי דַּיְקָא, דְּקָתָנֵי "הַנּוֹטֵל אֵם עַל הַבָּנִים – רַבִּי יְהוּדָה אוֹמֵר: לוֹקֶה וְאֵין מְשַׁלֵּחַ". וְאִי סָלְקָא דַּעְתָּךְ טַעְמָא דְּרַבִּי יְהוּדָה לָאו שֶׁנִּיתַּק לַעֲשֵׂה לוֹקִין עָלָיו, "לוֹקֶה וּמְשַׁלֵּחַ" מִבְּעֵי לֵיהּ!

**Rav Idi said to Rav Ashi:** The language of **the mishna is also precise, as it teaches:** With regard to **one who takes the mother with the offspring, Rabbi Yehuda says: He is flogged and there is no** longer a mitzva to **send** away the mother. **But if** it **enters your mind** to say that **the reasoning** of the ruling **of Rabbi Yehuda** in the mishna is that **one is flogged for** violation of **a prohibition that entails** fulfillment **of a positive mitzva,** then Rabbi Yehuda **should have** said: **He is flogged and sends** away the mother. Rather, conclude that according to Rabbi Yehuda, this is not a prohibition that entails fulfillment of a positive mitzva.

וְדִלְמָא הָכִי קָאָמַר בְּמַתְנִיתִין: אֵין נִפְטָר – עַד דְּמַלְקִין לֵיהּ.

The Gemara rejects this: One cannot infer anything from the language of the mishna, since **perhaps this** is what Rabbi Yehuda **is saying in the mishna:** There is still a mitzva to send away the mother, but **one is not absolved** of guilt for transgressing the prohibition against taking the mother **until** the court **flogs him.**

עַד כַּמָּה מְשַׁלְּחָהּ? אָמַר רַב יְהוּדָה: כְּדֵי שֶׁתֵּצֵא מִתַּחַת יָדוֹ. בַּמֶּה מְשַׁלְּחָהּ? רַב הוּנָא אָמַר: בְּרַגְלֶיהָ, רַב יְהוּדָה אָמַר: בְּאַגַפֶּיהָ. רַב הוּנָא אָמַר בְּרַגְלֶיהָ, דִּכְתִיב "מְשַׁלְּחֵי רֶגֶל הַשּׁוֹר וְהַחֲמוֹר", רַב יְהוּדָה אָמַר בְּאַגַפֶּיהָ, דְּהָא כְּנָפֶיהָ נִינְהוּ.

§ The mishna teaches that according to the Rabbis, if one transgressed the mitzva and took the mother bird with the young, one must send away the mother. The Gemara asks: **How far** from the nest must he **send her?**[H] **Rav Yehuda says:** Far **enough that she leaves his grasp**[N] and can no longer be caught immediately. The Gemara asks: **In what manner does** he **send her**[N] away? **Rav Huna says:** He holds the mother **by her feet** and sends her away. **Rav Yehuda says:** He holds her **by her wings** [***baagappeha***][L] and sends her away. The Gemara elaborates: **Rav Huna says** that one holds the mother **by her feet, as it is written: "That send forth freely the feet of the ox and the donkey"** (Isaiah 32:20), indicating that the sending of an animal is associated with its feet. **Rav Yehuda says** that one holds her **by her wings, because** the feet of the mother bird **are her wings,** as it is by means of her wings that she moves about.

## HALAKHA

**How far from the nest must he send her – עַד כַּמָּה מְשַׁלְּחָהּ:** One must send away the mother bird such that she leaves his grasp, and after that he may take the offspring (*Shulḥan Arukh, Yoreh De'a* 292:4; see Rambam *Sefer Kedusha, Hilkhot Sheḥita* 13:7 and *Kesef Mishne* there).

## NOTES

**Enough that she leaves his grasp – כְּדֵי שֶׁתֵּצֵא מִתַּחַת יָדוֹ:** Some later commentaries explain that the reason for this measure is that a mother bird resting on her young is not inclined to leave her nest. Since her eggs or fledglings are in the nest, she will not be distracted from it, even if a person comes and attempts to drive her away from it. Therefore, one must force her far enough away from the nest that she leaves his grasp altogether, in order to cause her to be distracted from her focus upon the nest. Any distance that is closer than that will not fulfill the mitzva of sending away the mother bird (*Ḥazon Ish*).

These later commentaries interpret the phrase: Leaves his grasp, to mean that the bird is beyond his control, such that even if he wanted to seize her again immediately, he could not do so. Therefore, as long as he is capable of seizing her again immediately, he has not sent her away. They also maintain that one need not take the bird in one's hand in order to fulfill the mitzva of sending her away. As long as he forces her away from the nest in some manner, such as striking the nest to frighten the mother bird away, and causes her to flee far enough that she leaves his grasp, he has fulfilled the mitzva properly (*Ḥazon Ish*). Others maintain that to fulfill the mitzva, one must take the bird by the wings with his own hands and compel her to fly away from the nest, as is indicated by the formulation of the Rambam (*Yosef Da'at*).

**In what manner does he send her – בַּמֶּה מְשַׁלְּחָהּ:** Various interpretations of this phrase have been suggested by the commentaries. One interpretation is that the Gemara is asking which part of the bird's body one should hold when sending it away. Rav Huna then answers that one should hold the feet, while Rav Yehuda says one should hold the wings (Rashi's first interpretation). This interpretation is somewhat difficult, because a bird is unlike an animal that walks on its legs. Therefore, the verse cited by Rav Huna with regard to animals is not entirely relevant.

A second interpretation is that the question relates to the condition of the bird being sent. Accordingly, Rav Huna's opinion is that the sending is valid even if the bird can utilize only its feet for escape, while Rav Yehuda's opinion is that the bird must be capable of utilizing its wings for the sending to be valid. This interpretation is supported by the fact that immediately following this dispute the Gemara cites the incident in which Rav Yehuda tells the man who clipped the mother bird's wings that he must send the bird only after its wings grow back. Consequently, the Gemara may be indicating that Rav Yehuda followed his opinion in practice, as in Rav Huna's opinion the man could have sent the bird away immediately in order to fulfill the mitzva (Rashi's second interpretation).

## LANGUAGE

**Wing [*agaf*] – אֲגַף:** The Aramaic word *agaf*, similar to the Aramaic word *gaf*, refers to the wing when used in relation to birds, and to the arm when used in relation to other animals.

הַהוּא דְּגַזְיֵנְהוּ לְגַפָּהּ, וְשַׁלְּחָהּ, וְאַחַר כָּךְ תְּפָשָׂהּ. נַגְדֵיהּ רַב יְהוּדָה. אֲמַר לֵיהּ: זִיל רַבִּי לָהּ גַּדְפַהּ, וְשַׁלְּחָהּ!

§ The Gemara relates: **A certain** person **clipped** a mother bird's **wing and sent it** away **and thereafter caught it.**[H] **Rav Yehuda flogged him** for transgressing the prohibition: "You shall not take the mother with the young" (Deuteronomy 22:6). Rav Yehuda also **said to him: Go** and let **its wings grow** back **and** then **send it** away.

כְּמַאן? אִי כְּרַבִּי יְהוּדָה – לוֹקֶה וְאֵין מְשַׁלֵּחַ! אִי כְּרַבָּנַן – מְשַׁלֵּחַ וְאֵין לוֹקֶה! לְעוֹלָם כְּרַבָּנַן, וּמַכַּת מַרְדּוּת מִדְּרַבָּנַן.

The Gemara asks: **In accordance with whose** opinion did Rav Yehuda act in this case? **If** he acted **in accordance with** the opinion of **Rabbi Yehuda,** then there was no need to send away the mother, because according to Rabbi Yehuda, **he is flogged** for taking the mother bird, **and** he **does not send** away the mother. **If** he acted **in accordance with** the opinion of **the Rabbis,** then he should not have flogged this individual, since according to the Rabbis, **he sends** away the mother **and is not flogged.** The Gemara responds: **Actually,** he acted **in accordance with** the opinion of **the Rabbis, and** the lashes administered by Rav Yehuda were not for transgressing a Torah prohibition; rather, they were **rabbinic lashes for rebelliousness** [*umakkat mardut*],[NL] as this individual acted inappropriately.

הַהוּא דַּאֲתָא לְקַמֵּיהּ דְּרָבָא, אֲמַר לֵיהּ: תִּימָה מַהוּ? אֲמַר: לָא יָדַע הַאי גַּבְרָא דְּעוֹף טָהוֹר חַיָּיב לְשַׁלּוֹחֵי? אֲמַר לֵיהּ: דִּילְמָא חֲדָא בֵּיעֲתָא הוּא דְּרָמְיָא. אֲמַר לֵיהּ: הַאי יָדְעֵי לָךְ, מַתְנִיתִין הִיא: אֵין שָׁם אֶלָּא אֶפְרוֹחַ אֶחָד אוֹ בֵּיצָה אַחַת – חַיָּיב לְשַׁלֵּחַ.

The Gemara relates that **a certain** man **came before Rava** and **said to him: What is** the *halakha* with regard to a certain kosher bird known as the ***teima***? Is it included in the mitzva of sending away the mother bird from the nest? Rava **said: Doesn't this man know that** with regard to any **kosher bird one is obligated to send** away the mother? The man responded: Nevertheless, I am uncertain with regard to the *halakha*. Rava **said to him: Perhaps** you are uncertain about a case where **a single egg is placed** in the nest, since the Torah states: "Upon the fledglings or upon the eggs" (Deuteronomy 22:6). The man replied in the affirmative. Rava **said to him: That** too should be **known to you,** as it is stated in **the mishna** (140b): Even if **there is only one fledgling or one egg,** one is **obligated to send** away the mother.

שַׁלְּחָהּ, וְאַהְדַּר לָהּ רָבָא פַּרְסְתְּקֵי וּתְפָסָהּ. וְלֵיחוּשׁ לַחֲשָׁדָא! כִּלְאַחַר יָד.

The man **sent** away the bird, **and Rava** then **surrounded her with nets** [*perastekei*][L] **and caught her.** The Gemara asks: **But shouldn't** Rava **be concerned about** arousing **suspicion** that he required the sending away of the bird only so that he might catch it for himself? The Gemara responds: The nets were positioned far from the nest **in an unusual manner** that did not arouse suspicion.

תָּנוּ רַבָּנַן: יוֹנֵי שׁוֹבָךְ וְיוֹנֵי עֲלִיָּיה – חַיָּיבוֹת בְּשִׁלּוּחַ, וַאֲסוּרוֹת מִשּׁוּם גָּזֵל, מִפְּנֵי דַּרְכֵי שָׁלוֹם.

§ **The Sages taught** in a *baraita*: **Pigeons of a dovecote and pigeons of an attic are subject to the obligation of sending** away the mother[H] bird, because they are ownerless and therefore not considered readily available. **But** nevertheless, **they are subject to the prohibition of robbery**[H] **due** to a rabbinic ordinance to maintain **the ways of peace.**[B]

## HALAKHA

**A certain person clipped a mother bird's wing and sent it and thereafter caught it – הַהוּא דְּגַזְיֵנְהוּ לְגַפָּהּ וְשַׁלְּחָהּ וְאַחַר כָּךְ תְּפָשָׂהּ:** If one took the mother bird with the young and clipped its wings in order to prevent it from flying, and then sent it away, he is flogged with rabbinic lashes for rebelliousness. In addition, he must wait until its wings grow back and then send it away again. If it died or was lost before that, he is flogged, as he cannot fulfill the relevant positive mitzva, in accordance with Rav Yehuda's ruling and the Gemara's explanation (Rambam *Sefer Kedusha, Hilkhot Sheḥita* 13:4; *Shulḥan Arukh, Yoreh De'a* 292:4).

**Pigeons of a dovecote and pigeons of an attic are subject to the obligation of sending the mother – יוֹנֵי שׁוֹבָךְ וְיוֹנֵי עֲלִיָּיה חַיָּיבוֹת בְּשִׁלּוּחַ:** Pigeons from a dovecote or an attic are subject to the obligation of sending away the mother from the nest (Rambam *Sefer Kedusha, Hilkhot Sheḥita* 13:8; *Shulḥan Arukh, Yoreh De'a* 292:2).

**Pigeons of a dovecote and pigeons of an attic…but they are subject to the prohibition of robbery – יוֹנֵי שׁוֹבָךְ וְיוֹנֵי עֲלִיָּיה...וַאֲסוּרוֹת מִשּׁוּם גָּזֵל:** The Sages instituted an ordinance prohibiting the practice of flying pigeons, as it is akin to robbery. This practice entails flying a male pigeon through an area where pigeons live in dovecotes in people's courtyards in order to attract female pigeons, or flying a female pigeon to attract the male pigeons to her. All of the pigeons are subsequently captured by the robber, who takes for himself these birds that were commonly accepted as belonging to others. This ordinance applies not only to pigeons, but to other birds and animals as well (Rambam *Sefer Nezikin, Hilkhot Gezeila VaAveda* 6:7; *Shulḥan Arukh, Ḥoshen Mishpat* 370:1).

## NOTES

**Lashes for rebelliousness – מַכַּת מַרְדּוּת:** Similar to the penalty of lashes cited in the Torah, the Sages instituted rabbinic lashes for rebelliousness as a punishment for those who rebel against Torah decrees as well as rabbinic prohibitions.

In the Jerusalem Talmud some of the differences between the two types of lashes are noted. The penalty of lashes by Torah law is always no more than thirty-nine lashes, and is administered only based upon a medical assessment of how many lashes the violator's body can tolerate. On the other hand, rabbinic lashes for rebelliousness have no fixed number, and the violator is flogged until he agrees not to violate the precept he transgressed or until he dies.

The *ge'onim* note additional differences. Lashes by Torah law are administered only for specific transgressions and are administered only under the jurisdiction of ordained Sages. The specific transgressions warranting lashes by Torah law are prohibitions whose violation requires action, although there are exceptions, such as prohibitions that can lead to court-imposed capital punishment, prohibitions written in a very general sense, and prohibitions that entail fulfillment of a positive mitzva. On the other hand, rabbinic lashes for rebelliousness may be administered against various types of transgressors, including those who refuse to perform positive mitzvot or to adhere to rabbinic decrees or ordinances. In addition, ordained Sages are not required for the execution of rabbinic lashes for rebelliousness.

## LANGUAGE

**Lashes for rebelliousness [*makkat mardut*] – מַכַּת מַרְדּוּת:** While the word *makkat* clearly refers to lashes, the word *mardut* has various interpretations. Some claim it is derived from the root *mem, reish, dalet,* meaning rebellion, and interpret the phrase as: Lashes for rebelliousness, which rebels receive for their offenses (see the commentaries on 1 Samuel 20:30). Others interpret *mardut* as relating to torment and suffering. Consequently, the phrase *makkat mardut* would mean lashes meted out in order to torment and subdue the sinner.

**Nets [*perastekei*] – פַּרְסְתְּקֵי:** This word, used here to refer to nets composed of ropes, appears as *peraskei* in the *Arukh*. Some commentaries interpret the word to mean ropes or chains.

## BACKGROUND

**Ways of peace – דַּרְכֵי שָׁלוֹם:** This is a general term that refers to many rabbinic ordinances instituted in order to foster peace and to prevent strife and controversy. There are three circumstances in which such ordinances would apply: (1) In some monetary cases, the Sages prohibited taking property from a person even when that person does not possess full formal legal ownership of the property. (2) The Sages permitted certain lenient practices in dealings with a common, uneducated person, in order to prevent division between Torah scholars and the common people. (3) The Sages instructed that charity be given to the gentile poor together with the Jewish poor to foster peaceful relations with gentiles. Similarly, the Sages instituted other practices to reduce friction between communities and nations.

וְאִי אִיתָא לְהָא דְּאָמַר רַבִּי יוֹסֵי בַּר רַבִּי חֲנִינָא: חֲצֵרוֹ שֶׁל אָדָם קוֹנָה לוֹ שֶׁלֹּא מִדַּעְתּוֹ, קְרִי כָּאן "כִּי יִקָּרֵא" – פְּרָט לִמְזוּמָּן!

The Gemara objects: **But if it is so that this** ruling is correct **that Rabbi Yosei, son of Rabbi Ḥanina, says,** i.e., that **a person's courtyard effects acquisition for him** of an item placed in it even **without his knowledge,** then a dovecote or attic will effect acquisition for its owner of any eggs inside them. Accordingly, one should **apply here** the principle that the mitzva to send away the mother bird from the nest applies only in the case described in the verse: "**If** a bird's nest **happens** before you" (Deuteronomy 22:6), which **excludes** from the mitzva a bird or egg readily **available** in one's home. Yet the *baraita* rules that the mitzva does apply in this case.

אָמַר רַב: בֵּיצָה – עִם יְצִיאַת רוּבָּהּ הוּא דְּאִחַיַּיב בְּשִׁלּוּחַ, מִקְנָא לָא קָנֵי – עַד דְּתִפּוֹל לַחֲצֵרוֹ, וְכִי קָתָנֵי "חַיָּיבוֹת בְּשִׁלּוּחַ" – מִקַּמֵּי דְּתִפּוֹל לַחֲצֵרוֹ.

**Rav says:** It is **from** the time of the **emergence of the majority of an egg** from a mother bird's body **that** one **becomes obligated to send** away the mother from the nest. On the other hand, the owner of a courtyard **does not acquire** the egg **until it** fully emerges and **falls into his courtyard. And** therefore, **when** the *baraita* **teaches** that in the case of the pigeons in a dovecote or an attic, they are **subject to the obligation of sending** away the mother bird, it is referring to a time **before** the egg **falls into his courtyard.**

אִי הָכִי, אַמַּאי אֲסוּרוֹת מִשּׁוּם גָּזֵל? אַאִמָּם. וְאִיבָּעֵית אֵימָא: לְעוֹלָם אַבֵּיצָה, וּבֵיצָה כֵּיוָן דְּנָפֵיק לֵיהּ רוּבָּא – דַּעְתֵּיהּ עֲלֵיהּ.

The Gemara asks: **If that is so,** that the *baraita* is referring to a case where the egg has not fully emerged, **why** does the *baraita* rule that the eggs **are forbidden** by rabbinic law for others to take **due to** the prohibition of **robbery?** The eggs have not yet been acquired by the owner of the courtyard. The Gemara answers: That ruling of the *baraita* is referring **to their mother,** i.e., the mother bird. **Or, if you wish, say** instead: **Actually,** that ruling is referring **to the egg. And** the reason the Sages rendered it prohibited to take the eggs due to the prohibition of robbery is that **once the majority of an egg emerges** from the body of the mother bird, the owner's **mind is upon** the eggs to acquire them, although technically he will not acquire them until they fully emerge.

וְהַשְׁתָּא דְּאָמַר רַב יְהוּדָה אָמַר רַב: אָסוּר לִזְכּוֹת בְּבֵיצִים שֶׁהָאֵם רוֹבֶצֶת עֲלֵיהֶן, שֶׁנֶּאֱמַר "שַׁלֵּחַ...אֶת הָאֵם" וְהָדַר "הַבָּנִים תִּקַּח לָךְ", אֲפִילּוּ תֵּימָא: אַף עַל גַּב דְּנָפַל לַחֲצֵרוֹ, כׇּל הֵיכָא דְּאִיהוּ מָצֵי זָכֵי – חֲצֵרוֹ נַמִי זָכְיָא, וְכׇל הֵיכָא דְּאִיהוּ לָא מָצֵי זָכֵי – חֲצֵרוֹ נַמִי לָא זָכְיָא לֵיהּ.

The Gemara adds: **And now that Rav Yehuda said** that **Rav said: It is prohibited to acquire eggs whose mother is resting upon them, as it is stated:** "You shall **send the mother,**" **and** only **then:** "**The young you may take for yourself**" (Deuteronomy 22:7), **you** may **even say: Even though** the eggs fully emerged and **fell into his courtyard,** he must still send away the mother bird. This is because in **any case in which** a courtyard owner **is capable of acquiring** an item by himself, **his courtyard can also effect acquisition** of it for him. **But** in **any case** in which **he is incapable of acquiring** an item by himself, **his courtyard cannot effect acquisition of it for him either.** Since one is incapable of acquiring the eggs so long as the mother bird is resting upon them, one's property does not acquire the eggs for him even if they have already fallen into it.

אִי הָכִי, אַמַּאי אֲסוּרוֹת מִפְּנֵי דַּרְכֵי שָׁלוֹם? אִי דְּשַׁלְּחָהּ – גָּזֵל מְעַלְּיָא הוּא! אִי דְּלָא שַׁלְּחָהּ – שַׁלּוֹחֵי בָּעֵי!

The Gemara asks: **If that is so,** that the *baraita* is referring to a case where the courtyard cannot effect acquisition of the eggs for him, **why** does the *baraita* rule: **They are subject to the prohibition** only **due to** the rabbinic ordinance to maintain **the ways of peace? If** one **sent** away the mother bird before taking the eggs, then **it is full-fledged robbery** by Torah law, since the courtyard has effected acquisition of the eggs on behalf of its owner, and **if** one **did not send** away the mother bird, **he needs to send** her away before it is permitted to take the eggs. Either way, one will have transgressed Torah law and not a rabbinic prohibition.

בְּקָטָן. קָטָן בַּר דַּרְכֵי שָׁלוֹם הוּא? הָכִי קָאָמַר: אָבִיו שֶׁל קָטָן חַיָּיב לְהַחְזִיר לוֹ, מִפְּנֵי דַּרְכֵי שָׁלוֹם.

The Gemara answers: The *baraita* is referring **to** a case where **a minor** took the eggs without sending away the mother. A minor is not obligated in the mitzva of sending away the mother bird. The Gemara asks: **Is a minor subject to** a rabbinic ordinance concerning robbery enacted to maintain **the ways of peace?** The Gemara responds: **This** is what the latter clause of the *baraita* **is saying: The father of a minor** who took such eggs **is obligated to return** them **to** the owner of the dovecote or attic, **due to** the rabbinic prohibition concerning robbery instituted to maintain **the ways of peace.**

NOTES

**Go bang on the nest so that the fledglings will rise up and you will acquire them – זיל טְרוֹף אַקֵּן, דְּלִיתְגַּבְהוּ וּקְנֵינְהוּ:** Rashi explains that the Gemara initially assumes that according to Shmuel, the fledglings are acquired via the acquisition of lifting. By contrast, the conclusion on the next *amud* is that they are acquired via the courtyard. Nevertheless, early commentaries inferred two aspects of the *halakhot* of the acquisition of lifting from the Gemara's initial assumption. The first is that lifting by hand is not required for this acquisition. Rather, raising the object as a result of one's action is sufficient, as Shmuel ruled that Rav Yehuda should simply bang on the nest, causing the fledglings to raise themselves up, in order to effect the acquisition. The second aspect is that the raising of an object for acquisition need not be three handbreadths high, as in the example with Rabbi Yehuda banging on the nest would not create sufficient force to cause the fledglings to rise up three handbreadths (Ritva).

לֵוִי בַּר סִימוֹן אַקְנֵי פֵּירוֹת שׁוֹבָכוֹ לְרַב יְהוּדָה, אֲתָא לְקַמֵּיהּ דִּשְׁמוּאֵל, אֲמַר לֵיהּ: זִיל טְרוֹף אַקֵּן, דְּלִיתְגַּבְהוּ, וּקְנֵינְהוּ.

§ The Gemara relates an additional incident with regard to pigeons of a dovecote that were discussed above: **Levi bar Simon transferred ownership of the produce of his dovecote,** i.e., the fledglings and the eggs contained in it, **to Rav Yehuda.** Rav Yehuda **came before Shmuel** and told him of his acquisition. Shmuel **said to him: Go, bang on the nest,** i.e., the dovecote, so **that** the fledglings **will rise up and you will acquire them.**[N]

לְמַאי? אִי לְמִקְנָא – לִקְנִינְהוּ לֵיהּ בְּסוּדָר! אִי בְּיוֹם טוֹב

The Gemara asks: **For what** purpose did Shmuel tell Rav Yehuda to do this? **If** he meant for Rav Yehuda **to** finalize the **acquisition** so that Levi bar Simon could not retract, **let** him do so **through** acquisition by means of **a cloth.** There is no need for him to bang on the dovecote. **If** this incident occurred on the eve of a Festival, and Rav Yehuda came to ask what action to take in order to render the birds permitted for slaughter on the **Festival,** then banging on the dovecote should not be necessary,

Perek **XII**
Daf **142** Amud **a**

HALAKHA

**A person may not take the mother bird with the offspring even to purify the leper – לֹא יִטּוֹל אָדָם אֵם עַל בָּנִים אֲפִילּוּ לְטַהֵר אֶת הַמְּצוֹרָע:** It is prohibited to take the mother bird with the offspring, even to use for the mitzva of purifying the leper. If one did take the mother bird, he is obligated to send it away. If he did not send it away he is flogged (Rambam *Sefer Kedusha*, *Hilkhot Sheḥita* 13:19).

BACKGROUND

***Issar* – אִיסָּר:** The *issar* is a brass coin, among the smallest coins that was in circulation at the time of the Mishna. Similar to the *peruta*, it often serves as the default value for items of negligible value. In the monetary system employed at that time, the *issar* was worth more than the *peruta*, as there were eight *perutot* to an *issar*. It was equal to one half of a *pundeyon* and one twenty-fourth of a dinar. Its weight was approximately 0.2 g.

בְּעוֹמֵד וְאוֹמֵר ״זֶה וָזֶה אֲנִי נוֹטֵל״ סַגְיָא! הָנְהוּ פֵּירֵי חַדְתֵּי הֲווֹ, דְּלֵוִי בַּר סִימוֹן גּוּפֵיהּ לָא הֲוָה קָנֵי לְהוּ. וְהָכִי קָאָמַר לֵיהּ: זִיל וְטָרֵיף אַקֵּן, דְּלִיתְגַּבְהוּ, וְנִיקְנִינְהוּ לֵוִי בַּר סִימוֹן, וַהֲדַר לִיקְנִינְהוּ נִיהֲלָךְ בְּסוּדָר.

because **by standing** on the eve of the Festival **and saying: This** bird **and that** bird **I will take** on the Festival, he would have effected **sufficient** preparation[N] for their use on the Festival. The Gemara responds: **These,** the offspring and the eggs, **were new produce, which Levi bar Simon himself had not** yet **acquired. And this** is what Shmuel was **saying to him: Go and bang on the nest** so **that** the mothers **will rise up, and Levi bar Simon will** have then **acquired** the young[N] in the nest, **and** consequently, **he** may **then transfer ownership to you through** acquisition by means of **a cloth.**

מתני׳ לֹא יִטּוֹל אָדָם אֵם עַל בָּנִים, אֲפִילּוּ לְטַהֵר אֶת הַמְּצוֹרָע. וּמָה אִם מִצְוָה קַלָּה שֶׁהִיא כְּאִיסָּר אָמְרָה תּוֹרָה ״לְמַעַן יִיטַב לָךְ וְהַאֲרַכְתָּ יָמִים״, קַל וָחוֹמֶר עַל מִצְוֹת חֲמוּרוֹת שֶׁבַּתּוֹרָה.

**MISHNA** **A person may not take the mother bird with the offspring even** if he takes the mother for use as part of the ritual **to purify the leper.**[HN] The mishna compares the reward for performing the mitzva of sending away the mother bird from the nest to the reward for performing other mitzvot: **And if** with regard to the sending away of the mother bird, which is **a mitzva** whose performance is **simple, as** it entails a loss of no more than **an *issar*,**[B] i.e., the value of the mother bird, **the Torah says: "That it may be well with you, and that you may prolong your days"** (Deuteronomy 22:7), it may be derived by ***a fortiori*** inference that the reward is no less **for** the fulfillment **of the mitzvot in the Torah** whose performance is **demanding.**

NOTES

**By standing and saying: This bird and that bird I will take on the Festival, he would have effected sufficient preparation – בְּעוֹמֵד וְאוֹמֵר זֶה וָזֶה אֲנִי נוֹטֵל סַגְיָא:** Rashi notes that this statement is in accordance with the opinion of Beit Hillel elsewhere (*Beitza* 10a).

**So that the mothers will rise up and Levi bar Simon will have acquired the young – דְּלִיתְגַּבְהוּ וְנִיקְנִינְהוּ לֵוִי בַּר סִימוֹן:** Until that point the mother had been continuously resting upon the eggs and fledglings, such that the courtyard of Levi bar Simon could not acquire them for him, in accordance with the statement of Rabbi Yosei bar Rabbi Ḥanina earlier (141a). The Gemara's conclusion here is that Shmuel's instruction is to bang on the nest so that the mother rises out of fear. At that time, Levi will automatically acquire the eggs contained in the nest.

**Even to purify the leper – אֲפִילּוּ לְטַהֵר אֶת הַמְּצוֹרָע:** A leper brings two birds for his purification ritual, one of which is slaughtered, and the other of which is sent away. The mishna rules that a mother bird resting on her young may not be one of those birds. One might claim that perhaps this *halakha* applies only with regard to using the bird as the one to be slaughtered, but such a bird may be used as the one sent away. Since in any event one of the leper's birds is sent away, just as the mother bird is sent away, perhaps such a mother bird may be held for a short time and then sent away in the ceremony for the leper. Yet later commentaries note that this is prohibited because one may not delay the performance of a mitzva, such as the sending of the mother bird, for the benefit of another mitzva (*Yam shel Shlomo*).

**גמ׳** תַּנְיָא דְּבֵי רַבִּי יַעֲקֹב אוֹמֵר: אֵין לְךָ כׇּל מִצְוָה וּמִצְוָה שֶׁבַּתּוֹרָה שֶׁמַּתַּן שְׂכָרָהּ בְּצִדָּהּ, שֶׁאֵין תְּחִיַּית הַמֵּתִים תְּלוּיָה בָּהּ. בְּכִבּוּד אָב וָאֵם כְּתִיב ״לְמַעַן יַאֲרִיכֻן יָמֶיךָ וּלְמַעַן יִיטַב לָךְ״, בְּשִׁילּוּחַ הַקֵּן כְּתִיב ״לְמַעַן יִיטַב לָךְ וְהַאֲרַכְתָּ יָמִים״.

GEMARA The school of Rabbi Ya'akov[P] taught that Rabbi Ya'akov **says: There is not a single mitzva** written **in the Torah whose reward** is stated **alongside it, which is not dependent on** a belief in **the resurrection of the dead,** i.e., the reward is actually bestowed in the World-to-Come, after the resurrection of the dead. How so? **With regard to honoring one's father and mother, it is written: "That your days may be long, and that it may go well with you"** (Deuteronomy 5:16). **With regard to** the **sending** away of the mother bird from **the nest, it is written: "That it may be well with you, and that you may prolong your days"** (Deuteronomy 22:7).

הֲרֵי שֶׁאָמַר לוֹ אָבִיו: עֲלֵה לַבִּירָה וְהָבֵא לִי גּוֹזָלוֹת! וְעָלָה, וְשִׁלַּח אֶת הָאֵם וְלָקַח אֶת הַבָּנִים, וּבַחֲזָרָתוֹ נָפַל וָמֵת, הֵיכָן אֲרִיכוּת יָמָיו שֶׁל זֶה? וְהֵיכָן טוֹבָתוֹ שֶׁל זֶה? אֶלָּא ״לְמַעַן יַאֲרִיכוּן יָמֶיךָ״ – בָּעוֹלָם שֶׁכּוּלּוֹ אָרוֹךְ, ״וּלְמַעַן יִיטַב לָךְ״ – לָעוֹלָם שֶׁכּוּלּוֹ טוֹב.

Despite this, it occurred that **there was one whose father said to him: Climb to** the top of **the building and bring me fledglings; and he climbed to** the top of **the building and sent** away **the mother** bird **and took the offspring,** thereby simultaneously fulfilling the mitzva to send away the mother bird from the nest and the mitzva to honor one's parents, **but as he returned he fell and died. Where is the length of days of this one? And where is the goodness** of the days **of this one? Rather,** the verse **"that your days may be long"** is referring **to the world that is entirely long,** and **"that it may be well with you"** means **in the world where all is well.**

וְדִלְמָא לָא הֲוָה הָכִי? רַבִּי יַעֲקֹב מַעֲשֶׂה חֲזָא. וְדִלְמָא מְהַרְהֵר בַּעֲבֵירָה הֲוָה? מַחֲשָׁבָה רָעָה אֵין הַקָּדוֹשׁ בָּרוּךְ הוּא מְצָרְפָהּ לְמַעֲשֶׂה.

The Gemara suggests: **But perhaps this** incident described by Rabbi Ya'akov **never occurred.** It is possible that everyone who performs these mitzvot is rewarded in this world, and the situation described by Rabbi Ya'akov never happened. The Gemara answers: **Rabbi Ya'akov** himself **saw an incident** of this kind. The Gemara suggests: **But perhaps** that man **was contemplating sin** at the time, and he was punished for his thoughts. The Gemara responds: There is a principle that **the Holy One, Blessed be He, does not link a bad thought to an action,** i.e., one is not punished for thoughts alone.

וְדִלְמָא מְהַרְהֵר בַּעֲבוֹדָה זָרָה הֲוָה? דִּכְתִיב ״לְמַעַן תְּפֹשׂ אֶת בֵּית יִשְׂרָאֵל בְּלִבָּם״, וְאָמַר רַב אַחָא בַּר יַעֲקֹב: זוֹ מַחֲשֶׁבֶת עֲבוֹדָה זָרָה!

The Gemara objects: **But perhaps** the son **was contemplating idol worship** at the time, **as it is written** with regard to idol worship: **"So I may take the house of Israel in their own heart"** (Ezekiel 14:5), **and Rav Aḥa bar Ya'akov says: This** is referring to punishment for the **thought of** performing **idol worship.**

הָכִי קָאָמַר: אִם אִיתָא דְּאִיכָּא שְׂכַר מִצְוֹת בְּהַאי עָלְמָא – תֶּהֱנֵי לֵיהּ וְתָגֵן עֲלֵיהּ דְּלָא לֵיתֵי לִידֵי הִרְהוּר וְלִיתְּזַק, אֶלָּא שְׂכַר מִצְוֹת בְּהַאי עָלְמָא לֵיכָּא. וְהָאָמַר רַבִּי אֶלְעָזָר: שְׁלוּחֵי מִצְוָה אֵינָן נִזּוֹקִין! בַּחֲזָרָתָם שָׁאנֵי.

The Gemara responds: **This** is what Rabbi Ya'akov was **saying** after witnessing the incident mentioned above: **If it is so that there is reward for** performance of **mitzvot in this world, it should be effective for** the son **and protect him so that he not come to contemplate** idol worship **and be harmed. Rather,** one must conclude that **there is no reward for** performance of **mitzvot in this world.** The Gemara asks: **But didn't Rabbi Elazar say: Those on the path to perform a mitzva are not** susceptible to **harm?** How is it possible that this individual, who was sent by his father to perform a mitzva, could have died? The Gemara answers: **When they return** it **is different,** as after one has performed the mitzva, one is susceptible to harm.

וְהָאָמַר רַבִּי אֶלְעָזָר: שְׁלוּחֵי מִצְוָה אֵינָן נִזּוֹקִין, לֹא בַּהֲלִיכָתָן וְלֹא בַּחֲזָרָתָן! סוּלָּם רָעוּעַ הֲוָה, וּמָקוֹם דִּקְבִיעַ הֶיזֵּקָא שָׁאנֵי, דִּכְתִיב ״וַיֹּאמֶר שְׁמוּאֵל אֵיךְ אֵלֵךְ וְשָׁמַע שָׁאוּל וַהֲרָגָנִי״.

The Gemara asks: **But didn't Rabbi Elazar say: Those on the path to perform a mitzva are not** susceptible to **harm, neither when they** are **on their way** to perform the mitzva **nor when they are returning** from performing the mitzva? The Gemara answers: In that case, it **was a rickety ladder** on which the son ascended and descended, **and a place where danger is established is different,** and even those on the path to perform a mitzva are susceptible to harm. This is apparent from the incident where the prophet Samuel traveled to anoint David as king in place of Saul, **as it is written: "And Samuel said: How can I go? If Saul hears of it, he will kill me"** (I Samuel 16:2). Although Samuel was on the path to perform a mitzva, he feared that harm would befall him from established dangers.

**PERSONALITIES**

**Rabbi Ya'akov – רַבִּי יַעֲקֹב:** Some commentaries maintain that this Rabbi Ya'akov, who is the grandson of Elisha ben Avuya, is the Rabbi Ya'akov who is cited on topics of aggadic midrash and *halakha* in isolated instances in the Mishna, with no other specific identification other than his first name. Others maintain that he is Rabbi Ya'akov ben Korshai, who lived at the time of Rabban Shimon ben Gamliel II, and who was the teacher of Rabbi Yehuda HaNasi.

אָמַר רַב יוֹסֵף: אִלְמָלֵא דְּרָשֵׁיהּ אַחֵר לְהַאי קְרָא כְּרַבִּי יַעֲקֹב בַּר בְּרַתֵּיהּ – לָא חֲטָא. מַאי חֲזָא? אִיכָּא דְּאָמְרִי: כִּי הַאי מַעֲשֶׂה חֲזָא, וְאִיכָּא דְּאָמְרִי: לִישָּׁנָא דְּרַבִּי חוּצְפִּית הַמְתוּרְגְּמָן חֲזָא, דַּהֲוָה מוּטֶּלֶת בְּאַשְׁפָּה. אָמַר: פֶּה שֶׁהֵפִיק מַרְגָּלִיּוֹת יְלַחֵךְ עָפָר? וְהוּא לֹא יָדַע "לְמַעַן יִיטַב לָךְ" – בָּעוֹלָם שֶׁכּוּלּוֹ טוֹב, "וּלְמַעַן יַאֲרִיכוּן יָמֶיךָ" – בָּעוֹלָם שֶׁכּוּלּוֹ אָרוֹךְ.

הדרן עלך שילוח הקן וסליקא לה מסכת חולין

**Rav Yosef said: Had Aḥer,**[P] literally Other, the appellation of the former Sage Elisha ben Avuya, **interpreted homiletically this** aforementioned **verse:** "That it may go well with you" (Deuteronomy 5:16), as referring to the World-to-Come, **as did Rabbi Ya'akov, the son of his daughter,** he would **not have sinned.** The Gemara asks: **What did** Aḥer **see** that led him to heresy? **Some say that he saw an incident like this** one witnessed by Rabbi Ya'akov, **and some say** that **he saw the tongue of Rabbi Ḥutzpit the disseminator,**[P] **which was cast in a garbage dump** after he was executed by the government. Aḥer **said: Will a mouth that produced pearls** of wisdom **lick the dust? But he did not know** that the phrase **"that it may be well with you"** means **in the world where all is well,** and that the phrase **"that your days may be long"** is referring **to the world that is entirely long.**

**PERSONALITIES**

**Aḥer – אַחֵר:** Elisha ben Avuya was born in Jerusalem toward the end of the Second Temple period to a family that was one of the most prominent and wealthy in the city. As related in the Jerusalem Talmud, his family was under the sway of foreign cultures and did not maintain deep ties with Judaism. Nevertheless, Elisha received an extensive Jewish education, and his great talents earned him a place among the chief scholars of that time. But even while a member of the yeshiva, Elisha maintained ties with Greek culture in its various manifestations, taking an interest in and reading heretical works. In addition to the story recounted here, the Talmud offers other accounts of how severe emotional traumas, possibly connected to the Hadrianic persecutions, led Elisha to abandon Judaism entirely. Some sources suggest that not only did he transgress the mitzvot, but he even collaborated with the Romans against his Jewish brethren, and many acts of cruelty are ascribed to him. As a result the Sages as early as the time of Rabbi Yehuda HaNasi related to him with hostility. In his own generation, Rabbi Meir was apparently the only one to maintain personal ties with the apostate. He even continued to learn Torah from Elisha, which was controversial at the time. More lasting than the immediate antagonism was the feeling of regret and pain over such a great scholar turning into a heretic, as well as the sense that Aḥer remained miserable even during his rebellion but could not find the courage to repent after having acted so wickedly. It is for this reason that his statements are preserved; a proverb of his can be found in the Mishna (*Avot* 4:20), while *Avot deRabbi Natan* features an entire chapter (24) of his moral sayings. According to the Gemara here, Rabbi Ya'akov was the son of Aḥer's daughter.

**Ḥutzpit the disseminator – חוּצְפִּית הַמְתוּרְגְּמָן:** Rabbi Ḥutzpit, one of the Sages of the Mishna (see *Shevi'it* 10:6), was known as Rabban Gamliel's disseminator. In that position he did not merely repeat the Sage's lecture aloud. Rather, he also expanded upon the concise, cryptic statements made by Rabban Gamliel in the course of the lecture. Due to his skill in explaining Rabban Gamliel's lectures, Rabbi Ḥutzpit was called the mouth that produced pearls. Nothing else is known about him, except that he apparently lived to an old age, was killed by the Romans during the times of the decrees of persecution, and is listed among the ten martyrs.

# Summary of **Perek XII**

This chapter, like the previous ones, focused almost exclusively on a specific mitzva. In this case, the chapter focuses on the mitzva of sending away the mother bird from the nest. The mishna taught that this mitzva applies in all places and at all times, but it does not apply to consecrated birds.

The halakhic discussions in this chapter dealt with the details of this mitzva, i.e., to which birds, and under which circumstances, does the mitzva apply. It was taught that this mitzva applies only to birds and not to other animals. Additionally, it applies specifically to birds considered not readily available. Accordingly, only wild birds and some partially domesticated birds are included in the mitzva, while birds that are fully domesticated and kept in one's home are excluded.

It is also taught that the mitzva of sending away the mother bird applies only to kosher birds resting on kosher eggs. Additionally, it was taught that the mother must literally be resting upon the nest, or at least adjacent to it. If the mother leaves the nest, one is no longer obligated in the mitzva.

The mitzva of sending away the mother bird from the nest is not abrogated after sending away the mother a single time. Rather, every time the mother returns to the nest one must send it away. On the other hand, once one has sent away the mother bird, he may follow it and capture it for himself.

If one transgresses the mitzva and takes the mother with the young, although one has certainly violated a prohibition one is not immediately flogged, since it is still possible to fulfill the positive mitzva of sending away the mother bird. If one kills the mother, he is flogged, since the positive mitzva can no longer be fulfilled.

The chapter concludes with an aggadic discussion with regard to the mitzva of sending away the mother bird. On the one hand, this mitzva is significant enough that it cannot be overridden even to use the mother bird for another mitzva. On the other hand, it is a mitzva whose performance is simple, since one is obligated in it only if one happens upon a nest, and one loses nothing in its performance. Nevertheless, the Torah states with regard to this mitzva: "That it may be well for you, and that you may prolong your days." Consequently, it may be derived that the performance of other mitzvot, which demand preparation in advance and may entail significant losses of time or money, certainly brings great reward in the next world to whoever performs them.

# Image **Credits**

All images are copyright © Koren Publishers Jerusalem Ltd., except:

**p323** top image © Bob Nichols, U.S. Department of Agriculture; **p323** middle image © Jakob Federer; **p323** bottom image © Usien; **p326** © HaRav Menachem Makover, courtesy of *Harenu Bevinyano*; **p329** top image © Allan and Margaret Rickmann; **p329** bottom image © Joerg Hempel; **p334** top image © Wolfgang Sauber; **p334** bottom image © Ariel Palmon; **p346** top image © Havran, zdroj; **p346** bottom image © Zoharby; **p348** © Wolfgang Sauber; **p375** top image © Ed Brambley; **p375** bottom image © Zeeshan Qureshi, FreeImages.com; **p382** © courtesy of the Temple Institute; **p383** © courtesy of the Temple Institute; **p391** top image © Ittai Hershman; **p391** bottom image © Dave Barnes; **p397** ©Yoavd

My Notes

## My Notes

## My Notes